Friedrich Diez

Etymologisches Wörterbuch der Romanischen Sprachen

Vol. 1

Friedrich Diez

Etymologisches Wörterbuch der Romanischen Sprachen
Vol. 1

ISBN/EAN: 9783337310530

Hergestellt in Europa, USA, Kanada, Australien, Japan

Cover: Foto ©Thomas Meinert / pixelio.de

Weitere Bücher finden Sie auf **www.hansebooks.com**

ETYMOLOGISCHES WÖRTERBUCH

DER

ROMANISCHEN SPRACHEN

VON

FRIEDRICH DIEZ

FÜNFTE AUSGABE.

MIT EINEM ANHANG

VON

AUGUST SCHELER.

BONN,
BEI ADOLPH MARCUS.
1887.

VORREDEN DES VERFASSERS.

I. *Die aufgabe der etymologie ist, ein gegebenes wort auf seinen ursprung zurückzuführen. Die zur lösung dieser aufgabe angewandte methode ist aber nicht überall dieselbe: leicht läßt sich eine kritische und eine unkritische wahrnehmen. Die unkritische nimmt ihre deutungen auf gut glück aus einer äußerlichen ähnlichkeit der form, oder erzwingt sie bei geringerer ähnlichkeit, ja selbst bei gänzlicher verschiedenheit derselben, durch eine reihe willkürlich geschaffener mittelglieder. Ein in seinem grundsatze so fehlerhaftes verfahren, dessen ungeachtet doch da, wo witz und divinationsgabe nicht fehlten, mancher treffliche wurf gelang, hat bei vielen die ganze etymologische kunst in miscredit gebracht, während sie sich andern durch die leichtigkeit ihrer ausübung, wozu sich jeder ohne beruf und vorbereitung aufgelegt fühlte, empfahl. Jene irren in ihrer abneigung, diese in ihrer zuneigung. Im gegensatze zur unkritischen methode unterwirft sich die kritische schlechthin den von der lautlehre aufgefundenen principien und regeln, ohne einen fußbreit davon abzugehen, sofern nicht klare thatsächliche ausnahmen dazu nöthigen; sie bestrebt sich dem genius der sprache auf der spur zu folgen, ihm seine geheimnisse abzugewinnen; sie wägt jeden buchstaben und sucht den ihm in jeder stellung zukommenden werth zu ermitteln. Und doch, wie wenig vermag sie oft, wie zweifelhaft sind ihre erfolge! Das höchste, was der etymologe erreicht, ist das bewußtsein wissenschaftlich gehandelt zu haben; für absolute gewißheit hat er keine gewähr, eine unbedeutende notiz kann ihm das mühsam erworbene zu seiner beschämung unversehens unter den füßen wegziehen. Dergleichen wird bei jeder forschung vorkommen, bei der etymologischen gehört es zu den täglichen erfahrungen, die auch dem scharfsinnigsten nicht erlassen werden. Darum bescheidenheit, selbst wo alles unsre deutungen zu unterstützen scheint! Mit welcher strenge ich in dem vorliegenden buche meine früheren etymologien gerichtet und gesichtet habe, wird man ohne mühe erkennen; was ich aber gegen mich selbst angewandt, konnte ich auch gegen andre nicht unangewandt lassen. Etwas habe ich durch vieljährige erfahrung auf diesem gebiete gelernt, was sich zwar von selbst versteht, aber nicht von allen verstanden sein will: daß zu wissenschaftlich sicherem urtheile sich nur der durcharbeitet, der den gesammten wortvorrath der* sprache bis in ihre mundarten hinein zu bewältigen nicht ermüdet. Wer nicht so weit vorzudringen lust hat, der beklage sich nicht, wenn er jeden augenblick den boden verliert. Es ist kein wunder, wenn manche auf andern sprachgebieten ausgezeichnete forscher auf dem romanischen so oft fehlgreifen, da sie nur das einzelne in einer bestimmten gestalt auffassen, ohne seine geschichte und seine beziehungen nach allen seiten hin erkannt zu haben. Die romanische wortforschung hat eben so dunkle partien zu beleuchten wie vielleicht irgend eine andre; selbst die erkenntnis des lateinischen stoffes ist in zahlreichen fällen nicht bequemer als die des fremden. Man schlage einmal die spanischen mit ch oder mit z anlautenden wörter nach und man wird von der richtigkeit dieser behauptung eine ahnung bekommen. Erschöpft man auch alle von den einschlägigen sprachen gebotenen mittel, z. b. für das spanische den lateinischen, griechischen, baskischen, celtischen, germanischen, semitischen wortvorrath, es bleibt ein großer rest, für den es keinen rath gibt. Freilich fließen manche sprachen, woraus der Romane schöpfte, für uns nur noch in spärlichen quellen. Eifriger und umsichtiger forschung aber wird sicher gelingen noch manches räthsel zu lösen, das bis jetzt unlösbar schien.

Ein fortschritt ist, hoffe ich, in dem gegenwärtigen versuche geschehen; der lautlehre, die sich an den schätzen, welche die etymologie zu tage fördert, erfrischt und belebt, wird dies dereinst zu gute kommen. Aber auf die bezwingung des ganzen konnte ich nicht eingehen, und wer möchte muth und kraft und selbstverläugnung genug dazu haben? Gleichwohl wünschte ich ein ganzes zu geben, sei es auch nur ein bedingtes, und so richtete sich mein augenmerk 1) auf üblichere wörter, solche die in rede und schrift häufiger wiederkehren, mit ausschluß aller derer, die man sich ohne mühe aus dem latein erklärt, die also der untersuchung nicht anheimfallen können; 2) auf weniger übliche, aber etymologisch bedeutsamere, wohin ich vornweg partikeln, einfache verba, zumal aber einfache adjectiva, demnächst viele von linguisten mehrfach besprochene, zu einem gewissen rufe gelangte wörter rechnete. Aber auch solchen, die weder zur einen noch zur andern classe gehören, sollte der eintritt unverwehrt sein, nur fiel hier jede verbindlichkeit der aufnahme weg: fülle ist besser als mangel und am ende kann jedes wort zur kenntnis der bestandtheile einer sprache beitragen. Es gibt aber auch wörter, deren bereits vorhandene deutung nicht zu weiterer prüfung veranlaßt; andre nicht genügend oder gar nicht gedeutete, die zwar alle rücksicht verdienen, aber diesmal nicht zur untersuchung reizten: gehen sie auch leer aus, sie dienen doch anzudeuten, was einer sprache seltenes oder merkenswerthes angehört. Jene sind hier mit dem eingeklammerten namen ihres erklärers bezeichnet, diese ohne irgend eine beurtheilung hingesetzt worden und somit anderweitiger untersuchung empfohlen. Sparsamkeit in der abfassung der artikel war mir gesetz:

darum erwählte ich aus den volksmundarten meist nur unmittelbar zum ziele führendes; darum vermied ich, den ursprung des aufgestellten etymons, so wie, vorwärts gewandt, die verbreitung des romanischen abbildes über fremdes gebiet zu verfolgen; darum berichtete ich nicht über alle vorgebrachten meinungen; daß ich seichten erklärungsversuchen die thüre schloß, versteht sich*).

Die eintheilung des stoffes wird man billigen. Es kam darauf an, schon in der äußeren einrichtung zu einer klaren übersicht desselben zu gelangen. Zu diesem zwecke mußten zwei theile gebildet werden. Der erste umfaßt ziemlich vollständig den gesammt- oder gemeinromanischen d. h. den auf allen drei gebieten, dem italienischen, dem spanisch-portugiesischen und dem provenzalisch-französischen, ja selbst den auf nur zweien derselben einheimischen sprachstoff, in der regel wenigstens sofern dieser den neueren schriftsprachen angehört. Der italienischen räumte ich in den einzelnen artikeln den vortritt ein, wozu sie ihre heimath und ihr genauerer anschluß an die lateinische berechtigte; selbst wo sie sich weiter von der urform entfernt als die schwestersprachen, konnte nicht füglich vom princip abgewichen werden. Oder war es nicht rathsamer das mittellateinische alle andern umfassende wort voranzustellen? Allein das mittellatein ist selbst vielformig und konnte nicht anders sein: sollten aber die von mönchen und notaren geschaffenen sprachformen der volksüblichen rede den weg zeigen? Mit diesem mittellatein läßt sich viel unfug treiben. In den früheren jahrhunderten, als die volkssprachen der lateinischen näher standen, ist es allerdings eine für die wortforschung höchst wichtige quelle, weil es reine formen gewährt. Seitdem aber jene sprachen selbst in schrift auftraten, kann die wissenschaft es fast entbehren, ja sie muß es nicht selten von sich stoßen. Wie ungeschickt man seit dem zwölften jahrhundert latinisierte, davon reden beispiele wie sessicare = *altfr.* sescher; gordus = *altfr.* gort, *lat.* gurges; hommagium = *altfr.* hommage *d. i.* hominaticum. *Welch ein falsches bild gibt* bossa = *fr.* bosse; grasale = *pr.* grazal, *wofür* bocia, gradale *zu erwarten war! Der zweite theil enthält den jedem der drei gebiete ausschließlich eignen sprachstoff**). In dem dritten dieser gebiete habe ich, nicht ohne einiges bedenken, die französische form als die bekannteste der provenzalischen voranzustellen mir erlaubt, um das nachschlagen zu erleichtern. Der walachischen in der fremde erzogenen, mit den übrigen nicht aufgewachsenen tochter der römischen mutter habe ich*

---

*) *Ich bemerke hier noch: um nicht mit formen zu ermüden, habe ich im I. theile die port. form, wenn sie der span. ganz nahe lag, häufig unterdrückt; seltener die prov., da diese zugleich das höhere alter eines wortes bezeugt.*

**) *Von den zahlreichen arabischen wörtern im span. und port. konnte nur eine auswahl aufgenommen werden. Sie sind mit latein. buchstaben geschrieben und zur beglaubigung aus Golius' oder Freytag's wörterbüchern nachgewiesen.*

keine eigne stelle eingeräumt, sie nur zur vergleichung zugelassen, nicht anders die churwälsche. Die volksmundarten bieten der forschung ein unschätzbares, nie zu erschöpfendes material, welches häufig über buchstabenverhältnisse und begriffsentwicklung überraschenden aufschluß gibt: ich habe sie daher überall zu rathe gezogen, so weit die mir gestatteten hülfsmittel ausreichten, ihnen auch zuweilen beispielshalber kleine artikel vergönnt. Schade, daß wir nicht über recht viele derselben so einsichtige und gewissenhafte untersuchungen besitzen wie über die wallonische. Durch die bemerkte zerlegung des stoffes wird auf den ersten blick klar, was alle gemeinschaftlich besitzen, größtentheils das alte römische erbtheil, und was jede noch besonders sich angeeignet hat; nur darf ich nicht unbemerkt lassen, daß ich die französische als die uns am nächsten liegende vor den andern, wenigstens der spanischen, begünstigt habe. Von diesem partiellen eigenthume der sprachen sind freilich viele der aufgenommenen artikel als gesammtromanische abzurechnen, welche nicht wohl in die erste abtheilung paßten, weil ihre etymologie in den übrigen sprachen auf der hand lag. So schien z. b. das lat. apium (sp. apio, it. appio) in seiner franz. form ache fremdartig genug, um in der partiell franz. abtheilung eine stelle zu finden. Kleine inconsequenzen in der vertheilung der wörter mögen vorkommen, sie werden dem ganzen wenig schaden: das register bürgt zuletzt für alles. Eine größere inconsequenz wird man vielleicht darin finden, daß ziemlich regellos hier ein verbum, dort ein nomen an der spitze eines artikels steht. Es ist in der that oft schwer zu sagen, welche der beiden wortarten als die primitive anzunehmen sei. Gewöhnlich wird dies durch die etymologie entschieden, in andern fällen wird es nicht zu kühn sein, sich in einer sache von so geringer bedeutung durch das gefühl leiten zu lassen.

Über die unlateinischen elemente in den neuen sprachen habe ich mich vor jahren ausführlich geäußert und finde an meiner damaligen auffassung der sache nichts wesentliches zu ändern. Richten wir aber nochmals den blick auf die ursprachen, um etwaigen charakterzügen oder resten derselben in den einzelnen gebieten auf die spur zu kommen.

Für die kenntnis der italischen ursprachen sind in neuerer zeit wieder bedeutende denkmäler an's licht gezogen und der bau jener sprachen so wie ihr stammverhältnis zum latein sorgfältig erörtert worden. Die wichtigste der unteritalischen durch höhere ausbildung, längere dauer und durch grösseren umfang ihrer überreste ist ohne zweifel die oskische. Vergleicht man sie nun mit der italienischen, so verräth diese nicht das geringste von den lautgesetzen der ersteren. Die oskische abneigung vor der assimilation der consonanten ist grade das gegentheil des lateinischen im italienischen noch weiter ausgebildeten verfahrens. Man hat den oskischen *gebrauch, gewissen vocalen ein* i *vorzusetzen wohl mit einem ähnlichen neapolitanischen verglichen, gewiß aber nicht in der voraussetzung eines historischen zusammenhanges, um so weniger als der neap. gebrauch unter einen andern gesichtspunct, den der diphthongierung zu stellen ist, die sich übrigens ganz auf den vocal* e *beschränkt. Als ein bedeutsamerer berührungspunct dürfte die oskische neigung, tenuis in media zu verwandeln, bemerkt werden, aber auch hieraus würde sich keine folgerung für das italienische ziehen lassen. Jene neigung ist gemeinromanisch, hat in den verschwisterten mundarten noch weit stärker eingegriffen und läßt eine tiefere nicht bloß durch berührung mit einer nachbarsprache geweckte anlage vermuthen. Doch sind solche gemeinsame züge, welche verschiedene sprachen auf einem und demselben boden zu erkennen geben, der erwähnung nicht unwerth, und so möge denn auch noch an den umbrischen und volskischen wegfall des flexivischen* t *in der conjugation* (habia = habeat) *erinnert werden. Von der etruskischen sprache aber darf man völlig absehen: was man fast nur aus eigennamen über ihre stammesart und über ihren bau weiß oder vermuthet, findet auf dem ganzen römischen gebiete keinen anklang. Diese abwesenheit oder dieses nur in leichten und zweifelhaften spuren hervortretende dasein grammatischer züge der altitalischen idiome in der römischen volkssprache, soweit die vorhandenen mundarten auf deren gestalt zu schließen berechtigen, hindert indessen nicht, das ganz naturgemässe eindringen zahlreicher provincialismen aus den untergegangenen idiomen in dieselbe anzunehmen, ja diese annahme ist eine durch die lage der sache gebotene, da sie allein den zufluß heterogener im italienischen enthaltener, in keiner der angränzenden sprachen vorfindlicher elemente zu erklären vermag. Nachweislich sind diese elemente freilich nicht mehr, da die wörterbücher der untergegangenen sprachen fehlen. Ungeachtet des einflusses dieser altitalischen elemente ist die italienische sprache unzweifelhaft unter den romanischen die am wenigsten gemischte. Dies gilt aber nur von den mittleren dialecten, welche das lateinische erbtheil am reinsten in sich begreifen. Die südlichen lassen manches griechische und einiges arabische erkennen, das den andern abgeht. Durchmustert man aber, über die gränzen des alten Italiens hinausgehend, die nördlichen, die cisalpinischen mundarten, so glaubt man sich in eine andre welt versetzt: in dieser weiten landschaft, zumal in der großen ebene zwischen den Alpen und dem Po, hat die gewaltige römersprache die volksmundarten nicht bewältigen, sich des einflusses andringender barbarensprachen nicht erwehren können. Der zufluß deutscher, zum theil recht merkwürdiger wörter kann hier nicht überraschen; wer aber celtische reste von einiger erheblichkeit erwartet, wird sich bald getäuscht sehen: das gesammte italienische gebiet möchte deren nur wenige aufweisen, die schriftsprache enthält vielleicht nicht ein einziges wort dieses stammes, welches sich nicht auch im proven-*

zalischen oder französischen vorfände. Eine sorgfältige etymologische untersuchung besonders der zunächst an den Alpen oder in denselben liegenden dialecte würde der sprachgeschichte reichlichen gewinn zuführen: Monti's comaskisches wörterbuch liefert für einen theil derselben schon ein treffliches material, das in verbindung mit dem ertrage churwälscher und andrer wörtersammlungen die linguistische bedeutsamkeit jener dialecte hinlänglich übersehen läßt.

Wenn in Italien die alten landessprachen so weit ausgerottet wurden, daß keine von ihnen in ihrem selbständigen dasein auch nur das Augustische zeitalter erreichte, so lebt in Spanien die iberische ursprache dagegen bis auf den heutigen tag im baskischen fort. Aber auch diese sprache kann zeugnis ablegen, wie weit die zerstörende gewalt der römischen sich erstreckte, da wo es galt eine nationalität zu vertilgen. Denn daß es jener gelang, in einer entlegenen gebirgsgegend ihr dasein fortzusetzen, sagt wenig gegen die allgemeine niederlage. Man weiß, daß schon Strabo (3, 2 extr.) den Turdetanern, einem gebildeten südspanischen volke, das eine einheimische litteratur aufweisen konnte, den gänzlichen umtausch ihrer sprache gegen die lateinische nachrühmt; dass der spätere Columella viele provincialismen des bereits über das platte land der halbinsel verbreiteten lateins anführt; daß aber auch andrerseits Cicero (de divin. 2, 64) des daseins einer hispanischen sprache gedenkt; und daß nach Tacitus (annal. 4, 45) ein landmann aus dem diesseitigen Spanien vor gericht die sprache seiner väter redete. Aber seit der erwerbung der römischen civität wurden die spanischen völkerschaften wie die italischen sehr bald in Römer verwandelt. Sehen wir jedoch näher zu, ob sich in der spanischen mundart nicht noch irgend ein baskischer zug entdecken läßt. Als einen solchen führt Larramendi in seiner grammatik (p. 10. 11) die mit der endung ez gebildeten patronymica an, Rodrigo Rodriguez, Fernando Fernandez nach dem bask. berún blei, berunéz von blei. Aber verdacht gegen diesen ursprung erregt die von seinem verfechter selbst eingestandene thatsache, daß sich die Basken dieser form für patronymica nicht einmal bedienen, daß sie z. b. Manuel de Garagorri sagen statt Garagorriez. Vielmehr scheint ez, ursprünglicher iz, nichts anders als die gothische genitivendung is, wobei filius zu suppliren: Roderiquiz in urkunden, später Rodriguez ist = goth. Hrôthareikis, Fredinandiz Fernandez = goth. Frithanantis. Diese endung wird denn auch auf unpassende fälle angewandt: statt Flori, Fortunii, Pelagii, Petri, Sanctii sprach man Floris Florez, Fortuñez, Palaez, Perez, Sanchez, genau wie man in den tagnamen die genitive Miercoles = Mercurii, Lunes = Lunae (dies) der grammatik abtrotzte. Was Larramendi sonst noch hervorhebt, das ableitungssuffix eria (sp. porqu-eria von puerco = bask. ero-queria von eró, p. 262), oder in der conjugation die umschreibung mit habere (p. 48), zerrinnt von selbst in *nichts. Sollte aber das span. lautsystem, vornehmlich da wo es sich vom lateinischen oder dem der schwestersprachen lossagt, nichts vom iberischen charakter verrathen? Zu vergleichungen sind hier besonders die lippenbuchstaben geeignet. Anlautendes lat.* p *wird im baskischen nicht selten zu* b (bothorea = *sp.* poder, *lat.* posse) *und dies ist ganz unspanisch. Der Baske hat eine nicht zu verkennende scheu vor dem* f; *nicht so der Spanier, wenigstens ist die ihm eigene verwandlung des anlautenden f in h etwas später entwickeltes, seiner ältesten sprache noch fremdes.* V *fehlt dem Basken gänzlich: seine stelle versieht* b, *ja selbst* m, *letzterer übergang dem Spanier ganz unbekannt. Das unlateinische im spanischen einheimische* ch *ist allerdings auch ein sehr üblicher baskischer laut, der aber etymologisch mit dem spanischen buchstaben wenig berührung hat, indem er häufig spanischem* s, c, z, j, x *entspricht; auch haben die schwestersprachen ihn eben so wohl entwickelt. Doch wäre es nicht unwichtig zu wissen, ob dieses palatale* ch *nebst* ts, z, tz, *wie Humboldt voraussetzt, wirklich alte iberische laute gewesen: darüber könnte erst die entzifferung des einheimischen alphabetes aufschluß bringen. Ein andrer unlateinischer laut, das aspirierte* g *oder* j, *fehlt im baskischen, dafür steht* y (*sprich wie ital.* j), *d. h. die sprache beharrte bei dem erweichten oder halbvocalischen* g, *woraus, wie aus dem latein.* j, *die span. aussprache nachher eine aspirata machte (Rom. gr.* I^4, 268—9), *z. b. bask.* yendea = *sp.* gente. *Ohne mühe lassen sich noch andre nicht minder scharfe widersprüche in beiden sprachen auffinden, z. b. das im baskischen vor anlautendem* r *vorschlagende* a *oder* e (arraza = *sp.* raza, erribera = ribera). *Dagegen treffen sie zusammen in dem ganz unlateinischen gebrauche, das anlautende* s impurum *auf ein vorgefügtes* e *zu stützen; auch darf noch ein punct, worin sie sich beide zu begegnen scheinen, erwähnt werden. Der Baske, dem zusammentreffen von consonanten überhaupt nicht hold, schiebt gerne zwischen muta und* r *oder auch zwischen muta und* l *einen vocal ein:* apirilla (aprilis), guiristinoa (*sp.* cristiano), liburua (libro), khurutzea (crutz), poroganza (probanza), pulumpatu (*pr.* plombar). *Dasselbe thut auch der Spanier und Portugiese, z. b. sp.* engarrafar (*für* engarfar), taragona (draco), *pg.* caranquejo (*pr.* cranc), baraça (braça), coroça (croca), *sp.* coronica (chronica), *pg.* gurumete (*neben* grumete), gurupa (*neben* grupa), *sp.* filibote (*neben* flibote) *u. dgl.; doch ist dabei nicht unbemerkt zu lassen, daß auch andern roman. mundarten dies auseinanderhalten der consonanten nicht fremd ist, wenn sie auch einen mäßigeren gebrauch davon machen. Überblickt man solche thatsachen, so wird man sich überzeugen müssen, daß sich unter dem eisernen joche der latein. sprache von den naturanlagen oder den grammatischen eigenheiten der iberischen in der spanischen wenig hat behaupten können. Nicht einmal läßt sich eine irgend erhebliche anzahl baskischer wörter in den an-*

gränzenden roman. sprachen nachweisen: sie werden sich, manche zweifelhafte mitgerechnet, noch nicht auf hundert belaufen. Freilich ist dies nur der ertrag einer bloß auf die oberfläche gerichteten prüfung; ihn zu vermehren, wird dem tiefer eindringenden auge des kenners sicher gelingen. Ohne zweifel aber hat das von fremden sprachen eingeengte baskische gebiet einen großen theil seines alten wortschatzes eingebüßt. Eben darum ist die untersuchung des span. sprachstoffes so schwierig. Wörter baskischen ursprungs hat unter andern Larramendi in großer zahl zusammengetragen und gedeutet. Seine deutungen aus aneinandergefügten oft unscheinbaren elementen rechtfertigt allerdings die natur der baskischen sprache; wenn aber aus dieser zergliederung ein dem worte nicht wesentlich zukommendes merkmal hervorgeht, so können sie höchstens nur auf den ersten blick täuschen. Span. lona heißt segeltuch, vom bask. lo-ora d. i. guter schlaf, weil es sich zu zelten eignet, und in zelten schläft sichs gut. Solcher etymologien finden sich hunderte bei ihm. Ich habe indessen aus seinem verzeichnis, mit wenigen ausnahmen, alles was mir auch nur leidlich haltbar schien, in gegenwärtiges buch eingetragen. Wichtig ist hier die frage: soll man alle spanische wörter, die man außerdem nur in jener ursprache bemerkt, daraus herleiten? Soll man letztere in so weit gleichstellen mit der arabischen oder deutschen? Mir scheint bei der starken mischung des baskischen mit romanischem die baskische herkunft eines wortes nur da annehmbar, wo sich seine ursprünglichkeit auf diesem boden nachweisen läßt, eine forderung, welche auf die nicht romanisch versetzten sprachen keine anwendung findet. Aber wo dieser forderung genüge geschieht, mag der baskische ursprung bei partiell spanischen wörtern dem gothischen vorangehen, nicht eben dem arabischen. Wie kommt es aber, daß so viele baskische im spanischen vorhandene wörter, fast zwei drittel von allen, dem Portugiesen fehlen, ohne daß er eines ähnlichen schatzes ihm ausschließend eigner wörter aus jener sprache sich rühmen kann? Waren die Iberier, wie auch Humboldt in seinen untersuchungen über die urbewohner des landes feststellt, in Lusitanien weniger verbreitet, so daß ihre sprache daselbst einen geringeren eindruck zurückließ, oder drangen jene wörter erst später aus dem baskischen in das nahe spanische gebiet ein, ohne das entlegenere portugiesische gebiet zu erreichen?

Die wichtigste der ursprachen *Frankreichs* ist die celtische. Ich habe, als ich die bestandtheile der romanischen sprachen untersuchte, dem celtischen elemente wenigstens nach allgemeiner schätzung sein recht widerfahren zu lassen mich bemüht und die zweifel an seinem vorhandensein bestritten; ein genaueres eingehn in die sache durfte ich mir bei mangelnden vorstudien nicht erlauben. Seit jener zeit aber sind wir durch eindringliche forschung über den grammatischen bau und zumal über den zusammenhang der celtischen sprachen mit den indo-germanischen besser aufgeklärt worden *und diese beobachtungen dürfen auch an der romanischen etymologie nicht ohne erfolg vorübergehn. Das stammverhältnis der neueren celtischen völker, der Iren, Gaelen, Kymren und Bretonen, zu den alten wird von den geschichtschreibern zwar sehr verschieden und oft in ganz entgegengesetztem sinne beurtheilt; wie aber diese fragen einst gelöst werden mögen, für die beurtheilung des celtischen elementes in den aus dem latein entstandenen sprachen scheint diese lösung nicht von großem belang. So viel darf als thatsache, gewiß keine unerhebliche, ausgesprochen werden, daß die franz. und prov. sprache, auf die es hier am meisten ankommt, der kymrischen näher stehen als der irisch-gaelischen sowohl in betreff der menge als auch der gestalt der dem celtischen und romanischen gebiete gemeinsamen wörter. Auch die westromanische scheu vor anlautendem s impurum findet sich nur in dem kymr. zweige wieder. Manches gewährt die bretonische mundart, was die übrigen verweigern, und wohl darf man ächt celtisches, vielleicht selbst altgallisches, darunter vermuthen, allein die erstaunliche mischung derselben mit französisch macht diese quelle, wo sie für sich allein fließt, für die kritische etymologie fast unbrauchbar, fast nur zur vergleichung noch tauglich. Dagegen vergönnt diese mundart der roman. sprachforschung einen andern vortheil, der den etymologischen wohl noch überwiegen dürfte: sie, ist nicht allein eine fundgrube altfranzösischer wörter und bedeutungen, sie liefert auch zur geschichte der französischen aussprache schätzbare aufklärungen.*

Die art des übertrittes aus der celtischen in die romanische sprachform hat nichts besonderes, so weit sich bei der geringfügigkeit des stoffes bestimmte gesetze aufstellen lassen. Das was dem etymologen manches bedenken macht, ist die collision des celtischen stoffes mit dem germanischen, und hierüber jemals ganz ins reine zu kommen d. h. zu bestimmen, welcher von beiden sprachfamilien der Romane ein in beiden vorhandenes wort zunächst schulde, ist kaum zu hoffen. Doch gilt dies nur in einzelnen fällen, denn nicht selten läßt sich aus inneren oder äußeren gründen die frage zum vortheil der einen oder der andern dieser sprachfamilien entscheiden. So wird man bei gleichen formellen ansprüchen ausdrücke für naturgegenstände als alteinheimische lieber zum celtischen als zum germanischen elemente rechnen. Die verbreitung eines wortes durch mehrere sprachen des einen gebietes gegenüber dem vorkommen desselben in einer einzelnen sprache des andern wird für seine ursprünglichkeit in dem ersteren zeugnis ablegen, wo nicht besondere anzeichen für das umgekehrte verhältnis sprechen. Entscheidender aber sind gewisse formelle kennzeichen, wie denn die form dem etymologen überall den sichersten, von subjectiver auffassung unabhängigsten anhalt bietet. Solche kennzeichen liegen unter andern in einzelnen spuren der deutschen lautverschiebung, wenn z. b. das ital. tetta auch citta, cizza lautet, celtisch aber nur têth. Sodann in dem deutschen ableitenden i *oder* j *mancher wörter, wie ital.* boriare, *althochd.* burgan, *altgael.* aber *schlechtweg* bor. *Wo es aber an allen inneren und äußeren kennzeichen gebricht, da ist in betracht des unverhältnismäßigen übergewichtes der deutschen bestandtheile die wahrscheinlichkeit für diese sprache, für die celtische nur die möglichkeit. Dies übergewicht des deutschen elementes über das alteinheimische ist eine unläugbare thatsache und jedes sträuben gegen seine anerkennung eine thorheit. Wahrlich, die Römer müssen reine arbeit gemacht haben, als germanische völker sich in Gallien festsetzten! Es wird kaum übertrieben sein, wenn man behauptet, daß der einzige buchstabe* H *im französischen nicht viel weniger deutsche als alle buchstaben zusammengenommen celtische wörter in sich begreifen. Erinnert man sich freilich des umstandes, daß die Franken mitten unter den Romanen ein halbes jahrtausend hindurch die sprache ihrer väter fortredeten, daß in demselben maße wie die deutschen wörter im französischen zunahmen, die celtischen abnehmen mußten, denn jede sprache sucht sich ihres überflusses zu entledigen, so erklärt sich diese erscheinung auf die natürlichste weise.*

Sollte es aber auch dieser ursprache nicht gelungen sein wenigstens ein fünkchen ihres geistes im französischen fortglimmen zu sehen? Es mangelt in der that nicht an zusammentreffenden zügen. So das genus, welches in beiden sprachen nur zweierlei ist, männlich und weiblich, früher dreierlei war. Aber der untergang des neutralen geschlechtes im französischen ist sicher älter als im celtischen und zum theil von andern umständen begleitet, indem dort zahlreiche neutra in ihrer pluralform zum feminin, hier alle zum masculin übertraten. Giengen doch auch die verschwisterten mundarten denselben weg ohne rücksicht auf die sitte alteinheimischer oder später eingebrachter sprachen: überall ward das masculin und feminin festgehalten, das neutrum aufgegeben. Nicht anders wird es sich mit einem andern gemeinschaftlichen zuge, der präpositionalen declination, verhalten. Selbst die altfranz. oder prov. unterscheidung des casus rectus und obliquus (nom. sg. amic-s, *acc.* amic, *pl.* amic, *acc.* amic-s), *worin man einen wiederschein der gaelischen einrichtung (nom. sg.* bard, *gen.* baird, *nom. pl.* baird, *gen.* bard) *zu erblicken glaubt, schmiegt sich innig an das lat. verhältnis, so daß sie sich gar wohl ohne äußere einwirkung entwickelt haben kann, wie denn auch die gaelische einrichtung in einem erheblichen puncte von der romanischen abweicht, da sie den dativ sing. dem nominativ gleichbildet. Offenbar celtisch aber ist im französischen das zählen mit zwanzigen, welches neben der lateinischen methode in anwendung blieb: altfranz.* treis vinz *(60),* treis vinz e dis *(70) u. s. f. Auch scheinen in der syntax einige celtische spuren durchzublicken: an eine fremde wortfügung, wobei es auf eine völlige verläugnung des eingesogenen sprachgefühles ankommt, gewöhnt man sich minder leicht als an fremde wörter und flexionen. Dahin dürfte man etwa rechnen, daß es im kymrischen dem genitiv vergönnt ist, ohne präposition hinter dem regierenden nomen platz zu nehmen wie im franz.* hôtel dieu; *daß gleichfalls im kymrischen, das possessive verhältnis eines substantivs durch die präp.* i = roman. a = engl. to *bezeichnet wird wie im altfranz.* la gent au roi, *engl.* servant to his master; *daß im gaelischen die bedeutung gewisser adjectiva durch ihre stellung vor oder hinter dem substantiv bedingt ist wie im franz.* honnête homme *und* homme honnête; *daß, daselbst gleichnamige personen durch cardinalzahlen unterschieden werden wie im franz.* Henri quatre; *und wieviel der kleinen züge sonst noch sein mögen, auf die man sich hier berufen könnte.*

Aber alles was fremde sprachen beigetragen haben, wiegt noch nicht den zehnten theil des lateinischen bestandtheiles auf. Ihm fallen fast sämmtliche grammatische wörter (partikeln, pronomina), ohne die es kaum möglich ist auch nur einen satz zu sprechen, ihm die wichtigsten begriffe zu, die das leibliche und geistige leben berühren. Darum ist dem Romanen latein *gleichbedeutend mit* sprache, mundart, *und* lateinisch *gleichbedeutend mit* deutlich, leicht, bequem. *Bei weitem die meisten stämme der alten sprache behaupten sich in der neuen, und um den verlust zu ersetzen, spalteten sich viele wörter in mehrere formen mit eignen bedeutungen, welche die stelle selbständiger wörter einnahmen. Daß diesem bestandtheile sein recht gewahrt werde, gehört zu den grundsätzen der romanischen wortforschung: unfehlbar wird demselben bei aufmerksamer beobachtung noch manches miskannte wort wieder zugeführt, manches neue gewonnen werden. Dazu muß man* alle *quellen der lateinischen sprache benutzen, denn die romanische birgt mehr alterthümliches oder verschollenes in sich, als man ihr obenhin angesehen zutrauen möchte (man lese Pott's inhaltreiche abhandlung* Plattlateinisch und romanisch), *und in so fern kann sie auch der lateinischen sprachkunde, was von den pflegern derselben noch nicht in rechtem maße erkannt worden, hülfreiche hand leisten.*

Einige gegenstände von praktischem belang lassen sich besser hier als in dem wörterbuche selbst anbringen.

Die etymologie hat ihre wissenschaftliche grundlage in der lautlehre: bei jedem schritte, den der etymologe thut, muß er sie im sinne haben. Es kommt indessen vor, daß die sprache in der bildung oder ausprägung der wörter von ihren eigenen gesetzen abweicht und sich ganz von dem gefühle des wohllautes oder der zweckmäßigkeit leiten läßt, indem sie z. b. die wiederholung eines buchstabens entweder meidet oder herbeiführt, oder indem sie verwandte begriffe formell zu nähern, unverwandte oder weniger verwandte zu trennen sucht. Diese kleinen gefühlsäußerungen der sprache kann die lautlehre allenfalls unberührt lassen, sie fallen aber recht eigentlich der etymologie anheim und dürfen hier nicht unerwähnt bleiben. Es sind hauptsächlich folgende. 1) *Assimilation getrennter consonanten.* Sie setzt die organverwandten (zuweilen selbst unverwandten) anlaute zweier auf einander folgenden silben gleich, z. b. it. Ciciglia für Siciglia, *fr.* chercher *für* cercher, *picard.* chorchier *für* sorchier (*fr.* sorcier), *champ.* chouche *für* souche, *sp.* salchicha *für* salsicha, *altcat.* xixanta *für* sixanta, *it.* zezzo *für* sezzo, pipistrello *für* vipistrello, fanfaluca *für* panfaluca, *sp.* ñoño *für* noño, *limous.* mamela *für* lamela, *neupr.* founfoni *für* symfoni. — 2) *Dissimilation (Pott's Forschungen II, 65 ff.).* Vermöge derselben wird ein consonant, der sich in einer der folgenden silben wiederholt, in einen andern desselben organs umgesetzt: *it.* veleno *für* veneno, *fr.* nomble *für* lomble, *pr.* namela *für* lamela, *it.* pellegrino *für* peregrino, *fr.* flairer *für* frairer, *sp.* sastre *für* sartre, *altfr.* varvassor *für* vasvassor, *veron.* folpo *für* polpo, *fr.* vague *für* gague und zahlreiche andre. Die verwandlung trifft zuweilen auch den zweiten consonanten: *it.* filomena *für* filomela, *fr.* crible *für* cribre, gencive *für* gengive. Nicht selten muß einer der anstößigen consonanten weichen, gewöhnlich der erste: *sp.* postrar *für* prostrar, *pr.* penre *für* prenre, *ital.* cavicchia *für* chiavicchia (ch = cl), *fr.* foible *für* floible, *it.* ghiado *für* ghiadio (i = l), *sp.* cribar *für* cribrar. — 3) *Vereinfachung scheinbarer reduplication.* Auf die unter 1. bemerkte weise entsteht für das gehör eine art reduplication. Dagegen wird, wenn die erste und zweite silbe eines wortes mit demselben consonanten anheben, worauf derselbe vocal folgt, die erste silbe als ob sie eine unnütze reduplication wäre, zuweilen abgestoßen: *it.* cenno wohl von cincinnus, zirlare von zinzilulare, *neap.* tellecare von titillicare, *fr.* gourde von cucurbita, *pr.* paver von papaver, ähnlich *sp.* Santa Cilia *(ortsname)* von Sancta Caecilia. Die der sprache der kinder abgelernte gemination (*fr.* bobo, dodo) hat nur in volksmundarten wurzel gefaßt. — 4) *Auch die vocale unterliegen euphonischen einwirkungen.* Beachtenswerth für die etymologie ist die begünstigung des a in erster unbetonter silbe in der art, daß e und i häufig in diesen vocal verwandelt werden. Es geschieht dies am liebsten, wenn die betonte zweite silbe ein a enthält, aber auch ohne dies oft genug. Einige beispiele sind: *it.* baleno, bardosso, ciascuno, danaro, ganascia, guarento *(alt)*, lattovaro, laveggio, magrana, marangone, maraviglia, margotto, marmaglia, racchetta, salvaggio, sampogna, tanaglia, taradore, tramaglio. Am häufigsten kommt dies vor im franz., welches sonst a in e zu schwächen geneigt ist: balance, barlong, barette, calandre, carcan, carmin, chacun, craanter *(alt)*, cravanter *(alt)*, dauphin, falaise, farouche, garant, garou, ganache, jaloux, marchand, marcotte, panache, paresse, rançon, raquette, sarcelle, sauvage, tarin, tarière, tramail *u. dergl.* — 5) *Ein andrer dieser züge ist die anbildung, vermöge welcher ein wort, sei es nun ein vorhandenes oder ein erst zu schaffendes, einem andern, begriffsverwandten in seiner gestalt angenähert, gewöhnlich in seiner endung gleichgesetzt wird. So ist altfr.* octembre *gebildet nach* septembre, novembre, decembre, *fr.* mensonge *nach* chalonge, chapuiser *nach* menuiser, *altfr.* boisdie *nach* voisdie, *it.* bóffice *nach* sóffice, sdrucire *nach* cucire, neap. Carella (Carybdis) *nach* Scella (Scylla). *Ital.* greve *ist eine anbildung an seinen gegensatz* leve, pria *mit seinem a an* poscia. — 6) *Durch mischung der stämme einigen sich zuweilen zwei begriffsverwandte in einem und demselben worte, es wird gewissermaßen ein reis auf einen fremden stamm geimpft. An fr.* rame *z. b. haben* remus *und* ramus *theil; an* selon secundum *und* longum, *an* haut altus *und unser* hoch, *an* refuser *sowohl* recusare *wie* refutare, *an it.* carcame *sowohl* arcame *wie* carcasso. — 7) *Wie in dem letzten falle zwei wörter in eins zusammenfließen, so kann auch um der begriffsunterscheidung willen, ohne rücksicht auf die lautregel, ein wort in zwei auseindergehn, z. b. it.* manco *mangelhaft,* monco *verstümmelt, beide von* mancus; rifutare *widerlegen,* rifiutare *verschmähen, von* refutare; *sp.* calar *niederlassen,* callar *schweigen, von* χαλᾶν; *fr.* désigner *anzeigen,* dessiner *zeichnen, von* designare. *Weit häufiger geschieht dies vermittelst erlaubter formveränderungen wie im it.* rio *schlimm, neben* reo *schuldig,* pesare *wägen, neben* pensare *denken. Eine andre art dieser scheideformen ist, wenn ein wort, um nicht mit einem andern, gleichlautenden zusammenzufallen, eine mehr oder weniger starke formveränderung annimmt: so it.* pioppo *von* pōpulus *pappel, wegen* popolo *volk;* melo *von* malus *apfelbaum, wegen* malus *böse;* pigliare *nehmen, von* pīlare, *wegen* pillare *stampfen, von* pīla; *sp.* cerrar *schließen, von* sera, *wegen* serrar *sägen, von* serra; *pr.* monestar *mahnen, von* monitare, *wegen* montar *steigen, von* mons; *fr.* étang *teich, von* stagnum, *wegen* étain *zinn, vom altlat.* stagnum. — 8) *Nicht selten wird ein in seinen bestandtheilen unverständliches wort durch theilweise vertauschung oder übersetzung mit einem ähnlichen romanischen gedeutet, ein sinnreiches mittel fremdlinge ganz heimisch zu machen. Beispiele dieser* umdeutung *sind: it.* battifredo, badalisco, guiderdone, Gibilterra *(Gibraltar),* malvagio, *sp.* malenconico, *it.* manovaldo, *altfr.* mainbournir, candelarbre, *nfr.* choucroute, orange, *worin man leicht die mit* battere, badare, dono, terra, male, mano, arbre, chou, or *vollzogene umdeutung erkennt. Im fr.* main de gloire *(für* mandegliere *aus* mandragora*) beschränkt sich die umdeutung nicht auf einen theil des wortes. Span.* sierra morena *(schwarzes gebirge) soll aus* mons Marianus *abgeändert sein. Bekannt sind* Longobardus *und* baccalaureus.

Dem naturausdruck als bildungsmittel der neuen sprache ist kein zu weites feld einzuräumen: manches wort, das man auf diesem wege entstanden wähnt, kann sich noch als sprößling eines alten stammes ausweisen. Doch hat dieses mächtige bildungsmittel hier, wie überall, reichlich gewuchert und seine früchte können ihre herkunft so wenig verläugnen, daß mir ihre vollständige aufnahme überflüssig schien. Viele dieser naturproducte lassen sich mit ähnlichen in fremden sprachen zusammenstellen, aber nicht mit sicherheit daraus herleiten.

Es wären noch manche für die etymologie nicht gleichgültige beobachtungen zur sprache zu bringen. Da sie aber alle in das gebiet der grammatik gehören, so lasse ich sie hier unberührt; nur einigen dringenden fragen aus der wortbildung kann ich die erwägung auch an dieser stelle nicht versagen. Die latein. sprache zieht unbedenklich adjectiva aus verbalstämmen durch bloße anfügung nominaler suffixe: fidus, parcus, vivus, congruus *entstehen aus* fidere, parcere, vivere, congruere. *Rom. gramm.* [1. ausg.] *II, 235 hatte ich diesen vorgang in den neuen sprachen als einen höchst seltenen zugelassen: er ist aber gar nicht einzuräumen: die sprache erfreut sich eines solchen überflusses ausdrucksvoller adjectivsuffixe, daß sie neuen bildungen jener art ganz entsagen durfte. Allerdings gibt es mehrere romanische adjectiva, die sich zu verbis zu verhalten scheinen wie die eben genannten lateinischen. Es sind etwa folgende: sp.* furo, *verbum lat.* furere; *it.* folle, *fr.* fou, *vb. lat.* follere; *pr.* clin, *vb.* clinare; *fr. mundartl.* gonfle, *vb.* gonfler; *fr.* morne, *vb. goth.* maurnan. Furo *und* follo *lassen sich von den substantiven* fur *und* follis *herleiten;* clin *und* gonfle *sind abgekürzte participien* = *it.* chino, gonfio; *für* morne *endlich wird man ein deutsches adjectiv muthmaßen dürfen. — Etwas bedenklicher ist eine andre, ganz verwandte frage. Werden substantiva persönlicher bedeutung auf eine eben so einfache art, ohne syllabisches suffix, aus verbis gezogen wie substantiva sächlicher bedeutung? Die latein. sprache ist mit solchen bildungen sehr sparsam:* scriba, coquus, dux, rex *sind beispiele, andre bemerkt man in compositis. Es ist der mühe werth, die romanischen fälle, die eine solche entstehung zu fordern scheinen, mit einiger vollständigkeit zusammenzustellen. Masculina sind it.* furbo, *vb.* forbire; *it. mundartl.* lecco, *vb.* leccare; *it.* allievo, *fr.* élève, *vb.* allevare, elevare; *sp.* trasgo, *vb.* trasegar; *fr.* juge, *vb.* juger. Furbo *und* lecco *können in gleichlautenden ahd. substantiven ihren grund haben;* allievo *und* élève *verhalten sich nach ihrer bedeutung mehr wie sächliche als persönliche wörter und dürfen darum beseitigt werden;* trasgo *ist zweifelhaft, da* trasiego *zu erwarten stand; unläugbar aber ist* juge, *das jedoch nicht ohne grund aus* juger *gezogen ward, s. II. c. Was die aus verbis gezogenen masculina auf* a *betrifft, so hatten sie früher wohl eine rein sächliche bedeutung und wurden nachher auf personen übertragen, wie das nicht verbale* boja *die bedeutungen fessel und henker ausdrückt: so denn auch sp.* boga *ruderer, von* boga, *in derselben bedeutung auch feminin (eigentl. ruder, wie pg.* voga*), so it.* spizzeca *knicker (kneipzange?) von* pizzicare; *bei andern wie sp.* farfulla *stammler, von* farfullar, *pg.*

beberrica *trinker,* von beberricar, ist dies weniger ersichtlich. *Die aus verbis gezogenen feminina sind ursprünglich abstracta gewesen und in concrete persönliche bedeutung übergetreten: so it.* ascolta schildwache (aufhorchung), scorta begleiter (begleitung), *pr.* bada *wächter (obacht),* uca *ausrufer (ausruf),* crida *schreier (schrei), it.* gonfia *glasmacher (aufblasung); bei it.* trecca *hökerweib, vb.* treccare *betrügen, mag diese begriffsentwicklung zweifelhafter sein. Aus dem allem ergibt sich aber doch die ungewißheit dieser ableitungen, mit deren annahme also der etymologe vorsichtig verfahren muß.*

Bonn im juli 1853.

II. *In der vorliegenden* zweiten ausgabe *habe ich einen großen theil der in der ersten enthaltenen artikel einer neuen prüfung unterzogen, welche nicht selten auf andre ergebnisse geführt hat. Zu dieser prüfung gaben die seit der herausgabe des buches in etymologischen schriften jeder art erschienenen sehr zahlreichen bemerkungen, so weit sie zu meiner kenntnis gelangt sind, den hauptsächlichsten anlaß. Die meisten derselben wurden schon vor einigen jahren in einer kleinen schrift 'Kritischer anhang zum etymologischen wörterbuche' genauer von mir besprochen; einen theil ihres inhalts habe ich den betreffenden artikeln dieser neuen ausgabe entweder in klammern beigefügt oder in den text einfließen lassen. Indessen trat die nothwendigkeit dieser ausgabe so rasch und unerwartet ein, daß ich nicht im stande war, auf alle ausgesprochenen deutungen und einwürfe, selbst nicht auf alle diejenigen, welche zu meiner kenntnisnahme bestimmt schienen, einzugehen. Sofern ich sie unberührt lasse, konnte ich ihnen auf meinem standpuncte allerdings nicht beipflichten, bin aber weit entfernt, ihr verdienst in abrede zu stellen. Überdies habe ich das buch mit einigen hundert artikeln vermehrt, viele andre, wo es wünschenswerth schien, etwas genauer ausgeführt.*

Bonn im september 1861.

III. *Da man in etymologischen dingen nicht überall zu unwiderruflichen resultaten gelangt, so tritt auch diese* dritte ausgabe *nicht unverändert in die öffentlichkeit. Auch ist ihr ein zuwachs von neuen artikeln zu theil geworden. Das register hat mit rücksicht auf einen vielfach ausgesprochenen wunsch eine mehr praktische einrichtung erhalten.*

Bonn im october 1869.

VORREDE ZUR VIERTEN AUSGABE.

Alle diejenigen, welche nicht nur Diezens lehre hochhalten und pflegen, sondern auch seine eigenart, was methode und darstellung betrifft, zu würdigen wissen, werden dem verleger des Etymologischen Wörterbuchs dank wissen, daß er diese vierte auflage in unveränderter gestalt erscheinen läßt. Sie werden mit ihm es für gerathen, ja von den pflichten der pietät für geboten halten, die werke des uns entrückten meisters so lange einer um- oder überarbeitung zu entziehen, als im kreise der schüler und nacheiferer der hauch seines genius noch lebendig empfunden wird. Man hüte sich ebensosehr davor, dem worte eines edlen todten, der großes geschaffen, eine unantastbare autorität beizulegen, als seine persönliche arbeit unter noch so preiswürdigem flickwerk zu verwischen.

Wenn es jedoch den verleger drängte, unser buch, so wie es zuletzt aus der feder des verfassers geflossen, auf den markt zu geben, lag es ihm nicht minder daran, dem unaufhaltsamen fortschritte der wissenschaft rechnung zu tragen und die abnehmer der vierten auflage für die diesmal ausbleibenden zusätze und verbesserungen des autors einigermaßen dadurch zu entschädigen, daß die wichtigeren ergebnisse der etymologischen forschung, so weit sie seit dem erscheinen der dritten ausgabe zu tage getreten und den speciellen inhalt des Diez'schen werkes berühren, in einem Anhang zusammengestellt würden.

Daß ich auf sein ersuchen diese aufgabe bereitwillig übernahm, möge damit entschuldigt werden, daß es sich ja weniger um eigenes schaffen und urtheilen als um das sammeln, sichten und darlegen fremder arbeit handelte und daß mir dadurch eine erwünschte gelegenheit geboten wurde, dem dahingeschiedenen altmeister, in seinem geiste wirkend, den tribut meiner verehrung zu entrichten.

Ich habe zur erfüllung des mir gewordenen auftrags alles, was mir in meiner isolirten stellung zu Brüssel an zeitschriften, commentaren, wörterbüchern und einschlägigen sonderarbeiten zu gebote stand, sorgfältig durchmustert und dasjenige ausgezogen, was irgendwie für oder gegen die Diez'schen aufstellungen verwerthet werden konnte. Selbstverständlich habe ich nur solches aufgenommen, wozu sich ein berufener, mehr oder weniger auf der höhe der wissenschaft stehender gewährsmann aufweisen ließ. Einige wenige streng geprüfte notizen ausgenommen, fand sich im nachlaß des seligen verfassers kein material zur vorbereitung einer neuen auflage vor; nicht einmal ein zu diesem behufe annotirtes handexemplar konnte ausfindig gemacht werden.

VORREDE.

Bei der druck-revision des Diez'schen werkes hatte ich manche veranlassung, druckfehler, die sich in die früheren ausgaben eingeschlichen hatten, zu beseitigen. Das register habe ich erheblich, etwa um ein viertel der wörter vermehrt, so daß dasselbe bei dem gebrauche des werkes als ausreichend befunden werden wird.

Brüssel, im august 1878.

A. Scheler.

VORREDE ZUR FÜNFTEN AUSGABE.

Diese fünfte ausgabe des etymologischen wörterbuchs ist, was den text des seligen verfassers betrifft, wie die 1878 erschienene vierte, ein unveränderter abdruck der zuletzt von ihm selbst besorgten dritten (october 1869).

Der verleger hat mich aufs neue ersucht, in einem Anhang dasjenige zusammenzustellen, was seit des altmeisters hingang auf dem gebiete des von ihm behandelten stoffes aus den neueren untersuchungen der romanischen wissenschaft verwerthet oder wenigstens bezeichnet zu werden verdiente.

Ich habe nach kraft und mitteln mich beflissen, dem auftrage in würdiger weise zu entsprechen und rechne bei denen, welche die nächste aufgabe des anhangs nicht ausser rücksicht lassen, nämlich das Diez'sche wörterbuch durch hinweisung auf neuere erkundigungsquellen oder kurze einzeichnung zu berücksichtigender etymologischer bedenken oder facta gewissermaßen auf der höhe der wissenschaft zu erhalten, auf nachsichtiges urtheil.

Das register ist abermals beträchtlich vermehrt worden und wird für den benutzer des buchs, der sich im plane desselben wohl zu orientieren weiß, als genügend befunden werden.

Brüssel, im august 1887.

Aug. Scheler.

ABKÜRZUNGEN.

abl. ableitung.
ags. angelsächsisch.
ahd. althochdeutsch.
alban. albanesisch.
altn. altnordisch.
alts. altsächsisch.
andal. andalusisch (nach dem wb. der span. Akad.).
arag. aragonesisch.
bearn. bearnesisch (nach Honnorat).
bergam. bresc. bergamaskisch und brescianisch (nach G. Rosa).
berr. mundart von Berry (nach Jaubert).
bret. bretonisch.
burg. burgundisch d. i. bourgognisch (nach De la Monnoye, Mignard, dem Vocab. langrois, dsgl. nach Monnier Vocab. du Jura in den Mém. des antiq. de France IV.).
cat. catalonisch.
champ. champagnisch (nach Saubinet Vocabulaire rémois und Tarbé).
chw. churw. churwälsch (nach Conradi und Carisch).
cimbr. cimbrisch, sprache der sieben und dreizehn gemeinden (nach Schmeller).
com. comask. comaskisch (nach P. Monti).
cremon. cremonesisch (nach Peri).
dauph. dauphinesisch (nach Champollion).
flor. florentinisch (nach verschiedenen werken).
fr. französisch.
frs. friesisch.
gallic. gallicisch, in Spanien.
gasc. gasconisch (nach Honnorat u. a.).
gen. genuesisch (nach Olivieri, ausg. von 1851).
genf. genferisch (nach dem Dict. genevois).
hd. hochdeutsch.
henneg. hennegauisch oder rouchi (nach Hécart).
it. italienisch.
lim. limous. limousinisch (eigentl. niederlimousinisch, nach Béronie).
lomb. lombardisch.
lothr. lothringisch (nach Oberlin, dem Dict. patois par L. M. P., Nancy 1842, und Jaclot, Par. 1854).
mail. mailändisch (nach Cherubini, 2. ausg. 1839—43. IV.).
mhd. mittelhochdeutsch.
mlat. mittellateinisch.
mnd. mittelniederdeutsch.
mndl. mittelniederländisch.
moden. modenesisch (nach Muratori u. a.).
ndd. niederdeutsch.
ndl. niederländisch.
nds. niedersächsisch.
neap. neapolitanisch (nach Galiani).
nfr. neufranzösisch.
nhd. neuhochdeutsch.
norm. normannisch (nach E. und A. Du Méril).
npg. neuportugiesisch.
npr. neuprovenzalisch.
nsp. neuspanisch.
obd. oberd. oberdeutsch.
occ. occit. occitanisch, mundart von Languedoc (nach Sauvages, dem glossar zu Goudelin u. a.).
parm. parmesanisch (nach Peschieri und Malaspina).
pg. portugiesisch.
pic. picardisch (nach Hécart und Corblet).
piem. piemontesisch (nach Zalli u. Ponza).
pr. provenzalisch.
romagn. romagnolisch (nach Morri).
sard. sardisch (nach Porru, Spanu und den gedichten Purqueddu's).
schwz. schweizerisch.
sic. sicil. sicilianisch (nach M. Pasqualino und Biundi).
sp. spanisch.

ABKÜRZUNGEN. XXV

trient. *trientinisch und roveretanisch (nach Azzolini).*
val. *valencianisch.*
ven. *venez. venezianisch (nach Patriarchi).*
veron. *veronesisch (nach Angeli).*
vrlt. *veraltet.*
wal. *walachisch.*
wald. *waldensisch (bei Raynouard, Hahn u. a.).*
wallon. *wallonisch (nach Remacle und Grandgagnage).*
zsgs. *zusammengesetzt.*
zsgz. *zusammengezogen.*
zss. *zusammensetzung, zusammensetzungen.*

Agol. *Agolant, im Ferabras.*
Alex. *Alexandre, ed. Michelant.*
Alexs. *Alexis, ed. Gessner.*
Alx. *Alexandro, p. p. Sanchez.*
Anal. gramm. s. App. ad Prob.
Antioch. *Chanson d'Antioche, p. p. P. Paris.*
Apol. *Apolonio, p. p. Ochoa.*
App. ad Prob. *Appendix ad Probum in Analect. gramm. ed. Eichenfeld et Endlicher, p. 444 ff.*
Archiv. stor. ital. *Archivio storico italiano.*
Aubery, *p. p. Tarbé.*
Aubri, *im Ferabras.*
B. *Bartsch, Denkmäler der provenzalischen litteratur.*
Barl. *Barlaam und Josaphat herausg. v. Meyer und Zotenberg.*
Bc. *Berceo, p. p. Sanchez (Mil. Milagros de N. S.; Mill. San Millan; SDom. San Domingo cet.).*
Ben. *Chronique de Benoît, p. p. Michel.*
Bert. *Berte, p. p. P. Paris.*
Bonves. *Bonvesin, ed. Bekker.*
Brand. *Brandaine, p. p. Jubinal.*
Bréq. *Bréquigny et la Porte du Theil, Diplomata tom. I. (ältere ausgabe).*
Brt. *Brut, p. p. Leroux de Lincy.*
Brun. *Brunetti, Codice diplomatico, tom. I.*
Bth. *Poëme sur Boëce, p. p. Raynouard.*
Cal. é D. *Calila é Dymna, p. p. Gayangos.*
Canc. de B. *Cancionero de Baena.*
Carp. *Carpentier, Glossarium novum cet.*
Cas. lit. *Casae litterarum, ed. Lachmann.*
Ccy. *Histoire du châtelain de Coucy, p. p. Crapelet.*

C. d. Poit. *Roman du comte de Poitiers, p. p. Michel.*
Charl. *Charlemagne, p. p. Michel.*
ChCyg. *Le chevalier au cygne, p. p. Reiffenberg.*
ChLy. *Le chevalier au lyon, ed. Holland.*
Chr. d'Escl. *Chronique de Bernat d'Esclot, p. p. Buchon.*
Chx. *Choix cet. p. p. Raynouard.*
Class. auct. *Classici auctores, ed. Ang. Majus.*
CNA. *Cento novelle antiche, Torino 1802.*
Cont. Ultram. *La conquista de Ultramar., p. p. Pascual de Gayangos.*
DC. *Ducange, Glossarium mediaelatinitatis.*
D. Din. *Cancioneiro del rei D. Diniz, p. p. Lopes de Moura.*
Dief. gloss. lat. germ. *Diefenbach, Glossarium latino-germanicum.*
DMce. *Doon de Maïence, p. p. Pey.*
Dolop. *Dolopathos, p. p. Brunet et Montaiglon.*
Eracl. *Eracle, ed. Massmann.*
Er. En. *Erec et Enide, ed. Bekker.*
Esp. sagr. *España sagrada, p. p. Florez y Risco.*
FBej. *Foros de Beja.*
FC. *Fabliaux et contes, p. p. Barbasan, éd. de Méon.*
Fer. *Ferabras, ed. Bekker.*
FGrav. *Foros de Gravão.*
Fier. *Fierabras, p. p. Kröber et Servois.*
FJ. *Fuero Juzgo, Madr. 1815.*
Flam. *Flamenca, p. p. Meyer.*
Fl. Bl. *Flore et Blanceflor, ed. Bekker.*
Form. *Formulae.*
FSant. *Foros de Santarem.*
Fumag. *Fumagalli, Codice diplomatico.*
GAlb. *Guerre des Albigeois, p. p. Fauriel.*
Gar. *Garin, p. p. P. Paris.*
Gaufr. *Gaufrey, p. p. Guessart et Chabaille.*
Gayd. *Gaydon, p. p. Guessard et Luce.*
GBourg. *Gui de Bourgogne, p. p. Guessard.*
G. d'Angl. *Guillaume d'Angleterre, p. p. Michel.*
Gest. reg. Fr. *Gesta regum Francorum, Bouquet t. I.*
G. Gaim. Geoffr. *Gaimar, s. Chron. anglonorm. p. p. Michel.*
Gl. *Glossae (Gl. erford. erfurter glossare, ed. Öhler).*

ABKÜRZUNGEN.

Gloss. vet. Glossarium vetus, Classici auctores VI.
GNev. Gérard de Nevers, p. p. Michel.
GO. Glossaire occitanien, p. p. Rochegude.
GProv. Grammaires provençales, p. p. Guessard (Gramm. rom. 2. éd.).
Grég. dialogues de St. Grégoire, p. p. Du Méril.
Greg. Tur. Gregorii Turonensis Historia ecclesiastica.
GRiq. Giraud Riquier, ed. Pfaff.
GRoss. Girart de Rossilho, ed. Hofmann.
GVian. Gérard de Viane, im Ferabras.
GVic. Gil Vicente, Hamburgo 1834, III, dsgl. in Böhls Teatro español.
HBord. Huon de Bordeaux, p. p. Guessard et Grandmaison.
HLang. Histoire générale de Languedoc, preuves.
HPMon. Historiae patriae monumenta, chartarum tom. I.
JFebr. Jaume Febrer, Valencia 1796.
Jfr. Jaufre, in Lex. rom. I.
Inf. L'Inferno di Dante.
L. Lex.
L. de Guill. (LG.) Lois de Guillaume le Conquérant, ed. Schmid.
Leys d'am. Leys d'amors, p. p. Gatien-Arnauld.
LJ. Livre de Job, in den Livres des Rois.
LR. Lexique roman, p. p. Raynouard.
LRs. Livres des rois, p. p. Le Roux de Lincy.
M. Gedichte der Troubadours, ed. Mahn, 1856—57.
Mabill. annal. Mabillon, Annales ord. S. Benedicti, Lucae 1730.
Mabill. dipl. Mabillon, Res diplomatica, Par. 1709.
Marc. hisp. Marca hispanica, ed. Marca.
Mar. Egipc. Maria Egipciaca, p. p. Ochoa.
Marin. Marini, Papiri diplomatici.
MFr. Marie de France, p. p. Roquefort.
MGar. Mort de Garin, p. p. Du Méril.
Murat. ant. ital. Muratori, Antiquitates italicae, Mediol. 1738.
NFC. Nouveaux fabliaux et contes, p. p. Méon.
NF. Jub. Nouveau recueil de fabliaux, p. p. Jubinal.
Nicot. Dict. françois-latin recueilli des observations de M Nicot cet. Par. 1573.

Og. Ogier de Danemarche, p. p. Techener.
Par. Il Paradiso di Dante.
Parton. Partonopeus, p. p. Crapelet.
Pass. d. J. C. Passion de Jésus-Christ, p. p. Champollion.
PC. Poema del Cid, p. p. Sanchez.
PDuch. Parise la duchesse, p. p. Guessard et Larchey.
PO. Parnasse occitanien, p. p. Rochegude.
PPS. Poeti del primo secolo.
Purg. Il Purgatorio di Dante.
QFAym. Les quatre fils Aymon, im Ferabras.
RCam. Raoul de Cambrai, p. p. Le Glay.
Ren. Renard, p. p. Méon.
RFlor. Roi Flore, p. p. Michel.
RMunt. Ramon Muntaner, ed. Lanz.
Rol. Roland, p. p. Michel.
Rom.fr. Romancero français, p.p. P.Paris.
Rom. gramm. Romanische grammatik 4. ausg.
Roq. Roquef. Roquefort, Glossaire de la langue romane.
Rou, p. p. Pluquet.
Ruteb. Rutebeuf, p. p. Jubinal.
Rz. Ruiz, p. p. Sanchez.
Sax. Chanson des Saxons, p. p. Michel.
SBern. Sermons de St. Bernard, in den Livres des Rois.
SLég. Vie de St. Léger, p. p. Champollion.
SRos. Santa Rosa, Elucidario.
SSag. Sept sages, ed. Keller.
TCant. Thomas de Canterbury, ed. Bekker.
TFr. Théâtre français, p. p. Monmerqué et Michel.
Tirab. Tiraboschi, Storia della badia di Nonantola, vol. II.
Trist. Tristan, p. p. Michel.
Trov. Trovas e cantares, Madr. 1849 (Cancioneiro inedito).
Trucch. Trucchi, Poesie inedite.
Ughell. Ughelli, Italia sacra.
Voc. Vocabularius, s. b. duacensis, optimus, S. Galli.
Wack. Altfranz. lieder und leiche, herausg. von Wackernagel.
Yep. Yepes, Cronica de la orden de S Benito.

Zeitschrift, ohne weitere bezeichnung, = G. Gröber's Zeitschrift f. roman. Philologie.

ERSTER THEIL.

GEMEINROMANISCHE WÖRTER.

A.

A *und* ad *it., sp. pg.* á, *pr.* a *u.* az, *fr.* à, *wal.* a, *präposition, vom lat.* ad, *vornehmlich auch als casuspartikel angewandt. Ob das rom.* a *in gewissen fällen nicht vielmehr aus* apud *abgekürzt sei, darüber s. Rom. gramm. III, 160, 161. Eine zss. ist it.* da, *churw.* dad, *von* de ad, *bereits in urkunden des 7. und 8. jh. vorhanden (Rom. gramm. II, 25), entsprechend dem ahd.* fona, *nhd.* von, *aus* af ana, *nach Grimm IV, 782. Ueber das diesem ital.* da *begegnende oskische* dat *sehe man Bugge, Ztschr. für vergl. sprachf. III, 419. Für* da *sprach man altsardisch* daba, *nach Delius nicht von* de ad, *sondern von* de ab, *s. dessen schrift über den sard. dialect p. 4.*

Abisso *it., pr.* abis *und* abisme, *fr.* abîme, *sp. pg.* abismo, *sard.* abismu *abgrund, hölle; vb. it.* abissare *und* sobbissare, *pr.* abissar, *sp.* abismar, *fr.* abîmer, *in den abgrund versenken u. dgl.; von* abyssus (ἄβυσσος). *Wir haben, wie es scheint, in* abisme, abismo *einen substantivischen superlativ wie etwa in dem üblichen mlat.* dominissimus *vor uns, man wollte damit den tiefsten abgrund, den der hölle, stärker bezeichnen; übrigens ist* ἄβυσσος *von hause aus ein adjectiv, mithin zur gradation berechtigt.* Abyssissimus *konnte in* abyssimus *zusammengehn wie* metipsissimus *in* metesme. *Man hat auch an* abyssismus *gedacht, aber das suffix* ismus *gibt in den jüngern sprachen nur abstracta, höchstens collectiva. Andre vermuthen eine accusativform darin, aber wäre alsdann das franz. wort nicht* abisson *gewesen, wie* suum son, Carolum Charlon *ergab? Zu merken die ital. nebenform* nabisso *aus der üblichen verbindung* in abisso *wie* ninferno *aus* in inferno *entstanden (*ininferna *in einer alten messe, Mone p. 20), daher das dtsche* nobis, *s. Grimm, Myth. 766, Hoffmann, Hor. belg. V, 38.*

Abrigo *sp. pg., pr.* abric, *fr.* abri *schutz; vb. sp. pg.* abrigar, *pr.* abrigar, abriar, *fr.* abriter *(für* abricr *mit eingeschobenem* t *wie oft) schützen, decken. Umsonst hat man sich bemüht, dem lat.* apricus *den sinn des rom. wortes zu entlocken: was die sonne bescheint, ist und bleibt unbedeckt. Läßt sich letzteres aus keiner andern sprache nachweisen, so darf als etymon ein ahd.* bi-rîhan *decken (*ant-rîhan *enthüllen findet sich) vermuthet werden. Für* abriter *sagt man in Berry* abrier, *im Jura* avriller, *was wohl nur diminutivisch ist. Die bearn. mundart spricht mit tenuis* aprigá. — [*Gegen Mahn und Littré, welche diese herleitung angefochten haben und für* apricus *eingetreten sind, bemerkt der Krit. anhang* *folgendes.* 'Man deute an dem worte, wie man will, in den neuen sprachen bleibt schutz, obdach der grundgedanke, nicht bloß der schutz vor regen und kälte, sondern auch der vor der sonne, denn man sagt z. b. ce lieu est à l'abri du soleil *(Dict. de Trév.)*. Se mettre à l'abri de la pluie ist darum dasselbe wie se mettre à couvert de la pluie', *und schon ein troubadour sprach:* m'abric sai on sol non fer *ich bin hier unter dach, wo keine sonne hin scheint. LR.* 'Wem fällt dabei nicht das horazische quidquid in occulto est, in apricum proferet aetas *ein, wo* apricum *gerade das gegentheil aussagt von* occultum, *also ungefähr auch das gegentheil der roman. bedeutung?* Solche übergänge mögen allerdings in den sprachen vorkommen, sie müssen sich aber schritt vor schritt verfolgen lassen, was wenigstens mir bei der fraglichen etymologie nicht gelingen will'. *Der schatten schützt, nicht die sonne, das sagen die sprachen selbst:* lat. umbra, *it.* ombra, *sp.* sombra *ist schatten und schutz.* 'Verdächtig wird die lat. herkunft des wortes schon dadurch, daß es (mit ausnahme der sardischen mundart, die bekanntlich viele wörter aus Spanien bezogen) dem ital. gebiete abgeht, denn aprico ist ein dem latein abgeborgter poetischer ausdruck mit lat. bedeutung, und apricare fehlt ganz. Die eigentliche heimath von abrigo scheint Spanien; hier wenigstens hat es nicht wenige ableitungen und zusammensetzungen entwickelt, wie abrigada, abrigaño, abrigamiento, abrigador (pg.), desabrigo, desabrigar cet. Larramendi verweist auf das bekannte in städtenamen vorkommende briga, allein daraus wird das wort nicht klar. Auch aus sp. abra (bucht) läßt es sich nicht gewinnen, da mit* ig *nicht abgeleitet wird. Ich stellte darum das ahd.* rîhan *(decken) auf, zsgs.* birîhan, *ags.* bevrîhan *(bedecken); man setzte* a *vor, was zumal in Spanien sehr häufig geschieht. Nicht unmerkwürdig ist die altfr. bed. bedecken in einer stelle bei Guill. Guiart Roq. app.:* la tres precieuse corone que Jhesu Crist ot en sa teste, si com li Juis l'en abrierent *(damit bedeckten, nicht: schützten)'. Und in einer noch älteren stelle:* si ot d'une chape forrée abrié et vestu son cors *R. de la rose, s. P. Paris, Dict. histor. p. 30.* 'Aber auch zu erwägen ist das in allen deutschen sprachen vorhandene bergan, präs. birgu (bergen, in sicherheit bringen), mit versetztem r, wie oft. Dem subst. berc, geberc (versteck, zufluchtsort) würde* abric *von seiten der bedeutung ein gut theil näher liegen als dem lat. apricum'.] Das cat.* abrig *wird gradezu mit sp.* albergue *übersetzt. Sichtlich von* bergan *ist das altfr.* em-berguer 'couvrir, mettre à l'abri' *Roq.* — *Wenn R. Stephanus in seinem wörterbuche sagt:* ung abri ou le soleil frape tousjours apricus locus, *so muß er um der etymologie willen dem franz. worte eine demselben nicht zukommende bedeutung aufgedrängt haben. Denn wenn Livet, Gramm. franç. 476, ihn damit entschuldigt, daß das wort später diese bedeutung geändert haben könnte, so stehen die prov. zeugnisse damit im widerspruch. Man vgl. übrigens Mahn p. 113 ff.*

Acabar *sp. pg. pr.*, achever *fr. ausführen, vollenden; von* caput, *roman. nicht nur den anfang, auch das ende eines dinges bezeichnend.*

Accattare *it.*, *altsp.* acabdar, *altpg.* achatar *SRos.* *ein gut erwerben*, *altfr.* acater *verschaffen Alexs.* 8, *ncufr.* acheter *kaufen, so auch altit.* *neap.* accattare; *sbst. it.* accatto, *pr.* acapta, acapte, *fr.* achat. *Es ist von* ad-captare (*mlat.* accapitare) *an sich nehmen, kaufen, eine erst im franz. entwickelte bedeutung, welcher Festus stelle* emere, quod nunc est mercari, antiqui accipiebant pro sumere *zur unterstützung gereichen kann. Eine zss. ist it.* raccattare, *pg.* regatar, *fr.* racheter *loskaufen; wofür sp.* rescatar, *pg.* resgatar *aus* re-ex-captare, *sbst.* rescate, resgate.

Acceggia *it.*, *sp.* arcea, *fr.* mundartl. acée *schnepfe, mlat.* accia, acceia; *soll in* acies *oder* ἀκίς *spitze (vogel mit spitzem schnabel) seinen ursprung haben, s. Ménage und Carpentier. Ein altes zeugnis für dieses wort enthalten die erfurter glossare p. 259^b* accega '*holtana*,' *variante* acega '*holthana*' *d. i.* ags. holt-hana *(holz-hahn = schnepfe), vgl. Haupts Ztschr. V, 197^b*.

Accia, azza *it.*, *sp.* hacha, *pg.* facha, acha, *pr.* apcha *für* acha, *fr.* hache (h *asp.*), *daher mhd.* hâtsche *und* hâsche, axt, beil; *vb. it.* acciare, *fr.* hacher *klein hacken. Gegen lat.* ascia *als etymon sprechen die formen; wohl aber stimmt die franz. zum nhd. ndl.* hacke *werkzeug zum hauen, ein in der alten sprache nicht vorfindliches, aber durch das masc.* hacco (haken) *und das ags. vb.* haccan = *engl.* hack *gestütztes wort. Die deutsche kehltenuis erhielt sich im picard. vb.* héquer *holz hacken* = *fr.* hacher. *Aus dem franz. worte aber flossen die übrigen, unter welchen das pg.* facha *mit seiner lippenaspirata die reine aspirata nachzubilden sucht, s. unten* arpa. — *Davon zu trennen ist it.* ascia, *pr.* aissa, *vom lat.* ascia; *span.* aza *oder* axa *fehlt, aber eine abl. altsp.* axada, *nsp.* azada, *pg.* enxada, *dsgl. sp.* azuela *haue, hacke, ist vorhanden.*

Acciajo *it.*, *sp.* acero, *altpg.* aceiro, *neupg.* aço, *pr. fr.* acier, *wal.* otzęl (*ungr.* atzél), *mlat.* aciare, aciarium *stahl (s. z. b. Class. auct. VI, 502^b); von* acies *sc.* ferri *härteres eisen. Eine andre, gleichbed. abl. ist it.* acciale, *ven.* azzale *u. s. w., ahd.* ecchil, *mhd.* eckel.

Accidia *it.*, *altsp.* acidia, *pr.* accidia, *altfr.* accide *fahrlässigkeit, verdrossenheit; vom mlat.* accidia, acedia, *gr.* ἀκηδία, *dass.*

Acciuga *it.*, *sp.* anchoa, *pg.* anchova, enchova, *fr.* anchois *sardelle. Aus* aphya (ἀφύη) *oder besser aus* apya (*zu schließen nach* apua) *konnte mit dem suffix* ug *unzweifelhaft das it.* acciuga (*zunächst aus* apj-uga) *entstehen, woraus denn die andern wörter verderbt sein müssen. Mundartliche formen sind* piem. sic. anciova, veron. aucioa, gen. anciua, ven. anchioa. — [*Mahn erkennt darin ein iberisches wort =* bask. antzua *trocken, denn die sardelle ist ein getrockneter (eingesalzener) fisch, s. seine Elym. untersuchungen p. 5.*]

Accordo *it.*, *sp.* acuerdo, *pg.* acordo, *pr.* accort, *fr.* accord *übereinstimmung, vertrag; vb.* accordare *u. ff.; gebildet nach* concordare, discordare, *also von* cor, *nicht etwa von* chorda.

Acero *it.*, *pg.* acer, *altsp.* asre, *neusp. umgestellt* arce, *cat.* ars.

ahorn; von acer aceris. *Der Franzose nennt denselben baum* érable *(m.):
aus lat.* acer *wäre* are *oder* aire, ère *geworden; um dem worte mehr umfang zu geben, sagte man* acer arbor, *zsgz.* esrarbre érarbre, *dissimiliert*
érable, *neuprov. in* Grenoble *aber noch* izcrablo. *Ménage nimmt dafür
eine hier ganz unpassende bildung* accrabulum *an.* [*Die hier ausgesprochene deutung wird unterstützt durch die florentinische glosse Eec.
986^b* acer arbor 'gundcreba vel mazziltira' *d. i.* maßholder. *Man hatte
sich in den schulen an die verbindung beider wörter gewöhnt, die alsdann
in das leben übergieng.*]

Addobbare *it., altsp.* adobar *PC. u. s. w., altpg.* adubar *SRos.,
pr.* adobar, *altfr.* adouber *ausrüsten, nsp. npg. zubereiten, würzen. Das
wort kommt von ags.* dubban, *altn.* dubba *einen streich geben (wallon. in
Namur* dauber *schlagen) und ward vorerst vom ritterschlag gebraucht,
ags.* dubban tô riddere *zum ritter schlagen (a. 1085, s. Bosworth), fr.*
addubber à chevalier *Havelok p. 28; demnächst hieß es die mit der feierlichkeit verbundene ausrüstung, vgl.* Raoul l'adoube qui estoit ses amis:
premiers li chausse ses esperons massis e puis li a le branc au costel
mis, en col le fiert si con il ot apris *DC., v.* adotare; *daher* adouber
richement *herrlich ausrüsten, se* douber sich *waffnen ChCyg. 1628 (diese
einfache form selten). Man sehe Wachters glossar. germ. p. 22, Grimms
Rechtsalt. p. 333, überdies Scheler s. v.* adouber, *E. Müller s. v.* dub.
Sousa's und anderer herleitung des wortes aus dem arab. ist sicher verfehlt.

Aere, aire *it., sic.* ariu, *sp.* aire, *pg.* ar, *pr.* aire, air, *fr.* air,
wal. aer *(alle masc.) luft, wind; von* aer. *Das üblichere ital. wort aber ist
nicht* aere, *sondern das fem.* aria, *welches entweder im mlat. plur.* aera
(s. Schneider, Lat. gramm. II, 92), oder im adj. aerea *seinen grund
haben muß; doch ist ersteres selbst in den mundarten heimisch und wird
auch im altsp. und prov. in seiner buchstäblichen form* aër *hier und da
angewandt. Dasselbe roman. wort hat noch andre nah zusammenliegende
unlat. bedeutungen, die mit* luft *gar nichts gemein zu haben scheinen, nämlich ital.* (aria) *äusseres ansehn, sp. pg. dass., auch art und weise im benehmen, dsgl. anstand, anmuth, zierlichkeit, franz. gleichfalls art und
weise des benehmens, haltung, miene. Auch weise in der musik, modus,
melodie bedeutet es. Adj. it.* arioso *luftig, wunderlich, hübsch, ansehnlich,
sp.* airoso *luftig, zierlich, auch siegreich, fr.* aireux *fehlt. Wie kam man
von* luft *auf* haltung, anmuth, melodie *u. dgl.? Vielleicht schlug* aer *in
den tochtersprachen einen ähnlichen weg ein wie in der grundsprache*
spiritus *die bewegte luft, ton, stimme, geist, hoher geist, stolz; an* geist
zunächst könnte sich wesen, art des benehmens *knüpfen;* airoso, *sofern es*
eitel *heißt, trifft sogar mit* aerius *zusammen. — Ferner, in den alten
mundarten Frankreichs heißt* aire *auch* familie, geschlecht, *z. b.* Amors
nasquet en un gentil aire *LR.;* tot mon linh e mon aire vei revenir cet.
ds.; et as plus homes morz non sai retraire, e lor ers apovris e tot
lor aire *GRoss. Mich. 359; il fu estrais de gentil aire (stammte aus
edlem geschlecht) PMousk. s.* Gachet. *Auf dieses wort hat* aer *keine*

I. AFFANNO.

ansprüche. Sollte es aus ager agrum *stammen,* g *in* i *aufgelöst wie in* flairar *aus* flagrare? Ager *heißt acker, haus mit acker, in weiterem sinne flur, feldmark, und letzteren sinn vertritt das mlat.* arum *oder* arus, *z. b. in der stelle in* pago Arvenica, in aro, quae vocatur cet., *anderswo in* pago G., *in* agro S. *(DC. v.* arum *u.* arva). Arum, ager *war also ein theil des* pagus. *Aus der engeren bed. haus und hof konnte die bed. familie, geschlecht erfolgen wie anderwärts, vgl. gr.* οἶκος, *lat.* domus, *sp.* solar. *Gleichberechtigt mit* ager *ist wohl auch* atrium *als der platz im hause, wo das hochzeitbett stand. In den bekannten verbindungen* de bon aire, de mal aire, de gentil aire, de put aire *bedeutet* aire *die art, das heißt das geschlecht, wie lat.* genus, *sp.* linage. *Die ital. sprache entnahm der prov. ihr* di bon aire, *das sie nachher in* di buon' aria *abänderte. — Endlich ist hier noch des speciell franz.* aire *(f.) horst des raubvogels zu gedenken.* Aëria *latinisiert es cine urkunde v. j. 1215 DC., aber die bezeichnung wäre viel zu allgemein; eben so wenig verträgt es sich mit* aire tenne, *dem es die akademie zuweist. Dieses* aire *ist wiederum nichts anders als das zum feminin gewordene pr.* aire *geschlecht (vgl. s. b. pr.* aise *m., fr.* aise *f.), und noch jetzt sagt man* un faucon de bonne aire *ein falke aus gutem neste = von guter herkunft. — Zu erwähnen ist noch Ménage's nicht ungeschickte deutung von* aire *aus dem derivatum* vci-aire *gesichtsbildung, miene, woraus es abgekürzt wäre, und auffallend, daß auch das sp.* aire *mit einem derivatum* don-aire *in der bedeutung (anstand) zusammentrifft. Diese etymologie würde alle schwierigkeiten des wortes in seinem abgeleiteten sinne lösen, allein die abkürzung scheint zu stark.*

Affanno *it., sp. pg. pr.* afan, *altsp.* afaño *kummer, angst, ermüdung, fr.* ahan *saure arbeit; vb. it.* affannare *(trans.) bekümmern, sp.* afanar, *fr.* ahaner *(intr.) saure arbeit verrichten, pr.* afanar *(trans. intr.) ermüden, sich abmühen. Altfr. oder mlat. wird das wort gerne von der feldarbeit gebraucht,* terram ahanare, *daher* ahans *angebaute felder,* ahanables, *noch henneg.* ahan *bestellung des feldes; allein die erreichbar älteste bedeutung ist körperliche pein: so in der Passion Christi 1. 4. 123* (afans), *73* (ahanz), *im Leodegar 1* (aanz), *so auch im Alexiusliede, aber im Boethiusliede 72. 108 kann es kummer bedeuten. Carpentier bemerkt auch ein einfaches altfr.* haner *arbeiten, woraus die häufig vorkommende zss.* enhaner, *z. b.* un cortil *einen garten bearbeiten. Da Frankreich das einfache wort aufzeigen kann, so ist dieses land wohl auch die eigentliche heimath des weder im latein. noch im deutschen vorhandenen stammes: das fr.* h *konnte in den schwestersprachen als* f *auftreten. An herkunft aus it.* afa *(beängstigung) ist wenigstens nicht zu denken, da kein roman. suffix* aun *bekannt ist, vielmehr scheint* afa *aus* affanno *abgezogen. Ducange u. a. lassen es aus einer interjection entstehen, worin sich eine den athem beengende körperliche anstrengung ausspricht* (han), *einer interjection, die auch, wie man weiter bemerkt, in dem henneg.* e-han-cer *'ausser athem sein' enthalten ist, vgl. ven.* afanà *keichend, Dante* con lena affannata *mit erschöpftem athem*. Ahan wäre einer der vielen naturausdrücke, welche die sprache sich selbst verdankt und die untersuchung könnte geschlossen sein, wenn nicht die celtischen sprachen ähnliche wörter darböten. Zwar gael. fann *müde*, fainne *müdigkeit*, welchen das gleichbed. kymr. adj. gwan entsprechen muß, scheint wenig rücksicht zu verdienen, da gael. f = kymr. gw romanisch durch v wiedergegeben wird, nicht durch f; aber in dem kymr. afan *streit, unruhe, aufruhr*, welches Owen aus einem dem barden Taliesin zugeschriebenen gedichte anführt, liegt die ganze bildung vor und es ist nur zu erwägen, ob dies auf eine der celt. mundarten eingeschränkte, auf keine einheimische wurzel gegründete wort nicht selbst ein fremdling ist oder überhaupt mit dem roman. zusammenhängt. Weiteres über altfr. ahain *bei* Gachet *s. v.*

Affare *it. (m.), pr.* afar, afaire *(m.), fr.* affaire *(f., altfr. m.), daher altsp.* afer *Alx. angelegenheit; entstanden aus dem präpositionalen infinitiv in phrasen wie* avere a fare con uno; *in der romagnol. mundart* dafè d. i. da fare. *Ein zweites beispiel dieser zusammensetzung ist it.* avvenire, *fr.* avenir *sbst. zukunft* = il tempo a venire.

Affrontare *it., sp.* afrontar, afrentar, *pr.* afrontar, *fr.* affronter *angreifen, beschimpfen; von* frons *stirne, eigentl. einem ins gesicht hinein sprechen oder handeln. Daher sbst. it.* affronto, *fr.* affront, *sp.* afrenta *beschimpfung. Franz.* effronté, *pr.* esfrontat, *it.* sfrontato *unverschämt, von* effrons *bei* Vopiscus.

Agazzare *it.*, agacer *fr. (auch pg.* agastar?) *reizen; vom ahd.* hazjan, *nhd.* hetzen, *mit vorgesetzter roman. partikel* a, *wodurch* h *inlautend ward und sich um so leichter in* g *verdichten konnte. Seltsam ist fr.* agacer les dents *die zähne durch eine säure stumpf machen, eine bedeutung, in welcher es manche für eine ableitung aus lat.* acēre *(sauer sein) halten. Folgendes stehe hier als anspruchlose vermuthung. Unser nhd.* ätzen *heißt 'durch säuren auf einen gegenstand einwirken': war ein älteres* gatzen *(= ahd.* ga-azjan) *schon dieser bedeutung fähig, so ist dem franz. worte geholfen.*

Aghirone *it., pr.* aigron, *cat.* agró, *sp.* airon, *altfr.* hairon, *nfr.* héron (h *asp.), in* Berry égron *ein vogel, reiher; dimin. fr.* aigrette *(mit abgestoßenem hauchlaut) kleiner weißer reiher; nicht vom gr.* ἐρωδιός, *es ist vom ahd.* heigir, heigro, *wozu alle laute passen.*

Agina, gina *it. geschwindigkeit, stärke; adverbial* aina *PPS. II, 250, a grande* aina *Dante De vulg. eloq. 1, 11, altsp.* agina *FJ., auch* abina, *altpg.* aginha *eilig, geschwind. Ein mlat. glossar hat* agina 'i. q. festinancia et inde agino festinare'. *Mit lat.* agina *bei* Festus *(scheere an der wage, worin die zunge spielt) kann es nicht identisch sein: es gieng aus* agere *wie* ruina *aus* ruere *hervor, wie es denn auch der bedeutung von* agitatio *sehr nahe tritt. Der nordwesten kennt dies wort nicht, doch möge das neupr.* agis *s. v. a. fr.* actions *erwähnt werden.*

Agio *it. (selten* asio), *pr.* ais, aise *(m.), fr.* aise *(f.), pg.* azo *gemächlichkeit; adj. pr.* ais, *fr.* aise *(schon in der alten sprache. s. IFr.*

I. AGRESTO—AGUGLIA.

p. 512) fröhlich, engl. easy; *adverbial it.* ad agio, *pr.* ad ais, *altfr.* à aise, *nfr.* à l'aise *bequem, daher sbst. it.* adagio, *altfr.* aaise (abaise *LRs. 66*), *altpg.* aaso *SRos. bequemlichkeit; vb. it.* agiare, adagiare, *pr.* aisar, *altfr.* aisier, aaisier *versorgen, pflegen, part. it.* agiato, *fr.* aisé, *behaglich, wohlhabend. Die prov. sprache hat der ableitungen noch mehr hervorgebracht:* aisir *ins haus aufnehmen,* aisi *wohnung,* aisina *leichtigkeit, gelegenheit,* aizinar *einrichten u. a., vermuthlich ist das wort von hier ausgegangen. Seine herkunft ist unsicher. Ménage deutet es aus* otium, *Ferrari ganz ungeschickt aus* adaptare, *Frisch nicht besser aus dem dtschen* behagen. *Es verlangt ein etymon* ais *oder* asi. *Nach Perion De ling. gall. p. 45ᵃ ist es vom gr.* αἴσιος *glück verkündend, dsgl. erforderlich, gehörig, woraus sich auch das adjectiv gut erklären würde: τὸ αἴσιον wäre das gehörige, passende, bequeme. Andre, wie Junius, Schilter, Castiglione, erkennen darin eine nur der goth. sprache bekannte, in dem adj.* azêts *leicht, bequem, sbst.* azêti *annehmlichkeit enthaltene wurzel, eine vermuthung, welcher auch J. Grimm, Wien. jahrbb. XLVI, 188, nicht abhold ist, vgl. auch seine Gesch. der d. spr. 352, wo das goth. wort zu* ags. cadhe, *ahd.* ôdi *gestellt wird. Prov.* viure ad ais *ist gleichbed. mit* goth. vizôn in azêtjam *in annehmlichkeiten, in luxus leben. Freilich müßte man alsdann ein gothisches subst.* azi *annehmen dürfen, was nicht ohne bedenken ist, wiewohl die seltensten deutschen wörter ihren weg ins romanische fanden. Oder ist für* ais *baskischer ursprung anzunehmen? in dieser sprache heißt* aisia *ruhe (labort.),* aisina *muße. Aber* aisina *ist seiner ganzen bildung nach so ächt provenzalisch, es geht überdies nach einer häufig hervortretenden prov. sprachsitte mit einem synonymen masculin so sicher hand in hand* (aisi aisina *wie* plevi plevina, trabi trahina), *daß dem bask. derivatum besser prov. ursprung zukommt, wodurch denn auch der bask. ursprung des primitivs verdächtig wird:* aisia *kann dem pr.* aise, *wofür sich eine ältere form* aisi *vermuthen läßt, sein dasein danken, wie das adj.* aisa *zum pr.* ais *stimmt. Eine zss. ist fr.* malaise *ungemach. Das mit doppeltem g geschriebene it.* aggio (aufgeld) *ist eine bloße scheideform von* agio: *in der piem. mundart z. b. vereinigt letzteres beide bedeutungen.*

Agresto *it., sp.* agraz, *pg.* agraço, *pr.* agras, *altfr.* aigret *Ren., dauph.* aigrat, *wal.* agriș *unreife traube, saft davon, eigentl. säuerling; von* acer, *altsp.* agre, *fr.* aigre, *mit dem suffix* as *u. s. f., im ital. mit* est *vertauscht. Agraz entspricht in seiner bildung genau dem lat. von Hieronymus gebrauchten* piracium *birntrank.*

Aguglia *it., sp.* aguja, *pg. pr.* agulha, *fr.* aiguille *nadel. Nicht von* aculeus: *die ital. nebenform* agocchia *verlangt lat.* acucula, *in welches* acicula, *während* c *noch guttural lautete, abgeändert ward, vgl.* genuculum *für* geniculum *Rom. gramm. II, 326;* acucula *aber findet sich in der that in mehreren handschriften des Codex Theodos., sonst auch mlat.* acucla. *Abgel. ist sp.* aguijar, *pg.* aguilhar *stacheln, das sich dem fr.* aiguille *nähert.*

Ajuto it. *hülfe*, *von* adjutus *bei Macrobius; sonst fem. sp.* ayuda, *pg. pr.* ajuda, *altfr.* aüe, *pic.* aïude, *in den Eiden* adiudha, aiudha; *vb. it.* ajutare, *sp.* ayudar, *pg. pr.* ajudar, *wal.* ażudă, *von* adjutare. *Daneben entsprang noch eine verkürzte form it.* aïta, *pr.* ahía, *altfr.* aïde *(gewöhnl.* aïe), *nfr. zsgs.* aide; *vb. it.* aïtare, *pr.* aidar, *fr.* aider. *Beide letztere lassen sich aus syncopiertem* aj'tare *deuten, nicht so* aïtare, *präs.* aito *mit betontem* i.

Al *altsp. altpg., pr.* al (als), *altfr.* al, el, *neutrales pronomen, zuweilen mit einem substantiv verbunden* (al ren, ren al). *Es bedeutet* aliud; *aber dessen* i *konnte nicht spurlos untergehn, vielmehr verlangte das lautgesetz sp.* allo *oder* ajo, *pr.* alh: *will man nun nicht annehmen, die sprache habe dem* i *oder seiner wirkung entsagt, um der verwechslung mit* allium *(sp.* ajo, *pr.* alh) *auszuweichen, so sicht man sich auf das alt und volksmäßig lat.* alid, *neutr. von* alis, *verwiesen, das zuerst bei Lucilius, dann bei Catull, endlich bei Lucrez, später aber nicht mehr vorkommt (worüber Ritschl De declinatione quadam latina reconditiore, 1861)*.

Alabarda, labarda *it., sp. pg.* alabarda, *fr.* hallebarde (h *asp.*) *eine waffe, die den spieß mit dem beil vereinigt, hellebarte; vom mhd.* helmbarte, belnbarte, *über dessen zusammensetzung sehe man Frisch I, 442ᵃ, Schmeller II, 182, Grimm III, 442, Weigand I, 496: es ist eine barte d. h. ein breites beil zum durchhauen des helmes. Die getreueste form ist churw.* halumbard.

Alano *it. sp., pg.* alão, *altfr.* alan *dogge, bullenbeißer; gewiss von einem völkernamen. Ménage zeigt, daß man* Alanus *für* Albanus *gesagt habe, und so ist ihm* alano *ein hund aus dem heutigen Albanien* = Epirus *s. v. a. lat.* molossus, *gleichfalls aus Epirus.*

Alba *it. sp. pr., pg. chw.* alva, *fr.* aube *morgenröthe; von* albus *hell, heiter, wie in* stella alba, *wal.* zioę albę *heller tag: vgl.* lux albescit, coelum albet, *bei Dante* il sol imbianca i fioretti *die sonne färbt die blümchen weiß. Aber Ariost gesteht dem morgenrcth mehr farben zu:* poi che l'altro mattin la bella Aurora l'aer serea fe' bianco e rosso e giallo 23, 52. *Wal.* aurorę, *das volksübliche wort aber ist* zórile *(Clemens wörterb. 334), das aus* zì tag *und* oarę zeit *zusammengesetzt scheint.*

Alban *pr., dsgl.* albanel, *it.* albanello, *fr.* aubrier *ein stoßvogel. Das entsprechende pg.* alvão *(Constancio, fehlt bei Moraes) soll einen andern vogel bezeichnen. Die etymologie betreffend, so erklärt das Dict. de Trévoux* aubrier *aus* aubère weiß und gefleckt, *von* albus.

Alberare *it., sp.* arbolar, enarbolar, *fr.* arborer *aufrichten (wie einen mastbaum), von* arbor, *it.* albero, *altit.* albore u. s. f. *Das verbum drückt hier eine thätigkeit aus in der weise seines primitivs: so lat.* vitulari *springen wie ein kalb, it.* piombare *fallen wie blei,* brillare *glänzen wie beryll,* braccare *umherspüren wie ein bracke.*

Albercocco, *auch* albicocco *und* bacoco *it., sp.* albaricoque, *pg.* albricoque, *fr.* abricot, *ngr.* βερύκοκον *eine frucht, aprikose; von* praecoquus *frühzeitig, weil sie früh reif wird, früher zumal als ihr nächster verwandter der pfirsich. In mittelgr.* πραικόκκιον, πρεκόκκιον *hat das lat. wort sein sorgfältigstes abbild gefunden; auf die rom. formen aber hat das arab.* al-berqûq, *worin das dem Araber fehlende* p *zu* b *werden mußte, denn es ist ein fremdes wort (Freyt. I, 112ᵇ), sichtbarlich eingewirkt. Im neapolitanischen haftet noch das aus dem griechischen gebildete* crisuommolo (χρυσό-μηλον). — [S. *dazu Mahn p. 49, Engelmann 13, Dozy, Oosterlingen p. 1.*]

Albergo *it. altsp., nsp. pg.* albergue, *pr.* albere, *altfr.* herbere (helbere *Alexs. 65), dsgl. fem. pr.* alberga, *altfr.* herberge *das. 116 und überall oft, nfr.* auberge *wirthshaus; vb. it.* albergare, *sp.* albergar, *pr.* albergar *und* arbergar, *fr.* héberger *(ohne asp.), altfr.* herbergier; *vom ahd.* heriberga *(f.), altn.* herbergi *(n.), vb. ahd.* heribergôn. *Das altfr. bewahrte noch die alte bed. kriegslager:* ses herberges et ses foillies *zelte und hütten des heeres Brt. II, 160,* les herberges de l'ost *das. p. 163. Das schwanken im genus mag in der gleichen erscheinung der deutschen wörter seinen grund haben.*

Alcali *it. sp. u. s. f., vom arab.* al-qali *aschensalz Freyt. III, 494ᵃ.*

Alchímia *it., sp. pg.* alquímia, *pr.* alkimia, *fr.* alchimie, *mittelgr.* ἀρχημία *die kunst gold zu machen, dsgl. it. sp. pg.* chimica, *fr.* chimie *scheidekunst; vom arab.* al-kîmîâ *Freytag IV, 75ᵇ, das aber aus keiner einheimischen wurzel herrührt; gr.* χημεῖα *erst bei Suidas. Das genaueste darüber hat Mahn p. 81—85 geliefert, welcher unter den verschiedenen herleitungen der aus gr.* χυμός *(flüssigkeit, saft) den vorzug zuerkennt.*

Alcohol *reinster weingeist; vom arab.* al-koʻhl *ein pulver die augenbrauen zu schwärzen, s. Golius 2007, Freytag IV, 15ᵃ: wegen der feinheit dieses pulvers ward der name auf den weingeist übergetragen, eine der arab. sprache unbekannte bedeutung. So Pihan gloss. des mots franç. tirés de l'arabe. — [Genaueres bei Mahn p. 107.]*

Alcóva *it., sp. pg.* alcoba, *fr.* alcôve *(f.) nebenzimmer. Grimm III, 429 und andre sprachforscher halten es für deutsch, indem sie ein ahd.* alah-kovo *annehmen (*alah *heißt tempel,* kove *wäre das nhd.* kofen). *Da es indessen erst aus der span. in die übrigen mundarten eingeführt und darum auch nicht ins mittellatein aufgenommen ist, so werden es die Spanier wohl aus dem arabischen geschöpft haben: hier bedeutet* al-qobbah *gewölbe oder zelt Freyt. III, 388ᵃ und kommt auch (in der form* Alcoba) *als name eines portugies. dorfes vor, s. Sousa. Im prov. findet sich überdies* alcuba *GO, Flam., im altfranz.* aucube, *welche derselben herkunft sein müssen und die arab. bed. zelt bewahrt haben, wie sich z. b. aus der stelle* tendre les aucubes de lin *die leinenen zelte aufschlagen Er. En. 4102 klar ergibt.*

Alcuno *it., sp.* alguno, *pg.* algum, *pr.* alcu, *fr.* aucun, *unbestimmtes pronomen, zsgs. aus* aliqui unus. *Es gibt ein altfranz. ursprünglich burgundisches pron.* alquen, auquen, alcon *masc. (fem.* aucune), *bei welchem zu untersuchen bleibt, ob es aus* aliqui homo (alc'uen alc'on) *zusammen-*

gesetzt ist, wiewohl es übrigens auch adjectivischen gebrauch erlaubt: ju querroie aucuen solaz SB. 572; mit sp. alguien kann es wenigstens nicht identisch sein. Die norm. mundart kennt auch das parallele cascons für quisque s. Wright, Anecd. p. 88, chescon Ben. app. III, 471; überdies ascons (aliquis homo?) LG. 50, ascun Wright, Polit. songs p. 137.

Alenare it., pr. cat. alenar athmen, fr. halener (h asp.) wittern; sbst. it. alena, lena, pr. alena, fr. haleine (ohne asp.) athem. Das verbum ist umgestellt aus lat. anhelare keichen, bei späteren auch athmen: it. anelare, sp. anhelar (letzteres bei Pougens, Arch. fr. I, 50); das sbst. entsprang aus dem verbum, wenigstens steht seiner ableitung aus halare die seltenheit und unsicherheit des suffixes ena entgegen. Über sp. aliento s. II. b.

Alfido, auch alfiere it., sp. alfil, arfil, pg. alfil, alfir, altfr. aufin läufer im schach; vom pers. fil elephant, mit arab. artikel al-fil, s. Ducange v. alphinus, vgl. dagegen Pott in Lassens Ztschr. IV, 12.

Algebra it., sp. álgebra, fr. algèbre buchstabenrechnung; vom arab. al-gabr wiedereinrichtung zerbrochener dinge, eine dem span. worte noch anhängende bedeutung, daher vereinigung zu einem ganzen, darstellung verschiedener operationen mit wenigen zeichen. S. Golius 462, Freytag I, 239^b. Es ist gegen die regel, daß in diesem worte der accent auf dem arab. artikel ruht.

Algo sp. pg., pr. alque, alques, altfr. auques (noch jetzt lothr. èque, champ. yauque u. dgl.) neutrales pronomen; von aliquod, aliquid. Dsgl. sp. alguien, pg. alguem, vom acc. aliquem.

Allarme it. (m.), sp. pr. alarma, fr. alarme, wal. larme, lärm, lärmschlagen; vb. allarmare ff.; von dem ausruf all' arme! zu den waffen! Daher occ. alarmo interjection der verwunderung, it. arm' arme! Buonmattei trattat. 18, 3.

Allegro it., sp. pr. alegre, fr. alègre munter, nebst vielen ableitungen; von alacer alacrem, mit fortgerücktem accent alácrem. Das wort scheint in betracht seines aus a entstandenen umlautes e ursprünglich französisch, wenigstens war altfr. halaigre ein sehr üblicher ausdruck und hat sich auch als geschlechtsname Aligre fortgesetzt. Die ursprünglichste form zeigt das bask. alaguera.

Allevare it., pr. alevar fr. élever aufziehen, erziehen, von allevare, elevare; eigentl., nach einer alten sitte, ein kind vom boden aufheben um es zu erziehen, lat. tollere puerum in gleichem sinne. Es hängt also nicht zusammen mit dem religiösen gebrauche des hebens aus der taufe, mlat. levare de sacro fonte, der sich nur auf den pathen bezog. Daher sbst. altsp. alevo täufling, it. alievo, fr. élève zögling.

Allodio it., sp. alodio, pr. alodi und aloc, alo, fr. alleu freies erblehen. Sämmtliche formen passen in das mlat. alodium, selbst das pr. aloc, dessen auslaut aus derselben verhärtung des d = dj entstand, wie der von fastic, lat. fastidium; zu aloc aber verhält sich fr. alleu wie zu foc feu, zu loc lieu. Älter als alodium ist alodis in der L. Sal. und mit diphthong statt des langen vocals alaudes in westgoth. urkunden. Grimm,

Rechtsalt. p. 493. 950, vermuthet in diesem wort ein deutsches compositum al-ôd '*ganz eigen*', *Müllenhoff zur L. Sal. p. 278 wendet einen formellen mangel ein, da ahdeutschem* ôt *salisches* aut (alaudis *für* alo dis *entsprechen müßte und nimmt lieber fremden ursprung an. Von roman. seite läßt sich nur erinnern, daß die form* alodis *besser befriedigt, daß* alaudis *regelrecht pr.* alau (alauc), *altfr.* aloi *erzeugt hätte (vgl. pr.* Aud·oart = *westgoth. oder burg.* aud —), *daß also die roman. formen genau zu der salischen stimmen. Wenn das spätere mlatein* alōdium *scandierte* (alodium fundum dicas, fundum maris imum *s. Ducange*), *so ist dies für die etymologie ohne bedeutung.*

Allodola, lodola, *it., bei Dante Par. 20, 71* alodetta, sic. lodana, *altsp.* aloa *J. Manuel ed. Gayangos p.* 250^b, aloeta (aluda *Canc. de B.*), *nsp.* alondra, *pr.* alauza, alauzeta, *altfr.* aloe *(davon altn.* lôa *nach Grimm, Reinh. Fuchs p. 370), nfr.* alouette, *mlat.* laudila *Gl. lind.,* laudula *Nyerup. 268, Hoffm. Sumerl. 10^b, 27^b ein vogel, lerche. Von* alauda, *gallisch nach Plinius und Sueton, daher Gregor v. Tours 4, 31 sagt:* avis corydalus, quam alaudam vocamus *(wir Gallier). J. Grimm über Marcellus Empir. findet das gallische wort im kymr.* uchedydd *schwebender vogel, lerche, andre verweisen auf das bret.* alc'bouéder, *kymr.* alawadar *vogel der harmonie, s. Le Gonidec Dict. fr. bret. p. p. Villemarqué p. VII. Man sehe die neueren untersuchungen von Mahn p. 22, Diefenbach, Orig. europ. p. 219. Den äußersten westen und osten des gebietes hat dieser fremdling nicht erreicht: der Portugiese sagt dafür* cotovia, *der Walache* ciocerlán.

Almanacco *it., sp.* almanaque, *fr.* almanac *kalender. Man hält es, von der silbe* al *verführt, für arabisch und erklärt es aus dem vb.* mana'ba *zählen, welches aber nicht arabisch, sondern hebräisch ist. Andre, auch Jos. v. Hammer, denken an* al-mana'h (*oder, wie Mahn in seiner gelehrten untersuchung berichtigt,* al-min'hat) *geschenk vom verb.* mana'ba *schenken Freyt. IV, 213^a, der kalender wäre ein geschenk. Aber auch dies ist sehr zu bezweifeln, da die kalender der Araber sich durchaus nicht zu geschenken eignen, ihr name auch ein ganz andrer ist,* taquîm. *So bleibt die herkunft des wortes noch unentschieden; s. Dozy., Oosterl. p. 11.*

Almirante *it. sp. pg., pr.* amiran, *altfr.* amirant, *dsgl. pr.* amirat, *entsprechend altfr.* amiré *und oft* amiraut (*nom.* — aus, — aux), *ferner it.* almiraglio, ammiraglio, *pr.* amiralh, *alt- und neufr.* amiral *und* admiral (*so noch bei Nicot und weit späteren*), *mlat.* amiratus, admiratus, admiraldus, admiralius, admirabilis (*altfr.* amirafle) *fürst der Sarazenen, befehlshaber einer flotte; vom arab.* amîr *fürst, befehlshaber Freyt. I, 59^a. Erst durch die Sicilianer und Genuesen soll das wort seine specielle jetzt noch gültige bedeutung empfangen haben, s. Ducange v.* amir. *Die mit* al *anhebenden formen danken diese silbe der einmischung des arabischen artikels. Nach Mahn p. 7 und Engelmann p. 54 ist das fr.* amir-al *die dem original am nächsten kommende darstellung, insofern sie nämlich den arabischen titel* amîr-al-ba'hr *d. i. befehlshaber des meeres, allerdings nach* abfall des letzten wortes, buchstäblich wiedergibt. Vergleicht man indessen almir-ante, worin eine anbildung an command-ante oder imper-ante nicht zu verkennen ist, so fühlt man sich gedrungen, auch in amir-al eine solche und zwar etwa an wörter wie general (feldherr), oficial (officier) u. a. anzuerkennen, während die suffixe anderer formen gar keine oder wunderliche bedeutungen ausdrücken. Im prov. und altfranz. heißt unser wort ohnehin niemals seebefehlshaber, sondern beherrscher der ungläubigen; ein troubadour nennt selbst den beherrscher der Deutschen mit diesem namen: dels Alamans, s'ieu fos lur amiratz LR. II, 72. Bekannt ist aus den spanischen romanzen der titel almirante de la mar, dessen letzte worte den sinn ergänzen müssen [Dieser ansicht ist auch Dozy, Oosterl. p. 5, beigetreten.]

Almussa pr., fr. aumusse, altfr. anmuce (daher mndl. almutse, amutse), sp. almucio (Seckendorf), pg. mursa; dimin. pr. almucela, altpg. almucella, almocella, sp. almocela, in urkunden almucella, almoçala, dsgl. altfr. aumucette, sp. muceta, it. mozzetta. Diese wörter bedeuten eine bis auf die schultern herabfallende kopfbedeckung zumal der geistlichen, oder auch, in den diminutiven formen, ein kurzes mäntelchen. Der arab. sprache gehören sie nicht, wenn sie auch, wie viele andre, zum theil den arab. artikel an sich gezogen haben: sie sind offenbar identisch mit unserm mütze, ndl. mutse, das man aus dem vb. mutzen (abstutzen) erklärt. Vgl. unten mozzo.

Alna, auna, alla it., altsp. altpg. pr. alna, nsp. ana, fr. aune elle. Zunächst gewiss vom goth. aleina, ahd. elina, wozu auch das genus stimmt, aleina aber nach Grimm III, 559 aus dem lat. ulna geformt. Ziemlich vollständig spricht sich das deutsche wort aus im mlat. alena. Hist. du Dauphiné II, 283.

Altresì it., sp. otrosí, pg. outrosim, pr. altresi, atresi, altfr. autresi, adverbium der vergleichung; von alterum sic.

Altrettale it., sp. otro tal, pg. outro tal, pr. altretal, atretal, altfr. autretel, pronomen; von alter talis. Prov. atrestal von alterum-sic talis.

Altrettanto it., sp. otro tanto, pg. outro tanto, pr. altretan, atretan, altfr. autretant, pronomen; von alter tantus. Prov. atrestan von alterum-sic tantus.

Alzare it., sp. alzar, pr. alsar, ausar, fr. hausser (h asp., vgl. haut II. c), wal. inaltzà erhöhen; von altus, gleichsam altiare. Erwähnung verdient das franz. compos. exhausser (pr. eissausar, sp. ensalzar), weil es in exaucer eine besondere form mit der bed. 'eine bitte erhören' angenommen, denn dieu a exaucé mes prières heißt ursprünglich 'gott hat mein gebet erhöht, begünstigt'.

Amáca it., sp. hamaca, umgestellt amahaca, pg. maca, fr. hamac (h asp.) hängebett; vom ndl. hangmat, hangmak. Das wort findet sich auch im karaibischen und soll nach einigen durch die westindischen seeräuber verbreitet worden sein, s. Pott, Doppelung cet. p. 83.

Amalgamare it. u. s. w. verquicken d. h. ein metall mit quecksilber verbinden; vom gr. μάλαγμα erweichung.

Amaricare *it.*, *auch* **amareggiare**, *sp. pg. pr.* amargar *bitter machen, erbittern von* amarus, *das verbum bereits im frühsten mlatein, s. Ducange und Class. auct. VI, 506ᵇ; adj. sp. pg.* amargo, *cat.* amarg, *dsgl.* amargoso, *spätlateinisch* amaricosus *Quicherat Add., sbst.* amargor, *letztere durch einwirkung des verbums so gebildet. Zsgs. it.* rammaricarsi *sich beklagen*, rammárico *klage, verdruß, vgl. adj.* amaro *kränkend, beschwerlich, sic.* amaru *betrübt, wal.* amar *interjection des schmerzes, ebenso altpg.* amaro de mi! *GVic. II, 465.*

Amarrar *sp. pg.*, amarrer *fr. ein schiff festbinden; sbst.* amarra, amarre *das dazu dienende tau; dsgl. fr.* démarrer *ein schiff losbinden. Nach Pougens, Trésor I, 56, vom arab.* marra *ein seil drehen,* marr *seil Freytag IV, 163ᵇ. Es fehlt allerdings nicht an arab. schifferausdrücken im roman.; nähere ansprüche aber hat sicher das ndl.* marren, merren, *mhd.* merren *anbinden, befestigen, ags.* merran *zurückhalten* = *ahd.* marrjan, *vgl. unten* marrire.

Ambasciata *und* imbasciata *it., sp.* embaxada, *pr.* ambaissada *und masc.* ambaissat, *fr.* ambassade, *it. auch* ambasceria, *botschaft, gesandtschaft; it.* ambasciadore *ff. botschafter.* Ambasciata *stammt vom mlat.* ambactia *dienstverrichtung, auftrag:* si in dominica ambactia (al. ambaxia) fuerit occupatus *L. Sal., auch in der L. Burg., bei Columbanus (um 560) u. a.; dies muß eine ableitung sein aus dem von Caesar De bell. gall. 6, 15 für dienstmann gebrauchten* ambactus: (equites) circum se ambactos clientesque habent, *und zwar eine noch in römischer zeit, wenigstens vor festsetzung des romanischen sprachcharakters, entstandene ableitung, da der Romane das substantivsuffix* ia *zu neubildungen nicht zuläßt.* Ambactus *also gab das abstractum* ambactia, *welches man, seit* t *vor tonlosem* i *zum sibilanten geworden, d. h. im ersten mittelalter, in Frankreich* ambacsia *aussprechen,* ambaxia *schreiben mußte: hieraus erst das it.* ambasciata, *welches nicht zu* ambactia *passt, denn* scia *aus* ctia *wäre beispiellos; denselben durchgang durch das fr.* ambaxia *muß auch das sp.* embaxada *genommen haben. Auch das vb.* ambasciare *eine botschaft verrichten war dem früheren mlatein bekannt, woraus sich die an der spitze dieses artikels stehende participialableitung zunächst erklärt; das prov. masculin findet sich schon im Capitulare de villis (*ambasciatum*) vorgebildet.* Ambactus, *bemerkt Festus,* apud Ennium 'lingua gallica' servus appellatur. *Hiernach ist es ein gallisch-lat. wort, und dabei kann die romanische etymologie stehen bleiben. Bekanntlich erkennen Zeuß und Glück darin das kymr.* amaeth *ackersmann, werkmann, für* ambaeth, *J. Grimm das goth.* andbahts *diener, ahd.* ambaht; *man sehe darüber Diefenbachs neue untersuchung des wortes, Orig. europ. p. 226. —*
Zu ambasciata *gesellt man auch das it.* ambascia *angst, beklemmung, bei Dante zweimal* infernale ambascia *höllenpein, vb.* ambasciare *keichen, athemlos sein, angst empfinden, zsgs.* trambasciare *und* strambasciare. *Daß die vollziehung eines auftrages beschwerlich sein kann, versteht sich, aber beklemmung ist keine nothwendige begleiterin derselben; selbst tra-*

vaglio *ist nie zu dieser höhe der bedeutung hinaufgestiegen*. Erich (Ericus) *in seiner wenig bekannt gewordenen* Ἀνθρωπογλωττογονία *Venet*. 1697 §. 417 *zieht dies wort darum aus dem gr*. ἀφασία *sprachlosigkeit, stumm machende angst; ist nun die variante* ἀμφασία *nicht eine bloß poetische dem metrum zu gefallen geschaffene, so verdient diese deutung alle rücksicht: die lat. betonung war* amphásia, *it*. amfascia (*vgl*. ἀγορασία, *it*. grascia), *durch einen tausch des labials, vielleicht um die erinnerung an* fascia *wegzuräumen,* ambascia. *Daß es den schwestersprachen versagt ist, gibt der herleitung aus dem griech. einige berechtigung. Hierzu* abait *II. c.*

Ambiare *it., sp. pg. pr.* amblar, *fr.* ambler *den pass gehen (von pferden), mlat.* ambulare, *in dieser ausschließlichen bedeutung unclassisch und erst etwa seit dem 9. jh. im gebrauch. Dem wal.* umblà *fehlt diese bedeutung, dagegen ist es in der ursprünglichen ganz volksüblich geblieben.*

Ambra *it. (f.), sp. pg.* ámbar *und* alambar, alambre *(m.), fr.* ambre *(m.) bernstein, mhd.* amber, âmer, *nhd.* ambra, *ein harziger stoff aus dem Orient; zunächst von dem arab.* 'anbar *(zugleich name eines seefisches), das aber in dieser sprache selbst keine wurzel hat, s. Freytag III,* 227[b].

Amido *it., pg.* ámido, amidão, *sp.* almidon, *fr.* amidon *stärke zum steifen der wäsche; von* amylum (ἄμυλον) *kraftmehl. Es ist das einzige beispiel eines gemeinrom. überganges von* l *in* d, *mlat.* amidum *Dief. Gloss. lat. germ.*

Ammainare *it., sp. pg.* amainar, *fr.* amener (les voiles) *die segel einziehen.*

Amonestar *sp. pr. pg.* amoestar, *altfr.* amonester, *nfr.* admonéter *warnen, ermahnen, prov. auch* monestar; *altfr. sbst.* monneste *TFr. p. 446; weder im italienischen bekannt noch im mittellatein. Doch wohl von* monitare *bei Venantius Fort., aber mit eingeschobenem* s, *um nicht* montar *zu sprechen, wie* vantar *aus* vanitare *ward; also eine scheideform, aber eine der seltsamsten. Darum gebührt der folgenden deutung eines französischen etymologen genaue erwägung. Der Romane muß* admónere *gesprochen haben, wie er* summónere (semondre) *sprach: jenes verbum gewährte ihm ein particip* admonestus, *daher* admonestare, admonéter. *S. Littré, Hist. d. l. l. fr. I, 34. Genau erwogen, gewährt es ihm ein part.* admost *nach dem muster von* somost, *vielleicht selbst* admonst, *da die substantiva* somosta *und* somonsa *vorkommen, daher denn das verbum* admonstar, *zur tilgung der härte* admonestar. *Diese hülfeleistung des* e *vor* s *scheint aber nicht minder bedenklich als die des* s *vor* t.

Ananás *it. sp. fr. eine südamericanische staude sowie deren frucht, pg.* ananaz *in letzterer,* ananazeiro *in ersterer bedeutung; der name mit der sache nach Europa gekommen.*

Anappo, nappo *it. pr.* enap, *altfr.* hanap, henap (h *asp.*); *vom ahd.* hnapf, *früher* hnap, *im munde der Romanen* hanap (*so bereits in den Casseler glossen), nhd.* napf. *Eine ableitung ist altfr.* hanepier *hirnschale, eigentl. gefäß, in beziehung auf ihre form, wie* testa.

Anca *it. sp. pg. pr.,* hanche *fr.* (h *asp.*), *daher engl.* haunch, *hüfte,*

I. ANCHE.   17

plur. sp. pr. ancas *kreuz der lastthiere; zsgs. it.* sciancato, *fr.* éhanché *lendenlahm. Zwei etymologien liegen vor: vom gr.* ἄγχη *bug, biegung, und vom dtschen* anke, *ahd.* ancha *genick, eigentl. wohl einbiegung. Den griech. stamm hat die roman. sprache auch sonst benutzt (vgl.* anco *II. b) und Festus erwähnt selbst ein lat.* ancus 'qui aduncum brachium habet ut exporrigi non possit'. Aber das deutsche wort lag, zumal in seiner speciellen anwendung (gelenk), dem Romanen näher als das griechische und das zu den alterthümern der sprache gehörige lateinische. Entschieden aus dem ahd.* ancha *in der bed. tibia, crus ist fr.* anche *röhre, wovon* hanche *durch die aspiration (vgl. dazu fries.* hancke, hencke *Kil.) geschieden ward.*

Anche, anco *it., chw.* aune, aunca, *partikel s. v. a. lat.* etiam *(auch, noch), pr.* anc, *altfr.* ainc *s. v. a.* unquam, *wal.* incę *s. v. a.* adhuc. *Im Leodegar trifft man* hanc *in ital. bedeutung:* hanc la lingua *auch die zunge* 27, et hanc en aut merci si grand *er hatte auch so große gnade mit ihm* 31. *Dazu die verbindungen pr.* anc mais, anc sempre, ancse. *Die entstehung dieser partikel läßt sich auf verschiedene weise denken. Prov.* anc *z. b. könnte aus fr.* onc (unquam) *entstanden sein etwa wie* ara *aus* ora; *es wird ebenso nur verneinend gebraucht und nur auf die vergangenheit bezogen:* anc non fo hom = onc ne fut hom, *und so ist auch* anc mais = *fr.* onc mais, *it.* unque mai. *Aber es ist nicht rathsam, das prov. wort von seinem ital. gefährten zu trennen, mit dem es in einem alten denkmal gleichbedeutend erscheint. Zu erwägen ist ferner* adhuc, *dessen sinn (bis jetzt, noch dazu, sogar) das rom. wort vollkommen ausdrückt: auf diese weise würde sich auch das sp.* aun *(wofür der Portugiese* ainda *setzt) damit vereinigen lassen. Dessen herkunft aus* adhuc *ist unzweifelhaft: mit eingeschobenem* u *entstand* áduuc áune, *mit apocopiertem* c áun, *welches von den Alten noch zweisilbig gesprochen und darum auch* ahun *geschrieben ward, s. Berceo p.* 154, 320. 203, 172. 368, 628; *denselben vorgang zeigt altsp.* niu = *lat.* nec, *pg.* assim = sic, alliu *GVic.* 93ⁿ = illic. *Darf man ein solches rhinistisches* aduuc *annehmen, das auch durch das altfr.* ainsinc *aus* aeque sic *unterstützt wird, so konnte dies im ital., worin* d *zwischen vocalen nicht leicht ausfällt, kaum anders lauten als* ád'nc anc anche. *Damit trifft das pr.* anc *zusammen, wiewohl* a *hier vielleicht aus* aü *vereinfacht ist, vgl.* auta *aus* aunta. *Es ist noch eine dritte etymologie gedenkbar, aus* hanc sc. horam *(vgl. wegen des zu supplierenden substantivs it.* issa sc. hora), *von seiten des buchstabens gewiss die einfachste, von seiten des begriffes aber in so weit minder genügend, als außer* horam *auch noch* ad *suppliert werden muß. — Für altfr.* ainc *wird zuweilen mit beigefügtem* s ains *gesetzt, z. b. Alexs.* 66, 3, *was von* aius = *sp.* antes *zu scheiden ist. — Hier kommen noch zwei composita in erwägung: pr.* anc-ui, *altfr.* enc-ui, *altit. u. mdartl.* anc-oi *heute; pr.* anca-nuech, *altfr.* enque-nuit, *diese nacht. Das darin enthaltene* anc *könnte unser rom. wort sein, im zweiten compositum euphonisch erweitert in* anca *(vgl. chw.* aunca); *der eigentliche sinn wäre alsdann* 'noch heute, noch diese nacht'.

2

Ancino *it., sp.* anzuelo, *pg.* anzol, *fr.* hameçon *haken, angel; sämmtlich aus* hamus *abgeleitet.*

Andana *com. piem. 1) gang d. i. haltung im gehen, auch lebensweise, 2) raum, den der mäher mit einem schritt durchmißt, fr.* andain (m.) *in der zweiten bedeutung, norm.* andain (m.) *schritt, in Berry lage des abgemähten grases, sp.* andana, *pg.* andaina *überh. lage, reihe. Nahe liegt* andare *gehn, wiewohl das franz. wort nicht mit aller zusammentrifft; die grundbedeutung wäre schritt, woran sich der raum eines schrittes in dem bemerkten sinne, endlich lage, reihe knüpfte: auch unser* schwaden *bezeichnet sowohl den von der sense bestrichenen raum als auch die reihe oder lage der abgemähten halmen. Dazu kommt noch ein wort mit ungewöhnlichem nicht sicher zu beurthcilenden suffix, altsp.* andamio *haltung im gehn, mlat.* andamius *(aera 1035) gang, zugang, altpg.* andamo *mit ders. bed., vgl. henneg.* andame = *fr.* andain; *auch sp.* andamio, *pg.* andaimo, andaime, *bask.* aldamu *gang auf dem wall oder der mauer, dsgl. baugerüste, in welcher bedeutung man es für arabisch hält, kann hieher gehören.*

Andare *it., sp. pg.* andar, *cat. pr.* anar, *wald.* annar, *lomb.* anà *gehen. Der Franzose hat ein anderes wort,* aller; *dem Churwälschen und Walachen fehlt das eine wie das andre: jener setzt sich ein verbum zusammen aus* ire, vadere *und* meare *(doch hat man neuerlich in einem theile dieses gebietes auch* amnar *entdeckt, Zeitschr. für vergl. sprachf. VIII, 231), dieser braucht* mearge, *dessen starke flexion* (mearsei, mers) *lat. herkunft verräth, also etwa auf* emergere (hervorkommen) *zurückzuführen ist, wenn nicht das alban.* mergónem *'ich entferne mich' auf seine bedeutung eingewirkt hat. Im span. und port. ist das verbum vollständig, im ital. war es ehemals gleichfalls vollständig und ist es noch in mundarten z. b. der sardischen, ergänzt oder mischt sich aber jetzt in der art mit* vadere, *daß jenes die flexionsbetonten, dieses die stammbetonten formen hergibt:* vo, vai, va, andiamo, andate, vanno; andava; andai *u. s. f. Der grund dieser mischung liegt ziemlich nahe. Schon im latein steht* vadere *defectiv da, es entbehrt des perfects nebst den daher abgeleiteten zeitformen; nur der späte Tertullian sagt einmal* vasit. *Für dies fehlende tempus konnte die neue sprache das umfanglose* ivi, *das noch dazu in* ii *zusammenschwinden mußte, nicht brauchen; sie schuf sich ein bequemeres verbum,* andare, *das nicht nur in das perfect und imperf. conj.* (andai, andassi), *sondern, da es im infinitiv flexionsbetont ist, allmählich in alle flexionsbetonte stellen des schemas eintrat, während das stammbetonte* vadere *in den stammbetonten stehen blieb. Es findet also hier ein wechsel statt, dem sich der zwischen* esco *von* exeo, *und* uscire, *das sich an* ostium *anlehnt, vergleichen läßt:* esco, esci, esce, usciamo, uscite, escono. — *Was nun den ursprung von* andare *betrifft, so könnte man die sache kurz abthun: es wäre umgestellt aus lat.* adnare *herschwimmen, welches Papias gradezu mit* venire *übersetzt, die prov. form würde sich gut aus* annare *erklären; ward ja doch auch* arrivare *durch eine ähnliche anschauung aus* adripare *anlanden. Doch ist es rathsam sich weiter umzuschen. Vor allem ist ein lat. verbum von ähnlichem klange,* ambulare, *zu erwägen, das um so mehr berechtigt scheint, als das früheste mlatein sich dessen ganz im sinne von* andare *bediente (letzteres erst in urkunden v. j. 972 u. 985, s. Muratori s. v.* andare), *wie z. b. ein longob. gesetz in der phrase* ad maritum ambulare = it. andare a marito; *es macht sich sogar der eben berührte wechsel zwischen diesem verbum und* vadere *bemerklich, der freilich nicht regelmäßig sein kann, da die volkssprache selbst noch das vollständige* andare *besaß. So liest man z. b.* ambulando ubi voluerit... vadat ubi voluerit *Brun. 532 (v. j. 749);* qui ad maritum ambulaverint... et postea vadant *Lup. 646 (v. j. 806). Allein dieser mlat. brauch zeigt nur, daß man ein bekanntes lat. wort einem ähnlich lautenden roman. unterschob, wie man z. b.* corte, *fr.* cour, *häufig mit* curia *wiedergab; er beweist nichts für den ursprung von* andare. *In der that ist seine entstehung aus* ambulare *wenigstens auf ital. gebiet gegen alle analogie; auf spanischem kann sie sich auf einen einzelnen ähnlichen fall,* sendos *aus* singulos, sing'los *berufen, aber das formell nähere* amylum *gab doch* amido, *nicht* ando. *Vollständiger genügt ein aus* ambire *abgeleitetes verbum,* ambitare, *entsprechend dem lat.* itare *aus* ire, *zsgs.* ambtare amtare, mt *aber ward zu* nd *wie in* conde, duendo, lindar, senda *aus* com'tem, dom'tum, lim'tare, sem'ta. *Der Provenzale sagt* anar *mit syncopiertem* d; *da aber seiner mundart diese syncope sonst nicht zusagt, so ist einfluß des cat.* auar, *das sich verhält wie* manar *oder* fonar *aus* mandar, fondar, *anzunehmen. Indessen steht dieser etymologie die ital. form* andare *im wege, indem diese mundart* mt *niemals durch* nd *wiedergibt, einführung aber eines wortes dieser art aus Spanien ganz unwahrscheinlich ist. Muratori räth, vielleicht nach Ferrari's schwankender andeutung, auf lat.* aditare *und ohne zweifel hat er das richtige getroffen. Ennius braucht es einmal* (ad eum aditavere); *seine bedeutung ist 'oft hinzugehen', also 'hin und hergehen', und grade diese bedeutung spricht sich noch in verschiedenen roman. ableitungen aus wie im sp.* andante *hin und hergehend, daher* caballero andante *ein irrender ritter,* andorro *hin und herschweifend, sard.* andareddu *mit derselben bedeutung. Die form macht nicht die geringste schwierigkeit:* n *ward vor* d *eingeschoben um dem worte auf roman. weise mehr umfang zu geben wie in* rendere *aus* reddere, *ein verfahren, das sich mit dem substantiv desselben ursprunges it. sp.* ándito *aus* aditus *belegen läßt, mlat. v. j. 800* cum viis et aquis et anditis suis, *s. Muratori und Ducange, und was den schluß des wortes betrifft, so ist altsp. altit.* renda *aus* reddita *zu vergleichen, der tägliche gebrauch verkürzte* anditare *endlich in* andare. *Günstiger für Muratori's etymologie wäre freilich* antare *gewesen, indessen erweicht sich* nt *wenigstens im span. oft in* nd, *im ital. kommt dies seltner vor, aber es kommt vor* (endivia, polenda, *lomb.* anda = *fr.* tante *u. a.) — Andare hat etwas merkwürdiges in seiner flexion, indem das perf. altit.* andiedi, andetti, *altsp.* andide, andude *lautete. Diese formen bewogen J. Grimm das räthselhafte verbum aus dem deutschen herzuleiten:* andettero *(3. plur.) entspräche einem ältern goth.* ididêdun, *prät. von* gaggan *gehn, dessen stamm in der longob. mundart and lauten mochte. Diese herleitung leidet an zu großer künstlichkeit und entbehrt alles historischen anhaltes.* Andare *und* stare *geben der roman. sprache zwei ganz parallele hülfsverba ab: ist es ein wunder, daß diese sprache auch ihre flexionen in einklang zu bringen suchte? Solche anbildungen sind ja nichts seltenes. Sp.* anduve *ist daher =* estuve, andido = estido, andudo = estudo, *beide letztere veraltete perfecta; altit.* andetti = stetti, andiedi = stiedi. *Auch andre verba erster conj. wagte der Spanier so zu flectieren:* entrido *von* entrar, catido *von* catar, demandudo *von* demandar. — *Sonst wird* andare *auch vom deutschen* wenden, wandern, *wie aller von* wallen *hergeleitet; wer dies thut möge aber vorher den abfall des deutschen anlautes* w *als etwas auch nur einigermaßen übliches nachweisen. Span.* Andaluz, Andalucía, *wenn es, was nicht ganz sicher ist (s. Rios, Lit. esp. II, 10), von* Wandalus *kommt, wäre freilich ein beispiel, allein dieses wort gieng durch den mund der Araber, welchen die roman. aussprache des* w *wie* gu *in* Guandaluz, Guandalucía *nicht zusagte und so findet sich auch* impla *für* guimpla *in einem mozarabischen missal.* Wenden, *goth.* vandjan, *ward richtig* guandir, *wallôn hätte fr.* gauler *werden müssen. Mit besserm rechte könnte man ein celtisches verbum, kymr.* athu, *ir.* eath *(gehen) in anschlag bringen, genügte die herleitung aus der nächst berechtigten sprache nicht vollständig. — — Die franz. mundart hat weder* ander *noch* aner, *doch kommen in alten werken unzweifelhafte spuren des letztern vor: in der Chron. de Benoit I, p. 92* si qu'en exil nos en anium *(wofür freilich auch* aujum *gelesen werden könnte), im Tristan (Chx. VI, 300)* que vos anez por moi fors terre. *Dafür bietet sie* aller, *altfr.* aler *(aber* allar *bereits Pass. de J. C. 114), das sich ebenso mit* vadere *mischt wie das it.* andare, *nur daß es das ganze präs. conj. von dem eigenthümlich roman. verbum, das futur von* ire *entlehnt; eine volksmundart soll (für* irai) vrai *von* vadere *brauchen, s. Fuchs, Zeitwörter p. 311 (wenn dies nicht aus* viendrai *zusammengezogen ist). Was* aller *betrifft, so kann jenes veraltete nur vom norden des franz. sprachgebietes eine zeitlang festgehaltene* aner *kein bloßer provenzalismus, es muß ein ächtes franz. wort sein;* aner *und* aler, *dieses aus jenem entstellt, können neben einander gegolten haben wie* venin *und* velin (venenum), orphenin *und* orphelin, *so daß alle drei formen,* andar, anar, aler, *auf ein und dasselbe wort der lingua rustica zurückleiten, daß also auch hier ein zusammentreffen der mundarten statt findet, wie oft in noch abweichenderen gebilden. Vielleicht lassen sich noch reste ursprünglicherer formen von* aditare *hervorziehen. Comask.* aitèc *s. v. a.* andato, *ist es nicht unmittelbar aus* aditato *mit syncopiertem* d *entstanden, oder wie erklärt es sich sonst? Venez.* aida *s. v. a.* vanne *(imperat.), ist es nicht genau das gleichfalls syncopierte* adita? *Ja das walach. dem gr.* δεῦρο, δεῦτε, *dem goth.* hiri, hirjith *entsprechende defectiv* aide, aidatzi *(bei Clemens), passt es nicht ebenso zu* adita, aditate, *oder wäre es fremdes ursprunges, da auch der Serbe* ajde, ájdate *spricht? Aus dem primitiv* adire *aber entstand vielleicht das burg.* aï (aïr) *s. v. a.* aller, *in der mundart des Jura. — Von aller leitet sich das sbst.* allée *gang, baumgang, das Ducange aus* la lée (laie *II. c) entstanden wähnt, vgl. it.* andata. — [*Die wichtigkeit des verbums* andare *hat später noch andre deutungsversuche hervorgerufen, die aber an dieser stelle nicht auseinandergesetzt werden können. Nur soviel werde bemerkt, daß man der oben zuerst aufgestellten deutung aus* adnare *den preis zuerkannt hat, ohne sie jedoch mit neuen argumenten zu unterstützen.*]

Angoscia *it., altsp.* angoxa, *pr.* engoissa, *fr.* angoisse *angst; vb.* angosciare, angoisser *ängstigen; von* angustia *enge, noth. Der neusp. ausdruck ist* congoxa, *auch pg. cat.* congoxa, *worin das vermeintliche präfix* an *mit* con *vertauscht ward, während der Provenzale es sich durch* en *verdeutlichte.*

Anima *it., pr.* anma *Bth., altfr.* anme, *nfr.* âme, *dsgl. mit* l *it. sp. pg.* alma *(in ersterer sprache nur poet.), chw.* olma, *mit* r *pr.* arma, *altfr.* arme, airme *seele, wal.* inimę *seele, auch herz im physischen sinne; von* anima *athem, leben. Das masc.* animus *fehlt franz. und prov. und wird in einer seiner bedeutungen mit* courage, coratge *ersetzt.*

Ansia *it. sp. pg., pr.* aissa, *altfr.* ainse, aisse *(s. glossar zu Benoit) angst, ängstliches verlangen, mlat.* anxia *Dief. Gloss. lat. germ.; vom adj.* anxius. *Abgel. it. sp.* ansioso, *pr.* aissos, *altfr.* ainsos *ängstlich, sehnsüchtig. Die prov. mundart besitzt noch ein masc.* ais, *welches widerwille zu bedeuten scheint:* tant es cortesa senes ais *M. 39, 5;* no tem lo seignor del Bais, anz en mou coutr' el tal ais *LR. III, 610 (mit* uide *übersetzt): ob es = sp.* asco *ist, wie Raynouard meint LR. II, 41, steht dahin: man müßte eine umstellung* aes *annehmen.*

Antaño *sp., altpg.* antanho, *alt- und npr.* antan, *altfr.* antan, entan *adverbium für nähere vergangenheit, im gegensatz zu* hogaño *(s.* uguauno*): pr.* antan aic d'amor ses falba, mas nou ai oguan *sonst hatt' ich liebe genug, jetzt hab' ich keine mehr Chx. III, 268. Von* ante annum. *Abgel. altfr.* antenois, *lat.* annotinus.

Anzi *it., sp. pg.* ántes, *pr. cat.* ans, *altfr.* ans, ains *präposition und adverb 1)* vor, ante, *2)* vielmehr, potius; *von dem in den meisten sprachen noch fortdauernden* ante *mit angefügtem adverbialen* s, *so daß die ital. form eigentlich für* ausi *steht, vgl. diesen wandel des* s *bei vorhergehendem* n *in* senza, manzo *u. a. Der herleitung aus* antea *widerspricht die span. form und selbst im ital. war alsdann* anza *(vgl.* poscia*) zu erwarten, dagegen ist* i *eine bevorzugte endung der partikeln. Nur ist bei* anzi *zu erinnern, daß ein paragogisches* s *dem ital. sprachbau widerspricht: man müßte also hier die silbe* zi *als paragogisch annehmen, wie bei* senza *die silbe* za. *Ménage stimmt für das unvorhandene, aber leicht einzuräumende* antius, *als comparativ von* ante, *welches sowohl* anzi *wie* ains *befriedigt,* antes *aber aus dem spiele wirft. Und doch muß es ein* *leitender grundsatz der wortforschung sein, sofern der buchstabe nicht entschieden widerspricht, am gemeinsamen ursprung gleichbedeutender und formell nahliegender wörter verschiedener schwestersprachen festzuhalten. Eine ableitung unmittelbar* von ante *ist it.* anziano, *sp.* anciano, *pr.* ancian, *fr.* ancien *alt. Zss. mit präpositionen: it.* avanti, *pr.* abans, avant, *fr.* avant, *von* ab ante, *letzteres schon auf einer röm. inschrift; vb. it.* avanzare, *sp. pr.* avanzar, *fr.* avancer *fördern; sbst. it.* vantaggio *für* avantaggio, *pr.* avantatge, *fr.* avantage, *sp.* ventaja, *pg.* ventagem *vortheil. Dsgl. it.* davanti, *altsp.* devant, *pr.* davans, *fr.* devant, *von* de ab ante; *vb. pr.* davancir, *fr.* devancer. *Ital.* innanzi, innante, *altsp.* enante, *pr.* enan, enans; *vb. pr.* enantar, enantir. *Ital.* dinanzi, *sp.* denante, delante, *pg.* diante, *pr.* denan; *it.* dianzi *u. a. m.*

Ape *it., altfr. pic.* es *für* eps *biene, von* apis; *it.* pecchia, *sp.* abeja, *pg. pr.* abelha, *fr.* abeille, *von* apicula, *dimin. norm.* avette. *Daher ferner it.* apiario, *pr.* apiari, *fr.* achier *(vrlt.) bienenhaus, lat. volksmäßig* apiarium *nach Gellius, s. Rom. gramm. I, 8. Auf walachisch heißt das thierchen* albínę, *von* alvus *bienenkorb.*

Appena *it., sp. pg.* apénas, *fr.* à peine, *adverb für lat.* vix, *von* poena, *wörtlich* 'mit pein, mit noth', *also ungefähr wie lat.* aegre *oder ahd.* kûmo *mit beschwerlichkeit.* Vix, *das sich im sp.* avés *erhalten, s. II. b.*

Appo *it., präposition; von* apud. *Desselben ursprunges ist pr.* ab, amb, am, *npr.* emb, *bearn.* dap, *cat.* ab, *wald.* au *(neben* cum *Chx. II,* CXLII), *altit.* am, *altfr.* ab *(nur in den Eiden), sonst auch* a *und, mit rücksicht auf das ursprüngl.* d, od, *verkürzt* o, *im Leodegar auch* ob. *Schon im ältesten mlatein ward* apud, *später* ab, *für* cum *gebraucht (beisp. Rom. gramm. III, 174), aber die erste bedeutung behauptet noch ihr recht, z. b.* encusar ab alcun *bei einem verklagen SLég. 13,* aprendre ab alcun *bei einem lernen* PO. 142; fud enseveliz ed ses ancestres *LRs. 304. Zsgs. ist fr.* avec, *s. dies wort II. c.*

Arabesco *it., üblicher* rabesco, *sp.* arabescos, *fr.* arabesques *verzierungen mit laubwerk in der bildhauer- und malerkunst, meistens phantastischer art; nach den Arabern genannt, deren religionsgesetze menschen oder thiere abzubilden verbieten.*

Araldo *it., sp.* haraldo, heraldo, *alt* haraute, *pg.* arauto, *fr.* héraut *für* héralt (h asp.), *sp. pg. auch* farante *herold; vom mlat.* haraldus, heraldus, *dem ein ahd.* bariowalt *heerbeamter entsprechen konnte; als eigenname ist bekannt* Chariovaldus, *alts.* Hariolt, *altn.* Haraldr.

Arancio *it., mail.* naranz, *fem. ven.* naranza, *sp.* naranja, *pg.* laranja (*bask.* larania), *cat.* taronja, *wal.* nęranzę, *mgr.* νεράντζιον, *ngr.* νεράτζι, *franz. aber* orange, *eine südliche frucht, pomeranze; zsgs. it.* melarancia. *Die alten nannten die äpfel der Hesperiden, sagt Salmasius zu Solin p. 955,* aurea mala, *das mittelalter vertauschte das entsprechende* aurata *mit dem part. präs.* aurantia *um einen goldapfel zu benennen: hieraus entsprang fr.* orange, *und aus* in-aurantia = inaurata *das it.* arancio. *Allein aus* aurantia, *wenn man diese verirrung der* sprache zugibt, konnte nur orance werden, nimmer orange. Das wort kam vielmehr aus dem persischen durch das arabische nach Europa, wo es sich leicht einführte, weil ein bestimmter lat. ausdruck fehlte, pers. nâreng, arab. nârang, Gol. 2346. Daß die franz. form aus einer umdeutung durch aurum entstand, ist unschwer zu erkennen, mlat. (ende des 13. jh.) schrieb man noch arangia. — Von arancio ist das ital. adj. rancio, sofern es eine farbe bedeutet.

Arátro, arátolo it., sp. pg. arado, cat. arada (f.), val. aladre, pr. araire, altfr. arère, südwal. aratru, aratu pflug. Nicht alle sprachen sind dem lat. worte treu geblieben. Im neueren franz. sagt man dafür charrue, von carruca kutsche, tragsessel, die lat. bed. noch im prov. und im mlatein, z. b. carruca, in qua sedere consuevi Bréq. n. 250 (v. j. 700), die franz. bereits in den legg. barb., z. b. si quis caballum, qui carrucam trahit, furatus fuerit L. Sal. Nicot hat noch araire, nennt es aber ein mot lionnois. Das franz. wort gelangte nach Portugal, wo es die form charrua annahm und eine besondere art des pfluges, und, da pflug und schiff etwas verwandtes haben, auch ein lastschiff bedeutet. Auch pflug ist dem roman. gebiete nicht fremd. Die L. Long. hat: si quis ploum (al. plouum) aut aratrum alienum .. scapellaverit DC.; diesem plo-um entspricht das lomb. piò d. i. plò (Biondelli 75), der variante plou-um oder plov-um das wälschtyrol. plof (Azzolini). Die nordwal. mundart hat plug aus dem slavischen. Ein andrer ausdruck ist piem. sloira, lomb. sciloira: ihnen würde ein altfr. silleoire, silloire entsprechen, von siller das meer durchfurchen = nord. sîla. Piem. arn aber ist wohl entstellt aus aratrum.

Arcione it., sp. arzon, pg. arção, pr. arso, fr. arçon sattelbogen, sattel. Von arctio (zusammenziehung) ist logisch allzu künstlich. Es entstand vermittelst der ableitung ion aus arcus wie fr. clerçon aus cler'cus, oison aus auca, écusson aus scutum, lat. gleichsam arcio arcionis, und bedeutet also etwas gebogenes, mhd. bogen.

Arcobugio, archibuso it., arcabuz sp., arquebuse fr. kugelbüchse; von arcus bogen und it. bugio, buso durchbohrt, also eine mit einer röhre versehene feuerwaffe, die den namen bogen behielt, weil sie in der neuern kriegskunst an dessen stelle getreten war. So Ferrari u. a. Aber ein durchbohrter bogen ist eine eben so unstatthafte auffassung wie die anwendung eines in der alten kriegskunst nicht vorkommenden namens auf die neuere eine grundlose voraussetzung ist. Besser erklärt man es darum mit hinsicht auf das ältere fr. harquebuse, wallon. harkibuse (h asp.), aus dem ndl. haakbus hakenbüchse, s. Grandgagnage I, 266. 278.

Ardiglione it., fr. ardillon, pr. ardalho dorn in der schnalle; von ungewisser herkunft. Ein altes glossar hat ardelio 'acutus' Class. auct. VI, 509ª, es wird aber wohl glutus zu lesen sein. Gegen Casaubonus, der es aus dem gr. ἄρδις pfeilspitze ableitet, wendet Ménage mit recht die unüblichkeit dieses wortes ein. Ihm selbst scheint es ein diminutiv von dard und unläugbar konnte sich dardillon, das im neuprov. noch vorkommen soll, durch dissimilation in ardillon, oder, da ein consonantanlaut nicht leicht wegfällt, in lardillon, l'ardillon verwandeln. Das span. wort für diese sache ist rejo spitze.

Ardire *it. sich erkühnen, pr.* ardir, enardir, *fr.* enhardir *kühn machen. Lat.* ardere *ist aus dem spiel zu lassen: man brennt vor leidenschaft, nicht vor kühnheit,* audacia ardere *wäre wenigstens ungewöhnlich; doch ist dies der hauptgrund nicht gegen diese herleitung. Ménage dachte anfangs an* audere, *it.* aldire (aldace *kommt vor), endlich* ardire; *dies ließe sich für Italien hinnehmen, nicht für die andern provinzen. Das fr.* hardir *(mit asp.* h) *weist auf deutschen ursprung, der sich im ahd.* hartjan *stärken, kräftigen findet. Auf* hart *verwies später auch Ménage, so Caseneuve, Wachter u. a. Das adj.* ardito, ardit, hardi *(kühn) läßt sich fast nur als particip dieses zeitwortes begreifen, da adjectiva auf* -it *wie lat.* auritus, pellitus *im romanischen selten sind; an das particip von* ardere, *welches* ars *lautet, ist nicht zu denken. Im span. aber hat man* ardido *allmählich auf* arder *bezogen und ihm die bed. 'erhitzt' beigelegt; altsp.* fardido *'kühn' führt aber mit seinem anlaut noch unmittelbar auf fr.* hardi; *vgl. Rom. gramm. I, 320. Ein artiges zusammentreffen ist es, daß die picard. mundart* hardiment *ganz wie das ahd.* harto *als adverb des grades verwendet:* hardiment dur = harto herti. *Daher auch sbst. pr.* ardit, *altsp.* ardil *kühnheit; aber sp.* ardid *listig, sp. pg.* ardid *list scheinen aus* artitus *herzurühren, s. unten* artigiano; *freilich ist alsdann assimilation des* t (ardid *aus* artid) *anzunehmen.*

Árgano *it., sp.* árgano, árgana *und* urgüe (m.), *cat.* arga *hebezeug, krahn, winde, pg.* argão *weinheber, fr.* argue (f.) *maschine in form einer schiffswinde zum durchtreiben der gold- und silberstangen* (Trév.); *abgel. it.* arganello *dimin., sp.* arganel *kleiner metallener ring, fr.* arganeau *eiserner ring auf den schiffen, durch welchen die seile laufen. Ferrari gibt* ergāta (ἐργάτης) *eine vorrichtung lasten zu heben, Ménage* organum (ὄργανον) *werkzeug als etymon. Jenes trifft die bedeutung von* argano *besser: es konnte sich unter dem volke, welchem die endung* ŭta *fremd war, leicht in letzteres verwandeln; mlat. findet sich auch* argata 'annulus crassior' *Dief. Gloss. lat. germ. in übereinstimmung mit* arganel, arganeau.

Árgine *it. (m.) damm. Dies aus* agger *entstandene wort (vgl.* cecino *aus* cicer *und die venez. form* árzare, *worin sich das auslautende* r *erhielt) ist merkwürdig genug. Man weiß, daß die alten Römer* ar *für* ad *gebrauchten, daher* arcessere *für* adcessere; *da nun* agger *eigentlich für* adger *von* adgerere *gilt, so vergegenwärtigt uns das roman.* argine *augenscheinlich ein lat. volksübliches* arger. *Nur so erklärt sich die form, nicht etwa durch rohe einschiebung eines* r, *die an dieser stelle ganz gegen den geist der sprache wäre. Das sp.* árcen *rand, brustwehr muß dasselbe wort sein, vergl.* arcilla *aus* argilla. *Ein anderes beispiel dieser art ist das venez.* arfiare *von* adflare. *S. auch Ferrari und zumal Pott, Plattlat. 326, der* armessarius *L. Sal. und wal.* armęsariu *für* admissarius *anführt, ferner Mussafia, Über die ital. Crescentia.*

Aringa *it., sp. masc.* arenque, *pr.* arenc, *fr.* hareng (h *asp.*), *wal.*

hering *ein fisch; vom ahd.* harinc, *ags.* nhd. hering, *gewöhnlich aus lat.* halec *(salzfisch) erklärt.*

Aringo *it. rednerplatz, tummelplatz, rennbahn, fem.* aringa, *sp. pg. pr.* arenga, *fr.* harangue (h *asp.*) *öffentliche rede; vb.* aringare, arengar, haranguer *eine öffentliche rede halten, feierlich anreden; it.* aringhiera, ringhiera *rednerplatz, rednerstuhl. Der franz. anlaut gibt den ursprung des wortes deutlich zu erkennen: es ist vom ahd.* hring, *mhd.* ring, *kreiß, versammlung, schau- oder kampfplatz, gerichtsstätte u. dgl., daher die roman. bed. das vor einer versammlung vorgetragene:* arenga est apta et concors verborum sententia *etc. Breviloquus, s. Ducange, vgl. lat.* concio *1) versammlung, 2) rede vor derselben.*

Arista *it. rücken des schweines, eigentl.* borste, *sp.* aresta *sackleinwand, fr.* arête *grüte, it.* resta *granne des kornes; von* arista *granne, gräte.*

Arlecchino *it., sp.* arlequin, *fr.* arlequin *(früher auch* harlequin *geschr.) eine komische maske der ital. bühne, überhaupt possenreißer, hanswurst, sp.* arnequin *gliedermann. Es ist ein späteres wort von unbekannter vielleicht ganz zufälliger entstehung. Etymologien sehe man bei Flögel, Gesch. des grotesken p. 35; für ihre wiederholung ist hier kein raum. Eine neuere, von Génin, aus* Arlecamps, *name eines kirchhofes zu Arles, für* Elycamps *d. i.* Champs-Élysées, *in nächster bedeutung gespensterchor,* Hellequin, *dann das haupt dieses chores auf maskeraden ins lächerliche entstellt, ist zwar sinnreich ausgeführt (Variat. du lang. fr. p. 451—469), bedarf aber vor allem etymologischer rechtfertigung. Am leichtesten ist noch zusammenhang zwischen* harlequin *und* hellequin *zuzugeben. Das älteste franz. zeugnis scheint das folgende, worin das mit schellen rasselnde gefolge* harlekins *erwähnt wird:* à sa siele et à ses lorains ot cinc cent cloketes au mains (au moins), ki demenoient tel tintin con li maisnie hierlekin *Ren. IV. 146. Das wort ist also ein so altes französisches, daß seine herkunft aus Italien noch sehr zweifelhaft erscheinen muß; es hat sogar niederländ. klang. — Weiteres darüber findet sich bei Gachet 252.*

Arlotto *it., sp.* arlote, *pr.* arlot, *altfr. pic.* arlot, harlot (herlot *Trist. I, 173*) *fresser, müßiggänger, altengl.* harlot, herlote *lotterbube, neuengl.* harlot *metze, s. E. Müller. Ménage's deutung aus* helluo *hat das gegen sich, daß die allerdings häufige einschiebung des* r *nur hinter, nicht vor consonanten statt zu finden pflegt. Ist das wort aus latein. stoff, so entwickelt es sich leichter aus* ardalio *müßiggänger, das in den Isid. glossen unter der form* ardelio *mit* 'gluto' *übersetzt wird, so daß es grade die roman. bedeutungen umfaßt: die zusammenziehung von* ardaliotto *in* ardlotto arlotto *scheint keine schwierigkeit zu haben. Noch leichter würde es aus gr.* ἄρδαλος *entspringen, von dem man* ardalio *herzuleiten pflegt; aber dies liegt schon weiter ab. Der Portugiese hat ein vb.* alrotar *verspotten, verhöhnen, altpg.* bettelnd umherziehen *SRos., das aus* arlotar *umgestellt sein kann wie* bulra *aus* burla.

Armellino *und* ermellino *it., sp.* armiño, *pr.* ermini, ermin, *altfr.* erme, ermine *RCam. 219, neufr.* hermine (h *stumm*) *eine wieselart, hermelin,* berühmt wegen seines felles, mlat. hermellinus, herminiae oder arminiae pelles. Eine geschickte etymologie gab Ducange in seinem glossar zu Villehardouin v. hermine; sie ist die folgende. Die Römer nannten das hermelin mus ponticus, weil sein fell zunächst aus dem lande Pontus kam. Seit aber die Neueren es aus Armenien empfiengen, womit sie eine genauere handelsverbindung hatten, tauschten sie den namen um und nannten das thier armenius mit weglassung von mus, wie auch der spätere Grieche schlechtweg ποντικός sagte. Hiezu ist zu bemerken, daß die angegebene bedeutung von mus ponticus nicht ganz sicher, aber nicht unwahrscheinlich ist. Daß Armenien altfr. Ermenie heißt, käme Ducange's ansicht zu statten. Ital. armellino müßte diminutiv und aus armenino algeändert sein. Nach andern (z. b. Wackernagel) ist das wort nicht auf diesem umwege zu uns gelangt: es ist deutsch, wie auch das thier in Deutschland gefunden wird: ahd. barmo, dimin. harmelîn, mhd. hermelin, hieraus das rom. armellino, und dieses barmo antwortet buchstäblich dem lithauischen szarmŭ (zweifelhafte form, sicherer szarmonys) wiesel. Vgl. Weigand I, 500.

Arnese it., sp. pg. pr. arnes, fr. harnois, harnais (h asp.) rüstung, geschirr; dsgl. altfr. harnas für harnasc, vb. nfr. harnacher, pr. arnascar, arnassar anschirren; davon mhd. harnasch, nord. hardneskja. Von herleitung aus alln. iârn, jârn (eisen) ist abzusehen, da sich der roman. anlaut anders gestaltet haben würde, man erwäge fr. joli von jol. Den stamm des wortes bildet vielmehr kymr. haiarn, altbret. hoiarn, ir. iarau eisen, die mit dem dtschen îsarn identisch sind, Zeuß I, 45. 63. 114. 120. 145; die suffixe sind romanisch. Aber es liegt nicht in der natur der sprachen, aus fremden stämmen, die sie nicht in sich aufgenommen, ableitungen zu ziehen, wiewohl einzelne ausnahmen vorkommen mögen; der Romane muß also das abgeleitete wort bereits vorgefunden und sich assimiliert haben, auch muß dies erst spät geschehen sein, da es im ältern mlatein keine spur hinterlassen hat. Möglich wäre es nun, daß sich aus dem kymr. haiarnaez eisengeräthe (s. Villemarqué v. houarnach) zuerst das engl. harness, hieraus das roman. wort gebildet hätte. Das genaueste über den deutschen und celtischen wortstamm nebst ableitungen bei Diefenbach, Orig. europ. p. 367 ff.

Arnia it., arna sp. cat. bienenkorb, fehlt pg. Unbekannter herkunft: entstellung aus alveare wäre zu stark. Einigermaßen erinnert es an gael. àrcan korkholz: beide bedd. korkholz und bienenkorb umfaßt auch sp. corcha und pg. cortiço. — [Mahn p. 104 muthmaßt iberischen oder in beziehung auf das ital. wort selbst türkischen ursprung. Eine befriedigende aufklärung bleibt noch zu versuchen.]

Arpa it. sp. pg. pr., harpe fr. 1) harfe, 2) sp. pr. neap. auch kralle, haken; vb. pr. arpar, altfr. harper, it. arpeggiare harfe spielen; sp. pg. pr. arpar, nfr. harper packen, anhaken, zerreißen; it. arpicare, inerpicare klettern; fr. harpin haken, daher se harpigner und se harpailler sich raufen; it. arpignone großer haken, arpione thürangel; sp. arpon, pg. arpão, fr. harpon harpune; dgl. fr. harpeau *enterhaken. Alle diese bildungen (franz. mit asp.* h) *haben ihren ursprung im deutschen* harſe, *ahd.* harpha, *altn.* harpa, *ags.* hearpe: *Venantius Fort., bei dem sich* harpa *zuerst findet, nennt sie ein barbarisches d. h. germanisches instrument:* Romanusque lyra, plaudat tibi Barbarus harpa 7, 8. *Zu ihrer hakenähnlichen gestalt passt die zweite der angegebenen bedeutungen. Das gr.* ἅρπη *(sichel) würde nicht leicht ein franz. aspiriertes* harpe *hervorgerufen haben; eben so wenig ist das aspirierte* harpon *aus lat.* harpago *herzuholen, wie denn auch kein altfr.* harpaon, harpeon *statt findet. — Die bed.* haken *des sp.* arpa *vertritt pg.* farpa, *sicher dasselbe wort, worin, wie in andern fällen,* h *mit* f *vertauscht ward, daher denn auch* farpão *neben* arpão, farpar *neben* arpar; *sofern* es, *nebst sp.* ſarpa, *spieß oder spitze einer fahne bedeutet, erinnert es an arab.* ḥarbah *kurzer spieß Freyt. I, 361ᵇ. Ital.* frappa *ausgeschnittene zacke im tuch,* frappare *auszacken, zerfetzen, sind sie aus dem letzterwähnten* ſarpa? *Auch pg.* farapo *(für* frapo?), *sp.* harapo *lappen, fetzen, müssen hier noch erwogen werden. Man sehe hierzu Dief. Orig. europ. p. 305.*

Arresto *it. altsp.,* aresto *pg. aus dem fr.* arrêt *urtheil eines höhern gerichtshofes, wovon keine appellation statt findet; eigentl. schluß der gerichtsverhandlung, von* arrestare, arrêter *hemmen, einhalten, lat.* adrestare, *vgl. unser* beschlufs *d. i. beendigung. Das zusammentreffen dieses wortes mit dem gr.* ἀρεστόν *ist zufällig, wiewohl Budaeus es daraus herleitet, s. H. Stephani Thes. graec. ling. s. v.*

Arrivare *it., sp. pg.* arribar, *pr.* aribar, *fr.* arriver *anlanden, ankommen; von* ripa, *mlat.* adripare *ans ufer treiben, it.* arripare, *daher auch noch altfr.* arriver la nef *(transitiv) das schiff anfahren lassen. Durch dieses neue verbum ward* advenire *aus seiner bedeutung verdrängt, s. unten* avventura.

Arsenale *und* arzanà *it., sp. fr.* arsenal *zeughaus, mittelgr.* ἀρσενάλης; *dazu it.* dársena, *sic.* tirzanà *abgeschloßner theil eines hafens, sp.* atarazana, atarazanal, *pg.* taracena, terecna *schuppen, fr.* darse, darsine = *it.* darsena; *vom arab.* dârçanah *(dessen anlaut* d *frühe abfiel) haus der betriebsamkeit, haus, wo etwas gemacht wird, worunter man im allgemeinen* schiffe *verstand (s. die wörter Freytag II, 69ʳ, 526ᵃ), pers.* tarsanah. *Vgl. über dieses wort auch Muratori, Antiqq. ital. II, 525, S. Rosa II, 341ᵇ, suppl. 14ᵃ, Cabrera I, 63, Pihan p. 42, Engelmann 64, Dozy Oost. 16.*

Articiocco *it., fr.* artichaut *eine frucht, artischoke, vom arab.* arḍî schaukî *d. i. erd-dorn Freyt. I, 27ᵃ; dsgl. it.* carciofo, *sp.* alcarchofa, alcachofa, *pg.* alcachofra, *nach Sousa vom arab.* al-charschufa. — [*Dozy, Oosterl. 18, hat diese wörter einer neuen prüfung unterworfen. Das arab.* arḍî schaukî *besteht aus zwei adjectiven und bedeutet erdartig-dornig, passt also schlecht zu einem substantivbegriffe. Die verschiedenen roman. ausdrücke müssen abänderungen desselben wortes sein. Auf arabisch heißt die bemerkte frucht* harschef, *woraus nachher* charschof *geworden, daher das sp.* al-carchofa, *it.* carciofo. *Neben letzterem brauchte man das, wie es scheint, daraus entstandene, bei dem Niederländer Dodonaeus († 1575) vorkommende als italienisch citierte* arciocco, *welches sich leicht in* articiocco *verwandelte. Dieses gieng durch den verkehr zu den Orientalen über und erfuhr im arab.* arʿdî-schaukî *eine umdeutung, da die frucht dornig ist und am boden wächst.*]

Artigiano *it., fr.* artisan, *sp.* artesano, *pg.* artezão *künstler, handwerker; muthmaßlich s. v. a.* artitianus *vom adj.* artitus *'bonis instructus artibus' Fest.,* 'artibus edoctus' *Gl. Placid.,* 'πάντεχνος, δαίδαλος' *Gl. lat. gr. In diesem falle aber muß das span. wort aus* artizano *abgeändert sein. Nicht anders entstand* partigiano *parteigänger aus* partitus, *s. Rom. gramm. II, 335.*

Artiglio *it.* krallo, *sp.* artijo, *pg.* artelho *glied, gelenk, pr.* altfr. arteil *(so noch in franz. mundarten z. b. zu Langres), nfr.* orteil *zehe; von* articulus *gliedchen. Vgl.* ardigas *'zaehun' Gl. cassell.;* articala *'zacha' Gl. Rhaban.*

Artilha *pr. festungswerk, schanze (?); vb. altfr.* artillier *befestigen; pr.* artilharia, *altfr.* artillerie, *altpg.* artelharia *SRos. sppl. wurfgeschütz oder damit beladener wagen (*artillerie est le charroi qui . . est chargié de quarriaus en guerre, d'arbalestes, de dars, de lances et de targes *G. Guiart, s. DC.). nfr.* artillerie, *it.* artiglieria *etc. grobes geschütz. Von* ars artis *kunst, kunstgriff, wie fr.* engin *von* ingenium, *vgl. vb.* artiller *in der bed. aussinnen, auf listen denken Antioch. I, p. 88. Altfr.* artilleux *listig. Nach Borgnet, Chev. au cygne III, p. xii, kommt das wort* artillerie *nicht lange vor dem gebrauche der feuerwaffen vor, d. h. nicht vor dem 14. jh., und zwar zuerst bei Joinville.*

Ascella *it., pr.* aissela, *cat.* axella *achsel; von* axilla, *woraus nach Cicero* ala *flügel, achsel entstand, ersteres schon bei Isidorus in* ascilla *verdreht. Mundartl., z. b. genuesisch, bedeutet* ascella *achselhöhle*

Ascla *pr. cat. splitter, vb.* asclar *spalten; von* astula *(in manchen handschriften für* assula, *vgl. Dief. Gloss. 56ᶜ) spänchen, brettchen, welches* asťla, *euphonisch* ascla *ergab. Von demselben worte ist auch sp.* astilla, *altfr.* astele *splitter, neufr.* attelle *(für* âtelle) *beinschiene, schon pr.* astela *in dieser bedeutung. Für* aschia *spricht die neap. mundart* asca, *die port.* acha. *Die occit. mundart hat die pleonastische zusammensetzung* fendasclat = *fr.* fendu.

Ascoltare, scoltare *it., altsp.* ascuchar, *neusp.* escuchar, *pg.* escutar, *pr.* escoutar, *fr.* écouter, *altfr. auch* ascouter *hören, horchen; von* auscultare, *worüber Caper (Putsch p. 2247) bemerkt, man dürfe nicht* ascultare *sprechen, so daß ihm die roman. form schon bekannt sein mußte. Daher it.* ascolta, scolta, *sp.* escucha *wache, schildwache.*

Aspo *und* naspo *it., sp.* aspa, *altfr.* hasple, *pic.* haple *garnwinde; vom ahd.* haspa, haspel. *Für* aspo *war, wie im sp.,* aspa *zu erwarten, allein das genus richtete sich nach dem aus dem vb.* in-aspare *neu gebildeten* naspo, *welches romagnolisch sowohl* naspa *wie* nasp *lautet, sard.* naspa.

I. ASSAI—ASTORE.

Assai *it.*, *altsp.* asaz, *pg.* assaz, *pr.* assatz, *fr.* assez, *adverbium von* ad satis, *einem ähnlichen pleonasmus wie im mlat.* adplene.

Assassino *it.*, *sp.* asesino, *pr.* assassi, ansessi, *fr.* assassin *meuchelmörder. Nach Silvestre de Sacy's untersuchung (Mém. de l'Institut 1818. IV, 21 ff.), entstand das wort aus dem arab.* 'haschischin, *womit man die glieder einer secte im Orient benannte, die durch einen aus der hanfpflanze bereiteten trank* 'haschisch *(Gol. 613) berauscht jeden von ihrem oberhaupte, dem herrn des berges* (schajch algabal), *geforderten mord zu verüben gelobten:* que van neys, si era part Fransa, tan li son obedien, aucire sos guerriers mortals *die, wenn es selbst über Frankreich hinaus wäre, so gehorsam sind sie ihm, seine todfeinde zu tödten gehn Chx. V, 10. Das wort kann nicht vor dem 12. jh. in Europa bekannt geworden sein: drum ist eine urkunde v. j. 814, worin* assassinium *vorkommt Murat. Ant. ital. III, 31, HPMon. n. 17 falsch oder verfälscht.*

Assettare *it. einrichten, ordnen, zieren, zu tisch setzen, pr.* assetar *in letzter bedeutung; zsgs. it.* rassettare; *sbst. it.* assetto *putz, pr.* assieta *einrichtung, fr.* assiette *lage, zustand, eintheilung, platz der tischgenossen (s. Caseneuve), daher auch teller. Ital.* assettare *heißt überdies verschneiden (castrieren) und muß in diesem sinne von* secare sectus *herstammen, aber selbst die bed. ordnen knüpft sich an die von* secare *abtheilen, ebenso ahd.* skeran *abschneiden,* skara *abschnitt,* skerjan *abtheilen, ordnen. Das goth.* satjan *(setzen) kann gegen das lat. wort nicht in betracht kommen. Ital.* assetto *brettchen ist von* assis.

Asso *it.*, *sp. pr. fr.* as, *pg.* az *die zahl* 'eins' *auf würfeln oder karten; vom lat.* as, *das eine einheit ausdrückt. Muratori ließ sich durch die redensart* lasciare uno in asso *d. i. einen im stiche lassen, zur deutung des wortes aus dem mlat.* absus 'ager incultus' *verleiten, da diese redensart vielmehr, wie vielleicht auch die entsprechende deutsche (*stich = punct, as*), aus dem spiele entlehnt sein kann.*

Astore *it.*, *altsp.* aztor *PC.*, *nsp. pg.* azor, *pr.* austor, *altfr.* ostor, *nfr.* autour *habicht. Die übliche herleitung ist von* astur *asturischer vogel, bei Firmicus Maternus (4. jh.), allein die lautgesetze widersprechen:* astur *konnte nur* astre *geben. Der grammatiker Caper (bei Putsch p. 2247, vgl. das. Beda p. 2778)* kennt acceptor *als einen volksüblichen ausdruck für* accipiter *(so auch in hss. der L. Sal. tit. 7) und hierzu stimmt der buchstabe, z. b. sp.* azor = acceptorem *wie* rezar = recitare. *Wohl mag die lingua rustica an* acceptor *von* accipere *gedacht haben, als sie das mit diesem verbum ganz unverwandte* accipiter *umformte, s. Pott, Etym. forsch. II, 54, Benfey, Ztschr. f. vergl. sprachf. IX, 78. Freilich ist pr.* austor *unorganisch für* astor, *es verhält sich aber wie* austronomia *zu* astronomia; *besser neupr.* astou. *Von* azor, *nicht etwa von* accipitrare *zerfleischen, von Gellius citiert, leitet sich das span. vb.* azorar *schrecken, verwirren, ursprüngl. von vögeln, die der habicht verfolgt,* perdiz azorada; *nach Larramendi vom bask.* zoratu *den verstand verlieren, allein das ganz entsprechende sp. vb.* amilanar *schrecken, entmuthigen, von* milano *hühnergeier, so wie das gleichbed. cat.* esparvorar *von* esparver *sperber, erheben jene herleitung über jeden zweifel.*

Astro *it. sp. pg.,* astre *pr. fr. gestirn, auch geschick, glück; von* astrum. *Daher sp. pg.* astroso *unglücklich, bei Isidor* astrosus 'quasi malo sidere natus', *bei Papias* astrosus 'quasi malo astro natus'; *altsp.* astrugo *Bc., pr.* astruc *glücklich (welches Littré, Hist. litt. d. l. l. Fr. XXII, 35, ohne dem ende des wortes rechnung zu tragen, mit Ménage aus altfr.* mal-estruit *erklärt). zsgs. pr.* benastre, benastruc, *altsp.* malastrugo *Alx., pr.* malastre, malastruc, *altfr.* malostru *für* malastru, *daher nfr.* malotru, *suffix* -uc *an die stelle von* -os *getreten, bei Rabelais* malautru *s. Gachet; dsgl. it.* disastro, *sp.* desastro, *pr. fr.* désastre *unstern, vgl. altcat.* per astre *o* per desastre *Chr. d'Excl. 711ª.*

Astuccio *it., sp.* estuche (estui *bei Berceo), pg.* estojo, *pr.* estug, estui, *fr.* étui *futteral, behältnis; vb. pg.* estojar, *pr.* estuiar, estoiar, *altfr.* estuier *verwahren.* Estug, étui *fügen sich in das mhd.* stûche *stauche, futteral für den arm, schon nach Adelung;* astuccio *aber (veron. besser* stuccio) *würde sich genügend nur aus einer ahd. form* stûchjo, *wie* guancia *aus* wankja, *herleiten lassen.* — [Estui, étui *deutet Langensiepen (Herrigs Archiv XXV) aus* studium, *von seiten der form vollkommen genügend und selbst von seiten des begriffes zu rechtfertigen: es hieße sorgfalt, sorgfältige aufbewahrung, it.* studiato *heißt sogar* 'sorgfältig bewahrt'. *Diese etymologie wird noch unterstützt durch die altfr. form* estudier *sich vorsehn, sich verwahren Gayd. p. 251, welches nach Borel (s. Roq.) für* estuier *gesetzt ward. Aber mangelhaft ist, daß das etymon nicht die völlig gleichbed. ital. und span. wörter umfaßt, sie müßten getrennt werden.*]

Ataballo, taballo *it., sp.* atabal, *pg.* atabale *maurische pauke, sonst auch it.* timballo, *sp.* timbal *genannt; vom arab.* al-ṭabl aṭṭabl *Freytag III, 40ª.*

Ataud *sp. pg., pr.* taüt, taüc, *so altfr.* taüt, taüc, *ncap.* tavuto *lade, sarg; vom arab.* al-tabût attabût *mit ders. bedeutung (Sousa; fehlt bei Engelmann, der es also nicht als arabisch anerkennt).*

Attillare *it., sp.* atildar, *pg.* atilar, *pr.* atilbar *niedlich putzen. Ital.* titolo *heißt der punct auf dem i, sp.* tilde, *pg.* til *ein nöthiger strich über gewissen buchstaben: daher konnte man mit* attitulare *(eigentl. wohl* 'kein jota vergessen') *die sorgfalt im putze ausdrücken. Das mlat. verbum findet sich überhaupt für bezeichnen (schmücken?):* crucis signaculo frontem eius attitulans *DC.*

Atturare *it. verstopfen, sp. pg.* aturar *aushalten in der arbeit (wohl für* aturarse), *cat. pr.* aturar *anhalten, aufhalten, refl. pr.* s' aturar *sich stützen, sich anstrengen, sbst.* atur *anstrengung; mit vertauschter präposition von* obturare *stopfen, daher hemmen, aufhalten und, wie im deutschen, sich aufhalten bei einer sache, nicht davon abgehen, ausdauern. Das span. wort hört man noch jetzt in lat. bedeutung. Für* atturare *findet auch* turare *(daher* tura *damm), sp.* turar *statt, worin nur eine abkürzung, nicht etwa das verlorene lat. simplex* turare, *zu erkennen ist.*

I. AUGE—AVARIA.

Auge *it., sp.* auge, *pg.* auge *höchster punct; vom arab.* auǵ, *einem astronomischen ausdruck aus dem pers.* auk, *s. Freytag I, 69ª, Vullers I, 140ª, 143ª.*

Augurio *it., sp.* agüero, *pg.* agouro, *pr.* auguri, augur, agur, *vorbedeutung, syncopiert pr.* aür (abur), *altfr.* eür, *neufr.* heur *glück; vb. it.* augurare, *sp.* augurar, *pr.* agurar, *fr.* augurer *weissagen, pr.* aburat, *altfr.* beüré *beglückt, wal.* urà *glück wünschen; von* augurium, augurare. *Zsgs. pr.* bonaür *s. Honnorat, altfr.* boneür, *neufr.* bonheur; mal-aür, maleür, malheur *und so altfr.* boneüré, boneüreté; *it.* sciagurato, *zsgs.* sciaurato *(dreisilb.), altsp.* xaurado, *nsp.* xauro *elend, verlassen, von* exanguratus; *sbst. it.* sciagura, sciaúra. *Auch it.* uria, *pluralbildung von* augurium, *ist hieher zu nehmen.* — Bonheur *und* malheur *erklärt man aus* bona hora, mala hora, *welche gleichfalls und zwar in ähnlicher bedeutung vorhanden sind, aber von den ersteren getrennt werden müssen. Im altfr.* eür *ward* eü *durch synärese endlich zu* eu *wie in* peur *aus* peür, *und in dieser gestalt tritt es sehr früh neben* eü *auf. Für* eur *schrieb man oft* heur, *vermuthlich weil man an* hora *dachte. Wäre letzteres aber das etymon, so müßte sich sein genus geändert haben, was hier, wo das fem.* heure *in jedermanns munde war, schwerlich angenommen werden dürfte; ferner müßte sich, die alten formen erwogen, langes lat.* o (hōra) *gegen das lautgesetz als pr. oder fr.* u *dargestellt, und endlich der einfache vocal* eu *in den mehrfachen* e-u *gespalten haben, was unmöglich ist. So entspricht auch* heureux *dem altfr.* eüreux *= pr.* aüros, *it.* auguroso, *mlat.* auguriosus; horosus *kennt weder der Lateiner noch der Romane.*

Aura, ora *it., sp. pg. pr. chw.* aura, *altfr.* ore (la ore *LJ. 486ᵐ*, bone ore *Rou II, 146,* bon' ore curent e suef vent *MFr. I, 364) luft, sanfter wind; von* aura. *Abll. sind: pr.* aurat, *altfr.* oré; *pr.* auratge, *altfr.* orage *windeshauch* (lo dous auratge *zephyr,* lo fer auratge *sturmwind*), *nfr.* orage, *woher sp.* orage, *sturm; vb. sp.* orear, *cat.* oretjar *erfrischen, auslüften, daher sbst.* oréo, oretj, *dsgl. it.* oreggio, *pr.* aurei *frisches lüftchen. Verschieden von* oreggio *scheint it.* orezzo *(auch* orezza), *das auf eine abl.* auritium *weist, verkürzt* rezzo *kühle, schattige stelle; in einer andern form* arezzo *verflachte sich der lat. diphthong zu* a *wie in* ascoltare, *wenn hier nicht vielmehr* aer *eingegriffen hat.*

Avania *it. pg.,* avanie *fr. schabernack, plackerei, dsgl. kopfgeld der Christen unter türkischer herrschaft; soll ein türkisches oder vielmehr semitisches wort sein, neugr.* ἀβανία, *s. Ducange, Glossar. med. graecit.*

Avaria *it. pg., sp.* averia, haberia, *fr.* avarie, *ndl.* avarij, baverij, *dtsch.* bafarei, bavarie *seeschaden, schaden an schiff oder ladung auf der see; adj. sp.* averiado, *fr.* avarié *durch das seewasser beschädigt (von waaren). Daneben gelten noch andre bedeutungen: abgabe der schiffe zur unterhaltung des hafens (franz. dtsch.) oder abgabe von waaren, die über see gehn (span.). Die gewöhnliche herleitung ist von* hafen; *sie nimmt also an, daß die zuletzt genannten bedeutungen vorausgiengen, wiewohl das italienische und niederländische dieselben nicht zu kennen scheinen. Dozy, Oosterl. 22, hat dem wort im arabischen, und zwar im classisch arabischen, eine neue quelle eröffnet. Hier bedeutet* 'awâr *sbst. gebrechen, auf waaren bezogen beschädigung: das wort kam mit dem handel nach den italienischen seestädten, romanisiert* avaria. *In der niederl. variante* haverij *stammt* h *aus dem arabischen laute* ain, *welches auch anderwärts vorkommt.*

Avocolo, vocolo *it., fr.* aveugle *blind; vb. it.* avocolare, *fr.* aveugler, *pr.* avogolar *blenden. Das gemeinromanische adjectiv ist* caecus, *auch im altfr.* ein *vorhanden TCant. app., nur dem Dacoromanen abgehend, der es mit* orbus *ersetzt, s. unten. Ital.* avocolo *ist außer gebrauch gekommen,* avocolare *dauert, selbst in mundarten, noch fort. Was das adjectiv betrifft, so muß man die erklärung mit* ab-oculus, *gebildet wie* ab-normis, a-mens, *so daß es 'ohne augen' bedeutet, gelten lassen, wie denn auch die mittelgr. sprache* ἀπὸ ὀμμάτων *oder* ἀπόμματος *für* ἐξόμματος *sagte; es mag aber eine erkünstelte bildung sein, da sie sich schlecht assimiliert hat. Die Cassler glossen enthalten* albios oculos 'staraplinter', *nach Eckhart s. v. a.* albioculus, qui nil nisi album in oculis habet; *aber in* albioculus *ist wohl eher eine umdeutung denn eine alte form von* aveugle *zu suchen. S. Altrom. glossare p. 120.*

Avoltore, avoltojo *it., pr.* voltor, *fr.* vautour *geier; von* voltūrius *raubvogel; sp.* buitre, *pg.* abutre, *von* vultur. *Abgel. sp.* buitron *rebhühnernetz, fischreuse; auch fr.* épervier *hat die bedd. sperber und fischnetz.*

Avorio *it., pr.* avori, evori, *fr.* ivoire *(m.) elfenbein; vom adjectiv* eboreus.

Avventura *it., sp. pg. pr.* aventura, *fr.* aventure *(daher unser* abenteuer, *mhd.* âventiure *f.) ereignis, seltsames ereignis, zufall, glück, gefahr* (aventure de mort todesgefahr *Rcn. I, 46), besonders auch ritterlicher zweikampf; von* advenire *ankommen, woraus die ausschließlich rom. bed.* begegnen; *ebenso einigt fr.* arriver *beide begriffe.* Aventura *vertrat auch die stelle der göttin Fortuna:* de las grausas dels homes fo Aventura faita deuessa *LR. III, 505.*

Azzardo *it., fr.* hasard (h *asp., mhd.* baschart), *pr.* azar, *cat.* atsar *wagnis, glücksfall, sp. pg.* azar *unglückswurf, unglückskarte, unglück, im spätern mlat.* ludus azardi *glücksspiel; vb.* azzardare, *hasarder aufs spiel setzen, wagen, mlat.* ludere ad azarum. *Altfr.* hazart *bedeutet auch würfelspieler,* hazarder *dem würfelspiel ergeben sein, s. Carpentier. Anderswo dient es zur verstärkung der negation, d. h. es drückt eine unbedeutende sache aus:* ne valent pas un hasart *NF. Jub. II, 90. Üblich ist der ausdruck* geter hasart *FC. III, 288, Ren. II. 159. Vergleicht man die franz. form mit den übrigen, so scheint* d *zugesetzt wie in* blafar-d, homar-d *u. a., it.* azzardo *aber daher entlehnt: das ächt ital. wort ist augenscheinlich das veraltete* zaro *PPS. II, 255, jetzt fem.* zara *spiel mit drei würfeln* (il giuoco della zara *Purg. 6, 1), eigentl. wurf von drei assen. An versuchen, dem schwierigen worte auf die spur zu kommen, fehlt es nicht; Raynouard hatte sogar zu den nordischen Asen seine zuflucht genommen. Gegen die beliebte herleitung aus dem lat.* as *in der bed. punct im würfelspiel, geringster wurf, daher wagnis, gefahr (Le Duchat) streitet leider das rom.* z, *das sich als* ts *im cat.* atsar *zumal deutlich ausspricht. Besser nähme man* azar *für eine abl. aus dem altsp.* auce (abce) *schicksal (s. II. b), woher auch* aci-ago *unglücklicher zufall; war aber alsdann nicht* azi-ardo *zu erwarten? Doch ließe sich zur unterstützung dieser etymologie noch das gleichfalls auf einen stamm* az *weisende altfr.* hazeter *(würfeln) geltend machen. Weder dem buchstaben noch dem begriff genügt arab.* 'darr *schade Freyt. III, 10ᵇ. Besser in beiden beziehungen passt hebr.* zarah *bedenkliche sache: ihm aber würde eher ein roman. feminin entsprechen, das sich nur in dem erwähnten neuital.* zara *findet. Man erwäge daher noch arab.* jasara *würfeln,* jasar *würfelgesellschaft, würfelpartie, dem man den vorzug vor allen zuerkennen dürfte (denn arab.* s [sin] *kann roman.* z *werden), wäre der wegfall des anlautes so leicht hinzunehmen; in* jasmin *findet er nicht statt. — [Die bed. würfel befriedigt vollkommen: da aber in* jasara *ein anstoß zu liegen scheint, so bietet Mahn p. 6 das vulgär-arab.* zebâr *würfel, zsgz.* zâr, *wie es auch türkisch heißt, mit artikel* azzar. *Eine andre vermuthung bei Jos. v. Hammer: sp.* azar *komme von arab.* assr *schwierigkeit, was von seiten des begriffes wenig zusagt. — Von einer würfelpartie erzählt das artige fabliau de S. Pierre et du jougleor FC. III, 282, woraus über die art und weise dieses spiels einiges zu lernen ist.]*

Azzurro, azzuolo *it.,* sp. pg. azul, pr. fr. azur *dunkelblaue farbe; vom pers.* lazvard, *daher* lapis lazuli, *der saphir der alten, arab.* lâzvardî *lazurähnlich Freyt. IV, 76ᵇ. Das anlautende* l, *welches man, wie Rösler bemerkt, für den artikel halten mochte, fiel im romanischen ab.*

B.

Babbéo, babbaccio, babbano, babbuasso *it. schwachkopf, gimpel;* pr. babau, pic. baba *geck; it.* bábbole, fr. babioles *kinderpossen. Denselben stamm fühlt man im synonymen lat.* babulus *Apulej., wozu man noch nehme* baburrus *'stultus' Gl. Isid.,* baburra *'stultitia' Gl. Placid., vgl. ir. kymr.* baban *kind, puppe, engl.* babe, babby.

Babbuino *it.,* sp. babuino, fr. babouin *eine art affen, pavian; augenscheinlich gleiches stammes mit dem fr.* babine *affen- oder kuhlefze, muthmaßlich verwandt mit dem mundartl. deutschen* bäppe *maul; vgl. unten* beffa.

Baccalare *it.,* pr. bacalar, fr. bachelier, *aus letzterem it.* baccelliere, sp. bachiller, pg. bacharel. *Die eigentliche heimath dieses wortes ist Frankreich und der span. nordosten, wo* baccalarius *zunächst der besitzer eines größern bauerngutes, einer* baccalaria *war (seit dem 9. jh. vorkommend). Sodann gieng der ausdruck auf den ritter über, der zu*

unvermögend oder noch zu jung war, um ein eignes banner zu führen, und wohl einem fremden folgte; endlich, und dies ist die heutige bedeutung, auf den der sich im besitz einer dem doctorgrade untergeordneten akademischen würde befindet, in welchem sinne es in baccalaureus umgedeutet ward: so bei Camoens do baccharo e do sempre verde louro *Lusiad.* 3, 97. Was die etymologie betrifft, so ist hier nur zu verneinen: bascavalier *niederer ritter* kann es nicht sein, das verbietet die geschichte des wortes und die grammatik, die für das verschwinden des s keinen grund kennt; auch baculus fügt sich nicht in die form, vollkommen zwar das mit baculus gleichbed. gael. bachall, ir. bacal, allein über den logischen zusammenhang werden sich nur unsichere vermuthungen vorbringen lassen.
— [*Eine neue untersuchung theilt Littré mit, s. den Kritischen anhang p. 14.* Bachelier scheine aus vassal entstanden, mit dem es die doppelte bed. lehns- und kriegsmann gemein habe; das fem. bachelette, wofür sich auch baisselette finde, sei offenbar derselben herkunft; b aus v mache keine schwierigkeit, auch ss könne in ch übergehn, daher das mlat. ca in bacalaria. Allein ch aus ss ist vorsichtiger weise nur da anzunehmen, wo letzteres ein ç repräsentiert: lat. faciam, fr. fasse, pic. fache. Ferner, sicher ist, daß wenn man ein fr. wort latinisierte, che in ca verwandelt ward, ob aber diese verwandlung bei einem so früh vorkommenden worte wie bacalaria anzunehmen sei und ob die prov. sprache ihr bacalaria aus lat. urkunden geschöpft habe, ist eine andre frage. Später hat Gachet dieses wort behandelt. Auch er bringt es mit vassal in verbindung, tritt aber in betreff seiner herkunft Chevallet bei, der diese im celt. bachan *(klein) u. s. w. findet*.]

Bacchetta *it.*, baqueta *sp.*, baguette *fr.* dünner stecken, gerte; von baculus mit verändertem suffix, s. solche fälle Rom. gramm. II, 280.

Bacino *it.*, altsp. *pr.* bacin, *fr.* bassin becken. Die älteste spur desselben scheint bei Gregor v. Tours vorzuliegen: cum duabus pateris ligneis, quas vulgo bacchinon vocant, s. Ducange, worin bacchinon (bacchinos?) mit cch an Bacchus angeknüpft sein könnte, s. Wackernagel, Umdeutschung p. 15. In den Isidor. glossen findet sich auch das einfache bacca 'vas aquarium'. Man leite es nicht aus unserm becken, dem nur ein it. bacchino, fr. baquin gerecht wäre, da deutsches k nicht in c ausartet, vgl. unten franco. Aus demselben grunde muß auch das ndl. bak napf, mulde zurücktreten. Das wort kann in früher zeit aus einem alteinheimischen stamme, z. b. dem celt. bac höhlung abgeleitet sein, so daß es anfangs bakinus (woraus ahd. bechîn), nachher bacinus gesprochen ward. Muthmaßlich desselben stammes ist *it.* bacioccolo beckenartiges tonwerkzeug. dessen primitiv in bacioca 'patera' Gloss. erford. p. 278ª vorzuliegen scheint. Vgl. bacia II. b.

Bacio *it.*, richtiger, aber minder üblich bagio, *sp.* beso, *pg.* beijo, *pr.* bais kuß; vb. baciare *ff.* küssen, auch als substantiv gebraucht; von basium, basiare, meist bei dichtern.

Badare *it.*, *pr. cat.* badar, altfr. baer, beer, *nfr.* bayer, noch *mundartl. (in Berry)* bader. *Es bedeutet 1) den mund aufsperren, gaffen: so im prov. cat. franz., so im altital.* boca badhadha *Bonves.,* bocca badada *Mur. Ant. ital. IV, 434, prov. auch verhöhnen (?), occ.* badado *hohngelächter; 2) verweilen, harren, vergeblich harren (dastehn mit offnem maul), ital. prov. altfr.; 3) nach etwas verlangen, trachten, ital. altfr. (das maul darnach aufsperren, lechzen). Sbst. pr.* bada *schildwache, adv.* de bada, en bada, *altfr.* en bades *umsonst, it.* stare a bada *mit offnem maule dastehn, harren. Für dieses wort gibt es alte zeugnisse, mit rücksicht auf welche die* bed. 'das maul aufsperren' *an die spitze gestellt werden mußte, nämlich in den Isid.* glossen badare 'hippitare, oscitare', *in den Erfurter glossen p. 276^a* battat 'ginath' *d. i. gähnt, besser* batat 'ginath' *in einer andern hs. Mone's Anzeig. VII, 137. Es ist von nicht ganz gesichertem ursprunge. Die celtischen sprachen scheinen keine passende wurzel zu enthalten: bret.* bada *staunen wird wohl eben so gut romanisch sein wie* badalein *(l mouillé) gähnen, das nicht aus ersterem herstammen kann, sondern das pr.* badalhar *sein muß; doch läßt sich etwa altirisch* baith *thor, pinsel (maulaffe) Zeuß I, 37 anmerken. Buchstäblich genügend ist ahd.* beitôn, *früher* baidôn, *säumen, harren, doch hängt einiger zweifel daran, weil es der offenbar ältesten bedeutung von* badare *nicht genügt. Letzteres könnte selbst aus einem naturausdrucke* ba, *der das aufthun des mundes bezeichnete, entstanden sein, so daß man etwa* ba-are ba-d-are *zu grunde legen müßte. — Abgeleitet ist it.* badigliare, sbadigliare, sbavigliare, *pr.* badalhar, *altfr.* baailler, *nfr.* bâiller *gähnen; fr.* badaud, *pr.* badau *maulaffe, geck; ebenso pr.* badoc, baduel, badiu; *auch fr.* badin *scherzhaft,* badiner *scherzen, in den wbb. des 16. jh. mit* ineptus, ineptire *übersetzt; it.* baderla *einfältiges weib, vb. com.* baderlà *die zeit verlieren, chw.* baderlar *schwatzen, plaudern.*

Badile *it.,* badil, *sp.* badila *feuerschaufel; von* batillum.

Baga *sp.* packseil, *pr.* bagua, *altfr.* bague *bündel, vgl. lomb.* baga *weinschlauch; daher abgel. it.* bagaglia, *pr. fr.* bagage *gepäck. Das unlat. wort, über welches Diefenbach, Goth. wb. I, 343, nachzulesen ist, findet sich wieder im gael.* bag, *kymr.* baich, *bret.* beac'h *last, bündel, vb. gael.* bac *hindern, nord.* baga *dass.*

Bagascia *it., sp.* bagasa *(umgestellt* gavasa), *pg.* bagaxa, *pr.* baguassa, *altfr.* bagasse, bajasse *u. s. f. feile dirne. Eine bedeutung wie diese ist so verschiedenen auffassungen unterworfen, daß die ausdrücke oft schwer zu ergründen sind. Stellt die endung* assa *das roman. suffix =* lat. -acea *vor, ital. in* ascia *verwandelt, so müßte das wort aus* baga *(pack) abgeleitet sein, was keinen befriedigenden sinn gäbe. Vielleicht ist es celtisch: kymr.* baches *bedeutet weibchen, von* bach *klein; oder arab.,* bâgez *schändlich Freyt. I, 139^a, worauf schon Muratori vermuthete, oder* bagî *metze Freyt. I, 140^b. Vom altfr. wort, das gleich dem arab.* bagî *auch dienerin heißt (NFC. I, 104), bildete sich das dimin.* baisele *dienstmädchen, auch* bachele, *wofür man ein primitiv* bagache *vermuthen muß.*

I. BAGATELLA—BAILO.

Bagatella *it. kleinigkeit, taschenspielerei, daher sp.* bagatela, *fr.* bagatelle *in ersterer bed., der alten prov. sprache noch nicht bekannt. Muratori zieht es aus dem modenes. vb.* bagattare *pfuschen, hudeln, das er aus dem arab.* bagata *(mischen) entstehen läßt. Eigentlich aber setzen beide wörter, nebst* bagattino *kleine kupfermünze, ein subst.* bagatta *oder* baghetta *voraus, das etwa aus dem alten rom.* baga *(s. oben) abgeleitet eine geringe habseligkeit ausdrücken mochte; im parmesan. ist* bagata *in dieser bedeutung vorhanden.*

Bagno *it., sp.* baño, *pr.* banh, *fr.* bain *bad; vb.* bagnare *ff., fr.* baigner; *von* balneum *mit ausgestoßenem l, da* balgno *nicht zu sprechen war (daraus auch das bask.* mainhua). *Das wal.* bae *(fem. plur.) entstand aus dem lat.* bajae, *von dem die übrigen sprachen keinen gebrauch gemacht haben.*

Bagordo *und* bigordo *it., altsp.* bohordo, bofordo, *altpg.* bofordo, bafordo *(in urkunden* bufurdium), *pr.* beort, biort, *esgs.* bort, *altfr.* bohort, bouhourt, behort *ein ritterliches spiel, dsgl. die waffe dazu; vb. it.* bagordare *ff. lanzen brechen. In Frankreich rannte man einzeln zu pferd mit der lanze nach der* quintaine *(s. Ducange v.* quintana, *Aubri im Ferabr. p. 158—162, Alex. 14, 30), in Spanien schleuderte man den* bafordo *nach dem* tablado *(Alx. 666, vgl.* bornaren [bordaren?] e tiraren a taulat *Chr. d'Escl. 587*[b]*), in Deutschland war der* buhurt *ein kampfspiel, wo schaar gegen schaar stand. Daß* bohorder, *denn von der franz. form ist auszugehn, ein ursprünglich deutsches wort sei, lehrt fast mit gewißheit die aspirata, die sich im spanischen als* f *(man erwäge* faraute *von* héraut), *im ital. als* g (gufo *für* huette) *darstellt. Offenbar ist es ein compositum, das zweite wort führt natürlich auf* hurten stoßen, *allein dies letztere gestaltete sich im roman. so verschieden (altfr.* hurter, *nicht* horder), *daß man davon abgehen und sich an das deutsche* hürde, *ahd.* hurt, *altfr.* horde, *vb.* horder, halten muß, *auch stimmt* hordeïs *umzäunung formell genau zu* bohordeïs *ritterspiel.* Hourdum *bedeutet mlat. s. v. a. das erwähnte sp.* tablado *gerüste s. Carpentier, noch jetzt im Hennegau* hourd. *Ganz zweifelhaft bleibt das erste wort der zusammensetzung. Ist die waffe die grundbedeutung, so könnte es aus* botar *herrühren:* bot-hort bohort (t *schwand vor der aspirata) würde etwas nach dem gerüste stoßendes bedeuten. — Einen weiteren beitrag zur deutung dieses wortes liefert Gachet p. 60*[b]*.*

Bailo, balio *it., sp.* bayle, *pg.* bailio, *pr.* baile, *altfr.* bail *pfleger, erzieher, verwalter, amtmann, fem. it.* baila, balia, *pr. chw.* baila *amme; it.* balía, *sp. pr.* bailia, *altfr.* baillie *verwaltung, vogtei; it.* balivo, *pr.* bailieu, *fr.* bailli *landvogt; vb. it.* balire, *pr.* bailir, *altfr.* baillir *verwalten, dsgl. pr.* bailar, *altfr.* bailler *darreichen, wal.* beià *pflegen, erziehen, daher* beiat *knabe (pflegling). Lat.* bajulus *heißt träger, mlat. (z. b. bei Lupus Ferr.) erzieher, hofmeister, eigentl. wer kinder trägt oder leitet, ganz deutlich im fem.* baila *ausgesprochen, daher pfleger, landpfleger. Aus* bajulus baj'lus *ward das roman.* bailo; *lat.* bajulare *tragen erhielt sich buchstäblich im altfr. und mdartl.* bailler, *vgl.* sard. baliai *ertragen.*

Baire *it. erstaunen; altfr. adj.* baïf, henneg. bahi *erstaunungsvoll;* zsgs. *it.* sbaire, *pr.* esbahir, *fr.* ébahir, *s. v. a.* baire, *wohl auch sp.* embair *einem ein blendwerk vormachen, eigentl. in erstaunen setzen, betäuben? Man hält es für einen naturausdruck, indem man das darin vorkommende* bah *als eine bezeichnung des erstaunens nimmt und wirklich kommt eine solche interj. im neuprov. vor, s. Honnorat: es wäre also mit* badare *von verwandter entstehung. In dem von einem etymologen herangezogenen ahd.* abahôn *verabscheuen widerstrebt vornweg die bedeutung.*

Baja *it., sp. pr.* sard. bahia, *fr.* baie *bucht, hafen. Isidorus führt dieses altroman. wort als ein lateinisches an:* hunc portum veteres a bajulandis mercibus vocabant baias. *Frisch findet seinen ursprung im fr.* bayer *den mund offen haben, klaffen, wie denn auch* baie *überhaupt für etwas offen stehendes gebraucht wird, und diese erklärung scheint sich durch die catal. form* badia *von* badar *(öffnen) zu bestätigen, deren* d *im span. schon vor Isidors zeit ausgefallen wäre. Andre erblicken in* bahia *ein bask. wort, daher der name* Bayona *zsgs. aus* baia *hafen und adj.* ona *gut; andre ein celtisches,* gael. bàdh *oder* bàgh, *wozu die verschiedenen roman. formen recht wohl zu stimmen scheinen.*

Baja *it., sp. pg.* vaya, *fr.* baie *posse, fopperei; davon it.* bajuca *posse, kleinigkeit. Stammt es aus Italien, so dürfte man an gr.* βαιός *(klein, gering) denken; aus Frankreich, so könnte es identisch sein mit* baie *beere d. h. unbedeutende sache. Der specielle sinn des wortes aber verträgt sich besser wohl mit pr.* bada, *dem das altfr.* baie *entspricht, vergebliches harren, adv.* en bada *umsonst, zur posse, fr.* donner la baie, *sp.* dar vaya *einem etwas nichtiges vormachen, einen anführen, vgl. oben* badare *mit seinen ableitungen.*

Bajo *it., sp.* bayo, *pr.* bai, *fr.* bai *braun (von pferden); von dem seltnen lat.* badius, *das Varro gleichfalls von der farbe der pferde braucht. Eine abl. ist fr.* baillet *bleichroth (wieder nur von pferden), latinisiert* badiolettus; *pr.* baiart *s. v. a.* bai; *eine andere it.* bajocco *eine kupfermünze, von der farbe benannt wie das fr.* blanc, *das dtsche* weifspfennig.

Balascio *it., sp.* balax, balaxe, *pg.* balais, balache, *pr.* balais, balach, *fr.* balais *ein edelstein, genannt nach seinem fundorte, dem chanat* Badakschan (Balaschan, Balaxiam) *in der nähe von Samarkand. Man sehe Ducange v.* balascus, *Ritter, Erdkunde von Asien V, 789.*

Balaústro *it.,* balaústre *sp.,* balustre *fr. kleine säule eines geländers; daher it.* balaustrata *u. s. w.; von* balaustium (βαλαύστιον) *blüthe des wilden granatbaumes, it.* balaústra, *wegen einer ähnlichkeit der form (Crusca, Caseneuve).*

Balco *und* palco *it. gerüst, stockwerk, von letzterer form das sp. pg.* palco; *abgel. it.* balcone, *sp.* balcon, *pg.* balcão, *fr.* balcon *erker. Sämmtlich aus dem ahd.* balcho, palcho *balken,* ndd. balke *kornboden, vgl. altn.* bâlkr *verzäunung. Die pic. mundart besitzt das deutsche wort in seiner eigentlichsten bedeutung,* bauque poutre. *Andre finden den ursprung von* balcone *im pers.* balkan *sinne der mauer (Vullers I, 260ª).*

Baldacchino *it., sp.* baldaquin, *fr.* baldaquin *thronhimmel; vom ital.* Baldacco Bagdad, *woher ursprünglich der dazu gebrauchte aus goldfäden und seide gewebte stoff kam; diese bedeutung zeigt noch das altfr.* baudequin, *z. b.* lors veissiez genz acesmer de samiz, de dras d'outremer, de baudequins d'or à oiseaus *Romvart p. 582, und altsp.* balanquin: balanquines e purpuras, xamit et escarlata *Bc. p. 276, 21. Vgl. Frisch I, 51ᶜ.*

Baldo *it., pr.* baut, *altfr. altcat.* baud *keck, üppig, fröhlich; pr.* baudos *dass.; sbst. it.* baldore, *pr. altfr.* baudor *übermuth, fröhlichkeit, it.* baldória *freudenfeuer; vb. altit.* sbaldire *PPS. I, 66, pr. altfr.* esbaudir *keck, üppig, fröhlich werden; vom goth.* balths *(bei Jornandes und im adv.* balthaba), *ahd.* bald *u. s. w. kühn, freimüthig, vb. goth.* balthjan *ff. sich erkühnen. Die südwestlichen sprachen besitzen einen gleichlautenden stamm in folgenden und einigen andern wörtern:* baldo *leer,* entblößt, *de balde und en (em)* balde *vergebens, unnütz,* baldío *unbenutzt, brach,* balda *unnütze sache, mangel, schwäche,* baldar *hindern, lähmen (unnütz machen),* baldon, baldão *beschimpfung (eigentl. wohl unnützlichkeit, vgl. altsp.* en baldon = en balde, *daher werthlosigkeit, schimpf),* baldonar, baldoar *beschimpfen. Sind diese wörter gleichfalls germanischer herkunft, so gieng der begriff der keckheit in den der eitelkeit über, wie z. b. das ahd.* gemeit *übermüthig und vergeblich zugleich bedeutet. Dieser vorgang ist aber nicht wahrscheinlich, theils weil der grundbegriff 'kühn' im span. nirgends vertreten ist, theils weil die span. derivata von den übrigen ganz verschieden sind. Man hält sich also besser an die herleitung aus dem arab.* ba'tala *unnütz sein Gol. 287, das sich in* batla balda *verwandeln konnte wie* spatula *in* espalda, rotulus *in* rolde.

Balicare *it. (nur* balicà *lomb.), altfr.* baloier *sich hin und herbewegen, schwanken, flattern, cat.* balejar, *sp. pg.* a-balear *getreide schwingen; etwa von* ballare *tanzen? oder entstellt aus* banicare? *s.* banda. *Prov.* balaiar *flattern, peitschen läßt sich formell nicht damit vereinigen.*

Balla *it., sp. pr.* bala, *fr.* balle *kugel, runder pack; augm. it.* ballone, *sp.* balon, *fr.* ballon. *Da die ital. sprache für* balla, ballone *auch* palla, pallone *erlaubt, so ist die nächste herkunft des roman. wortes aus dem gleichbed. ahd.* balla, palla, *mhd.* bal, *altn.* böllr *(von Benecke aus einer deutschen wurzel erklärt) fast unzweifelhaft, welche formen sich dem Italiener unmittelbarer darbieten mußten als gr.* βάλλειν, πάλλειν, *sbst.* πάλλα.

Balisa *sp. pg.,* balissa *cat.,* balise *fr. pfahl, reisbündel, tonne u. dgl. zur bezeichnung gefährlicher stellen am eingange der häfen (Dict. de l'Ac. franç.), ndd.* bake. *Ein it.* baligia *fehlt, daher die franz.-ital. wörterbücher* balise *umschreibend übersetzen, der prov. ausdruck ist* gaviteou.

I. BALLARE—BAMBO.

Es ist nicht zu ermitteln, ob das wort nur den zweck der bemerkten gegenstände, also z. b. merkzeichen, warnung, oder ob es einen dieser gegenstände selbst ausdrücken soll. Indem man von der letzteren ansicht ausgieng, haben einige es aus palus pali abgeleitet, palitia, *wiewohl sich das anlautende p gerade im span. und franz. fast niemals zu b herabläßt:* dem sp. paliza *(prügel d. h. schläge) ist diese abkunft nicht zu bestreiten. Chevallet entgeht dieser schwierigkeit, indem er es aus dem ndl.* balie *(zuber) leitet; aber ein zuber ist nicht mit tonne zu verwechseln, abgerechnet daß der Niederländer sein* balie *nicht in dem sinne von* balisa *anwendet. Der herkunft des seemännischen wortes ist also noch nachzuspüren.*

Ballare *it.*, *sp. pg.* bailar, *pr.* balar, *altfr.* baler *tanzen; sbst. it.* ballo, *sp. pg.* baile, *pr. fr.* bal *tanz. Schon im ältesten mlatein trifft man* choreis et ballationibus *Gl. Isid., wofür ein kritiker* helluationibus *vorschlägt (Jahrb. f. phil. XIII. suppl. p. 238), wiewohl es diesen glossen an unlat. wörtern nicht fehlt.* Ballare *scheint abgeleitet aus dem roman.* balla *kugel, ball, daher ital. auch* pallare *wie* palla; *das sp.* bailar *ruht auf einem ursprünglichen* balear *(vgl.* guerrear, manear*) mit versetzung des* e *bae̦lar* bailar, *altsp. noch* ballar, *pg.* balhar. 'Das ballwerfen war im mittelalter wie bei den Griechen ein mit gesang und tanz verbundenes spiel, daher in den romanischen sprachen* ballare *tanzen'. So Wackernagel, Altfr. lieder p. 236. Wie das ballwerfen auf das tanzen übergetragen ward, so im altsp.* ballar *auf das singen; im walach. erfolgte das tanzen,* żucare, *aus dem spielen. Eine abl. ist it.* ballata *ff. tanzlied.*

Balzare *it. hüpfen, springen, in die höhe prallen, pr.* balsar? *Fer. 275; sbst. it.* balzo, *cat.* bals, *altfr.* baus *RCam. 320 prall, sprung, ital. auch klippe, wofür überdies fem.* balza; *verstärkt it.* sbalzare *schleudern, sich schwingen, sbst.* sbalzo. *Die heimath des wortes ist sichtbarlich Italien, wo es sich am meisten ausgebreitet (vgl. noch* balzellare, balzelloni*): um so wahrscheinlicher ist herkunft aus gr.* βαλλίζειν *hüpfen, springen, tanzen.*

Bambagio, bambagia *it. baumwolle, mail.* bombás; *von* bombyx (βόμβυξ) *seide, baumwolle, mittelgr.* βαμβάκιον, *mlat.* bambacium. *Daher it.* bambagino, *sp.* bombasí, *fr.* bombasin, basin *baumwollner stoff, lat. adj.* bombycīnus.

Bambo *it. kindisch, einfältig, sp.* bamba *einfältiger mensch (nach Covarruvias); abgel. it.* bambino, bámbolo *und* bámbola, bamboccio *(hieraus fr.* bamboche*), sp.* bambárria *(m.) kind, puppe, hindischer mensch u. dgl., östreich.* bams *kind, bützel. Der stamm dieser bildungen ist der des lat.* bambalio *bei Cicero, des gr.* βαμβαλός, *vb.* βαμβαλίζειν, βαμβαίνειν *stammeln. Auch im sp.* bamba *schaukel,* bambolear *schaukeln, wiegen,* bambeln, *norm.* bamboler *dass., wallon.* bambi *wackeln, burg.* vambe *bewegung der glocke ist er anzuehmen, wie auch it.* bamboleggiare *schäkern, kindereien treiben (von* bambolo *kind) buchstäblich mit sp.* bambolear *zusammentrifft. Vgl. auch das verwandte* babbeo. *Ital.* bimbo *kind scheint nichts anders als eine ablautende form von* bambo.

I. BANCO—BANDO.

Banco *it. sp. pg., fr.* banc *tafel oder tisch z. b. der wechsler, ruderbank, sandbank, zimmerbock u. dgl., das span. wort auch in der bed.* scamnum, *pr.* banc *nur in letzterer und so fem. it. sp. pg. pr.* banca, *fr.* banque *(auch* banche *felsengrund in der see Dict. de Trév.); vom ahd.* banch *(f.), mhd.* banc *(m. f.)* scamnum. *Zwar auch kymr.* banc *(gael.* biunse), *aber die ital.* nebenform panca *spricht deutsche herkunft an. Abgel. it.* banchiere *ff. wechsler, mensarius;* banchetto *ff. bänkchen, dsgl. gasterei: da sich aber beide bedeutungen ziemlich ferne liegen, so scheint man die zweite aus dem vb.* banchettare *gastereien halten, welches ursprüngl. 'tische und bänke rüsten' bedeuten konnte, gezogen zu haben, entsprechend dem mhd.* benken: hie wart gebenket schône, tuoch unde brôt ûf geleit *Wb. I, 84.*

Banda *it. sp. pr.,* bande *fr. binde, streif, bande d. i. trupp; vom goth.* bandi *(f.), ahd.* band *(n.) Dsgl. it.* bandiera, *sp.* bandera, *pr.* bandiera, baneira, *fr.* bannière *fahne (daher unser* panier*), vgl. goth.* bandva *zeichen, und Paul. Diac. 1, 20:* vexillum, quod bandum appellant; *s. darüber Muratori, Ant. ital. II, 442; ferner it.* bandolo, bandoliera, *fr.* bandoulière *u. dgl. Das einfache* bannum *findet sich nur im altfr.* ban, *sofern es die bed.* fahne *zeigt, beispiele bei Ducange; die prov. denkmäler gewähren nur das compos.* auri-ban, *welches Raynouard unrichtig mit* arrière-ban *übersetzt, vgl. die stelle* on a mot auriban e trop mot ric penon *GAlb. 2637; es ist* goldbanner *wie* auriflamma. *Vb. sp.* bandear, *pr.* bandeiar, baneiar *hin und her schwenken (wie eine fahne), intrans. sich bewegen, flattern, altfr.* banoier *G. Guiart II, 341,* esbanoier *dass., gleicher bed. mhd.* baneken *s. Grimm II, 1000, worin noch die älteste roman. form* banicare *zu erkennen ist, die sich auch deutlich im comask.* bangà *schwanken ausspricht.*

Bando *it. sp. pg., pr.* ban, *fr.* ban *öffentliche verkündigung; vb. it.* bandire, *sp. pr.* bandir, *pg.* bandir, banir, *fr.* bannir *öffentlich verkündigen, daher partic. it.* bandito *öffentlich ausgerufener, verwiesener, straßenräuber. Das wort kommt frühe im mlatein vor, wo* bannum edictum, interdictum, bannire edicere, citare, relegare *heißt. Es ist deutscher herkunft (Grimm, Rechtsalt. 732); zu beachten ist aber, daß das rom.* bandire, bannire *nicht wohl aus dem starken vb.* bannan *entstehen konnte, welches* bannare, banner *gegeben hätte, es stimmt mit seiner conjugationsform besser zum goth.* bandvjan *bezeichnen, andeuten, dessen nebenform* banvjan *zugleich das roman.* bannir *zu erklären scheint; andre deutsche dialecte können das im gothischen so einflußreiche ableitende* v *entbehrt haben. Vgl. den vorigen artikel, der mit dem gegenwärtigen innerlich zusammenhängt. Auch die gael. sprache besitzt* bann *in der bedeutung des engl.* band *und* ban; *das sogleich zu nennende altfr.* arban *kann aber seine herkunft aus dem deutschen gar nicht verläugnen. S. über* bando *auch Diefenbach, Goth. wb. I, 299, wo germanischer ursprung oder wenigstens sehr frühe aneignung vermuthet wird. — Eine abl. ist pr. altfr.* bandon, *fast stets mit vorgesetzter partikel* à, *1) =* ban: verdre gage à bandon;

2) willkür, eigentl. preisgebung: prenez tot à vostre bandon. *Aus diesem adv.* à bandon *gestaltete sich wieder ein sbst. pr. fr.* abandon, *it.* abbandono, *abgekürzt* bandono *hingebung, vb.* abandonar *ff. hingeben, überlassen. Eine zss. ist fr.* arrièreban *aufgebot zum kriegsdienst, entstellt oder umgedeutet aus ahd.* hariban *heerbann, mlat.* haribannum, arribannum; *näher der urform liegt das altfr.* arban *frohndienst, s. Ducange s. v.* heribannum. *Eine andre zss. ist altfr.* forbanir *durch öffentlichen ausruf des landes verweisen* (for = *lat.* foras), *ital. nur* forbannuto, *altfr. sbst.* forban *verweisung, dsgl. (concret) verwiesener, seeräuber, nfr. noch in letzterer bedeutung, mlat.* forbannitus *in der L. Rip.,* ferbannitus *in der L. Sal., beide nach Müllenhoff (zur L. Sal. p. 282) von verschiedener zusammensetzung. Ein weiteres compositum ist it.* contrabbando, *fr.* contrebande *übertretung einer verordnung, schleichhandel.*

Bara *it., fr.* bar *Dict. de Trév., üblicher* bière, *pr.* bera *todtenbahre, tragsessel, chw.* bara *leiche; vom ahd.* bâra, *ags.* bær, bêre, *ndl.* berrie; *in letzteres fügt sich auch neupr.* berio *(für* beria) *tragkorb.*

Baracane *it., sp.* barragan, *pg.* barregana, *pr.* barracan, *fr.* barracan, bouracan, *ein stoff von ziegenhaar, daher nhd.* bercan *und* barchent; *vom arab.* barrakân, barkan *eine (schwarze) kleidung Gol. 263, Freyt. I, 113ᵇ, nach Sousa persischen ursprungs, s.* baraka *kleid oder stoff aus kameelhaar Vullers 1, 224ᵃ.*

Baracca *it.,* barraca *sp.,* baraque *fr. hütte, zelt; abgeleitet aus* barra *stange wie it.* trab-acca *aus* trabs. *Span. etymologen holen es aus dem arabischen.*

Baratto *it., altsp.* barato, *pr.* barat, *fr.* barat, *fem. altsp. cat. pr.* barata, *altfr.* barate *betrügerischer handel oder tausch; vb. it.* barattare, *altsp. pg. cat. pr.* baratar, *altfr.* bareter *bösen handel treiben, prellen, rupfen, überhaupt tauschen und täuschen, altpg.* baratar *zerstören, SRos.; zsgs. it.* sbarattare, *sp. pr.* desbaratar, *altfr.* desbareter *zu grunde richten (einen um alles bringen); selbst nfr.* baratter *buttern (durcheinander rühren, verwirren?) dürfte hieher zu rechnen sein. Aus it.* barare *(betrügen) konnte* baratto *auf regelmäßige weise nicht entstehen. Die altnord. sprache besitzt* barátta *kampf, und Dante Inf. 21, 31 braucht, wie Muratori in dieser beziehung anmerkt,* baratta *in gleichem sinne, allein es bedeutet ihm gewiß nichts anders als das altfr.* barate *verwicklung oder gewühl in der schlacht s. Ch. des Sax. II, 30, altsp.* barata *PC.; auch würden die begriffe kampf und betrug (verwicklung) schwerlich hand in hand gehn. Die ahd. sprache bietet* bala-râti *nequitiae Graff II, 467, dies würde jedoch fr.* baurai *oder* baudrai *hinterlassen haben. Ein wort, das dem begriffe genügt, ist gr.* πράττειν *handeln, geschäfte machen, kniffe brauchen (wofür jetzt* πραγματεύειν *gesagt wird); von den griechischen kaufleuten konnte es das abendland entlehnen. Wegen* b *aus gr.* π *vgl.* boîte *von* πυξίς *u. a. und wegen der einschiebung eines vocales in den complicierten anlaut it.* calabrone *von* clabro *für* crabro *(andre beispiele Rom. gramm. I, 302). Der Serbe hat augenscheinlich dasselbe wort,* barátati *geschäfte treiben. — Das neusp.* barato *heißt wohlfeil, ohne mühe,* subst. *wohlfeilheit,* baratar *unter dem werthe verkaufen, und wird von* J. v. Hammer *aus dem arab.* barât (baraʻh) *immunitas Freyt. I, 102ᵃ erklärt. Dagegen ist einzuwenden, daß die arab. substantiva auf* at *im* span. *die spätere oder vulgäre form* aʻb *reflectieren* (bara *müßte es heißen) und daß diese bedeutung sich doch den obigen anknüpfen läßt.*

Barbacane *it. (m.), sp. pr.* barbacana, *pg.* barbacão, *fr.* barbacane *brustwehr mit schießscharten vor der hauptmauer einer festung,* churw. vrlt. barbachaun *stützmauer; nach Vossius De vit. serm., arabischer herkunft, was aber Muratori, Ant. ital. II, 456, bestreitet, Pougens, Trésor I, 137 wieder behauptet. Persischen ursprung erkennt ihm Wedgwood zu, nämlich von* bâla-khaneh *oberes zimmer (woher auch* balcone *stammen soll), ursprüngl. ein vorragendes fenster zum schutze des eingangs.*

Barbecho *sp.,* barbeito *pg. brachfeld; von* vervactum *dass. Im nordwesten ward anlautendes* v, *wie in andern fällen, zu* g *und so entsprangen die formen pr.* garag, *fr.* guéret, *denen im süden val.* guarət, *cat.* guret *entsprechen. Im ital. ist das wort nur mundartlich, wie sard. (logud.)* barvattu; *dafür hat die schriftsprache* maggese.

Barca *it. sp. pg. pr.,* barcę *wal.,* barque *fr. kleines lastschiff, schon im frühesten mlatein:* barca, quae cuncta navis commercia ad litus portat *Isid. 19, 1, 19. Das übliche prov.* barja, *altfr.* barge, *nfr.* berge (barque *ist fremd) verlangt jedesfalls* bárica *als älteste form (vgl.* carrica charge, serica serge) *und diese könnte erwachsen sein aus gr.* βᾶρις *kahn* (baris *bei Properz) wie* auca avica *aus* avis; *der griech. schifferausdrücke gibt es im romanischen mehrere. Dagegen verweist Wackernagel (Haupts Ztschr. IX, 573) auf altn.* barkr, *das sich mit* börkr *zusammenstellen lasse, ein aus rinde (borka) gebautes schiff.*

Barda *it. sp., altfr.* barde *pferdeharnisch von eisenblech, altfr.* champ. barde *auch zimmeraxt G Vian. 1998, wal.* bardę *dass., dauph.* partou *hackmesser, dsgl. pg.* barda, *fr.* barde *speckschnitte, die man um ein stück braten legt, port. auch sattel; abgel. fr.* bardeau *schindel, it.* bardella, *fr.* bardelle, *pr.* bardel *platter sattel, reitküssen; it.* bardotto, *fr.* bardot *lastthier, das der treiber reitet (sattelthier). Diese bildungen erinnern theils an ahd.* barta, *ndl.* barde *hacke, theils an nord.* bardi *schild; aber pg.* barda *in der bed. hecke, zaun, span. dornichte mauerbekleidung, sind sie mit Larramendi auf bask.* abarra *da d. h. ʻes ist gezweige' zurückzuführen? Das sp.* albarda *saumsattel (auch speckschnitte = pg.* barda) *leitet man dagegen aus dem arab.* al-bardaʻah *unterlage des sattels Gol. 253, Freyt. I, 106ᵇ, s. Monti, Agg. al vocab. II, 2, 310.*

Bardascia *it.,* bardaxa *sp.,* bardache *fr. (m.) pathicus; vom arab.* bardag *sklave? Golius p. 253. Das lomb. und piem.* bardassa *bedeutet überhaupt nur knabe,* bel bardassa *ist =* bel fanciullo, *und auch das sard.* bardascia *hat diese bedeutung neben der andern. Über altfr.* bardache *stange s. Grandgagnage v.* bardahe.

Barga *sp. altpg., fr.* berge *hohes abhängiges ufer; vielleicht ein uraltes wort, wenigstens kein germanisches, vgl. kymr.* bargodi *überhängen, hervorspringen,* bargod rand, dachtraufe.

Bargagno *it., pr.* barganh, *fem. pg. pr.* **barganha** *unterhandlung, altfr.* barguine *ceremonie Roq.; vb. it.* **bargagnare,** *pg. pr.* barganbar *feilschen, handeln, fr.* barguigner *(für* bargaigner, *vgl.* grignon *II. c) knickern, zaudern. Das mlat.* barcaniare *Cap. Car. Calv. bezeugt, daß* g *aus* c *entstand und so ruht das wort vielleicht auf* barca *fahrzeug, das, nach Isidors definition, die waaren hin- und herbringt, so daß* bargagno *das hin- und herhandeln bedeutete. Das suffix* aneum *bildet zwar sonst keine abstracta aus concreten begriffen, allein seine bedeutung läßt sich bei der spärlichkeit seines vorkommens überhaupt nicht auf das genaueste bestimmen. Génin, Récr. phil. I, 279, erkennt in diesem wort ein compositum, bestehend in der roman. partikel* bar *(für* bis) *und* gagner; *aber sowohl das mlat.* barcaniare *wie die unwandelbare gestalt der silbe* bar, *die weder in* bis *noch in* bes *noch in* ber *umschlägt, hauptsächlich aber die form* gagn, *wofür* guadagn *u. s. w. zu erwarten war, kurz, alles ist gegen ihn.*

Bargello *it., sp. pg.* barrachel, *altfr.* **barigel** *häscherhauptmann; vom mlat.* barigildus (barigildi et advocati *in einem capitular v. j.* 864), *sicher ein deutsches wort, aber von unklarem ursprung. S. Grimm, Rechtsalterthümer 314.*

Baritono *it. sp., pg.* baritom, *fr.* baryton *stimme zwischen tenor und bass; vom gr.* βαρύτονος *grobstimmig, nicht vom lat.* barrītus, *woraus nur* baritóne *werden konnte.*

Baro *und* barro *it. falscher spieler, schurke; augm.* barone; *vb.* **barare,** barrare *schelmerei treiben. Die herkunft dieses stammes, der so einfach nur im ital. vorkommt, ist noch unaufgehellt; buchstäblich passt zwar zu* baro, barone *das mlat.* barus, baro, *die begriffe aber einigen sich nicht. Desselben stammes sind etwa folgende wörter: pr.* **baran** *betrug; it.* **barocco** *wucher; altsp.* **baruca** *list; it.* **barullo** *obsthändler (vgl.* treccare *betrügen,* trecca *hökerweib); sp.* **baraja,** *pg. pr.* baralha, *altfr.* berele *Ruteb. I, 78. II, 117 verwirrung, hader; vb.* **barajar,** baralhar, barulhar *durcheinanderwerfen, in unordnung bringen.*

Barone *it., sp.* varon, *pg.* varão, *pr.* bar (*acc.* baró), *altfr.* ber (*acc.* baron), *nfr.* baron *ursprüngl. mann wie lat.* vir, *auch ehemann: pr.* lo bar non es creat per la femna, mas la femna per lo baró non est creatus vir propter mulierem, sed mulier propter virum. *Daher bedeutet es auch mannhaft, kräftig; altfr.* Karlemaine nostre emperere ber *Rol. ed. Mich. p. xxvi;* ne sui pas si preux ne si ber *NF. Jub. I. p. 214; pr.* **barnatge,** *altfr.* **baronie,** barnie *tapferkeit,* **embarnir** *kräftig werden LR. Daneben zeigt sich bereits im prov. und altfr. die bed. großer des reichs, lehensträger, so z. b. im Leodegar str. 9* baron franc *fränkische große. Die ältesten deutschen rechtsbücher nehmen es gleichfalls für mann im gegensatz zum weibe:* tam baronem quam feminam

L. Rip., barum vel feminam *L. Alam.*, in der *L. Sal.* ist baro *der freigeborene*, in den capitularien Karls des kahlen sind barones *die proceres oder vassallen*, daher auch baro dem Joh. de Garlandia 'gravis et authenticus vir' bedeutet, gravis vielleicht mit anspielung auf das lautverwandte gr. βαρύς. Neben dem mlat. und romanischen begegnet noch ein classisches baro; bei Cicero, der es öfter braucht, heißt es *thor, pinsel*; dies aber könnte andrer herkunft sein. In den scholien zum Persius wird ihm die bed. *servus militum* beigelegt und gallische herkunft angewiesen, und ziemlich übereinstimmend übersetzt es Isidorus mit mercenarius und leitet es aus gr. βαρύς stark, grob, 'fortis in laboribus'. Auch in einer alamannischen urkunde v. j. 744 sind parones servi. Die notiz des scholiasten muß irgend einen grund haben. Sucht man im celtischen, so findet sich ein altgael. bar *held*, also zusammentreffend mit dem altfr. ber, sofern dies einen tapfern mann bezeichnet. Eine zweite gael. bed. *trefflicher mann* rührt an die des Joh. de Garlandia. Als eigennamen bemerkt man das wort im frühen mlatein nicht unhäufig, z. b. bei Fumagalli p. 91 (v. j. 792); davon zu unterscheiden ist Bero ursus. Dies sind in aller kürze die das wort betreffenden thatsachen; seine herkunft ist noch nicht mit sicherheit ermittelt. Vor allem muß seine abstammung aus dem celt. bar als eine den prov. und franz. sprachgesetzen widersprechende hypothese abgelehnt werden. Es flectiert mit beweglichem accent (bar barón) und alle wörter dieser classe rühren entweder aus dem latein. (drac dragón, láire lairón) oder aus dem deutschen (Uc Ugón) her; der celt. sprachbau bot keinen anlaß zu solchen flexionen. Es bleibt also hier nur zweierlei übrig. Entweder ist unser baro lateinisch, wozu die bemerkung des scholiasten aber nicht wohl passt, oder es ist germanisch und dem widerspricht die bemerkung des scholiasten nicht, da die Römer germanische leicht mit gallischen wörtern verwechselten. Zu der bed. *servus militum* (last- oder packträger der soldaten) stimmt nämlich ahd. bero (acc. berun, beron) *träger*, vom vb. beran, goth. baíran, welches Ulfilas für φορεῖν und βαστάζειν gebraucht. Das subst. hat sich im althochd. nicht erhalten, ist aber nach dem altfries. bera vorauszusetzen. Hieraus das altfr. ber, acc. baron mit üblicher verwandlung des tonlosen e in a. Dabei muß freilich eingeräumt werden, daß der Provenzale, dem der wechsel zwischen e und a (vgl. auch altfr. lerre larron) nicht genehm ist, den vocal des accus. auch auf den nomin. übertragen habe. Aus der bed. *träger, lastträger* müßte sich die bed. *starker bursche, kerl (fortis in laboribus)* und endlich hieraus die bedd. *mann, lehensmann* entwickelt haben. Es bleibt aber auch dies eine hypothese, die, wenn sich der latein. ursprung des wortes gegen die sage von seiner fremden herkunft begründen läßt, von selbst verschwindet. Man vgl. noch mhd. bar Wb. I, 88. 142. In ital. mundarten tritt unser wort in einem bescheideneren sinne auf: com. bergam. bar, piem. berro, romagn. berr heißt *widder*, lothr. bèrra (d. i. bérard) dass., man sehe einen entsprechenden fall unter marrone II. b. — [Herkunft aus beran vermuthete auch Müllenhoff zur *L. Sal.* p. 279. Weitere untersuchungen über das wichtige wort s. bei Diefenbach, Orig. europ. p. 250].

I. BARRA—BASTARDO.

Barra *it. sp. pr.*, barre *fr. stange, riegel; daher sp.* bárrio, *pr. cat.* barri *schutzwehr, wall, vorstadt, mlat.* barrium *(aera 987); fr.* barreau; *it.* barriera, *sp.* barrera, *fr.* barrière *u. a.; vb. sp.* barrar, barrear, *fr.* barrer. *Aus dem celtischen: kymr.* bar *(m.) ast u. s. w., s. Diefenbach, Celt. I, 184, vgl. mhd.* bar, barre *in den roman. bedeutungen. Dasselbe wort ist auch enthalten im ahd.* sparro, *vb.* sperran, *woraus sich die ital. formen* sbarro, sbarra, sbarrare *gestaltet haben können, nicht eben müssen, da diese sprache den anlaut häufig mit* s *verstärkt. Noch sind einige ableitungen zu erwähnen: sp.* barras *stange, zsgs. sp.* embarazo, *fr.* embarras *sperrung, hindernis, vb.* embarazar, embarasser, *dsgl. fr.* débarrasser; *wohl auch sp.* barrica, *fr.* barrique *tonne, daher* barricata *verrammelung (aus fässern und ähnlichen sachen bestehend); it.* barile, *sp. pg.* barril, *fr.* baril, *kymr.* baril, *gael.* baraill, *wozu noch sp.* barral *große flasche kommt. Auch franz. ortsnamen wie* Bar-sur-Aube, Bar-le-Duc *werden zu diesem stamme gerechnet. S. auch* baracca.

Basso *it.*, *sp.* baxo, *pg.* baixo, *pr.* bas, *fr.* bas *niedrig; vb.* bassare *ff. Das Isid. glossar hat* bassus *'crassus, pinguis', das Gloss. vetus p. 511* bassas *'pingues oves',* bassum *'non altum', Papias* bassus *'curtus, humilis' (nicht profundus). Die grundbed. ist also wohl die erstere: in der that heißt it.* bassotto *dick, altfr.* bas *breit, gedrungen, z. b.* une maison longhe et assez basse *SSag. p. 169;* ele a basses hanches et basses jambes *NF. Jub. II, 260, wo an die bed. tief nicht zu denken ist. Man erinnert, was seine herkunft betrifft, an gr.* βάσσων *und celt.* bâs, *welchem letzteren die roman. bed. seicht zusteht; aber ist dies nicht entlehnt und würde sich* bâs *so leicht in span.* baxo *verwandeln, das ein doppeltes* s *verlangt? Das wort muß vielmehr ein ächt latein. sein: schon das alte Rom kannte es als zunamen, dergleichen auf körperliche eigenschaften zielend sich viele vorfinden, und hier passt die bed. der glossen trefflich. Auch Papias sagt* basus *'curtus' a base, et* (nomen) proprium *est. Als eigentlicher name begegnet es z. b. in einer urkunde des 6. jh. Marin. p. 197ª, die zss.* Campobassum *in einer andern v. j. 635 Brég. p. 136ᵇ. Diefenbach, Goth. wb. I, 282, ist geneigt,* bassus *'dick' ganz von* bassus *'niedrig' zu trennen, vielleicht ohne noth:* bassus *konnte das in die breite, nicht in die höhe gehende, das gedrungene bezeichnen, worin sich die begriffe dick und kurz berühren. — Aus dem adjectiv entstand das sbst. it.* basso *untertheil, fr.* bas *strumpf (eigentl. abgekürzt aus* bas-de-chausse, *vgl.* haut-de-chausses), *sp.* baxos, *pg.* baixos *(pl.) unterkleider, auch fußbekleidung, ein wort, womit das lat.* baxea *(art schuhe, bei Plautus), welches fr.* baisse *erzeugt haben würde, gewiss nicht zusammenhängt.*

Bastardo *it. sp. pg.*, bastart *pr.*, bâtard *fr., mlat.* bastardus *wenigstens seit dem 11. jh. uneheliches kind. Entstehung aus dem folgenden* basto *ist wohl kaum zu bezweifeln, da auch altfr.* fils de bast, *entstellt* fils de bas, *gesagt ward:* fille de bast *schon im Aubery p. 11,* frère de bas *bei Carpentier,* fille le roy Henris de bas *(im reime) DC. Auf welche* anschauung sich aber dieser ausdruck 'kind des saumsattels' bezieht, ist nicht so leicht ins klare zu bringen. — [Mahn p. 17 gibt eine ansprechende erklärung dieses ausdrucks. Das deutsche bankert kommt bekanntlich von bank, und heißt eigentlich der auf der bank, im gegensatze zum bett, erzeugte (vgl. Grimms R. A. 475). Der roman. ausdruck kind des saumsattels gieng dagegen im süden, in der Provence oder Spanien, aus den sitten der maulthiertreiber hervor, die sich in den wirthshäusern ihre betten von saumsätteln machten und dort mit den mägden verkehr hatten. Ein beispiel dieses verkehrs findet sich im D. Quixote 1, 16. — Auch Gachet hat sich an diesem worte versucht. Nach ihm ist bastard nur ein bildlicher ausdruck und bezeichnet eigentlich den nebenschößling oder schmarotzerzweig eines baumes, der am fuße desselben hervorwächst, vgl. dazu avoutre II. c. Man hätte also an bas 'tief unten' zu denken, aber dem widerspricht die form mit st bast entschieden.]

Basto *it. sp.*, bast *pr.*, bât *fr. saumsattel; vb. pr.* bastar, *fr.* bâter *satteln.* Man erinnert an das deutsche bast, weil die sättel etwa damit befestigt worden seien. Vergleicht man aber bastone *stock,* so wird man für basto eher auf die bed. stütze, unterlage, worauf die last ruht, verwiesen, und vielleicht haben wir in ihm ein wort der römischen volkssprache vor uns, zusammenhängend, wie man auch sonst schon behauptet hat, mit gr. βαστάζειν *stützen,* βάσταξ *lastträger;* an diesen stamm mahnt auch das spätere lat. basterna *sänfte,* worüber J. Grimm, Gesch. d. d. sp. p. 461, allerdings andrer meinung ist. Dem gr. βάσταξ aber entspricht buchstäblich das gleichbed. *pr.* bastais, *cat.* bastax, *sp.* bastage, *it.* bastagio. Desselben ursprunges ist, außer dem eben erwähnten *it.* bastone (*fr.* bâton, *wal.* beston *u. s. f.*), auch *it.* bastire, *altsp. pr.* bastir, *fr.* bâtir *bauen* (*eigentl. stützen?*), woher *altsp. pr.* bastida, *it.* bastia, bastione, *fr.* bastille *u. a.; dsgl. sp. pg.* basto *angefüllt, dicht (daher die eigenthümlich span. bed. dick, grob, auch im moral. sinne); vb. it.* bastare, *sp. pg. pr.* bastar *hinreichen* (*eigentl. ausfüllen, wie sp.* harto *gefüllt, hinreichend*), *ven.* bastare *hemmen* (*stopfen*), *altsp.* auch bastir *versorgen PC.* = bastir *bauen.* — Eine andre bedeutung zeigen die wörter *it. sp. pg. cat.* basta *heftnaht, steppnaht, fr.* bâtir, *sp.* bastear, *it.* imbastare, *sp. cat.* embastar *mit weiten stichen nähen.* Sie erinnern an ahd. bestan *flicken,* mhd. besten *schnüren, dies vom sbst.* bast; aber bastire reicht dafür aus, wenn man die im prov. üblichen bedd. *einrichten, zusammenfügen, berücksichtigt.*

Battere *it., sp.* batir, *pg.* bater, *pr.* batre, *fr.* battre, *wal.* băte, auch serb. bátati *schlagen; von* batuere, *auf roman. weise in* batere *verkürzt.* Wie selten man dies wort bei den Alten liest, um so üblicher ist es schon im frühesten mlatein. Es mußte sich jedoch eine neue flexion gefallen lassen: *perf.* battidi L. Sal., L. Long. (wie prendidi, ostendidi), *part.* battutus Decret. Child. (um 595). Unter den zahlreichen ableitungen ist zu erwähnen *it.* battaglia, *sp.* batalla, *fr.* bataille, *wal.* bǝtác *-schlacht, schon bei Adamantius Martyr.* batualia, quae vulgo battalia dicuntur; *ferner it.* battaglio, batacchio, *sp.* badajo *für* batajo *klöpfel; it.* battigia *fallende sucht; sp.* batan *walkmühle; pr.* bataria *schlägerei, fr.* batterie *aufgestelltes geschütz.*

Battifredo *it., fr.* beffroi, *alt* berfroi, beffroit, *wachtthurm; vom mhd.* berevrit, bervrit *zum schutz oder angriff dienender thurm, mlat.* berfredus, belfredus. *Die ital. form lehnt sich durch umdeutung an* battere.

Batto *it.* ruderschiff; daher battello, *sp.* batel, *pr.* batellh, *fr.* bateau *nachen; stimmt zu ags.* bât, *altn.* bâtr *kleines schiff, vgl. kymr.* bâd *boot.*

Baúle *it., sp.* baúl, *pg.* bahúl, bahú, *pr.* baúc, *fr.* bahut *koffer, felleisen. Unter diesen abweichenden formen die ursprünglichste zu ermitteln, ist nicht wohl möglich. Besitzt sie z. b. der Spanier, so könnte das wort aus* bajulus *träger wie* gerla *tragkorb aus* gerula *sich gestaltet haben, indem der accent fortrückte, wie dies in* casulla *aus* casula *anerkannt werden muß.* — [*Die bekannte deutung französischer philologen aus dem deutschen* behüten *war unzulässig, weil nur ein substantiv genüge that. Ein solches weist nun Mahn p. 89 aus den unterdess erschienenen wörterbüchern nach: mhd.* behuot *bewahrung, schutz Müller I, 732,* behut *magazin Grimm. Daß hochd.* uo = *goth.* ô *romanisch als* u, *nicht als* o *auftritt, ist selten und läßt spätere einführung vermuthen.*]

Bava *it., sp. pg.* baba, *fr.* bave *geifer; vb. pg. pr.* bavar, *fr.* baver, *sp.* babear *geifern. Es scheint ursprünglich ein naturausdruck, das mit* lallen (*gr.* βαβάζειν, *vgl.* alban. bebε, *kleines kind*) *begleitete geifern der säuglinge zu bezeichnen, darum heißt altfr.* bave *eben sowohl unverständiges kindisches geplauder,* baveux, bavard, *pr.* bavec *plauderhaft, und das sicil.* vava *einigt die begriffe geifer und kind. Hieher sp.* babieca *albern (urspr. geifernd, daher pferdename?),* babosa *schnecke u. a., vb. cat.* embabiccar, *pg.* embabacar, *sp.* embaucar *hintergehen, zum besten haben.*

Bazza *it., sp.* baza, *cat.* basa, *gutes glück, stich im kartenspiel; offenbar das seltne mhd.* bazze *gewinn, gleicher herkunft mit* baz *(besser) s. Mhd. wb., ein vermuthlich durch deutsche söldner verbreitetes wort. Abgel. it.* bázzica *ein kartenspiel,* bazzicare *mit jemand verkehren.*

Beccabungia *it., sp. pg.* becabunga, *fr.* bécabunga, *auch russ.* ibunka, *eine art der veronica; vom ndd.* beckebunge (beck *bach,* bunge *knollen*)*, nhd.* bachbunge, *einer der sehr wenigen gemeinrom. pflanzennamen, die aus dem deutschen genommen wurden. Das franz. wort ist schlecht assimiliert und wohl kein volksübliches: man sagt dafür* berle de rivière, *auf prov.* creissoun *kresse.*

Becco *it., pr. fr.* bec, *pg.* bico *schnabel, spitze, sp.* bico *schnabelförmige spitze von gold an der mütze. Celtisches wort:* cui Tolosae nato cognomen in pueritia Becco fuerat, id valet gallinacci rostrum *Sueton. in Vitell. c. 18; gael.* beic, *bret.* bók, *auch ndl.* bek. *Daher pr.* beca *haken, vermuthlich auch fr.* bêche *für* beche *grabscheit, wiewohl altfr.* besche *geschrieben wird; vb. it.* beccare, *pr.* bechar, *fr.* becquer *hacken,*

bêcher *graben, nhd.* bicken, picken; *daher ferner it.* beccaccia, *fr.* bécasse, *cat.* becada *schnepfe (langer schnabel); fr.* béquille *krückenstock. Zsgs. fr.* abéquer *junge vögel füttern; pg.* debicar *eine speise leicht berühren. Im ital.* bezzicare *mit dem schnabel hacken (picken) mögen sich die stämme* becco *und* pizza *(s. unten) gemischt haben.*
Beffa *it., sp.* befa, *altfr.* beffe, *mit a altsp. (Alex.) und pr.* bafa *verspottung; vb. it.* beffare, *sp.* befar, *alt* bafar *verspotten, fr.* bafouer *(mit erweiterter form, etwa lothringisch) verächtlich behandeln; dazu sp.* befo *unterlippe des pferdes, als adj.* dicklippig, *in welcher bedeutung auch* belfo *gesagt wird, cat.* bifi, *occ.* befe; *dsgl. pic.* bafe *leckermaul, maulschelle. Vermuthlich aus dem deutschen, vgl. bair. ndl.* beffen *bellen, keifen. Zu thüring.* bäppe *maul Frisch I, 45ᵃ stimmt mail.* babbi, *com.* bebb, *occ.* bêbo *lippe; gen.* fá beffe *heißt die lippen gegen einen spitzen. Eine abl. ist fr.* beffler *spotten, engl.* baffle.

Belare *it.,* bêler *fr.* blöken; *von* belare, *einer seltnen von Varro gebrauchten form für* balare, *vgl. in dem Vocabularius S. Gall.* belat 'plázit' *(blökt). Daher romagn.* be geblöke, *cat.* be *schaf, norm.* bai *hammel, vgl. aber auch ähnliche ausdrücke s. v.* bidet *II. c.*

Benda *it. pr., lomb.* binda, *sp.* venda, *fr.* bande *vitta, taenia, fascia, vb.* bendare *ff. fasciare (altfr.* bender *vincire z. b. DMce. p. 161, 12); vom ahd.* binda, *vb. ahd.* goth. bindan. *Unserm* bündel, *engl.* bundle *entspricht altfr.* boundel *Roq. II, 518.*

Benna *it. korbschlitten, comask.* karren, *auch der dazu gehörige korb, churw.* fuhrwerk *auf schleifsohlen, fr.* banne *korb für lastthiere, großes tuch zum schutz der waaren, altfr.* benne; *abgel. com.* benóla, *ehw.* banaigl, *fr.* banneau, benneau, banneton *u. dgl. Von dem auch durch die german. sprachen verbreiteten worte sagt Festus:* benna lingua gallica genus vehiculi appellatur, *und in dieser bedeutung und in der eines gefäßes braucht es auch das mlatein, z. b.* Haec omnia vehiculo, quod vulgo benna dicitur, imposuit *Flodoard.* Coxit panes et carnes et accepit cervisiam in vasculis, prout potuit, quae omnia in vase, quod vulgo benna dicitur, collocavit *Vit. S. Remig. (DC.) Damit ist zu verbinden sp. cat. neupr.* banasta, *altfr.* banaste *großer korb: stammt es, was kaum zu bezweifeln ist, von* benna, *so muß, da ein selbständiges suffix* ast *unerweislich ist, dies aus dem suffix* aster *abgekürzt sein, wie denn das wort altfr. auch* banastre *Ren. I, 149, piem. ebenso lautet; aus goth.* bansta ἀποθήκη *konnte* banasta *nicht entstehen, weil eingeschobene vocale nicht betont zu werden pflegen, und ein dem goth. worte entsprechendes ahd.* bánasta *annehmen, ist bei dem grade vor* s *oder* st *selten vorkommenden eintritt des derivaten* a *jedenfalls bedenklicher als der durchgang von* banásta *durch ein rom.* banástra. *Buchstäblich dem goth.* banst *entspricht nur das mundartl. fr.* banse *(f.) großer korb, wiege, mlat.* bansta, *vgl. Guérard, Polypt. d'Irmin. p. 315, auch im deutschen einheimisch, s. Grimms wb. v.* banse.

Berbice *it., pr.* berbitz, *fr.* brebis, *pic.* berbis *(f.) schaf, wal.* berbeace *widder; von* berbex, *einer bei Petronius vorkommenden gemeinen form für* vervex *hammel, s. Schneiders Lat. gramm. II, 227, mlat.* berbix *in den ältesten schriftwerken. Daher pr.* bergier, *fr.* berger *schäfer, in frühem mlatein* berbicarius; *altfr.* bercil *schafstall, gleichsam* vervecile; *nfr.* bercail *dass., mit* verveeale *zu erklären.*

Bergamotta *sc.* pera *it., sp.* bergamota, *fr.* bergamote *eine art birnen; aus dem türkischen* beg armôdi *d. i. herrenbirne, so genannt wegen ihres wohlgeschmacks.*

Bérnia *und* sbernia *it., sp.* bernia, *fr.* bernie, berne *(bei Nicot) ein grober stoff zu mänteln so wie der daraus verfertigte mantel; von* Hibernia, *woher der stoff kam (Nicot, Covarruvias, Ménage). Entsprechend sp.* holanda *holländische leinwand, vom ländernamen* Holanda *u. a. fälle.*

Berretta *it., sp.* birreta, *pr.* berreta, barreta, *fr.* barrette *mütze, masc. altsp.* barrete, *pr.* birret *dass.; vom spätern lat.* birrus (byrrhus) *kleid von flockigem stoff, s.* bujo. *Eine urkunde v. j. 532 Brég. p. 47 hat* birreto auriculari.

Berta *it.* fopperei, *lomb. piem.* elster, plaudertasche; *vb.* berteggiare *foppen; pr.* bertaut *armer wicht? PO. 134, henneg.* bertaud *castriert, vb.* bertauder *castrieren, fr.* bretauder, *com.* bertoldà *die ohren stutzen, die haare abscheren, altfr.* foppen, *quälen NFC. II, 184; it.* bertone *pferd mit gestutzten ohren;* bertuccio *affe. Woher dieser stamm* bert *oder* bret, *der verstümmelung, verhöhnung bedeuten muß? Darf man erinnern an altn.* britia *in stücke schneiden, oder an* bretôn *im Hildebrandslied, das Lachmann verstümmeln, Grimm IV, 710 zermalmen übersetzt? Ital.* berta *heißt aber auch ein werkzeug, womit man pfähle in die erde stampft, ramme, jungfer, fr.* demoiselle, *russ.* bába *weib, ramme, und wenn man erwägt, daß die grauenhafte eiserne* Bertha *der deutschen sage auch den namen* Stempfe *führt, mit deren stampfen oder treten die kinder bedroht wurden (Grimms Myth. p. 255), so ist die herkunft des ital. wortes deutlich genug. Ob etwa auch die übrigen roman. wörter damit zusammenhängen oder eigne quellen haben, wird sich minder leicht ins reine bringen lassen.*

Bertesca *und* baltresca *it. streitgerüste an mauern oder thürmen zum aufziehen und niederlassen, pr.* bertresca, *altfr.* bretesche *kleines hölzernes mit zinnen versehenes castell, deren mehrere zur befestigung eines ortes angelegt wurden, z. b.* et a una bertresca sobre cascun pilar e podon en cascuna xx cavayer estar *Fer. 2337, vgl. Ducange v.* bretachiae. *Seine herkunft betreffend, so hat das von Chevallet aufgestellte deutsche* brett-dach *in dieser sprache selbst kein dasein und befriedigt nicht einmal die form. Eine besser begründete deutung aus dem einfachen* brett *mit romanischer endung gibt Mahn p. 121. Auch in* predella *II. a und in* brelan *II. c hat der Romane das deutsche wort benutzt.*

Bertovello *it.* fischreuse. *Wer fühlt nicht darin das bekannte* vertebolum *der L. Sal., womit ein geräthe zum fischfang benannt wird?* si quis statuale, tremacle aut vertebolum (al. vertivolo) furaverit. *Aus* vertebra *floß* vertebulum, *hieraus entstand mit vertauschtem suffix (wie aus* martulus martello) *das ital. wort, ven.* bertevolo, *piem. crem. mail.* bertavel, *com.* bertavelle *und* bertarel; *in allen diesen mundarten heißt es auch ein ähnliches geräthe zum vogelfang.* Vertebulum *aber zog seine bedeutung unmittelbar aus dem vb.* vertere, *nicht aus* vertebra: *die reuse heißt so, weil ihr hals nach innen gekehrt, umgewandt ist. Für diese auffassung gewährt die ital. sprache einen unzweifelhaften beleg, indem der hals oder die mündung der reuse* ritroso = retrosus *(etwas rückwärts gekehrtes) genannt wird.* Bertovello *bedeutet auch ofenkrücke, ein werkzeug zum umwenden der kohlen. Es ist also an* verriculum *(zugnetz) nicht zu denken, woraus das salische wort grammatisch nicht entstehen konnte. Aber auch im franz. läßt es sich wahrnehmen:* verveux, *richtiger* verveu, *wie man sonst schrieb, heißt eine reuse von garn, für* vertveu = vertovello, bertovello; *näher jedoch kommt letzterem das limous.* vertuel. *Man sehe Pott, Plattlat. 402, wo bereits* verveu *mit* vertebolum *verglichen ist.*

Bétula, betulla *it.* pg., *dsgl. it.* bedello (*crem.* béddol), *cat.* bedoll, *sp.* abedul, *pic. champ.* boule (*für* beoule?), *daher fr.* bouleau (*dimin. für* bouleau) *birke; von* betula, betulla, *celtischen ursprungs, in primitiver gestalt neupr. cat.* bes = *corn.* betho, bezo, *kymr.* bedu, *bret.* bézô, *gael.* beth, *s. Diefenbach, Orig. europ. p. 257.*

Bévero *it., sp.* bíbaro, *alt* befre, *fr.* bièvre, *wal.* breb, *neupr.* vibre *ein in den nördlichen gegenden lebendes säugethier,* biber, *altn.* bifr, *ags.* befor, beofer, *ahd.* bibar, *lith.* bebru, *russ.* bober, *gael.* beabhar, *corn.* befer. *Es ist identisch mit lat.* fiber, *dessen aspirata im germanischen, lithauischen, slavischen und celtischen nach gemeiner regel zur media werden mußte, vgl. Zeuß, I, 44.* Bebrinus *adj. findet sich in den scholien zum Juvenal 12, 34.*

Biado *it., pr. cat.* blat, *altfr.* bled, bleif, *nfr.* blé, *fem. it.* biada, *mail. ven. piem.* biava (*vgl.* Rovigo *aus* Rhodigium), *altfr.* blée *getreide, sowohl der halm wie das korn; fehlt span. Daher pr.* bladaria, *altfr.* blairie *weidezins; zsgs. it.* imbiadare, *fr.* emblaver (*für* embla-er) *mit getreide besäen. Die gewöhnliche herleitung ist aus dem ags.* blæd (*f.*) *frucht, glück, segen; wie aber überhaupt nur sehr wenige alte roman. wörter aus der landwirthschaft den german. sprachen entlehnt sind, so ist eine solche entlehnung aus dem entlegeneren angelsächsischen kaum anzunehmen, ja* blæd *mag aus dem roman. entlehnt sein wie ahd.* fruht *aus lat.* fructus. *J. Grimm gesch. d. d. spr. p. 69 denkt lieber an kymr.* blawd *mehl, dem aber, so wie es vorliegt, das roman. wort nicht gemäß ist. Der ausdruck ist wichtig genug um hier eine noch unversuchte deutung zu rechtfertigen. Lat.* ablata (*neutr. plur.*) *gab mit dem roman. artikel* l'ablata, l'abiada, la biada, *als masc. behandelt* il biado: *es bedeutet das davon getragene, was auch unser getreide aussagt, den ertrag, das geerntete: ähnlich scheint unser* herbst *so wie das gr.* καρπός *das geraffte, gesammelte zu bezeichnen (s. Schwencks d. wb.), noch abstracter ist das* *scil.* lavuri *arbeit, feldfrüchte.* *Mlat.* ablatum, abladus, abladium *für messis kommt wirklich vor. Die erklärung von* la biada *aus dem articulierten* l' ablada *ist nicht einmal streng nöthig, aus* ablata *konnte durch aphärese* biada *entstehen. Unter den italischen mundarten braucht die cremonesische* biada *auch für* oblata, *fr.* oublie. — [*In beziehung auf Mahns vertheidigung der celtischen herkunft p. 19 bemerkt der Krit. anhang:* 'Eine formelle schwierigkeit liegt nicht vor, denn den anlautenden tonlosen vocal gibt die sprache auch sonst auf und hier mochte es um so eher geschehn, als man ihn in der weiblichen form zum artikel rechnen konnte:* l'ablata *lautete wie* la blata. *Auch die doppelform nach beiden geschlechtern ist dieser herleitung günstig:* biado *ist =* ablatum, biada *=* plur. ablata. *Die herleitung aus kymr.* blawd *(mehl), wofür aber das gael.* blâth *(blüthe, frucht) passender wäre, da jenes ein rom.* blaud, blod *gegeben hätte, ist sicher aller beachtung werth: ich konnte mich aber nicht darauf einlassen, weil ich mein princip, die lateinische herkunft eines wortes so lange festzuhalten, als buchstabe und begriff es erlauben, nicht ohne noth verlasse.*']

Bianco *it., sp.* blanco, *pg.* branco, *pr.* blanc, *fr.* blanc *weiß; vom ahd.* planch, *mhd. u. s. w.* blanc *glänzend weiß, überh. weiß, verwandt mit* blinken *(fehlt goth. alts.). Im roman. ward es der eigentliche, volksübliche ausdruck für lat.* albus, *welches im nordwesten trotz zahlreicher derivata gänzlich erlosch, im südwesten (sp.* albo, *pg.* alvo*) die bed. schneeweiß, im ital. die bed. trüblich entwickelte. Nur im churw. und walach., worin* blank *keine aufnahme fand, blieb ihm sein volles recht.*

Biasciu *sard., pr. val. altcat.* biais, *neucat.* biax, *fr.* biais *(sämmtl. masc.) quere, schiefe, daher wohl pg.* viez *schrägheit, mit vorgefügtem s it.* sbiescio *schräg (vgl. piem.* sbias, *npr.* esbiai*); vb. sard.* sbiasciai, *pr.* biaisar, *fr.* biaiser. *In den Isidor. glossen liest man* bifax 'duos habens obtutus', *also mit doppeltem blick, schielend, wie sp.* bis-ojo *doppeläugig, schielend heißt, bair.* zweiäugeln schielen Schmeller *IV, 299. Aus* bifax (bis-fax *für* bis-oculus) *konnte pr.* bifais biais *werden (vgl. wegen des syncopierten f* refusar reusar, profundus preon*) und zwar erst als adjectiv mit der bed. schielend oder quer (denn auch als adjectiv begegnet es: via* biayssa *Chx. V, 64, paraulas* biaisas *GProv. 85, estivals* biais *Flam. 2208), nachher als substantiv gebraucht. Mlat.* bifacies, bifaciare *Carp. stimmen ganz zu* biais, biaisar.

Biasimo *it., altsp.* blasmo, *pr.* blasme, *fr.* blâme *tadel; vb.* biasimare *ff. tadeln; von* βλάσφημον *adj.,* βλασφημεῖν. *Ein zweites aus* βλασφημία *entstandenes wort mit unorganischer vertretung des f durch t ist it.* biastemma, bestemmia, *chw.* blastemma, *pr.* blastenh, *altfr.* blastenge, *wal.* blęstem *lästerung; vb.* biastemmare *u. s. f. lästern, fluchen; mit abgeworfenem anlaut (wie in* lacio *für* flacio*) sp. pg.* lastima *schimpfwort, wehklage, vb.* lastimar *mishandeln, beleidigen, zum mitleid bewegen.*

Biavo *it. mdartl. z. b. venez., auch bei Bojardo 2, 37, altsp.*

I. BICCHIERE—BIGIO.

blavo, *pr.* blau (*fem.* blava), *fr.* bleu' (*wie* peu *aus* pau), *daher it.* blù *caeruleus; dim. it.* biadetto; *zsgs.* sbiavato, sbiadato; *vom ahd.* blào, blaw. *Das wort hat sich im prov. am meisten verbreitet:* blavenc, blaveza, blaveiar, blavairo, emblauzir.

Bicchiere *it., chw.* bichér *trinkgefäß, übrigens mit anlautender tenuis it.* pécchero *pocal, wal.* pẹhar (*wegen des letzteren vgl. Miklosich, Slav. elemente im Rumun. p. 35), pr. altfr.* pichier, pechier, *sp. pg.* pichel, *bask.* pitcherra *gefäß zu verschiedenen zwecken: die Livr. d. rois p. 256 übersetzen z. b.* auch hamula (*kleiner eimer*) *mit* picher. *Im späteren mlatein* bicarium, picarium, *altn.* bikar, *ahd.* pehhar, *nhd.* becher. *Festus verzeichnet ein ähnliches wort* bacar 'vas vinarium', *wovon aber* bicchiere *mit seinem radicalen* i *weit genug absteht; zu ihm bekennt sich das sicil.* bácara *kleiner krug. Ital.* becco *schnabel bedeutet auch die enge mündung eines gefäßes, diese bedeutung wäre jedoch auf einen becher übel angewandt. Mit recht mag man es darum aus dem griechischen herüberleiten, worin* βίκος *ein irdenes gefäß ist: hochdeutscher einfluß konnte* b *in* p *schärfen, it.* pécchero *hat sogar deutschen accent.*

Bicocca, *auch* bicciocca, bicicocca, *it. warte oder kleines schloß auf einem berggipfel, ven.* bicoca *baufälliges haus, sard.* bicocca *häuschen, treppe mit zwei absätzen, terrasse, lomb.* garnwinde, *sp.* bicoca *steinernes schilderhaus, enges stübchen, schlecht befestigter ort, fr.* bicoque *mit letzterer bed.,* bicoq (*m.*) *geißfuß, ein werkzeug mit gespaltenem ende zum heraufziehen einer last; vb. lomb.* bicoeà *hin und her schwanken. Dahin wohl auch einige ausdrücke für kopfbedeckungen: sp.* bicoquete *eine bauernmütze,* bicoquin *mütze mit zwei zipfeln, piem.* bicochin *eine priestermütze. Unsichere herleitung: soll man ein derivatum oder ein compositum darin annehmen? Ménage räth auf* vicus. *Das vortreten der zweizahl (zwei absätze der treppe, gespaltenes d. h. doppeltes ende, zwei zipfel) läßt auf zss. mit* bis *schließen, minder klar ist der sinn von* cocca *in den verschiedenen und sehr abweichenden bedeutungen des wortes.*

Bidello *it., sp. pr.* bedel, *fr.* bedeau *gerichtsbote; fußt genau auf dem ahd.* petil *emissarius Diut. II, 47, minder genau auf dem ags.* bydel *praeco = ahd.* putil, *nhd.* büttel.

Bigio *it., pr. fr.* bis *hellgrau, aschgrau, schwärzlich. Damit ist zu verbinden piem. pr.* bisa, *fr.* bise (*auch sp.* brisa?) *nordwind, bret.* biz *nordostwind, altfr. auch nördliche gegend, norden, z. b.* contre bise *Brand. p. 131,* devers bise *Antioch. II, 11: denn den norden nannte man dunkel oder schwarz, so lat.* aquilo *von* aquilus. *Den namen des windes* bisa *kennt schon unsre älteste hochd. sprache, schweiz.* bise, beise. *Ist nun die wurzel deutsch und der name der farbe aus dem der weltgegend abgeleitet? Isaac Vossius (Ménage, Orig. d. ling. ital. p. 509) gibt eine etymologie, die alle rücksicht verdient. Er verweist auf das formell genau zustimmende lat.* bysseus, *welches baumwollenzeug heißen müßte, in seiner bedeutung aber, wie andre ausdrücke für farben, ausgeartet wäre. Aber* βύσσος *bedeutet auch die braune seide der pinna marina, die viel verwebt*

ward, und in dieser hinsicht würde bysseus *ganz wohl passen. Was
dieser herleitung aber noch besseren halt gibt, ist das mit* bigio *gleichbed.
pg.* buzio, *welches gleichfalls aus* bysseus *entstehen konnte, da ja das
griech.* v *mit* i *sowohl wie mit* u *ausgedrückt ward; dies letztere wort
kennt auch Älfric in der form* busius *falb, s. Ducange. Die vereinfachung
des* ss *im fem.* bisa, bise *macht keine schwierigkeit: sie ist dieselbe wie
im partic.* misa, mise = *lat.* missa. *Abgel. it.* bigione *feigendrossel,
fr.* biset *holztaube, beide nach der farbe benannt.* — [Mahn p. 87 *bezweifelt die obige deutung aus einem unvorhandenen* bysseus *und gründet
das wort auf bask.* baltza *oder* beltza *schwarz, wofür er die formen* baza,
beza *als berechtigte aufstellt.* 'Aber auch diese syncopierten formen können
das roman. wort nicht befriedigen, welchem, vornehmlich dem it. bigio,
nur ein radicales i gerecht ist, denn dieser vocal repräsentiert in tonsilben
(ein paar fälle vor mehrfacher consonanz abgerechnet) überall den gleichen
vocal der grundsprachen. Gegen die herkunft eines ital. prov. franz. dem
Spanier unbekannten, wenigstens in derselben form unbekannten wortes
aus dem baskischen kann ich überhaupt meine zweifel nicht überwinden.
Ménage dachte an* piceus, *allein die bedeutung pechschwarz schreckte ihn
ab. Das wäre nun kein großes bedenken, denn das pech ist nicht so
schwarz, wie man es macht; allein die erweichung eines anlautenden* p *in*
b *ist ein seltener und immer nur auf einzelne wörter einzelner gebiete beschränkter vorgang, so daß ich nicht darauf einzugehen wagte. Neben
dem oben aufgestellten* byssus *dürfte auch* bombycius *erwogen werden,
dessen erste silbe wegfiel, wofür es nicht an zeugnissen fehlt (mlat.* bacius
Dief. Gloss. lat. germ. 78ᶜ, it. baco, *sard.* basinu, *fr.* basin, *für* bombacius *cet.), dessen zweite silbe formen mit* u *und* a *zeigt (*bambucinum *u.*
bumbacium *DC., it.* bambagio), *daher das pg.* buzio *und wohl auch das
sp.* bazo, *welches eher hieher gehört als zu dem bereits in* bayo *vorhandenen* badius, pan bazo *wäre also genau das fr.* pain bis. *Seidne und
baumwollene stoffe kamen in scharlach oder purpur gefärbt nach Europa,
vgl. mlat.* bombicina *scharlach Dief., it.* bambagello *purpurschminke, ahd.*
sîdîn 'coccineus' *Graff. Die grundbedeutung unseres wortes war dunkelfarbig, altfr.* azur bis *ist dunkelblau,* vert bis *dunkelgrün; die bed.
schwärzlich erfolgte hieraus.* Bombycius *empfiehlt sich besser als* bysseus,
theils weil es ein vorhandenes wort ist, theils weil sämmtliche formen, mit
i, u *und* a, *darin ihre rechtfertigung finden. Man scheint die erste silbe
abgeändert oder weggelassen zu haben, um die erinnerung an* bombus *zu
beseitigen'. Aus dem Krit. anhang.*]

Biglia *it., sp.* billa, *fr.* bille *kugel von bein; vermuthlich vom mhd.*
bickel *knöchlein, würfel, ndl.* bikkel *beinchen, womit die kinder spielen.
Daher abgel. fr.* billard *kugelspiel,* billot *klotz. Pr.* bilha *'ligneus
ludus' GProv. 63ᵃ.*

Bilancia *it., mail. ven. sp.* balanza, *pr.* balansa, *fr.* balance *wage;
von* bilanx bilancis.

Binocolo *it.,* binocle *fr. fernglas für zwei augen; æsgs. aus* bini oculi.

Biondo *it.*, *pr.* blon *(fem.* blonda), *fr.* blond. *daher sp.* blondo? *(fehlt pg. und cat.), mhd.* blond *gleichfalls aus dem franz. (dafür mhd.* val *falb). Man hat auf* apluda *hülsen des getreides, kleie, auch auf* bladum, *fr.* blé, *verwiesen, weil die farbe des reifen getreides der blonden ähnlich sei. Das einzige buchstäblich zutreffende etymon, das die sprachen gewähren, findet sich im ags.* blonden-feax *mischhaarig d. h. grauhaarig (s. Dief. Goth. wb. I, 304), aber der übergang vom grauen durch das weiße oder hellfarbige zum blonden ist bei aller veränderlichkeit der farbenbegriffe (s. z. b.* pardo *II. b) nicht unbedenklich. Vielleicht hilft ein anderes deutsches wort. Ist* blond, *das nur vom haar gebraucht wird, etwa eine rhinistische form aus dem altn.* blaud, *dän.* blöd, *schwed.* blöt *sanft, weich, nämlich von farbe oder beschaffenheit? Dem entspricht auch ein bret.* blôd, *über dessen verhalten in den schwestersprachen s. Dief. l. c. p. 308. Zu beachten ist, daß der Albanese beide begriffe,* blond *und* sanft, *mit demselben worte* (russ) *ausdrückt. Zu* blond *kommt noch die prov. und altfr. nebenform* bloi, *welche unmittelbar auf* blod *(vgl. altfr.* goi *aus* god) *leitet.* Bloi *ist lichtfarb oder gelb, besonders von blumen und vom haupthaar gebraucht, in späterm mlatein* bloius, blodius. *Das haupthaar der schönen Iseut wird daher ohne unterschied* blond *und* bloi *genannt: pr.* Yseut la blonda *PO. p. 9,* Ysseulz ab lo pel bloy *Chx. III, 204. Eine abl. ist it.* biondella *tausendgüldenkraut, weil es zum blondfärben gebraucht wird.*

Biotto *it. armselig, elend, lomb.* biott, blot, *chw.* blutt *nackt, ven.* bioto *einfach, lauter, pr. altfr.* blos *entblößt, beraubt (in letzterer sprache selten, s. Altrom. sprachd. p. 51), neupr.* blous *pur (z. b.* aigua blousa), *moden.* bioss *nackt, auch bask.* buluza. *Deutsches wort, bair.* blutt, *schweiz.* blutt *und* blutz, *vb.* blutten, *mlat. in der L. Long.* blutare *ausleeren, dsgl. mit z mhd.* blôz, *woher das pr.* blos, *dem bereits ein ahd.* blôz *die form gewiesen haben muß. Im mailänd. ist* nudus *durch* biott *fast ganz verdrängt worden.*

Biroccio, baroccio *it. zweirädriges fuhrwerk, daher sp.* barrocho; *sicher von* birotus, *aber, wie es scheint, dem suffix* occio, *z. b. in* carroccio, *angebildet. Das franz. wort ist* brouette *zweirädriger handwagen, für* bi-rouette, *wallon.* berwette, *bei Ph. Mouskēt 21329* bouroaite. *Von* biroccio *ist unser* birutsche; *von der form* birozzo *(venez.) scheint* protze, protzwagen, *die syncope des i auch im sic.* brocciu, *chw.* bröz.

Birra *it., fr.* bière, *wal.* beare *ein getränk. Das ital. wort. (ven.* bira) *ist aus dem nhd.* bier, *das franz. aus dem mhd.* bier; *der genuswechsel hat wenig zu bedeuten. Ältere deutsche formen sind ahd.* becr, bior, *ags.* beor, *altn.* bior. *Auch die celtischen sprachen besitzen es:* gael. beôir *(f.),* bret. biorc'h *(m.). Aber weder im deutschen noch im celtischen scheint es seine wurzel zu haben. Nach Wackernagels vermuthung (Haupts Ztschr. VI, 261) ist das deutsche* bier *vielmehr aus dem syncopierten lat. infinitiv* bibere, *der schon im ältesten latein in der form* biber *als substantiv üblich war und trank bedeutete (mlat.* biberes 'potiones *vel parvi calices' Gl: paris.* 2685 *Pb.), it.* bévere béere bere, *sard.* biere, *und dieser ansicht neigt sich auch Grimm im wb. zu. Schon Vossius hatte sie:* a biber extrito b est belgicum bier, *s. Etym. lat. s. v.* bibo. *Auch im wal. heißt bier* beuturę *d. i. trank (Livadit Dictzionar); engl.* bever *vesperbrot. — Eine neuere deutung leitet das ahd.* bior *auf ein goth.* *bius, *dies auf skr.* pîv, pîb = pâ *trinken zurück, worin auch slav.* pivo *seine quelle hat, s. Ztschr. für vergl. sprachf. V, 369, VII, 224. Dem Spanier fehlt das wort, dessen stelle vertritt* cerveza, *so auch pg.* cerveja, *pr.* cerveza *Eluc.*, *altfr.* cervoise, *it.* cervigia, cervogia, cervosa *(beide letztere aus dem franz.)* = *lat.* cerevisia, cervisia, *sicher der ältere romanische über alle provinzen verbreitete ausdruck.*

Bis *eigenthümlich roman. nur in zusammensetzungen übliche partikel, die das ungehörige, unächte, verkehrte ausdrückt und sich zuweilen in die formen* ber *oder* bar *kleidet: it.* biscantare *nicht ordentlich singen, trällern, pr.* beslei *verkehrter glaube, it.* barlume *für* bislume *schwaches licht, fr.* bertouser *(bei Ménage) ungleich scheren, piem.* berlichè *ein wenig belecken,* berlaita *molken (unächte, geringe milch, fr. petit lait), vgl. Rom. gramm. II, 435. Aber woher diese partikel? Gegen lat.* bis *sträubt sich der begriff, gegen das deutsche* mis *die form, gegen bret.* besk *(abgestutzt) beides,* besk-aigre *z. b. hätte unfehlbar fr.* béchaigre *gegeben statt* besaigre; *zusammenziehung aus fr.* biais *wäre zu stark. Sollte es aus lat.* vice *entstanden sein?* Vicedominus *z. b. ist der stellvertreter des herrn, nicht der rechte herr, und so* biscantare *nicht das rechte singen,* bislume *nicht das rechte licht. Lat.* v *als anlaut wird ital. und span. leicht zu* b, *franz. freilich nicht so leicht, und eben darum ist diese erklärung oder die aus* vix, *die man etwa noch vorbringen könnte, nicht zu halten. Aber möglich wäre, daß man das zahladverb* bis, *sofern es in zusammensetzungen aus dem begriffe des doppelten in den des schiefen übergeht, wie im sp.* bis-ojo *doppeläugig, schielend, fr.* bi-ais *doppelsicht, schiefe, am ende auch auf alles verkehrte, ungehörige angewandt hätte, wie im altfr.* bes-ivre *schlimm betrunken,* bes-order *übel beflecken, piem.* bes-ancà *verrenkt (eigentl. schlecht in den hüften sitzend) heißt. An denselben ursprung mahnt sp.* bisel, *occ.* bizel, *fr.* biscau *schiefe ebene.*

Bisaccia *it., sp.* bisaza, *fr.* besace *quersack; von* bisaccium *eigentl. doppelsack, plur.* bisaccia, *bei Petronius. Dsgl. pr. fr.* bissac, *piem.* bersac, bersacca, *sard.* brisacca, barsacca, *von* bis-saccus. *Für* bisaza *findet sich sp.* biaza, *vermuthlich durch anlehnung an* via, viage *reise, da* s *sonst nicht ausfällt; auch neupr.* biassa.

Bisante *it., sp. pg.* besante, *pr.* bezan, *fr.* besant, *eine byzantinische münze, mlat.* byzantius, *auch* byzantus, *gr.* βυζάντιος, *dessen* τ *hier keine schärfung in* z *erfuhr.*

Biscotto *it., sp.* bizcocho, *pr.* biscueit, *fr.* biscuit, *zwieback; von* bis coctus. *So auch it.* guascotto *adj. halbgar, von quasi* coctus.

Bitta *it., sp. cat.* bita, *fr.* bitte *stück holz zu verschiedenem gebrauch, pfahl; wohl vom altn.* biti *querbalken, engl.* bit, *schweiz.* bissen; *vgl. in den Erfurter glossen p. 279ᵃ* bitus *'lignum, quo vincti flagellantur'.*

Bizzarro *it. zornig, eigensinnig, seltsam, lebhaft, sp. pg.* bizarro *ritterlich, prächtig, freigebig, fr.* bizarre *wunderlich. Für das ital. wort gibt es ein primitiv* bizza *zorn, das, wenn es nicht etwa deutschen ursprunges ist (vgl. ahd.* bîzôn *knirschen), aus dem fremden* bizzarro *abgezogen sein muß, da* arr *kein ital. suffix ist. Über das span. wort läßt sich nur sagen, daß es sich mit gleicher bedeutung auch im baskischen findet und daß hier noch ein subst.* bizarra *bart vorkommt, welches Larramendi in* biz arra *'er sei männlich' zerlegt und die weiteren span. bedeutungen daraus ableitet. — [Mahn, Etym. unters. p. 137 ff., leitet es entschieden aus dem bemerkten bask.* bizarra, *worin* biz *die wurzel,* arra *die endung,* tapfer *die urbedeutung sein muß.*]

Blasone *it. wappenkunde, sp.* blason, *pg.* brasão *wappen, dsgl. ruhm, preis, fr.* blason *wappen, wappenkunde, engl.* blazon; *vb. it.* blasonare, *fr.* blasonner *wappen malen, sp.* blasonar *rühmen, sich rühmen. Am frühsten bemerkt man dies wort in Frankreich, wo es schild, eigentl. wohl wappenschild bedeutet (Aubri im Fer. 161^b, Alex. p. 22, 29), im prov. hat es die ziemlich abweichende form* blezo, blizo: blezos cubertz de teins e blancs e blaus *wappenschilde mit weißen und blauen farben bedeckt LR. I, 338. Der valencianische wappendichter Jaume Febrer (gegen ende des 13. jh.) braucht* blasó *theils für wappen oder wappenzeichen (*armes é blasó *str. 9), theils für ruhm oder glanz (*llustre é blasó *str. 2), also schon ganz im neuspan. sinne; die bed. wappenkunde ist erst später und zwar in Frankreich hineingelegt worden. Sein ursprung kann kaum zweifelhaft sein: er liegt im ags.* blase, *engl.* blaze, *mhd.* blas *brennende fackel, daher glanz sowohl als auszeichnung im schilde wie auch als prunk oder ruhm verstanden. S. darüber Bernd, Wappenwissenschaft I, 344. 345, E. Müller s. v.* blaze.

Bliaut *pr. Chx. V, 153, auch* blizaut *Fer. 707, dsgl.* blial, bliau, *altfr.* bliaut *ein kleidungsstück von verschiedenem stoff (mlat. z. b.* bliaudus canabinus, fustaneus, *fr.* bliaut de soie, sebelin *HBord.), eine tunica sowohl für männer wie für frauen, sp. pg.* brial *bloß für frauen, fehlt ital., findet sich aber in Frankreich mundartlich in mancherlei formen, burg. z. b. bei La Monnoye* biaude *mit der bed.* souquenille. *Während das roman. wort nur ein kleidungsstück zu bezeichnen scheint, wird unter dem mhd.* blîalt, blîat *ein seidner goldstoff zu kleidern, bettdecken und dgl. verstanden. Wo findet sich der stamm* blî *oder* blîd *(letztere form nach pr.* blizaut *zu vermuthen), mit dem sich die suffixe* ald *und* al *verbanden? Ist es orientalisch? Mahn p. 40 findet seinen ursprung im persischen* baljâd *ein kleidungsstück, Vullers I, 262^b. Ducange verweist auf kymr.* bliant *feines leinenzeug, das im celtischen selbst nicht wurzelnd mit dem roman. wort zusammenhängen dürfte, altengl.* bleaunt, blehand *Halliwell.*

Boca *it., sp. pg.* boga, *pr.* buga, *fr.* bogue *(Nemnich), ein fisch, meerbrassen; vom lat.* box bocis *(m.) bei Plinius, nach dem gr.* βόαξ, βῶξ. *Paulus in seinen excerpten aus Festus gibt bereits eine halbroman. form,*

I. BOCCA—BOLLA. 57

welche O. Müller für einen acc. plur. hält: bocas *'genus piscis'* a boando appellatur.

Bocca *it., sp. pg. pr.* boca, *fr.* bouche *mund; von* bucca *backen, auch für mund oder maul gebraucht, die erstere bedeutung nur im wal.* buce *erhalten. Prov.* bucela, *von* buccella *bei Martial; dsgl.* bossi, *altfr.* boussin *bissen, gleichsam* buccīnum; *sp.* bozal *maulkorb, gleichsam* bucccale *von* buccea *bissen.*

Boccale *it., sp. fr. wal.* bocal *krug, becher, pokal; vom mlat.* baucalis, *dies vom gr.* βαυκάλιον *gefäß,* βαυκαλίς *auf einem papyrus, s. Letronne im Journ. d. sav. 1833 p. 478.*

Boja *altit. s. Lex. rom., pr.* boia, *altfr.* buie *kette, fessel, daher mhd.* boije *dass.; von* boja *bei Plautus und andern:* bojae *'genus vinculorum tam ferreae quam ligneae' Festus. Dasselbe wort ist der schifferausdruck sp.* boya, *pg.* boie, *altfr.* boye, *nfr.* bonée, *dtsch.* boje *u. s. w. ein auf dem wasser schwimmendes mit einem seil (*boja*) befestigtes stück holz.*

Boja *it.* henker, *auch altsp.* boya, *neupr.* boiou, *wallon.* boic, *chw.* bojer. *Ehe man sich in untersuchungen über dieses wort vertiefe, erwäge man, daß die ital. sprache keine masculina auf* a *bildet, wohl aber feminina auf* a *als masculina behandelt (il* camerata, lo spia*), das wort muß also ein schon vorhandenes sein, vorhanden aber ist im latein. und altit.* boja *fessel, namentlich halsfessel, vgl. Papias* bogia *'torques damnatorum', wozu die venez. form* bogia *passt. Dem Spanier ist* ruthe *und* henker *dasselbe, s.* verdugo *II. b.*

Bolgia *it., altfr.* boge *ranzen, neufr.* bouge *stübchen; abgel. sp.* burjaca *schnappsack; fr.* bougette *reisesack, daher altengl.* bogett, bougett, *neuengl.* budget, *letzteres wieder ins franz. eingeführt. Es ist das lat.* bulga *bei Lucilius, welches Festus ein von den Galliern gebrauchtes wort nennt:* bulgas Galli sacculos scorteos vocant, *altirisch* bolc *Zeuß I, 17,* gael. builg, *eben sowohl ahd.* bulga *(aus dem vb.* belgan *schwellen). Übrigens fließen die roman. formen, wie oft, aus einer latein. adjectivbildung* bulgea (bulgia), *keineswegs aus dem celtischen oder deutschen. Man sehe über dieses wort Diefenbach, Goth. wb. I, 271, Orig. europ. p. 274.*

Bolla *und* bulla *it., sp. pr.* bola, bula, *pg.* bolha, bulla, *fr.* boule, bulle *blase, kugel, daher urkundensiegel (für letztere bedeutung gilt meist die form mit* u*); masc. it.* bollo *siegel, sp.* bollo *beule; von* bulla *wasserblase, beule, buckel. Span.* bola, *nebst altfr.* pic. boule *windbeutelei, betrug, gehen auf die bed. wasserblase zurück; daher vb.* bouler *den kropf aufblasen. Abgel. it.* bolletta, bulletta, *fr.* billet *zettel, eigentl. besiegeltes blättchen; it.* bollettino, *fr.* bulletin *berichtzettel; dsgl. sp.* bollon, *fr.* boulon *nagel mit dickem kopf, altfr.* bolzen: *ebenso heißt lat.* bulla *kopf des nagels. Desselben stammes, von* bullire, *ist it.* bollire, *sp. pr.* bullir, *pg.* bulir, bolir, *fr.* bouillir *sieden, wallen, in unruhe sein; hieraus das sbst. it.* bollone, *fr.* bouillon *aufwallung, auch fleischbrühe (ähnlich sp.* caldo *mit letzterer bedeutung, eigentl. hitze, pic.* caudiau, *altfr.* caudel

GNev. p. 117); dsgl. sp. bulla, *pg.* bulha *unruhe, aufruhr, daher cat.* esbullar *verwirren, zerstreuen, und wohl auch pg.* esbulhar *genau durchsuchen, berauben (eigentl. verstören?), das man sonst aus* spoliare *erklärt.*

Bolzone *it., altsp. altfr.* bozon, *pr.* bosso *pfeil mit stumpfem ende, dsgl. mauerbrecher; kann, ohne anlehnung an das deutsche* bolz, bolzen, *mittelst des suffixes* cion *aus* bulla *nagelkopf (woher auch fr.* boulon *bolzen) wie fr.* hameçon *aus* hamus *abgeleitet sein. Die roman. urform* bulcio bultio *ist in altdeutschen glossaren zu finden.*

Bomba *pr., auch altval. bei A. March, prahlerei, gepränge; dsgl. it.* bombanza *jubel, altfr.* bombance *bei Ménage, gewöhnlich* bobance, *pr.* bobansa *s. v. a.* bomba; *pr.* bobans *für* boban, *altfr.* bobant *dass. Von* bombus *gesumse, geräusch, adj.* bombicus *geräuschvoll, prahlerisch, bei Venant. Fort. Daher denn auch wörter wie* bomba *ein summendes geschoß, dsgl.* bombarda, *vb. it.* rimbombare *wiederhallen.*

Bomba *sp. pg. cat., fr.* pompe, *engl.* pump *eine maschine zum wasserschöpfen, pumpe. Nach Adelung vom geräusch, das sie macht; zunächst wohl vom roman. vb.* bombare *trinken, schlürfen, denn die pumpe saugt, aber auch dies verbum ist ein naturausdruck, s.* bobo *II. a. Der Italiener nennt sie* tromba, *nicht weil sie ein trompetenartiges geräusch macht, was nicht der fall ist, sondern weil* tromba, *wie es scheint, aus lat.* tuba *entstand und dies 1) trompete, 2) röhre in einem druckwerke heißt.*

Bonaccia *it., pr.* bonassa, *fr.* bonace, *sp. mit eingeschobenem* n bonanza *meeresstille; eigentl. heiteres wetter, von* bonus, *vgl. sp.* bonazo *friedlich und wcl.* resbune *es heitert sich auf. Das gegentheil davon ist altsp.* malina *ungewitter von* malus.

Bonete *sp. pg., pr.* boneta, *fr.* bonnet *mütze. Ursprünglich name eines stoffes:* ab illo tempore nunquam indutus est squarleto vel panno viridi seu bonneta *Guill. de Nangiaco (um 1300). Woher dem stoff dieser name geworden, muß dahingestellt bleiben. Indessen erkennt J. Grimm zu Merkel L. Sal. p.* LIV *in dem malbergischen* ob-bonis (ob-pinis, abonnis *unterhaube, haarbinde) ein dem roman.* bonneta *bereits verwandtes wort.*

Borbogliare *it., pic.* borbouller *murmeln, sp.* borbollar, *pg.* borbolhar, borbulhar *sprudeln, blasen werfen, cat.* borbollar *verwirren, betrügen; sbst. sp.* burbuja, *pg.* borbulha *wasserblase, knospe (etwas hervorquellendes). Die hispan. verba erklären sich vielleicht aus einem verstärkten lat.* bullare, *bei den andern mag dies zweifelhafter sein, wiewohl die begriffe sprudeln und murmeln sich nahe berühren. Neben* borbogliare *stellt sich nämlich das gleichbed.* borbottare, *altfr.* borboter *Ben. III, 529, pic.* borboter, *neben sp.* borbollar *ebenso das gleichbed.* borbotar, *ohne zweifel naturausdrücke wie gr.* βορβορύζειν *brausen, gael.* borban *gemurmel, vermuthlich auch it.* búrbero *mürrisch. Eine andre form mit der bed. murmeln lehnt sich an* barba: *sp.* barbotar, *mail.* barbottà, *pic.* barboter, *cat.* barbotejar. *Dazu noch it.* barbugliare, *sp.* barbullar *unverständlich sprechen.*

I. BORDA—BORGO.

Borda *pr. cat.*, borde *altfr. barake; vom goth.* baúrd, *altn.* bord, *ahd.* bort *tafel, brett, vgl. ir. gael.* bôrd, *kymr.* bwrdh. *Daher it.* bordello, *pr. fr.* bordel, *sp.* burdel *(auch adj.), ursprüngl. hüttchen, s. die stellen bei Ducange, altfr. auch fem.* bordele *schlechte hütte SB. 555.*

Borde *sp., pr.* bort, *altfr.* borde, *sard.* burdu *sbst. u. adj. bastard, nebenschößling. Es ist augenscheinlich das primitiv des späteren lat.* burdo *maulthier, bastard des pferdes* (burdonem producit equus conjunctus asellae, s. Ducange), *welches aber selbst ein fremdwort sein muss und von einigen etymologen mit dem deutschen* beran *(tragen) zusammengestellt wird, s. Schwenck, Beiträge zur lat. wortforsch. I, 17, Graff III, 163.* Burdo *fehlt in diesem sinne dem roman. gebiete, denn das im prov. Elucidari, dem nicht überall zu trauen ist, angeführte* burdo *ist offenbar lateinisch.*

Bordo *it. pg., sp.* bordo, borde, *fr.* bord, *fem. altsp. pg.* borda *rand z. b. des verdeckes, wal.* boartę *kranz; vom ahd.* bort, *alts.* bord *rand, schiffsrand, vgl. ahd.* borto *band. Daher sp.* bordar, *fr.* border, *engl.* border *einfassen. Das span. wort bedeutet auch sticken, wie sich denn beide handlungen nahe berühren, allein dafür besitzen andre sprachen eine besondre form: cat.* brodar, *fr.* broder, *engl.* broider, *kymr.* brodio, *zusammenfallend mit dem gael.* brod, *altengl.* brode *stechen, denn auch stechen und sticken, fr.* brocher, *sind verwandte handlungen. Eine andre form ist wallon.* brosder, *altsp. altpg.* broslar *für* brosdar *(mlat.* brosdus *aus dem 10. jh., später* brustus *gestickt), offenbar vom gleichbed. ahd.* gaprortôn, *sofern dies nebst ags.* brord, *altn.* broddr *spitze, stachel auf ein goth.* bruzdôn *zurückführt, vgl. Grimm I², 319, Diefenbach, Goth. wb. I, 285, 286, Mussafia, Gloss. zu Prise de Pampelune s. v.* brusti *und zu Monum. ant. s. v.* enbrostar.

Bordone *it., sp. pr.* bordon, *pg.* bordão, *fr.* bourdon *stütze, pilgerstab. Der wanderer konnte den stab, auf den er sich stützte, vergleichungsweise sein lastthier nennen und so wäre* bordone *nichts anders als das so eben berührte lat.* burdo, *welche uralte etymologie zu unterstützen Covarruvias treffend das sp.* muleta *(maulthier und krückenstock) anführt. — Nach Gachet's vermuthung gehört das wort zur zahlreichen familie des goth.* baíran; *es möchte aber nicht leicht sein es daraus zu construieren.*

Bordone *it., sp.* bordon, *pg.* bordão, *fr.* bourdon *bass, basssaite, fr. auch hummel, vgl.* atticus (attacus) *vel* burdo *Gl. Aelfr.; vb. fr.* bourdonner *summen. Ist es richtig, daß die langen trompeten oder orgelpfeifen diesen namen führten (Ferrari, Ducange), so konnte man ihn von dem der langen pilgerstäbe (s. den vorigen artikel) entlehnt haben und hiernach wäre das gael.* bûrdan *gesumme, altengl.* bourdon, *von außen eingeführt.*

Borgo *it., sp. pg.* burgo, *pr.* borc, *fr.* bourg *kleine stadt, flecken. Dasselbe wort ist in allen germanischen sprachen heimisch und seine wurzel darin nachweislich, goth.* baúrgs, *ahd.* burg, *von* baírgan, *bergan. Indessen kannten auch die spätern Römer das wort* burgus *und zwar als ein vulgäres*: castellum parvum, quem burgum vocant, *sagt Vegetius De re milit. 4, 10 (vgl. die stellen bei Böcking, Annot. ad Notit. Occ. p. 704); und wenn es aus dem deutschen in das latein übergieng, so scheint es wenigstens seine ausprägung als masculin dem gr.* πύργος *zu danken. Aus diesem längst vor dem falle des westlichen reiches dem Römer bekannten* burgus *ist, genau genommen, das roman.* borgo *herzuleiten, nicht unmittelbar aus dem deutschen* burg, *aus welchem sich die abl. it.* borgese, *sp.* burges, *pg.* burgel, *fr.* bourgeois *nicht entwickeln konnte (vgl. unten* franco), *d. h. in der römischen volkssprache muß schon* burgensis *gegolten haben, bis durch einfluß des deutschen* burg *die form mit gutturalem* g, *it.* borghese, *pg.* burguez, *pr.* borgues, *altfr.* borgois *daneben aufkam. Auch im span. ortsnamen* Burgos *hat sich das wort erhalten, es ist eine pluralform, lat.* Burgi Burgorum, *wie denn die stadt mit vereinigung mehrerer dörfer (im j. 884) erbaut ward, s. Esp. sagr. XXVI, 169. Über die weite verbreitung dieses wortes vgl. Diefenbach, Goth. wb. I, 264.*

Borino *it.*, burin *fr.*, *sp. pg.* buril, *altsp.* boril *grabstichel; wohl vom ahd.* bora *terebra,* boron *terebrare.*

Bornio *it.*, borni *cat.*, borgne *fr.*, borli *limous. einäugig; vb. altfr.* borgnoier, *im Voc. duac.* bornier *mit der bed. lippire. Hieß es ursprünglich schielend, eine bedeutung, die ihm das bemerkte glossar von Douai beilegt (*borne *'strabo'*) *und die sich auch in einer mundartl. zusammensetzung mit* oculus *ausspricht (*bornicle *schielendes auges Dict. genev. p. 42, im Jura* bournicler *schielen), so ist sp.* bornear *krümmen, ausweichen gleiches ursprungs: in derselben sprache heißt* tuerto *gekrümmt, schielend, einäugig,* turnio *schielend, von* tornear *drehen. Woher aber dies wort? Das breit.* born *steht zu einzeln in celtischen da, um nicht verdacht der entlehnung aus dem franz. zu erregen. Es findet sich ein henneg.* bigornier *schielen, welches Hécart aus* bicornis *zu deuten geneigt ist, aber die synkope wäre zu ungewöhnlich. Ital.* borniola *falsches urtheil wird wohl hieher zu stellen sein.*

Borra *it. sp. pr.*, bourre *fr. scherwolle, abgeschorenes haar von tüchern, grobe wolle, flocken von haar. Wir haben hier, wie schon Aldrete fol. 47ª anmerkt, den singular des bei Ausonius vorfindlichen* burrae *possen, lappalien (auch it.* borre, *sp.* borras *in demselben sinne) vor uns: flocke und posse berühren sich öfter. Aus diesem* burra *bildete das ältere mlatein ein adj.* reburrus *struppig, kraus. Dahin gehört auch sp.* borra, borro *junges schaf, mit kurzer wolle, abgel.* borrego *dass.; it.* borraccia, *sp.* borracha *weinschlauch (von ziegenfell?); pr.* borrás, *fr.* bourras *grobes tuch, mlat.* borratium; *vb. fr.* bourrer, *it.* abborrare *mit wolle ausstopfen, sp. pg.* borrar *sudeln, klecksen (aus der bed. von* borra *unnützes zeug in schriften); sbst. sp.* borron, *pg.* borrão *klecks. Vgl.* burro.

Borrace *it., sp.* borrax, *fr.* borax *ein aus China und Japan kommendes mittelsalz; vom arab.* bûraq *Golius 260, Freytag 1, 111ᵇ.*

Borraggine *it., zsgz.* borrana, *auch* borrace, *sp.* borraja, *pg.* borragem, *pr.* borrage, *fr.* bourrache, *wal.* borantzę *ein kraut,* borretsch, *borrago Linn. Das vaterland dieser pflanze soll die Levante, namentlich die umgegend von Aleppo sein, und daher konnte auch der name kommen. Indessen hat* borragine *ein ächt ital. gepräge, indem diese sprache eine anzahl pflanzennamen mittelst des suffixes* aggine = *lat.* ago *neu bildet* (capr-, fus-, lent-, ulivaggine). *Ist nun der stamm nicht ein erweislich fremder, so dürfte man in beziehung auf die haarichten blätter des krautes wohl an das oben genannte* borra, *besonders an dessen span. bed. struppiges barthaar und an die franz. bed. rauhe haut über den hervorbrechenden augen des weinstockes, so wie an die ital. form* borrace, *sofern sie dem fr.* bourras *(grober stoff) zu entsprechen scheint, erinnern.*

Borsa *it. pr., sp. pg.* bolsa, *fr.* bourse *geldbeutel, börse, versammlungsort der kaufleute; vom mlat.* bursa, byrsa, *gr.* βύρσα, *fell, leder.*

Borzacchino *it., sp.* borceguí, *fr.* brodequin *art halbstiefel; vom mndl.* broseken *Kil., in älterer gestalt* brosekîn, *dimin. von* broos *(f.) mit gl. bed., vermuthlich umgestellt aus* byrsa *leder, wie auch* leerse *stiefel aus* leer *(leder) entstand.*

Bosco *it., sp. pg.* bosque, *pr.* bosc, *fr.* bois, *mlat.* boscus *und* buscus *gehölz. Dieses wort darf nach J. Grimm, Über diphthonge (vgl. gramm. II, 277, wb. v.* busch) *auf eine deutsche wurzel zurückgeführt werden,* bauen, *wovon eine ahd. adjectivform* buwise, buise *baumaterial, holz (wie fr.* bois) *anzunehmen wäre; auch das sbst.* busch *brauchte nicht eben aus dem romanischen zurückgekehrt zu sein (doch wohl nhd.* bosche?). *Das deutsche* û *müßte sich also im roman. durch position gekürzt haben, daher* bosco *für* busco, *s.* busca. *Die franz. abll.* bosquet *und* bocage, *für die veralteten* boschet, boschage, *schließen sich mit ihrer kehltenuis den südlichen formen (it.* boschetto, *sp.* boscage) *an; auch* bouquet *blumenstrauß für* bousquet *(vgl. lat.* silva *wald, dsgl. menge pflanzen) ist hieher zu nehmen. Zsgs. ist it.* imboscare, *sp. pr.* emboscar, *fr.* embusquer *(alt* embuscber *und* embuissier) *in den busch d. h. in den hinterhalt legen, daher im Garin* en un bruillet *(gebüsch)* les a fait embuschier *DC. v.* brolium; *engl.* ambush *hinterhalt.*

Bosso *it., sp.* box, *pg.* buxo, *pr.* bois, *fr.* buis *buchsbaum; von* buxus. *Daher abgel. it.* buscione, *fr.* buisson, *pr.* boisson *strauch (nicht von* bois, bosc, *welchen nur ein pr.* boscon *gemäß sein würde); dsgl. it.* bóssolo *buchsbaum und büchse, sp.* brúxula *compass (mit eingeschobenem* r, *vgl. pr.* brostia *unter* boîte *II. c), fr.* boussole, *so wie sp.* buxeta, *pr.* bosseta, *fr.* bossette *schachtel von buchs, überhaupt büchse.*

Botta *it., altfr.* botte, *auch* boz *Ren. II, 152, kröte, champ. dauphin.* bote; *scheint aus deutscher wurzel in* bôzen *stoßen, treiben, so daß es das aufgetriebene thier bezeichnete. Auch sp.* boto *adj. stumpf, fr.* bot *in* pied bot *klumpfuß,* botte *klumpen, chw.* bott *hügel, wal.* butaciu *stumpf, blöde (ungr.* buda) *müssen dieser wurzel zufallen: nhd.* butz, butzen, *ndd.* butt *bedeuten etwas abgestumpftes.*

Bottare *it. in* dibottare *durcheinander schlagen, dsgl.* buttare *ausschlagen (von bäumen), sp. pg. pr.* botar, *fr.* bouter *stoßen; vom mhd.*

bôzen *stoßen, klopfen. Sbst. mail.* butt *knospe, it.* botto, botta, *sp.* bote *fr.* botte *stoß,* bout *ende, spitze (obd.* bütz *brustwarze), daher* debout *aufrecht,* mettre debout *mit dem ende hinstellen, aufrecht stellen, dsgl.* aboutir *zu ende gehen. Abgel. it.* bottone, *sp. pr.* boton, *fr.* bouton *knospe, knopf, eigentl. etwas hervorstoßendes, ausschlagendes, vielleicht buchstäblich das ahd.* bôze *bündel (knollen?). Auch kymr.* bot, bôth *runder körper ist verglichen worden, die ital. doppelform aber mit t und z in* bottone *und* bozza *(s. unten) scheint deutschen ursprung anzuzeigen.*

Botte *it., sp. pr.* bota, *fr.* botte, boute, *wal.* botę, bute *haben die bedd. faß, kübel, schlauch, stiefel u. dgl. Die wörter sind vielen sprachen gemein, z. b. gr.* βούτις, βύτις *flasche, ags.* butte, *ahd.* bütte *ein großes gefäß, gael.* bôt *stiefel.* Butte *begegnet schon in einer urkunde v. j.* 564 Marin. *p.* 124. *Abll. sind it.* bottiglia, *sp.* botilla, botija, *fr.* bouteille, *mlat.* buticula, *in den Casseler glossen* puticla, *in einem scherzhaften artikel zur L. Sal. (cod. guelf. 8. jh.) aber schon* botilia; *dsgl. it.* bottino *wasserbehälter, ahd.* butin, *ags.* byden *u. a. m.*

Bottega *it., sp.* botica, *pr.* botiga, *fr.* boutique *kramladen; von* apotheca *vorrathskammer, neap. mit tennis* potega, *sic.* putiga. *Der wegfall des* a *kann darin seinen grund haben, daß man in* l'apotheca *es zum artikel rechnete.*

Bottino *it., sp.* botin, *beide wohl aus dem fr.* butin *beute; vom nord.* byti, *mhd.* bûten, *s. Mhd. wb.*

Bozza *it., pr.* bossa, *fr.* bosse, *pic.* boche *beule; adj. fr.* bossu *bucklig,* bosseler *bucklig machen, beulen oder getriebene arbeit machen,* bosseln; *dsgl. it.* boccia *knospe, kugel, sp.* bocha *mit letzterer bed., pg.* bochecha *aufgeblasener backen. Im latein sucht man diesen stamm vergebens; leicht aber erkennt man darin das unter* botta *schon erwähnte hochd.* butze, butzen *etwas abgestumpftes, klumpenartiges, vgl. ndl.* batse *beule, vom mhd.* bôzen *stoßen (hervorstoßen), s. oben* bottare. *Ital.* bozza *und* bozzo *bedeuten auch einen grob bearbeiteten d. h. einen noch unförmlichen stein, daher das vb.* abbozzare *aus dem rohen arbeiten, pg.* esboçar, *altsp. sbst.* esbozo = *it.* abbozzo, *wogegen das sp.* bosquejar *eine sehr abweichende gestalt zeigt. — Derselben herkunft wie die obigen formen mit radicalem* o *sind andere mit* u: *it.* buzzo *bauch, nadelküssen, sp.* buche *busen, kropf, magen, auch bausch eines kleides; sp.* buchete *s. v. a.* bochecha; *fr.* but *erhabene mitte eines dinges, ziel des schützen, daher* zweck *(wie auch das letztere deutsche wort ursprünglich den nagelkopf im mittelpunct der zielscheibe bedeutet), zsgs.* début; *fem.* butte *aufgeworfener erdhaufe (altn.* bûtr *abgestumpftes ding). Von* buzzo *ist mail.* buzzecca, *piem.* buseca, *it.* busecchio *gedärm, vgl. ahd.* gebuzze 'exta' Graff III, 233. *An sp.* buche *scheint sich auch zu schließen* bucha *brotbehälter, sparbüchse, vb.* buchar *verstecken.*

Braca *it., sp. pg.* braga, *pr.* braya, *altfr.* braie *hose (gewöhnl. im plur.), sp.* braga, *nfr.* braie *windel; vom lat.* braca, *in frühem mittellatein* braga, *angeblich ein gallisches wort, bret.* bragez.

I. BRACCO—BRANDO.

Bracco *it.*, *sp.* braco, *pr.* brac, *fr.* braque *jagdhund, spürhund; vb. it.* braccare *nachspüren; vom ahd.* braccho, *nhd.* bracke. *Span. adj.* braco *stumpfnasig. Aus der altfr. form* bracon *floß* braconnier *wilddieb, vb.* braconner *in fremdem gehege jagen.*

Bragia, brascia, bracia *it.*, *sp. pr.* brasa, *pg.* braza, *fr.* braise *glühende kohle, fläm.* brase *Kil.; vb. fr.* braser *löthen, altfr.* brasoier *rösten DMcc. p. 58, 11,* brasiller *dass. Roq.; zsgs. it.* abbragiare, *sp.* abrasar, *fr.* embraser *anzünden, altfr.* esbraser *LRs. 307. Vom altn.* brasa *löthen, schwed.* brasa *flammen, wie Diefenbach, Goth. wb. I, 327, gegen die deutung aus ags.* bläse *fackel (wovon* blason) *mit recht behauptet; dies nord.* brasa *wäre dann das ags.* bräsian *vererzen, woraus sich die ital. form* bragiare *gut erklärt,* bracia *aber ist ausgeartet wie* cacio *von* cascus. *Dieselbe deutung schon bei Wachter, Gloss. germ., und Löscher, Literator celta p. 94. Zu merken ist noch mail.* brascà *anzünden.*

Brago *it.*, *altsp.* bray *Conq. Ultram., pr.* brac, *altfr.* brai *schlamm, daher le pays de* Bray *nach Ducange, pr. auch eiter, cat.* brac *geschwür; adj. pr.* bragos, *altfr.* brageux *schlammig. Die herkunft dieses, wie man sieht, gemeinrom. wortes steht nicht sicher. Ménage verweist auf ein gr.* βραγός = ἕλος *sumpf, teich bei Hesychius, und Isaak Vossius in seinen anmerkungen macht das ndl.* braak *(bruch) davon abhängig. Das griech. etymon genügt buchstäblich und erregt auf das ital. wort angewandt am wenigsten bedenken. Neufr.* brai *hat nur die bed. theer, daher wohl sp.* brea, *pg.* breo *dass., vb.* brayer, brear *theeren.*

Bramare *it.*, *chw.* brammar *heftig verlangen, sp. pr.* bramar, *fr.* bramer *schreien, neupr.* bramá *mit beiden bedd., vgl. altcat.* glatir *bellen, neucat.* begehren, *und Festus stelle:* latrare Ennius pro poscere posuit. *Es ist das ahd.* breman, *ndl.* bremmen *brüllen, entsprechend dem gr.* βρέμειν.

Branca *it.* altsp. altpg. *pr., fr.* branche, *pr. auch masc.* branc *kralle, zweig, wal.* bręncę *hand, vorderfuß, mlat.* branca leonis *eine pflanze (um 1070). Verwerflich ist die deutung aus* brachium *mit eingesetztem* n, *da eine solche form immer nur* brancia *ergeben konnte. Unzweifelhaft ist* branca *ein sehr altes roman. wort, ja vielleicht schon der römischen volkssprache bekannt: für ersteres spricht die ital. abl.* brancicare *mit palatalem* c, *indem solche bildungen nur aus alten stämmen hervorgiengen oder doch in alter zeit entstanden; für letzteres das dasein des wortes im walach. mit eigenthümlicher bedeutung. Zusammenhang desselben mit dem altgael.* brac, *corn.* brech (e *aus* a), *kymr.* breich *arm (des baumes äste sind seine arme) mit ausgefallnem* n *muß man anerkennen und vielleicht vergegenwärtigt das* bret. brank *noch die reinere form. Vgl. Diefenbach, Celt. I, 210. Von* branca *kommt it.* brancolare *tappen u. a. m.*

Brando *it., pr.* bran, *altval.* brant *(noch bei A. March), altfr.* brant, branc, bran *schwertklinge (*branc de l'espée*); vom ahd.* brant *titio, altn.* brandr *gladius, vgl. wegen der bedeutungen den span. schwertnamen* Tizon = titio, *später in* Tizona *verändert, s. Sanchez, Colecc. I, 227.*

I. BRANDONE—BRAVO.

Daher it. brandire, *pr. fr.* brandir, *sp.* blandir *den degen, die lanze schwingen; dim. fr.* brandiller *schwingen, dsgl.* brauler, *zsgs.* ébranler, *für* brandoler. *Eine andre abl. ist pr.* brando, *fr.* brandon, *sp.* blandon *fackel; altfr.* brander *brennen, in flammen stehn* s. *Chron. de Fantosme v. 958, pr.* brandar, *neupr.* brandá, *piem.* brandè *kochen, wallen, altpr.* abrandar *in brand setzen.*

Brandone *it., zsgs.* brano, *fetzen fleisch oder tuch, altsp.* brahon (*für* bradon) *tuchlappen, pr.* bradon, brazon, braon, *altfr.* braion, *lothr.* bravon, *engl.* brawn *wulst fleisch, dickbein; vb. it.* sbranare, *altfr.* esbraoner *zerfleischen; vom ahd.* brâto (*acc.* brâtun, brâton) *fleischiger theil, wade.*

Brasile *it., sp. pg.* brasil, *fr.* brésil *(l mouillé) eine art holz zum rothfärben, das sich in großer menge in Brasilien findet, woher der name des landes. Das mittelalter bezog es von einem andern baume aus verschiedenen gegenden des Orients:* grana de brasile *(brasilienscharlach) erwähnt bereits eine italische urkunde von 1193 s. Ducange; andre mlat. schreibungen sind* brasilium, bresillum, braxile, *pr.* brezilh, b-esil, *altfr. wie neufr. und oft neben orientalischen färbestoffen und gewürzen genannt. Aber das wort verweigert der Orient, der Araber z. b. nennt die sache* baqqam. *Geht man von der prov. form aus (und Marseilles welthandel berechtigt dazu), so darf man mit fug an eine ableitung aus* briza *krümchen denken (s.* briser *II. c), woher auch* brezilhar *zerkrümeln, noch jetzt fr.* brésiller (bres *für* bris *euphonisch wegen des folgenden* i), *so daß es etwas zerbröckeltes bedeutete, denn das brasilienholz kommt und kam wohl auch sonst gewöhnlich in kleinen spänen nach Europa. Auch andre handelsartikel dieser art, wie* scharlach (grana), *zimmet* (cannella) *nannte man nach der gestalt, in der man sie empfieng. Diese grammatisch und logisch begründete herleitung wird sich besser empfehlen als die gewöhnliche aus* brasa *glühende kohle (in beziehung auf die farbe), denn das naturreich hätte schicklichere vergleichungen dargeboten. Überdies müßte man alsdann die span. form zu grunde legen, deren suffix* il *aber dem begriffe wenig angemessen scheint, abgesehn davon, daß der Provenzale keinen grund hatte, von dem buchstaben des bei ihm gleichfalls einheimischen* brasa *abzugehn. — Das it.* brasile *nebst* brasiletto *haben erst neuere wörterbücher; dafür ist* verzino *(bereits bei L. Pulci) üblich. Nach der strenge des lautgesetzes stimmt es nicht zu* brasil *oder* brésil; *erwägt man indessen das ven.* verz-el-à *d. i.* verz-el-ato, *das sowohl mit seiner bedeutung (fleischfarbig) wie mit seinen suffixen das sp.* bras-il-ado *repräsentiert, so wird man auf die möglichkeit einer identität von* brasil *und* verzino *geleitet. Aber letzteres fordert noch die vergleichung eines arab. wortes.* Vars *ist eine als gelb, häufiger als roth bezeichnete zum zeugfärben und schminken gebrauchte, im handel befindliche pflanze Arabiens: gegen dieses etymon würde wenigstens die grammatik keine schwierigkeit erheben.*

Bravo *it. sp. pg.,* brau *pr. (f.* brava), brave *fr. (hieraus unser* brav,

I. BRAZA—BRENNO.

seit dem 17. jh. im gebrauch); abgel. sp. pg. bravío. *Die älteste noch im südwesten fortdauernde bedeutung ist* 'unbändig, stürmisch', *daher sp.* braviar *brüllen, altsp.* abravar *in wuth bringen Conq. Ultram.; aber auch im altital. liest man* unde brave stürmische wogen *s. Archiv. stor. ital. app. num. 18, p. 50. Besonders braucht man es von ungezähmten thieren, selbst von wilden pflanzen: mlat.* bravus bos, *it.* bue brado *(für* bravo*) junger noch nicht ans ziehen gewöhnter ochse, npr.* brau *stier, cat.* kalb, *sp.* ganso bravo *wilde gans, pg.* uva brava *wilde traube. Daran knüpft sich die bed. stürmisch im kampfe, tapfer, sodann tüchtig, trefflich, stattlich. Das fr.* brave, *welches jene grundbedeutung nicht anerkennt, muß erst später aus dem ital. oder span., in welchen sprachen, der letzteren besonders, unser wort die meisten sprossen getrieben, entlehnt sein; es fehlt der älteren sprache, worin es* brou *oder* breu *hätte lauten müssen, die ursprüngliche form und bedeutung aber blickt noch hervor aus* ébrouer *brausen,* rabrouer *grob anfahren, die aus* brau *entstanden wie* clouer *aus* clau, *wiewohl Le Duchat* rabrouer *aus lat.* abrogare *deutet. Die herkunft von* bravo *ist nicht gesichert. Drei wörter aus drei verschiedenen sprachen bieten sich der erwägung dar: lat.* pravus *verkehrt, unrecht, kymr.* braw *sbst. schrecken, ahd.* raw *roh. Aus* pravus *konnte it.* bravo *geworden sein, nicht leicht sp.* bravo *oder pr.* brau, *aber die bedeutungen stoßen sich ab; übrigens findet sich das lat. wort außer im it. sp.* pravo *auch im pr.* prau *richtig geformt und ganz in seinem lat. sinne. Daß das derivatum* pravitas, *it.* pravità, *sp.* pravedad, *dem mit b anlautenden stamme gänzlich fehlt, wollen wir nicht zu hoch anschlagen. Bessere ansprüche scheint das ganz formgerechte* braw *zu haben, allein ist es nicht verdächtig, daß es dem Romanen in seiner eigentlichen geltung als substantiv fehlt? Das bret.* braô *(schön, lieblich) ist nebst dem gleichbed. ndl.* brauwe *(s. Kilian) nicht celtischer, sondern franz. herkunft. Wie aus dem lat.* crudus *konnten sich aus dem ahd.* raw *leicht die bedd. unbiegsam, wild, rauh, tapfer entfalten; hier muß eine verstärkung des anlautenden r durch b angenommen werden, die auch in andern fällen* (bruire, brusco, braire *cet.) vorzuliegen scheint, deren verhältnismäßige seltenheit aber auch diese deutung nicht zu voller glaubwürdigkeit gelangen läßt. Sollte ein zusammenhang anzunehmen sein zwischen* brau *und dem unten vorkommenden* briu *kraft, oder zwischen* brau *und* braire *pr. schreien,* braidiu *hitzig, stürmisch, vgl. das oben erwähnte it.* brado *für* bravo*? Aber der wechsel zwischen den diphthongen* au *und* iu *oder* au *und* ai *gründet sich auf zu wenige fälle für eine solche annahme. Die alte herleitung aus* βραβεῖον *können wir bei seite setzen. Grimm D. wb. gibt auch noch das slav.* pravi *(recht, ächt) zu bedenken, aber gestalt, bedeutung und selbst heimath dieses wortes scheinen es nicht zu empfehlen.*

Braza *sp. pg., pr.* brassa, *fr.* brasse *ein längenmaß, klafter; vom plur.* brachia *die (ausgestreckten) arme, daher altfr.* brace levée *mit offnen armen Antioch. I, 47.*

Brenno *genues., sard.* brinnu, *piem. comask. pr. altfr. altsp.* bren, *piem.* auch bran *kleie, nfr.* bran *abfall, auswurf; nach Diefenbach, Goth. wb. I, 321,* auch *sp.* braña *abfall von bäumen, viehweide,* braña *schon im 8. jh.* Yep. *III, n. 17 (v. j. 780), später auch* branea; *ein celt. wort, gael.* bran, *kymr.* brân, *bret.* brenn *kleie.*

Bresca *mantuan. sard. sp. cat. pr.,* vrisca *sic.,* bresche *altfr. honigwabe, in späterem mlat.* brisca. *Villemarqué, Dict. fr. br. p. VII erklärt es für celtisch: ir.* briosg, *kymr.* bresg, *bret.* bresk, *aber die lexica versagen diese wörter. In deutschen glossaren wird* brisica *mit 'wirz' übersetzt, dies bedeutet mit honig gemengtes wasser (Mhd. wb. III, 751, Dief. Gloss. lat. germ.), allein dieser umstand führt uns der quelle des wortes nicht näher. Mahn gesellt es zum pr.* brusc *bienenkorb.*

Brete *sp. fußschellen, pg.* vogelschlinge, *pr.* bret (bretz? *LR. II, 256) nebst altfr.* bret *mit letzterer bed.; abgel. altfr.* broion *schlinge Sax. I, 233, II, 85, Og. 1939;* bretelle *tragband, comask.* bretela, bartela *schwanzriemen. Diese wörter scheinen stammgenossen, und Mahn p. 64 deutet sie passend aus ahd.* brettan *stringere. In diesem falle kam also das hochd. t, wie in einigen andern, namentlich dem wurzelverwandten it.* brettine (s. *unten* brida), *in anwendung, Rom. gramm. I, 314.*

Brettonica *it., sp. pg.* bretonica *eine pflanze; von* betonica, *nur wegen des eingeschobenen* r *zu erwähnen, fr.* bétoine.

Brezza *it., fr.* brise, *engl.* breeze *kühler windeshauch, mail.* brisa *kühles lüftchen aus norden, altsp. pg.* briza, *neusp.* brisa *nordostwind; zsgs. it.* ribrezzo *frost, schauder. Von unsicherer herkunft; sp.* brisa *könnte selbst aus* bisa *entstellt sein. Es gibt ein oberdeutsches* britzen, britzeln *fein regnen, rieseln, das aber dem begriffe nicht genügt. Besser nimmt man, von Italien ausgehend, in* brezza *eine verstärkung des anlautes von* rezza *für* orezza *sanfter windeshauch an, wodurch zugleich dem abweichenden genus in* ri-brezzo *genüge geschieht, da auch* orezzo *vorhanden ist, s. oben* aura.

Bribe *fr. stück übrig gebliebenes brot, wallon.* brib *almosen; vb. wallon.* briber, *pic.* brimber *auf bettelei ausgehn. Die picard. form für* bribe *ist* brife, *daher altfr.* brifer *gierig essen (wie der bettler das brot),* brifaud *fresser, auch bret.* brifa, brifaod, *wohl auch it.* briffalda *dirne, landstreicherin. Denkt man sich* bribe *aus ahd.* bilibi *brot, nahrung entstanden, indem* l *in* r *übertrat, so erklärt sich zugleich das picard. f aus ndd. form, z. b. ags.* bilifen; *doch findet sich vielleicht eine einfachere erklärung. Man hat freilich auch auf kymr.* briw *etwas abgebrochenes, vb.* briwo, *verwiesen; kann aber aus kymr.* w *ein rom.* b *oder* f *hervorgehn? Offenbar derselben herkunft ist sp.* bribar *ein landstreicherleben führen = wallon.* briber; *sbst.* briba, *it.* birba *landstreicherleben; sp.* bribon, *it.* birbone, birbante, *altfr.* briban *landstreicher.* — [*Gegen den vorgebrachten deutungsversuch wendet Wackernagel die muthmaßliche betonung* bílibi *ein. Entscheidend möchte der einwand doch wohl nicht sein, da der Romane den deutschen accent leicht fortrückt, für* bílibi *also* bilíbi, *endlich* blíbi *sprechen konnte.*]

I. BRICCO—BRILLARE.

Bricco *it.*, brique *fr. ziegelstein; vom ags.* brice *abgebrochenes stück; engl.* brick, *ursprüngl. also ein bruchstein.* Henneg. *und* burg. *bedeutet* brique *überhaupt ein stück:* brique de pain *ist =* ags. blâfes brice. *Dim. it.* briccolino *stückchen. Zu demselben stamme gehört wohl auch it.* bricca *rauhe gegend, piem.* brich alpe, *comask.* sbrich, *mail.* bricol *absturz, steile höhe.*
Bricco *it. in* s-bricco, *daher* briccone, *pr.* bric, bricon *(auch fem.* bricona), *altfr. = prov. schelm, spitzbube (gesellt sich gerne zu* fol, *s. Gar. II, 24, LR. II, 258). Nach Ducange vom roman.* briga *zank, wozu aber die kehltenuis nicht passt. Näher liegt ahd.* brecho *verletzer, störer, vgl.* hûs-brecho *praedator,* ags. brica, *dsgl. altfries.* breker *verbrecher.*
Brida *sp. pg. pr., fr.* bride, *altfr.* bridel, *it.* predella *zaum; vom ahd.* brittil, prîtil *(nhd.* brîten *weben). Eine andre form ist it.* briglia *aus dem zsgz.* britl, *daher entlehnt das wal.* breglę; *eine dritte it.* bréttine *(für* brettile*?).*
Briga *it. altpg., altfr.* brigue (broie *NFC. I, 297?), sp. pg. pr. cat.* brega *zank (ital. auch geschäft, cat.* lärm, *getümmel, nfr. bewerbung); vb. it.* brigare, *fr.* briguer *eifrig streben, dringend bitten, sp.* bregar, *pg.* brigar *zanken, sich anstrengen, pr. cat.* bregar, *fr.* broyer *zerreiben; dsgl. it.* brigante *aufwiegler (adj. geschäftig), pg.* brigão *zänker, sp.* bergante, *pg.* bargante *spitzbube, schelm, fr.* brigand *straßenräuber; it.* brigata *gesellschaft, rotte, heerschaar, daher fr.* brigade. *Daß sich alle diese wörter zu einem stamme* brig *mit kurzem* i *bekennen, ist leicht zu ermessen; die grundbedeutung mochte unruhe, geschäftigkeit sein. Die german. sprachen bieten diesen stamm nirgends, bekannt ist dagegen das celt.* briga *in städtenamen (Humboldt, Urbewohn. Hisp. p. 143) und das kymr.* brig *gipfel, aber auch nur der buchstabe gewährt anlehnung. Sonderbar liegen grade im ital. die worte am vollständigsten und reinsten vor (vgl. auch noch die zsgs.* disbrigare, imbrigare), *während im südwesten der stamm zwischen* brig, breg, berg, barg *schwankt. Das span. wörterbuch stellt auch ein veraltetes* briga *stadt, flecken auf, es ist aber nur ein von den gelehrten eingetragenes wort.* Brigante *ist im ital. ein klares particip, das keiner herleitung aus dem celt. völkernamen* Brigantes *bedarf, die franz. und port. formen* brigand, brigão *aber haben etwas fremdartiges, sie erinnern an* truand, truão *(s. das.). Im mlatein verstand man unter* brigantes *leichtes fußvolk, daher fr.* brigandine *art panzer; das it.* brigantino *soll ursprünglich raubschiff bedeutet haben. Man sehe auch Diefenbach, Celt. I, 212 ff., Goth. wb. I, 322, Orig. europ. p. 271.*
Brillare *it., sp. pr.* brillar, *fr.* briller *glänzen, funkeln. Da die ital. sprache nicht* brigliare *gibt, so enthielt auch das etymon, wenn nicht alles trügt, die doppelconsonanz* ll, *die sich in den übrigen sprachen ohne schwierigkeit erweicht, und so ist die bekannte herleitung aus* beryllus *(in der parmes. mundart* brill) *name eines wasserhellen edelsteines, grammatisch vollkommen richtig, ja das pr. und fr.* ll *ließe sich auf die alte*

form bericle *aus* beryllus *beziehen. Dem begriffe etwas näher läge zwar* vibrillare *von* vibrare *funkeln, glitzern, aber das suffix* ill *würde it.* ell (brellare) *verlangen; für* vibriculare *war* brigliare *zu erwarten.*

Brin *arag. pr., pg.* brim, *fr.* brin *faser; scheint gleiches ursprunges mit* bren, *s.* brenno.

Brio *it. sp. pg.,* brin *pr., altfr.* bri *(selten, z. b.* DMce. *p.* 151, 21) *lebhaftigkeit, kraft, muth; daher pr.* brivar, abrivar *drängen, part.* abrivatz, *altfr.* abrivé *(oft* abrievé *geschr.) eilfertig, sp.* brioso *kraftvoll,* brigoso *im Canc. de Baena; ob auch it.* abbrivo *voller lauf des schiffes,* abbrivare *absegeln, und nicht von* ab-ripare? *Nahe liegt gr.* βριᾶν *stark sein; näher aber doch wohl das altirische* bríg *Zeuß I, 26, gael.* brígh *kraft, leben, vgl. wegen* u *aus* g *pr.* crau *aus* crag.

Brocca *it., pr. fr.* broc *kanne, krug, daher das schweiz.* brcke, brüg *kübel. Nach Ferrari vom gr.* πρόχους *wasserkrug; nicht verwerflich, da der griech.* anlaut π *in einigen fällen zur media wird. Wer steht aber dafür, daß dies wort nicht mit dem folgenden identisch sei, indem man die kanne nach ihrer hervorstehenden mündung oder schnauze* (lat. nasus, rostrum) *benannte? Schon Le Duchat dachte daran. Ein diminutiv ist pr.* broisson *hals der flasche (gleichsam lat.* broccio), *pic.* brochon *auch visier des helmes (ursprüngl. etwas hervorstehendes).*

Brocco *it. (verstärkt* sbrocco, sprocco) *spitzes abgebrochenes hölzchen, auch sprößchen, parm.* broch *ast, altfr. und noch picard.* broc *spitze, spieß, dsgl. mit* c *piem.* brocio = *it.* brocco, *lomb.* broc = broch, *fem. it.* brocca *oben gespaltener stecken, sic.* brocca *dass., auch pfropfreis, würzelchen, piem. parm. ven.* broca *kleiner nagel, lomb.* ast *(wie das masc.), sp.* broca *spule, bohrer, schuhmacherzweck, pr.* broca, *fr.* broche *spieß, hölzerne nadel (e.* brocca *DC.); dimin. it.* bróccolo *kohlsprosse (vgl. die bedeutungen des it.* sverza *kohl und splitter); vb. it.* broccare, *pr.* brocar, *fr.* brocher *stechen, sticken, daher* broccato, brocard *ein mit blumen durchwirkter stoff. Dieses rom.* brocc *würde dem lat.* broccus *entsprechen, wenn die bedeutung der lexica 'einer der hervorstehende zähne hat, dsgl. ein solcher zahn selbst' oder 'hervorstehend, von zähnen' (Freund), haltbar wäre, welches aber Schwenck, Deutsch. wb. p.* xvi, *widerlegt, indem er dem worte nur die bed.* dicklippig *oder* kurzlippig *(so daß die oberen zähne nicht bedeckt sind) als eine mögliche zugesteht. Merkwürdig ist, daß diese bloß auf die lippen bezogene bedeutung auch die der alten lat.-deutschen glossare ist: 'hochleftzig, hochmundig', oder 'des syne oeverste lypp dicke is' Dief. Gloss. lat. germ.* 82ª, *eine bedeutung, die freilich schon in dem Gloss. vetus* 512 *vorlag:* brocca *'labrosa', oder in einem der Erfurter glossare p.* 278ᵇ: broccus *'qui labrum super justum modum habet'.* Broccus *ist also nicht zu brauchen, aber was bleibt übrig? Frisch verweist auf das deutsche* sprot, sproſs, *das aber trotz der ital. form* sprocco *nicht passt. Ménage und Ferrari gewinnen das roman. wort aus lat.* veru *mittelst des suffixes* oc: veroc vrocc brocc; *aber dies suffix wird schwerlich auf den in* broc *enthaltenen begriff angewandt, nimmt auch im span.*

I. BRODO—BRONZO.

regelmäßig die form uec *an. Noch weniger geht* verūculum. *Was das deutsche* brocken *und* bruch *betrifft, so geben sie immer nur den sinn des abgebrochenen, der im roman. nicht entschieden vertreten ist. Vollkommen befriedigt ir. gael.* brog *(verb.) stacheln,* brog ahle *(mit verschiedenen derivaten), wenn dieser stamm nicht aus dem roman. entlehnt ist.*

Brodo, broda *it., sp. pg.* brodio, bodrio, *pr.* bro, *daher fr.* brouet *brühe; vom ahd.* brod, ags. brodh, *ir.* broth, *gael.* brot, *alle mit derselben bedeutung; mlat.* brodium, '*bruegi*' *Voc. opt. 10, 142 und anderwärts.*

Broglio *und* bruolo *it. (s. ersteres bei Ferrari), pr.* bruelh, *fr.* breuil, *fem. pg.* brulha, *pr.* bruelha, *altfr.* bruelle *umzäuntes gebüsch oder baumstück, brühl; vb. it.* brogliare, *altsp.* brollar, *pg. pr.* brolhar, *fr.* brouiller, *pg. auch* abrolhar *sprossen, sprudeln, sich empören (hervorbrechen), it.* broglio *empörung. Ein altes zeugnis gewährt das Capit. de villis:* lucos nostros, quos vulgus brogilos vocat, *sonst auch* broilus, brolius *im mlatein. Das wort wird für celtisch gehalten: kymr.* brog *heißt aufschwellung, ein mit keimen und sprudeln verwandter begriff;* brog-il *aber mit dem suffixe* il *hat sichtbarlich deutsche ausprägung erfahren, wenn nicht die wurzel selbst deutsch war (vgl. mhd.* brogen *sich erheben), wie denn das wort auch in alten deutschen ortsnamen vorkommt, Graff III, 282, Förstemann II, 298. Abgeleitet von fr.* brouiller *vermengen, verwirren, trüben, ist* brouillon *unruhstifter, dsgl. concept (eigentl. sudelblatt), aber wohl nicht* brouillard *nebel, s.* brouée *II. c.*

Bronco *it. stamm, stock, ast, sard.* bruncu *schößling (dsgl. schnauze, wofür auch* runcu), *fem. fr.* bronche *strauch, altsp.* broncha *ast; abgel. it.* broucone *abgehauener ast; vb. fr.* broncher *straucheln (wie it.* cespo *strauch,* cespicare *straucheln), pr.* abroncar *anstoßen, anklopfen. Vergleicht man formen wie parm.* brocon = *it.* broncone, *mail.* brocca *ast = altfr.* bronche, *so könnte* n *eingeschoben sein und* bronc *könnte zu* brocc *gehören. Doch mag, da* bronc *eher etwas stumpfes als etwas spitzes bedeutet, noch erwogen werden ahd.* bruch, *ndl.* brok *etwas abgebrochenes, abgestumpftes (daher strauch, staude), dem das pr.* bruc *in jedem sinne entspricht, s. II. c. Dieselbe herkunft verräth auch das sp. pg. adj.* bronco *rauh, plump, stumpf von geist (vgl. für diese bildliche anwendung lat.* truncus *und nhd.* klotz), *so wie pr.* bronc *grobheit; in ersterem erblickt Aldrete fol. 47ᵃ entschieden das lat.* broncus.

Bronzo *it., sp.* bronce *(auch umgestellt* brozne), *fr.* bronze *eine metallmischung, glockenspeise, erz; adj. it.* bronzino *erzfarbig, mgr.* ἔχει καὶ δύο πόρτας προύτζινες *eherne thüren DC. gloss. graec.; vb. it.* abbronzare *verbrennen, schwärzen (von der sonne), altsp.* bronzar, *fr.* bronzer *eine erzfarbe geben.* Obryzum aurum, χρυσίον ὄβρυζον, *ist gold, das die feuerprobe bestanden hat, in mittellat. glossaren, z. b. bei Papias, auch 'splendor auri': sollte man* obryzum *auf die nach ihrem gusse goldähnliche erzmischung übertragen haben? Hat man doch auch das messing* golderz *genannt, s. unten* oricalco. *Das roman. wort müßte in Italien geprägt worden sein, wo der anlaut* o *leicht abfallen und* n *vor dem dental* leicht eintreten konnte. Aber sicherer erklärt man es doch wohl mit Muratori und andern aus bruno, so daß es für brunizzo stände, welches bräunlich heißen konnte, freilich mit einer zurückziehung des accentes, die in nominalableitungen nur selten, z. b. im it. pincio aus piniceus, vorkommt; brunitius aber findet sich, von der farbe der pferde gebraucht, in den Gloss. trev. Hoffm. p. 3, 36: mannus brun ros, quem vulgo brunicum vel brunitium vocant. Wegen der bedeutung vergleiche man auch brunire glänzend machen, metallglanz geben. Ein treffliches etymon wäre engl. brafs erz, kupfer, ags. bras, ließe sich a so leicht in o verdrehen. In der venez. mundart heißt bronza glühende kohle, vielleicht das dtsche brunst gluth. — [Dieser deutung stellt sich eine neuere gegenüber, aus dem persischen buring oder piring, bei Richardson copper, valuable mountain brass, orichalk, s. Dozy 26, auch von Diefenbach ausgesprochen, der übrigens gesteht, daß der vocal nicht stimme und zwischenstufen nicht bekannt seien.]

Brote, brota sp., pr. brot, fr. brout (fehlt it. pg.) knospe, auch sp. pr. broton; vb. sp. pr. brotar knospen; vom ahd. broz sprosse, brozzen sprossen. Celt. beziehungen in Diefenbachs Goth. wb. I, 322.

Broza sp. abfall von bäumen, rinde, blätter, pr. brossa, fr. brosse kleines borstiges gestrüpp, heidekraut, dsgl. sp. broza, bruza bürste, so auch fr. brosse, masc. pr. brus bruyère L. Rom.; daher fr. broussaille strauchwerk, wohl auch it. bruzzaglia gesindel. Erwägt man die altfr. nebenform broce, pic. brouche, so muß ss = st sein und auch pr. brostar, fr. brouter (für broûter) abweiden (altfr. broust weide, blätterabfall) ist hieher zu ziehen, it. brustia (bei Ferrari) = sp. bruza zeigt gleichfalls st. Im gael. bruis bürste, abfälle, oder kymr. brwys üppiger wuchs ist broza nicht zu suchen, da die form sich nicht hinein fügt; genau passt ahd. burst, brusta d. i. borste, kamm (etwas struppiges), besonders deutlich hervortretend im fr. compos. rebours gegenstrich, rebourser, rebrousser gegen den strich d. h. gegen die borste eines thieres fahren, vgl. mlat. rebursus struppig. Die form mit st erinnert dagegen unmittelbar an alts. brustian sprossen, bret. broust strauch, brousta abweiden.

Bruciare, brusciare (in abbrusciare) it., pr. bruzar, bruizar, chw. brischar verbrennen; daher abgel. it. brustolare, abbrustiare, pr. bruslar, fr. brûler. Da sich zu diesem begriffe nirgends ein stamm bruz oder brust bietet, so darf eine nicht ungeschickte deutung Muratori's aus einem lat. compositum hier eine stelle finden. Aus perustus fließt ein frequentativ perustare, welches romanisch in prustare syncopiert ward, daher mit erweichung des anlautenden p in b brustare, wofür es mehrere unzweifelhafte fälle gibt, endlich mit bekannter behandlung des st, it. brusciare, entstellt in bruciare (vgl. cacio für cascio u. a.), pr. bruzar statt brussar. So von dem hypothetischen perustulare it. brustolare u. s. w. Wodurch diese deutung einigen anhalt gewinnt, ist daß brustolare, brusler formell zu dem vorhandenen roman. verbum ustolare d. h. zu dem gleichfalls vorhandenen lat. ustulare passt, so daß die formen mit anlautendem b nur daraus erweitert zu sein scheinen. Dieses ustulare findet sich auch im altsp. uslar Bc., pr. usclar (für ustlar), wal. usturà.

I. BRUCO—BUBBONE. 71

Bruco *it. raupe, sp.* brugo *erdfloh, von* brūchus (βροῦχος) *heuschrecke, bei Prudentius; daher auch it.* brucare *des laubes berauben, abblatten? Eine andre ital. form,* brucio, *weist auf eine abl.* bruchous. *Vgl. wal.* vrub *maikäfer.*

Brugna *it., pg.* brunho, abrunho, *sp.* bruno, *fr.* brugnon, *mail.* brugnoeu, *dsgl. fr.* brignole *pflaume, pflaumenbaum. Sie sind augenscheinlich verschiedener herkunft. Da neben it.* brugna *auch* prugna, *neben* brugnoeu *auch* prugnólo *besteht, so ist eine erweichung des anlautes* p *in* b *anzunehmen, indem sich* prugna *aus* prunea, *wie* ciriegia *aus* cerasea, *erklärt. Sp.* bruno *schwarze pflaume scheint aber auf das adj.* bruno *zurückzugehen. Im fr.* brignole *erkennt man den namen der pflaumenberühmten stadt* Brignole (Broniolacum *nach Ménage).*

Bruire *it., fr.* bruire, *pr.* brugir, bruzir, *comask.* brúgi, *altcat.* brógir *rauschen, murmeln; sbst. it.* bruíto, *fr.* bruit, *pr.* brúit, brúida. *Nicht unwahrscheinlich ist, schon nach Ménage, dem lat.* rugire, *sbst.* rugitus, *um der onomatopöie willen ein* b *vorgesetzt, wenn nicht bereits in der römischen volkssprache eine form* brugire, *dem gr.* βρύχειν *nahe liegend, vorhanden war. In der L. Alam. begegnet für* rugit *die lesart* brugit. *Prov.* bruzir *würde sich freilich auch ins lat.* rudere *fügen.*

Bruma *sp. pg. pr., fr.* brume, *cat.* ausgeartet *in* broma *dunst, nebel, wal.* brumę *reif; von* bruma *kürzester tag, winterzeit, bereits in den Lindenbr. glossen* bruma 'rípho' *reif, vgl. auch die Flor. glossen (Diutiska II, 233).*

Bruno *it. sp. pg., pr.* brun, *fr.* brun *fuscus; vom ahd.* brûn, *nhd.* braun. *Daher vb. it.* brunire, *sp.* bruñir, broñir, *vgl. pg.* brunir, bornir, *pr. fr.* brunir *polieren, wie mhd.* briunen *glänzend machen.*

Brusco *it. sp.,* brusc *fr. (woher unser* brüsch), *pg. fem.* brusca *myrtendorn, stechpalme, mittelgr.* μπροῦσκος; *von* ruscum (*woher auch nhd.* rusche) *mit verstärktem anlaut: nicht anders verhält sich pr.* brusc *rinde, bienenkorb zum gleichbed.* rusca, *it.* bruscare *abrinden zum com.* ruscà *mit ders. bed. Dahin auch pr. cat.* brusca *gerte (wie fr.* houssine *von* houx, *s. das.).*

Brusco *it. etwas herb von geschmack (z. b. wein), dsgl. mürrisch, unfreundlich, sp. pg.* brusco *auffahrend, verdrießlich, finster (z. b. vom himmel), fr.* brusque *auffahrend, hitzig; vb. fr.* brusquer *grob anfahren. Nicht unpassend erklärt es Ferrari aus dem adj.* labruscus *in* vitis *oder* uva labrusca *wilde d. i. herbe traube; die erste silbe fiel auf ital. weise ab und so wanderte das wort in die andern gebiete. Eben so gut mit dem buchstaben, theilweise mit dem begriffe genügt ihm ahd.* bruttisc, *zsgz.* brutt'sc, *finster, grimmig, doch mag das lat. wort auch hier den vorrang haben.*

Bubbone *it., sp.* bubon, *pg.* bubão, *fr.* bubon, *wal.* buboiu *beule, geschwulst; vom gr.* βουβών *dass. Hieraus zog man ein primitiv sp.* buba, bua, *pg.* bouba, bubo, *fr.* bube, *wal.* bubę; *ein auch bei mehreren andern roman. wörtern wahrzunehmendes verfahren, s. Rom. Gramm. I, 29.*

Bucato *it., sp. pr.* bugada, *fr.* buée *das waschen in lauge,* burg. buie *lauge; vb. nur altfr.* buer, *chw. abgel.* buadar *in lauge waschen,* bret. buga, *das auf ein älteres fr.* buguer *deutet. Es ist augenscheinlich unser nhd.* bauchen, ndd. bucken, *aber nicht daher entlehnt. Passend leitet es Ferrari (mit welchem Weigand bei Diefenbach, Goth. wb. I, 278, zusammentrifft) vom ital.* buca *loch* (bucare *durchlöchern), weil die lauge durch ein mit kleinen löchern versehenes tuch geseiht werde; im span. wird darum dieselbe handlung* colada *(durchseihung) genannt, wie Schmeller s. v.* sechteln *anmerkt.*

Bucherame *it., cat.* bocaram, *pr.* bocaran, boqueran, *fr.* bougran, mhd. buckeram *ein steifes gewebe von leinen oder baumwolle, ursprünglich, wie man glaubt, von ziegenhaaren, daher der name* (boc, boc-ar-an); *nach Schmeller III, 413 aber vom it.* bucherare *durchlöchern, also eigentl. lockerer erst durch leim gesteifter zeug.*

Buco *it. sp. loch (fehlt pg.), dsgl. sp.* buque *gehalt hohler körper, bauch der laute, rumpf des schiffes,* cat. buc *wie sp.* buque, *dsgl. bauch des menschen, und nebst pr.* altfr. buc *bienenkorb,* com. bugh *rumpf, fem. nur it.* buca *loch, höhle; vb. it.* bucare *durchhöhlen; vom ahd.* bûh, *das im mhd.* bûch, *im altn.* bûkr, *im mndl.* bûk, buik *(Huydecoper zu Stoke III, 469) bauch und rumpf hieß, also beide roman. bedeutungen (bauch = höhle) einschloß, im älteren ndl.* biebuyck *Kil. auch die bed. apiarium hatte, vgl. Adelung, Mithr. II, 536. Damit ist zsgs. sp. pr.* trabucar, *fr.* trébucher *zu boden werfen, (intr.) stürzen, purzeln, eigentl. mit dem rumpf aus der richtung bringen oder kommen, gleichsam überrumpfen, vgl. it.* tram-bustare *umstürzen, von* busto *rumpf. Von* trabucar *ist sbst. sp.* trabuco, *pr.* trabuc, trabuquet, *fr.* trébuchet *ein wurfgeschütz. Als eine auf* bocca *(mund) zurückgeführte umdeutung fasse man it.* traboccare, trabocco, trabocchetto, mlat. tribocus *Voc. opt., mhd.* triboc, *s. Müller im Wb. III, 89; dafür richtiger ven.* trabucare, altit. trabucco *PPS. I, 21,* com. trabuc, veron. strabuco.

Budello *it. altsp.* budel *Alx., so auch pr., fr.* boyau *(alt* boel) *darm; von* botellus *würstchen, bei Martial; die rom. bedeutung schon im frühen mlatein, z. b. L. Angl.* si intestina vel botelli perforati claudi non potuerint. *Nach Gellius 17, 7 war* botulus *ein nur dem volke angehöriges wort; nicht dies, sondern das diminutiv, hat sich behauptet.*

Buf *pr. fr. interjection; it.* buffo, *mail.* boff *windstoß; it.* buffa, *sp.* bufa *posse (daher* buffone), *altfr.* buffe *schlag, stoß,* bufet *ohrfeige,* wallon. bofet *nadelküssen (d. i. etwas aufgeblähtes, ausgestopftes), sp.* bofeton *= altfr.* bufet, *neupr.* buffo *hinterbacken, altfr.* buffoi *hochmuth; vb. it.* buffare, *parm.* boffar, *sp. pg. pr.* bufar, *fr.* bouffer *und* bouffir, *neupr.* buffá, bouffá *blasen, aufblasen, altfr.* buffier *beohrfeigen; abgel. neupr.* bouffigá *sich aufblasen,* bouffigo *blase im leibe. Die berührung von blasen und schlagen ist nicht ungewöhnlich, fr.* souffler *und* soufflet *liefern ein nahe liegendes beispiel. Die german. sprachen besitzen denselben wortstamm, ziehen aber die tenuis im anlaute vor: mhd.* buf, puf, *nhd.* puff *als interj. und sbst., dsgl.* puffe, puffen, puffer, *so auch fr.* pouf *interj., vb.* pouffer bersten, *wal.* pufáiu *aufgeblasenheit. Entlehnung dieses weitreichenden naturausdruckes aus dem deutschen anzunehmen, thut aber nicht noth: läßt es sich doch in unsern ältesten mundarten nicht nachweisen. Merkenswerth ist noch das it. adj.* bóffice *bauschig, eine offenbare anbildung an* sóffice; *piem.* schlechtweg bof. — *Welcher umstand dem credenztische franz.* den namen buffet *gab (schon altfr., s. Fer. 155^b), ist unbekannt; sp.* bufete *heißt schreibtisch: waren diese möbelstücke etwa bauchig, gleichsam aufgetrieben? Nach Mahn p. 106 ist* buffet *eigentlich prunktisch, von* buffer *aufblasen, worin der begriff der pracht und des prunkes stecke, daher auch altfr.* bufoi *pomp.*

Bugia *it., lomb.* busía *lüge, pr.* bauzía, bauza, *altfr.* boisie *trug, hinterlist; vb.* bugiare *lügen,* bauzar, boiser *hintergehen; pr.* baussan *(fem. -ana) betrüger; auch sp.* bausan *strohmann den feind zu täuschen? Die stammvocale* u, au, oi *zielen unläugbar auf ein urspr.* au, *vgl. it.* rubare = *pr.* raubar, *altfr.* poi = *pr.* pauc: *nur, so scheint es, in unbetonter silbe (also nicht in* bauza) *kann pr.* au *aus* o *entstehen. Muthmaßlich ist das wort deutsch: ein vb.* bausjan, bausan *würde* bauzar, boiser, bugiare *nebst mlat.* bausiare *umfassen. Beruhte das ahd.* pôsi *schlecht, gebrechlich, nichtig, nhd.* böse, *auf einem ältern* bausi, *was bei der unbestimmtheit des ahd.* ô *nicht schlechthin anzunehmen ist (das wort, dessen deutschheit Grimm 1³ 100 zweifelhaft schien, die er aber später zugab s. Über die namen des donners, fehlt goth. ags. altn.), so wäre der form damit genüge zu thun;* bôsa *bedeutet posse (ganz das pr.* bauza), bôsôn *lästern, vielleicht auch lügen wie lat.* nugari. *Ital.* bugiare, busare *heißt auch durchlöchern,* bugio *loch* (altsp. buso), *adj.* bugio, buso *durchlöchert, leer, bedeutungen, die gleichfalls in* bôsi *(eitel, gehaltlos) ihre befriedigung finden würden. Man sehe auch Schwenck v.* posse. — *Neben altfr.* boisie *begegnet noch eine form* boisdie (*adj.* boisdif), *die eine bloße anbildung an das sinnverwandte* voisdie (*s. unten* vizio) *sein muß, da kein adj.* boisó, *woraus* boisedie boisdie *werden konnte, vorliegt.*

Bugía *it., so auch sp. pg., pr.* bogía (*v. j.* 1460), *fr.* bougie (*v. j.* 1312, *s. Roquef. zu Mar. de Fr. I, 63) wachskerze; von Bugie in Nordafrica, woher sie ehemals durch den handel nach Europa kamen (Ménage).*

Bugna *mail. venez., romagn.* bogna, *neupr.* bougno, *altfr.* bugne, *nfr.* bigne *(bei Ménage* beugne) *beule, masc. mail.* bugn, *sard.* bugnu *dass., romagn.* bogn *finne (kleine beule); abgel. veron.* bugnon *stoß; crem.* bugnocca *beule; npr.* bougneto, *fr.* beignet, bignet, *sp.* buñuelo *ein aufgelaufenes backwerk, limous.* bouni. *Gleichbed. mit pr.* bougno *ist* boudougno (*s.* bouder *II. c): sollte jenes aus diesem contrahiert und so in die übrigen sprachen eingedrungen sein? Verwandtschaft mit ahd.* bungo, *mhd.* bunge *knollen, altn.* bûnga, *altengl.* bung *nebst* bunny *geschwulst liegt nahe genug, schwerlich ist aber das rom. wort aus dem deutschen, dem eine form* bonga *besser entsprochen hätte; aus* becca-bunge *machte der Italiener* becca-bungia, *was aber wohl ein wort von spätem gepräge ist. Bei fr.* bigne *ist die identität noch fraglich, da die ausartung des* u *in* i *eigentlich nur in mundarten geltung hat.*

Bujo *it. dunkel, lomb.* bur. *Beiden formen kann nur ein etymon* bureus, burius *genügen und hiermit verträgt sich auch sp.* buriel, *pr.* burel *braunroth, altfr.* buire (cape buire *G. d'Angl. p. 104) dass., neufr.* buret *purpurschnecke; it.* burella *und* bujose *(plur.) dunkler kerker. Bei Festus findet sich* burrum antiqui quod nunc dicimus rufum: *dieses altlat. wort, das man aus dem gr.* πυρρός *herleitet (womit auch Diefenbach, Orig. europ. p. 260, einverstanden ist), scheint sich erhalten zu haben, und wiewohl weder form noch begriff genau zu* bujo *sich schicken, so dürfte dieses doch, wenn man sich eine abl.* burrius *denkt (vgl.* fujo *von* furvius *d. i.* furvus *u. dgl. Rom. gramm. II, 301) und den bei farben üblichen wandel der bedeutung in anschlag bringt, seine erklärung darin finden, wie auch schon andre vermuthet haben. Oft gibt die farbe dem stoff den namen: daher fr.* bure *grobes wollenes tuch; sp.* buriel, *pg. pr.* burel, *fr.* bureau *dass., in letzterer sprache auch eine mit solchem tuche bedeckte tafel; it.* buratto, *und andere abll. Schon das lat. wort bezeichnet in der form* birrus (i *so gut wie* u *aus gr.* v) *ein kleidungsstück, oberkleid bei Vopiscus, zottiges kleid bei Papias, vgl. oben* berretta.

Burla *it. sp. pg., npr.* bourlo *posse, spass, spott; vb. it.* burlare, *sp. pg.* burlar *spott treiben, verhöhnen; pr. nur sbst.* burlaire, *altfr. nur* bourleur; *adj. it.* burlesco *u. s. f. Ausonius hat* burra lappalie *(urspr. wohl zotte, rom.* borra, *s. oben, vgl. it.* fiocco *flocke und* posse), *hieraus entstand, wie schon Ménage behauptet,* burrula *(so im sard.),* burla, *wohl auch sp.* borla *troddel.*

Burrasca *it. (aber mit* o borrascoso), *sp. pg. cat.* borrasca, *fr. (entlehnt)* bourrasque *sturmwetter mit regen. Wie aus sp.* nieve nevasca, *so erwuchs aus it.* borea, *mail. ven. romagn.* bora *nordwind = lat.* boreas, *mit verdoppelung des* r, borrasca, burrasca. *Sicil.* burrascuni *heißt dünner nebel, berührt sich also von seiten des begriffes mit dem im it.* brina *II. a gemuthmaßten stamme.*

Burro *sp. pg. esel. Daher mit gleicher bed. pg.* burrico, *sp. neap.* borrico, *fr.* bourrique, *lomb.* borich, *it.* brieco; *daher auch pr.* burquier, *wenn es eselsstall heißt.* Buricus *klepper ist ein sehr altes wort, das sich schon im 5. jh. bei Paul. Nolanus vorfindet; davon sagt Isidorus:* equus brevior, quem vulgo buricum vocant. *Vermuthlich nannte man den esel* burro *von seinem zottigen haar (*borra *s. o.): in der mundart von Berry, die ihn* bourru *d. i. zottig nennt, ist dies deutlich ausgesprochen. Sonst wird das mlat.* buricus (būrĭcus *soll man sprechen) von* burrus *röthlich (s. oben* bajo) *abgeleitet. Vgl. Diefenbach, Orig. europ. p. 378. 379.*

Busca *lomb. piem. pr., sic.* vusca, *altfr.* busche *splitter, cat.* busca, brusca *ruthe, gerte, fr.* bûche *scheit; vb. fr.* bûcher *holz hauen, pr.* buscalhar *holz lesen GProv.* 62^b. *Es ist wahrscheinlich mit* bois, bosc *(s. oben* bosco) *gleicher herkunft, indem es mit seinem vocal auf die älteste, freilich nur hypothetische form* buwisc, buisc *zurückleitet: seine urbedeutung wäre hiernach bauholz, gespaltenes holz, scheit, demnächst span. splitter. Die vergleichung des altfr.* embuscher *mit dem it.* imboscare *muß dieser herleitung zur bestätigung dienen, nicht weniger das dem fr.* bûche *begrifflich entsprechende* henneg. boisse.

Buscare *it. erhaschen, sp. pg.* buscar, *altsp.* boscar *suchen, nachspüren, fr.* busquer *nachtrachten, nachstreben; sbst. it. sp. pg.* busca *nachsuchung. Des wortes eigentliche heimath ist Spanien, wo es den dienst des it.* cercare, *fr.* chercher *thut, prov. fehlt es. Befriedigend ist die alte deutung aus* bosco *gebüsch, so daß es urspr. heißt 'durch das gebüsch gehen' (vgl.* montar *auf den berg gehn), daher jagen, nachspüren, sp.* busca *spürhund, altsp.* busco *führte des wildes.*

Busto *it. sp. pg., pr.* bust, *fr.* buste *(m.) rumpf, bruststück, brustbild; in den Lindenbr.* glossen busta *'arbor ramis truncata'. Gegen das lat.* bustum *(verbrannter leichnam) streitet der begriff, und auch unser deutsches* brust *kann nicht in erwägung kommen, da der ausfall des* r, *dem eine anlautende muta vorausgeht, dem französischen wenigstens und italienischen sprachcharakter völlig zuwider und mit keinem beispiele zu belegen ist, es müßte denn ein zweites* r *im worte enthalten sein, so daß der grund des ausfalles ein euphonischer wäre. Für* busto *sagt man ital. auch* fusto, *wie man* bioccolo *für* fioccolo, bonte *für* fonte *sagt, und so liegt die vermuthung seiner entstehung aus* fustis *nahe genug, und schon Ferrari dachte daran; aber alsdann müßte diese form von Italien ausgegangen sein, was allerdings zweifel erregt. Dagegen wird keinem etymologen die beobachtung entgangen sein, daß sich die sprachen für rumpf oder brust solcher wörter zu bedienen geneigt sind, welche behälter, gefäß bedeuten: so mlat.* arca *(s. Ducange), so it.* casso (capsus), *so engl.* chest, *so unser* rumpf, *ursprünglich ein gefäß aus baumrinde (wie pr.* brusc). *Warum sollte sich diese übertragung nicht auch bei* busto *ereignet haben? Mlat.* busta, bustula *bedeutet* arca, arcula, *die änderung des genus ist ein häufiger vorgang, s. Rom. gramm. II, 18, wo zahlreiche beispiele gegeben sind; beide mlat. wörter aber sind aus* buxida, pyxida *geformt, s.* boîte *II. c. Eine zss. ist it.* imbusto *schnürleib, brustlatz, sp.* embuste *flitterstaat, lug und trug,* embustero *heuchler (nach Larramendi vom bask.* eman *geben,* uste *hoffnung), it.* trambustare *umwerfen.*

C.

Ca *altit. altsp. altpg. conjunction s. v. a. lat.* nam, quia; *wohl von* qua re *(pr. fr.* car), *nach andern von* quia. *Das churw. sard. und lomb.* ca *stimmt begrifflich zu* que (*daß*) *und könnte daraus entstellt sein. Altit. altpg.* ca *hinter dem comparativ PPS. II, 79. 95, D. Din., Trov. weist auf* quam.

Cábala *it. sp. pg.,* cabale *fr. geheimnisvolle erklärung des alten testamentes u. dgl., auch hinterlistige verhandlung; vom hebr.* kabalah überlieferung, geheimlehre. Die von mehreren angenommene herleitung aus engl. cabal als acrostisch aus den namen von fünf staatsräthen Karls II. widerlegt Mahn p. 68.

Cacáo, caccáo, it., sp. pg. fr. cacáo die frucht eines südamerikanischen baumes, span. port. auch der baum selbst; vom mexican. kakahuatl. Der baum heißt überdies sp. cacagual, pg. cacaoeiro, fr. cacaoyer, cacaotier.

Cacciare it., sp. pg. cazar, pr. cassar, altfr. chacier, nfr. chasser jagd machen auf etwas, dgl. verjagen; sbst. caccia, caza, cassa, chace, chasse jagd. Das entsprechende lat. venari ist in den tochtersprachen allmählich untergegangen. Noch im altspan. sagte man venar (z. b. Cal. é D. 29^b. 56^a. 66^b), ebenso pr. venar GRoss., altfr. vener; gänzlich fehlt es im port. catal. ital. churw., nur im wal. venà, präs. venez, lebt es fort. Was nun cacciare betrifft, so mögen unter den wenigstens nicht unverständigen deutungen des vielfach besprochenen wortes nur erwähnt werden die aus cassis jägergarn, das aber ein ital. vb. cagiare oder altfr. chaisier erzeugt hätte; die aus unserm hatzen, dessen anlaute jedoch der romanische widerstrebt; die aus dem engl. catch, das gleichfalls schwierigkeiten in der form bietet; die aus lat. capsus (s. Ducange), das sich ebenso verhält wie cassis. Das beste hat Ménage getroffen, der es vom lat. captare herleitet: captare feras hieß schon dem Römer wild jagen, und ein altes glossar setzt θηρευτής 'captator, venator'. Eigentlich aber leitete der Romane sein wort vermittelst des suffixes iare aus dem part. captus, also captiare cacciare cet. s. Rom. gramm. II, 402. Nur mit captiare vertragen sich die formen aller mundarten; altsp. schrieb man sogar cabzar. Dieses captiare ward aber der allgemeine ausdruck für venari, welches sich nur im prov. und altfr. behauptete. — [Mit recht fügt Gachet p. 77^a vorstehender deutung das in einer urkunde v. j. 1162 vorkommende sbst. captia d. i. venatio bei.]

Cadaúno, caduno it., sp. cada uno, pg. cada hum, pr. cada un (noch jetzt cadun), altfr. cadhun in den Eiden, später cheun LRs. 26, pronomen für quisque. Muthmaßlich ist caduno eine abkürzung von usque ad unum d. i. nullo excepto, wofür churw. s-cadin (s. v. a. scadun) mit seinem anlautenden s deutlich spricht; doch darf auch an quisque ad unum (altsp. quiscadauno PC., altpg. quiscadaun FGrav. 387) gedacht werden. In diesem sinne wird lat. ad unum omnes von Gellius, Ammianus, Apulejus öfters gesetzt. Hiervon müßte sich denn cad, euphonisch cada, abgelöst haben, um im sp. pg. pr. altfr. (kiede) ein selbständiges pronomen zu bilden. Etwas ganz analoges bietet das ngr. καθένας für quisque, entstanden aus καθ' ἕνα (einzeln) und ebenso wie cada hat sich das adj. κάθε davon abgesondert: κάθε δένδρον = sp. cada árbol. Ist die deutung richtig, so beruhen die ital. formen mit t catauno, catuno auf einer falschen schreibung.

Caffe it., café sp. fr. ein trank, vom arab. qahvah eigentl. wein, dsgl. ein aus beeren gekochter trank Freyt. III, 511^b mit verweisung auf

I. CALAFATARE—CALANDRA. 77

Silvestre de Sacy's chrestomathie; vgl. wegen des rom. f aus arab. h *sp.* aljófar *aus* algaûhar.

Calafatare *it., sp.* calafatear, *pr.* calafatar, *fr.* calafater, calfeutrer, *mittelgr.* καλαφατεῖν *die ritzen besonders eines schiffes verstopfen oder theeren, vgl. pr.* una caxeta *(kistchen)* empeguntada e calefatada *LR.*; *vom arab.* qalafa *ein schiff verkitten Freyt. III, 491ᵃ, türk.* qalfât *getheerter stopfen Pihan p. 76, vgl. Monti, Agg. al voc. II. 1, 312. — Diese bekannte herleitung beanstandet Engelmann und zieht das wort aus lat.* calefectare, *denn die frühere bedeutung sei gewesen 'ein schiff heizen'. Augenscheinlich haben indessen die roman. formen einen fremden anstrich und könnten, da sie sich der bildungsregel nicht unterworfen haben* (calefectare *hätte z. b. pr.* calfeitar *geben müssen), erst aus dem lat. wörterbuche in die neuen sprachen gelangt sein.*

Calamandréa *it., sp.* camedrío, *fr.* germandrée *eine pflanze, gamander, gamänderlein; von* chamaedrys (χαμαίδρυς).

Calaminaria *sc.* pietra *it., sp. pg.* calamina, *fr.* calamine *kieselhaltiger zink; vom gleichbed.* cadmia (καδμεία, καδμία) *mit adjectivsuffixen, dtsch.* galmei.

Calamíta *it. sp. pg. (ital. zuerst bei G. Guinicelli, PPS. I, 73), pr. cat.* caramida, *fr.* calamite, *neugr.* καλαμίτα *(alle fem.) magnetnadel, auch magnet. Von* calamus, *weil die nadel in einen halm (oder auch in ein stückchen kork) gesteckt und so in ein gefäß mit wasser gelegt ward:* en un festu l'ont couchić, en l'eve le metent sanz plus et li festuz la tient desuz, puis se torne la pointe toute contre l'estoile si sanz doute *cet. Guiot de Prov. FC. II, 328 (eine den nautischen gebrauch des magnetes um den anfang des 13. jh. beweisende stelle, s. z. b. Hüllmann, Städtewesen I, 131);* qui une aiguille de fer boute en un poi de liege *Michel, Lais inéd. pag. III. Die anwendung des suffixes* ita *auf sächliche gegenstände ist übrigens im romanischen so selten, daß man auch in* calamita *schwerlich eine solche annehmen darf. Man konnte, etwa in Italien, das im latein vorhandene* calamites *(laubfrosch) in hinsicht auf dessen herkunft von* calamus *auf die neue vorrichtung anwenden, wobei man aber das genus änderte und in einigen sprachen auch die endung mehr romanisierte d. h.* ida *für* ita *sprach.*

Calandra *it. pr., sp. cat.* calandria, *pg.* calhandra, *neupr.* caliandro, cariandro, *fr.* calandre, *mhd.* galander *Wb. I, 457, eine art lerchen,* haubenlerche. *Es soll aus dem gleichbed.* galerita *oder aus* caliendrum *(haube) entstellt sein; eine zweite span. form* caladre *zeugt für* χαραδριός, *dessen bedeutung zwar nicht mit der von* calandra, calandria, *wohl aber, wie Ménage, Orig. ital., zeigt, mit der des dimin.* calandrino *zusammentrifft. Dazu kommt, daß in glossaren* caradrius *gewöhnlich mit ahd.* leribha *(lerche) übersetzt wird. Über die verwechselung beider geschlechter, des* charadrius *und* galander, *s. W. Grimms neue anm. zu Freidank 143, 7. —* [Zu dieser bis heute öfters besprochenen und anerkannten etymologie von calandra aus charadrius macht Stier, Zischr. f. vgl. sprachf.

XI, 221, die überraschende bemerkung, daß dieses zurückkommen auf das zweifelhafte χαραδριός unbegreiflich sei, da κάλανδρα schon im griechischen vorkomme, was denn die wörterbücher auch bestätigen.],

Calare *it.*, *sp. pg. pr.* calar, *fr.* caler *niederlassen; vom gr.* χαλᾷν *nachlassen, lat.* chalare *bei Vitruv, daher churw.* calar *aufhören, pic.* caler *nachgeben, sich zurückziehen, auch junge werfen d. i. niedersetzen,* mettre bas. *Aus der bed. nachlassen entfaltete sich im pg. pr.* calar *die bed. schweigen, wofür der Spanier die form* callar *erfand. Beide bedd. herablassen und schweigen einigt auch das neupr.* calá. *Von* calare *ist das sbst. it. sp. pg. pr.* cala, *fr.* cale, *dsgl. it. neupr.* calanca *kleine bucht d. h. eine stelle, wohin man vom hohen meere hinabsteigt, auch gael.* cala *hafen, bucht, rhede, vb.* cal *in den hafen einlaufen. Vielleicht ist auch hieher zu nehmen sp.* cala *sonde, zäpfchen, ursprünglich wohl etwas zum einsenken dienliches, sp. pg. einschnitt, vb.* calar *eindringen, durchdringen, und selbst fr.* cale *plattes stück holz als unterlage eingeschoben, vb.* caler: *denn das von Servius aus Lucilius angeführte* cala *passt mit seiner bed. stück brennholz,* κᾶλον, *nicht wohl zum franz. worte, zum span. gar nicht.*

Caldaja *it., sp.* caldera, *pr.* caudiera, *fr.* chaudière *kessel, mlat.* caldaria *Greg. Tur.; von* caldarius *zum wärmen bestimmt; augm. it.* calderone, *sp.* calderon, *fr.* chaudron.

Calere *it., altsp. pr.* caler, *fehlt pg., altfr.* chaloir *vb. impers. mit dem dativ der person, wichtig sein, gelegen sein, z. b. it.* non me ne cale, *pr.* no m'en cal, *altfr.* il ne m'en chaut *es liegt mir nichts daran, altsp.* dellos poco min cal *PC. 2367,* poco me cala *Alx. 140,* non te cal *72. Es ist vom lat.* calere aliqua re *erhitzt sein von etwas, aber, wie andre verba, in unpersönliche anwendung ausgeartet:* calet mihi *es ist mir heiß um eine sache, sie liegt mir am herzen. Man vgl. wegen der bedeutung z. b. gr.* θάλπειν *brennen, fig. sorge machen, kümmern:* ἐμὲ οὐδὲν θάλπει κέρδος *an gewinn liegt mir nichts. Zsgs. nfr.* nonchalant *nachlässig,* nonchalance *nachlässigkeit.*

Calesse, calesso *it., sp.* calesa, *fr.* calèche, *(f.) art kutschen; vom böhm.* kolesa, *eigentl. räderfuhrwerk (russ.* koleso *rad).*

Calibro *it., sp. fr.* calibre *innerer umfang einer röhre; nach Herbelot, wie Ménage sagt, vom arab.* kalib *modell. Freytag III, 485 hat* qâlab *form zum eingiessen, modell,* qalib *brunnen.* — [Mahn p. 5 erklärt *dieses wort aus der frage* qua libra? *von welchem pfund oder gewicht? auf den durchmesser der kugeln angewandt. Wenn er aber* qalib *darum verwirft, weil ihm das* r *fehlt und weil die bed. modell nicht passt, so ist in betreff der ersten einwendung zu erinnern, daß der Romane diese liquida einem consonantauslaut oft anfügt und daß im altspan. sogar eine form* calibo *vorliegt; in betreff der zweiten, daß das franz. wort auch das modell bedeutet, wonach ein schiff gebaut wird.*]

Calma *it. sp. pg., daher fr.* calme *(m.) windstille, ruhe, ndl.* kalm, kalmte; *vb.* calmare *ff. beruhigen, reinfranz.* chommer *für* chaumer *feiern. Von* calare *nachlassen? allein* ma *ist kein rom. suffix. Sp. pr.* calma *bedeutet auch die heiße tageszeit, wahrscheinlich vom gr.* καῦμα *brand, hitze, im mlat. für sonnenhitze ganz üblich, z. b.* dum ex nimio caumate lassus ad quandam declinaret umbram *(bei Ducange). Selten zwar entstand* al *aus* au *(vgl. unten* gota*), aber hier könnte es sich aus anlehnung an* calor *erklären. Die heiße tageszeit nöthigt, schatten und ruhe zu suchen wie in dem mitgetheilten beispiele, und so mochte das wort die bed. feierzeit, stille, ruhe entwickeln. Neupr.* chaume *heißt ruhezeit der heerden, chw.* cauma *schattiger ort für dieselben.*

Calzada *sp. pg., pr.* caussada, *fr.* chaussée *damm, dammweg; gleichsam* calciata *von* calx, *eigentl. mit kalk gemauerte straße, wie auch der auf dem trocknen stehende theil einer brücke, da er mit kalk aufgeführt ist, diesen namen trägt.*

Calzo, calza *it., sp.* calza, *pr.* caussa, *fr.* chausse, *abgel.* calzone *ff., fr.* chausson *und* caleçon, *eine fuß- und beinbekleidung; von* calceus. *Zsgs. it.* discalzo, scalzo, *sp.* descalzo, *pr.* descaus, *pic.* décaus, *lothr.* deichaux *u. s. w. barfuß, mlat.* discalcius *L. Sal. tit. 58, für* discalceatus.

Camaglio *it., pr.* capmalh, *altfr.* camail *hals des panzerhemdes, womit auch der kopf bedeckt werden konnte,* s. *Jubinal, Sur les armes défens. p. 20, nfr.* mäntelchen*; von* cap *kopf, oberer theil, und* malha *panzer. Auch sp.* camal *halsring muß hieher gehören, wohl auch* gramalla *panzerhemd, dsgl. eine amtstracht.*

Camarlingo *it., sp.* camarlengo, *pr.* camarlenc, *altfr.* chambrelenc, *nfr.* chambellan, *vom ahd.* chamarlinc, *nhd.* kämmerling.

Cambellotto, ciambellotto *(Marco Polo),* cammellino *it., sp.* camelote, chamelote *(Covarruvias), pg.* chamalote, camelão, *fr.* camelot *ein vornehmlich aus ziegenhaar und wolle, früher nach alten zeugnissen aus kameelhaar gewebter, namentlich von den mönchen (s. Ducange) getragener stoff, mlat.* camelotum, camelinum, *bei Joinville und im Renart* camelin. *Nicht unwahrscheinlich hat* camelot, *da das suffix* ott *in älteren zeugnissen nicht angewandt erscheint, seinen ursprung im gr.* καμηλωτή *kameelhaut.*

Cambiare, cangiare *it., sp. pg.* cambiar, *pr.* cambiar, camjar, *fr.* changer *tauschen; sbst. it. sp. pg.* cambio, *pr.* cambi, camje, *fr.* change *tausch, wechsel; im frühsten mlat. z. b. der L. Sal. und schon bei den feldmessern* cambiare *neben* cambire, *letzteres bei Apulejus (*κάμπτειν, κάμβειν*). Zsgs. it.* scambiare, *wal.* schimbă *u. s. f.*

Camerata *it. (m.), sp.* camarada *(m., pg. m. f.), fr.* camarade *(m. f.) geführte (geführtin); seiner bildung nach urspr. ein collectiv, nachher auf eine einzelne person angewandt, eigentl. stubengenossenschaft, und in dieser bedeutung im ital. span. port. vorhanden aber veraltet,* la camerata *ff. Analog ist das piem.* mascrada *maskenzug, einzelne maske.*

Camicia, camiscia *it., sp. pg. pr.* camisa, *fr.* chemise, *wal.* cęmaşę, *alban.* cęmişę *leinenes unterkleid, hemd; daher pr. altfr.* chamsil *Pass. de J. Chr. 86 leinenes kleidungsstück oder zeug (*camiza d'un ric camsil *Jfr.),* *mlat.* camisile, campsile; *desgl. it.* camiciola, *sp.* camisola, *fr.* camisole *vorhemdchen, westchen; zsgs. it.* incamiciata, *sp.* encamisada, *fr.* camisade *nächtlicher überfall (wobei die soldaten ein hemd über der rüstung trugen um sich zu erkennen). Das erste zeugnis bei Hieronymus*: volo pro legentis facilitate abuti sermone vulgato: solent militantes habere lineas, quas camisias vocant, *man sehe Ducange, Forcellini. Demnächst bemerkt man es in der Lex Sal., bei Gregor d. gr., Venant. Fort., Isidorus, in alten urkunden z. b. Marini p. 125 v. j. 564. War es ein vocabulum castrense, wie Hieronymus vermuthen läßt, so konnte es aus einer entlegenen sprache eingeführt sein, was seinen ursprung noch mehr verdunkeln muß. Findet man diesen im ahd.* hamidi, hemidi *indusium, dessen anlaut* h *altfränk. in* ch, *demnächst in* c *verhärtet wäre, so bleibt das suffigierte* isia *immer noch unklar, was auch bei Isidors herleitung aus* cama *(bett) der fall ist:* camisias vocamus, quod in his dormimus in camis. *also bettgewänder; oder bei der von andern versuchten deutung aus* cannabis. *Hier ist nun zu bemerken, daß eine noch einfachere bildung vorhanden ist, die nicht wohl aus* camisia *mit zurückgezogenem accent abgekürzt sein kann, it.* cámice *(m.), altfr.* chainse *(m. f.) leinenes gewand, messhemd der priester, auch im slavischen, z. b. illyr.* kamsa chorhemd. *Diese bildung findet sich allerdings in einigen sprachen fast buchstäblich wieder. Arab.* qamiç *heißt unterkleid Gol. 1965, Freyt. III, 497; aber theils hat es in dieser sprache keine etymologie, denn die wurzel, der man es zutheilt, ist logisch unverwandt, theils ist eine so alte entlehnung aus dem arabischen gegen alle wahrscheinlichkeit und eher der umgekehrte vorgang anzunehmen. Auch fehlt es im syrischen und hebräischen. Mahn p. 21 hält es gleichwohl für arabisch, stammend aber aus dem indischen* kschauma *leinenzeug. Ferner findet sich das rom.* chainse *im altirischen* caimmse '*nomen vestis*' *cod. Prisciani, also von hohem alter, kymr.* camse *langes kleid, und hierin erkennt Zeuß II, 749 das unzweifelhafte etymon von* camisia, *ohne übrigens auf das radicale verhältnis des celtischen wortes einzugehn. Gewiss ist, daß der rom. sprache eine wurzel* cam *nicht genügt, daß nur eine form* cámis *befriedigen kann, woraus ein adjectivisches* camisia *abgeleitet ward.* — [*Was Mahns herleitung von* qamiç *aus* kschauma *betrifft, so hätte der Araber (nach der bemerkung eines gelehrten orientalisten) die indische nominativendung hierzu anwenden müssen, während er alle wirklich indische wörter ohne diese endung übernimmt, sie auch nicht mit* ﻮ *ausgedrückt haben würde.*]

Caminata, camminata *it.* saal, *fr.* cheminée rauchfang. *Das mlat.* caminata, *schon in einer fränk. urkunde v. j. 584* solarium cum camminata *Bréq. p. 79ᵃ, hieß ein mit einer feuerstätte* (caminus) *versehenes gemach, daher die glosse Ælfrics* caminatum '*fýrhús*' *(feuerhaus), ahd.* cheminâta. *S. besonders Schmeller II, 295.*

Cammeo *it. (z. b. bei Benvenuto Cellini, mitte des 16. jh.), fr.* camée *(m.) und* camaïeu, *sp.* camafeo *(fehlt den ältern ausgaben der akademie), pg.* camafeo, camafeu, camafeio, *mhd.* gâmahen *bei Konr. v.*

Würzburg (die media wie in gompost, gugele, gulter), *mlat.* camaheu *1376 Paris,* camahelus *(nach einer franz. form* camayeul?) *1321 Paris,* camahutus *1295 London,* camahotus *1315, in heutiger bedeutung ein aus zwei verschieden gefärbten schichten bestehender erhaben geschnittener stein, im weiteren sinne überhaupt ein erhaben geschnittener stein. Aus der stelle* unus lapis de camaheu *zu schließen, hieß es auch die erhabene arbeit oder figur auf dem stein, wie noch im ital. Man faßte solche steine in ringe, vgl.* annulos auri novem cum saphyris, unum cum camahuto; *das port. wort bedeutet daher auch siegelring, namentlich den der könige und in den Alfonsinischen verordnungen das königliche bildnis auf münzen (Constancio). Die deutung von* cammeo *ist eins der schwierigeren probleme romanischer etymologie. Frisch erklärte es aus dem sp.* cama *lage, schicht (was wäre alsdann* feo in camafeo?); *Lessing aus* gemma onychea; *Rapp, Gramm. II. a, 127 aus dem slav.* kamenj stein *(dann müßte man diese kunstarbeiten von den Slaven bezogen haben). Scharfsinniger deutet Mahn p. 73, indem er gleichfalls auf* gemma *zurückgeht: altfranz. lautet es auch* game *und dessen* g *konnte sich leicht zu* c *verhärten, also* came, *vgl. ahd.* kimma. *Aus* came *entstand ein adj.* cammaeus, *daher das it.* cammeo. *In* cammahutus *ist* hutus *das fr.* haut, *jenes bedeutet also* cammaeus altus, *ein erhaben geschnittener stein. Indessen, genau erwogen, stehen auch dieser auslegung einige nicht unerhebliche schwierigkeiten entgegen. Die härtung der anlautenden kehlmedia in tenuis ist zwar im althochd. am rechten ort, nimmer im romanischen; das mit* aeus *abgeleitete adjectiv wäre das einzige beispiel dieser art; die zss.* cammahotus *statt* cammahota *ist wenigstens auffallend. Romanische wörter sind ursprünglicher und gesünder als mittellateinische, die des vorliegenden falles auch älter: in* camaheu *und* camafeu *trifft Frankreich mit Spanien und Portugal zusammen, was dieser form gewicht gibt; das span.* f *antwortet dem fr.* h, *aus der franz. form konnte sich die ital. gekürzt haben. Aber damit rückt man dem etymon nicht näher. Folgendes ist nur eine bescheidene vermuthung: in schwierigen dingen kann mehrseitige betrachtung förderlich ausschlagen, und namentlich ist eine verfehlte etymologie nicht immer eine verlorene arbeit. Griech.* κόμμα *heißt eingeschnittenes, auch schlag, prägung; ein roman. diminutiv davon wäre* commatulum, *dem ein fr.* camaïeu *entsprechen würde wie dem lat.* vetulus *das fr.* vieux *entspricht; der anlaut* ca *für* co *wäre nicht unregelmäßiger als* ca *für* ge *und findet sich z. b. auch in* calessa *für* colessa, calandre, *für* colandre, canapé *für* conopé. *Aber auch hier ist ein bedenken. Wie kam man zu dieser anwendung des griech. wortes, das man aus dem latein nur in einer grammatischen bedeutung kannte? Das einzige, womit sich Mahns auslegung unterstützen ließe, wäre die annahme, daß das wort nicht auf dem wege nationaler sprachbildung entstanden, daß es von künstlern und fachkennern erfunden worden sei. Doch wird die vorhergehende deutung etwas mehr wahrscheinlichkeit für sich haben.*

Cammino *it., sp.* camino, *pg.* caminho, *pr.* cami, *fr.* chemin *weg;*

vb. c a m m i n a r e, caminar, cheminer *weg machen, wandern. Uc Faidit sagt:* caminar '*equitare per stratas*', *es heißt jedoch eben sowohl zu fuße gehn.* Caminus *für via liest man schon in einem spanischen actenstück des 7. jh.:* Oxoma teneat de Furca usque ad Aylanzon, quomodo currit in camino S. Petri, qui vadit ad S. Iacobum *(DC.). Ferrari hält* camminare *für eine ableitung aus* καμπή, gamba *bug, bein, es heiße eigentlich die beine bewegen; aber ein verbalsuffix in* ist *nicht nachweislich. Das substantiv würde sich allerdings als* camm-in *auffassen lassen; aber der sinn d. h. die herleitung von 'weg' oder auch von 'gang' aus 'bein' mittelst dieses suffixes ist schwerlich statthaft. Glaublicher noch wäre eine zss.* cambe-menare = *it.* menar le gambe. *Nach Rapp, Gramm. II. a, 127, ist* cammino *ein slav. wort, eig. steinweg, von* kamenj *stein; allein theils ist diese bedeutung nirgends ersichtlich und dem Slaven selbst unbekannt, theils hatte der Romane kein bedürfnis, ein wort wie dieses aus dem Slavenlande bei sich einzuführen. Vielleicht ist es ein alteinheimisches: zu dieser vermutung berechtigt kymr.* cam *schritt,* caman *weg, s. Dief. Celtica I, 109.*

C a m o z z a *it., sp.* camuza *und* gamuza, *cat.* gamussa, *pg.* camuça, camurça, *masc. fr.* chamois, *neupr.* camous, *chw.* camuotsch, chamotsch *ein der ziege verwandtes in den alpengegenden lebendes thier, gemse; dazu it.* camoscio *gemsbock, oberd. der* gems. *Die suffixe in den verschiedenen formen decken sich nicht. Ital.* ozz *ist ein übliches, wenn auch nicht auf thiernamen (außer in* bacherozzo *wurm) angewandtes suffix, daraus muß* oscio *entstellt sein; die mundarten kennen diese abweichung nicht, z. b. tyrol* camozza, camozz, *piem.* camossa, camoss. *Span.* uz *und fr.* ois *sind andre, sprachrichtige ableitungsformen. Die herkunft des wortes ist ungewiß. Im latein ist dieser name des thieres nicht bekannt, es heißt* rupicapra, *auch der Baske besitzt nur ein entsprechendes compositum* basauntza (basa *wild,* auntza *ziege), der Walache hat* capre selbatecę. *Offenbar trifft* camozza *mit dem mhd.* gam-z, *auch im suffix, zusammen, wenn man ein älteres* gam-uz *(wie* hir-uz *hirsch) annimmt, kann aber nicht wohl daraus geformt sein, weil die gemeinrom. steigerung des anlauts ohne ein schwanken in die media (denn auf sp.* gamuza *kann* gama *eingewirkt haben) ein allzu seltenes ereignis ist; auch kennt man keine deutsche wurzel. Gegen das erwähnte sp.* gama = *lat.* dama *erhebt sich dasselbe bedenken, die bedeutung hat weniger zu sagen. Steub, Rhätische ethnologie p. 185, vermuthet ursprung aus celtisch* cam *krumm, so daß gemse das thier mit den krummen hörnern bedeuten könnte; damit würde man aber nichts gesagt haben, was dieses thier von den verwandten hörnerträgern unterschiede.*

C a m p a g n a *it., sp.* campaña, *fr.* campagne *(statt des veralteten* champagne, *das auf die benennung einer landschaft in Frankreich eingeschränkt ward) flaches gefilde, flur; von* Campania, *welches als appellativ schon Gregor v. Tours gebraucht, s. Ducange. Bei den feldmessern ist das adj.* campaneus, campanius *üblich.*

Campana *it. sp. cat. pr.*, campainha *pg. glocke, alban.* cambanę; *im franz. durch* cloche *ausgedrückt, aber doch südlicheren mundarten bekannt, limous.* campano *glocke, in Berry* campaine *schelle, in einer hs. der L. Sal. als malb.* glosse campania *mit ders. bed. (Pardessus p. 85). So genannt von der landschaft* Campania, *wo die glocken zuerst für den gottesdienst eingeführt wurden, s. Ducange. Das älteste zeugnis des wortes bei Isidor 16, 24:* campana *'statera unius lancis' e regione Italiae nomen accepit; ihm also bedeutet es schnellwage von der ähnlichkeit der einrichtung, und entsprechende bedeutungen hat auch das wal.* cumpęnç *wagschale, brunnenschwengel. Bei Beda und fast allen späteren zeigt* campana *oder* campanum *nur die bed. glocke; Anastasius, Biblioth. (9. jh.), kennt beide bedd. glocke und schnellwage.*

Campeggio *it., sp.* campeche, *fr.* campêche *eine holzart zum färben, aus der bai von* Campeche *in Centralamerica.*

Campo *it. u. s. w. in der bed.* schlachtfeld *wie schon lat.* campus, *das aber im mittellatein auch den* kampf *selbst d. h. den zweikampf bedeutete, der auf einem eingeschlossenen platze vorgieng:* de pugna duorum, quod nostri campum vocant *Regino, s. DC., daher entlehnt ahd.* kamf *'duellum'. Abgel. it.* campione, *sp.* campeon, *pr.* campio, *fr.* champion, *ahd.* kamfjo, *mhd.* kempfe, *nhd.* kämpe, *ags.* cempa, *altn.* kappi *kämpfer, fechter, zumal einer der für einen andern einen gerichtlichen zweikampf ausficht, mlat.* campio *'gladiator, pugnator' Gl. Isid., gebildet wie* tabellio *von* tabella. *Vb. sp.* campar *sich lagern, daher fr.* camper, *aber ahd.* kampfjan *praeliari und so altfr.* champier *Er. En. 3030; dsgl. it.* campeggiare *einen streifzug machen, sp.* campear *das feld halten, altfr.* champoier *Roq. Aus* campear *ist* campeador, *bekannt als beiname des Cid Ruy Diaz, arab.* cambeyator *schon um 1109, s. Dozy, Recherch. II, 63, 2ᵉ éd. (welchem schriftsteller es sich aber von selbst versteht, daß das wort nichts gemein habe mit* campus, *sondern vom deutschen* kampf *herrühre).*

Camuso *it., sp. fehlt, pr.* camus, gamus *(fem. -usa), fr.* camus *plattnasig, pr. auch* albern, camusia *albernheit.* Cam *ist auch im gleichbed. fr.* cam-ard *vorhanden und kann das celtische auch im latein. einheimische* cam *sein, dessen bed.* gekrümmt *d. h. eingedrückt nicht unpassend scheint. Da indessen ein nominalsuffix* us *nicht vorkommt, so muß es, vielleicht unter einwirkung von* muso *(schnauze), in einer entstellung seinen grund haben. Andre erklären das wort aus lat.* cámurus *mit wandel des* r *in* s *wie im fr.* chaise *und einigen andern, wodurch die endung gerechtfertigt wäre, bedenken aber nicht, daß dieser wandel weder im ital. noch im prov. anerkannt ist und daß auch der accent widerspricht. — Für* camuso *sagt man ital. auch* camoscio, *und dies führt auf das bekannte altfr. adj.* camoissié, *welches* gequetscht *oder* von verletzungen gefleckt *heissen muß:* se dou haubert ne fust quassez et camoisiez et debatuz *Er. En. 3225;* camosez fu del bon haubere *RCam. p. 219;* que tot a le vis camoissié *(vom schlag mit einer tatze) Ren. III, 163; pr.* Jaufré ab lo vis camuzat *Fer. 2135 (gefleckt von narben, nicht écaché, wie Raym. übersetzt); vgl. henneg.* camoussé *pockennarbig. Dazu ein prov. substantiv:* totz era ples de sanc e de camois *GRoss. 5554 voll von blut und quetschungen oder blauen flecken. Zu nennen ist noch das vb.* camosciare *it., altfr.* camoissier *leder sämisch gerben, rauh oder kleinnarbig arbeiten (s. Carp.), welches auf* camoscio *gemse bezogen wird. — [Gleichzeitig hat Mahn, was* camuso *betrifft, p. 112 dessen rein celtische herkunft dargelegt, nämlich aus dem oben nur als mögliche quelle bezeichneten* cam *und dem suffix* us, *woraus das vorhandene irische* camus *bucht d. i. biegung, welches also das romanische wort sein muß.*]

Canaglia *it., sp.* canalla, *fr.* canaille, *altfr.* chienaille *gesindel, eigentl. hundevolk, wie sp.* perreria.

Cánape *it., wal.* cęnepę, *sp.* cáñamo, *pr.* canebe, cambre, *fr.* chanvre, *hanf; von* cannabis, cannabus. *Daher it.* canavaccio, *sp.* cañamazo, *pr.* canabas, *fr.* canevas *grobe leinwand.*

Cancellare *it., pr.* chancelar, *fr.* chanceler *fallen wollen, wanken; eigentl. die beine übereinander kreuzen um nicht zu fallen, vom lat.* cancellare *gitterförmig machen, daher ins kreuz setzen: die gleiche bedeutung entwickelte unser mhd.* schranken *(vom sbst.* schranke cancelli). *S. Altrom. glossare p. 46, wo bereits die glosse des 8. jh.* nutare '*cancellare*' *vorliegt. Man hat angemerkt, daß im 12. jh. Petrus von Blois sich des wortes als eines lateinischen bedient:* in hoc modico cancellavit Plato.

Candire *it. in zucker sieden, fr.* se candir *sich krystallisieren, dsgl. it.* zucchero candito *und* candi, *sp.* azucar cande, *fr.* sucre candi *krystallisierter zucker.* 'Den meisten zucker, den die Venetianer einführten, holten sie von Kandia (kandis-zucker), sagt Hüllmann, Städtewesen I, 75; aber das factum, daß vornehmlich Kandia kandiszucker geliefert habe, scheint nicht verbürgt und eandire passt schlecht zu dem namen der insel. Arabisch heißt dieser zucker gleichfalls* qand *oder* qandat, *schon in einem wörterbuche des 10. jh.* ('unde forte vulgo saccharum candi' *Golius 1970), aber das wort wurzelt in dieser sprache nicht, sondern geht bis ins indische zurück, worin* khanda *stück, dsgl. zucker in krystallartigen stücken (wurzel* khand *brechen) bedeutet, s. Mahn p. 47.*

Cánfora *it. sp., fr.* camphre *ein harz, kampfer; vom arab.* al-kâfûr *Freyt. IV, 47*[b] *mit eingeschobenem* n *oder* m, *sp. auch* alcanfor; *ohne diese einschiebung it.* cafura *wie mhd.* gaffer. *Ursprünglich aus dem indischen.*

Cangrena *it. sp., fr.* cangrène, *besser sp.* gangrena, *fr.* gangrène *eine krankheit, krebs; von* gangraena (γάγγραινα), *dessen anlautende media durch einmischung von* cancer *in tenuis verwandelt werden mochte.*

Cannamele *it., sp.* cañamiel, *mlat.* canamella *zuckerrohr, eigentl. honigrohr.*

Cannella *it., sp. pg. pr.* canela, *fr.* cannelle, *daher ndl.* kaneel *zimmet; von* canna *röhre, weil er gerollt ist.*

Cannibale *it., sp.* canibal, *fr.* cannibale *roher, grausamer mensch;*

eigentl. menschenfresser auf den Antillen, in dortiger sprache. Daß im deutschen das wort bereits im j. 1544 vorkomme, bemerkt Weigand I, 201. Span. caribe, *d. i. Caraibe, braucht man in derselben bedeutung.*

Cannone *it., sp.* cañon, *fr.* canon *röhre, demnächst flintenlauf, schweres geschütz; von* canna.

Canopè *it., wal.* canapeu, *sp. fr.* canapé *(altpg.* ganapé *SRos.) ruhebett; von* conopeum (κωνωπεῖον) *mückennetz; also ein mit einem solchen netz versehenes ruhebett, wie fr.* bureau *teppich und damit bedeckter tisch heißt.*

Cantiere *it., pg.* canteiro, *fr.* chantier *unterlage, wohl auch sp.* cantel *strick zur befestigung der tonnen; von* canterius *jochgeländer, sparre, bair.* gander.

Canto *it. sp. pg.,* cant *altfr. ecke, winkel, sp. pg. auch stein, ital. auch seite, gegend. Die hier einschlagenden thatsachen sind etwa folgende. Griech.* κανθός *ist winkel des auges, reif um das rad; lat.* canthus *hat die letztere bedeutung und wird von Quintilian für africanisch oder hispanisch erklärt. Kymr.* cant *heißt umzäunung, kreiß, radschiene, rand, stimmt also trefflich zum lat. worte und muß, wie Diefenbach, Celt. I, 112, bemerkt, eben das von Quintilian gemeinte barbarische wort sein; die gael. mundart kennt es nicht. Altfries.* kaed, *nord.* kantr, *nhd.* kante *scharfe seite, auch rand eines dinges. Logisch passt nun das rom. wort, dessen grundbed. ecke ziemlich alte mlat. stellen verbürgen, durchaus nicht zum latein. oder celtischen; vermittlung aber gewährt das deutsche, welches als ein nicht auf heimischem boden wurzelndes celtischer herkunft sein mag, auf das roman. aber wieder eingewirkt haben kann. Die begriffsfolge wäre hiernach celt. kreiß, rand, dtsch. rand, scharfe seite, ecke, rom. ecke, auch seite, gegend. Abll. sind it.* cantone, *sp. pr. fr.* canton *ecke, landschaft (dieselben bedd. im bair.* ort), *wald.* canton *abtheilung Hahn 577; sp.* cantillo *steinchen, pr.* cantel, *fr.* chanteau *stück; auch it. sp.* cantina, *fr.* cantine *keller, eigentl. winkel, nach einer andern ansicht zsgz. aus* canovettina *dimin. von* canova *keller, welches letztere übrigens nur die ital. sprache kennt. Zsgs. ist it.* biscanto *schlupfwinkel, piem.* bescant *quere, schiefe. — Eine neue tief eingehende untersuchung des wichtigen wortes danken wir Diefenbach, Orig. europ. p. 278.*

Capanna *it., sp.* cabaña, *pg. pr. piem. u. s. w.* cabana, *fr.* cabane *hütte. Schon aus dem 7. jh. bekannt:* hanc rustici capannam vocant, quod unum tantum capiat, *sagt Isidorus. Nicht aber von* capere, *da die rom. sprache kein suffix* anna *anerkennt; eben so wenig also auch von dem subst.* cappa *mantel, welches altspan. (s. Alex.) und mailänd. auch hütte bedeutet: das wort muß, wie es da ist, aufgenommen sein und hier ist an das gleichbed. kymr.* caban (m.), *dimin. von* cab, *zu erinnern; hieraus engl.* cabin, *fr.* cabinet, *it.* gabinetto, *sp.* gabinete.

Capére *it., sp. pg. pr.* caber, *vb. intr. mit der bed. platz haben, so dass die phrase* totus orbis id non capit *durch* id non capit toto in orbe *ausgedrückt ward; so bereits in der Vulgata* sermo meus non capit (χωρεῖ) in vobis *Ev. Joh. 8, 37, in der waldens. übersetzung ed. Gilly* la mia parolla non cap en vos, *in der prov.* aber li mieua paraula non pren en vos, *im ahd. Tatian* ni bifâhit. Capere *und* prendere *bedeuten hier eigentlich wurzel fassen, platz greifen, stelle einnehmen. Venant. Fort. sagt 3, 26 in quo enncta* capit *'worin alles enthalten ist'*.

Capitano *it.,* alt cattano, *sp.* capitan *hauptmann, gleichsam* capitanus *von* caput; *dasselbe wort mit anderm suffix mlat.* capitaneus *bereits in einer urk. v. j.* 551 *Marin. p.* 182⁰, *pr.* capitani, *fr.* capitaine, *alt* chevetaine, chataine, *engl.* chieftain.

Capitello *it.* köpfchen, knauf, *sp.* caudillo, *altsp.* capdiello, *pr.* capdel *oberhaupt, häuptling; von* capitellum *für* capitulum *kopf. Daher vb. sp.* acaudillar, *pr.* capdelar, *altfr.* cadeler *Rol.,* caicler *DMcc. p.* 260. 263 *führen.*

Capítolo *it., sp.* capitulo, cabildo, *pg.* cabido, *pr.* capitol, *fr.* chapitre *in der bed. versammlung eines geistlichen oder weltlichen ordens; von* capitulum *hauptstück einer schrift, weil die in capitel getheilten ordensstatuten daselbst verlesen wurden, oder weil auf den grund derselben verhandelt ward. In Südfrankreich führte auch der municipalrath den namen* capitól, *ja der einzelne schöffe, daher das fr.* capitoul.

Caporale *it., altsp.* caboral *und* caporal *adj. hauptsächlich, subst. anführer, befehlshaber, henneg.* coporal, corporal, *it. auch* caporano, *dass.; ein in Italien entstandenes aus* capo *(haupt) durch einschiebung fast seltsam gebildetes, möglicherweise dem adj. und subst.* generale *nachgeformtes wort.*

Cappa *it., sp. pg. pr.* capa, *fr.* chape *mantel. Ein sehr altes wort, vielleicht noch aus der röm. volkssprache:* capa, quia quasi totum capiat hominem, *bemerkt Isidorus 19, 31, 3, wo er die* capa *auch* capitis ornamentum *nennt, denn man zog sie über den kopf;* cappa *findet sich in einer urk. v. j. 660, s. Bréq. n. 146 und später oft, z. b.* mitra kappa Gl. ant. (Class. auctores). *Man leite es nicht von* caput, *woraus wohl* capo, *schwerlich ein in seiner bedeutung so sehr abweichendes fem.* capa cappa *werden konnte. Die einfachen substantiva entspringen hauptsächlich aus verbis und so entsprang* cappa, *wie auch Isidor sagt, aus* capere *und bedeutet das umfangende: so heißt ahd.* gifang *kleid von* fâhan *fangen,* mhd. vazzen *ist sowohl* capere *wie* vestire. *Das doppelte* p *(auch span. scheidet sich* capa *vom vb.* caber) *ist kein einwand: schärfungen eines consonanten in einem bestimmten worte sind nicht selten, eine solche begegnet auch in* cappone *von* capo. *Abll. in menge, z. b. it.* capello, *fr.* chapeau *hut, altfr.* chapel *kranz statt des hutes getragen (*cappello ghirlanda secondo il volgar francese *Boccac. dec. 1, 1); it.* cappella *u. s. f. ursprüngl. kurzer mantel, speciell das stück eines mantels des heil. Martinus, das in einer kleinen hofkirche aufbewahrt wurde, daher überhaupt kleine kirche, s. Ducange; it.* cappotto, *sp.* capote, *fr.* capot *mantel mit einer kappe; it.* cappuccio, *sp.* capuz, capucho, *fr.* capuce, capuchon *mönchskappe, und wegen einer ähnlichkeit* capuccio *und fr.*

cabus *kohlkopf, kappes; it.* capperone, *fr.* chaperon, *pr.* capairó *mütze cet.; wohl auch sp.* capazo, capacho *lederner eimer, kiepe, großer korb, pg.* capacho *mit plüsch gefütterter korb.*

Cáppero *it., fr.* câpre *ein gewürz, kaper; von* capparis, *arab.* alkabar *Gol. 1995, hieraus sp. pg.* alcaparra, *arag. einfach* caparra.

Cappio *it. schleife, knoten, sp. pg.* cable, *fr.* câble *seil, tau, ankertau. Es ist ohne zweifel das mlatein.* capulum, *das auch Isidorus kennt:* capulum 'funis' a capiendo; caplum 'funis' *Gl. Isid.; mittelgriech.* καπλίον, *ndl.* kabel. *Wer es aus dem arab.* 'habl *erklärt, der bedenkt nicht, daß das eindringen arab. wörter erst lange nach Isidors zeit anfieng, noch daß sich anlautendes arab.* 'h (ع) *nie in* c *verhärtet. Das gleichbed. sp. pg.* cabo, *welches sich logisch nicht wohl zu* caput *schickt, mag aus* capulum *abgekürzt sein.*

Capriccio *it., daher sp.* capricho, *fr.* caprice *wunderlicher einfall; von* capra *ziege, in beziehung auf das benehmen dieses thieres, man erwäge das synonyme* ticchio *II. a und füge noch hinzu comask.* nucia = capretta, nuce = capriccio.

Car, quar *pr. fr. altsp. altpg. partikel für lat. nam, quia; von* quare, *womit es ursprünglich gleichbedeutend war:* morz a me quar no ves? tod warum kommst du nicht zu mir? *Bth. 130, vgl. Rom. gramm. III, 214. Dem Italiener fehlt das wort, denn Dante's und Cecco's* quare *Inf. 27, 72, Acerb. 4, 1 ist latinismus. S. oben* ca.

Cara *sp. pg. pr., altfr.* chiere, *daher entlehnt it. chw.* cera *antlitz. Noch die franz. wbb. des 16. jh. so wie die heutige norm. und lothr. mundart kennen die alte bedeutung: so findet sich bei Nicot* avoir la chere baissée *vultum demittere; aber schon damals galt die darin entwickelte bed.* miene, *freundliche oder unfreundliche aufnahme (noch jetzt* il ne sait quelle chère lui faire *welche aufnahme), bis das wort endlich auf die weiter daraus entfaltete bed.* bewirthung, gastmahl *eingeschränkt ward. (Eine genauere geschichte seiner bedeutungen gibt Gachet p. 88.)* Cara 'antlitz' *braucht schon, wie Ferrari anmerkte, ein dichter des 6. jh., Corippus De laud. Justini 2, 412, 413:* postquam venere verendam Caesaris ante caram. *Daß der africanische dichter, natürlich ohne alle beziehung auf die römische volkssprache, ein griech. wort* κάρα, *äol.* κάρη *haupt, aber auch antlitz (s. die commentatoren zur stelle, ausg. v. Bekker p. 399) in seinen latein. text einführte, ist nicht zu verwundern; daß dieses wort aber in der letzteren seltneren selbst dem Neugriechen unbekannten bedeutung, ohne das mit griech. bestandtheilen am meisten versetzte ital. oder walach. gebiet zu berühren, seinen weg in die westlichen mundarten fand, ist überraschend und entschuldigt den gegen diese etymologie erhobenen zweifel. Aber es gibt keine bessere.* [*Dagegen hat Lorenzo Litta Modignani später (1867) in einem mit classischer gelehrsamkeit geschriebenen aufsatz gezeigt, daß das ital.* cera, *welches bereits in den ältesten denkmälern dieser sprache vorkomme und gesichtsfarbe, demnächst gesichtsbildung bedeute, von* cara *abzusondern und auf lat.* cera *in den bedd. farbe, porträt zurückzuführen sei.*] — *Zss. sind sp.* carear, acarar, *altfr.* acarier *confronticren; nfr.* acariâtre *hartnäckig, wunderlich. Nach Huet gehört hieher auch fr.* contrecarrer *zuwider handeln, besser aber und im einklang mit dem buchstaben deutet es Frisch aus fr.* carrer = *lat.* quadrare *in ordnung bringen, vgl.* contrecarre *antisophisma bei Nicot.* — *Entstand wal.* ocáre *schimpf etwa aus* a-carare, *gebildet wie* affrontare?

Cáraba *sp. ein fahrzeug; von* carabus 'parva scapha' *Isid. 19, 1, 26, gr.* κάραβος; *daher sp.* carabela, *it.* caravella, *fr.* caravelle.

Carabina *it. sp. pg., fr.* carabine *ein feuergewehr, fr.* carabin *ein damit bewaffneter reiter. Für letzteres gibt es eine ältere form* calabrin *Roquef., it.* calabrino, *und so läßt sich* carabine *aus dem pr.* calábre *wurfgeschütz (s.* caable *II. c) ableiten: daß man waffennamen älterer kriegskunst auf neuere übertrug, kann nicht befremden.*

Caracca *it., sp. pg. fr.* carraca, carraque, *ndl.* kraecke *eine art grosser schiffe; nimmer vom arab.* 'harraqah *brander (Monti, Agg. al voc. II, 2, 313), da anlautendes arab.* 'h *kein* c *ergibt, s.* cappio.

Caraffa *it., sp.* garrafa *(so auch altval., JFebr. str.* 154), *fr.* caraffe, *sic.* carrabba *flasche mit weitem bauch und engem hals; vgl. arab.* giráf *ein maß für trockne dinge, vb.* garafa *schöpfen Freyt. III, 270^b.* — [*Neue bemerkungen s. bei Dozy.*]

Caragollo *it. (nach Ferrari), sp. pg. fr.* caracol, *cat.* caragol *schnecke, wendeltreppe, wendung mit dem pferd, in letzterer bed. it.* caracollo. *Man deutet es aus dem arab.* karkara *sich im kreiße drehen Freyt. IV, 28^a, was übel angeht, da ein arab. subst. fehlt. Besser würde passen das gael.* carach *gewunden, gedreht.*

Carato *it., fr.* carat, *sp. pg.* quilate, *altpg.* quirate *ein kleines gewicht, karat; vom arab.* qîrá't, *dies vom gr.* κεράτιον *hülsenfrucht als gewicht gebraucht, man sehe Freyt. III, 427^a. Isidorus nennt es* cerates, *was der span. form ganz nahe kommt:* cerates oboli pars media est, siliquam habens unam et semis. *Venez.* carato *same des johannisbrotbaumes.*

Carcasso *it., sp.* carcax, *pg.* carcas, *fr.* carquois *(für* carquais) *köcher, altfr. auch* brustkasten, thorax *DMce. 285; dsgl. it. pg.* carcassa, *sp.* carcasa, *fr.* carcasse *gerippe. Der zweite theil dieses zsgs. wortes ist offenbar* capsus *(s. unten* casso), *der erste scheint* caro *zu sein, und die ursprüngl. bed. rumpf oder bruststück eines thieres, buchstäblich fleischkasten, fleischgerippe, übertragen auf den von reifen zusammengehaltenen köcher, wie* carcassa *auch eine mit reifen umgebene bombe heißt. Zu widersprechen scheint it.* carc-ame *gerippp, das einen stamm* carc *fordert, also auch* carc-asso? *Allein* asso *ist kein suffix:* carcame *entstand durch einmischung von* carcasso *aus* arcame, *das aus* arca *kasten abgeleitet ward. Die parmes. mundart sagt für* carcasso cassiron.

Cardo *it. sp. pg.* distel, kardendistel *zum wollkratzen, von* carduus; *abgel. sp. pr.* cardon, *fr.* chardon; *vb. it.* cardare *ff. aufkratzen, kämmen; zsgs. it.* scardo *krämpel, fr.* écharde *stachel der distel, splitter (so auch neap.* scarda); *sp.* escardar *disteln ausjäten, norm.* écharder *ab-*

schuppen. *Verschieden von* écharde *und deutscher herkunft ist* henneg. écard, *wallon.* hârd *scharte s.* Grandgagnage, *vb.* écarder, harder *schartig machen, ahd.* scarti, *altn.* skard *bruch, einschnitt, ahd.* skertan, *altn.* skarda *einschnitte machen u. s. w.; auch cat.* esquerdar *brechen, spalten ist dieses ursprunges.*

Carestía *it. sp. pg. pr., mlat.* caristia, *so auch sp. pg., altsp.* carastia *Apol. str. 66 theurung, mangel; it.* carestoso, *pr.* carestios *Flam.* nothleidend; *augenscheinlich aus* carus, *aber wie abgeleitet oder zusammengesetzt? Vgl. bask.* garestia (*labort.* carastia) *adj.* = carus. *In den Joyas del gai saber p. 264 wird sogar* carístia *gesprochen, reimend auf* béstia, *aber, die richtigkeit dieser betonung vorausgesetzt, läßt es sich doch mit dem nichts weniger als sinnverwandten griech.* charístia *plur. (freudenmahl) nicht vereinigen. Eine occit. abl. ist* carestié. — [*Hat* eucharistia *auf die bildung dieses Wortes eingewirkt? fragt Wackernagel.*]

Caricare, carcare *it., sp. pr.* cargar, *pg.* carregar, *fr.* charger *beladen; sbst. it.* carico, *sp.* cargo, *pr.* care, *fem. it.* carica, *sp. pr.* carga, *fr.* charge *last, figürl. amt.* Carricare, *von* carrus, *findet sich bei Hieronymus (nach Ducange),* discarricare *bei Venant. Fort.,* discargare *in der L. Sal. Das it.* caricare *bedeutet auch überladen, übertreiben in rede oder zeichnung, daher* caricatura *zerrbild.*

Carmesino, crémisi, cremisino *it., sp.* carmesí, *fr.* cramoisi *subst. und adj., eine hochrothe farbe bezeichnend; vom arab.* qermez *scharlach, adj.* qermazî *Freyt. III, 434ᵃ. Das wort, seinem ursprunge nach indisch, entspricht dem sanskr.* krimi-dscha *d. i. wurmerzeugt (Pott in Lassens Ztschr. IV, 42). Derselben herkunft ist it.* carminio, *sp.* carmin, *fr.* carmin.

Carogna *it. pr., sp.* carroña, *fr.* charogne *fleisch, aas, adj. sp.* carroño *verfault; jedesfalls von* caro, *wenn auch im widerspruche mit den zahlreichen ableitungen aus dem thema* carn, *indem man, wie es scheint, durch* caruncula *verführt, in* car *den eigentlichen stamm dieser ableitungen fühlte.*

Carpa *sp., fr.* carpe, *wal.* crap, *pr.* escarpa, *it.* carpione *ein fisch, karpfen; vom mlat.* carpa, *schon bei Cassiodor, s. Vossius De vit. serm., einem weit verbreiteten schwerlich aus* cyprīnus *entstellten worte.*

Carpentiere *it. wagner, zimmermann, sp.* carpintero, *pr.* carpentier, *fr.* charpentier *nur in letzterer bed.; von* carpentarius *wagner, im mlatein überhaupt holzarbeiter,* carpentarius '*zimbermann*' *Gloss. Herrad. Franz.* charpente (f.) *zimmerwerk, lat.* carpentum *wagen.*

Carriera *it., fr.* carrière *laufbahn, sp.* carrera *laufbahn, straße, pr.* carriera *straße; eig. fahrweg, von* carrus. *Besser als* carrière *ist die altfr. und mundartl. form* charrière, *da ersteres auch steingrube bedeutet und in diesem sinne aus einer andern wurzel herrührt, s.* quadro. *Andre abll. von* carrus *sind: it.* carrozza, *sp.* carroza, *fr.* carrosse *kutsche, nhd.* karrosche, karrutsche; *fr.* carrousel *ringelrennen, daher it.* carosello, garosello.

I. CARRUBA—CASERMA.

Carruba *it., sp.* garroba, algarroba, garrofa, *pg.* alfarroba, *fr.* caroube, carouge *johannisbrot; it.* carrubo, carrubbio, *sp.* garrobo, algarrobo, *pg.* alfarrobeira *johannisbrotbaum; vom gleichbed. arab.* charrûb *Freyt. I, 471ª.*

Carvi *it. sp. fr., neupr.* charui *feldkümmel, karbe; von* careum (κάρον). *Derselben herkunft ist arab.* al-karavîa *Gol.* 2028, *wodurch die roman. wörter vielleicht näher bestimmt wurden, übrigens auch sp.* alcaravea.

Casa *it. sp. pg. pr.*, case *wal. für lat.* domus *seit dem frühsten mlatein, daher* casa dei *Chron. Laurish.*, casa regis *L. Long.*, casa dominica *L. Baiw. Ital. mundarten verkürzen es in* ca. *Unter den abll. zu erwähnen chw. vb.* casar *wohnen, hausen, it.* casare, *sp. pg. pr.* casar *verheirathen, eigentl. häuslich einrichten, ausstatten; so nhd.* heimen *heirathen, von* heim *haus.* Grimm, Rechtsalt. *p. 420, vergleicht altn.* byggja saman *zusammen wohnen. Die sard. mundart bewahrt* domu *und braucht es ganz wie das ital.* casa.

Casacca *it., sp. pg.* casaca, *fr.* casaque *lange überjacke; von* casa *hütte, mit einer begriffsübertragung wie im mlat.* casula (s. casipola); *auch unser* hose *ist mit* casa *gleicher wurzel, s.* Wackernagel b. Haupt VI, 297. *Dasselbe suffix im it.* guarnacca *überkleid.*

Casamatta *it., sp.* casamata, *fr.* casemate *wallkeller; aus gr.* χάσμα *grube, höhle, plur.* χάσματα, *deutet Ménage. Eine zerlegung in* casa-matta *versucht mit glück* Mahn *p. 6.* Matto *nämlich habe in einigen verbindungen die bedeutung des deutschen* matt: carro matto *leiterwagen z. b. sei der schwache, rohe, unvollkommene wagen, und so sei* casa matta *das schwache, todte, versteckte haus. Im mailänd. heißt* matt *s. v. a.* pseudo: perla matta *ist* perla falsa, giussumin matt *gelsomino silvestre, unter unserm worte läßt sich ein haus denken, das diesen namen nicht verdient. Im sicil. bedeutet* mattu *düster, in dieser mundart würde man ein düsteres haus darunter verstehn. Bezeichnender noch ist Wedgwood's auslegung des wortes aus sp.* casa *und* matar *tödten, entsprechend dem deutschen* mordkeller *und dem in diesem sinne veralteten engl.* slaughterhouse, *nur ist für das hier unstatthafte vb.* matar *das subst.* mata *zu setzen, so daß der sinn ist 'haus der metzelei'.*

Cascio, cacio *it., sp.* queso, *pg.* queixo *käse; von* caseus, *vgl. für das span. wort denselben lautübergang in* quepo *von* capio.

Caserma *it., wal.* cesarme, *richtiger sp. pg.* caserna, *fr.* caserne *soldatenhütte; von* casa *wie lat.* caverna *von* cava. — [Caserma, cesarme *nebst dem volksmäßigen deutschen* casarm *machen diese deutung, wie* Mahn p. 6 *einwendet, zweifelhaft und es sei die herleitung aus* casa d'arme *vorzuziehn. 'Ich habe die formen mit* m *denen mit* n *nicht als gleichberechtigt entgegenstellen wollen, weil* caserma, *wenn es ein gutes mit* arma *zusammengesetztes ital. wort sein sollte, doch* casarma *oder eigentlich* casarme *lauten müßte, die wal. und deutsche form aber den grammatischen werth der span. und franz. nicht aufwiegen können. Überdies scheint*

I. CASIPOLA—CATACOMBA. 91

waffenhaus für soldatenhütte etwas pretiös. Das suffix erna *ist allerdings ein selten angewandtes, aber wie leicht konnte das beispiel von* cava caverna *verführen, ihm ein* casa caserna *an die seite zu setzen.' Krit. anhang.*].

Casipola, casupola *it.* hüttchen, *daher fr.* chasuble *messgewand. Das span. wort ist* casulla *in letzterer bedeutung (altfr.* casule *Gloss. de Lille 22ª) = mlat.* casula *nach Isidor* quasi minor casa eo quod totum hominem tegat; *vielleicht formte man* casipola *nach dem muster des von* manus *stammenden* manipulus. *Wie sich übrigens die begriffe hütte und mantel berühren, zeigt auch das in ersterer bedeutung gebrauchte* cappa, *s.* capanna.

Cass *pr. altfr.* gebrochen, gebeugt*:* brisié et cas *Sax. II, 185; vb. pr.* cassar, *nfr.* casser *brechen; von* quassus, quassare. *Ital.* accasciare *ermatten erfordert eine abl.* quassiare. *Dasselbe wort mit eingeschobenem* n *ist altsp.* canso *müde, nsp.* causar *müde machen (die kraft brechen), das sich vom it.* cansare *(s. II. a) durch seine bedeutung scheidet; zsgs. sp.* descansar *ruhen, prov. dass. GRoss. 1137.*

Cassa *it., sp.* caxa, *pg.* caixa, *pr.* caissa, *fr.* caisse *kiste, dsgl. fr.* châsse *einfassung; von* capsa *behältnis. Abgel. it.* cassetta, cassettone, *zsgz.* castone *(wie* parmes. castéina *aus* cassettina). *Zsgs. pg.* encaixar, *fr.* enchâsser *einfassen, einfügen; gleichbed. cat.* encastar, *sp.* engastar, *it.* incastrare, *pr.* encastrar, *fr.* encastrer; *so wie pr.* encastonar, *pg.* encastôar, *sp.* engastonar, *vgl. mlat.* incastratura.

Casso *it. sp. pg., pr.* cas, *altfr.* quas *leer, unnütz; von* cassus. *Dsgl. vb.* cassare *ff., fr.* casser *zu nichte machen, lat.* cassare *für* cassum reddere *bei Sidonius und Cassiodorus.*

Casso *it.* brust, thorax, *mlat.* cassum, cassus; *von* capsus *behältnis, wie auch mlat.* arca *denselben begriff erfüllt. Prov.* cais *kinnlade ist gleichfalls von* capsus *wie* eis *von* ipse, *nicht von* cassar *brechen (als etwas zermalmendes), da der diphthong* ai *widerstrebt. Endlich muß im gleichbed. pg.* queixo *(cat.* quex), *woher* queixada, *sp.* quixada *und wohl auch sp.* quixera *beschlag am schaft der armbrust (backenstück), dasselbe* cais *oder* capsus *anerkannt werden.*

Catacomba *it., sp. pr.* catacumba, *fr.* catacombe *unterirdische gruft. Offenbar ein compositum, in dessen erstem theile man gewöhnlich die griech. präp.* κατά, *in dem zweiten das subst.* tumba *erkennt,* catacumbae *wäre also* = ad tumbas *an den grüften. Es ist aber nicht einzusehen, warum man die sprache, wenn man auch die einmischung einer griech. partikel zuläßt, die gruft als etwas an der gruft befindliches aufgefasst haben sollte. Vielleicht ist* cata *eben nur das rom. vb.* catar *schauen (s. unten) und* comba *entweder durch assimilation an den anlaut* c *(in* cata) *entstellt aus* tomba *(sp.* catatumba *findet sich in Rengifo's reimbuch, mail.* catatomba *bei Cherubini) oder auch unentstellt, da es im span. gewölbe bedeutet, so daß also* cata-comba *schau-gruft heißen würde. Die römischen catacomben bargen nämlich die körper von märtyrern und hei-*

ligen und wurden darum von andächtigen Christen besucht, s. die stelle
des h. Hieronymus bei Ducange. Man könnte selbst das sabinische cumba
heranziehen, wovon Festus sagt: cumbam Sabini vocant eam, quam mili-
tares lecticam, also sänfte, tragebett (s. K. O. Müller zu der stelle), wäre
tomba oder comba nicht der sache angemessener. Die hier ausgesprochene
deutung könnte gleichwohl gewagt scheinen, fände sie nicht in den beiden
folgenden artikeln unterstützung, fast bestätigung. — [Bellermann, Über die
ältesten christl. begräbnisstätten p. 7, nimmt eine griech. bildung κατα-
τύμβιον dafür an.]

  Catafalco *it., sp.* cadafalso, cadabalso, cadalso, *pr.* cadafalc, *altcat.* cadafal *Chr. d'Escl. 597ª, val.* carafal, *altfr.* escadafaut, cadefaut,
chafaut, *nfr.* échafaud, *rundl.* scafaut, *nhd.* schafott *gerüste zu verschiedenen zwecken, trauergerüste, blutgerüste u. dgl. Die reinste form ist*
catafalco; *das sp.* cadafalso *mit s für c ist unklar, muthmaßlich hat sich*
falso *adj. in der verbindung* edificio falso *gebäude, das auf keinem festen
grunde ruht, oder das rotwälsche* falso *henker eingemengt; im altfr.* escadafaut *gieng auslautendes* c *in* t *über wie in* Estrabort *für* Estrabore,
nfr. Strasbourg. *Das wort ist zsgs. aus* catar *schauen, prov. erweicht in*
cadar, *und aus* falco, *entstellt etwa im munde der Deutschen, denen* p
leicht zu ph *oder* f *ward, aus ital.* palco *gerüst, das selbst wieder deutschen ursprunges ist, also* schaugerüste, gerüste zu öffentlicher schau. *Unmittelbar aus dem ital. entlehnt ist fr.* catafalque, *sp.* cadafalco. *Jault
will in* falco *das arab.* falak *anhöhe Freyt. III, 372ª erkennen, allein
warum sollte die sprache dieses wort nur in einem compositum aufbewahrt
haben? selten wenigstens geschieht dergleichen in unlat. wörtern. Ducange
setzt es zusammen aus gr.* κατά *und lat.* palus *oder* fala (*gerüst*), *womit
aber die endung* c *unerklärt bleibt, andre haben ein deutsches* schauhaus
oder ndl. schauvat (*schaufaß*) *dafür aufgestellt.*

  Cataletto *it. paradebett, buchstäblich schaubett; von* catar *und* letto,
s. die beiden letzten artikel. Dem entspricht buchstäblich sp. cadalecho
binsenlager, neupr. cadaliech, *altfr.* kaalit *HBord. p. 147, neufr.* châlit
spannbett, fußgestell des bettes, letzteres gewöhnlich aus chasse-lit *erklärt.*

  Catar *altsp. sehen, schauen,* (cató á todas partes *PC. 357*), *ebenso
altpg.* (com quaes olhos vos catey *D. Din. p. 38 und öfter*), *nsp. pg.*
versuchen, untersuchen, nachsuchen; sbst. cata *untersuchung; zsgs.* reca-
tar *wieder kosten, dsgl. sorgfältig bewahren,* recato *vorsicht, geheimnis;*
acatar *untersuchen, verehren,* acatamiento *ehrfurcht u. a. m. Im prov.
ist das wort nicht einheimisch und wird darum im Elucidari erklärt:*
catar vol dire vezer (*sehen*) *LR.; eben so wenig besitzt es der Franzose,
doch führt Ménage eine ab.* catiller 'ausspähen' *aus Monstrelet an. Churw.
aber heißt* catar *finden, ebenso parm. venez.* catar, *lomb.* catà *finden, ergreifen; daß es im ital. auch vorhanden war und schauen hieß, scheint
sich aus* cata-comba, cata-falco, cata-letto *zu ergeben, welchen span. composita wie* cata-lecho, cata-ribera, cata-viento *entsprechen. Dem Walachen
endlich bedeutet* cautà *schauen, suchen, hüten. Schon Isidorus kennt das*

wort in seiner altspan. bed.: cattus *(katze)*, quod cattat (*al.* calat, captat) i. e. videt 12, 2, 38. *Die herkunft desselben vom lat.* captare *(lauern) kann nicht zweifelhaft sein. In der L. Sal. emend. wird noch* captare *geschrieben, aber auch hier ist die bed.* schauen, *gleichsam* oculis captare, *nicht zu verkennen, s.* Pott, Plattlateinisch *392. Das it.* cattare *ist nebst sp.* captar, *fr.* capter *erst später aus dem classischen latein aufgenommen worden. — Seltsam ist das it.* cata-colto *'ertappt', für* catato-colto, *ein offenbarer pleonasmus um das unverständlich gewordene* catato *mit einem synonymen ausdrucke zu erklären.*

Catastro *it. sp.*, cadastre *fr.* (*it. auch* catasto) *steuerregister; gleichsam* capitastrum *kopfsteuerliste. Das früheste mittelalter brauchte dafür* capitularium *Greg. Tur. 9, 30 mit dem zusatz* in quo tributa continebantur, *eigentl. eine in* capitula *abgetheilte schrift;* capitastrum *aber entstand gewiß unmittelbar aus* caput *wie sp.* cabezon *steuerliste aus* cabeza.

Catrame *it.*, *pg.* alcatrão, *sp.* alquitran, *fr.* guitran, goudron, *mlat.* catarannus *theer; vom arab.* alqa'trân *dass. Freyt. III, 464*[b].

Cattivo *it.*, *sp.* cativo, *pr.* caitiu, *fr.* chétif *elend, schlecht; von* captivus *gefangen, in knechtschaft, daher unglücklich nebst den weitern bedeutungen; die ursprüngliche wird durch* cattivo *it.*, cautivo *sp.*, captif *fr. vertreten.*

Cavallo *it.*, *sp.* caballo, *pr.* caval, *fr.* cheval, *wal.* cal (*auch alban.* calç, callç) *pferd; von* caballus (καβάλλης), *nach A. W. Schlegels muthmaßung ein italisches bauernwort, womit das pferd in der landwirthschaft bezeichnet ward, s. dessen Ind. bibl. I, 240. Daher it.* cavalcare, *sp.* cabalgar, *fr.* chevaucher *(fehlt wal.) reiten, wie gr.* ἱππεύειν *von* ἵππος, *in der L. Sal.* caballicare *und zwar* caballicare caballum *wie rom.* cavalcare un cavallo. *Von* equus *blieb nur das fem. sp.* yegua, *pg.* egoa, *pr.* egua, *altfr.* aigue, *wal.* eapę, *sard.* ebba. *Aus* caballus *leitet sich ferner mlat.* caballarius *Gl. Isid., it.* cavaliere, *sp.* caballero, *pr.* cavalier *und* cavayer, *fr.* chevalier *und* cavalier *ritter, reiter; dsgl. it.* cavalletta, *sp.* caballeta *grüne heuschrecke, pferdchen genannt wegen der ähnlichkeit ihres kopfes mit einem pferdekopfe, heupferd.*

Cavezza *it. halfter, altfr.* chevece *kragen, sp. pg.* cabeza *kopf, auch pr.* cabeissa; *dsgl. sp. pg.* cabezo, *pr.* cabes *der obere theil eines dinges; abgel. it.* cavezzone, *fr.* caveçon *kappzaum, sp.* cabezon *hemdkragen; von* caput. *Daß* chevece *und* cabeza *eins seien, ist unzweifelhaft; aber auch* cavezza *stimmt dazu, wiewohl* capezza *(vgl.* capezzale *aus* capitium *bei Gellius) erwartet werden durfte. Kragen als kopf des hemdes ist der mittelbegriff zwischen haupt und halfter, doch könnte sich sp.* cabeza *auch unmittelbar auf* capitium *in der bed. einer kopfbedeckung beziehen, in den Erf. glossen 283*[a] *wird es mit dem ags.* 'hood' pileus *übersetzt. Ital.* scavezzare *abhauen ist* = scapezzare, *sp.* descabezar.

Caviale *it.*, *sp.* cabial, *pg. fr.* caviar, *ngr.* χαυιάρι *eingesalzener rogen des in allen europäischen gewässern heimischen störs und einiger andern fische.*

Cavicchia, caviglia *it.*, *pg. pr.* cavilha, *fr.* cheville, *pflock, masc.*
it. cavicchio, caviglio *dass. Lat.* clavicula *ward durch dissimilation
in* cavicla *vereinfacht um das doppelte* cl *zu beseitigen: ohne diese euphonische rücksicht dürfte eine schwächung des anlautes nicht angenommen werden. Der Spanier behielt* cl *in* clavija, *worin jene rücksicht wegfiel.*
Cavolo *it., sp.* col, *pg.* couve, *pr.* caul, *fr.* chou *kohl; bemerkenswerth, weil diese formen so wie das kymr.* cawl, *das bret.* kaol *auf* caulis, *nicht auf das anscheinend volksmäßige* colis *weisen.*
Cayo *sp. (nur im plur. üblich), altfr.* caye *sandbank, mit anderer bed. pg.* caes *(sg. und pl.), fr.* quai *damm an flüssen, deich, ndl.* kani, *engl.* kay, *ndd.* kaje. *Alle vier roman. wörter sind formell eins und auch die begriffe liegen sich nicht fern. Ein altes zeugnis dafür gewähren die Isid. glossen:* kai *'cancellae',* kaij (kaji?) *'cancelli' schranken. Unpassend bringt dies Scaliger mit dem Plautinischen* cajare *(schlagen) in verbindung; es ist augenscheinlich, wie schon Ducange behauptet, das kymr.* cae *zaun, umzäunung, bret.* kaé *auch deich,* kaéa *einzäunen; vielleicht darf auch an ahd.* cahot *munimentum, bair.* kachet *zaun Graff IV, 361 erinnert werden. Dagegen ist bair.* kai *hegung, als eine spätere verhärtung aus* gehai *von* haien *hegen (Schmeller II, 129), nicht in anschlag zu bringen. Warum aber fr.* quai *und nicht* chai? *muthmaßlich weil das wort ein crst später aus dem picard. oder gascon. (vgl.* caynm *haus bei Ducange, gael.* cai *dass.) aufgenommenes ist.*
Cazza *it., cat.* cassa, *altfr. pic.* casse, *masc. chw.* caz, *sp.* cazo *pfanne mit einem stiel; vcm ahd.* chezi, kezi, *altn.* kati *ein kochgeschirr, woher unser* kessel. *Abgel. it.* cazzuola, *sp.* cazuela, *mit einmischung eines* r *(wie in* mouch-er-olle, mus-er-olle *u. a.) fr.* casserole *bratpfanne, woher it.* casserola, *pic.* champ. castrole, *dtsch.* castrol. *Ein altes zeugnis des wortes in den Wiener glossen Hoffm. p. 58, 15* gazza *'chella'* = *churw.* caza *schöpfkelle.*
Cece *it., sp.* chícharo, *pr.* cezer, *fr.* chiche *(gewöhnl. pl.* pois chiches) *kichererbse, von* cicer; *it.* cicerchia, *sp.* cicercha, *von* cicercula.
Cécero *it.* schwan, *alt* cécino, *mlat.* cccinus *L. Sal. tit. 7,* cicinus *'olor'* (ollo *ms.) Gl. Paris. ed. Hild., item Papias; vom lat.* cicer, *das im it.* cece *knollen am schnabel dieses vogels heißt. Besser aus* cccinus *als aus* cygnus *erklärt sich auch das sp. pg. altfr.* cisne (altpg. cirne *Moraes), da einschiebung des* s *für die südwestl. sprache nicht annehmbar ist.*
Cédola *it., sp. pg. pr.* cédula, *fr.* cédule *zettel; von* schedula *wie* cisma *von* schisma. *Aus einer andern aussprache (*skedula*) entsprang sp.* esquela.
Cedro *it.,* cidra *sp. pg., in letzterer sprache auch* cidrão, *fr.* citron *eine frucht, citrone; it.* cedro, *sp.* cidro, *fr.* citronnier *citronenbaum; von* citrus *citronen- oder pomeranzenbaum,* citreum *dessen frucht. Der baum heißt ital. auch* cederno, *geformt wie lat.* quernus *von* quercus. *Die zweifelhafte quantität des* i *in* citrus *erklärt die roman. formen mit* e *und* i. *Das vornehmste wort für* citrone *aber ist ein fremdes,* limone *(s. das.).*

Abll. sind: it. cedronella, *sp.* cidronela, *fr.* citronnelle *melisse, citrago; it.* citriuolo, cedriuolo *gurke, fr.* citrouille *kürbiß, wegen der ähnlichkeit dieser früchte mit der citrone.*

Celata *it., sp.* celada, *fr.* salade *helm, pickelhaube, engl.* salad, *kymr.* saled; *mit recht wegen des darauf vorkommenden bildwerkes von* caelata (cassis caelata *bei* Cicero) *hergeleitet, wahrscheinlich in Italien aufgekommen. Es ist also hier ein epitheton ornans zum namen der sache geworden. Im mittelhochd.* findet sich gleichbedeutend salier, *welches romanischen klang hat, aber aus diesen sprachen nicht nachweislich ist, auch aus* caelata *nicht abstammen konnte.*

Cenno *it., chw.* cin *wink, sp.* ceño *runzeln der stirne; vb. pr.* cennar, *altfr.* cener *c. acc. HBord. p. 178, 1, it.* accennare, *altsp.* aceñar *Alx., altfr.* acener *zuwinken.* Cinnus, *zu unterscheiden von dem ächt lat.* cinnus *(vermischung mehrerer dinge), begegnet in alten glossaren; eins der Erfurter z. b. p. 287^b hat* cinnus *'tortio oris', inde est dictum* cincinus *und* cynnavit *'innuit, promisit', auch die Isid. glossen kennen das wort, das wahrscheinlich aus* cincinnus *locke (κίκιννος) abgekürzt ward, indem* cinnare, cennare *eine eigenschaft der locken, das wallen oder winken ausdrückte.*

Centinare *it., fr.* cintrer *wölben, bogenrund machen; daher sbst. it.* céntina, *fr.* cintre *(m.) gewölbe, rüstbogen zu einem gewölbe; von* cincturare, *das man sich aus* cinctura *ableitete: ital.* n *aus* r *wie in* cecino *aus* cicer. *Über die berührung der begriffe gewölbe und umgürtung s. Rödiger und Pott in Lassens Ztschr. III, 59. Das catal. wort ist* cindria, *das span. aber* cimbria, cimbra, mb *vielleicht durch einmischung von* ciborio *kuppel.*

Cercare *it., wal.* cercà, *pr.* cercar (sercar), *nfr.* chercher, *altfr.* cerchier *durchsuchen, suchen, aus diesem das engl.* search. *Die erstere ist die grundbedeutung; in derselben braucht es noch Dante in einer mehrfach misverstandnen stelle Inf.* 1, 84 che m'han fatto cercar lo tuo volume, *vgl. altfr.* cerchier les montagnes *die berge durchsuchen und ähnliche stellen. Span. port.* cercar *bedeutet einschliessen, altpg. aber gleichfalls durchsuchen:* andou em busca delle cercando toda aquella terra *s. Constancio.* Cercare *ist das wenn auch nicht von Properz 4, 9, 35, doch von den feldmessern gebrauchte* circare *um etwas herumgehen, es umgeben:* circat montem *Cas. litt., in den Isid. glossen* circat 'circumvenit', *daher mlat.* circa *die runde,* circator *wächter, vgl. alban.* kęrcóig *suchen, durchforschen, vom gr.* κιρκοῦν *umgeben, umringen; kymr.* kyrchu, *bret.* kerchat *werden aus derselben quelle sein wie* cercare. *Es bedarf also zur erklärung desselben keines neuen wortes* quaericare. *Zwar schreibt der Sarde von Logudoro* quircare, *aber er schreibt nur so, die aussprache ist* kircare *wie im latein. Die franz. form* chercher *hat ihren grund offenbar in bequemerer aussprache des richtigen* cercher, *pic.* cerquier *(welches letztere aber, gleichfalls durch assimilation der ersten an die zweite silbe, auch in der form* querquier *vorkommt), vgl. it.* Ciciglia *für* Siciglia. *Eine ass. ist pr.* ensercar *unterscheiden, pg.* enxergar;

ein frequentativ im älteren mittellatein ist circitare (circat, circitat κυκλεύει
Gl. lat. gr.), *hieraus wal.* cercetă *untersuchen, besuchen, das der herkunft
aus* quaericare *entschieden widerspricht.*

Cerceta, zarzeta *sp. pg., pr.* sercela, *fr.* cercelle, sarcelle, *cat.
masc.* xerxet *ein wasservogel, kriechente; von* querquedula. *Daraus entstellt scheint it.* garganello, *engl.* gargane, *s. Ferrari; Nemnich führt
auch* cercedula, cercevolo *an.*

Cércine *it. (m.) ring, ringartige sache, fr.* cerne (*m., aus* cerç'ne)
kreiß, sp. cércen, *pg.* cerce; *vb. it. fehlt; fr.* cerner *umzingeln, aber
sp.* cercenar *ringsum beschneiden, eig. abrunden,* cortar á cercen *glatt
abschneiden. Die wörter sind von* circinus *zirkel,* circinare *abzirkeln.*

Cerfoglio *it., sp.* cerafolio, *fr.* cerfeuil *ein küchenkraut, körbel;
von* caerefolium (χαιρέφυλλον).

Cernecchio *it., sp.* cerneja, *pg.* cernelba *haarbüschel. Cabrera's
deutung aus* criniculus, *wogegen begriff und buchstabe streiten, durfte
nach der von Ferrari aus* discerniculum *haarnadel ('acus, quae capillos
disseparat' Nonius), dsgl. abgetheiltes haar, nicht mehr aufgestellt werden.*

Cervello *it., pr.* cervel, *fr.* cerveau *hirn, dsgl. fem. dem ital.
plur.* cervella *entsprechend chw. pr.* cervella, *fr.* cervelle; *von* cerebellum, *dessen roman. gestalt* cervellus *schon der Vocab. S. Galli kennt,*
cervella *das Gloss.* Salom, cerevella *das Gloss. von Schlettstadt. Die
span. und port. sprache haben nur das primitive* celebro, cerebro, *so auch
die walach., deren* crieri (*plur.*) *aus* cerebrum, *umgestellt* creebrum, *gebildet sein wird.*

Cetto *it., altsp.* aitpg. cedo (encedo *Chron. del Cid ed. Huber
p.* 203) *adverbium, von* cito.

Chaveco *pg., sp.* xabeque, *it.* sciabecco (?), *fr.* chebec, *dtsch.*
schebecke, *ein kleines dreimastiges kriegsschiff, welches ruder führt; soll
türkisch oder arabisch sein, ist aber nach Dozy p.* 28 *unentschiedener
herkunft.*

Che *it., sp. pg. pr. fr.* que (*auch alban.* che) *geschlechtloses relativpronomen und conjunction; wahrscheinlich von* quid, *s. Rom. gramm. III,
322—324, wo auch von wal.* ce, ce, ca *die rede ist. Franz.* quoi (*alt*
quei) *hat seinen grund in dem bestreben der sprache, gewissen einsilbigen
wörtern mehr umfang zu geben, vgl.* moi, mei *aus* me. *Ital.* chi, *fr.* qui,
von quis; *sard.* chini, *sp.* quien, *pg.* quem, *vom accusativ* quem, *s. II. b.*

Cheto *it., sp. pg.* quedo, *altfr.* coit, coi, recoi *ruhig, von* quietus,
daher vb. it. chetare *beruhigen, sp. pg.* quedar *ruhig lassen,* (*intr.*)
ruhig bleiben; fr. coiser *s. v. a. it.* chetare, *gebildet wie* hausser *von*
altus. *Ein lat. vb.* quietare *bei Priscian ist bestritten, vgl. Struve, Lat.
decl. und conj.* 117. *Dasselbe* quietus *setzte mit der bed. 'ledig' eine
zweite keine verwandlung des* t *in* d *erlaubende form ab, eine scheideform,
gleichsam* quitus: *fr.* quitte, *alt* cuite, *pr.* quiti, *sp.* quito, *dtsch.* quitt;
daher sp. pg. quitar *ledig machen, frei lassen PC.* 537. 884. 1043,
wegnehmen, eigentl. losmachen, fr. quitter *losgeben, gehen lassen, verlassen,*

it. quitare, chitare *sein recht aufgeben. Die bedeutung kennt schon die Lex. Long.:* sit quietus *d. i. sit absolutus. Für* cheto *sagt man ital. auch* chiotto *(zweisilb.), vielleicht aus dem fr.* coit *mit eingeschobenem* i = l, *neap.* cuoto.

Chiamare *it., wal.* chięmà, *sp.* llamar, *pg.* chamar *rufen, nennen, pr.* clamar, *altfr.* claimer *ausrufen; von* clamare. *Die bed. nennen läßt sich bereits im ältesten mlatein nachweisen, z. b.* si quis alterum vulpem clamaverit *L. Sal. tit. 30.*

Chiarina, clarinetto, clarone *it., sp.* clarin, clarinete, *fr.* clarinette, clairon, *altfr. pr.* clarion *blasinstrumente; von* clarus *hell tönend.*

Chiasso *it. aus dem pr.* clas *geschrei, altfr.* glas *(chlaz Trist. II, 80)* glockengeläute, *nfr.* anschlagen der todtenglocke, *wohl auch ir.* glas wehklage, *das Pictet p. 70 zu sanskr.* hlas *gesellt; von* classicum *signal mit der trompete, mlat. in der altfr. bedeutung, vgl.* conclassare 'conclamare' *Gl. Isid. Das nah liegende* glatir *war anlaß, daß man das wort gerne vom hundegebell brauchte. Wal.* glas *schall, stimme ist das gleichbed. serb.* glas.

Chiglia *it. (bei Barberino* chiela), *sp.* quilla, *fr.* quille *kiel des schiffes; vom ahd.* kiol, *altn.* kiölr. *Sofern fr.* quille *kegel bedeutet, floß es aus ahd.* kegil, *was schon Frisch erkannte; eigentlich passen auch die andern wörter, wie man leicht sieht, besser in dieses etymon als in das erstere, aber die bedeutung entscheidet.*

Chimera *it., sp.* quimera, *fr.* chimère *hirngespinst; von* Chimaera, *dem mythischen ungeheuer.*

Chiocciare, crocciare *it., sp.* cloquear, *neupr.* clouchá, *fr.* glousser, *wal.* clocęi *glucksen; naturausdrücke wie das dtsche wort und das lat.* glocire, *wenn nicht zum theil aus diesem entstanden, vgl. ags.* cloccan. *Sbst. it.* chioccia, *sp.* clueca, *pg.* chôca, *wal.* clocę, *nhd.* glucke *brütende henne, daher ein adj. it.* chioccio, *sp.* clucco, llueco *glucksend, heiser.*

Chitarra *it., sp. pg. pr.* guitarra, *fr.* guitare *ein saiteninstrument; vom gr.* κιθάρα. *Vom lat.* cithara *aber ist it.* cétera, cetra, *pr.* cidra, citóla, *altfr.* citole, *mhd.* zitôle *u. s. w.* Cithara, non cetera *bemerkt ein grammatiker in beziehung auf die volksübliche form, s. Anal. gramm. p. 443.*

Chiudere *it., sp.* cluir *in compos., altpg.* chouvir, *pr.* claure, *fr.* clore *schließen; von* cludere *und* claudere. *Zsgs. pr.* esclaure, *fr.* éclore, *von* ex *und* claudere; *pr.* esclure, *fr.* exclure, *von* excludere.

Ciabatta *it., sp.* zapata, *fr.* savate *abgenutzter schuh, pr.* sabata *überh. schuh, und so sp. pg.* zapato; *it.* ciabattiere *ff. schuhmacher. Nach Sousa vom arab.* sabat, *dies vom vb.* sabata *beschuhen, das bei Freytag II, 275ª diese bedeutung nicht hat. Mahn p. 16 findet seine quelle im baskischen.*

Ciancia *it. geschwätz, possen, vb.* cianciare *schäkern, possen treiben, chw.* cioncia *geplauder, sp. pg.* chanza *spass; naturausdruck? vgl. aber auch nhd.* zänzeln *kosen Frisch II, 464ᵇ, mhd.* zenselen, zinselen *dass., sp.* cháchara *geschwätze, ngr.* τζάτζαλα *gleichbed.*

7

Ciarlare *it.*, *sp. pg.* charlar, *val.* charrar, *norm.* charer *schwatzen;* *it.* ciarlatano (*woher fr.* charlatan) *marktschreier, windbeutel.* Seltsam leitet es Muratori, Ant. ital. II, 846, von Charles, Charlemagne, einem namen, den die französischen bänkelsänger in Italien stets im munde geführt hätten. Ménage verweist auf lat. circulari (circ'lari) *das gewerbe des marktschreiers treiben;* gewiß passend, wäre nur der ausfall des c vor l nicht anstößig. Ciarlare kann auf romanischem boden gewachsen, es kann ein naturausdruck sein, wenn man nicht vielmehr eine ablautform von zirlare, *sp.* chirlar, *darin erblicken will, vgl. bask.* chirchila = charlatan. Das mit ciarlatano gleichbed. *it.* cerretano soll nach einigen von dem städtenamen Cerreto herrühren.

Ciascuno *it., altsp.* cascun *Bc., pr.* cascun chascun, *altfr.* chascun, auch chescun, *neufr.* chacun (nicht châcun), *pronomen, von* quisque unus, quisc' unus, *vgl.* chaque *II. c; it. auch* ciascheduno *von* quisque et unus oder quisque ad unum, wie *altsp.* quiscadauno, s. cadauno. Eine alte genues. form cascha-un s. Archiv. stor. ital. app. num. 18, p. 20 und öfter.

Ciborio *it., so auch pg., fr.* ciboire *gehäuse für die geweihten hostien, dsgl. pr.* cibori, *altfr.* chiboire, *sp. pg.* cimborio *schirm oder kuppel über dem altar, mlat.* ciborium, *mittelgr.* κιβώριον; *werden aus dem gr.* κιβώριον *fruchtgehäuse einer pflanze, auch becher, hergeleitet, man sehe Ducange und Ménage.*

Cica *it. kleinigkeit, adj.* cigolo, *einfacher sp.* chico, *cat.* xic chic *klein, gering, fr.* chiche *knauserig (vgl. gr.* σμικρός *klein,* σμικρίνης *geizhals), fr.* chiquet *bißchen,* chicot *splitter, knoten, sp.* chicote *ende eines taues,* chichota *kleinigkeit; vb. fr.* chichoter *über kleinigkeiten zanken, altsp.* chicotar *Canc. d. B., wohl auch sp.* cicatear *knausern. Alle von* ciccum *kleinigkeit, mit palataler aussprache des c wie im sp.* chicharo, *fr.* chiche *von* cicer. *Verwandt scheint alban.* tzicę *ein wenig. Hieher wahrscheinlich auch fr.* chicane, *das ursprüngl. krümchen brot bedeutet haben soll, daher unnütze spitzfindigkeit, hader um nichts. Wegen des adj.* chico *aus dem sbst.* ciccum *vgl. wal.* mic *klein, von lat.* mica. — *Bei diesem stamme bot sich herleitung aus dem bask.* chiquia *'winzig' leicht dar, aber ein so weit verzweigter stamm, gegen dessen latein. ursprung nichts vorliegt, warum sollte er anderswo gesucht werden? Dem lat.* ciccum *non* interduim *entspricht ja wörtlich das ital.* non darei cica. *Aus sp.* chico *hätte freilich bask.* chicoa *werden müssen, nicht* chiquia, *aber auch aus bask.* chiquia *nur span.* chiquio, *nicht* chico. *Ital.* cica *für* cicca *könnte bedenken machen, stände nicht bereits im latein häufig genug c neben cc (*baca bacca, braca bracca, sucus succus, mucus muccus*).*

Ciclaton *sp., pr.* sisclato, *altfr.* siglaton, singlaton *kleidungsstück unten rund zugeschnitten, dsgl. stoff, woraus es verfertigt ward; von* cyclas cycladis *staatskleid der frauen, woher auch mhd.* ziklât (*gen.* ziklades), *ein mit gold durchwebter seidenstoff. Nach andern arabischer herkunft, von Engelmann aber nicht aufgenommen.*

Cifra, cifera *it. geheimschrift, sp. pg.* cifra *zahlzeichen, fr.* chiffre *mit beiden bedd. Urspr. ein zahlzeichen ohne absoluten werth, null, im Breviloquus* cifra *'figura nihili' und so noch wal.* cifrę. *Von den Arabern empfieng Europa das indische zahlensystem, arabisch kann also wohl auch das wort sein. Hier heißt* çafar, çifr (çifron) *leer, letzteres als sbst. das zeichen null, arab. meist durch einen punct ausgedrückt, s. Gol. 1363, Freyt. II, 503ᵇ. Den namen dieses zeichens übertrug man nachher auf die übrigen neun. Genaueres bei Mahn p. 46, Dozy 30.*

Cigala *it. pr. cat.,* cigale *fr.,* cigarra *sp. heuschrecke; von* cicada, *statt dessen wegen der formen mit* l *nicht einmal* cicadula *angenommen zu werden braucht, da übergang des* d *in* l *kein seltenes ereignis ist. Die span. form* chicharra *soll wohl den zirpenden laut des thierchens nachahmen.*

Cima *it., so auch sp. pg. pr., fr.* cime *gipfel. Von* cyma *zarte sprosse, wal.* chimę *keim, vgl. altsp.* cima *zweig, ursprünglich also der oberste theil der pflanze, sodann spitze, berggipfel, wie it.* vetta *diese bedeutungen einigt. Sanchez, Colecc. II, 492 bemerkt ein mundartlich span.* quima, *das gradezu auf gr.* κῦμα *zurückgeht. Abgel. it.* cimiero, *fr.* cimier, *sp.* cimera *zeichen oder schmuck oben auf dem helme, wal.* tzimirin *kennzeichen, schild, mhd.* zimier, zimierde.

Cimeterio *it., sp.* cimenterio, *fr.* cimetière *(m.) kirchhof; von* coemeterium *eigentl. schlafstätte,* κοιμητήριον. *Ein andrer ausdruck für eine begräbnisstätte ist it.* carnajo, *sp.* carnero, *pr.* carnier, *fr.* charnier, *ahd.* charnare, *mhd.* gerner *beinhaus; von* carnarium *fleischbehälter.*

Cinábro *it., sp. pg.* cinabrio, *fr.* cinabre, *pr. aber* cynobre *ein mineral, zinnober, von* cinnabaris; *wal.* chinovár *vom gr.* κιννάβαρις.

Cincel *sp., pg.* sizel, *cat.* sisell, *fr.* ciseau *meißel, pl.* ciseaux *scheere; vb.* ciseler *ff. ausmeißeln. Nach einigen von* caesus: *wie aber das diminutiv eines solchen particips* (caesillus) *die active bedeutung eines werkzeuges annehmen konnte, ist schwer begreiflich, abgesehen davon, daß der meißel ein schneidendes, kein hauendes werkzeug ist. Plautus hat* sicilicula *(von* sicilis, *daher wal.* seácere?) *kleines werkzeug zum schneiden, dies konnte auf roman. weise in* sicilicellus, scilcellus *abgeändert werden, woraus die obigen formen. Für* scilcellus *spricht das schwanken zwischen dem anlaute* c *und* s, *ja selbst das span.* n *für* l, *das man auch in* zonzo *aus* insulsus *wahrnimmt: sonst könnte man eben so wohl* secellus, *von* secula *sichel, heranziehen.* — [*Das breton.* kizel = *altfr.* cisel *verträgt sich, wie Diefenbach einwendet, nicht mit* scilcel *oder* secel, *es verlangt den anlaut* c. *Hiernach wäre ein besseres etymon* cisorium *werkzeug zum schneiden Veget., altfr.* cisoir *dass., woraus mit vertauschtem suffix* ciseau *entstehen konnte, angebildet dem begriffsverwandten* couteau.]

Cinghia *it., wal.* chingę, *pg.* cilha, *pr.* singla, *fr.* sangle *gurt; vb.* cinghiare *ff. gürten, umgürten, umfassen; von* cingula; *dsgl. it.* cinto, cinta, *sp.* cinto, cinta, cincha, *altfr.* çaint, *pr.* cinta, *vom sbst.* cinctus. *Eine neue bildung aus dem vb.* cingere *ist it.* cigna, *pr.* cenha, *altfr.* segne, *schon in den Cass. glossen* cinge *nach W. Grimm p. 18.*

Cinghiare, cinghiale, cignare, cignale *it., pr.* senglar, *fr.* sanglier, *wilder eber, keiler, mlat.* singularis '*epur*' (*eber*) *Voc. S. Galli. Er hat, wie Cujacius lehrt, den namen daher, weil er einsam lebt (ausgenommen, wie Ménage anmerkt, in den beiden ersten jahren, wo er* bête de compagnie *heißt): auf dieselbe eigenschaft bezieht sich sein griech. beiname* μόνιος *so wie das sard.* sulone, *das doch wohl aus* solus *zu erklären ist. Ital.* cinghiale *ist also verderbt aus* singhiale *wie* concistorio *aus* consistorio. *Das span. wort ist* jabalí. *In den sardischen mundarten findet sich außer* sulone *noch* porcabru, *eine offenbare zusammensetzung von* porcus *und* aper. — [*Auch der raubvogel lebt einsam, daher der griech. name* οἰωνός *von* οἷος, *wie Liebrecht (Gachet 422ᵃ) zu* sengler *anmerkt.*]

Ciò *it., pr.* aisso *und* so, *altfr.* iço, ço (*geschr.* ceo), *nfr.* ce, *pronomen, von* ecce hoc; *dazu pr.* aquo, aco, *von* eccu' hoc.

Ciocciare *it. saugen,* zutschen; ciótola *näpfchen zum trinken, vgl. schweiz.* zotteli *dass., nhd.* zaute; *sp.* chotar *saugen,* choto *zicklein, comask.* ciot *kind,* ciotin *lämmchen, chw.* tschutt *dass.; champ.* tuter an den fingern *saugen (von kindern) und ähnliche wörter, sämmtlich naturausdrücke.*

Ciocco *it. klotz, stück holz, altfr.* choque, chouquet *stamm, nfr.* choc, *sp.* choque *stoß, nebst* chocar, choquer *anstoßen, dtsch.* schock, schocken, *vgl. auch it.* ciocca *büschel mit* schock *haufe, anzahl. Wie sich klotz und stoß berühren, zeigt auch* toppo.

Cioccolata *it.,* chocolate *sp.,* chocolat *fr. ein getränke; nach span. etymologen vom mexican.* chocollatl, *zsgs. aus* choco *cacao und* latl *wasser. Man sehe bei Cabrera und Monlau.*

Ciriegia, ciliegia *it., sp.* cereza, *pg.* cereja, *pr.* serisia, *fr.* cerise, *wal.* cirásę (cireásę), *pr. auch* cereira *und so cat.* cirera *kirsche; it.* ciriegio, ciliegio, *sp.* cerezo, *wal.* cirésu, *pg.* cerejeira, *fr.* cerisier, *pr.* serier, *cat.* cirer, cirerer *kirschbaum. Nicht, wie unser* kirsche, *früher* kirsa, kirse, *aus* cérasum, cérasus, *das beweist schon der roman. accent der zweiten silbe (vgl. auch ven.* cierésa, *sic.* cirása, *sard.* cerexia, chiriáxa, cariása *cet.), sondern gleich andern baumnamen* (faggio, pruguo, quercia) *aus einem adjectiv,* ceráseus, *daher ital. richtig* ciriégia (ie *durch einwirkung des folgenden* e = i *wie in* primiero *aus* primarius, gi *aus* si), *sp.* cereza, *pg.* cereja *für* cereija. *Pr.* cereira *muß früher* cereisa *gelautet haben (*s *in* r *geschwächt), daher mit* i *fr.* cerise *(fr.* i = *pr.* ei *Rom. gramm. I, 412) und so verhält sich auch cat.* cirera.

Cisma *it., so auch sp., pr.* scisma, *altfr.* cisme *spaltung, zwist; von* schisma.

Città *it., wal.* cetate, *sp.* ciudad, *pr.* ciutat, *fr.* cité *stadt, dazu die nominativform pr.* cíu, *altfr.* cit; *von* civitas.

Ciúfolo, zúfolo *it., sp.* chufa, *pr.* chufla, *altfr.* chufle, *dsgl. sp. pr.* chifla *pfeife, auspfeifung, verspottung; vb. it.* zufolare *ff. pfeifen, verspotten; naturausdrücke mit anlehnung an lat.* sifilare *und* sufflare, *s.* siffler *II. c. G. Galvani aber vermuthet in* zúfolo *das tuscische* subulo *flötenspieler, s. Archiv. stor. ital. XIV, 354.*

Ciurma *it.*, *sp.* chusma, *pg.* chusma, churma, chulma, *cat.* xurma, *fr.* chiourme *gesammtheit der ruderknechte eines schiffes. Die arglose herleitung aus lat.* turma *findet anstoß in der behandlung des anlautes; überdies passt dazu nicht einmal das innere des wortes, dessen ursprünglichste form, da nach gemeiner regel wohl* r *aus* s, *nicht umgekehrt* s *aus* r *entspringt, die spanische sein muss, vgl. sp.* usma, *it.* orma, *oder pg.* cisne cirne. *Zu der span. form gesellt sich noch eine genues.* ciusma *(altgenues. geschr.* chusma *Archiv. stor. num. 18 p. 34). Man muß sich also nach einem andern ursprunge umsehen. Wie* usma *hat das wort griechisches gepräge, und hier bietet willkommne auskunft* κέλευσμα, *ce-* lcusma, *womit das commando des aufsehers der ruderknechte, im roman. die ganze zahl derselben bezeichnet wird, wie unser* commando *sowohl den befehl wie auch die unter dem befehl stehende mannschaft bedeutet. Aus* κέλευσμα *ward* cleusma *und endlich* chusma *wie aus* clamare chamar *und dazu stimmt auch die sicil. form* chiurma *für* ciurma, clusma, *während die ital. sich schon weiter entfernt, d. h.* ciurma *entstand aus* chiurma *wie etwa* morcia *aus* morchia. *Derselben herkunft ist doch wohl auch das ital. vb.* ciurmare *durch geheimnisvolle worte und winke bezaubern, eigentl. zeichen und befehle geben.*

Clavicembalo, gravicembalo *it., sp.* clavecimbano, *fr.* clavecin *ein saiteninstrument, das mit tasten gespielt wird, sonst auch* clavicordio *genannt; von* clavis *schlüssel, im sinne von taste (daher fr.* clavier *reihe der tasten) und* cymbalum.

Cobalto *it. sp. pg.*, cobalt, cobolt *fr. ein mineral; aus dem deutschen* kobalt, *welches Frisch I, 171*[b] *auf das böhm.* kow *metall zurückleitet, Weigand für eine andre form von* kobold *(berggeist) erklärt.*

Cobrar *sp. pg. pr.*, altfr. coubrer *bekommen, in besitz nehmen, fassen, ahd.* koborôn; *von* recuperare, *mit abgeschnittener partikel um die vorstellung der wiederholung zu beseitigen, ein verfahren, dem vielleicht kein zweites beispiel zur seite steht. Das vollständige verbum erhielt sich gleichfalls, aber neben der alten gewann es eine neue stark abweichende bedeutung: it.* ricovrare *sich flüchten, sich retten, sp.* recobrarse, *pr.* recobrar, *altfr.* recouvrer *wieder zu sich kommen, sich erholen, sich erkobern; schon im ältern mlatein:* rex graviter aegrotavit, quo recuperante filius ejus aegrotare coepit *Gest. reg. Fr. In dieser bedeutung ist überall das reflexivpronomen zu supplieren, welches nur der Spanier setzt: sich wiedererlangen, sich zurückbekommen, daher wieder zu sich kommen, ital.* sich zurückbegeben. *Dieselbe begriffsentwicklung in* ressortir *(s.* sortire 2) *so wie im gr.* ἀναχομίζεσθαι 1) *zurückbekommen*, 2) *sich zurückbegeben, sich retten.*

Cocca *it., pr.* coca *(zu schließen aus* encocar), *fr.* coche, *engl.* cock *kerbe z. b. an der armbrust; vb. it.* coccare *die sehne einlegen,* scoccare *abschnellen, fr.* encocher *u. s. w. Von dunklem ursprung. Das altgael. adj.* coca *'hohl' wird man nicht hieher ziehen wollen, eben so wenig mit Ménage* cavica *von* cavus. *Armstrong führt ein gael.* sgoch *mit der be-*

I. COCCA—CODARDO.

deutung von cocca an, das mit diesem in etymologischem zusammenhange stehen dürfte.

Cocca it., sp. coca, altfr. coque, nfr. coche (f.) kleines fahrzeug. Papias bietet caudica 'navicula', aber nicht einmal in der form codica wäre es dem it. cocca angemessen. Es ist von concha muschelschale, gefäß (it. auch conca, sp. cuenca, concha), vgl. wegen der form it. cocchiglia von conchylium, wegen des begriffes altfr. coquet schiff und gefäß (letztere bed. bei Ducange). Das wort ist eben sowohl in den germanischen und celtischen sprachen vorhanden, z. b. ahd. koccho, ndl. kog, kymr. cwch (m.), bret. koked. Es tritt aber noch in andern bedeutungen auf, die sich gleichfalls an concha knüpfen: sp. coca muschelschale, nußschale, hirnschale oder kopf, für letztere bedeutung sard. conca (vgl. lat. testa und gr. κόγχη), fr. coque eier- und nußschale. Abgel. sp. cogote, pr. cogot hinterkopf; fr. cocon gehäuse der seidenraupe, wofür auch coque. Aus dem adj. concheus it. coccio scherbe, coccia kopf, sp. cuezo, cueza kübel.

Cocchio it. wagen für personen, kutsche, streitwagen der alten und dgl.; für coclo von cocca fahrzeug (diminutiva nehmen häufig männliche form an). Wie nun aus ital. nicchia fr. niche und hieraus sp. nicho, so konnte aus cocchio das entsprechende fr. coche, und aus diesem das sp. coche nebst unserm kutsche (schon bei Keisersberg † 1510 gutsche) sowie das ndl. koets (vgl. rots aus roche) entstehn. Weil sich das wort auch in den westlichen Slavenlanden findet, wie böhm. kotsch cet., so hält man es, ohne es in diesen sprachen etymologisch zu begründen, für slavisch. Sonst galt es für das ungar. kotsi, woher wal. cocie gekommen sein kann. Schon Avila (1553) sagt von Karl V. se puso á dormir en un carro cubierto, al qual en Hungria llaman coche, el nombre y la invencion es de aquella tierra (nach Cabrera I, 66). Sicher ist: it. cocchio läßt sich nur aus den eignen mitteln dieser sprache und nicht aus dem slavischen erklären, fr. coche kann ohne slavischen beistand aus dem ital. erklärt werden.

Cocciniglia it., sp. cochinilla, fr. cochenille ein mexicanisches insect, das eine scharlachfarbe gibt; vom lat. coccinus scharlachfarbig.

Cochiglia it., coquille fr. muschel; von conchylium, die form conquilium in einem alten glossar, Mone's Anzeiger VII, 138^b. Dem Spanier genügt concha.

Coda it., pr. coa, fr. queue, sp. pg. cola für coda (wie esquela für esqueda = scheda u. a.), altsp. coa schwanz; von cauda. Daher z. b. it. codione, codrione bürzel der vögel, altsp. codilla steiß, kreuz, wohl auch codaste hintersteven am schiffe; vb. it. scodare, fr. écouer den schwanz abstutzen.

Codardo it., sp. pg. cobardo, altsp. cobardo (aus co-ardo für codardo, wie juvicio aus ju-icio), pr. coart, fr. couard feige, memmenhaft; vb. altsp. cobardar, altfr. couarder. Zwei etymologien kommen in erwägung, welche beide schon Nicot kennt. Von cauda im eigentlichen sinne,

I. COFANO—COLCARE.

weil der hund und ihm verwandte thiere aus furcht den schwanz einziehen, s. Eckhardt zur L. Sal. und Grimm, Reinh. p. XLI *und* CCXXXV. *Von* cauda *im abgeleiteten sinne, wonach es den hintern theil eines dinges, schleppe, nachtrab u. dgl. bedeutet:* codardo *ist einer der sich hinten hält, sich nicht hervorwagt. Die erstere deutung ist ansprechender, weil sie aus einer naturanschauung genommen ist, allein sie legt etwas in das wort, das sich, streng genommen, mit seinem suffixe nicht verträgt, indem* codardo *nur geschwänzt oder schwänzelnd heißen könnte: sie weicht also in einen zu speciellen sinn aus. Die dichter der thierfabel wenigstens müssen diese anschauung nicht getheilt haben, da sie grade dem hasen diesen namen beilegten. — [Nach Mahn p. 76 wäre die eigentliche bedeutung 'kurzgeschwänzt' und käme dem hasen mit vollem rechte zu. Dagegen wird der löwe, der den schwanz eingezogen trägt, in der heraldik* lion couard *genannt, s. Gachet 102ᵇ, was der ersteren auslegung zu statten kommt.]*

Cófano *it., sp. pr.* cofre, *fr.* coffre *kiste, sp.* cuebano *großer korb, sp. pr.* cofin, *fr.* coffin *körbchen; von* cophinus. *Verkürzt sp.* cofe, *it.* coffa *mastkorb.*

Cogliere *it., sp.* coger, *pg.* colher, *pr.* culhir, *fr.* cueillir, *wal.* culeáge *sammeln, lesen, pflücken; von* colligere. *Eine zss. ist sp.* escoger *ff. auswählen; sbst. altpg.* escol *SRos. suppl. auswahl, ausbund, pr.* escolh *art und weise, gattung* (escoluz *'color' GProv. 54ᵃ).*

Coglione *it., mundartlich* cojon, *sp.* cojon, *pr. fr.* couillon *testiculus; von* coleus *dass., pr. altfr.* coil, *wal.* coiu. *Ital.* coglione *auch für* memme, *schuft gebraucht, daher sp.* collon, *fr.* coyon.

Cognato *it., sp.* cuñado, *pr.* cunhat, *wal.* cumnat *schwager, fem.* cognata *ff.; von* cognatus *blutsverwandt, mlat. in roman. bedeutung bei* Joh. de Janua. *Dafür fr.* beau-frère *II. c.*

Coitar, cochar *altsp. pg. pr., altfr.* coiter *antreiben, drängen; sbst. altsp. pr.* coita *u. s. w. bedrängnis; adj.* coitoso *bedrängt, angetrieben, eilfertig. Das verbum erklärt sich aus dem unlat. frequentativ* coctare, *welchem die in dem primitiv* coquere *schon enthaltene bed. ängstigen zugewandt ward. Bewiesen wird dieser ursprung durch das sp.* cochar, *dem in der that neben der eben bemerkten noch die eigentliche bedeutung von* coquere *zusteht:* cochado = cocido *FJ., so wie durch das altpg.* coito = *lat.* coctus, *s. S. Rosa. — [Gachet 94ᵃ denkt bei* coitar *lieber an* quatere *und* quassare, *weil der eigentliche sinn (z. b. ein pferd antreiben) dem figürlichen (quälen) vorgehen müsse, bleibt aber die buchstäbliche nachweisung schuldig.]*

Coitare *altit., sp. pg. pr.* cuidar, *altfr.* cuidier *denken, sorgen; von* cogitare. *Sbst. altit.* coto, *altsp.* cuida, *pg.* cuido, *pr.* cuit, cuida, *altfr.* cuide; *sp. pg.* cuidado *sorge. Zsgs. it.* tracotanza, *fr.* outrecuidance *vermessenheit, gleichsam* ultracogitantia.

Colà *it., sp.* acullá, *pg.* acolá, *wal.* coleà, *ortsadverb, von* eccu' illac.

Colcare, corcare, coricare *it., wal.* culcà, *pr.* colgar, *fr.* coucher niederlegen, zu bette legen, sp. pg. colgar *aufhängen, behängen (anbinden an namenstagen), cat.* bedecken z. b. *pflanzen mit erde, reben einsenken (wie auch it.* coricare); sbst. pr. colga, fr. couche *lager;* von collocare *setzen, legen, hinstrecken,* in hss. der L. Sal. culcare.

Colla *it.,* sp. cola, fr. colle *leim; vom gr.* κόλλα *dass.*

Colmo *it.* sp., fr. comble *haufe, übermaß, gipfel, als adj.* übervoll; vb. colmare *u. s. f.* anhäufen, überfüllen; *zsgs. sp.* cogolmar *gleichbed. für* cocolmar *(durch dissimilation, wie in* cogombro, cogullo). *Das substantiv entspricht in seiner bedeutung theils dem lat.* cumulus *gehäuftes maß, theils dem lat.* culmen; *in seiner form mehr dem letzteren, wenigstens ist ein it.* colmo *aus* cumulus *kaum anzunehmen und die gleichgestalteten wörter churw.* culm *berg,* culmen *gebirge, wal.* culmo *gipfel, vielleicht auch bair.* kulm *weisen auf* culmen *wie pg.* colmo *stroh auf* culmus. *Zu ungetrübter darstellung gelangte* culmen *im sp.* cumbre *für* culmbre, *pg.* cume *gipfel, so wie* cumulus *im pg.* cómoro, combro *erdhaufe (mlat.* combrus), pr. cómol *(als adj.* = *it.* colmo); *mit letzterem ist zsgs. pr. fr.* encombre, *it.* ingombro *hindernis,* encombrar, encombrer, ingombrare *hindern; dsgl. fr.* décombres *schutt; it.* sgombrare *wegräumen u. a. Nhd.* kummer *schutthaufe und gram, mhd.* kumber, *aus dem romanischen.*

Colpo *it.,* altsp. colpe *Bc.,* nsp. pg. golpe, pr. colp, fr. coup *hieb, schlag; vb. it.* colpire *schlagen, altsp.* colpar, *fr.* couper *abschlagen, abschneiden. Die herleitung aus dem ndl.* klop, kloppen, *ist abzulehnen, da die roman. sprache den anlaut* kl *eher herbeiführen als zerstören würde. Leitet man es etwa vom ahd.* kolpo, kolbo, *nhd.* kolben *(vgl. pr.* colbe *für* colp) *oder vom kymr.* colp, *womit werkzeuge zum stechen oder hauen bezeichnet werden, so entfernt man sich nicht zu weit vom begriffe, aber näher liegt doch das lat.* colaphus *faustschlag, das auch keine formelle schwierigkeit bietet, da* ph (f) *leicht in* p *übertritt (it.* Giuseppe, zampogna, *sp.* soplar, *pr.* solpre) *und mehrmals, z. b. in der L. Sal. tit. 40 und in alten glossaren wie dem Keronischen, die form* colapus, *anderswo, z. b. in hss. der L. Alam.,* colopus *wirklich vorkommt. Ein alter grammatiker warnt schon vor der verwechselung des* ph *mit* p: stropha non stropa; amphora non ampora *s. Anal. gramm. p. 445. 446.*

Cóltrice *it. (für* coleitre), altsp. colcedra, *pr.* cousser, cosser *federbett, unterbett, von* culcitra *dass.; dsgl. it.* coltra, coltre *(f.), altfr.* cotre, *vom syncopierten* culctra; *endlich sp. pg.* colcha, *von* culcta *für* culcita, *worauf auch fr.* coite, couette, *altfr.* coute, keute, quiente *(für* colte *u. s. w.), pr.* cota *(für* colta, *vgl.* mot *für* molt) *zurückgeführt werden dürfen; dem gr.* κοίτη *bleiben keine ansprüche. Ein dimin. von* culcita, *gleichsam* culcitinum culçtinum, *ist it.* cuscino, *sp.* coxin, *fr.* coussin *kleines polster, daher unser* küssen, *ahd.* chussîn.

Combo *sp.,* comb *pr.* gekrümmt; *sbst. sp.* comba *krümmung, pr.* comba, *altfr.* combe *tiefes thal, schlucht (s. zu Garin I, 96), ital. in ortsnamen wie* Alta-comba, Comba-longa *so wie im picm.* conba, *im com.*

gomba, *ja, wie man behauptet, im ortsnamen* Como *(P. Monti, Vocab. p. XXVIII), pr. auch* combel; *vb. sp.* combar *krümmen, wohl auch gen.* ingumbâse *sich krümmen; dem Portugiesen fehlt das wort. Sein alter kann eine urkunde v. j.* 631 *bezeugen, worin der geographische name* Cumba *vorkommt, Bréq.* 136^b; *auch in* gumba 'cuneus, cripa' (cripta) *Gl. Isid. will man* cumba *wiedererkennen. Ducange und andre erblicken darin die mlat. form* cumba *für* cymba *kahn, gr.* κύμβη, *wegen der ähnlichen gestalt, andre das kymr.* cwm (m.) *tiefes thal; allein bei ersterem ist die begriffsübertragung unstatthaft, bei letzterem bleibt das zugetretene* b *anstößig (bret.* komb *kann aus dem franz. herrühren), auch fehlt das adj. dem Celten ganz. Konnte* combo *nicht aus* concavus, combar *nicht aus* concavare *entstehen, welche die bedd. hohl und gekrümmt, höhlen und krümmen in sich fassen? Dactylisch abfallende wörter zog die volkssprache häufig zusammen; daß sich aber in* conc'vus c *nicht behaupten konnte, versteht sich; daß* nv *mit* mv *oder* mb *vertauscht ward, kann nicht befremden, hat doch der Italiener* imboto *aus* invoto *(Veneroni), der Spanier* ambidos *aus* invitus, comboi *aus* convoi, *der Provenzale* amban *aus* anvan, *der Franzose* embler *aus* involare *geformt. Auch für das sbst.* comba *bietet sich ein unmittelbares etymon in dem plural* concava *hohle örter, wie sich oft roman. feminina aus dem plural lateinischer neutra festsetzen. Das mlatein braucht letzteres wort häufig und ganz im sinne von* comba: concava vallis *Venant. Fort.* 10, 19, vallium concava *Esp. sagr.* XI, 90 (9. *jh.), per* concava montium HLang. *I, col.* 31, *gr.* τὰ κοῖλα. — ['Combe, cumba *ist bis jetzt zweifelhaften ursprungs; das angebliche ags.* comb *darf kaum angeführt werden' Diefenbach in Kuhns und Schleichers Beiträgen I,* 260. *Man nehme den obigen versuch für einen ersten schritt zur aufklärung des wortes, der überall auf construction aus lat. element gerichtet sein muss. Erwägungen andrer art können freilich mit recht über solche berechnungen hinausgehn.*]

Come *it. altpg. (Trovas), sp. pg. altit. (noch bei G. Cavalcanti)* como, *sicil.* comu, *altsp. altpg. pr. altfr.* com, cum, *letztere form auch wal., nfr.* comme, *auch prov. zuweilen* coma, *eine partikel; von* quomodo, *wofür Biondelli ein lomb.* comód *anmerkt. Zsgs. mit dem adverbialen* mente *pr.* comen, *fr.* comment, *sard.* comenti; *eine andre zss. pr.* cossi, *noch jetzt* coussi, *von* quomodo sic. *Für* com *brauchte der Provenzale auch* co, *entweder durch weitere abkürzung oder unmittelbar aus* quo *für* quo modo, *s. Oudendorps register zum Apulejus.*

Cominciare *it., sp. pr.* comenzar, *pg.* começar, *fr.* commencer *anfangen; zsgs. aus* com *und* initiare, *mail.* inzà. *Vielleicht steigt dieses* cominitiare *noch in römische zeit hinauf, da sich der Romane der müßigen oder nur verstärkenden composition mit* cum, *wie im lat.* comedere, confringere, *fast durchaus enthielt. Altspan. sagte man mit eingeschobenem* p compenzar *PC.* 2594, *auch* compezar, *und dieselbe einschiebung zeigt das noch gebräuchliche aus* in-initiare *zsgs. sp. pg.* empezar, *vgl. sard.* incumbenzai. *Diese einschaltung der labialtenuis in* empezar *ist allerdings*

etwas unübliches, allein man ist zu dieser deutung, im hinblick auf das
zur seite gehende compenzar, besser berechtigt als zur annahme eines
darin enthaltenen aus pieza gebildeten verbums mit der bed. anschneiden,
demnächst anfangen, wie im fr. entamer (s. II. c), da ein solches verbum
zerstücken, nicht anschneiden, bedeutet haben würde. Der Walache besitzt
dafür das ächtere incepe von incipere, auch chw. antschéiver, der Provenzale besaß auch enquar von inchoare.

Compagno *it., sp.* compaño, *pr.* altfr. compaing *geführte; daher*
compagnia *u. a. abll.; vb.* compagnare, accompagnare *ff. begleiten.*
Es ist das mlat. companium *gesellschaft L. Sal., zsgs. aus* com *und* panis
nach dem muster des ahd. gi-mazo *oder* gi-leip *brotgenosse (ahd.* gi =
lat. cum). *Aus* compaganus *landsmann (s. Grut. Inscr.* 209, 1, *v. j.*
946 *V. C.) würde sich* compagno *nur durch accentverschiebung (compáganus) deuten lassen, die aber bei einem so üblichen suffixe nicht vorauszusetzen ist. Eher dürfte an* compaginare *(zusammenfügen) gedacht werden, allein das prov. und cat.* companatge, *womit jedes gericht bezeichnet
wird, wozu man brot ißt, gibt den ausschlag:* com-pan-aticum *floß eben
sowohl aus* panis *wie* com-pan-ium. *Das älteste zeugnis des rom. wortes
begegnet in den Vatic. glossen ed. W. Grimm:* ubi (h)abuisti mansionem
(h)ac nocte, conpagn?

Compasso *it.* pg., compas *sp. pr. fr. zirkel als instrument; vb.
it.* compassare *ff. abzirkeln, altfr. auch bauen, künstlich bilden, z. b.*
un chastel *Rou* I, *p.* 20, une espée *GVian.* 2694, que [dieus] chiel et
terre fist et tout a compassé *DMce. p.* 206. *Dies wort berührt sich mit
einem celtischen:* kymr. cwmp *kreiß, davon das glbd.* cwmpas; *aus kreiß
wäre dann das ihn beschreibende werkzeug geworden wie im deutschen*
zirkel. *S. Diefenbach, Celt.* I, 112. *Indessen läßt es sich ohne zwang
der lat. sprache zuweisen, geht man nur auf die älteste bedeutung zurück.
Prov. und altfr. ist* compas *gleicher schritt, mitschritt, von* com-passus,
z. b. cil à cheval e cil à pié . . tindrent lor eire e lor compas . . ke
l'un l'altre ne trespassout *die zu ross und die zu fuß hielten ihren marsch
und ihren gleichen schritt, so daß keiner dem andern zuvorkam, s. Lex.
rom. Daher bedeutet es eben sowohl, wie auch im span., tact, versmaß,
überhaupt maß und das werkzeug zum messen.* Compassar *gleichen schritt
halten bildet den gegensatz zu* traspassar *überschreiten, wie in der angeführten stelle. Die bed. nautisches instrument hat sich später eingefunden.*

Concertare *it., sp.* concertar, *fr.* concerter *verabreden, anordnen;*
concerto, concierto, concert *verabredung, verabredete sache; von* concertare *zusammen streiten. Zusammen verabreden und zusammen streiten
liegen sich nahe genug: mlat.* placitare *heißt eben sowohl streit führen
wie verträge schließen; in beiden fällen ist der mittelbegriff* worte wechseln.
Span. concertar *heißt auch ausbessern, etwas zerbrochenes wieder herstellen,
nach Cabrera von* consertare *für* conserere, *was möglich ist. Unter* concerto
di musica *kann man ursprünglich nur eine verabredung oder anordnung
zum zwecke der musik verstanden haben; an* concentus *ist nicht zu denken.*

Condore *it., sp.* condor, *fr.* condor *ein südamericanischer raubvogel, vultur gryphus; das wort aus der heimath des thieres.*

Confortare *it., sp.* conhortar, *pr.* conortar *(vgl. den ausfall des* f *in* preon *von* profundus), *fr.* conforter *stärken; vom spätern lat.* confortare.

Coniglio *it., sp.* conejo, *pg.* coelho, *pr. altfr.* connil, *mit vertauschtem suffix fr.* connin, conuine *(jetzt* lapin) *kaninchen; von* cuniculus. *Vb. fr.* coniller *ausflüchte suchen (den kaninchen ähnlich, die sich in ihre gänge zurückziehn).*

Conocchia *it., fr.* quenouille *spinnrocken; im ältern mlatein z. b. L. Ripuar.* conucula *für* colucula *vom lat.* colus *(f.), ahd.* kuncla, *nhd.* kunkel.

Contare *it., sp.* contar, *pr.* comtar *rechnen, erzählen, fr.* compter *in jener,* conter *in dieser bedeutung; von* computare *berechnen, ebenso ahd.* zeljan *numerare, enarrare. Sbst. it.* cómputo, conto, *sp.* cuento, cuenta, *pr.* compte, comte, conte, *fr.* compte, conte, *lat.* computus *bei Firm. Maternus.*

Conte *it., sp. pg.* conde, *pr.* coms, *altfr.* quens, *accus. in beiden sprachen und nfr.* comte *graf; von* comes, *begleiter des fürsten, demnächst hoher beamter, richter eines größeren bezirks. Daher it.* contado *ff. grafschaft, landschaft,* contadino *landmann.*

Contestabile, connestabile *it., sp.* condestable, *fr.* connétable *in erster bedeutung oberstallmeister; von* comes stabuli.

Conto *it.,* cointe *altfr. kundig (vgl. Alexs. 43* dunt il ja bien fut cointe), *demnächst altfr. so wie pr.* cointe, coinde, *zierlich, annuthig; muß in* cognitus *seinen ursprung haben mit der grundbed. bekannt, vertraut, angenehm, wie nhd.* maere *bekannt und lieb heißt. Daher vb. pr.* coindar *zu erkennen geben, altfr.* cointer *und* cointoier *unterrichten, schmücken, zsgs. pr.* acoindar, *fr.* accointer *bekannt machen, engl.* acquaint, *mlat.* adcognitare; s'accointer à qqun *sich mit einem befreunden, it.* accontarsi *sich besprechen; pr.* acoindansa, *altfr.* accointance *vertraulichkeit. Dazu kommt* percoinder *kund thun (*percognitare) Pass. de J. C. 29. In einem glossar des 12. jh. liest man* cogniter vel cognite 'benigne, humane' *Class. auct. VIII, 155ᵇ. Vgl.* conciare *II. a.*

Contrata *altit., jetzt mit* d condrada, *pr. dass., fr.* contrée *gegend; eigentl. das entgegenliegende, vom adv.* contra *mit dem suffix* ata, *das sich sonst nicht an partikeln fügt, vielleicht eine nachahmung des deutschen* gegend, *mhd.* gegenôte. *Indessen sagt man prov. in diesem sinne auch* encontrada *von* encontrar *begegnen, woraus* contrada *recht wohl abgekürzt sein könnte. Diese form mit* en *beseitigt zugleich die von mehreren vorgebrachte herleitung aus* conterrata, *s. bei Ducange.*

Convegno *it., sp.* convenio, *cat.* conveni, *pr. fehlt, altfr.* convin, convine, convigne *(m.) übereinkunft, fr. auch vorhaben, treiben, benehmen, daher altengl.* covin, covine *einverständnis, kabale; dazu fem. it.* convegna, *pr.* covina, *GAlb. 1060, mlat.* convenia v. j. *679. Die masculina* drücken das vom Romanen wenig angewandte suffix ium (conviv-ium) aus, die feminina sind daraus moviert. Daß convenire zu grunde liegt, versteht sich.

Convitare *it.*, *sp. pg. pr.* convidar, *fr.* convier *einladen; daher sbst. it.* convito, *sp. pg.* convite, *pr.* convit, *altfr.* convi *einladung, gastmahl;* von invitare *mit vertauschter präposition unter einwirkung von* convivium.

Coppa *it., sp. pg. pr.* copa, *fr.* coupe, *wal.* cofę *becher, masc. it.* coppo, *pg.* copo *trinkgefäß, pr.* cob-s, '*testa capitis*' GProv. 53^a; von cuppa, *nebenform von* cūpa *faß, s. Schneider, Lat. gramm. I, 426; mlat. gleichfalls* cuppa, *aber mit roman. bedeutung. Der lateinischen blieben die formen mit* u *getreu, sp. pg. pr.* cuba, *fr.* cuve, *ahd.* kuba (*wal.* cupę *maß). Abll. sind pr.* cubel *kübel; sp.* cubilete, *r. fr.* gobelet *becher, mlat.* gubellus *u. a. m.; auch it.* cúpola, *woher* cúpula, *fr.* couple *halbkugelförmiges dach, kuppel, franz. auch schlechtweg* coupe, *von der gestalt einer umgestürzten schale so genannt. Dieselbe anschauung im altfr.* cope, *pic.* coupet, couplet *berggipfel, gipfel überhaupt, kymr.* cop *und* copa, *ndl.* kop, *nhd.* kopf *und* kuppe (*wie ahd.* stouf *becher und felsgipfel); abgel. nfr.* coupeau, *sp. pg.* copete, *letzteres nebst* copo *auch büschel, vgl. unten* toppo.

Copparosa *it., sp. pg.* caparrosa, *fr.* couperose *vitriol;* von cupri rosa *s. v. a. gr.* χάλκανθον *kupferblume.*

Coppia *it.,* couple *fr. das paar, von* copula; *so auch altit.* cóbbola, *pr.* cobla, *fr.* couplet *verknüpfung von versen d. i. strophe. Zsgs. it.* scoppiare *ein paar trennen, verschieden von* scoppiare *platzen, s.* schioppo *II. a.*

Coraggio *it., sp.* corage, *fr.* courage *herzhaftigkeit, muth, in älterer sprache gemüthe;* vom lat. cor cordis *ohne einmischung des radicalen* d, *wie dies auch in andern all. aus diesem worte der fall ist.*

Corazza *it., sp.* coraza, *pr.* coirassa, *fr.* cuirasse *panzer;* von corium, *gleichsam* coriacea *lederwerk.*

Corbacho *sp.,* cravache *fr.,* dtsch. karbatsche, *name der nubischen aus rhinoceroshaut geschnittenen geissel, türk.* kyrbâtsch, *russ.* korbatsch *u. s. w., vgl. Schmeller II, 326, J. v. Hammer num. 329, Weigand I, 563.*

Corbeta *sp.,* corveta *pg.,* corvette *fr. kleineres kriegsschiff zwischen fregatte und brick;* von corbīta *lastschiff, mit romanisierter endung.*

Cordoglio *it., sp.* cordojo, *pr.* cordolh, *chw.* cordoli *herzleid;* von cordolium, *nur bei Plautus und später wieder bei Apulejus. Mit* dolium *trifft auch fr.* deuil, *it.* doglia *zusammen.*

Cordovano *it., sp.* cordoban, *pr.* cordoan, *fr.* cordouan *eine sonst von den Mauren in Spanien zubereitete sorte ziegenleder; nach* Cordoba *benannt, woher es bezogen ward. Der frühere name, zu Ludwigs des frommen und Karls des kahlen zeit, war* cordovesus, cordebisus *nach lat.* cordubensis, *sp.* cordobes; *das arab.* kortobani, *d. h. von Cordova, aber verdrängte die einheimische ableitungsform. Daher it.* cordovaniere, *fr.* cordonnier, *alt* cordoanier, *schuhmacher.*

Coreggia *it.*, *sp. pg.* correa, *pr.* correja, *fr.* courroie, *wal.* cureà *riemen;* von corrigia. *Daher auch it.* scoreggia *peitsche.*

Cornamusa *it. sp. pg. pr.*, cornemuse *fr.* sackpfeife *soll aus* cornu Musae *zusammengesetzt sein. Prov.* corna, *altfr.* corne *heißt horn als* tongerüthe, musa, *altfr.* muse, *pfeife, flöte, aber die composition ist für die sache nicht bezeichnend.*

Cornia *und* corniolo *it.*, *sp.* cornizola, *pg.* cornisolo, *fr.* cornouille, *wal.* coarne, *kornelkirsche; it.* cornio *und* corniolo, *sp.* cornizo *und* cornejo, *pg.* corniso, *fr.* cornouiller, *wal.* corn *kornelbaum;* von cornum, cornus, *zum theil aber vom adj.* corneus, corneolus (*vgl. über baumnamen aus adjectiven* ciriegio) *oder vom sbst.* corniculum (cornejo), cornuculum (cornouille).

Cornice *it.*, *sp.* cornisa, *fr.* corniche, *wallon.* coroniss, *nhd.* carnies *kranzleiste am hauptgesimse, die figur eines S bildend;* von coronis (κορωνίς) *verschlungenes zeichen, im roman. verwechselt mit* cornix, *wie auch gr.* κορώνη *krümmung, kranz und krähe bedeutet.*

Corniola *it.*, *sp.* cornerina, *pg. pr.* cornelina, *fr.* cornaline *ein stein, carneol;* von cornu, *weil seine farbe der des (aus horn gebildeten) nagels am finger gleicht, darum auch gr.* ὄνυξ *genannt.*

Corruccio *it.*, *sp. fehlt, pr.* corrotz, *fr.* courroux *ärger, zorn; für* colleruccio *u. s. w. von* cholera *galle, gallensucht. Davon it.* corrucciare, crucciare, *pr.* corrossar, *fr.* courroucer *erzürnen. Altfr.* corine *groll, gleichsam* cholerina.

Corsare, corsale *it.*, *sp.* corsario, cosario, *pr.* corsari, *fr.* corsaire *seeräuber;* von cursus, *woher auch sp.* corsa *ausflug zur see.*

Corte *it. sp. pg.*, *pr.* cort, *fr.* cour, *wal.* curte *hof; bekanntlich von* chors chortis *viehhof, vgl. Schneider I, 188. Ableitungen, die sich der roman. bed. fürstlicher hof anschließen, sind z. b. it.* cortese, *sp.* cortes, *fr.* courtois *höflich, gleichsam* cortensis; *hieraus sp.* cortesano, *fr.* courtisan, *it.* cortigiano *höfling, schon im frühen mlatein* cortisanus (*wie it.* Parmigiano *aus* Parmensis); *vb. it.* corteggiare, *sp.* cortejar *und* cortezar, *fr.* courtiser *den hof machen; sbst. it.* corteggio *gefolge, daher fr.* cortége.

Corteccia *it.*, *sp.* corteza, *pg.* cortiça *schale, rinde, kruste, vom adj.* corticeus *aus* cortex; *vb. it.* scorticare *und so pr.* escorgar (*in der neuen sprache noch* escourtegá), *fr.* écorcher, *sp. pg.* escorchar *die rinde oder haut abziehen, in der L. Sal.* excorticare, *von* cortex.

Cortina *it. sp. pr.*, courtine *fr.*, cortine *wal.* bettvorhang, *schon bei Isidorus vorkommend:* cortinae sunt aulaea. *Es weist auf* chors *umzäunung, wie* aulaeum *auf* aula. *Mlatein. bedeutet es höfchen, mauer zwischen bastionen, vorhang um den altar, überhaupt etwas schützendes, und ist im grunde mit dem classischen* cortina *rundung, kreiß identisch.*

Corvetta *it.*, *sp.* corveta, *fr.* courbette *mittlerer sprung des pferdes; eigentl. krummer sprung, von* curvus.

Cosa *it. sp. pg. pr.*, chose *fr.* sache, ding; *vom lat.* causa *ursache,*

*das bereits in der L. Sal., bei Gregor v. Tours u. a. diese bedeutung
zeigt, recht handgreiflich im Capitulare de villis:* non porcellum, non
agnellum nec aliam causam. *Der Walache wählte dafür* lucru *von*
lucrum, *dessen erste bedeutung* arbeit *oder* werk *ist. Für den ursprünglichen begriff blieb die ursprüngliche form, it. sp.* causa, *pg.* cousa,
fr. cause, *wal.* cause, *nur pr.* causa *vertritt auch den neueren sinn.
Dieselbe begriffsentwicklung zeigt unser* sache *so wie das ngr.* πρᾶγμα,
beide sonst für ursache gültig. Vom vb. causari *ist it.* cusare *behaupten,
pr.* chausar, *altfr.* choser *zanken; nfr.* causer *plaudern, welches weder
zu* cause *noch zu* chose *passt, dankt seine form vielleicht unserm* kosen,
ahd. chôsôn, *das aber selbst aus* causari *herstammt.*

Coscia *it., sp.* fehlt, *pg.* coxa, *pr.* cueissa, *fr.* cuisse, *wal.* coapse
oberer schenkel, bein zwischen knie und hüfte; von coxa *hüfte, mit abgeänderter bedeutung, entsprechend gr.* μηρίον *hüfte, neugr.* μηρί *schenkel.
Adj. sp.* coxo, *cat.* cox *hinkend, ein altes wort:* catax 'claudus, coxus'
Gl. Isid., vgl. catax dicitur, quem nunc coxonem vocant *Non. Marcellus.
Daher sp.* quixote, *val.* cuixot *beinharnisch, fr.* cuissot *schlügel des
wildprets.*

Così *it., entsprechend altsp.* ansí, *altfr.* ainsinc *(noch burg.* ansin,
pic. ensin), *auch* issi *z. b.* HBord., DMce., *nfr.* ainsi, *nsp.* así, *pg.* assim,
pr. aissi *(nicht zu verwechseln mit dem gleichlautenden ortsadv.), wal.*
așà, *adverbium der vergleichung. Diese verschiedenen in ihrem ersten
theile ziemlich unähnlichen formen mögen doch von derselben zusammensetzung sein. An* eccum *zu denken leidet der begriff nicht, besser fügt
sich* aeque, *woraus der Italiener, der den vocalanlaut leicht abstößt und
qu wie* cu *ausspricht,* cu *und so* cusì, così *machen konnte, sic.* accussì.
Der Spanier stellt auslautendes c *wohl als* n *dar (*aun *von* adhuc, nin
von nec, sin *von* sic) *und so konnte aus* aeque *d. i.* ec *bei dem bekannten
übertritt des anlautenden* e *in* a *die form* an, *daher* ansí, *durch unterdrückung des* n así *entstehen. Merkwürdig ist, daß die handschrift des
prov. Boethius v. 145* acsi *für* aissi *setzt, das in der that auf* aeque sic *deuten
könnte, ihm schließt sich das romagn.* acsè, *dsgl.* icsi *aus der mundart
von Brescia (Ferrari v.* insì) *so wie das lomb.* inscì *für* così *an. Fränkische urkunden brauchen oft* ac si, *aber als conjunction für lat.* licet. —
Von derselben zusammensetzung sind die gleich unten zu nennenden cotale
und cotanto. *Andrer natur aber ist das ital. präfix* co *in* colui, costui,
cotestui: *mundarten scheiden beiderlei präfixe auch durch die form, die
römische z. b. spricht* quelui, questui, *nicht aber* quesì, quetale, quetanto.

Costa *it. pg. pr.,* cuesta *sp.,* côte *fr. rippe, seite, auch küste; von*
costa *rippe. Daher it.* costato, *sp.* costado, *fr.* côté *seite; it.* costola *rippe,* costolina, *fr.* côtelette *rippchen; it.* costerella *kleiner hügel,
fr.* coteau *für* côteau *abhang eines berges; vb. it.* accostare, *sp. pr.*
acostar, *fr.* accoster *nähern, eig. zur seite stellen, vgl. die prov.* prápos.
costa, *altfr.* encoste *juxta.*

Costuma *it. pr., sp.* costumbre, *fr.* coutume *(alle fem.), it. pg.*

costume, *pr. cat.* costum, *fr.* costume *(alle masc., das cat. wort auch fem.) gewohnheit, sitte. Schlechtweg aus* consuetudin, *zsgz.* costudn, *läßt es sich nicht construieren, da ein gemeinrom. übergang des inlautenden* n *in* m *ein ganz vereinzeltes ereignis wäre. Vielmehr ward dem lat. worte bei der schwierigkeit, sein suffix* udin *zu behandeln, das suffix* umen *angepasst, womit die roman. sprache eigenschaften bezeichnet (it.* asprume, *pg.* ciume, *pr.* frescum)*: dasselbe widerfuhr auch andern substantiven jener ableitung, wie* mansuetudo, *sp.* mansedumbre, *pg.* mansedume, *und noch auf andre art suchte man dem suffix* udin *auszuweichen, pg.* mansidão, *pr.* mansueza, *it.* testuggine, *s. Rom. gramm. II, 340. So ist also die männliche form* costume *die ursprünglichere, die weibliche fehlt sogar dem Portugiesen ganz, doch ist sie alt, da man in einer urkunde v. j. 705 bereits* coustuma *findet, s. Carpentier.*

Cotale *it., wal.* cutare, *pronomen, von* aeque talis? *Dahin auch sp.* atal, *entsprechend pr.* aital, *altfr.* aintel, itel, *norm.* entel, *ital. bei einem alten pisan. dichter* aitale *PPS. I, 457. S. oben* cosi. *Die capitularien Karls d. kahlen brauchen häufig* hic talis; *sollte es eine nachbildung des altfr.* itel *sein, früher gesprochen* ictel?

Cotanto *ital. pronomen, von* aeque tantus? *Desselben ursprunges scheint altsp.* atanto, *pr,* aitant, *altfr.* itant. *Man sehe oben* cosi.

Cotenna, codenna *it., pr.* codena, *fr.* couenne *schwarte, sp.* codena *dichtigkeit des tuches. Nahe liegt allerdings* cutis, *aber ein suffix* enna *fehlt; nur wenn man* couenne *für* couaine *und dieses für ein altfr.* codaine *nimmt, woraus erst* codena *gebildet worden, läßt sich das wort deuten, nämlich aus* cutaneus. *Port.* códea *rinde könnte im mlat.* cutica *seinen grund haben, wovon auch it.* cotica *(parm.* codga, *ven.* coéga, *gen.* quïa) *und* cuticagna.

Cotogna *it., pr.* codoing, *fr.* coing, *wal.* gutuie *quitte; von* cydonia, κυδώνιον, *bei den feldmessern* cotoneum, cotonium, *mlat.* cottanum *Hoffm. Sumerlaten, nach der stadt* Cydon *auf Creta benannt; ahd.* kutina, *mhd.* küten, quiten *ebendaher.*

Cotone *it., fr.* coton, *sp.* algodon *baumwolle (daher unser* kattun)*; vom arab.* qo'ton al-qo'ton *Gol. 1093, Freyt. III, 469[b]. Sp.* algodon *und* alcoton *heißen auch* watte, *davon pr.* alcoto, *altfr.* auqueton, *nfr.* hoqueton (h *asp.*), *mndl.* acottoen *gestepptes wamms (man zog es über die chemise Sax. I, p. 229); nach Perizonius vom gr.* ὁ χιτών, *ganz unstatthaft.*

Cotta *it., sp. pg. pr.* cota, *altfr.* cote *langes oberkleid, neufr.* cotte *unterrock,* cotte de maille *panzerhemd, masc. pr.* cot = cota; *mlat.* cotta, cottus *(9. jh.); abgel. fr.* cotillon, cotteron *u. a.; zsgs. pr. fr.* surcot, *im Vocabularius optimus 13, 67* surcotus 'surcot', *letzteres als deutsches wort hingestellt. Die gewöhnliche herleitung ist aus engl.* cot = *ags.* cote *hütte, und wir wissen aus mehr als einem beispiel, daß man die wörter für hütte oder haus auch auf kleidungsstücke übertrug; oder auch aus dem deutschen* kotze, *ahd.* chozzo (m.) *grober wollener*

stoff, zottige decke, das aber nebst dem engl. coat selbst erst aus dem
mlatein. oder romanischen eingebracht ist. Bleibt man auf latein. gebiet,
so würde sich nur cūtis (f.), das, wie manche andre, in die 1. declin.
versetzt werden konnte, darbieten und man könnte sich etwa auf unser
mhd. hût (cutis) berufen, das in tarn-hût als ein den ganzen körper um-
hüllendes gewand gedacht wird. Vgl. Diefenbach, Neue jahrb. für Phil.
u. Päd. LXXVII, 758.

Covare it., coar pr., couver fr. brüten; von cubare im sinne von
incubare. Sbst. it. cova, covo wildlager, sp. cueva höhle; von cubare
im eigentlichen sinne. Sp. coba bereits in einer urkunde des 9. jh. Esp.
sagr. XXXVII, 339. Aus pg. cova entstand wohl auch das adj. covo
hohl, das also mit it. cupo II. a gar nicht verwandt wäre.

Cozzare it., sp. cozar fehlt, fr. cosser, pic. coissier und cochier
mit den hörnern stoßen; sbst. cozzo stoß. Nach Frisch vom dtschen butzen,
aber härtung des reinen hauchlautes in gutturales c ist nicht einzuräumen.
Vielmehr wird sich auch dieses wort dem röm. elemente zuweisen lassen.
Von co-icere (zusammenstoßen) würde das part. prät. co-ictus (coctus)
lauten, hieraus das vb. cozzare, wie aus directus dirizzare, also ein participialverbum. An diesen ursprung des wortes erinnert auch die ital.
construction cozzare con uno mit einem zusammenstoßen, co-icere cum
aliquo.

Cozzone it., pr. altcat. cussó, altfr. cosson Roquef., wallon. goson
mäkler besonders im pferdehandel, prov. als schimpfwort gebraucht. Ohne
zweifel vom gleichbed. cocio bei Plautus, nach Gellius 16. 7 ein plumper
volksausdruck. Festus (Paulus) schreibt coctio, und sonderbar, daß die
roman. formen, entschieden die ital., diese schreibung verlangen, welcher
auch das mlatein in coccio oder coqcio offenbar beipflichtet. Zsgs. it.
scozzone einer der die pferde zureitet.

Cravatta it., sp. corbata, fr. cravate halsbinde; späteres wort, in
Frankreich seit der ersten hälfte des 17. jh. (Ménage), gebildet aus dem
völkernamen Cravate Croate (sp. Corvato, da man die sache von diesem
volke entlehnte, daher it. auch croatta, henneg. croate, croyatte.

Crebantar pr., altfr. cravanter, sp. pg. quebrantar brechen (trans.);
von crepare, part. crepans

Crema it. sp. pr., crème fr. rahm, mlat. crema (n.) bei Venant.
Fort.; abgeändert aus cremor milchsaft.

Crepare it., pr. crebar, fr. crever, sp. pg. durch umstellung que-
brar bersten, brechen; von crepare, dessen bed. ein geräusch machen in
den jüngeren sprachen erloschen ist. Zsgs. it. screpolare aufspringen,
scrépolo riß; sp. requebrar die stimme biegen (vgl. pr. refranher dass.),
daher artigkeiten sagen, sbst. requiebro liebesrede, liebkosung.

Crescione it., fr. cresson, neupr. creissoun, cat. crexen eine pflanze,
kresse; a celeritate crescendi so genannt, wie C. Stephanus mit recht
bemerkt, also ein prägnanter ausdruck. Aus dem roman. ist unser kresso,
ahd. kresso, nicht umgekehrt, da dieses im deutschen keine wurzel hat

I. CROCCIA—CROSCIARE.

und roman. pflanzennamen nur selten aus jener sprache herstammen. — *Weigand, Wb. I, 638, weist nunmehr eine deutsche wurzel nach, das ahd. starke verbum* chrĕsan *kriechen, prät.* chras, *aus letzterem das subst.* chrasja, chressa, chresso (ss *aus* sj); *der wurzelvocal wäre dann nicht* ĕ, *wie man nicht streng erweislich annimmt, sondern* e, *der ausdruck bezöge sich auf die kriechenden stengel der brunnenkresse. Sicher, wenn keine andre sprache sich meldet, dankt entweder die roman. der deutschen oder die deutsche der roman. das auch im russischen, lettischen und esthnischen bekannte wort. Nach dem buchstaben kann* cresson *sowohl vom lat.* crescere *(altfr.* crestre, *präs.* nous cressons) *wie vom deutschen* kresso, *acc.* kresson, *stammen. Ist das letztere der fall, so hat das roman. wort wenigstens eine umdeutung mit* crescere *erfahren, worauf schon die ital. und prov. form anspielt, und eine umdeutung ist eine wiedergeburt. Das cat.* créxen *läßt sich nicht mehr aus dem deutschen ableiten, es ist dem präs. ind. von* cróxer *entnommen und heißt 'sie wachsen' (diese kräuter).*

Croccia, gruccia *it.* krücke, cruccia *grabscheit, altsp.* croza, *pr.* crossa, *fr.* crosse *krummstab. Die herleitung aus dem fr.* croc *(haken) findet schwierigkeit im buchstaben, dem nur ein fr.* croche *gerecht wäre. Wie* pancia, panza, panse *aus* pantex, *so konnte* croccia *mit seinen genossen aus* crux, *leichter noch, in betracht der doppelconsonanz* cc, ss, *aus dem adj.* crucea *entstehen, woraus auch ahd.* krukja *entstanden scheint.*

Crollare *it., pr.* crollar, crotlar *schütteln, fr.* crouler *einstürzen, altfr.* croler, crodler, crosler *wie prov. Wohl dürfte man bei diesem wort an das nord.* krulla *(verwirren) denken, böte sich kein lat. etymon. Prov.* crotlar *nämlich (offenbar alterthümlicher als* crollar, *wiewohl dies schon die Passion Christi kennt, str. 81) führt auf* crotolar *und dies konnte aus* co-rotulare *zusammengezogen sein, womit auch das einfache* rotlar = rotulare *überein stimmt. Ebenso stimmt fr.* crouler *zu* rouler, *ja es thut in der redensart* crouler un bâtiment *'ein schiff vom ufer rollen lassen' völlig dessen dienst, und ebenso ist altfr.* croüller les iex *DMce. p. 249, 2 so viel als* roÿller les iex *ds. 271, 21 'die augen rollen lassen'. Im ganzen kommt das neue vb.* co-rotulare *auf die bedeutungen von* volutare, volutari *(wälzen, rollen, schwanken, schwanken machen) heraus.*

Crosciare *it., sp.* cruxir, *pr. altfr.* croissir, *wallon.* crobî *knirschen, knirschen machen. Weder die lat. noch die celt. sprache gewährt ein etymon, dagegen besitzt die goth. das ganz gleichbedeutende* kriustan, *z. b.* kriustith tunthuns *Marc. 9, 18 lautet span.* cruxe los dientes, *pr.* cruis las dens *Chx. II, 148, gr.* τρίζει τούς ὀδόντας. *Aber nicht leicht unmittelbar aus* kriustan *konnten die rom. formen, wenigstens nicht die ital., sich hervorbilden: es ist ein abgel.* kraustjan *(vgl.* kiusan kausjan, *fr.* choisir) *dafür anzunehmen,* stj = it. sci *wie in* angustia angoscia. *Merkwürdig ist, daß auch bildungen desselben verbums nach der zweiten rom. conj. vorkommen, so cat.* cróxer, *chw.* s-crúscer, *altfr.* croistre, *so daß alle drei conjugationen an diesem verbum theil haben.*

Cubebe *it. (m.), sp. pg. pr.* cubeba, *fr.* cubèbe *name einer indischen pflanze, die eine art pfeffer gibt; arab.* kabâbat *Freytag IV*, 2ᵇ.

Cúbito *it., sp.* codo, *alt* cobdo, *pg.* cóvado, coto, *pr.* coide, code, *fr.* coude, *wal.* eot *ellenbogen; von* cubitus. *Andre ital. formen sind* gómito *(bereits im Voc. S. Gall.* cumitus *'allinpogo'), mit eingeschobenem* m gómbito, churw. cúmbet. *Daher pg.* cotovello = coto, *umgestellt aus* covetello? *sp.* codillo *vorderfuß der thiere vom knie aufwärts. Zsgs. sp.* recodo *winkel, biegung, bucht, wie gr.* ἀγκών.

Cuccagna *it., sp.* cueaña, *fr.* cocagne, *altengl.* cokaygne *schlaraffenland; vom dtschen* kuchen, *weil die häuser daselbst mit kuchen gedeckt seien, bemerkt J.* Grimm, *Ged. auf Friedr. p. 96. Gegen die vorstellung ist nichts zu erinnern, doch läßt sich das wort aus roman. quelle ableiten: kuchen heißt cat.* coca, *chw.* cocca, *occit.* coco, *pic.* couque, *von* coquere *backen, also gebackenes, so* torca *gedrehtes von* torquere. *Auch das ital. kinderwort* cucco *ei, ovum kommt hier in anschlag, grade weil es ein kinderwort ist, und an gesottenen eiern wird es im schlaraffenlande nicht fehlen: wallon.* bedeutet cocogne *ostereier. In Neapel war* cuccagna *ein zur volksbelustigung aufgeführter berg, welcher würste und andre eßwaaren ausspie, um die das volk sich schlug. Hierauf bezieht sich z. b. ein sicil. gedicht* La cuccagna conquistata, *Palermo 1674. Das wort kommt also, bemerkt Génin, Récréat. II*, 89, *vom fr.* coq *und bedeutet gleichsam ein hahnengefecht. Aber die hauptidee dabei war nicht die balgerei, sondern der freigebige berg.*

Cucchiajo *it., altpg.* colhár, *pr.* culhier, *fem. it.* cucchiaja, *sp.* cuchara, *pg.* colhér, *fr.* cuiller, cuillère *löffel; von* cochlearium, cochlearia. *In* colher *und* cuiller, *wozu noch ein altsp.* cuchár *kommt, vermisst man die weibliche endung; diese wörter nehmen also im grunde ein fem.* cochlearis *in anspruch. Der wal. ausdruck ist* lingurę = *lat.* lingula.

Cuccio, cúcciolo *it., sic.* guzzu, guzza, cuccia, *pr.* goz, gossa, *sp.* gozque *(was soll hier die zweite silbe?) kleiner hund, vgl.* gotz *'parvus canis' GProv. 57. Im catal. ist* gos *der übliche ausdruck für hund überhaupt, so daß Jaume Febrer das von ihm gebrauchte* can *erklären oder rechtfertigen zu müssen glaubte:* un gos que en bon llemosí can es nomenat *str. 151. Im wallon. ist* go *der männliche, in der Schweiz* göschli *der weibliche hund. Ital.* cucciolo, *sic.* guzzu *bedeuten als adjectiva klein: beide wörter könnten in beiden bedeutungen aus* cucco *nestling, liebling entstanden sein, denn* cucciolo *ist namentlich schooßhündchen. In anschlag zu bringen ist aber vor allem, daß das wort oder ein ganz ähnliches auf fremden dem ital. nah liegenden sprachgebieten heimisch ist: ein kleiner hund heißt illyr.* kutze, *ungr.* kuszi.

Cucco *it.* kukuk *(in dieser form und bedeutung nur in volksmundarten, ven.* cuco, *romagn.* cocch *u. dgl.), pr.* cuco *(wenn nicht syncopiert aus* cuculo) *dass.; von dem seltnen* cucus, *bei Isidor 12*, 7 *(auch bei Plautus?). Dsgl. it.* cucúlo, *pr.* cogúl, *fr.* cocu, coucou, *von* cucŭlus, *span. umgebildet in* cuquillo, *abgel.* cuclillo. *Meist bedeuten diese wörter,*

I. CUCINA—CUFFIA.

coca *heut zu tage ausschließlich, auch hahnrei, in welchem sinne sich noch pr.* cogotz *(vgl. cat.* cucut*), zsgz.* coutz, *altfr.* cous, *hinzu gesellt. An lat.* curruca *ist dabei nicht zu denken, allzu deutlich hat die sprache den hahnrei mit dem kukuk zusammengestellt:* gab man nun etwa dem betrogenen ehemann per antiphrasin den namen des vogels, der seine eier in fremde nester legt? Sp.* cucar *verhöhnen ist augenscheinlich aus dem namen des höhnenden vogels abgeleitet und geht auf die form* cucus *zurück.*

Cucina *it.,* cocina *sp.,* cuisine *fr.,* cocnę *wal. küche, so auch ahd.* kuchina, *ags.* cycene, *altir.* cugann *Zeuß I, 80, kymr.* cegin; *von* coquina *für* culina *im spätesten latein. Vb.* cucinare *ff. die küche besorgen, von* coquinare, *vielleicht nur bei Plautus.*

Cucire *it., richtiger* cuscire *(so aus s entstanden), sp.* coser, cusir, *pg.* coser, *pr.* cóser, cusir, *fr.* coudre, *wal.* coase *nähen; von* consuere, *dem schon in den Isidor.* glossen cusire *zur seite steht, so denn auch* cusire *Gl. Paris. ed. Hild.,* cusebat *Gl. Selest. 9, 5. Abgel. it.* costura *neben* cucitura, *gleichsam* consutura, *fr.* couture *naht, nähterei, daher vb. fr.* accoutrer *zurecht machen, zubereiten, herausputzen,* raccoutrer *wieder zunähen, flicken. Auftrennen heißt it.* sdrucire, sdruscire, *ohne zweifel entstanden aus dem gleichbed.* resucre, *mit vorgesetztem privativen* s s-rescire, *mit euphonisch eingeschobenem* d sdrescire, *mit anbildung an* cuscire sdruscire. — [*Bei* accoutrer *ließe sich auch an* cultura *erinnern (s. Scheler), um so mehr als es nichts von der bedeutung seines oben aufgestellten primitivs verräth. Bei Nicot heißt* accoustrer *aptare, parare, ornare, accommodare u. dgl.,* accoustrement *ornatus, cultus. Andrerseits hat freilich auch das altfr.* couture = cultura *nur den beschränkten concreten sinn* angebautes land. *Die grundbedeutung des franz. verbums, wenn man es zu* consuere *stellt, müßte sein: eine naht machen, demnächst verbinden, zusammenfügen (vgl. sp.* coser *nähen, verbinden), endlich zurecht machen (pr.* aparelhar *vereinigen, zubereiten). Auch* bastire *bauen, einrichten, nähen dürfte verglichen werden.*]

Cucuzza *it. 1) kürbiß, 2) kopf, altfr.* cosse *Roq. (beide bedd. hat auch serb.* tikva); *entstellt aus* cucurbita. *Daneben tritt noch mit der zweiten bed. it.* zucca, *woher pr.* zuc, suc, zuquet, *altfr.* suc, *nach Ménage vom gr.* σικύα *länglichter kürbiß; ist es aber nicht vielmehr umgestellt aus* cuzza *für* cucuzza? *doch mag daneben das neupr.* tuca *(mit beiden bedd.) erwogen werden. Zu* cucurbita *gehört auch fr.* gourde *kürbißflasche, bei Perion* gougourde, *neupr.* cougourdo; *auch* courge, *im Jura* coudre, *muß sich hieraus gestaltet haben.*

Cuffia *und* scuffia *it., sp.* cofia, escofia, *pg.* coifa, *alt* escoifa, *fr.* coiffe (coeffe), *wal.* coif (m.), *mndl.* coifie *haube. Die erreichbar älteste form ist* cofea *bei Venant. Fort., eine spätere* cuphia *u. dgl. Man holt es aus dem hebräischen, worin* kobha (kova) *helm bedeutet, aber die bildung des roman. wortes widerstrebt. Andre weisen auf unser* haube, *ndl.* huif, *allein die altfränk. verhärtung des anlautenden* h *zu* ch *oder* c *hat kein roman. appellativ getroffen. Gleichwohl floß es zunächst aus der deutschen sprache. Ahd.* kuppa kuppha *heißt mitra, daneben läßt sich eine form mit dem in der ältesten sprache sehr wirksamen suffix* j kuphja (*vgl.* krippa, kripja) *voraussetzen, genau das mlat.* cofea, cuphia. *Jenes* kuppha *aber scheint nichts anders als das lat.* cuppa *gefäß, becher (s. oben* coppa): *verwandlung der lat.* lippentenuis *in aspirata kann leicht bis auf Venantius zeit hinaufreichen, da das uralte hochd. denkmal, das Casseler glossar, bereits* choffa, chupf *u. a. fälle enthält. Wie sich aber kopfbedeckung und gefäß berühren, zeigt unter andern das lat.* galeola.

Cugino *it., pr.* cosin, *fr.* cousin *vetter,* cugina *ff. base; zsgz. aus* consobrinus, *wie dies die churw. formen* cusrin, cusdrin *erweisen.* Cosina 'magin' *(verwandte) hat schon der Vocab. S. Gall. (7. jh.) Der span. ausdruck ist das unverkürzte* sobrino.

Cúpido *it., pr.* cobe *gierig, zumal geldgierig; daher it.* cupidigia, cupidezza, *sp.* codicia, *alt* cobdicia, *pr.* cobiticia, cobezeza, *fr.* convoitise *(für* covoitise), *lat. gleichsam* cupiditia; *vb. it.* cubitare, *pr.* cobeitar, *fr.* convoiter. *Der Provenzale besitzt auch ein einfaches verbum* cobir *mit der bed. 'zu theil werden', das fast nur mit* joy *verbunden wird:* jois m'es cobitz *freude ist mir zu theil geworden, vergönnt worden; es ist von* cupere alicui *einem gutes wünschen, chw.* cuvir *dass.; zsgs. pr.* encobir, *altfr.* encovir *begehren.*

Cura *sp. pg. (m.) pfarrer, eigentl. pfleger, in welchem sinne das wort schon bei den Römern und im frühsten mlatein als masculin verwendet ward. Gleichbed. mit sp.* cura *ist it.* curato, *fr.* curé, *d. h. mit der seelsorge,* cura, *beauftragt. Dahin ferner it.* curattiere *(für* curatiere), *pic.* couratier, *zsgz. fr.* courtier *mäkler, von* curatus *besorger von geschäften (*curatarius*).*

D.

Dado *it. sp. pg.,* dat *pr.,* dé *fr. würfel; wird aus* dare *in der bed. werfen (*dare ad terram *u. dgl.) erklärt, wonach es also etwas auf den tisch geworfenes bezeichnen würde. Nach Golius p. 808 wäre es vom arab.* dadd *lusus, res ludicra; was sich wenig empfiehlt.*

Daga *it. sp., pg. außer* daga *auch* adaga, *fr.* dague *kurzer degen, dolch, ndl.* dagge *dass., engl.* dag, *kleines schießgewehr, dsgl.* dagger *dolch. Hieraus ist unser im 15. jh. eingeführtes* degen, *s. Weigand, Syn. wb. II, 1193. Auch celt. sprachen kennen es: gael.* dag *pistole, bret.* dag, dager *dolch (über die verwechslung beider dinge s. unten* pistola); *ob es von da ausgegangen, steht dahin. Ungr.* dákos. *Abgel. ist fr.* daguet *spießhirsch.*

Dala *sp. pg., fr.* dalle *rinne auf dem verdeck der schiffe das wasser aus der pumpe abzuleiten. Nach Frisch vom ahd.* dola *röhre, rinne, aber der abweichende stammvocal erregt zweifel. Die span. form* a-dala *enthält eine anspielung auf arab. herkunft: in dieser sprache heißt* dalla *leiten,* dâlâlah *leitung Gol. 849, welches letztere der vereinfachung in* dala *kaum widerstehen konnte; vgl. auch it.* doccia *rinne, von* ducere.

Dalle *sp. (m.)*, *pr.* dalb, *altfr.* dail, *dauphin.* dailli *sichel; vb. pr.* dalbar *mit der sichel schneiden, altfr.* dailler *hauen, fechten Chr. de Langtoft (Wright p. 295),* s'entredalier *zusammen streiten LRs. 236. Scheint diminutiv von* daga *dolch* (dagol?).

Damasco *it. sp., fr.* damas, *it. auch* damasto *ein gewebe mit eingewirkten figuren, damast; von der stadt* Damascus, *wo dieses gewebe verfertigt ward. Ital.* damaschino *u. s. w. damascener klinge, aus stahl von Damascus.*

Danzare *it. (für* dansare *wie* anzare *für* ansare), *sp. pg. pr.* dansar, *fr.* danser, *wal.* dęntzul *saltare; sbst. it.* danza *ff. saltatio; vom ahd.* dansôn *ziehen, dehnen, dies vom starken vb.* dinsan, *goth.* thinsan *(prät.* thans), *unser* tanzen *aber aus dem romanischen.*

Dardo *it. sp., pr.* dart, *fr.* dard, *wal.* dardę *(f.), auch slav. ungr.* dárda, *wurfspieß, wurfpfeil (er konnte gefiedert sein,* dart empenné *DMce. 302, 26; ihn führte der knappe, die lanze der ritter, z. b. Jfr. p. 67ᵃ); vom ags.* daradh, darodh, *engl.* dart, *altn.* darradhr, *ahd.* tart *spieß; dazu als primitiv altn.* dörr. *Nach einigen von* δόρυ δόρατος.

Dáttero *it., sp. pr.* dátil, *pg.* dátile, *fr.* datte *eine frucht, dattel; von* dactylus.

Dázio *it., sp.* dácio, *altfr.* dace *(f.) auflage, steuer; von* datio, *dem das mlatein, z. b. in einem actenstück v. j. 826 DC., dieselbe bedeutung, gezwungene gabe, beilegte.*

Demonio *it. pg., sp.* demonio, dimoño, *pr.* demoni *teufel; von* daemonion *böser geist, bei Tertullian.*

Denaro, danaro *it., sp.* dinero, *pg.* dinheiro, *pr. fr.* denier *eine geringe münze; von* denarius *römische silbermünze ursprüngl. von zehn* asses, *später und im mittelalter von verschiedenem werthe. Daher it.* derrata, *sp.* dinerada *eigentl. summe oder werth eines denarius, fr.* denrée *eßwaare, gleichbed. bair.* pfennwerth *d. i. werth eines pfennigs.*

Dentello *it.,* dentelh *pr.,* dentellon *sp. einschnitt an gesimsen u. dgl., it.* dentelli *(plur.), fr.* dentelle *ein gewirk, spitzen, wegen der zackigen form; von* dens *zahn.*

Derrengar *sp., pg.* derrear *(für* derrenar), *pr.* desrenar, deregnar, *altfr.* esreiner, *nfr.* éreinter *kreuzlahm machen, das kreuz brechen; von* ren *niere,* renes *lenden; die span. form zu erklären mit* dis-ren-icare. *Ital. nur sbst.* direnato *verletzung der lenden, aber picm.* dernè = *pr.* desrenar.

Des *altsp. altpg., in der neuen sprache* des-de, *pr.* des, deis, *fr.* dès, *präposition theils für das lat. zeitliche* ex, *it.* da, *theils für das örtliche* usque a, inde a: *z. b. sp.* desde aquel tiempo, *fr.* dès ce temps-là, *lat.* ex illo tempore, *it.* da quel tempo. *Man hat an eine zss. von* de *und* ipse *gedacht,* dès ce temps-là *wäre* = de ipso illo tempore; *die ganz präpositionale natur des wortes aber, die keine adverbiale anwendung, wie die bildungen mit* ipse, *erlaubt, läßt eher auf* ex *mit vorgesetztem sinnverstärkenden* de *vermuthen: fr.* dès lors scheint = de ex illa hora, désormais = de ex hora magis *von stund' an. Ganz deutlich tritt die ess. mit* ex *hervor im altfr.* desanz = de exante, *im altsp.* desent = de ex inde, desi = de ex ibi, *im nsp.* despues (*s.* poi) = de ex post; exante *und* exinde *sind ja der lat. sprache wohlbekannt.*

Desinare, disinare *it., pr.* disnar, dirnar, dinar, *altcat.* dinar *Chr. d'Escl. p. 591ᵇ, fr.* dîner *zu mittag essen. Die ergründung dieses wortes wird durch die zweifelhafte natur des darin enthaltenen* s *erschwert, da es sich fragt, ob dieser buchstabe radical oder bloß eingeschoben, ob* dîner *aus* disner, disinare *verkürzt oder ob es die buchstäblich getreue form sei. Altfranz. schrieb man häufig* disgner, *aber schon die ziemlich alte handschrift der Livr. d. rois hat* digner. *Indessen kann sich* disnare *als die älteste form ausweisen: in den Vatic. glossen ed. W. Grimm (9. jh.) heißt es:* disnavi me ibi; disnasti te hodie? *und auch Papias schreibt mit* s: jentare disnare dicitur vulgo. *Man leitet es vom gr.* δειπνεῖν *die hauptmahlzeit halten, romanisch in* dinar, disnar *verwandelt; alsdann müßte es von der Provence ausgegangen sein. Dsgl. vom lat.* dignare domino *anfang eines tischgebetes; dies stimmt trefflich zum altfr.* digner, *wäre die sache nur erst gehörig erwiesen oder diese form als die älteste anzuerkennen. Man könnte an* decima hora *denken, wie ja auch altfr.* noner, *von* nona hora, *zu mittag speisen bedeutet, aber* decima *für mittagszeit ist nicht gebräuchlich, wenn man auch den übergang des* m *in* n *zugibt. Besser erklärt es sich aus* de-coenare, *mit verschobenem accent präs.* déceno desne dîne, *vgl.* décima desme dîme, *it.* buccina busna. *De in dieser zusammensetzung steht freilich ziemlich müßig, allein das spätere latein verwendet es häufig in dieser weise, so in* debatuere *Petron.,* defrui *Symm.,* defugare *Theod. Prisc.,* delaborare *Afran.,* delustrare *Apul.,* deoptare *Hyg.,* depetere *Tertull.,* despernere *Colum., in welchen fällen das einfache wort ausreichen würde; übrigens dürfte man bei* decoenare *an unser* abspeisen *erinnern. Auch Pott, Forsch. II, 282 denkt an* coenare; *zur unterstützung der thatsache, daß auch Frankreich das lat.* coenare *kannte, läßt sich noch altfr.* reciner *abendbrod essen, von* recoenare, *anführen, wiewohl sich dies nicht in* resner *verkürzte. Man dürfte bei dieser etymologie vielleicht selbst den activen gebrauch des rom. und lat. particips anschlagen:* il est mal dîné = male coenatus est; *dieser gebrauch könnte sich im roman. allmählich auf das ganze verbum erstreckt haben, daher* disner quelqu'un de qch., *reflexiv se* disner, *wie schon in der vaticanischen stelle.* — [*Man hat an* decoenare *den mangel des rom.* s *ausgesetzt. Diesem übelstand läßt sich einfach mit verweisung auf it.* pu-signo = post-coenium *abhelfen. Wie unser wort aus dem an die stelle von* decoenare *gesetzten* dis-jejunare, *welches in* dé-jeûner *die richtige form gefunden, habe entstehen können, ist schwer zu fassen: der ganze stamm, mit dem langen* u, *wäre geschwunden. Wunderlich wäre ferner, wenn der Franzose, der das frühstück mit recht als ein fastenbrechen betrachtete, dieselbe anschauung auch auf das mittagessen erstreckt hätte. Mahn p. 19 hebt hervor, daß* r *in der prov. form* dirnar *auf* s *(nicht* ç*) weise; man* *sollte aber denken, ein secundäres* s, *da es dieselbe aussprache hatte wie ein primäres, könnte eben so wohl in* r *geschwächt werden. S. Krit. anhang p. 15.*]

Destriero *it.*, destrier *pr. altfr. streitross*, mlat. dextrarius, *weil der knappe es zur rechten seines eignen pferdes führte, ehe der ritter aufstieg:* (l' escudiers) lhi menet en destre son bon destrier *G Ross. 3275;* les valets les menoient en dextre sur autres roussins, *man sehe Ducange.*

Diamante *it. sp., pr.* diaman, *fr.* diamant *ein edelstein; aus* adamas adamantis *entstellt, vielleicht mit rücksicht auf* diafano *durchsichtig. Eine zweite form ist pr.* adiman, aziman, aïman, *altfr.* aïmant, *nfr.* aimant, *sp. pg.* iman, *das in die bed. magnet übergieng, in welcher sich auch mlat.* adamas *findet, s. das nähere bei Ménage v.* aimant.

Diaspro *it,, sp.* diaspero *ein stein; von* jaspis jaspidis, *mit darstellung des* j *durch* di *wie im mundartl. it.* diacere *von* jacere *Rom. gramm. I, 274, wohl eine in Italien entstandene form. Dasselbe wort ist pr. altfr.* diáspe *bunter stoff nach art des jaspis, adj. fr.* diapré *bunt gezeichnet.*

Dieta *it. sp.,* diète *fr. lebensordnung; von* diaeta (δίαιτα) *gleichbedeutend.*

Dieta *it. sp.,* diète *fr. reichstag, ital. auch tagereise; von* dies, *vgl. die mlat. abl.* dietim *für quotidie.*

Diga *it.,* digue *fr.,* dique *sp. (m.) schutzdamm gegen das wasser, auch pr.* dic? *Rayn. Lex. rom.; zunächst vom* ndl. dyk, ags. dîc.

Dileguare *it., pr.* deslegar, *fr.* délayer *flüssig machen; von* disliquare. *Das span. wort ist* desleir, *das aber aus dieser quelle nicht fließen konnte. Woher nun? weder* deliquescere *noch* diluere *erlaubt der buchstabe. Altsp.* desleido, deleido *Bc. S. Dom. 540. 590 bedeutet paralytisch, des-leir ist also* = παραλύειν: *sollte man* leir *aus* λύειν *gezogen haben? dem gr.* υ *widerspricht sp.* i *oder* e *nicht. Zwar Larramendi leitet* desleir *aus bask.* desleyatu, *von* leya *kälte: man sieht aber leicht, daß ersteres aus dem pr.* deslegar *gebildet, letzteres, wofür auch* yela *gesagt wird, aus dem sp.* yelo *umgestellt ist.*

Dio *it., sp.* diós, *altpg. sard.* déus, *neupg.* déos (déos *G Vic. I, p. 256), pr.* diéu, *fr.* dieu *(älteste form* deo *in den Eiden), wal. fehlt das einfache wort. Die südwestl. sprache behandelt* deus *wie einen eigennamen und ließ ihm das flexivische* s *wie in andern fällen* (Carlos, Marcos, Reynaldos), *die tonverschiebung trat später ein; eben so anomal ist der plur.* dioses, *wofür man im Alex.* dios *findet, von Sanchez und Los Rios Lit. esp. II, 567* díos *betont. Aber mit der heiligkeit eines namens hängen zuweilen anomalien der form und flexion zusammen (Grimm I^2. 1071, Dief. Goth. wb. II, 416): der Spanier wagte* deus *nicht einen buchstaben abzubrechen, es nicht umzuformen wie* meus. *Eine übliche zusammensetzung ist it.* domeneddio, *pr.* dame-dieu, *altfr.* dame-dieu, dombre-dieu *u. s. w. herr-gott, wal.* dumne-zeu, *welches das einfache* zeu *ganz aus der sprache verdrängte und auch von abgöttern gebraucht wird.*

I. DIPANARE—DOCCIARE.

Über it. iddio *s. Rom. gramm. III,* 25. *Eine bekannte formel ist it.* addio, *sp.* á dios, *fr.* adieu, *vollständiger pr.* a dieu siatz, *altfr.* à dieu soyez, *altcat.* a dieu siau *gott befohlen LR. III,* 32. *Die bethcurung it.* madió, *sp.* madios, *fr.* maidieu *erklärt man mit* m'aide dieu, *altfr.* si m'ait dieus = ita deus me adjuvet, *s. Ménage; eine andre deutung des ital. wortes (*ma *von* mai = magis) *gibt Blanc, Gramm.* 546.

Dipanare *it., pr.* debanar, *sp.* devanar *abhaspeln; von* panus *büschel wolle zum spinnen.*

Dirupare *it., pg.* derrubar, *sp.* derrumbar *von einem felsen,* rupes, *hinabstürzen; daher* dirupo *absturz, altfr.* desrube *Agol.* 316, *Rob.* le diable *F. I^b col.* 2, desruble *NF. Jub. I,* 98, *dsgl.* desrubant *schlucht, pr.* deruben; *altfr.* desrubison *Antioch. II, 130; auch sp.* derrubio *erdfall an ufern.*

Discolo *it. sp. pg. mürrisch; vom gr.* δύσκολος *dass.*

Disegnare, designare *it.* 1) *anzeigen,* 2) *zeichnen, sp.* designar, *alt* deseñar, *pr.* desegnar, designar, *fr.* désigner *in ersterer bed., sp.* diseñar, *fr.* dessiner *in letzterer; sbst. it.* disegno, *sp.* diseño, designio, *fr.* dessein, dessin *entwurf, zeichnung. Vom lat.* designare, *dessen im ital. noch zusammentreffende bedeutungen der Spanier und Franzose durch die form zu trennen suchten, vgl. sp.* signo *neben* seña, *fr.* signe *neben* seing.

Disfidare, sfidare *it., pr.* desfizar, *fr.* défier, *sp. pg.* desafiar, *altpg.* desfiar *SRos. I, 371 herausfordern zum streit, eigentl. einem die treue oder das vertrauen,* fides, *aufsagen, einen verläugnen:* ains me lairoie tos les menbres coper que ja Mahon soit par moi desfiés *eher wollte ich mir alle glieder abhauen lassen, als Mahomet verläugnen Og.* 3058; li miens cuers te deffie *mein herz entzieht dir alles vertrauen Antioch. I,* 82.

Disio *it., sp.* deseo, *pg.* desejo, *cat.* desitj, *fehlt fr., sehnsucht; vb.* disiare, desear, desejar, desitjar. *Nicht von* desiderium, *die formen passen sehr wohl zu* dissidium *(deutlich zumal das cat.* desitj), *so daß es gleich dem pg.* saudade *eigentl. trennung, zunächst das daraus hervorgehende verlangen nach wiedervereinigung ausdrückt.*

Diviso *it., pr. fr.* devis *entwurf, wunsch, fem. it.* divisa, *sp.* divisa, *pr.* devisa, *fr.* devise *abtheilung, wahl, wahlspruch, sinn und bedeutung; vb. it.* divisare, *sp.* divisar *abtheilen, unterscheiden, auseinandersetzen. Wie schon lat.* dividere *unterscheiden bedeutet, so pr.* devire, *woran sich die bed. auseinandersetzen knüpfte, die denn auch auf das frequentativ* devisar *übergieng. Man vergleiche dieselbe begriffsbildung z. b. im sp.* departir 1) *theilen, trennen,* 2) *unterscheiden,* 3) *auseinandersetzen, erklären:* departeme eso que has dicho 'erkläre mir, was du gesagt hast' *Cal. é D. p.* 66^b. *Lat.* visus *ist hier nicht im spiele.*

Docciare *it. begießen, sbst.* doccia, *fr.* douche, *sp.* ducha *wasserröhre, rinne; von* ductiare *leiten (vom wasser), das man aus dem part.* ductus *bildete, wie* succiare *aus* suctus. *Aus dem sbst.* ductus *entstand*

I. DOGA—DOGANA.

altfr. duit *LRs. 408, norm.* doui; *aus* ductio *das fem. pr.* dotz, *altfr.* dois (la dois et la fontaine *G. d'Angl. p.* 75, *vgl. Gav. I, 264*).
D o g a *it. pr. cat., wal.* doagę, *alban.* dogę, *wendisch* doga, duga, *mit* v *fr.* douve, *mail.* dova *seitenbrett des fasses, mndl.* duyghe, *nndl.* duig, *schwz.* dauge, *nhd.* daube; *abgel. sp.* dovela, duela, aduela, *norm.* douvelle, douelle, *lothr.* doule. *Prov.* doga *(in der neuen mundart* dougo) *verhält sich zu fr.* douve *wie* rogar *zu altfr.* rouver, g *fiel aus und* v *trat ein, selbst die mittlere form* doa (doba *DC.) ist vorhanden. Damit trifft ein wort anderer bedeutung buchstäblich zusammen, pr.* doga, *norm.* douve, *das man gewöhnlich mit fossé (graben) übersetzt, das aber auch, wie schon Carpentier erklärt (vgl. Trévoux), die fassung des grabens, mauer oder damm desselben heißt, mlat.* douvam sive aggerem *(v. j. 1269) bei Carpentier;* les doves des fossez *Ben. I, p. 492;* de morz est si la dove emplie *II, 127; pr.* doga del vallat; *mlat.* juxta dogas vallatorum murorum; *altfr.* qui a doube, il a fossé *(rechtsgrundsatz). Ital.* doga *heißt auch rings umlaufender streif an einem kleide, sp.* dogal *strick um den hals, was der bed. einfassung zusagt. Der zusammenhang dieser mit der bed.* daube *oder eigentl. gesammtheit der dauben eines fasses liegt am tage. Ein sehr altes zeugnis hat man bei Gregor v. T. gefunden, wo es aber canal zu bedeuten scheint:* fossas in circuitu basilicae fieri jussit, ne forte dogis occultis lymphae deducerentur in fontem. *Über die herkunft des wortes sind die meinungen verschieden. Frisch denkt, sofern es* graben *heißt, an lat.* ducere, *und in der that das synonyme* doccia *hat denselben ursprung:* u *konnte kurz gesprochen werden wie in* dux dūcis, *daher das rom.* o. *Besser erkennt Ducange darin ein schon vorhandenes lat.* doga, *das ein gefäß oder ein maß (s. Freund) bedeuten muß:* facta erat ratio dogae cuparum navium et operum *Vopisc., dazu* doga βούττης (βούττις) *Gl. Philox. Es leitet sich vom gr.* δοχή receptaculum, *und diese bedeutung ist fest zu halten; Hesychius erklärt* εὔριπος *(meerenge) mit* δοχῇ ὑδάτων, *s. Vossius De vit. serm. Also wasserbehälter, graben, fassung des grabens, fassung eines gefäßes d. i. faßdaube sind die bedeutungen.*

D o g a n a *it., pr.* doana, *fr.* douane, *sp. pg.* aduana *zollhaus, mauth, auch die von den waaren zu entrichtende abgabe; man sehe Boccaccio's beschreibung Dec. 8, 10. Der etymologien sind mehrere. Frisch leitet es auf* ducere *in beziehung auf das einführen der waaren, ohne zu bedenken, daß sich das suffix* an *nicht an verba fügt. Ferrari läßt es aus* doga *entstehen, weil die waaren in fässer gepackt werden;* doga *ist aber nicht der ausdruck für faß. Weit passender erklärt es Ménage aus dem gr.* δοχάνη *ort zur aufnahme, daher ort, wo man die abgabe einnimmt; befremdlich ist aber, daß weder die mittel- noch die neugr. sprache diese anwendung des wortes kennen. Diese drei erklärungsversuche sind eben so viele verirrungen. Mit recht erblicken neuere grammatiker in* doana *das bekannte arab.* dîvân addîvân *staatsrath, indem sie ihm die bed. staatsrath für abgaben beilegen: der halbvocal* v *löste sich gleich dem dtschen* w *in* o *oder* u *auf* (diuana doana duana), *im ital. ward* g *eingeschoben. Beachtenswerth ist dabei, daß der Spanier für* divan *in seiner eigentl. bed. auch* duan *sagte. Offenbar knüpfen manche stellen aus der mittleren litteratur das wort an arabisches gebiet:* multi Saracenorum, qui in duanis fiscales reditus colligebant, *sagt Hugo Falcandus;* in douanam i. e. in domum Soldani eum ducentes *Vinc. Bellov.; pr.* si son en terra de Sarrazis, en doana o panzon *Lex. rom. Am besten vielleicht faßt man* dîvân *in seiner bed. rechnungsbuch Gol.* 888, *Freyt. II,* 74ᵃ, *vgl. bei Boccaz* i doganieri poi scrivono in sul libro della dogana a ragione del mercatante tutta la sua mercatanzia. — [*Das arab. aus dem persischen entlehnte* dîwân, *bemerkt Engelmann, heißt register, gedichtesammlung, dann bureau, staatsrath, audienzsaal, canzlei, endlich mauthbureau: daher* aduana. *Vgl. Dozy p.* 33—35.]

Domenica *it., sp. pg.* domingo, *pr.* dimenge, dimergue, *fr.* dimanche *sonntag; ital. aus* dominica, *span. pg. aus* dominicus, *prov. franz. aus* dies dominicus, *daher altfr.* diemenche *(viersilb.) tag des herrn, gr.* κυριακή. *Keine rom. sprache kennt* solis: sic enim Barbaries vocitare diem dominicum consueta est *Greg. Tur. Hist.* 3, 15.

Dominio *it. sp. pg. herrschaft, eigenthum, besitzung, fr.* domaine *(m.) in speciellerer bed.* erbgut, krongut, *daher die prov. und span. formen* domani, domanio; *von* dominium. *Adj. it.* dominicale, *sp. pr.* dominical, *fr.* domanial *herrschaftlich, gutsherrlich. Bemerkenswerth ist hier nur die franz. formung des wortes, worin lat.* i *zu* ai *ward: aber man schrieb auch altfr.* mainer *neben* mener *führen, und noch jetzt zeigt* daigner *oder* Sardaigne ai *für* i. *Eine stärkere abänderung, deren grund wohl nur in der veränderlichkeit der tonlosen ersten silbe zu suchen ist, liegt vor im altfr.* demaine, demenie, *dem ein altit.* diminio *entspricht, im späteren mittellatein* demanium, *noch engl.* demain. *Dieses altfr.* demaine *bedeutet überdies als substantiv einen dienstmann (z. b.* li demaine et li pair), *als adjectiv eigen, angehörig* (ma chambre demaine, mon demaine lit), *mlat.* demanius; *prov. lautet es als adjectiv* domíni (domini ser *LR. III,* 71 *eigner knecht) und scheint aus* dominicus, *das auch im mlatein* proprius *bedeutet, abgekürzt wie* gramazi *aus* grammaticus.

Donno, donna *it., sp.* don, doña, dueña, *pg.* dom, dona, *pr.* don (dona *von frauen),* dombre (in dombre-dieu), domna, *altfr. masc.* dame (in dame-dieu), dan, dant, *alt- und neufr. fem.* dame (*daher pr. sp.* dama), *wal.* domn, doamne; *alle von* dominus, domina, *wofür schon auf röm. inschriften* domnus, domna, *im ersten mlatein* donnus, donna (*z. b. Bréq. p.* 27ᵈ, *v. j.* 528) *vorkommt. Dimin. sp.* doncel, doncella, *pr.* donsel, donsella, *altfr.* damoisiel (danzel), damoisele, *nfr.* damoiseau, demoiselle, *hieraus it.* damizello, damigella, *sp. pr.* damisela; *lat. gleichsam* dominicillus, *wal.* domnišor. *Vb. pr.* domneiar, *altfr.* donoier *buhlen, daher it.* donneare, *sbst.* domnei, donoi *buhlschaft. Wegen des franz.* a *der stammsilbe vgl. altfr.* damesche *von* domesticus, danter *von* domitare. *Eine prov. und catal. abkürzung von* dominus *unmittelbar vor eigennamen* ist En (dom-en *für* dom-in), *von* domina Na (dom-na) *z. b.* En-Barral *(daher it.* Imberal *CNA.)*, Na Maria, *vgl. Raynouard, Chx. VI, 95.*

Dragomanno *it.*, *sp.* dragoman, *pr.* drogoman, *fr.* drogman, *mhd.* tragemunt, *dolmetscher, in andrer form it.* turcimanno, *sp.* trujaman, *fr.* trucheman, truchement; *vom arab.* targomân, torgomân, *ausleger, dies von* targama *auslegen, ursprünglich chaldäisch und von den Juden den Arabern überliefert (Dozy 35).*

Drappo *it., pr. cat. fr.* drap *tuch, daher* drappello, drapeau *fetzen, fahne.* Drappus *kennt das frühere.* mlatein: si quis altero per mano aut per drappo iratus priserit *Capit. ad L. Alam. Im span. und port. hat es die tenuis zum anlaut:* trapo, trapajo, trapero, traperia, *wiewohl auch* drapero, *in urkunden* draperius *gesagt wird; man sehe Ducange. Die verschiedenheit des anlautes scheint deutsche herkunft anzuzeigen, denn* d *würde den niederdeutschen,* t *den hochdeutschen lautgesetzen entsprechen. Frisch verweist auf unser* trappen *derb auftreten, sofern es für dicht treten, wirken angewandt werden konnte; es käme nur drauf an, die verwandtschaft von treten und wirken oder weben mit andern beispielen zu belegen. Ein zuverlässigeres etymon scheint aber das in einem hochd. glossar des 12. jh. enthaltene subst.* trabo 'trama, extrema pars vestimenti, fimbria' *Graff V, 480: der einschlag oder auch der saum des tuches konnte auf das ganze tuch übertragen werden.*

Droga *it. sp. pg. pr.*, drogue *fr. specerei, gewürz, farbwaare; vom ndl.* droog *trocken, also eigentl. trockne waare (Frisch). Adj. pr.* droguit *bräunlich, schwärzlich.*

Drudo *it. altpg., pr. altfr.* drut, *fem.* druda, *drue freund, freundin, geliebter, geliebte; abgel. altfr.* drugun *TCant. 20, 8, besser* druiun *Fantosme v. 716 vertrauter.* Drudo *steht an der gränze zwischen celtisch und germanisch: gael.* drûth *dirne, meretrix, ahd.* trût, drût, *auch* drûd *Otfr. 1, 4, 5, in comp.* Drudbald, Wieldrud, *(aus* triuwi *treu hergeleitet) liebling, freund, gefährte, diener, fem.* triutin *geliebte. Offenbar schließt sich das rom. wort mit seiner bedeutung dem deutschen auf das genaueste an, fern von jedem vorwurf bezieht es sich ebensowohl auf vertraute freundschaft wie auf liebe: der* drut *ist der getreue, der anhänger, das wort sucht darum die gesellschaft von* ami: mes drus et mes amis; ses amis et ses drus; vos amis et vos drus; *in einem capitular Karls des kahlen gesellt es sich zu* vassall: sine solatio et comitatu drudorum atque vassorum. *Das Otfriedische* gotes drût *würde sich daher ganz wohl durch* drut dien *übersetzen lassen. Neben dem substantiv ist noch ein adjectiv zu erwägen, it.* drudo *verliebt, artig, dsgl. wacker, fr.* dru *munter, üppig:* ces moineaux sont drus *sind munter, wollen ausfliegen,* l'herbe drue *das üppige, dichte gras,* la pluie tombe dru *der regen fällt dicht, altfr.* tous puet estre riches et drus *mancher kann reich und üppig sein, daher vb.* endruir *dicht machen NFC. II, 116, genues.* druo *dicht, dick,* drueza *überfluß (s. das alte denkmal dieser mundart Archiv. stor. ital. app. num.*

18, p. 21, 58), piem. neupr. dru *üppig, fruchtbar (vom boden). Wenn nun auch die ideenfolge* 'vertraut, verliebt, üppig' *an sich nichts auffallendes hat, so wird man doch hier auf celt. adjectiva, wie gael.* drúth *muthwillig, kymr.* drud *kräftig, kühn, oder mit Gachet auf das altn.* drlugr, *schwed.* dryg *derb, voll, deren bedeutungen das üppige näher steht als denen des hochd. wortes, hingeführt. S. vor allem Dief. Goth. wb. II, 679.*

Duca *it., wal.* duce, *sp. pg.* duque, *pr.* duc, *fr.* duc *führer, herzog; it.* ducato, *sp. pg.* ducado, *pr.* ducat, *fr.* duché *(bei den alten fem., daher it.* ducéa) *herzogthum, im spätern latein schon* ducatus *für* ductus. *Nicht unmittelbar aus dux konnte sich ein ital. masc. wie* duca *gestalten, dessen richtige form* doce *(mlat.* dox docis *L. Long, ven.* doge) *gewesen sein würde; es gieng zuvor durch den mund der Byzantiner, welche mit* δούξ, *acc.* δοῦκα, *oder mit* δούκας *lange vor der litterärischen zeit der ital. sprache den kriegsobersten einer provinz oder stadt benannten. S. Ducange Gloss. graec. — Von* duca *ist auch it.* ducato, ducatone, *sp.* ducado, ducaton, *fr.* ducat, ducaton *eine silber- oder goldmünze, zuerst in Italien, wie es scheint, unter Roger II., könig von Sicilien, in beziehung auf das herzogthum Apulien* (ducato d'Apuglia) *seit 1140 geprägt, s. Ducange Gloss. lat. s. v.*

Duello *it., sp.* duelo, *fr.* duel *zweikampf; von einer veralteten, wenn auch im Augustischen zeitalter noch angewandten form* duellum *für* bellum. *Das wort ist kein altromanisches: man nahm es erst später auf den grund einer misverstandenen etymologie aus dem latein auf; dem mittelalter genügte* battalia *auch für diesen begriff, daher in einer stelle aus dem anfange des 13. jh.:* permitto battalias omnes, quas grammatici duella vocant *DC. Sonst romanisch auch* battaglia singolare *wie ahd.* einwîc *einzelkampf.*

Duna *it. sp., vom fr.* dune *sandhügel am meere; dies zunächst vom gleichbed. ndl.* duin (n.) = *ags.* dûn (f.), *engl.* down, *deren ursprung aber im celtischen zu liegen scheint: altir.* dûn, *kymr.* din *hügel, urspr. befestigter ort, daher die städtenamen mit* dunum (Augustodunum, Lugdunum u. s. f.) *s. Zeuß I, 29. 30. 64. 118, oder befestigte anhöhe s. Richards, Welsh dict. v.* din. *Weiteres über dies wort bei Du Méril, Formation d. l. l. franç. 35, Mahn, Etym. untersuch. p. 30, Diefenbach, Orig. europ. 325 ff.*

Dunque, adunque *it.,* alt donqua, adonqua *und* dunche, adunche, *altsp.* doncas, *fr.* donc, *conclusivpartikel. Altfr.* dunc *(so schon im Fragm. v. Valenciennes),* donc, donques, adonc, *pr.* dunc, adonc, *sind zeitpartikeln und entsprechen dem lat.* tum *und unserm* dann: *erst hieraus entfaltete sich die conclusive bedeutung, wie dies auch sonst wahrzunehmen ist, z. b.* 'igitur' apud antiquos ponebatur pro inde et postea et tum, *sagt Festus; ahd.* danne *gilt für* tum *und* ergo; *ähnlichen übergang von der zeit zur folgerung zeigt sp.* pues *und* luego. *Was nun den ursprung des wortes betrifft, so sträubt sich gegen* de unquam *der begriff; es muß vielmehr von* tunc *mit vorgesetztem* n *oder* ad *herrühren, so daß das dadurch zum inlaut gewordene* t *in* d, atunc *in* adunc *übergehen konnte; dies wäre also die ursprüngliche,* dunc *ist eine abgekürzte form.* A tunc *und* ad tunc *trifft man in urkunden nicht selten, z. b.* HLang. *I, 25 (v. j. 782)*, 99 *(v. j. 852).* Muratori *erklärt sich für* ad hunc sc. modum, finem, *aber die zeitliche bedeutung scheint dies nicht zu gestatten. — Ital.* dunque *ist also aus* dunche *entstellt, die reinere form lebt in den mundarten fort, z. b. com.* donch, *ven.* donca, *neap.* addonca.

Durare *it., sp.* durar, *fr.* durer *währen, mhd.* dûren, tûren, *nhd.* dauern, *engl.* dure. *Das etymon ist bekannt, hat aber die bed. härten eingebüßt, wofür* indurare *bestimmt ward. Dagegen drückt es neben der ausdehnung in der zeit nun auch die im raume aus, namentlich im prov. und altfranz., z. b.* un bosc que dura ben xx. legas *ein wald, der sich 20 meilen weit erstreckt Jfr. 164ⁿ;* Babiloine dure xx. lues *Fl. Bl. 1787.* Tant que la lance dure, *so weit sie reicht, liest man häufig.*

E.

Ea *sp. (auch bask.), pg.* cia, *dsgl. pr.* cia (cya) *Flam. 2311, altfr.* aye (aia tutti 'wela alle' *Gl. Cass.*), sicil. jeja, *interjection der aufforderung oder verwunderung; stimmt überein mit lat.* eja, *gr.* εἴα, *mhd.* ciâ, *letzteres nach* Grimms *vermuthung III, 301. 778 aus dem lateinischen eingeführt, was von den romanischen wörtern noch zuversichtlicher ausgesprochen werden darf.*

Ebbio *it., sp.* yedgo, yezgo, *pg.* engo, *pr.* evol, *fr.* hièble (h *asp.), in Berry* gèble, *venez.* gévalo *attich; von* ebulum. *In* yedgo *läßt sich* d *zwar aus* l *erklären (vgl.* sendos *von* singulos), *im übrigen aber bleibt die entstellung des wortes stark; man hat darum selbst an eine verwechselung mit* aesculus *gedacht, allein beide gewächse sind grundverschieden.*

Ebbriáco, imbriaco, ubbriaco, briaco *it., altsp.* embriágo, *pr.* ebriac, *wald.* ubriart, *fr. (in Berry)* ebriat, imbriat *betrunken; vom lat. vermuthlich nur volksmäßigen* ebriācus *bei* Plautus *nach* Nonius, *gebildet wie* merācus *aus* merus, *wiewohl die lexica* ebriăcus, *als sei es griechisch, setzen. Daher rührt der pflanzenname pr.* abriaga, *fr.* ivraie *trespe, taubkraut, rauschkorn, ein unkraut mit berauschender kraft.*

Ecco *it., wal.* eace, *pr.* ec, *altfr.* eke, *adverbium, von* eccum, *häufig mit einem personalpronomen verknüpft: it.* eccomi, eccoti, eccolo, eccola, eccoci *u. s. f., wal.* eaceme, *pr.* ecvos, *altfr.* ekevos; *aber sicher auch sp.* ele, elo, ela *(für* ec-le, ec-lo, ec-la), étele (= *it.* eccotelo), *nicht etwa für* hele *oder* fele *aus* vele *(s. he II b), da der abfall des anlautenden* h *für* f = v *minder leicht vor sich geht, niemals z. b.* emencia *für* hemencia, femencia = vehementia *gesagt wird. Eine cumulation ist pr.* vec *aus* ve *(imper. von* vezer, *lat.* vide) *und* ec, *daher* vecvos, *zsgz.* veus; *so auch in ital. mundarten* vecco, veccolo, *dessen* v *Salviati,* Avvertim. (Mil. 1810) *II, 132, für reinen zusatz hält. Aus* ecce *ist altfr.* eis, es, ez *mit angefügtem* vos, *wozu man einen plural mit verbalflexion* es-tes-vos *schuf, nicht unähnlich dem it.* egli-no; *auch pg.* eis *scheint aus* ecce. *Diese lat. partikel wirkt in vielen compositis form- und begriffsverstärkend, vgl. unten* qua, quello, questo, qui.

Édera, éllera *it., sp.* hiedra, *pg.* hera, *pr.* edra, *fr.* lierre *(aus altfr. pic.* hierre, yerre *mit agglutiniertem artikel, den auch neap.* lollera, *gen.* lellua *zeigt) epheu; von* hedera.

Egli *it., sp.* él, *pg.* elle, *pr.* el, elh, *fr.* il, *wal.* el, *pronomen. Die formen erklären sich theils aus* ille, *theils aus* illic *für* ille *(bei Terenz). Dsgl. it. pr. fr. wal.* lui *(im prov. Boeth.* lúi *accentuiert), muthmaßlich aus* ill-uic, *s. Rom. gramm. II, 82; fem. it. pr. wal.* lei, *altfr. (burg.)* lei *und eben sowohl* lié, *von* illae *für* illi; *plur. it.* loro, *pr. wal.* lor; *fr.* leur, *von* illorum *(sard.* insoru *v.* ipsorum). *In den seltsamen ital. pluralformen* egli-no, elle-no *ist* no *ein offenbares verbalsuffix:* egli-nó canta-no.

Elce *it., sard.* élighe, *pr.* euze, *fr.* yeuse steineiche, *von* ilex; *it.* leccio, *vom adj.* iliceus. *Gleicher bedeutung ist das abgel. it.* elcina, *sp.* encina, *pg.* enzinha, azinho, *gewöhnlich* azinheira *pr.* olzina *GO., vgl. das adj.* illicinus *Yep. IV. num. 13 (aer. 952). Ital.* lecceto *steineichenwald, von* ilicetum.

Elissire *it., sp.* elíxir, *fr.* élixir *eine auflösung verschiedener arzneistoffe in weingeist; vom arab.* el-iksîr *stein der weisen, dieses aber, nach Dozy, kein ächtes arabisches, sondern ein dem griechischen entlehntes und abgeändertes wort. Aus lat.* elixus, *welches andre aufstellen, würde sich die endung* ir *nicht erklären.*

Elmo *it. pg. altsp., nsp.* yelmo, *pr.* elm, *fr.* heaume (h *asp.*); *vom ahd.* helm, *altn.* hiâlmr, *goth.* hilms. *Eine altpg. bedeutung ist* decke *(etwas schützendes):* unum elmum laboratum pro super ipsum altare urk. *v. j. 1087 SRos. Abgel. sp. pg.* almete *für* elmete *vielleicht nach dem altfr.* healmet; *aus* almete *aber scheint sich wiederum das fr.* armet pickelhaube *zu erklären.*

Endivia *it. sp. pg. pr.,* endive *fr. ein kraut,* endivie; *vom lat.* intybus (intibus, intubus *Schneider I, 47), genauer von dem unvorhandenen adj.* intybeus, intybea.

Enola, ella, lella *it., sp. pg.* énula *und* ala, *fr.* aunée *eine pflanze,* alant; *von* inula, *gr.* ἑλένιον. *Alter und volksüblichkeit der zweiten span. form ergibt sich aus Isidor's stelle:* inula, quam alam rustici vocant. *Letzteres scheint, wie Weigand bemerkt, noch in unserm* aalbeere *für* alantbeere *durchzublicken.*

Era *it. sp.,* ère *fr. zeitrechnung d. h. die folge der von einem festen zeitpuncte an gezählten jahre. Dem Römer waren* aera, *plur. von* aes, *rechenpfennige, dsgl. die posten in einer rechnung. Erst die späteste latinität machte hieraus einen sing.* aera, *gen.* aerae *(roman. beispiele dieser art s. Gramm. II, 23) und brauchte das neue wort theils in dem bemerkten sinne, theils für eine gegebene zahl, wonach eine rechnung angestellt werden soll, theils endlich für die epoche, von der man in der*

I. ERMO—ESCIRE.

zeitrechnung ausgeht, letztere bedeutung bei Isidorus, s. Freund s. v. Im span. bedeutete das wort, so lange die aera hispanica dauerte d. h. bis 1383, schlechtweg so viel als año = annus; es aber darum aus dem gothischen zu schöpfen, worin jêr, pl. jêra, *dieselbe bedeutung hat, ist verlorene mühe.*

Ermo *it., sp.* yermo, *pr. altfr.* erme, herme, *wal.* ermu, *bask.* eremu *einsam, als sbst. einöde; vom gr.* ἔρημος, *sbst.* ἡ ἔρημος, *lat.* erēmus, *bei* Prudentius erēmus (fervebat via sicca erĕmi serpentibus atris), *mlat.* ermus, hermus, *so daß die roman. sprache hier dem griech. accent folgte. Abgel. neupr.* hermas *heide.*

Ervo *und* Iero (*aus* l'ervo) *it., sp.* yervo, yero, *pr. fr.* ers *eine hülsenfrucht; von* ervum, *die form* ers *vielleicht durch einwirkung des dtschen* erbse, *ahd.* arwîz. *Aus dem abgeleiteten lat.* ervilia *(wicke) entstand sp.* arveja, alverja, *com.* erbeja, *it.* rubiglia, *letzteres mit umgestelltem* r (*ebenso* rigoglio *neben* orgoglio), *dsgl. mail.* erbion *für* erviglione.

Esca *it. pr., altfr.* eche *G. Guiart I, 156, sp.* yesca, *wal.* eascę *zunder; vom lat.* esca *lockspeise (des feuers). Schon Isidorus kennt die neuere bedeutung:* esca vulgo dicitur (fungus), quod sit fomes ignis. *Das einfache vb.* escar *in der bed. ködern besitzt nur die prov. mundart, pr.* iscar *heißt die angel mit köder versehen, sard.* escai *ätzen, füttern; zsgs. it.* adescare, *sp.* enescar. *Von* esca *ist auch sp.* esquero *großer lederner beutel für feuerzeug u. dgl.*

Escamel *sp. pg. ein bankartiges geräthe der schwertfeger, pr.* escaimel, *altfr.* eschamel *ein bänkchen, schemel; nicht von* scabellum *(it.* sgabello, *fr.* escabeau, *cat.* escambell *u. s. w.*), *wie Grandgagnage I, 269 richtig bemerkt, sondern von der form* scamellum (*al.* scamillum, scamnellum) *bei Priscian aus Apulejus.*

Escanciar *sp.,* escançar *pg.,* eschancer *altfr. einschenken (chw.* schanghiar *schenken, dono dare); sbst. fr.* échanson, *sp.* escanciano, *pg.* escanção *der schenke; vom ahd.* scencan, *sbst.* scenco, *ursprünglicher* scancjan, scancjo, *woher zunächst das mlat.* scancio, scantio *L. Sal.* 11, 1 (*cod. fuld.*). *Vom nhd.* schenken *aber leitet man fr.* chinquer *zechen, wofür mundartlich aber auch* chiquer *vorkommt, s. Dict. Génev. v.* chique. *Die ital. sprache hat* scancía, scansía *gestell mit fächern für gläser oder bücher = mlat.* scancia *schenke, bair.* schanz.

Escara *it., sp. pg.* escára, *fr.* escarre *schorf, grind; vom lat.* escħára (ἐσχάρα).

Escire *it., gewöhnl.* uscire, *wal.* eṣì, *altsp.* exir, *pr. altfr.* eissir, issir, ussir *ausgehn; von* exire. *Zsgs. it.* riuscire, *fr.* réussir *wohl ausgehen, gelingen, altfr.* rissir *wieder ausgehn. Was die formen* uscire *und* ussir *betrifft, so darf einmischung des sbst.* uscio, *altfr.* us *thüre vermuthet werden; Castelvetro II, 261 leitet das verbum gradezu daher ab. Man lebt im hause, nicht im freien; thüre wird darum zuerst als ausgang, nicht als eingang, gefaßt, lat.* foras ire, *gr.* θύραζε ἔρχεσθαι *drücken die bewegung von innen nach der thüre und durch dieselbe aus; bask.* athea *ist* = *it.* uscio, atheratu = uscire.

I. ESCLUSA—ESSERE.

Esclusa sp., écluse fr. schleuse, mlat. exclusa, sclusa L. Sal., Greg. Tur., Venant. Fort.; von excludere, nicht vom ahd. sliozan schließen, das eher fr. écluce, éclusse erzeugt haben würde, darum auch ndl. sluys, nicht sluyt.

Escupir sp. pg., pr. altfr. escopir, escupir, wal. s cuipà speien, alb. scúpira auswurf. Umstellung aus exspuere (ecspuere) wäre nicht gegen den geist wenigstens der span. sprache, aber dem weit verbreiteten worte (vgl. Dief. Goth. wb. II, 296) scheint eine eigne wurzel zuzukommen.

Esmar pr., altfr. esmer, altsp. altpg. asmar, osmar Trov. schätzen; sbst. pr. altfr. esme, cat. esma, occ. îme, lothr. aume schätzung; von aestimare. Zsgs. pr. azesmar d. i. adaestimare (oft asesmar geschr.) berechnen, bereiten (übergang vom gedanken zur that, wie etwa im mhd. reiten computare parare): a son colp azesmat er hat seinen streich wohl berechnet, hat wohl gezielt Fer. 1636; mit wandlung des s in r azermar, endlich auch sermar. Von azesmar ist das altfr. acesmer ordnen z. b. la bataille, altgenues. acesmar Arch. stor. ital. num. 18, p. 34. 39, gewiß auch Dante's accismare zurichten Inf. 28, 37, das man sonst aus cisma (σχίσμα) erklärt; aber auch azzimare, sp. azemar, welches mit gr. ἄζυμος nichts gemein haben kann. Esmar, pic. amer, findet sich wieder im engl. aim beabsichtigen, zielen, mhd. âmen, aemen mit letzterer bedeutung.

Essere it. pr. chw. ésser, fr. être, sp. pg. ser vb. sein. Daß man lat. esse, um ihm die gestalt eines rom. infinitivs zu leihen, in essere erweiterte (sard. neben essiri noch essi), liegt auf der hand, und diese bildung kommt in alten urkunden mehrmals vor, z. b. impf. conj. esseret Fumag. p. 18 (vor dem j. 750), vgl. Ducange. Franz. mußte sich das wort in die form estre, être kleiden wie tessere (texere) in die form tistre, titre, und auch jene form läßt sich früh nachweisen. Span. ser aber, das in der alten sprache seer geschrieben und zweisilbig gesprochen ward, kann nur von sedere herrühren, wie Rom. gramm. II, 174 ausgeführt ist. Dies verbum hatte schon im latein die bed. sich wo befinden, bleiben oder wohnen entwickelt, und so brauchte es das mittelalter sehr häufig: wenn es der Römer z. b. hin und wieder einmal auf die lage einer stadt anwendet (Campo Nola sedet), so ist es später der übliche ausdruck bei städten oder bergen, z. b. mons in valle sedet Venant. Fort. 3, 10; altfr. ù Rome seit wo Rom liege Brt. I, p. 3, ebenso sied bei Froissart; it. siede la terra sulla marina Inf. 5, 97; rivo o fonte siede ombrosa valle Petr. canz. 17, 1. Gerne verband es sich zumal, als ein intensiveres hülfsverb, mit participien: ut orbata filiis sedeas Greg. Tur. 5, 40; de hac causa ductus sedeat Form. Marc. 1, 38; besonders häufig in Spanien: non sedeat dimissum sei nicht entlassen Esp. sagr. XXXVI, p. XXVIII (v. j. 1020); quod sedeamus perjuratos XL, 411 (v. j. 1032); sedeat excusato SRos. I, 54 (v. j. 1189). So denn auch altsp. seo bien pagado Bc. Mil. 816; en la su merced seo Bc. SDom. 757. Endlich mischte sich sedere entschieden mit esse, es lieh ihm den imperativ (sé, sonst sey), das gerundium, das particip. prät. (sido, sonst seÿdo), den *infinitiv, vielleicht auch das präs. conj.* (sea, *sonst* seya), *zuweilen auch das imperfect (altpg.* sia *für* era, *SRos. v.* syha). *Man halte dazu goth.* visan *wohnen, bleiben, sein, Grimm IV, 821.*

Esso *it., alt* isso, *sp.* ese, *pg.* esse, *pr.* eis, *älter* eps *Bth., Pass. de J. Chr., wal.* insu, *pronomen, von* ipse, *altsp.* essi *von* ips' hic. *Als neutrum oder adverbium verbindet sich* esso *oft mit partikeln, wie im it.* lunghesso, sovresso, *im pr.* anceis (?), demanes, *vgl. lat.* nunc ipsum, istbuc ipsum *Terent. Andr. 1, 2, 13, sp.* ahora mismo; *mit dem dtschen* da-selbst *stimmt das pr.* aqui eis *(im Jaufre oft) wörtlich überein. Eine ess. für lat.* nunc *(auch perpetuo) ist it.* adesso, *altsp.* adiesso, *pr. altfr.* ades *von* ad ipsum; *gleichbed. altit.* issa *(churw.* ussa) *von* ipsa *sc.* hora = *altsp.* esora. *Ein andres adverb. kennt nur der nordwesten: pr.* epsamen, eissamen, *altfr.* esement *Ben. III, 400,* essement *Carp.,* essiment *Grég. 441. 443, s. v. a. lat. eodem modo, pariter, wofür altfr.* ensement *(mit eingeschobenem* n) *weit üblicher, pr.* ensament *ziemlich selten ist, da es wohl nur im Jaufre vorkommt. Vgl. auch des.*

Esto *altit., sp. pg.* este, *pr.* est, *altfr.* ist *(in den Eiden), wal.* ist, aist, *pronomen, von* iste. *Zsgs. it.* questo, cotesto *s. II. a.*

Estribo *sp. pg., cat.* estreb, *pr.* estrep *Jfr.,* estreup (estruep *Chx. III, 143),* estriub, estrieu, estriop *GO., altfr.* estreu *Ben.,* estrief *PMousk.* steigbügel; *abgel. sp.* estribera, *pg.* estribeira, *pr. mit* u *für* i estrubieira, *fr.* étrivière *und masc.* étrier *(zsgz. aus* étrivier?). *Das ital. gebiet setzt* staffa *an die stelle dieses wortes.* Estribo *und* estriub, *für die doch schwerlich zwei verschiedene quellen anzunehmen sind, decken sich nicht vollkommen, da pr.* u *dem sp.* b *hinlänglich antwortet (vgl. sp.* escribo, *pr.* escriu, escrieu), b *oder* p *also nochmals beigefügt sein müßte: in der form* estrubieira *ist einfluß des diphthonges* (iu) *anzunehmen und es scheint nicht nöthig,* strūpus *(für* struppus) *zu hülfe zu rufen. Die franz. wörter zeigen dagegen nichts anomales. Entschieden abzulehnen ist Salmasius' herleitung (von* étrivière) *aus gr.* ἀστράβη *hölzerner sattel, in den Isid. glossen* 'tabella, in qua pedes requiescunt', *also fußbänkchen, indem weder die bedeutung noch der tonvocal passen, s. Caseneuve v.* étrieu. *Frisch II, 348 führt das rom. wort auf das nds.* stricpe *lederschlinge zurück. Wackernagel verweist dagegen auf mhd.* stege-reif, *mndd.* stî-reip, *für die bedeutung genügend und auch der form nicht widersprechend, wenn man es in* streep *zusammenzieht; das engl.* stirrup *könnte uns sogar das pr.* estreup *erklären, wenn jene form hoch genug hinauf gienge (ags.* stîgrap, stîrap). *Zu dem substantiv gesellt sich noch ein verbum: sp. pg. pr.* estribar, *cat.* estrebar *stützen, sich stützen (der bügel ist des reiters stütze), port. auch den fuß in den bügel setzen, altfr.* des-estriver *aus dem bügel bringen* (del destre pié l'a tout descatrivé *RCam. p. 159); eine prov. nebenform* estrubar *knüpft dieses verbum fester mit dem substantiv zusammen. Dazu kommt ein altsp. compositum* costribo *stütze,* costribar *sich anstrengen. Merkwürdig ist, daß dieses* costribar *auch die bed. von* constipare, *so wie sp.* estribar *die von* stipare *hat d. h. stopfen, anfüllen: sollten sie mit eingeschobenem r daraus entstanden sein? Allein ihr zusammenhang mit* estribo *ist evident;* stipare *kann sich eingemengt haben. Entschieden erinnert* estribar *an unser* streben, estribo *heißt auch* strebepfeiler, *aber die bed.* bügel *ist unserm* strebe *fremd. Wohl aber passt* streben *zu altfr.* estriver *kämpfen (mhd. s. b.* mit dem tievel streben), sbst. estrif kampf *(woraus* bret. strîf, engl. strife), *auch pr.* estri-s. *Freilich* estrit *im Leodegar str. 10 trifft genau mit ahd.* strît *zusammen, und selbst* estriver *könnte aus* strîtan *entstehen. — Wir haben hier wieder ein beispiel von der unsicherheit etymologischer kunst auf einem gebiete, wo sich sinn- und lautverwandte wörter berechtigter sprachen von allen seiten zudrängen, ohne daß es sich entscheiden läßt, ob eins oder mehrere derselben an einem roman. producte theil haben mögen. — Nicht verschieden von dem behandelten worte scheint sp.* estribo, estribillo *schlußreim, refrän, eigentl. worauf man sich stützt wie auf den stegreif, worauf man stets zurückkommt. Daher vermuthlich in hinsicht auf die poetische form, altsp.* estribote (escarnios & laydos estribotes Bc. SDom. 648), *altfr.* estribot, estrabot (vers ne firent e estraboz ù out assez de vilains moz s. Ben. I, p. 283), *pr.* estribot PO. p. 324 *spottlied. Vgl.* strambo.

Estro *it. sp. begeisterung; von* oestrus (οἶστρος) *gleichbedeutend.*

F.

Faccenda *it., pg. pr.* fazenda, *sp.* hacienda, *altfr.* faciende *geschäft; plur. des particips* faciendum. *Span. port. bedeutet es zumal verwaltung der güter so wie die verwalteten güter selbst, überhaupt habe, vermögen, daher it.* azienda. *Geschäfte und landgut heißt auch das pr.* afar, *s. oben* affare.

Facchino *it., sp.* faquin, *fr.* faquin *sackträger. In dieser bedeutung führt Nicot das franz. wort an, aber als ein aus Italien gekommenes. Jetzt heißt es* wicht, schelm, stroh- *oder* holzfigur, *wonach man rannte,* mdartl. (norm. pic. berr. u. s. w.) *geputzter mann, stutzer. Läßt sich sein früheres vorkommen im franz. erweisen, so ist vermuthlich ein älteres ndl.* vant-kîn (veyntken Kil.) = *neundl.* ventje *junger bursche (kerlchen) darin enthalten und das wort hat sich in derber bedeutung (kerl) aus Frankreich weiter verbreitet. Die herleitung aus* fascis *kann natürlich nicht genügen; eher wäre arab.* faqîr *arm, dürftig Freyt. III, 363ᵃ heranzuziehen. Sicil.* facchinu *heißt schenkwirth. — [Scheler unterstützt die obige vermuthung noch durch hinweisung auf* mannequin: *auch dieses gieng von der bed. männchen aus und gelangte zur bed. hölzerne puppe.]*

Faccia *it., wal.* fatzę, *pr.* fassa, *fr.* face, *dsgl. pr.* fatz, *sp.* haz (facha *aus dem ital.), pg.* face *gesicht; von* facies, *doch führen die vier ersten formen auf ein altrom.* facia, *das sich bereits in den Casseler glossen vorfindet:* facias 'wangun'. *Dieselbe form bekennt auch das span. als präposition für lat.* versus *gebrauchte* hácia (fácia): andaba hacia (á) la puente *heißt eigentl. 'er gieng das gesicht nach der brücke gewandt', vgl. Mayans y Siscar I, 70. Zsgs. pr.* es-fassar, *fr.* effacer *auslöschen, tilgen, eigentl. das ansehn entstellen, unkenntlich machen.*

Faggio *it.,* fatj *cat., fem. sp.* haya, *pg. pr.* faia *buche, altfr.* fage *(f.) buchenwald; vom adj.* fageus, fagea, *eine für verschiedene namen der bäume gewählte form. Aber auch das sbst.* fagus *verlor sich nicht: wal.* fag, *sic.* fagu, fau, *pr.* chw. henneg. fau, *altfr.* fo, feu *LR., lomb. gen.* fô; *schon in den Erfurter glossen 322, 34 ganz romanisch* fau 'arbor i. e. bôc' *(buche). Eine abl. ist fr.* fouteau *buche, früher wahrscheinlich* foueau, *wie noch pic.* fo-iau *s. Hécart, nachher* t *eingeschoben; fr.* faîne *buchecker, altfr. lothr.* faîne, *vom adj.* faginea, *zsgz.* fágina, *wie schon in den Schlettst. glossen VI, 214 accentuiert wird; dafür it.* faggiuola, *sp.* fabuco *(statt* faguco) *mit demselben suffix wie in* almendruco *mandel, cat.* fatja *d. i.* fagea.

Fagotto, fangotto *it., pr. fr.* fagot, *sp.* fogote *reisbündel, reiswelle, daher engl.* faggot, *kymr.* ffagod *(f.). Auch ein blasinstrument wird so genannt, wahrscheinlich, weil es sich in mehrere theile zerlegen und wie ein reisbündel zusammenpacken läßt.* Fax facis *bedeutet ursprüngl. ein bündel späne, gr.* φάκελος, *hieraus* fagotto *mit anschließung an die nominativform* fac-s *(nicht an* fac-em, *it.* face) *und erweichung der kehltenuis in die media wie im it.* sorgo *aus* sorec-s, *sp.* perdigon *aus* perdic-s, *pr.* lugor *aus* luc-s; *wegen der ähnlichkeit mit einem bündel späne konnte der name einer reiswelle aus* fax *gebildet werden, um so mehr als sie gleichfalls zum brennen bestimmt war. Das sp.* fogote *ist wohl aus dem franz. entlehnt und dankt seine abweichende form einer umdeutung mit* fuego, *dem Portugiesen und Catalanen fehlt das wort ganz.* Fax *scheint sich erhalten zu haben im wal.* hac *reisbündel (so ja auch* nuc *von* nux), *das nicht von* fagus, *wal.* fag, *herrühren kann. Von* fagus *leiten andre auch* fagotto, *aber wäre daraus nicht fr.* fayot *geworden? wenigstens haben wir eben gesehen, daß* fagus *seine kehlmedia nirgends festhält.*

Faína *it., ebenso mit radicalem* a *cat.* fagina, *neupr.* faguino, fahino, *altfr.* fayne, *mit radicalem* ou *neufr.* fouine, *daher wohl sp.* fuina, *pg.* fuinha, *vgl. ven.* fuina, foina, *lomb. piem.* foin *marder. Nach Adelung vom dtschen* fehe *ausländischer marder, ags.* fág, fáh *bunt, gemalt, glänzend, goth.* fáih *(letzteres von Grimm I³. 94 gefolgert). Im franz. müßte der stammvocal ausgeartet sein, fast wie in* poêle *aus* patella. *Dagegen deutet Diefenbach das wort mit berufung auf die catal. form und auf unser 'buchmarder' aus* fagus. *Dieser deutung beistimmend darf man sich in betreff des fr.* fou-ine *auf das altfr.* fo *(s. oben* faggio) *berufen. Seltsam ist das churw.* fierna, fiergna. *Von dem subst. kommt ein verbum genf.* fouiner, *henneg.* founier, *lomb.* fognà, *ausspüren, durchsuchen, wie fr.* fureter *durchstöbern von* furet *frettchen, it.* braccare *nachspüren von* bracco *spürhund. Das wallon. vb.* fougnî *hält Grandgagnage lieber für das fr.* fouiller: fouine *lautet hier* faweine.

Falavesca *it. (s. Ménage)* flugasche, *pg.* faísca, *altsp.* fuísca *funke; vb. pg.* faiscar *sprühen.* Falavesca *ist versetzt aus* favalesca *für* favillesca *von* favilla *glühende asche, mundartl. z. b. veron. parm. cremon.* faliva; faisca *entstand vermöge der bekannten abneigung des Portugiesen vor* l; fuisca *steht wohl für* foisca, *dies für* fovisca falvisca (*vgl.* topo, *lat.* talpa). *Das ahd.* falawisca *ist, wie Diefenbach bemerkt, romanischer herkunft. Dasselbe suffix zeigt auch das synonyme fr.* flammèche *von* flamma.

Falbalà *it. sp. pg. fr.*, span. *auch* farfalá, *cremon. parm.* frambalà, *piem.* farabalà, *henneg.* fabala *gefältelter besatz an weiberröcken, falbel. Unbekannter herkunft. Es ist kaum der erwähnung werth, daß es Génin, Récréat. philol.* I, 11, *aus einer verlängerung des sinnverwandten sp.* falda *erklärt.*

Falbo *it., sp. fehlt, pr.* falb, *fr.* fauve *helvus, gilvus. Nicht wohl von* flavus, *denn* l *pflegt die anlautende muta nicht zu verlassen; sicherer vom ahd.* falo, *flectiert* falwer, *dessen* w *im ital. eben sowohl wie im nhd.* falb *zu* b *werden konnte.* Falbus *Gl. Paris. ed. Hild.*, falwus *Gl. Lindenbr.*, falvus '*fulvus, elvus color*' *Papias.*

Falcare, diffalcare *it., sp. pg.* desfalcar, *fr.* défalquer *einen abzug machen von einer summe. Die übliche herleitung ist von* falx, *so daß es hieße* absicheln, *was zu seiner bedeutung übel paßt. Es ist vielmehr ganz deutsch: ahd.* falgan *berauben, abziehen, nach härterer aussprache* falcan. *Wäre das deutsche wort aus dem romanischen, so lautete es* falchan, falachan.

Falcone *it., sp.* halcon, *pg.* falcão, *pr.* falco, *fr.* faucon, *später* φάλκων (*Suidas*), *nebst den nominativformen it.* falco, *pr.* falcx, *altfr.* faucs *ein raubvogel, ahd.* falcho; *vom lat.* falco, *erst bei Servius ad Aen.* 10, 146, *gebildet von* falx, *also eigentl. sichelträger wegen der stark gekrümmten krallen des vogels, vgl.* falcula *kleine sichel, kralle. Nach Festus nannte man* falcones *auch menschen mit eingekrümmter großer zehe,* quorum digiti pollices in pedibus intro sunt curvati. *Über das verhältnis des gael.* faolchon *und kymr.* gwalch *zum neulat. worte s. Diefenbach, Orig. europ.* p. 340. — *Dem mittelalter, welches die beize liebte, lag es nahe, einer schußwaffe oder einem wurfgeschütz den namen eines stoßvogels beizulegen, welcher name denn auch auf die feuerwaffen der neueren zeit übergieng, und so heißt* falcone, falcon, faucon (*wovon unser* falkaune) *ein schweres geschütz,* falconetto, falconete, fauconneau *ein leichteres, feldschlange. Vgl. unten* moschetto, sagro, terzuolo.

Falda *it., sp.* falda, halda, *pg.* fralda, *pr.* farda, *altfr.* faude *der untere faltige theil eines kleidungsstücks, schooß, saum; vom ahd.* falt, *ags.* feald *plica, welcher bedeutung sich das chw.* falda *genauer anschließt. Das it. sp. pg. wort bedeutet auch die biegung oder den abhang eines berges bis zu seinem fuße d. h. den untern wie bei einem rock sich ausbreitenden theil desselben: es ist also nicht nothwendig, ihm in diesem sinne das ahd.* halda, *nhd.* halde *unterzulegen, auch kommt* f *aus* h *vor vocalen im span. wenig, in der ital. schriftsprache gar nicht vor. Vb. altfr.* fauder *plier Roq., von* faltan.

I. FALDISTORIO—FANGO.

Faldistorio *it. sp. pg., altfr.* faudestueil, *nfr.* fauteuil *lehnsessel; vom ahd.* faltstuol, *weil er zusammengefalten werden konnte wie die römische sella curulis. Für* faldistorio *findet sich altsp. auch* facistor, facistol, *das jetzt kirchenpult bedeutet, vermuthlich von* falz-stuol. *Dahin auch it.* palchistuolo *wetterdach (von* palco*).*

Fallire *it., altsp. altpg.* fallir falir (*jetzt* fallecer falecer), *pr. fr.* faillir *fehlen, verfehlen, täuschen, daher unser* fehlen, *mhd.* vaelen; *von* fallere. *Aus den starken formen des fr.* faillir, *das ehedem im perf. und im part. prät. doppelformig war, gestaltete sich ein zweites, unpersönliches verbum mit der bed. nöthig sein, präs.* faut, *pf.* fallut, *part.* fallu, *inf.* falloir, *altfr.* faldre, faudre *NFC. I, 26:* il me faut = *lat.* me fallit *es entgeht mir, ist mir nöthig. Aus* fallire *ist das subst. it.* fallo, falla, *altsp.* falla *Sanchez gloss., und so pr.* falha, *altfr.* faille, *selbst altit.* faglia *Trucch. I, 52. 86, PPS. I, 48* mangel, fehler; *freilich schon lat. bei Nonius* falla, fala *für* fallacia, *allein gegen diesen ursprung zeugt das erweichte* ll *der franz. form, da dies regelrecht nur vor oder nach* i *aus lat.* ll *entspringt. Aus dem substantiv floß das vb. it.* fallare *täuschen, sp.* fallar *verläugnen, chw.* fallar *fehlschlagen.*

Falò *it. freudenfeuer, fr.* falot *laterne; von* φανός *leuchte, oder von* φάρος *leuchtthurm, vgl. picm.* farò, *ven.* fanò. *Adj. it.* falotico *wunderlich (flackerig?). Von* φανός *ist auch it.* fanale, *sp. fr.* fanal *schiffslaterne.*

Faltare *it., sp. pg.* faltar *mangeln, fehlen; daher sbst. it. sp. pg.* falta, *fr.* faute *mangel, fehler, und aus diesem subst. das sp. pg. adj.* falto *mangelhaft; zsgs. it.* diffalta, *pr.* defauta, *altfr.* defaute, *masc. neufr.* défaut *s. v. a.* falta. *Das verbum ist ein rom. iterativ von* fallere, *also syncopiert aus* fallitare.

Famiglio *it., altsp. altpg.* famillo, familio, *churw.* famaigl *diener, häscher; moviert aus* familia, *vgl. sp.* manceba *aus* mancipium, *worin ein feminin aus einem neutrum moviert ward, Rom. gramm. II, 297.*

Fanfa *altsp. prahlerei; it.* fánfano, *sp.* fanfarron, *fr.* fanfaron *prahlerisch,* fanfare *trompetenschall; dsgl. sp.* farfante, *occ.* farfantaire *großsprecher; wohl nur naturausdrücke.*

Fanfaluca *it. loderasche, figürl. possen, fr.* fanfreluche, *alt* fanfelue, *flitterkram, norm.* fanflue *blitzen vor den augen. Die Flor. glossen haben:* famfaluca *graece,* bulla aquatica *latine dicitur. Es ist entstellt aus* pompholyx, *das zugleich wasserblase und hüttenrauch bedeutet. Eine abkürzung scheint mail.* fanfulla, *com.* fanfola, *sic.* fanfonj (pl.) *possen; eine noch stärkere das altfr.* falue *Parton. I, 30; eine ableitung fr.* freluquet *geck, stutzer, für* fanfreluquet.

Fango *it. sp., pr. altfr.* fanc, *fem. lomb.* fanga, *pr.* fanha, *fr.* fange, *norm.* fangue *schlamm. Vom goth.* fani (n.), *gen.* fanjis, *dessen* i *oder* j *sich in* fanha *phonetisch ganz richtig durch* h *darstellte, sonst aber sich zu* g *oder* c *verhärtete, vgl. lat.* venio, *it.* vengo, *pr.* venc. *Die Bretonen haben* fank *aus dem altfranz., wenn auch Pictet p. 32 es nebst dem ir.* fochall *zu sanskr.* panka *ordnet. Das adj.* faugoso, fangeux, *stimmt zwar buchstäblich zu dem von Festus angeführten* famicosus palustris *(von* famex *nach O. Müller), muß aber folgerecht auf* fango *zurückgeleitet werden. Vgl. hierzu Grandgagnage II, p. XXIII.*

Fardo *sp. pg. schwerer pack, ballen; sp.* fardillo, *pg. pr.* fardel *bündel, reisesack, fr.* fardeau *last, bürde; sp.* farda, alfarda *kerbe in einem balken, dsgl. eine gewisse abgabe, pg.* farda, alfarda *soldatenrock; sp.* fardage, *pg.* fardagem, *it.* fardaggio *soldatengepäck. Die nur im südwesten heimischen primitiva lassen arab. ursprung vermuthen. Hier heißt* farʿd (farʿdon) *kerbe des pfeils, gesetzliche zahlung, löhnung des soldaten, tuch, kleidung Freyt. III, 335ᵃ, und hierzu passen die bedeutungen von* farda. *Weniger die von* fardo, *aber sein dimin.* fardel *bedeutet doch auch die ausstattung einer braut mit kleidern, nicht bloß bündel: sonst dürfte man auch an arab.* ʿbard *impedimentum Gol. 595 denken.*

Farfalla *it.* schmetterling, *auch figürlich flattergeist, wal.* fęrfálę *mit letzterer bedeutung (aus dem ital.?), bask.* ulifarfalla (ulia *mücke); pg.* farfalhas *plur. metallschnitzel vom prägen, dsgl. aufschneiderei; vb. it.* sfarfallare *aufschneiden, wind machen, neupr.* esfarfalhá *ausstreuen (fr.* éparpiller). *Aus* papilio *ward it.* parpaglione *und vielleicht durch einfluß des ahd.* fifaltra *(schmetterling)* farfaglione, farfalla. *Übrigens trifft man* farfall *auch im schwedischen. Ménage's erklärung aus gr.* φάλλη (ἡ πετωμένη ψυχή *Hesych.), durch reduplication* fafalla farfalla, *setzt einen vorgang voraus, den nur franz. mundarten (henneg.* bébéte *von* bête) *kennen. Anzumerken ist noch comask.* farfátola *in der bemerkten figürlichen bed. flattergeist, sard.* parabatula, barabatula *in der eigentlichen. Etymologisch zu trennen von* farfalla *ist churw.* fafarinna *d. i. lat.* fac farinam *mach' mehl: der schmetterling wird müller genannt, weil er bestäubt ist; auch bei uns nennen ihn die kinder müller mahler. Damit trifft der sardische ausdruck* fagbe-farina *zusammen.*

Farfogliare *neap., lomb.* farfojà, *sp.* farfullar, *henneg.* farfoulier *stottern; von ähnlicher bedeutung arab.* farfara *viel und verworren reden Freyt. III, 339ᵇ.*

Farsa *it. sp. pg. aus dem fr.* farce *dramatische posse, ursprünglich, wie noch im franz., füllsel, daher nach der ansicht der franz. litterärhistoriker ein gemenge von allerhand gegenständen; vom part.* farsus *ausgestopft, woher auch it.* farsetto *wams d. h. etwas ausgestopftes. Daß die begriffe des lat.* satira *denselben gang genommen, erinnert Wackernagel. Von* farsa *ist wohl auch pg.* disfarzar, *sp.* disfrazar *(cat.* disfressar!) *verkleiden, maskieren, wie in den schauspielen.*

Fascio *it., sp.* faxo *und als zweite form* haz, *pg.* feixe, *fr.* faix *bund, bürde; von* fascis. *Abgel. it.* fastello *(für* fascettello), *fr.* faisceau *bündel; it.* fascina, *sp.* faxina, hacina *u. s. w. reisbündel; vb. pr.* affaissar, *fr.* affaisser *niederdrücken.*

Fastidio *it., sp.* fastio, hastío, *jenes auch pg., cat.* fastig, *pr.* fastig,

I. FATA—FELCE.

fastio, fasti, altfr. fasti Roq. überdruß, widerwille, von fastidium; daher vb. it. fastidiare, altsp. hastiar, pr. fastigar, fasticar, fr. fascher, fâcher überdruß machen, ärgern; adj. it. fastidioso, altsp. hastioso, cat. pr. fastigos, fr. fâcheux, lat. fastidiosus. Auffallend ist in einigen sprachen der ungesetzliche übertritt des lat. di oder dj in gutturales g oder c, der sich kaum anders als aus einer ableitung fast-icare erklären lassen möchte.

   Fata it., sp. fada, hada, pg. pr. fada, fr. fée, dauphin. faye, mhd. feie, feine ein dämonisches schicksalbestimmendes wesen; vb. it. futare, sp. hadar, pr. fadar, altfr. féer, fuer, mhd. feien verhängen, bezaubern, fest machen (dex l'a faé gott hat ihn fest, unverwundbar gemacht DMce. p. 121, 26); vom lat. fata für parca, schon auf einer münze Diocletians, vgl. auch fatis für diis manibus auf einer inschrift ohne datum Grut. 859, 11. Es ist aus fatum moviert gleich dem masc. fatus bei Petronius, wiewohl auch die herleitung des rom. wortes aus fatua wahrsagerin Marcian. Cap. nicht regelwidrig wäre. Andre deutungen erwähnt Müller, Mhd. wb. III, 289.

   Fattizio it. ff. durch kunst hervorgebracht, lat. facticius; sbst. sp. hechizo, pg. feitiço zauberei, wie ahd. zoubar von zouwan machen (Grimm, Myth. p. 985); daher sp. hechicero, pg. feiticeiro zauberer, it. fattucchiero. Auch factura gieng auf diese bedeutung ein: it. fattura, pr. faitura; vb. it. fatturare, pr. faiturar; sbst. pr. fachurier, dauph. faiturier. Prov. faitilha bezauberung muß gleichfalls aus facere abgeleitet sein.

   Favola it., fr. fable, pr. faula mährchen, sp. fabla, habla, pg. falla rede, von fabula; it. favella sprache, von fabella, masc. sard. fueddu rede, wort; dimin. fr. fabliau, altfr. pr. fablel kleine erzählung; vb. it. favolare, favellare, sp. hablar (woher seit dem 16. jh. fr. habler mit asp. h), pg. fallar und so pr. favelar, faular, altfr. fabler erzählen, reden, wal. heblei plaudern, von fabulari, mlat. fabellari Gl. Paris. ed Hildebr. Die ital. nebenform fola ist = pr. faula; fiaba = altfr. flabe, mit versetztem l.

   Fégato it., sp. hígado, pg. fígado, pr. fetge, fr. foie (m.) leber; vom mlat. ficatum sc. jecur, eigentlich die mit feigen gemästete gänseleber (pinguibus et ficis pastum jecur anseris albi Horat. sat. 2, 8, 88), demnächst leber überhaupt, vgl. ngr. σικότι aus σικωτὸν ἧπαρ. Die aussprache ficatum mag früh aufgekommen sein, da sie gemeinromanisch ist, die Casseler glossen bringen bereits figido, worin die zweite silbe, da sie a mit i tauschen konnte, unbetont gewesen sein muß. Nur der Sarde spricht figáu, der Venezianer figà, der Walache ficát. Durch umstellung entstand das lomb. fidegh aus fighed, letzteres dem erwähnten figido ganz nahe stehend.

   Felce it., sp. helecho, fr. fougère farrenkraut; das erste (nebst dem occ. feouze) von filix, das zweite von filictum, das dritte (für feugère) von dem unlat. filicaria.

Fello *it., pr. altfr.* fel *grausam, gottlos; it.* fellone *großer bösewicht, altsp.* felon, fellon *Bc. s. v. a. it.* fello, *fr.* félon *auch meineidig, rebellisch; it. altsp.* fellonia, *pr.* felnia, feunia *ruchlosigkeit, fr.* félonie *verletzung der vassallenpflicht, lehensfrevel, und so auch nsp.* felonia. *Mlat.* felo *im 9. jh.:* non tibi sit curae, rex, quae tibi referunt illi felones atque ignobiles *Cap. Car. C. Man leitet das wort wohl vom lat.* fĕl, *adjectivisch gebraucht, so daß es gallicht, zornig bedeutete (vgl. pr.* fin e lial e senes fel *treu, redlich und ohne galle M. I, p.* 212^m), *aber es verschmäht überall den grammatischen wohlbegründeten im it.* fiele, *sp.* hiel, *fr.* fiel *vorliegenden diphthong. Das vorhandene adj.* felleus *würde nur zur prov. form* felh *stimmen. Eine neue bildung* fello fellonis *wäre ungewöhnlich und ergäbe schwerlich ein it.* fello, *denn solche nominativformen scheinen nur aus vorhandenen lat. wörtern herzustammen* (ladro, ladrone). *Dagegen sieht Hickes seinen ursprung in dem bei Sommer verzeichneten ags.* fell *böse, grausam, engl.* fell = *ndl.* fel. *Sehen wir aber von diesem in den quellen nicht vorkommenden ags. worte ab, dessen deutschheit noch dahin steht, so bietet sich uns das ahd. vb.* fillan*: davon ist ein sbst.* fillo *geisseler, schinder (und die grundbedeutung von* fello *ist 'grausam, unbarmherzig') anzunehmen, dem sowohl* fello *wie* fellone *gemäß ist. Das offne ital.* e *hindert nicht, es ist auch in* vèllo *von lat.* villus. *Diese etymologie wird noch durch eine wahrnehmung an dem rom. worte unterstützt. Die ursprüngliche declination im prov. und altfranz. ist nom. sg.* fel (fels), *acc.* felon *(so durchaus in der Passion Christi und im Leodegar), der nom.* felon *ist selten und eine spätere verirrung. Alle ableitungen, selbst das fem.* felona (fella *ist unbekannt) fließen aus dem casus obliquus. Das wort verlangt also ein etymon, dessen accus. die endung* on *zeigt, d. h. ein thema* felon, *und dies gewährt das deutsche* fillo, *acc.* fillun, fillon. — [*Was sich allein gegen diese deutung einwenden läßt, ist daß sie auf ein nur vorausgesetztes, wenn auch mit grund vorausgesetztes wort gebaut ist. Aber die quellensprachen verweigern ein besseres. Man könnte noch an kymr.* ffell *(verschlagen, weise) denken, wäre dessen bedeutung passender und ließe sich die prov. declination damit in einklang bringen.*]

Felpa *it. sp. pg. eine art plüsch, pelzsammet, dtsch.* felbel, *schwed.* fälp; *ein fr.* feulpier *verzeichnet Roquefort und erklärt es mit fripier, auch sagt man burg.* poil feulpin *milchhaar. Ferrari hält das ital. wort für deutsch, Adelung das deutsche für ital., aber aus lateinischem stoffe ist es sichtbarlich nicht gebildet. Bair.* felber *(m.) ist zugleich der name der salweide, ahd.* felwa: *sollte man den stoff nach diesem baume wegen seiner wollichten oder filzigen blätter benannt haben? Aber die vermuthung ist gewagt, da es an ähnlichen übertragungen fehlt. Zu merken sind noch einige formen: it.* pelpa (*bei Veneroni), sic.* felba, *sard. cat.* pelfa. *Im altport. heißt* falifa *schafpelz.*

Feltro *it. sp.* fieltro, *pr. fr.* feutre, *mlat.* filtrum, feltrum, *L. Baiw., mittelgr.* ἀφέλετρον *dichtes gewebe von haaren; vb. it.* feltrare, *sp.* filtrar, *fr.* filtrer *durchseihen; vom ahd.* filz, *ags.* felt, *mit angefügtem* r, *was hinter* t *nicht selten vorkommt,* Rom. gramm. *I, 344. 361. 451. Es gibt ein altfr.* verbum fautrer *prügeln:* batre et fautrer; povres clers est fautrés, quant du portier est encontrés, *s.* Carpentier, *der es aber unrichtig übersetzt. Dieses wort, für welches Gachet ein* mlat. falcastrare *aufstellt, verhält sich buchstäblich ebenso zu* filzen *wie* fautre *(denn auch diese form ist vorhanden) zu* filz, filzen *aber heißt walken d. i. stampfen, schlagen.*

Ferlino *it.,* altsp. ferlin, altfr. ferling ferlin *eine münze, vierteldenar; vom* ags. feordhling.

Feluca *it., sp.* faluca, *pg.* falua, *fr.* félouque *kleines ruderschiff; nach Engelmann und andern orientalisten vom arab.* folk *schiff, dies vom vb.* falaka *rund sein Freyt. III, 373ª, nach Dozy vielmehr vom arab.* harrâka *kleines see- oder flußschiff.*

Ferrana *it., pg.* ferrãa, *sp.* herren *(f.) mengfutter; von* farrago, *it. auch* farraggine, *pg.* farragem.

Fetta *it.* schnitte, fettuccia *schnittchen, bändchen,* altsp. fita band *Silva ed.* Grimm *p.* 252, *so auch port. Herkunft aus* vitta *(binde) ist bei der seltnen vertauschung des anlautes* v *mit* f *wenig wahrscheinlich: dieses wort zeugt it.* vetta, *sp. pr.* veta. *Ein passenderes etymon scheint* ahd. fiza band, faden, *womit auch* nhd. fetzen *(*chw. fetza*) zusammenhängen* mag. *Man sehe* Weigand, Syn. wb. *I,* 276, *auch* Diefenbach, Goth. wb. *I,* 373.

Fiacco *it., sp.* flaco, *pg.* fraco, *pr.* altfr. flac, flaque *matt, schwach; vb.* fiaccare *matt machen, brechen; von* flaccus *schlaff. Aber das neufr.* flasque *kann, genau erwogen, nicht unmittelbar aus* flaccus *gebildet sein, und da umstellung aus* ahd. sclaf *für die franz. sprache zu stark wäre (in der* span. *könnte man sie zugeben), so wird es wohl aus* flaccidus *gesprochen* flaxidus, *umgestellt* flasquidus *(vgl.* laxus lasque lâche) *entstanden sein, wenn auch* d *in dem suffix* idus *nicht leicht schwindet. Zu* flasquidus *stimmt auch* lothr. fiâche *und* comask. fiasch *weichlich.*

Fiáccola *it., sp.* hacha *(daher* henneg. hache, hace), *pg.* facha, *pr.* falha, altfr. faille *LR.* fackel; *von* facula, *dies von* fax. *Über das eingeschaltete* i = l *in* fiaccola *s.* Rom. gramm. *I,* 305. Facla *für* fax *rügt ein grammatiker* App. ad Prob. *p.* 445, *es kam also vor.*

Fiadone *it.* honigwabe, *pr.* flauzon (flazon?), *sp.* flaon, *fr.* flan *zsgz. aus dem alten* flaon, *engl.* flawn, *platter kuchen, auch münzplatte. Ein altbezeugtes wort, da bereits* Venant. Fort. flado *gebraucht, wofür andre* flato *schreiben. Dasselbe wort ist* ahd. flado *und fem.* flada *(übersetzt durch* laganum, placenta, torta, libum, favus), ndl. vlade *(f.), eigentl. etwas flaches,* gr. πλατύς, *was im deutschen auch mit* platz *ausgedrückt wird.*

Fiama piem., *sp.* fleme (m.), *pr.* flecme, *fr.* flamme (f.), *engl.* fleam, flam *ein werkzeug zum aderlassen, schnepper; vom* gleichbed. phlebotŏmus *(in die ader schneidend), woher auch* ahd. fliedimâ, mhd. *verkürzt* fliede, nhd. fliete. *Im* pr. flecme *rührt* c *aus* t *her.*

Fianco *it., pr. fr.* flanc *der weiche theil unter den rippen, die*

I. FIASCO.

seite, sp. flanco *militärischer ausdruck aus dem franz. Wir nennen diesen theil des körpers* weiche, *mhd. hieß er* krenke *von* kranc *d. h. schwach. Es wäre also von seiten des begriffes nichts dagegen zu erinnern, wenn man sich das wort aus* flaccus *weich, schwach (so heißt es im roman.) entstanden dächte, wobei* n, *wie öfter vor kehllauten (it.* fangotto, *pr.* engual, *fr.* ancolie, jongleur) *eingeschoben sein müßte. Dagegen weist Wachter auf das gleichbed. ahd.* lancha, *woraus, wenn man die form* blanca *Hattemer I, 299ᵃ unterlegt, durch übertritt des* h *in das verwandte* f *der anlaut* fl *entstehen könnte. In diesem falle kann das wort nicht von Frankreich ausgegangen sein, wo der deutsche anlaut* h, *namentlich in den verbindungen* hn, hr, *sich erhielt, nur das altn.* hr *sich in einer späteren sprachperiode zu* fr *gestaltete. In Italien härtete sich anlautendes* h *einigemal zu* g *(s.* gufo *II. a), auch macht Wackernagel zur unterstützung der letzteren etymologie (Haupts Zeitschr. II, 556, vgl. Grimm das. VII, 470) den ital. namen* Fiovo *aus* Chlodoveus *(obl* fränk. *für* bl) *geltend, der in den Reali di Francia vorkommt, nimmt aber an, die verwandlung sei nicht eben durch die Romanen, sondern durch die Deutschen selbst geschehen. Indessen liegt noch eine nicht zu übersehende schwierigkeit für diese etymologie im genus, da fast ohne irgend eine ausnahme (it.* solcio *aus* sulza) *die in großer zahl eingeführten deutschen feminina auf* a *ihr genus und ihren endvocal (fr.* e) *im roman. behaupten. Überdies ist in* blanca *das anlautende* h *zwar gesetzlich, aber in den ältesten denkmälern schon geschwunden, und für* flanca *gibt es nirgends ein zeugnis. Und so scheint die entstehung von* fianco *aus lateinischem element, wenn auch nicht ganz gesichert, doch voller beachtung werth.*

Fiasco *it., sp.* flasco, frasco, *pg.* frasco, *fem. it.* fiasca, *altfr.* flasche, *nfr. nur* flacon *für* flascon, *ein gefäß, auch in germ. und celt. sprachen heimisch, dsgl. serb.* ploska, *wal.* ploscę, *ungr.* palatzk, *lith.* pleczca, *mhd.* plasche *neben* vlasche. *Die weite verbreitung dieses wortes erschwert die erforschung seiner herkunft. Im mlatein tritt es sehr frühe auf:* duo lignea vascula, quae vulgo flascones vocantur *Greg. M. Dial. 2, 18;* flascae pro vehendis ac recondendis phialis primum factae sunt, postea in usum vini transierunt *Isidor. 20, 6, 2. Nach dem letzteren zeugnisse käme es von* phiala, *man sieht aber leicht, daß der ursprüngliche gebrauch der sache erst aus dieser etymologie herausgedeutet worden ist. Die Isid. glossen geben, wie es scheint, eine andre form desselben wortes:* pilasca 'vas vinarium ex corio', *bei Joh. de Janua* plasca 'vas vinarium corio piloso opertum', *also von* pilus, *aber* flasca *ist älter als* pilasca. *Nach form und inhalt unverwerflich, mithin ziemlich gesichert, ist folgende nicht eben neue aber besser begründete herleitung aus dem lateinischen. Wie durch umstellung des* l *ital.* fiaba *(für* flaba) *aus* fabula, pioppo *aus* populus, *sp.* bloca *aus* buccula, blago *aus* baculus, *pr.* floronc *aus* furunculus *geformt wurden, ebenso* fiasco *aus* vasculum *mit einer härtung des* v *zu* f, *die hier nicht ausbleiben konnte (vgl.* parafredus *für* paravredus) *und selbst vor vocalen zuweilen eintritt (*via *I,* biffera *II. a,* he *II. b).*

Vasculum *erschöpft alle bedeutungen des rom. oder celt. wortes, es ist gefäß im weitesten sinne, von metall oder holz, auch bienenkorb, also nicht eben diminutiven sinnes. Selbst das schwanken im genus verdient beachtung, da dies den ursprünglichen neutris besonders eigen ist. Daß Gregor und ebenso die Keron. glossen* flasco *mit* vasculum *übersetzen, trifft zu ohne zu beweisen. Nach Grävius kannten die Isid. glossen bereits jene verwandlung des* v *in* f, *allein ob daselbst das mit discum übersetzte* fasculum *unser wort sei, steht noch dahin. Ins deutsche ward es sehr früh eingeführt, schon die Cass. glossen übersetzen das rom.* puticla *mit* flascâ.

Ficcare *it.*, altsp. pg. pr. ficar, *fr.* ficher, *mit eingeschobenem* n *altsp. pg.* fincar, *neusp.* hincar *eintreiben, einheften, refl. it.* ficcarsi, *sp.* fincarse *auf etwas bestehen; zsgs. it.* afficcare, *pr.* aficar, *fr.* afficher *anheften, altsp.* ahincar *drängen. Form und begriff zeigen auf* figere *und* affigere, *und doch ist unmittelbare entstehung daraus oder aus* fixus *grammatisch unmöglich. Der Römer leitete mit dem suffixe* ic *verba aus verbis,* fodicare *aus* fodere, vellicare *aus* vellere, *der Romane that dasselbe, lieber zwar bei verbis erster conj., aber doch auch zweiter und dritter:* gemicare, volvicare (*altsp.* volcar), pendicare, sorbicare. *Dürfte man darum in* ficcare *nicht eine form* figicare *vermuthen, urspr. mit diminutivem oder frequentativem sinne? Seltsam stimmt das schwed. reflexiv* fikas *in seiner bedeutung zum roman.* ficcarsi: *ist ein historischer zusammenhang zwischen beiden anzunehmen? Das mhd.* ficken (*heften*) *nebst unserm* ficke (*tasche*) *ist aus dem roman., s. Weigand s. v., so auch das mndl.* flecken *figere. Die Picarden haben ein vb.* hinquer *sich bestreben* (h *asp.*) *vermuthlich aus dem genannten sp.* hincar.

Fiera *it., sp.* feria, *pg. pr.* feira, *fr.* foire *jahrmarkt; von* feria *aus* feriae *feier- oder festzeit, weil die jahrmärkte an kirchlichen feiertagen gehalten wurden, wo das landvolk die stadt zu besuchen pflegt. Ebenso knüpft sich das deutsche* messe *an die kirchenfeier. Aus* forum *hätte nicht einmal das fr.* foire *werden können, das schlechthin auf* feira, feria *zurückdeutet.*

Fievole *it., sp. pr.* feble, *pg.* febre, *fr.* foible, *alt* floible *LJ. 503*[u] *und* floibe, *schwach, matt, chw.* fleivels; *von* flebilis *kläglich, mit euphonischer tilgung des ersten oder zweiten* l. *Vergleichung gewährt von seiten des begriffes z. b. unser* schwach *1)* flebilis, miser, *2)* debilis, *s. Schmeller III, 528; oder, wie Wackernagel hiezu erinnert, unser* wenig *1)* flebilis, *2)* parvus, paucus.

Fila *it. sp. pg. pr.*, filo *fr.* reihe, *urspringl. schnur, von* filum *faden, das feminin* fila *im älteren mlatein:* habent breves filas. *Vb. fr.* filer *und* défiler *in einer reihe hinter einander gehen, daher sbst.* défilé *enger weg. Auch it. sp.* filo, *fr.* fil *schärfe oder schneide einer waffe gehört hieher und heißt eigentlich die feine linie oder kante der klinge; vb. it.* affilare *schärfen, auch reizen (wie* acuere), afilar *sp. in der ersten, pg. in der zweiten bed.; pg.* enfiar *einfädeln, durchbohren (wie der faden die nadel), metaph. erschrecken, bleich machen.*

Filipendula *it. sp. pg.*, filipendule *fr. rother steinbrech; so genannt weil an den fadenartigen würzelchen dieser pflanze viele knollen hangen.*

Finanza *it. quittung, fr.* finance *geldsumme, die man dem könig für den genuß einer pfründe u. dgl. bezahlt, plur.* finanze, finances *staatseinkünfte, daher sp.* finanzas *vrlt. (Seckendorf). Prov. altfr.* fin *heißt ende, friede, abschluß einer sache,* τέλος; *speciell wird es von der beilegung eines rechtsstreites gebraucht, gewöhnlich wenn dies vermittelst zahlung einer summe geschieht, mlat.* finis *'finalis concordia, amicabilis compositio',* finem facere (faire fin) *'componere de lite vel de crimine' DC., engl.* fine *geldbuße für eine beleidigung, s. E. Müller I, 378. Entsprechend heißt das vb.* finar, finer, finire *eine vertragsmäßige summe entrichten. Diese summe ist eigentlich* la finance, *wiewohl jede summe so genannt werden konnte, denn schon das altfr.* fin *war dieser letzteren bedeutung fähig, beispiele Gachet p. 212^b. Mlat.* financia *ist überhaupt praestatio pecuniaria, vgl. pr.* demandar de un presonier finansa d'aur e d'argen *LR. III, 333, altengl.* finaunce = *neuengl.* fine. *Erst in späterer zeit ward es auf die gegenwärtige bedeutung eingeschränkt.*

Fino *it. sp. pg., in ersterer sprache auch* fino, *pr. fr.* fin *adj., daher mhd.* fin, *nhd.* fein, *ahd.* finliho *(10. jh.). Die grundbedeutung ist 'vollkommen, ächt, lauter': pr.* fin aur, fin' amor, fina vertatz, *altfr.* de fine ire *aus lauter zorn Ren. I, p. 91. Es ist kaum zu zweifeln, daß dieses weitverbreitete wort abgekürzt sei aus* finitus *vollendet, vollkommen. So kürzte sich pr.* clin *aus* clinatus, *sp.* cuerdo *aus* cordatus, *it.* manso *aus* mansuetus, *und was die bedeutung anlangt, so heißt sp.* acabado, *pr.* acabat *1) beendigt, 2) vorzüglich, vollkommen* (proeza acabada *Chx. IV, 153), ebenso verhält sich lat.* perfectus, *gr.* τέλειος. — [*Hiezu verweist Gachet 212^a noch auch auf die stelle im Gormond:* vos estes en dol tut finé *ganz vollkommen, vollendet.*]

Finocchio *it., sp.* hinojo, *pg.* funcho, *pr.* fenolh, *cat.* fonoll, *fr.* fenouil *fenchel; von* foeniculum, *mlat.* fenuclum *z. b. Hattemer I, 253^a. Zu bemerken ist pg.* funcho *wegen des verlegten accentes, worin es zufällig mit dem deutschen worte zusammentrifft.*

Fio *it., pr. altcat.* feu *(daher altpg.* feu *SRoz.), fr.* fief *(aus dem alten* fieu) *lehngut, lehnzins; vb. fr.* fieffer *(aus dem alten* fiever), *pr.* affeuar *zu lehen geben. Unmittelbar stimmen die roman. wörter zum longob.* fiu *in* faderfiu-m *väterliches gut, ahd.* fihu, fehu *vieh, goth.* faíhu *vermögen, altfries.* fia *mit beiden bedd. vieh und vermögen:* h fiel aus, *kurzes e in* fehu *ward diphthongiert (ebenso pr.* mieu *aus lat.* meus) *und pr. u franz. in* f *consonantiert (fr.* juif *aus pr.* judeu), *welches f auch inlautend in* fieffer *seine stelle behauptete (vgl.* ensuifer *neben* ensuiver). *Im sicil.* fegu *stellte sich* h *als* g *dar, und dies ist der üblichere fall, s. Rom. gramm. I, 320. — Aus* feu *ist ein hochwichtiges wort des mittellateins, das etwa im 9. jh. auftretende* feudum, feodum, *erwachsen: um nämlich nicht* feu-um *sprechen zu müssen (denn man rechnete, wie zumal die prov.*

und franz. form beweist, u *zum stamme), schob man ein euphonisches* d *dazwischen, ein auch in andern wörtern, z. b. im it.* ladico *für* laïco *oder in dem ganz analogen* chiodo *für* chio-o *(lat.* clav-us clau-us) *vorkommendes hiatustilgendes mittel. Provenzal. urkunden setzen dafür gradezu* feum, *z. b.* allode, quod Grimaldus habet a feo Mabill. Dipl. *p. 572 (v. j. 960). Hiernach ist* feu-d-um *romanische umprägung eines deutschen wortes und vermögen sein grundbegriff, der strenge juristische sinn trat später hinzu. Eine ganz abweichende deutung von* feod, *aus dem goth.* thiuth ἀγαθόν *(sbst. das gut), gibt Wackernagel in Haupts Ztschr. II, 557 und abh. Ueber die sprache der Burgunden 24.*

Fionda *it., pr.* fronda, *fr.* fronde *schleuder; von* funda *(auch it.* fonda, altfr. fonde), *entweder* l (= *it.* i) *oder* r *eingeschoben, ersteres auch im occit.* floundo.

Fioretto *it., sp.* florete, *fr.* fleuret *rapier; so genannt von dem knöpfchen an der spitze, das einer blume ähnlich sah.*

Fiorino *it., sp.* florin, *fr.* florin, *ursprüngl. eine florentinische goldmünze mit dem zeichen der lilie, von* fiore *blume. Das gleichbed. altpg.* frolença *für* florença *SRos. I, 482 sucht den namen der stadt auszudrücken.*

Fiotta, frotta *it., sp.* flota, *pg.* frota, *altfr.* flote, *masc. it.* fiotto, frotto *(vgl.* fragello *von* flagellum), *fr.* flot *schwarm, fluth; von* fluctus. *Vb. it.* fiottare *ff.* schwimmen, *lat.* fluctuare. *Von* frotta *ist it.* frottola *scherzhaftes aus einzelnen sprüchen zusammengesetztes gedicht, comask.* frotola *posse.*

Fitto *it., sp.* hito, *pg.* fito *eingesteckt, geheftet; sbst. sp.* hito, *pg.* fito *in den boden gesteckter pfahl, gränzpfahl,* hita *pflock; auch it.* fitto *zins (das festgesetzte?). Von dem alterthümlich lat. part.* fictus *für* fixus *bei Lucrez und Varro, vgl.* petra fita *Yep. II, num. 13 (aera 684). Selbst das fr.* fiche *pflock* = *sp.* hita *würde sich hieherziehen lassen, wenn auch das vb.* ficher *besser zu* ficcare *gestellt wird. S. Rom. gramm. I, 16.*

Flanella, frenella *it., sp.* franela, *fr.* flanelle, *engl.* flannel *ein wollener stoff. Das primitiv wird man im altfr.* flaine *anerkennen müssen, welchem Roquefort die bed.* bettüberzug *beilegt: der name des stoffes konnte seinem vornehmsten gebrauche entnommen sein, auch gael.* cûraing *heißt* 1) *überzug,* 2) *flanell. Möglicherweise entstand also* flaine *aus* velamen v'lamen *wie* flasca *aus* vlasca. *Ganz anomal ist die port. form* farinella.

Flauto *it., wal.* flaute, *sp. pr.* flauta, *fr.* flûte *ein blasinstrument, flöte; vb. pg.* frautar, *pr.* flautar, *fr.* flûter. *Um diesem worte auf den grund zu kommen, ist zuerst die ursprünglichste form desselben aufzusuchen und diese bietet das altfranzösische. Hier heißt das instrument* flahute flaüte *(noch jetzt picard.), auch wird mit eingeschobenem* s flahuste *geschrieben, vb.* flahuter flaüter. *Aus dem zweisilb.* aü *machte der Provenzale den diphthong* au *(wie in* aul *aus* a-ul avol) *und so wanderte* flauta *nach Spanien und Italien, wo sein der umbildung in* o *entgangener diphthong für die späte einführung des fremdartigen wortes zeugt.* Flaüter,

142   I. FLOSCIO—FOLLE.

denn das verbum gieng dem subst. voran, steht nun durch lautversetzung für flatuer (wie altfr. vende für vidue, pr. teune für tenue), dieses ward aus dem, auch von den Alten auf das blasen der flöte angewandten, subst. flatus gebildet mit beobachtung des ableitenden u, vollkommen wie in flatu-eux, welchem, wohl zu merken, kein lat. flatuosus das muster vorhielt. Ein dimin. von flauta ist pr. flautol, flaujol (gleichsam flau[t]iolus), altfr. flajol, nfr. flageolet. Die Italiener haben ein vb. fiutare anriechen, das sich aus einem älteren flautare erklärt, ganz analog dem vb. rubare vom dtschen rauben.

Floscio it., sp. floxo, pg. frouxo, pr. fluis schlaff; vom part. fluxus flüssig, schlotternd; eben daher auch it. flusso vergänglich, eitel.

Flotta it., sp. flota, pg. frota, fr. flotte. Die alten roman. ausdrücke für das lat. classis sind it. armata, sp. armada, pr. estol, fr. estoire. Das altfr. flote hieß menge, schwarm (von fluctus, s. oben fiotta), man sagte so gut flote de gens wie flote de nefs (selbst flote de poil haarflocke DMce. p. 210, 11), es stammt also nicht vom altn. floti oder ags. flôta, es war vorhanden, ward aber später durch einfluß des ndl. vloot oder schwed. flotta in seiner bedeutung näher bestimmt und theilte sich so den südlichen sprachen mit. Zusammenstellung mit deutschen wörtern s. in Diefenbachs Goth. wb. I, 387.

Focaccia it., sp. hogaza, fr. fouasse kuchen, mhd. pôgatz; abgel. von focus, also etwas auf dem herde gebackenes, bei Isidor 20, 2, 15: cinere coctus et reversatus est focacius.

Fodero it, sp. pg. forro, fr. feurre, pr. altfr. fuerre, mit verschiedenen bedeutungen: ital. scheide, unterfutter, futter zur nahrung, span. port. unterfutter, prov. altfr. scheide, nfr. futter; abgel. fr. fourreau; sp. forrage, fr. fourrage, fourrure, fourrier u. dgl.; vb. it. foderare, sp. forrar, pr. folrar, fr. fourrer. Vom goth. fôdr scheide, ahd. fuotar scheide, futter zur nahrung, altn. fôdr scheide, unterfutter.

Follare it., sp. hollar, pr. folar, fr. fouler (daher engl. foil) walken, niedertreten; sbst. it. folla, sp. fulla, fr. foule (davon pg. fula) gedränge, eile (entsprechend it. calca menge, gedränge von calcare treten); dsgl. sp. huella fußtapfe, huello tritt. Ein vb. fullare hat die lat. litteratur nicht aufbewahrt, wohl aber sbst. fullo, walker, gleichbed. it. follone, fr. foulon. Neben folla stellt sich eine zweite ital. vermuthlich aus dem prov. eingedrungene auch in mundarten vorhandne form fola, woraus folata schwarm, schwall. Zsgs. it. affollare drängen, altsp. afollar, pr. afolar, altfr. afoler beschädigen, verderben, eine auch dem einfachen fr. fouler zustehende bedeutung.

Folle it., altsp. fol Bc., Alx., pr. fol und folh, fem. fola, fr. fou, folle, sbst. und adj. narr, närrisch, cat. foll zornig; daher z. b. alt- und neufr. affoler zum narren machen (verschieden von afoler verderben, s. vorigen artikel), pr. afolir zum narren werden. Die herleitungen aus dem gr. φαῦλος, dem dtschen faul, dem celt. fol können bei seite gesetzt werden. Die lat. sprache bietet follere sich hin- und herbewegen (bei Hieronymus),

I. FONDACO—FONDO.

follis *blasbalg d. h. etwas sich hin- und herbewegendes, eine bedeutung, die im it.* folletto, *pr. cat. fr.* follet, *bearn.* houlet *poltergeist, neckischer geist, wie Grimm sagt, Myth. p.* 475, *oder im fr.* feu follet *irrlicht klar hervortritt, aber auch in unserm rom.* folle *(possenhaft, grillenhaft) noch zu fühlen ist. Nur darf letzteres nicht als eine neue bildung aus* follere *aufgefaßt werden, da aus verbis, wie es scheint, keine substantiva dritter declin. und schlechthin keine adjectiva ohne suffix gewonnen werden;* folle *ist das als adjectiv gebrauchte* follis *selbst. So und nicht* follus *heißt es bei einem schriftsteller des 9. jh. Joh. Diaconus:* ille more gallico (= francogallico) sanctum senem increpitans follem ab eo quidem virga leviter percussus est; *desgl. bei Guill. Metensis:* follem me verbo rustico appellasti ... ut qui follis extiti, non fierem follior *DC. Im prov. und franz. ist das adjectiv also erst später zweier endungen geworden. Andre erklären das roman. wort gleichfalls aus dem lat. substantiv, aber in beziehung auf die den kopf des narren bezeichnende leere des blasbalges; allein theils ist dies eine zu abstracte auffassung, theils läßt sich das abgeleitete* follet *(unruhiger geist) nicht füglich damit in einklang bringen. Bemerkenswerth ist noch, daß in einem altfr. psalter die stellen* erravi sicut ovis quae perit; de mandatis tuis non erravi *übersetzt werden* foleai si cum oeille que perit; de tes commandemenz ne foliai *LR., wo also* folier *irren, abirren im eigentlichen und bildlichen sinne bedeutet. In roman. gestalt und bedeutung kommt unser wort zuerst in den von W. Grimm herausg. Altdeutschen gesprächen vor:* ausculta fol 'gahôrestu narro'. *Eine ableitung ist sp.* follon *träge, auch betrügerisch, im altspan. prahlerisch (aufgeblasen) PC.* 968; *dsgl. das burg.* feulteu *wohlthätiger geist, der des nachts die hausthiere besorgt, es müßte fr.* folletot *lauten.*

Fóndaco *it., sp.* fúndago, *altfr.* fondique *magazin; vom arab.* fondoq, al-fondoq *(daher die span. form* albóndiga, *pg.* alfandega) *herberge der kaufleute, wo sie mit ihren waaren einkehren Gol. p. 1826, Freyt. III, 375*[b] *(dies vom gr. πανδοκεῖον, πανδόκιον gasthaus?). Zwar erinnert* fondaco *an mlat.* funda *(s.* fonda *II. b), aber das suffix* ĭc *ist in der roman. familie so wenig üblich, daß man sich besser an das arab. wort hält. Näheres über dasselbe J. v. Hammer num. 352.*

Fondo *it. cat., sp.* hondo, *altsp. pg.* fundo *tief. Man könnte es für kürzung von* profundus *nehmen mit beziehung auf it.* tondo *von* rotundus, *widerspräche nicht die große seltenheit so starker kürzungen; es ist also von* fundus *grund, sp.* fondo, *pg.* fundo *u. s. w., das substantiv als adjectiv angewandt. Anders ergieng es diesem substantiv im nordwesten: pr.* fons *(neupr. adj.* founs, *fem.* founso), *fr.* fonds *(neben* fond) *erstarrten aus dem nomin.* fundus *wie fr.* fils *aus* filius, *und die ableitungen flossen theils aus dieser flectierten form, wovon man sonst im franz. kaum ein beispiel findet, theils aus dem wahren stamme: pr.* fonsar, fondar, *fr.* foncer, fonder *grund haben, dsgl. pr.* afonsar, *fr.* enfoncer, *altfr.* afonder *auf den grund gehen. Aber auch vom pr.* preon (profundus) *entspringt* preonsar *mit der bed. von* afonsar, *wovon es eine nachbildung sein mag. Noch ist zu merken, daß einige wörter dieses ursprunges ein eingeschobenes* r *zeigen: pr.* esfondrar, *fr.* effondrer, *so auch* afondrer *Brt. I, 205, allein dieses* r *ist, nach dem it.* sfondolare *zu schließen, aus* l *entstellt.*

Fontana *it. sp. pr., fr.* fontaine, *wal.* funtęnę *quelle; eine uralte abl. aus* fons, *vgl.* fontana *L. Long., ad* Albam Fontanam *in einer fränk. urkunde v. j. 667, Bréq. n. 165,* per fontanam, quae vocatur Dianna *v. j. 670, das. n. 168.*

Forbire *it., pr.* forbir (furbir *LR. I, 309), fr.* fourbir *glätten, putzen; vom ahd.* furban *reinigen, abwischen:* da lor costumi fa che tu ti forbi *Inf. 15, 69. Dahin auch it.* furbo, *fr.* fourbe *schelm, betrüger, einer der wegputzt, wie* fripon *von* friper *reiben, sp.* limpiar *putzen und entwenden.*

Forcatura *it., pr.* forcadura, *altfr.* fourchéure, *sp.* horcajadura *die gegend des körpers, wo die schenkel sich öffnen wie eine gabel (*furca*), sp.* horcadura *der obere theil eines baumstammes, wo die äste anfangen. Derselben herkunft ist it.* forcella, *pr.* forsela, *altfr.* fourcele, *deren bedeutungen Gachet p. 217ᴸ erläutert.*

Foresta *it., sp. pg. cat.* floresta, *pr.* forest (*auch* foresta), *fr.* forêt *(f.) wald, gehölz. Span.* floresta *ist entlehnt und hat sich wunderlich mit* flor *gemischt, daher es auch eine blumige wiese, figürlich eine blumenlese bedeutet. Das roman. wort ist schon im frühen mlatein, z. b. in der L. Long., in carolingischen urkunden und capitularen, sehr üblich und zeigt hier die formen* forestis *(f., woher fr.* forêt), foreste *(n.),* forestus, forestum, forastum, foresta, forasta. *Mlat. und altrom. bedeutet es den dem wildbann unterworfenen nicht eingezäunten wald; der eingezäunte hieß* parcus, *für den offenen gibt es ein sard.* padenti, *das aber in die allgemeine bed.* wald *übergegangen ist. Auch die zum fischfang gehegten teiche führten diesen namen, vielleicht nur weil sie in dem forstgebiete lagen: man unterschied daher zuweilen zwischen* foresta venationis *und* foresta piscationis. *Was die herkunft des wortes betrifft, so hielt man es sonst für deutsch, entlehnt aus unserm* forst; *schon eine alte glosse lautet* vurst 'nemus, luxus', dicitur enim Francorum lingua foresta *Graff III, 698. Jetzt erklärt man umgekehrt das deutsche wort aus dem romanischen, in diesem aber erkennt man eine abl. aus dem ahd.* foraha *föhre oder aus* forebahl *föhrenwald (s. Grimm I². 416). Will man auch über das verschwinden des* h *wegsehen, so ist ein suffix* ast *unromanisch, est wenn auch nicht unerhört, doch höcht selten oder zweifelhaft. Nach andern, z. b. Frisch I, 287ᵇ, ist das wort lateinischer herkunft, aus dem adverb* foris, foras, *womit auch die doppelform* forest, forast *übereinstimmt, was von belang ist. In der that kennt schon der grammatiker Placidus* forasticus 'exterior', *abgeleitet wie* cras-tinus *oder* rus-ticus, *ein wort der spätesten latinität (auch beim h. Bonifacius), woraus man im frühen mittelalter* forastis, forestis *abziehen konnte mit der bed.* 'das was außerhalb liegt', was ausgenommen ist, nicht betreten werden darf. *Dieselbe aus* foris *hervorgehende bedeutung* 'extra' *spürt man noch in* forestiere, *sofern es fremder, auswärtiger,* exter, extrarius *heißt. Aber auch jenes* forasticus *hat sich in den neuen sprachen erhalten: it.* forastico, *sicil.* furestico, *pr.* foresgue, *cat.* feresteg *wild, rauh, störrig, waldens.* forest *fremd Hahn p. 585. Eine dem sinne nach ähnliche abl. wie* foras-ticus *ist das picard.* hors-ain *landvolk, eigentl. was außerhalb (der stadt) ist, so ndl.* buitenman *landbewohner.* — Foresta *findet sich auch im kymr.* fforest *wieder, welches Zeuß II, 811 unter den ableitungen dieser sprache anführt: bei der klaren beziehung zum latein bedarf indessen das rom. wort dieses fremden (selbst entlehnten) etymons nicht.* — *Man höre darüber noch Weigand, Synon. wb. II, 103.*

Forfare *altit., pr. fr.* forfaire, *fehlt span., mlat.* foris facere, *in den Isid. glossen* foris facio 'offendo, noceo'*. Die grundbedeutung muß sein* 'über die rechte gränze hinaus handeln', *daher übel thun, missethun, und diesen intransitiven sinn hat es noch immer, indem es ganz dem goth.* fra-vaúrkjan *(sündigen) entspricht. Ebenso hieß* foris consiliare *übel rathen, verrathen. Prov. und altfr. wird* forfaire *mit dem dat. der person verbunden, s. Altrom. sprachdenkm. p. 64; reflexiv sagte man auch* se forfaire envers qqun *LRs. 295 =* se méfaire vers qqun *RFlor. p. 19. Mit dem acc. der sache heißt es* 'sich eines dinges durch gesetzwidrige handlung verlustig machen' *z. b.* forfaire son fief, *mhd.* verwürken, *ags.* forvyrcean. *Das part.* forfatto, forfait *zeigt als substantiv gebraucht zwei bedeutungen, eine persönliche, nur altfr. z. b. Ben. I, 337, mlat.* forisfactus *L. Rip. übelthäter, schuldiger, eigentl. übel geschaffener, goth.* fravaúrhts *(Wackernagels Leseb. v.* verwürken), *oder einer der übel thut, übel that? (solche participien Rom. gramm. III, 253); eine sächliche, mlat.* forisfactum *missethat, goth.* fravaúrhts *(f.)*.

Forgia *piem., sp. pg.* forja, *fr.* forge, *anders gestaltet pr.* farga, *sp.* fragua *schmiede; von* fabrica *werkstätte; vb.* forgiare *ff.* schmieden, fabricare. *Der vocal* o *erklärt sich aus* au *von* ab, *die mundart des prov. Gir. de Ross. hat daher* faur = faber, *eine auch im walach. vorhandne form, altfr. aber* fevre, *noch in* orfèvre (aurifaber aurifex) *erhalten.*

Formaggio *it., pr.* formatge, fromatge, *fr.* fromage, *pic. u. s. w.* formage, *kaum sp.* formage, *käse. Das lat. wort wäre* formaticus, *von* forma: *käse ist etwas in einer form, einem geflochtenen gefäße verfertigtes:* liquor in fiscellas aut in calathos vel in formas transferendus est *Columella 7, 8;* fiscella forma, ubi casei exprimuntur *Gl. Isid. In der neupr. mundart hat auch das primitiv* fourmo = forma *diese bedeutung. Dieselbe mundart besitzt noch einen ausdruck für den frischen ungesalzenen käse,* tumo *(f.), auch piem.* toma, *sicil.* tuma, *worin man das gr.* τομή *etwas abgeschnittenes, in formen abgetheiltes erkennen will, s. auch Ducange v.* toma.

Fornire *it., sp. pg. pr.* fornir, *fr.* fournir *versorgen, ausstatten. Es wird von* furnus *hergeleitet, so daß es bedeuten müßte* 'vermittelst des ofens zubereiten, backen', *was einen allzu eingeschränkten sinn gäbe.*

Neben fornir *findet sich prov. noch das weit üblichere* formir, furmir *vollbringen, ausführen, befriedigen, ein genüge thun, ohne zweifel identisch mit* fornire, *da letzterem im ital. altfr. prov. diese bedeutungen gleichfalls zustehn; inlautendes* m *muß sich also in* n, *oder* n *in* m *verwandelt haben, welches beides selten vorkommt. Nimmt man aber zu* formir *die nebenform* fromir *Chv. III, 475,* GRiq. *p. 32. 130 (auch ein ital.* fronire *kennt Galvani, Osserv. p. 124, dazu sard.* frunire), *so leitet dies unwiderstehlich auf ahd.* frumjan *fördern, vollbringen, schaffen, dessen u sich sogar aus einer diesem vocal abgeneigten sprache nicht ganz verdrängen ließ. Die bed.* ausstatten *konnte sich leicht aus 'fördern, vorwärts bringen, vorschub thun' entwickeln. Das eine nur ist befremdlich, daß* r *gegen den gewöhnlichen brauch vom anlaute abgetrennt ward, der es sonst, wie in* fromage, *anzuziehen pflegt, doch fehlt es auch dafür nicht an beispielen,* Rom. gramm. *I, 224.*

Foro *it.* pg., *sp.* fuero *gericht, gesetz, pr.* for, *altfr.* feur *gesetz, taxe; von* forum *markt, gerichtsstätte. Daher sp. pg. pr.* aforar, *altfr.* afeurer *taxieren. Von* forensis *ist sp.* forense *fremd, it.* forese *bauer, unter einwirkung der bed. von* foras *'außerhalb der stadt'.*

Forza *it., sp.* fuerza, *sp.* forsa, *fr.* force *stärke; vb.* forzare ff. *zwingen. Schon das früheste mlatein, z. b. L. Rip., Baiw., Long., kennt* forcia *(so noch im span. Alex.), eigentl.* fortia, *eine vielleicht bis in die römische volkssprache hinaufreichende abl. aus* fortis, *da man später gewiß* fortia, *wie aus* falsus falsia, *gebildet haben würde. Oder floß* forza *nicht vielmehr aus dem vb.* fortiare, *dies aus* fortis *mit beobachtung des ableitenden* i, *wie dies im mlat.* graviare *von* gravis, leviare *von* levis *geschah? Abgeleitet ist z. b. it.* sforzare, *sp.* esforzar, *fr.* efforcer, *hiervon sbst. it.* sforzo, *sp.* esfuerzo, *pr.* esfortz, *fr.* aber effort *für* effors (esfort *schon bei den Alten), indem man* s = pr. z *für eine flexion nahm und abstieß, vgl.* élan *unter* lancia.

Fracassare *it., sp.* fracasar, *fr.* fracasser *zerschmettern; sbst.* fracasso, fracaso, fracas, *chw.* farcas. *Dasselbe wort scheint pr.* frascar (lansas frascar, escutz traucar e fendre elmes brunitz LR.), *umgestellt aus* fracsar *wie* lasc *aus* laxus. *Das wort kann nicht als eine abl.* frac-assare *verstanden werden, da im ital. kein suffix* ass *vorkommt. Es ist vielmehr, wie auch Ménage meint, eine vermuthlich in Italien entstandene zss.* fra-cassare *hineinbrechen, von einander brechen, die sich dem lat.* interrumpere *(it.* fra s. v. a. lat. inter) *vergleicht. Andre erblicken darin eine zss. aus* frangere *und* quassare.

Fragrare, fiagare, flairar, *sämmtlich in den sard. mundarten, pr. cat.* flairar, *fr.* flairer, pg. cheirar (ch = fl) *duften; sbst. sard.* fragu, fiagu, *altfr. pic.* flair, *pg.* cheiro, *cat. fem.* flaira *duft, auch cornisch* flair *Zeuß I, 189; von* fragrare, *durch dissimilation* flagrare. — *Altfr.* flairer *hieß sowohl* olere *wie* odorari; *die neue sprache beschränkt dieses verbum auf letztere bedeutung und drückt* olere *mit* flearer *aus. Bemerkungen darüber bei Gachet 213. 214.*

Franco *it. sp. pg., pr. fr.* franc *frei, aufrichtig, letztere bedeutung noch im neupr. sprichwort* fran coumo l'or *lauter wie gold. Man leitete dies adjectiv aus dem völkernamen* Francus, *der zugleich der name des freien mannes war, ahd.* Franco, *diesen aus dem ags.* franca *wurfspieß, dimin. zu* framea *bei Tacitus (Wackernagels glossar); J. Grimm erkennt nun darin ein ursprüngliches adjectiv aus der goth. wurzel* freis = *nhd.* frei, *woraus erst der völkername und aus diesem der name der waffe entstand, Gesch. d. d. spr. p. 512 ff. Zu bemerken ist bei diesem worte, daß in den ableitungen mit einem der hellen vocale ursprüngliches* c *sich theils als* ç *oder* ć, *theils als* k (ch, qu) *darstellt: it.* francese, *sp.* frances, *fr.* français, *dagegen it.* franchezza, *sp.* franqueza, *fr.* franchise *(fr.* ch *ist hier* = *it.* ch, *vgl.* duchesse, sachet *u. a.): die bildungen mit* c *sind aus dem lat.* Francia, *die andern aus dem deutschen* Franco, *denn die gutturalen buchstaben deutscher stämme bleiben auch in der ableitung guttural. Andre bemerkungen über das auch im celtischen vorhandne wort s. bei Diefenbach, Goth. wb. I, 403.*

Frangia *it., sp.* franja, *fr.* frange, *daher ndl.* frangie, *nhd.* franse. *Buchstäblich fügt sich dies eigentlich franz. wort zu dem bekannten dtschen* framea *wie* vendange *zu* vindemia. *Fransen sind herabhangende spieße oder spitzen wie der rockschooß ein breites speereisen (s.* gherone). *Diese etymologie ist grammatisch und logisch untadelhaft, die folgende hat bessern historischen boden, da die volksüblichkeit eines wortes wie* framea, *wiewohl Gregor von Tours es noch häufig im munde führt, nicht sicher steht. Lat.* fimbria *konnte sich in* frimbia fringe frange *verwandeln und wirklich hat der Walache (aus der alten volkssprache?)* frimbie *und im ältesten prov. (Bth. v. 192)* trifft man fremna, *wo aber doch* frembia *zu erwarten war. Hennegauisch lautet das wort* frinche, *das sich offenbar an* frimbia *hält, auch das sicil.* frinza *weist auf ein älteres fr.* fringe.

Freccia *it., altsp. pg.* frecha, *richtiger mit* l *nsp. pg. pr.* flecha, *fr.* flèche, *piem. sard.* flecia, *in andern ital. mundarten mit* i frizza, *wallon.* fliche *pfeil: vom ndl.* flits *dass., mhd.* vliz *bogen, daneben auch* flitsch *Frisch I, 278ᵃ, woraus sich die formen mit* ch *besser erklären. Vgl. Weigand I, 253. Gegen diese herleitung macht Grandgagnage v.* fliche *die altfr. form mit dem kehllaute* flique *geltend, die sich allerdings mit* flitz *nicht verträgt. Aber* flique *scheint überall nur die auch in* flèche *enthaltene bed.* speckschnitte *zu vertreten, s. letzteres II. c.*

Fregare *it., sp. pg. pr.* fregar, *fr.* frayer, *richtiger altfr.* froyer, *(vgl.* plicare ployer) *reiben, streifen; von* fricare. *Daher it.* frega *lüsternheit, fr.* frai *das laichen der fische, altfr.* fraye, *chw.* froga, *it.* fregola *dass. Zsgs. sp.* refregar *reiben,* refriega *streit; it.* sfregare, *pg.* esfregar, *span. entstellt in* estregar *s. v. a.* fregare.

Fregata *it., sp. pg. cat. neap.* fragata, *fr.* frégate *ursprünglich kleines ruderschiff. Villehardouin, Jayme Febrer, Boccaccio kennen das wort bereits. An unser* fähre, *schwed.* färja, *ist dabei (mit Chevallet) nicht zu denken: höchstens würde sich die erste silbe daraus erklären. Es soll aus Italien stammen; die span. und die franz. form zeigen in der that eine ital. endung.* In Italien nannte man ein schiff bastimento d. h. *etwas gebautes: eben sowohl konnte man es etwas gezimmertes nennen,* fabricata *zsgz.* fargata, fregata. *Herleitung aus dem arab. weist J. v. Hammer ab.*

Fregio *it., sp.* friso, freso, *fr.* frise, fraise *(altfr.* frese *geschrieben) krause verzierung, franse u. dgl.; vb. it.* fregiare, *fr.* friser, fraiser *kräuseln, verzieren, sp.* frisar *tuch aufkratzen; abgel. it.* frisato *gestreiftes tuch, fr.* fraisette *handkrause (dahin auch sp.* frezada, frazada *langhaarige decke?).* Phrygiae vestes *bei den Alten waren gestickte kleider: aus dem adjectiv konnte wohl it.* fregio, *nimmer* fraise, frise *entstehen, eher kann das ital. wort aus dem franz. entlehnt sein, wie auch* fregione *dem fr.* frison *entspricht. Als grundbedeutung des verbums ist kräuseln anzunehmen: bedeutet nun wirklich der deutsche völkername* Frisa, Fresa 'gelockt', *so bedarf es keiner weitern untersuchung, s.* Grimm I³. 408 *(bezweifelt in der Gesch. d. d. spr. 669), wenigstens läßt sich das roman. wort im fries.* frisle, *engl.* frizzle *wiedererkennen. Das engl.* fleece *wolliges fell,* vlies, *liegt jedenfalls weiter ab. Sind die* frisii panni *des mittelalters friesische oder geflockte?* saga fresonica, pallia fresonica, vestimenta de Fresarum provincia *werden im früheren mittelalter erwähnt, man sehe Ducange v.* sagum. — [*Gachet p. 344ᵇ bemerkt, daß die rohen tücher von Friesland mit den goldstoffen von Phrygien keine gemeinschaft hätten. Dies ist gut. Wenn er aber bei der alten herleitung aus* phrygius *stehen bleibt, so hätte er den buchstäblichen zusammenhang zwischen diesem und dem franz. worte nachweisen sollen. Das deutsche* Frisa *oder* frisle *ist oben nur als etymologisches element, nicht in beziehung auf die heimath der stoffe benutzt worden. — Auf eine neue untersuchung des schwierigen wortes von Atzler p. 98, anknüpfend an das deutsche* friesel *(schauer, gleichsam kräuselung der haut), ist hier etwa noch hinzuweisen.*]

Fresco *it. sp. pg., pr.* fresc, *fr.* frais *(fem.* fraîche), *wallon.* friss *frisch, jung, neu; vom ahd.* frisc, *auf welches it.* fresco *mit geschlossenem* e *streng zurückweist; ags.* fersc, *kymr.* fresg, *bret.* fresk.

Fret *fr. (mit hörbarem* t), *pg.* frete, *sp.* flete *miethe eines schiffes; vom ahd.* frêht *verdienst; oder vom ndl.* vracht?

Frettare *it., pr.* fretar *fegen, reiben; sbst. it.* fretta, *neupr.* freto *eilfertigkeit; von* fricare, frictum. *Die franz. sprache bietet dafür* frotter, *das sich, freilich gegen die regel, aus* froiter *vereinfacht haben müßte, im burg.* fretter *(hecheln) hätte sich der richtige vocal behauptet. Aus der franz. form wäre denn auch sp.* frotar, flotar *entnommen, das dem portugiesen fehlt. Ein diminutiv von* frotter *ist fr.* fröler *anstreifen, für* frotler, *dessen norm. form* freuler *unmittelbar auf das lat. etymon zurückzugehen scheint. Vgl. auch das mundartl. dtsche* fretten *Frisch I, 291, das schon Muratori anführte; zusammenstellungen bei Diefenbach,* Goth. wb. *I, 102. 103.*

Frizzare *it.* stechen oder fressen unter der haut, *sp.* frezar *fressen, reiben, wühlen, neupr.* frizá *zerreiben; sbst. sp.* freza, *pr.* fressa *spur.*

Die wörter mahnen an das ahd. frezzan, *goth.* fritan; *vergleicht man aber* frizzare, frezar *mit* dirizzare, derezar *von* directus, *so wird man auf* frictus, *particip von* fricare, *geführt und diese deutung gewinnt an wahrscheinlichkeit, wenn man den seltnen übergang des goth.* t *in sp.* z *anschlägt. Ein franz.* fresser *fehlt.*

F r o n c i r *altsp. PC. 1752, nsp.* fruncir *und so auch cat.* frunsir, *sard.* frunziri, *pr. altfr.* froncir, *neufr. aber* froncer *in falten legen, ndl.* fronsen; *daher sbst. altfr.* fronce *falte, sard.* frunza. *Froncer, gleichsam* frontiare, *kann eine handlung der stirne ausdrücken wie* ciller *eine handlung der wimpern, pg.* olhar *eine der augen; die auffallendste handlung der stirne aber ist ihre fältelung und so konnte* froncer *fälteln bedeuten; vgl. bair.* 'ein gestirn *(d. i. eine stirne)* machen' *die stirne falten Schmeller III, 659. Das pg.* f r a n z i r *beruht wohl nur auf einer entstellung.*

F r u g a r e *it., sp.* hurgar, *pg.* forcar, *neupr.* furgá, *altfr.* furgier *Ren. I, p. 21 durchstöbern, umrühren; von* furca *gabel. Einen eingeschobenen vocal erkennt man im ven.* furegare *und sard.* forogai. *Dieselbe begriffsentwicklung im it.* rinvergare *aufspüren, von* verga *stab, piem.* fustignè *durchsuchen, von* fustis.

F u o c o *it., sp.* fuego, *pg.* fogo, *pr.* fuec, *fr.* feu, *wal.* foc *feuer; von* focus *herd, poetisch auch feuer, in letzterem sinne entschieden seit dem ersten mittelalter, s. b. in der L. Alam., daher* focum facere *ignem excitare. Die neue sprache traf diese wahl, weil sie das ausdruckslose* ignis *(Dante's* igne *ist latinismus) nicht brauchen konnte. Vor der verwechslung warnt der Vocab. optimus p. 18:* non focus est ignis, immo proprie locus ignis. *Von* focus *ist it.* focile, facile, *fr.* fusil *feuerstein, feuergewehr, vgl. unser* flinte *von* flint *kiesel. Für das zsgs. it.* infocare, *altsp.* enfogar *glühend machen ist das alte zeugnis* infocare 'ignicare' *Gloss. vet. 527 zu bemerken.*

F u o r a *und* fuori *it., sp.* fuera, *alt* fueras, *pg.* fora, *pr.* foras, fors, *fr.* hors (h *asp.*), *vrlt.* fors *(schon in den Vatican. glossen ed. W. Grimm), wal.* fęrę, *neue präposition mit der bed. extra, von* foras *hinaus,* foris *draußen, s. Ducange v.* foras. *Auch das churw.* ora, or *ist dieser herkunft. Zsgs. pr.* forceis *ausgenommen LR. III, 372 für* fors-eis = foras ipsum *(vgl.* anceis, ainçois); *fr.* hor-mis = foras missum *herausgelegt, aus dem spiel gelassen. Abgel. ist sp.* foranco, forano, *fr.* forain *fremd, altfr.* deforain *u. a.*

F u r o n *altsp., nsp.* huron, *pg.* furão, *altfr.* fuiron, *mit einem andern suffix it.* furetto, *fr.* furet, *ndl.* furet, foret, fret *eine art wiesel, frettel, zum jagen der kaninchen gebraucht, occ.* furé *maus; vb. sp.* huronear, *sard.* furittai, *fr.* fureter *durchsuchen, durchstöbern. Auch von diesem muthmaßlich noch aus der römischen volkssprache herrührenden worte hat Isidorus kunde:* furo, *sagt er,* a furvo dictus, unde et fur: tenebrosos enim et occultos cuniculos effodit. *Es kann nur von* für *dieb, woher auch it.* furone *erzdieb, abstammen (im frühern mlat.* furo furonis, *vgl. Pott in der abh. Plattlatein). Leitet man* furet *vom kymr.* ffured =

engl. ferret, *so steht sowohl das uralte suffix* on *wie auch der in allen obigen bildungen auf* ū *deutende stammvocal im wege. Besser würde man mit Villemarqué bret.* fût '*klug, verschlagen*' *anführen.*

 Fusta *it. sp. pg., fr.* fuste *ruderschiff; von* fustis *prügel, sp.* fuste, *pr.* fust, *nlat.* fustis *baum, holz, vgl. it.* legno *fahrzeug, von* lignum. *Mit fr.* fût *ist zsgs.* affût *schaft,* lavette, *vb.* affûter, *it.* affustare *schäften.*

 Fustagno, frustagno *it., sp.* fustan, *pr.* fustani, *fr.* futaine *ein baumwollener stoff, barchent; so genannt nach der stadt, wo er verfertigt ward,* Fostat *oder* Fossat *(*Cairo*), s. das wort* Gol. 1798, Freyt. *III,* 347ᵇ.

G.

 Gabarra *sp. cat., fehlt pg., fr.* gabare *ein plattes und breites fahrzeug; woher?*

 Gabbáno *it., sp. altfr.* gaban *regenmantel; von ungewisser herkunft, vielleicht aus gleichem stamme mit* cabana, gabinetto *(s. oben* capanna*), denn hütte kann als der umhüllende schützende mantel aufgefaßt werden.*

 Gabbia, gaggia *it., sp. pg.* gavia, *neupr.* gavi *(m.), mit tenuis fr.* cage *(f.), altfr.* caive, *ven. sard.* cabbia *käfig, zum theil auch mit der unlat. bed. mastkorb; von* cavea. *Ein dimin. ist it.* gabbiuola, *sp.* gayola, *pg.* gaiola, *altfr.* gaole, jaiole *(daher die span. nebenform* jaula*), nfr.* geôle *käfig, kerker, fr.* geôlier *kerkermeister; vb. fr.* cajoler *liebkosen mit worten (behandeln wie einen vogel im käfig); dsgl. zsgs.* enjôler *schmeichelnd hintergehn, urspr. in den käfig locken wie sp.* enjaular *in den käfig thun.*

 Gabbo *it., pr. altfr.* gab *spass, spott; vb.* gabbare *ff., auch altsp.* gabar *Alx.; vgl. nord.* gabb *verspottung,* gabba *hintergehen. Über möglichen celt. ursprung s.* Diefenbach, Goth. wb. *I, 169.*

 Gabella *it. pg., sp. pr.* gabela *abgabe, steuer, fr.* gabelle *salzsteuer; vb. it.* gabellare *versteuern. Man findet seine quelle im gleichbed. ags.* gaful, gafol, *engl.* gavel *(s. Ducange), vom vb.* gifan, *goth.* giban *Grimm II, 24, daher mlat.* gablum, gabulum, *endlich* gabella *(eigentl. plural von* gabellum *aus* gabulum*?). Diese herleitung ist grammatisch die sicherste: die aus ahd.* garba *manipulus setzt einen vor* b *nicht üblichen ausfall des* r *voraus, die aus dem arab. vb.* qabala *(einnehmen) eine sonst nicht vorkommende erweichung des arab. anlautes* q (ق) *zu* g. [*Dem argumente gegen das arab. etymon stimmt auch Engelmann bei p. 19.*]

 Gafa *sp. pg., sard.* gaffa, *fr.* gaffe, *pr.* gaf *eiserner haken, engl.* gaff, *adj. sp.* gafo *krampfhaft (von nerven), wohl auch comask.* gab *haken,* gavél *krummes stück werkholz; vb. sp.* gafar, *fr.* gaffer *häkeln, gascon.* gabá *üblicher ausdruck für* prendre; *vom deutschen* gafel, gabel *nach Frisch, besser aber vergleicht man das obd.* gaifen *krumm ausschneiden,* gaifung *eiserner ring, und, mit Diefenbach,* gael. gaf.

Gaggio *it., sp.* gage, *pg. pr. fr.* gage *pfand, gewährleistung, sold (besonders im plur.),* prov. auch, *sumal in den formen* gadi, gazi, *letzter wille, testament; vb. pr.* gatjar, altfr. gager *pfänden,* nfr. wetten, besolden; *zsgs. it.* ingaggiare, *pr.* engatjar, *fr.* engager *verpfänden; fr.* dégager *auslösen, los oder frei machen. Man bemerkt diese wörter im ältesten mlatein, am häufigsten in den germanischen gesetzen:* vadium *oder mit* w wadium *bürgschaft, pfand L. Alam.* (donet legitimum vadium), *Chron. Laurish., Odo Cluniac., fem.* vadia *L. Long.* (vadiam dare), *vb.* wadiare (*s. b.* bannum), invadiare, disvadiare, revadiare. *Daher neugr.* βάδιον, *bask.* bahia. *Abzuweisen ist Ducange's etymologie aus lat.* vadum *in der redensart* res est in vado *ist in sicherheit, da hieraus kein vb.* vadiare *abgeleitet worden wäre. Aus* vas vadis *konnte der Romane ein vb.* vadiare, *hieraus wieder ein sbst.* vadium, vadia *ableiten, aber der durchgreifende anlaut* g *für* gu, *gestützt auf die uralte schreibung mit* w, *leitet auf deutsche quelle zurück: das rom. wort ist, wie viele dieser gattung, aus dem germanischen rechtswesen entlehnt:* goth. vadi *pfand,* ahd. wetti, mhd. wette, altfrs. ved *pfand, bürgschaft, verheißung, auch ersatz, geldbuße,* nhd. wette *sponsio, vb.* goth. gavadjôn *geloben,* mhd. wetten *pfand geben,* altfrs. vedia *bürgen, gewette zahlen u. s. w., vgl.* Grimm, Rechtsalt. *601. Den ursprung von* vadi *findet man theils in dem starken verbum* vidan *binden s.* Grimm *II, 26, Diefenbach, Goth. wb. I, 140, theils im lat.* vas vadis.

Gagliardo *it., sp. pg. ebenso* gallardo, *pr.* galhart, *fr.* gaillard *munter, üppig, kräftig, kühn, frech. Aus* gala *konnte dies adjectiv nicht entstehen, es würde* galardo *lauten. Schwerlich auch aus* gajo, *da man einmischung des suffixes* igl *annehmen müßte* (gaj-igl-ardo). *Keine formelle schwierigkeit läge im* ags. gagol, geagle *muthwillig, üppig. Aber wahrscheinlicher noch birgt das roman. wort eine celtische wurzel,* kymr. gall *kraft,* altgael. galach *muth, tapferkeit: erweichung des* ll *ist wenigstens im prov. und span. sehr. üblich.*

Gaglioffo *it., sp.* gallofo *schelm, taugenichts, landstreicher,* henneg. galoufe, wallon. galofa, gaioufe *fresser; dsgl. sp.* gallofa *stück bettelbrot,* chw. gaglioffa, lomb. gajoffa *schleppsack (bettelsack?). Nach Covarruvias zsgs. aus* Galli offa *almosen, das man in den klöstern den nach S. Jago pilgernden Franzosen reichte. Die erklärung hat den anstrich einer etymologischen erfindung, allein das wörterbuch zeigt wirklich diese bedeutung. Die catal. form* galyófol *ist dann aus* Galli offula.

Gajo *it., altsp.* gayo (Seckendorf), *pg.* gaio, *pr.* gai, jai, *fr.* gai *munter, lebhaft; leitete schon Muratori vom ahd.* gâhi *rasch, kräftig,* nhd. jähe, *mit ausgestoßenem* h. (*Prov.* gau, *welches Raynouard hieherzieht LR. III, 441, steht für* gal *hahn:* del prumier gau *ist* = *sp.* al primer gallo *beim ersten hahnenschrei.) Damit trifft zusammen der name eines vogels, den die alten dichter Frankreichs zur nachtigall gesellten, sp.* gayo, gaya, *pr.* gai, jai, altfr. pic. gai, nfr. geai *holzhäher, markolf, also der muntere oder der bunte, denn* gajo *hat auch diese letztere bedeutung (altfr.*

piaus gaies et noires *bunte und schwarze felle G. d'Angl. p. 119*), sp. gayar *bunt machen.*

Gala *it. feierkleid, busenstreif der frauen (Boccaccio),* di gala *munter, lustig,* sp. pg. gala *feierkleid, anstand, anmuth,* fr. gale *munterkeit, ergötzlichkeit, freudenfest (Froissart, A. Chartier, Coquillart, s. Borel);* abgel. it. gallone, sp. galon, fr. galon *borte, tresse;* it. galante, fr. galant *artig,* sp. galante *artig, freigebig, daher* galanteria, galanteggiare *u. s. w.;* sp. galano, galan *hübsch, geputzt, sinnreich, davon* galania, galanura; *auch ein altfr. adj.* galois *zieht man hieher, s. Roquefort und Du Méril, Dict. norm. Ein einfaches verbum ist altfr.* galer *feste feiern, schwärmen:* je plains le temps de ma jeunesse, auquel ay plus qu'en autre temps galé *(Villon);* il y aura beu et gallé *(Pathelin). Merkwürdig ist, daß gala nebst seinem ganzen gefolge im prov. noch nicht vorkommt und daß auch im franz. des 12. und 13. jh.* gale *nicht vorhanden scheint; es fehlt daher auch im mittellatein. Was seine herkunft betrifft, so erklärt es Perion nicht ungeschickt aus gr.* καλός *schön, lieblich, anständig,* τὰ καλά *die annehmlichkeiten des lebens: nicht unhäufig entsteht anlautendes g aus der tenuis. Andre verweisen auf* ἀγάλλειν *schmücken,* ἀγάλλεσθαι *sich schmücken, sich brüsten, sich freuen; schwerlich aber würde der Italiener, der doch wohl das wort eingeführt haben müßte, das doppelte l mit einfachem vertauscht haben. Auch auf ein arab. etymon wird verwiesen:* chalaaʿh *ehrenkleid als fürstliches geschenk. Indessen gewähren die wörterbücher dieser sprache nur* chilaaʿh *und es ist unerweislich, daß das vulgär-arabische in Spanien* i *mit* a *tauschte; Engelmann bemerkt diesen wechsel nicht, verwirft übrigens die deutung aus einem andern grunde (p. 107). Ehrenkleid entspricht überhaupt dem begriffe des roman. wortes nicht:* gala *ist ursprünglich ein abstractum und heißt putz, staat, bei Ant. Nebrissensis* 'elegantia vel lautitia vestium', vestido de gala *staatskleid. Bessere ansprüche als das arabische wort scheint ein deutsches zu haben:* ahd. geilî *(f.) prunk, stolz,* mhd. geile *üppigkeit, lustigkeit (wie fr.* gale), geilen *erfreuen (fr.* galer = sich geilen).

Galanga *it. sp. pg.,* altsp. garingal *Conq. Ultram.,* altfr. galange, *häufig* garingal (poivre, canele et garingal *Fl. Bl. 2029),* engl. galingal, ahd. mhd. galgan, nhd. galgant, *eine aus China und Java kommende wurzel. Es ist das arab.* chalan', *ursprüngl. persisch Gol. 752.*

Gálbero *it. (Jagemanns Wb.),* mail. comask. galbè *goldamsel;* lat. galbula, *bei Martial und Plinius, muthmaßlich dasselbe wort. Zu einer andern lesart bei dem letzteren schriftsteller* galgulus *stimmt sowohl* sp. gálgulo *wie it.* ri-gógolo, rigoletto, *beide letztere ohne zweifel aus* aurigalgulus. *Das parm.* galbéder, *cremon.* galpéder, *entstand offenbar aus* galbicterus. *Der Spanier nennt den vogel auch* oro-pendola *gold-feder.*

Galéa *it. altsp., pg.* galé *(f.),* pr. galéa, galeya, galé, altfr. galée, galie, *mittelgr.* γαλέα, γαλαία *ursprüngl. ein langes ruderschiff:* tunc rex jussit cymbas et galeas i. e. longas naves fabricari, *sagt Asser (9. jh.), s. Voss. Vit. serm.;* it. galeotta, sp. pg. galeota, altfr. galiot *leichte* galea; *it.* **galeazza**, *sp. pg.* galeaza, *fr.* galéasse *großes schiff dieser art; it.* **galeone**, *sp.* galeon, *pg.* galeão, *fr.* galion *großes fahrzeug. Gleichbed. mit* galea *ist it. sp. pg. pr.* **galera**, *fr.* galère: *abstammend aber von jenem müßte es it.* galiera, *pg.* galeira, *fr.* galière *lauten, nur die sp. form wäre richtig und dies müßte sich den übrigen mundarten mitgetheilt haben. Einige leiten* galea *vom lat.* galea *helm als abzeichen eines schiffes, wie desjenigen, welches den dichter Ovid trug:* a picta casside nomen habet *Trist. 1, 10 (Voss. l. c.); aber aus* gálea *wird nicht* galéa, *und* cassis *steht da als name des einzelnen schiffes, nicht einer art von schiffen. Nach andern entlehnte man den namen wegen einer ähnlichkeit der gestalt vom gr.* γαλεός *haifisch, und* galeotta *aus gleichem grunde von* γαλεώτης *schwertfisch. Das letztere gleichnis wäre besonders passend, man erwäge die beschreibung der* galea *in der Hist. Hieros. DC., worin es heißt:* lignum a prora praefixum habet et vulgo calcar dicitur, quo rates hostium transfiguntur percussae. *Auch* galeotta *für* galeota *läßt sich mit ähnlichen beispielen, wie* patriotta, Candiotta, *rechtfertigen. Daß dieses wort aber auch auf roman. weise aus* galéa *abgeleitet sein kann, versteht sich. Noch ein anderes griechisches erst bei Hesychius vorkommendes wort ist in betracht gezogen worden:* γάλη = ἐξέδρας εἶδος, *also eine art gallerie, und sehr wohl konnte ein langes schiff mit einem langen bedeckten gange verglichen werden; man sprach mit betonung des gedehnten endvocals* galé (*vgl.* ἀλόη, aloé) *und fügte das weibliche* a *an. Von diesem* galé *oder zunächst von* galera *ist denn auch das bekannte rom.* **galleria**, *das wenigstens schon im 9. jh. vorkommt:* tres domos cultas, videlicet galeria posita via Aurelia . . . reliquas vero duas i. e. galeriam positam *etc. DC.; hier scheint es ein zierliches gebäude zu heißen; in spätern stellen, aus der ersten hälfte des 11. jh., ist es ein eingeschlossener ort, ein hof:* in galeria intra castellum vel de foris habitantibus *Ughell. I, p. 121ª;* curtem, quae dicitur galeria, in qua est ecclesia S. Mar. das. p. 136ᵘ. *Aber so wie jene älteste stelle es gibt, stimmt es besser zur rom. bedeutung. Noch einer etymologie ist zu gedenken. Muratori vermuthet den ursprung von* galea *und* galeone *im arab.* chalaia *und* chalion; *wendet man sich an Golius, so erfährt man (p. 753. 754), daß* chalî (chalîon) *leer, frei, demnächst (in einem wb. vor d. j. 1000) bienenkorb, großes schiff, weil es frei sei von ruderwerk, bedeutet. Weder J. v. Hammer noch Engelmann sind hierauf eingegangen.*

Galerno *sp. pg.*, galerna *pr.*, galerne *fr. nordwestwind, vgl. bret.* gwalern, gwalarn, gwalorn. *Die irische sprache besitzt das einfache* gal *windhauch, die engl.* gale *kühler wind. Für begriffe dieser classe liebt die prov. sprache das suffix* erna (bolerna *sturm,* buerna *nebel,* suberna *strömung), es ist also wohl zunächst eine prov. bildung, aber, so scheint es, aus celtischem stoffe, wiewohl Nicot erklärt* 'nom de vent, qui fait geler les vignes'. *Zu vergleichen ist aber auch, was engl.* gale *und ir.* gal *betrifft, Dief., Goth. wb. II, 439, E. Müller v.* gale.

Galoppare *it., sp. pg.* galopar, *pr.* galaupar *Fer. 469, fr.* galoper *sich in sprüngen fortbewegen (von pferden), galoppieren, prov. und franz. auch in galopp setzen; daher sbst.* **galoppo** *ff. Faidit definiert* galopar 'inter trotar et currere' *zwischen traben und laufen, GProv. 31. Salmasius, Vossius u. a. sahen darin das gr.* καλπᾶν *traben, trott gehen, mit eingeschobenem o, aber eingeschobene vocale betont man nicht. Es ist das goth.* hlaupan *mit vorgesetztem* ga, *ahd.* gahlaufan, *ags.* gehleápan, *nhd.* laufen, *eine durch die prov. form bestätigte herleitung, indem hier* au *dem deutschen diphthong* au *gleichsteht:* aunir = haunjan, raubar = raubôn, raus = raus. *Oder sollte der anlaut* g *ein verkapptes* w *sein, da man mndl.* walop, walopeeren, *nhd.* walap, walopieren *findet? Dies ist aber nur einem fr.* walop, waloper *nachgesprochen, indem sich in nordfranz. mundarten* g *manchmal in* w *verirrt, woher auch it.* gualoppare, *vgl.* garçon warçon, gaignon waignon *(hund), wohl auch* gaquière waquiere (jachère). *An diesen übergang des* g *in* w *gewöhnt sprach der Niederländer auch* Walewein, *frans. gewöhnlich* Galvain, Gauvain, *wiewohl fr.* g *hier zufällig für* gu *steht, kymr.* Gwalchmai. *Das persönliche subst. sp.* galopo, *it.* galuppo *beiläufer, daher fr.* galopin *(in der thierfabel name des als bote gebrauchten hasen) wird dem ahd.* hloufo *nachgebildet sein. [Hierzu eine beachtenswerthe randglosse Wackernagels:* 'Galoppare *möchte ich kaum auf* gahlaufan *mit dieser hier so zufälligen und bedeutungsleeren vorsylbe zurückführen. Vielleicht* gâho hloufan'? *Es möchte dagegen zu erinnern sein, daß grade der Romane die bedeutungsleere der partikel, die er auch sonst mehrfach aufnahm, am wenigsten fühlte, er liebte verstärkte wörter. Das wirkliche vorkommen eines compositums* gâhlouf *würde, versteht sich, entscheiden.]*

Galoscia *it.,* galocha *sp.,* galoche *fr. überschuh; vom lat.* gallica *pantoffel, mit verstärkter form oder eigentlich mit vertauschtem suffix, s. Rom. gramm. II. 319. Das ital. wort scheint aus dem franz. entlehnt, in welchem* g *hier eben so wenig zu* j *ward wie in* gal (gallus), Gaules (Galliae). *Andre leiten es von* calceus, *was die lautgesetze nicht gestatten, oder von* caliga, *welches jedenfalls weiter abliegt als* gallicus. *Gleichbed. ist das sp.* haloza.

Gamba *it. sp. cat., pr.* gamba *in* gambaut, *pg.* gambia, *fr.* jambe *bein vom knie bis zum fuß, schienbein. Neben dieser form mit anlautender media stellt sich eine gleichfalls weit verbreitete mit anlautender tenuis: altsp.* camba *Alx., so auch pr. sard., churw.* comba, *vgl.* alban. khêmbe. *Einer dritten form fehlt der letzte consonant: altsp.* cama *PC., gleichlaut. cat. bearn., altfr. aber* jame. *Daß die tenuis der media vorangegangen,* camba *älter als* gamba *sei, leidet kaum einen zweifel; beide konnten nebeneinander fortbestehen wie it.* castigare *und* gastigare, *pr.* cat *und* gat. *Zwischen* camba *und* cama *aber ist es theoretisch zweifelhaft, ob* b *eingeschoben oder ausgefallen sei, ob man also* camb *oder* cam *als thema anzunehmen habe. Die grundbed. von* camba *muß* bug, kniebug *gewesen sein, wie andre bildungen desselben ursprungs bezeugen: pg.* camba *radfelge (krummes holz),* cambaio *krummbeinig, altsp.* encamar *(s. v. a.* encambar) *beugen s. Sanchez zum Cid, wohl auch burg. (in Berry)* camboisser *krümmen, dsgl. mlat.* cambuta *krummstab, das in der form* cabuta *schon in einer urkunde v. j. 533 Bréq. n. 15 erscheint. Die wurzel findet sich auf lat. sprachgebiete in* cam-urus, cam-erus *krumm,* cam-era *wölbung,* cam-erare *wölben (fr.* cambrer)*, einfach im celt.* cam *gebogen, gekrümmt (kymr.* camineg *radfelge, wie pg.* camba)*, ihre weitere ausprägung in* camba *lag vielleicht schon im latein vor, da auch die griech. spruche* καμπή *hat und celt.* cam *auf älteres* camb *(vgl.* Cambodunum *u. a. geogr. namen, Zeuß I, 75. 96) zurückzuführen ist. Aber* gamba *für ungula bei Vegetius R. V. ist ein unclassisches wort. Vom deutschen* hamma *oder* wampa *ist ganz abzusehen. Zu* gamba *gehört noch sp.* jamba *pfosten, it.* gambo *stengel (bein der pflanze), nfr.* jambon*, sp.* jamon *schinken, altfr.* gamache *beinbekleidung.*

Gambais *pr., altfr.* gambais, wambais, *altsp.* gambax *Alx., altpg.* canbas *SRos., daher mhd.* wambeis, wambois, wambîs, *nhd.* wams, *im späteren mlatein mit schwankender endung* gambacium, wanbasium, *fehlt ital.; dsgl. pr.* gambaiso, *altfr.* gambeson, wambaison, *spätmlat.* gambaso gambasonis; *ein den oberleib bedeckendes kleidungsstück. Nicht von* gamba; *auf goth.* vamba, *ahd.* wamba *(bauch) leitet namentlich der franz. anlaut* w. *Was aber die endung betrifft, so ist ein ahd.* wambaiz *bei der seltenheit und ungewißheit des suffixes* aiz, eiz *nicht zu vermuthen, daher im rom.* ais *das lat.* aceus, *in* gambois, *mlat.* wambosium, *eine unächte form anzunehmen. Gayangos zieht ein arabisches etymon vor:* gonbâz ʿspecies vestimenti crassi, quo collum tegiturʾ *Freyt. III, 298ᵃ (ohne wurzelverbum).*

Gámbero *it., sp.* gámbaro, *altfr.* jamble, *npr.* jambre, *dauph.* chambró *krebs; von* cammarus *seekrebs.*

Gamella *sp. pg.,* gamello *fr. hölzerne schüssel für matrosen oder soldaten; von* camella *trinkgeschirr (wie noch im span.).*

Gana *it. sp. pg. cat. heftige begier. Es läßt sich nur behaupten, daß es grammatisch zum ahd.* geinôn *passe, dessen bed. den mund aufsperren in die bed. lechzen übergehen konnte, wie pr.* badar, *lat.* hiare, *gr.* χαίνειν *beide bedeutungen umfassen. Vgl. unten* guadagnare.

Ganascia *it., fr.* ganache *kinnbacken (des pferdes); wird mit recht für ein augmentativ von* gena *gehalten, welches letztere die sprache früh aufgab. Ménage führt auch ein sp.* ganassa *an, von dem die wörterbücher nichts wissen.*

Gancio *it., sp. pg.* gancho *haken, vielleicht auch fr.* ganse *schlinge, die als knopfloch dient. Span. etymologen lassen* gancho *aus gr.* γαμψός *(eingekrümmt) entstehen, aber* ps *wird sich schwerlich in sp.* ch *verwandeln: wohl* pl *in dem synonymen* καμπύλος, *womit aber das ital. wort unerklärt bliebe. Ungr.* gants *gleichbed. wird aus letzterem herrühren.*

Ganta *pr., noch itzt* ganto, *storch, kranich, wilde gans (ardea nigra nach Honnorat), altfr.* gante *Og. 4266,* gente *DC. v.* auca. *Für dieses wort hat man ein uraltes zeugnis: Plinius 10, 22 sagt von den gänsen:* candidi ibi (in Germania), vero minores, gantae (al. ganzae) vocantur.

Eine mittellat. stelle ist: Conspicit innumerabilem multitudinem avium, quas vulgus gantas vocat *Mirac. S. Genulfi, DC. Venant. Fort. unterscheidet zwischen* ganta *und* anser, *indem er* grus, ganta, anser, olor *als verschiedene gattungen zusammenstellt. Daher das rom.* ganta = *ndd.* gante, *ndl.* gent, *mhd.* ganze, *ahd.* ganazzo. *Dem wal.* gynscę, gynsăc *erkennt Miklosich slavische herkunft zu. Der Spanier benutzte die hochd. form* gans *zu seinem* ganso *(denn* gánazzo *hätte ihm eher* ganzo *oder* ganázo *gegeben), das ihm auch als adjectiv dumm, dem Catalanen abgefeimt, eigentl. sich dumm stellend, bedeutet; die gleiche übertragung im wal. adj.* lud *dumm, vom ungr.* lúd, gans. — *Eine ausführliche untersuchung des wortes bei Diefenbach, Orig. europ. 347 ff.*

Garbino *it. sp.*, garbin *neupr. südwestwind im mittelländischen meere; leitet man richtig aus dem arabischen: hier heißt* garbî *westlich, vom vb.* garaba *weggehen, untergehen (von der sonne) Freyt. III, 267ª, daher auch pg.* garabia *westen. Die ital. form* a-gherbino *scheint an diese arab. herkunft zu erinnern.*

Garbo *it. sp. pg. anstand; vb. it.* garbare *anstand verleihen, sp.* garbar *sich zieren; pr. nur* garbier *prahlerisch; vom ahd.* garawî, garwî *schmuck, vb.* garawan, *nhd.* gerben, *ndl.* gaerwen *bereiten, schmücken,* b *aus* w *auch im it.* falbo *von* falawer. *Schon Frisch I, 342ᶜ sagt: das ital.* garbato *schön, artig, geputzt etc. kommt von diesem verbo* gärben, *sofern es mit kleidern auszieren bedeutet; s. auch Schmeller II, 64. Das bask.* garbatu *wird von der zubereitung des flachses gebraucht. Auch an das formell weiter abliegende gr.* γαῦρον *stolze haltung hat man gedacht.*

Garbuglio *it., sp.* garbullo, *altfr.* garbouil, grabouil *lärmender haufe, verwirrung. Sicher ein compositum. Das erste wort ist wahrscheinlich von* garrire *schwatzen, das andre ohne zweifel von* bullire *brausen, sbst. sp.* bulla, *it.* buglione, *cat.* bullanga *verworrenes geschrei.*

Gargatta *it., altfr. pic.* gargate *s. Roquef. und Brut I, 103, und so churw.* gargata, *in Genf* gargataine, *im Jura* gargnelotte *u. dgl., auch bret.* gargaden, *altengl.* gargate, *sp. pg. cat. mit eingeschobenem* n garganta *gurgel; abgeleitet von* gurges *mittelst des suffixes* att *unter einwirkung des naturausdruckes* gargarizare *gurgeln, sp.* gárgara *gegurgel* = *arab.* gargara *(vb.), vgl. it.* gorgogliare, gorgozza *abgeändert in* gargagliare, gargozza. *Auch sp.* gárgola, *fr.* gargouille *speiröhre der dachtraufe wird hieher zu stellen sein. Seltsam ist pr.* gargamela *gurgel, fr.* gargamelle *bei Rabelais, noch jetzt lothringisch, vom gasc.* gamo, *man sehe Dict. de Trévoux und Oberlin (Patois lorr.), vgl. auch pg.* gorgomilos *(pl.), sp.* gorgomillera *schlund. Eine zusammenstellung mundartlicher mit* garg *gebildeter wörter findet sich bei Honnorat. Hieher wohl auch pr.* gargar *(hinsprudeln?) M. I, 191ᵒ. 202ᵒ.*

Garófano *it., sp.* girofle, girofre, *pr. fr.* girofle *würznelke; von* caryophyllum *mit dem griech. accente in* καρυόφυλλον *gesprochen, wal. aber* carofil, garofíl.

Garra *sp. pg.* kralle, *pr.* garra kniebug? *(vgl.* sguarar *couper le jarret GO.), limous.* jaro, *genf.* jaire. *Daher it.* garretto, *altfr.* garret, *nfr.* jarret, *sp.* jarrete, *pg.* jarrete *kniebug, kniekehle; neupr.* garrou *schweinshamme; sard.* garroni = garretto; *dsgl. fr.* garrot *gelenk, fuge, knebel, sp. pg.* garrote *mit letzterer bedeutung. Vom kymr.* gâr *schenkel, bret.* gar *schienbein; vgl. kymr.* câmez gâr *kniebug, bret.* garan *einschnitt. Berührung der begriffe glied, gelenk, kralle lehrt oben* artiglio. *Weiteres bei Diefenbach, Celt. 1, 129.*

Garzone *it., sp.* garzon, *pg.* garção, *fr.* garçon, *pr. auch* gartz, *altfr.* gars *knabe, bursche, junggesell, fem. fr.* garce *liederliche dirne. Die üblichste bedeutung dieses wortes, das im mlatein erst spät auftaucht, war im altfranz. nicht knabe, dafür brauchte man lieber* danzel *oder* vaslet, *es hieß diener, handlanger, trossknecht, zumal aber in moralischer beziehung lotterbube; auch der port. Codex Alfons. braucht* garçom *in letzterem sinne SRos. s. v. Dagegen hieß das fem.* garce *ursprüngl. mädchen, wohl auch dienstmädchen, ohne übeln nebenbegriff (Le Glay zum Raoul de Cambr. p. 156) und schon hieraus ist zu schließen, daß die grundbedeutung der männlichen form* garçon *die des lat.* puer *war, wie auch die wörterbücher des 16. jh. übersetzen, daß es aber, wie unser* bube, *in üblen sinn ausartete. In der mundart des Jura heißt noch jetzt* gars *sohn,* garse *tochter, gleichfalls ohne schlimmen nebenbegriff. Was nun seine herkunft betrifft, so sind alle vorgebrachte deutungen bodenlos. Der anlaut* g *kann deutschem* w *nicht entsprechen, da kein it.* guarzone *stattfindet, die zuweilen vorkommende prov. schreibung* guarso *beruht auf ungenauigkeit; auch nicht bretonischem* gw *in* gwerc'h *jungfrau (Pott, Forsch. II, 347). Die gael. sprache hat freilich ein wort* garsan, *aber aus dem franz., sie verwandelt oft das rom.* on *in ihr eigenes suffix* an, *vgl.* caban, baran, bûrdan, ladran, *fr.* chapon, baron, bourdon, larron. *Das wort erklärt sich wie so viele, die man in der ferne sucht, klar und einfach aus dem lat. sprachstoff. Mit* garzone *nämlich ist augenscheinlich gleiches stammes it.* garzuolo *herz des kohles, mail.* garzoeu *knospe, von* carduus *(s. unten II. a), hiernach ist knabe etwas noch unentwickeltes, knospe, butzen, strunk, eine anschauung, die sich auch im it.* toso, *im fr.* petit trognon, *im dtschen kleiner bützel, im gr.* κόρος, *im gael.* gas *ausspricht, ja das mail.* garzon *bedeutet außer knabe auch eine distelartige pflanze und leitet dergestalt unmittelbar auf* carduus *zurück. Wie willig aber in* carduus *die tenuis der media wich, bezeugt auch das lothr.* gade = carde, gadá = carder. — *Ist nicht auch it. sp.* garza *reiher identisch mit fr.* garce *mädchen, indem man den vom kopfe zurückwallenden federbusch dieses vogels mit dem herabfallenden kurzen haar eines kleinen mädchens verglich? Oder sollte der ital. mundart, worin das wort am reichsten gewuchert hat und woher es ausgieng, das feminin gefehlt haben? span.* garceta *heißt kleiner reiher und herabfallende haarlocke. Über den zweifelhaften arabischen ursprung des wortes s. Engelmann p. 81.*

Gas *ein luftstoff; von dem ältern van Helmont erfundenes, vielleicht aus ndl.* geest *d. i. geist gebildetes wort (Adelung).* Weigand I, 390 *vermuthet vom deutschen* gäschen *schäumen.*

Gasalha *pr., altfr.* gazaille, *mlat.* gasalia *gemeinschaft, gesellschaft (nicht gewinn, wie Lex. rom. III, 449 bestimmt wird); dahin auch pg.* agasalhar *und* gasalhar *(nach dem subst.* gasalbado *Lus. 2, 15 zu schließen), sp.* agasajar, gasajar *freundlich aufnehmen, altpg.* agasalharse com huma mulher sich verheirathen *SRos. append. Vom ahd.* gisello, *in älterer form* gasaljo, *ahd.* geselle *gefährte, freund, vb. goth.* saljan, *ahd.* gaselljan. *In einer span. urkunde v. j. 804 Esp. sagr. XXVI, 445 liest man:* feci ibi presuras cum meis gasalianibus *(theilhabern)* mecum commorantibus, *worin* gasalianes *nach dem goth. plural* gasaljans *geformt sein muß. Ménage erwähnt auch ein it.* ghisello *compagno; aus welcher mundart soll dies geschöpft sein? S. Rosa verzeichnet ein altpg.* gasvillado asociado, *was vielleicht aus* gasaillado *verschrieben ist.*

Gatto *it., sp.* gato, *cat.* gat, *pr.* cat, *fr.* chat, *fem.* gatta, gata, cata, chatte, *ngr.* γάτα *katze, fehlt dem Walachen, der* mutzę *und* pisicę *dafür hat. Felis aber fehlt allen; nur im picard. wörterbuch wird* fèle *als ein seltner ausdruck bemerkt und aus* felis *hergeleitet, was hier auf sich beruhen möge. Das neue wort ist auch durch die celtischen und german. sprachen verbreitet: ir.* cat, *kymr.* câth, *ags.* cat, *altn.* köttr. *Ein lat.* catus *kommt erst spät, bei Palladius und bei einem dichter vor (s. Freund), ist aber vielleicht schon in* catulus *enthalten, verwandt mit* canis *(Schwenck); bei Isidorus gilt es noch für ein wort des gemeinen lebens:* hunc (murionem) vulgus catum a captura vocant *12, 2, 38. Die herleitung aus* captare, *altrom.* catar, *ist indessen unstatthaft, da, abgesehen vom lat.* catus *für* captus, *auch im roman. sich die anlaute und inlaute widersprechen, it.* gatto *und* catare.

Gavela *pg., sp.* garilla, *pr.* guavella *GO., fr.* javelle *reisbündel, welle, handvoll ähren, span. auch haufe menschen (ebenso val.* gavella *J. Febr. 64). Grammatisch unbefriedigend ist die erklärung von Frisch aus dem dtschen* gaufel; *nicht besser die aus dem ahd.* garba, *denn* r *duldet, wie schon unter* gabella *erinnert ward, vor* b *keinen ausfall; unnöthig die von Ménage aus einem hypothetischen* capus *als primitiv von* capulus. *Es kommt, wenn man die bed. handvoll aus handhabe oder griff folgern darf, unmittelbar von* capulus, *umgebildet in* capellus, capella, *um so wahrscheinlicher, als ein neupr. masc.* gavel, *pic.* gaviau *vorliegt; ebenso verwandelte sich* martulus, scrophula *roman. in* martellus, scrophella *(écrouelle). Franz.* j *aber konnte aus lat.* c *entstehen, wie dies in* jambe *und* geôle *anerkannt werden muß. Im engl.* gavel *treffen* gavela *und* gabella *(abgabe) zusammen, gleichwohl scheint es je nach seiner bedeutung verschiedener herkunft. S. auch E. Müller v.* gavel.

Gavetta *it., sp.* gábata, *fr.* jatte *hölzerner napf oder schüssel; von* gabāta *eßgeschirr, ahd.* gebita, *mlat.* capita, *vgl. nord.* jata *krippe. Franz.* jatte *aus* gabata *verhält sich lautlich wie* dette *aus* debitum. *Picard. sagt man* gate, *norm.* gade, jade, *daher altfr.* jadeau. *Auch sp.* gaveta *schublade wird derselben abkunft sein.*

I. GAVIA—GECCHIRE. 159

Gavia *sp. ein vogel, möwe; ist das lat.* gavia *bei Plinius, für welches die bed.* möwe *nur auf vermuthung beruht, durch das roman. wort aber gerechtfertigt wird. Daher die gleichbed. abll. sp.* gaviota, *pg.* gaivota; *sp. pr. neap.* gavina; *it.* gabbiano, *pg.* gaivão, *letzteres eine schwalbenart.*

Gazza *it.,* gacha *pr., besser pr.* agassa, *fr.* agace *elster, krähe; vom ahd.* agalstra, *was eine zweite ital. form* gázzera *noch anschaulicher macht; die verbindung* st *stellte sich romanisch durch* z, c, ss *dar. Die Flor. glossen geben* agaza *als deutsches wort und übersetzen es mit* pica. *Zu merken ist noch die romagn. form* argaza. *Der sinn des deutschen* â-gal-astra *ist nach Grimm II, 367 der rauhschreiende krächzende vogel.*

Gazzella *it.,* gazela *sp.,* gazelle, algazelle *fr. ein säugethier im Orient und Nordafrica; vom arab.* gazâl *junge gazelle Freyt. III, 274ᵃ.*

Gazzetta *it.,* gazeta *sp.,* gazette *fr. zeitung; eigentl. name einer ital. münze (von* gaza *schatz?), wofür man das zeitungsblatt kaufte. So Ménage und Ferrari. Nach Schmellers vermuthung aber ist* gazzetta *das diminutiv von* gazza *elster, indem die ersten zeitungsblätter etwa das emblem des geschwätzigen vogels getragen hätten, Bair. wb. IV, 293. — [Mahn p. 90 tritt Ménage bei. Die ersten zeitungsblätter, bemerkt er, erschienen zu Venedig (1563?) und waren geschrieben; für die erlaubnis sie zu lesen zahlte man eine* gazetta, *daher der name dieser blätter, denn sie konnten bei der dürftigkeit ihres inhaltes nichts weniger als geschwätzig genannt werden; auch sei es nicht wahrscheinlich, daß die verfasser ein solches emblem gewählt hätten, da man sich nicht leicht selbst verspotte. — Dagegen möchte sich doch wieder einwenden lassen, daß was man für eine bestimmte münze kauft, schwerlich mit dem namen derselben benannt worden wäre (dafür hatte man das suffix* ata *wie in* derrata, quattrinata), *ferner daß wenn auch nicht der verfasser, doch das publicum eine zeitung füglich eine plaudertasche nennen konnte, weil ihre nachrichten oft genug grundlos sein mochten.]*

Gecchire *it. in* aggecchirsi *sich demüthigen, sich unterwerfen (alt* gicchito *demüthig, s. Perticari p. 300,* giachito *PPS. II, 175, mail.* gecchiss *d. i.* gecchirsi), *pr.* gequir, *altsp.* jaquir *überlassen, altcat.* jaquir *erlauben, altfr.* gehir *gestehen, sagen. Alle diese wörter lassen sich auf eins zurückbringen, das ahd.* jehan *aussagen, zugestehen, vgl. mhd.* jehen *c. dat. einem den sieg zuerkennen, sich überwunden geben. Ital.* aggecchirsi, *das Ciampi (zu Oino) gegen die grammatik aus* abiettito (abjectus) *erklärt, bedeutet sich einem zugestehen, sich einem überlassen,* h *durch* ch *vertreten wie in* annichilare. *Ebenso das prov. wort:* qui tot non lor o gic *wer ihnen nicht alles zusagt, überläßt Chx. IV, 344;* se gequir de una ren *sich von etwas lossagen. Altcat.* nos jaquesca escapar *er erlaube uns zu entrinnen, lasse uns entrinnen RMunt. 114ᵃ. Am nächsten schließt sich die bedeutung des altfr. wortes an die des deutschen:* jehir ses pechiés *seine sünden beichten Gar. II, 222; ist doch* beichte, *ahd.* bigiht, *selbst aus* jehan *entstanden. Was die begriffsentwicklung betrifft, so ist besonders zu vergleichen goth.* gakunnan sik *sich bekennen, sich unterwerfen,* ὑποτάττεσθαι.

Geldra *it. lumpenvolk, pr.* gelda, *altfr.* gelde *trupp besonders von fußvolk:* trente milie de gelde *triginta milia peditum LRs. 15, vom mlat.* gelda *congregatio, dies aus dem deutschen:* ags. gild *cultus, sodalitas,* gegilde *sodalis, ndd.* gilde. *Auch ein altfr.* gueude *findet sich* (gu *neben* g *z. b. in* gueule, geule): la société vulgairement appelée gucude marchande *kaufmannsgilde, s. Ménage. Von pr.* gelda *ist* geldon *lanzenträger, daher it.* gialdoniere *dass. Altit.* gialda *lanze erinnert zwar an goth.* giltha *sichel, hippe: man kann aber die waffe nach den leuten benannt haben, die sie tragen, vgl.* partigiana. *S. auch Filomena ed. Ciampi p. 143.*

Gengiva *it. pg. pr., sp.* encia, *fr.* gencive, *wal.* gingie *zahnfleisch; von* gingiva, *mit abänderungen, um das sich wiederholende* g *zu beseitigen, vgl. auch sard.* sinzia, *pr.* angiva, *cat.* geniva, *fr. in Berry* gendive *u. a. formen.*

Gente *altit. (wohl aus dem prov.), altsp.* gento (gente *Mar. Egipc. nach Pidal ist unrichtig, s. Janer 313ᵇ), pr.* gent, *fem.* genta, *altcat.* gint, ginta, *altfr. (noch in Berry)* gent, gente *artig, hübsch; vb.* agenzare, agensar, agencer *gefallen. Von* gentilis *mit zurückgezogenem accent und weggefallnem suffix wäre nicht gegen die grammatik, man bedenke sp.* manso *aus* mansuetus *u. a. Vielleicht aber findet sich ein näher liegendes wort. Buchstäblich passt nur* genitus, *worauf schon Sanchez, Colecc. tom. III, vermuthete. Homo* genitus *konnte einen mann von herkunft, einen edeln bedeuten, wie man einen solchen, aber minder kühn, mhd.* von geburt, *fr.* homme de naissance *nennt, und hieraus konnte sich die bed. artig entwickeln, die auch* gentilis *d. i.* qui gentem habet *annehmen mußte. Vgl. Grandgagnage v.* ajancener.

Gergo *it., sp.* xerga; *it.* gergone, *fr.* jargon; *altsp.* girgonz *Alx. (gebildet wie* vascuence = vasconice), *nsp.* gerigonza *kauderwälsch, rothwälsch, so pr.* gergons '*vulgare trutanorum*' *spitzbubensprache GProv. 94. Nicht unpassend nennt Charles von Orleans die sprache der thiere ein* jargon, *eine für uns unverständliche rede:* il n'y a ne beste ne oyseau qu'en son jargon ne chante et crie. *Altfr. sagte man für* jargonner *auch* gargoner *Roquef., Rob. le diabl. IIIᵉ. col. 1, altengl.* gargoun *Halliw.: hieraus folgt 1) daß trotz dem pic.* gergon *(denn diese mundart pflegt das gutturale* g *zu bewahren)* ga *der ursprüngliche anlaut war, 2) daß das wort von Frankreich ausgegangen. Gleichwohl ist sein ursprung nicht sicher, wenigstens läßt es sich aus dem nord.* jarg *salbaderei, wenn man auf* ga *als dem richtigen anlaute besteht, nicht herleiten. Man sagt fr.* le jars jargonne *der gänserich schnattert, allein die art der ableitung von* jargon *aus* jars *läßt sich nicht klar machen. Es möchte also wohl gebildet sein aus dem roman. stamme* garg *(s. oben* gargatta), *so daß es eigentl.* gegurgel, *widerliches unverständliches gerede bedeutete. Vgl. auch das sp.* guirigay *kauderwälsch.*

Gerla *it.*, *neupr.* gerlo, *altfr.* geurle *NFC. I, 220,* jarle *Roq. tragekorb, eimer; von* gerulus *tragend, in den Casseler glossen* gerala tina 'suuipar' *(zuber).*

Gesmino *it.* (*entstellt in* gelsomino), *sp.* jasmin, *in der alten prov. litteratur nicht vorhanden, neupr.* jaussemin, gensemil, *fr.* jasmin *ein staudengewächs; vom pers.* jâsemîn, *auch arab.* jâsamûn, *das Freytag IV, 514ᵇ als ein fremdes wort gibt.*

Gesta *it.*, geste *altfr., wohl auch pr.* gesta *geschlecht, stamm. Lat.* gesta *als singular gebraucht (man sehe Ducange) nannte das mittelalter die thaten eines vornehmen geschlechtes, sodann die beschreibung derselben, die chronik, endlich, vermöge einer übertragung der sachen auf die personen, die geschlechtsfolge, den stamm selbst. Altfr. beispiele der beiden letzteren bedeutungen sind:* an (en) la geste est escrit *Sax. II, 151;* en vielle geste le trueve l'on lisant *Rom. de Roncev. p. 67;* Clodoïs qui commença la bone geste *NF. Jub. II, 19;* la geste Mahom *der stamm, das volk Mahomets Sax. II, 84;* li varlet de haute gieste *Eracl. 3362. Auch das altsp. wort heißt chronik:* aquis' conpieza la gesta de mio Cid *PC. 1093.*

Gettare, gittare *it., sp.* jitar, *pr.* getar, gitar, *fr.* jeter, *sp. mit abgestoßenem* j echar, *werfen; von* jactare *oder, wie der allgemeine übertritt des* a *in* e *vermuthen läßt, von* ejectare, *wal.* ajeptà. *Sbst. fr.* jet *wurf, auch schleuder, strick, pr.* get, *it.* getto, geto. *Zu merken ist pg.* deitar = *fr.* déjeter, *von* dejectare, *welches Gellius aus Mattius anführt; die ältere sprache aber kennt auch* geitar. — [*Diese deutung von* gettare *aus* ejectare, *gegenüber der herkömmlichen aus* jactare, *ist von achtbarster seite bestritten worden. Sie kann sich aber unter andern darauf berufen, daß im italienischen aus der lat. silbe* act *niemals* ett *oder* itt *wird, und daß auch die wal. form (deren anlaut* a *so gut zu lat.* e *passt wie in* alege *von* eligere *u. a.) gleichfalls ein radicales* e *zeigt.*]

Gherone, garone *it., sp.* giron, *pg.* girão, *fr.* giron, *altfr. auch* gueron *zsgz.* gron *Comte de Poit. p. 14 (so noch picard.) schooß, schleppe, in der wappenkunst dreieck; aus dem ahd.* gêro, *acc.* gêrun, *mhd.* gêre, *altfries.* gare *eingesetztes keilförmiges stück in einem kleide, um es bauschig zu machen, von* gêr *speer wegen der ähnlichkeit: ebenso mlat.* pilum vestimenti *speer des gewandes, oder das in einem glossar (Graff IV, 225) mit* gêro *übersetzte romanische* lansa. *S. Grimm, Rechtsalt. 158.*

Ghiado *it. äußerste kälte, pr.* glay *schrecken, cat.* erstaunen; *zsgs. pr. cat.* esglay *s. v. a.* glay, *altsp.* aglayo; *vb. it.* agghiadare *vor kälte erstarren, altsp.* aglayarse *erstaunen, pr.* esglayar *erschrecken, niederschlagen, cat. in erstaunen setzen. Prov.* glay *bedeutet auch schwert, von* gladius, *vgl. die form* desglayar *tödten, neben* desglaziar *(mlat.* degladiandi 'deoccidendi' *Class. auct. VI, 520ª); auch altfr.* glaive *ist die tödtliche waffe und der tödtliche schrecken; it.* morto a ghiado *heißt erstochen (com. parm.* ghià *stachel),* agghiadare *auch erstechen, niederhauen, pic.* aglaver *umkommen. Schrecken oder kälte werden als ein herzdurchdrin-*

gendes schwert gedacht. Könnte aber it. ghiado *aus* gladius *entstehen? durch dissimilation allerdings, da* ghiadio *mislautete.*

Ghiattire *und* sghiattire *it., pr. altfr.* glatir, *mlat.* glattire *Dief. Voc. lat. germ., neufr.* clatir, *sp. pg.* latir *klaffen, bellen, anschlagen; subst. pr.* glat, *wohl auch altfr.* glai *(lärm, geschrei); naturausdruck wie nhd.* klatschen, *ndl.* klat-eren, *gr.* κλάζειν, γλάζειν, *lat.* lat-rare.

Ghiazzerino *it., sp.* jacerina, *pg.* jazerina, *pr.* jazeran, *altfr.* jazerant, jazerenc, *daher pg.* jazerão, *panzerhemd aus kleinen ringen zusammengesetzt; npr.* jaziran, *burg.* jazeran *halsband der weiber. Eigentlich ist das wort ein von seinem substantiv getrenntes adjectiv, sp.* cota jacerina, *fr.* haubere jazerant, *vgl. pr.* l'ausberes fon jazerans *das panzerhemd war von ringen. Le Duchat leitet es vom dtschen* ganz-ring, *das aber nicht vorhanden ist. Reiffenberg zu Chev. au cygne I, p. 71 von* jaque acerin *stahljacke, allein* jaque *ist kein altes wort. Andre haben an das einfache* acerin *oder an das altdeutsche* ïsarn *(eisen) gedacht, ohne über das vortretende j rechenschaft abzulegen. Span.* jazarino *heißt algierisch, vom arab.* ġazâîr *Algier: bezog man etwa die besten geringelten panzerhemden von dort? Covarruvias v.* Argel *versichert dies ohne bedenken. Die Hist. de las guerras civiles de Granade cap. 8 kennt wenigstens eine* jacerina labrada *en Damasco. In Wolframs Willehalm 356, 12 aber führt der könig der Berberei ein in* Jazeranz *gearbeitetes panzerhemd mit sich:* der künec von Barberîe brâht im einen halsperc: in Jazeranz daz selbe werc worhte derz wol kunde. *Aus keinem altfr. gedicht ist diese auffassung bekannt, die übrigens der deutung aus* jazarino *zu statten kommen würde. [Dieser deutung stimmt Engelmann bei, p. 83.]*

Ghignare *und* sghignare *it. heimlich lächeln, sp.* guiñar, *pr.* guinhar, *fr.* guigner *mit den augen winken, seitwärts blicken, spähen, pg.* guinar *von dem wege abweichen; sbst. it.* ghigno, *sp.* guiño, *pr.* guinh. *Entstehung aus dem ahd.* winkjan *winken (in welchem falle it.* gh *sich verhalten müßte wie in* ghindare *für* guindare*) setzt ausfall des k zwischen n und j voraus, wofür sich kein zweites beispiel vorfindet: aus* winken *ward vielmehr norm.* guineher *wie aus dem buchstäblich nahe liegenden* wenkjan *altfr.* guenchir, *nicht* guegnier. *Da die picard. mundart nicht* winier, *sondern* guinier *spricht, so ist es nicht einmal rathsam, den anlaut aus ursprünglichem* w *herzuleiten und so kann denn auch das kymr.* gwing *wendung,* wink *nicht in betracht kommen. Ags.* ginian, *altn.* gina, *ahd.* ginên *heißt gaffen: hieran konnte sich etwa die franz. bed. 'mit den augen verfolgen' und daraus wieder die andern entwickeln, vgl. fr.* béer *gaffen, betrachten; aber der grundbegriff des rom. wortes ist doch offenbar winken, anlächeln, und so passt es besser zu ahd.* kînan, *wovon ein altes glossar sagt* chinit *'adrisit' Graff IV, 450, wiewohl übrigens anlautendes deutsches k bei folgendem vocal selten zu roman. media wird. Auch bask.* queñua, kheinua *bedeutet wink, es fragt sich nur, ob es ein eingeborenes oder aus Spanien eingewandertes wort ist. Span.* g *härtet sich sonst nicht zu bask.* qu, *aber die bildung hat roman. gepräge, vgl. bask.* ceinua

= *pr.* senh, esteinna = *pr.* estanh. ['*Sollte vielleicht engl.* squint *zu berücksichtigen sein?*' *fragt Atzler. Man sehe das wort bei E. Müller.*] Ghindare *it. (für* guindare), *sp. pg.* guindar, *fr.* guinder *aufwinden; vom ahd.* windan. *Daher it.* gnindolo (*entartet in* bindolo, *trient.* binda), *sp.* guindola, *fr.* guindre *winde,* haspel *u. dgl.; sp. pg.* guindaste, *fr.* guindas *und* vindas, *aus dem ndl.* wind-as *(windachse), daher* bret. gwindask, *engl. aber* windlass.

Ghiotto *it., pr. altfr.* glot *vielfraß, schlemmer; von* glūtus, *wofür*, *nach* gluttire *zu urtheilen, auch* gluttus *stattfand, daher das roman. o. Dsgl. it.* ghiottone, *sp. pr.* gloton, *fr.* glouton, *von* gluto *bei Festus s. v.* ingluvies; *vb. it.* inghiottire, *pr.* englotir, *fr.* engloutir *einschlucken, von* gluttire. *Aus derselben quelle ist pr.* glot *bissen, schluck, und selbst das gewöhnlich von* gutta *hergeleitete it.* ghiozzo, *worin sich* tt *in* zz *verwandelte.*

Ghirlanda *it., sp. pg.* guirnalda, *altsp.* guarlanda, *pg.* guirnalda, grinalda, *pr. cat.* garlanda, *fr.* guirlande, *altfr. auch* garlande *kranz. Ungeachtet der alten formen mit radicalem* a *scheinen die mit* i *ursprünglicher, da dieses in erster tonloser silbe leicht mit* a, *nicht leicht* a *mit* i *vertauscht wird. Das suffix* anda *muß dasselbe sein wie im it.* lavanda *oder im fr.* girande, *es setzt also ein vb.* ghirlare *voraus, das aber nicht vorhanden ist. Schwieriger ist der anlaut. Ist* g, gh, gu = g *oder* = w? *It.* ghirlanda *spricht für ersteres, aber nicht entscheidend, denn auch in* ghindare *ist* gh = w. *Altsp.* guarlanda *zeugt stark für* w, *ein stärkeres zeugnis noch wäre ein altfr.* wirlande. *Geht man von* g *aus, so kommt man auf* gyrus, *woraus man* gyrulare *ableiten muß,* girillare *(winden, garn winden) kommt im mlatein vor und wird von Joh. de Janua aus* gyrus *erklärt. Allein warum alsdann nicht* girlanda? *Jault erinnert an ags.* gyrdan *gürten, sbst.* gyrdel, *aber rom.* i = *ags.* y *ist sehr problematisch und auch die bedeutung sagt wenig zu. Geht man von* w *aus, so geräth man mit Frisch, unter voraussetzung einer abl.* wierelen, *auf mhd.* wieren *einfassen, umflechten, schmücken, sbst.* wiere *eingelegte arbeit, ring mit solcher arbeit, ahd.* wiara *corona, crista. Oberitalien besitzt noch ein mit* ghirlanda *formell übereinstimmendes wort* ghirlo *vortex (Biondelli, Azzolini), vom dtschen* wirbel *d. h. etwas das sich im kreiße bewegt, aber die übertragung auf* kranz *wäre kühn. Des wortes herleitung ist unsicher.*

Ghiro *it. ein säugethier, ratz, pr.* glire, *fr.* loir *siebenschläfer; von* glis gliris. *Abgel. fr.* liron, *sp.* liron, *pg.* lirão *mit ders. bed. Aus einem diminutiv aber scheint npr.* greoule *entstanden. Erwähnenswerth ist in beziehung auf die des anlautes verlustig gewordenen formen ein altes deutsch-lat.* glossem liruu, '*glires*', *bei Schmeller II, 472, der dabei an das mundartliche* leinl *(kleine haselmaus) erinnert, insofern dies aus* leir-lein *entstellt sein könnte (*leir *würde also wohl romanischer abstammung sein).*

Già *it., sp. altpg.* ya, *npg. pr. altfr.* ja *adverb, von* jam; *nfr. zsgs.* déjà = *it.* di già.

Giaco *it. (in einigen wbb.), sp.* jaco, *fr.* jaque *(f.) kurzer oberrock der kriegsleute, daher unser* jacke. *Ein späteres wort wohl von zufälligem ursprung; nach Ducange's vermuthung, die wenigstens die lautlehre nicht verletzt wie die herleitung aus* sagum, *von* Jaque, *dem namen eines häuptlings von Beauvais um 1358. Ein altes span. beispiel* un jaque de seda *bei L. de Ayala (gegen ende des 14. jh.).*

Giallo *it., sp.* jalde, *pg.* jalne, jalde, jardo, *fr.* jaune gelb. *Die franz. form, urspr.* jalne, *ist offenbar von* gálbinus (*wal.* gálbin), *aus* jalne *aber ward mit einer kleinen euphonischen veränderung* jalde, *lomb.* giald. *Ital.* giallo *erklärt sich mit minderer schwierigkeit aus ahd.* gelo = *nhd.* gelb *als aus fr.* jaune, *vgl. a für e im altit.* gialura *von* gelu *kälte PPS. I, 520.*

Giara *it., sp.* jarra, *pg. pr.* jarra, *fr.* jarre *großes gefäß mit zwei henkeln; masc. it.* giarro, *sp.* jarro, *pg.* jarro *krug u. dgl., vom arab.* ǵarrah *wassergefäß Freyt. I, 260ᵃ. Im altport. trifft man überdies die form* zarra *SRos.*

Giardino *it., sp.* jardin, *pg.* jardim, *pr.* jardi, gardi, jerzi, *fr.* jardin, *mdartl.* gardin, *dsgl. fem. pr.* giardina *garten; vom ahd.* garto (*gen. dat.* gartin) *oder, wozu die bildung* giardina *fast nöthigt, roman. ableitung aus ahd.* gart, *ursprüngl.* gard, *umzäunung, goth.* gards *behausung, womit auch gael.* gart, *kymr.* gardd *zusammentrifft, selbst altfr.* jarz *Er. En. 5694. Wal.* gard *(zaun) ist buchstäblich das goth.* gards *und nebst alban.* garde *vielleicht (nach Miklosich schwerlich) daher entlehnt, wogegen* gredine *(garten) auf das gleichbed. alban.* geradine, *serb.* gradina *(von* grâd *festung, russ.* górod) *zurückgeht.*

Giavelotto *it. wahrscheinlich aus dem fr.* javelot, alt gavelot, *fehlt pr., bret.* gavlod, *mhd.* gabilôt *wurfspeer; mit anderm suffix it.* giavelina, *sp.* jabalina, *fr.* javeline, *auch bret.* gavlin. *Außer der herleitung aus* jaculum, *gegen welche aber schon der altfr. anlaut* g *sich erhebt, sind zwei in betracht zu ziehen. Nach Grimm III, 443 nämlich hat es seine quelle im engl.* gavellock, *ags.* gaflâc, *einem compositum, dessen erste hälfte sich in dem altn. speernamen* gefja *wiederzufinden scheine, die zweite das ags.* lâc *(spiel) sein müsse. Pott, Forsch. II, 107 verweist lieber auf ir.* gathla *speer, vgl. auch Diefenbach, Celt. I, 137, Goth. wb. II, 402. Die ssg.* gaf-lâc *ist, zumal neben den formen* gafeloc, gafeluc, *altn.* gaflok, *allerdings nicht unzweifelhaft, das wort könnte sogar seinen grund haben im kymr.* gafl-ach *gefiederter speer, einem grammatisch richtigen derivatum aus dem sbst.* gafl: *wenigstens wäre das umgekehrte verhältnis nicht wahrscheinlich, da auslautendem ags.* c *(engl.* k) *regelmäßig kymr.* g, *nicht* ch *antwortet (parwg,* côg, *dug = ags.* parruc, côc, *engl.* duke *u. dgl.). Ohne etymologische bedeutung scheint die altfr. nicht unhäufige form* gaverlot *Brt. I, 296, sgz.* garlot *Gl. de Lille p. 9 (19 Sch.).*

Giga *it. altsp. pr.,* gigue, gigle *altfr. ein saiteninstrument, nsp.* giga, *nfr.* gigue *ein tanz mit musikbegleitung; vom mhd.* gîge, *nhd.* geige, *dies vom starken vb.* gîgen, *s. Grimm II, 47, Müller, Mhd. wb. I, 511. Daher fr.* gigot *hammelskeule (wegen der ähnlichkeit), sp.* gigote *gehackt fleisch (nämlich von der hammelskeule, wie Covarruvias bemerkt).*

Giglio *it., sp. pg.* lirio, *pr.* lili, liri, lis, *auch* lir *LR. I, 408, fr.* lis, *überdies piem. mail.* liri, *sard.* lillu, *altsp.* lilio, *churw. fem.* gilgia, *nhd.* gilge, *schw.* jilge, ilge, *lilie. Ein bemerkenswerthes beispiel von dissimilation: um dem wiederholten* l *auszuweichen, ward theils der erste dieser buchstaben in* g, *theils der zweite in das verwandte* r *umgesetzt; gr.* λείριον *hat schwerlich theil daran. Die franz. mit* s *ausgestaltete form aber ist eine nominativische* lilius, *wie denn das wort auch im ahd.* lilio, *mhd.* gilge *als masc. behandelt ward. Der walach. ausdruck ist* crin, *vom gr.* κρίνον. *Vgl. Pott, Forsch. II,* 99.

Ginepro *it., sp.* enebro, *pg.* zimbro (z *für* ġ *selten), fr.* genièvre *wachholder; von* juniperus. E *oder* i *für* u *verräth franz. einfluß, vgl.* génisse *II c, daher auch ndl.* jenever, *dän.* enebaer.

Gineta *sp., pg.* gineta, *fr.* genette, *engl.* genet, *fehlt ital., eine art der viverra, in der Levante, bisamkatze. Im altpg. findet sich* pelle de janeta = zabellinus *urk. v. j. 1137, s. Santa Rosa I, 472. Die neupr. form ist* châino. *Der name, den uns Ménage aus* faginetta = fouinette *deutet, wird wohl der Levante angehören.*

Ginocchio *it., wal.* genunche, *sp.* hinojo, *altsp.* ginojo, *pg.* giolho, joelho, *fr.* genou *aus* genouil *knie; von* genuculum *für* geniculum *z. b. schon in der L. Sal. tit. 44, in Rothari Legg. u. s. w.*

Giocolaro, giullaro *it. gaukler, spielmann, von* jocularius; *sp.* joglar, juglar, *pr.* joglar *dass., von* jocularis; *it.* giocolatore, *altfr.* jogleor, *nfr.* jongleur *dass., von* joculator; *vb. pic.* jongler *scherzen, von* joculari.

Gioglio *it., sp.* joyo, *pg.* joio, *pr.* juelh *unkraut; von* lolium, *vgl. wegen des anlautes* giglio *von* lilium. *Aber auch it.* loglio, *arag.* luello *u. s. w. Daher pg.* joeira *getreideschwinge das unnütze abzusondern.*

Giorno *it., pr.* altcat. jorn, *fr.* jour *tag; von* diurnum *taglang (mlat.* jornus, *z. b. in einer urkunde v. j. 897 DC.), das in einigen sprachen über das klanglose* dies *die oberhand gewann: noch it.* dì, *sp. pg. pr. neucat.* dia. *Zsgs. it.* soggiorno, *altsp.* sojorno *Rz., pr.* sojorn, *fr.* séjour *aufenthalt u. a.*

Giovedì *it., fr.* jeudi, *pr. cat.* dijous *donnerstag, von* Jovis dies, dies Jovis; *sp.* jueves, *pr. auch* jous, *vom genitiv* Jovis, *wal.* joi, *ven. romagn.* zobia. *Dafür pg.* quinta feira *wie ngr.* πέμπτη *und mhd.* pfinztac, *man sehe über letzteres so wie über diese art, die tage zu benennen, Schmeller I, 321.*

Giraffa *it., sp.* girafa, *fr.* girafe *kameelparder; vom arab.* zarrâfah *Freyt. II, 234ª.*

Girfalco, gerfalco *it., sp.* gerifalte *(aus dem franz.), pr.* girfalc, *fr.* gerfaut; *mlat.* gyrofalco, a gyrando, quia diu gyrando acriter praedam insequitur *Albertus M. s. Ducange, nicht von einem dtschen* gîr, geier, *welches wohl selbst erst aus* gyrare *herrührt. Jenes umherkreißen der raubvögel heißt sonst auch it.* ruota, *ven.* ronda; *das gr.* χίρκος *bedeutet darum* 1) *ring, kreiß,* 2) *falke. Da ein andrer stoßvogel den namen* sagro *trägt* (s. *unten), so construierten andre für* girfalco *ein etymon* hiero-falco.

Giro *it., sp.* giro, *pr.* gir *kreiß, umlauf, umfang; von* gyrus. *Altfr. findet sich plur.* gires *geburtswehen* QFA. 783, *vielleicht von den drehungen des kindes bei der geburt so genannt, mundartlich (in Berry)* girande, gerente *kreißendes weib (womit also der sinn des deutschen wortes zusammentrifft, wenn es von* kreifs, *nicht von* kreisten *d. i. stöhnen herkommt). Daher vb. it.* girare *ff., altfr.* girer *sich im kreiße drehen, mlat.* gyrare *L. Alam.; it.* giràndola, *sp.* giràndula, *fr.* girandole *feuerrad, von einem verlorenen* giranda, *entsprechend dem erhaltenen fr.* girande; *fr.* girouette *wetterfahne für* girotette (*vgl. it.* girotta), *nicht durch* on *erweitert aus* girette.

Giubba, giuppa *it., sp.* al-juba, *pr.* jupa, *fr.* jupe, *dsgl. mit i com. cremon.* giuba, *mail.* churw. gippa, *mhd.* gippe, joppe; *abgel. it.* giubbone, *sp.* jubon, *pg.* jubão, gibão, *cat.* gipó, *pr.* jubo, *fr.* jupon, *auch wal.* zubea *ein kleidungsstück, jacke, wams. Die span. form führt auf arab.* algubbah (al-gobbah) *baumwollnes unterkleid, in einem wb. aus dem ende des* 10. *jh., s. Gol.* 460, *Freyt. I,* 238ᵉ. *Das radicale ∴ in mehreren mundarten hat vielleicht nur im fr. u seinen grund. Hieher auch sp.* chupa *jacke, weste, it.* cioppa *langes oberkleid der frauen? Unser deutsches* schaube, *früher* schuba, *hat dieselbe quelle, Schmeller III,* 306.

Giubbetto, giubetta *it., fr.* gibet *galgen, daher engl.* gibbet. *Die ital. form weist sich deutlich aus als diminutiv von* giubba, *so daß es ursprüngl. den strick um den hals bedeutete, jäckchen, köllerchen, kragen. Durch einen ähnlichen scherz bezeichnet der Spanier mit* jubon *die strafe des staupbesens, da sie den rücken trifft. Über i aus u vgl.* génisse *II. c.*

Giubilare *it., sp.* jubilar *frohlocken, jauchzen; von* jubilare *ein wildes geschrei erheben, die roman. bedeutung auch in unserem* jubeln, jubilieren. *Aber Sardinien legt seinem* giuilare *noch die alte bed. rufen, schreien bei (chiamare, gridare, s. Spanu voc. sard.) und construiert es auch mit dem acc. wie der Lateiner sein* jubilare. *Dazu Rom. gramm. I,* 19.

Giǹggiola *it., sp.* jujuba *(in einigen wbb.), fr.* jujube *brustbeere; von* zizyphum. *Das üblichere span. wort ist* azufaifa *II. b.*

Giulebbe *it., sp.* julepe, *pr. fr.* julep *ein kühltrank; vom arab.* gólab, *dies vom pers.* gul *rose und* âb *wasser, also rosenwasser, s. Gol.* 518, *Freyt. I,* 290ᵃ.

Giulivo *it., pr.* altfr. joli *für* jolif *fröhlich, nfr.* joli, *sp.* juli *Canc. de B. artig, hübsch; vb. altfr.* joliver, jolier *sich freuen und andre abll. Nicht von* jovialis, *es ist ein von der Normandie ausgegangenes wort, altn.* jol *freudenfest zur weihnachtszeit, schwed. dän.* jul *weihnachtsfest, goth.* jiuleis *julmonat.*

I. GIUNARE—GIUSO.

Giunare *it.*, *wal.* ażună, *sp.* ayunar, *pg.* jejuar, *pr.* jeonar, *fr.* jeûner *fasten; von* jejunare *bei Tertullian. In* ayunar *ward a vor* [je]junare *gesetzt vgl.* a-yer *aus* heri, *in* jeûner *fiel j aus. Für it.* giunare *ist üblicher* digiunare *mit fast bedeutungslos vorgesetzter partikel, pr. cat.* dejunar, *adj.* digiuno, dejun (jejunus). *Eine andre zss. ist fr.* déjeûner, *pr.* desdejunar, *sp.* desayunar, *wal.* dejună *frühstücken, eigentl. fastenbrechen wie engl.* break-fast.

Giunchiglia *it.*, *sp.* junquillo, *fr.* jonquille *eine art narcissen; von* juncus, *weil sie binsenartige blätter hat,* narcissus juncifolius. *Daß man nicht* giunciglia *bildete, zeigt eine spätere entstehung des wortes an, aber man behandelte* juncetum *auf dieselbe weise, indem man* giuncheto *sprach.*

Giusarma *it.*, *pr.* jusarma, *altfr.* jusarme *und zuweilen* gisarme, gisarne *Alex. 289, 29, wie altengl.* gisarm, gysarn *cet., dsgl. mit gutturalem* g *altfr.* guisarme, *pr.* gasarma, *auch altfr.* wisarme, visarme *(letzteres PDuch. ed. M. p. 145, aber* jusarme *ed. G. et L. p. 57), wozu altsp.* bisarma *stimmt; bedeutet eine leichtere waffe, vgl. die stelle* falces, gisarmas, cultellos et alia arma minuta *DC. v.* gisarma, *und zwar eine schneidende, z. b.* à nuit, fet il, la teste m'oste à ceste jusarme trenchant *NFC. I, 19. Des wortes herkunft liegt noch im dunkeln, die verschiedenen formen sind für seine aufhellung nicht förderlich, doch lohnt es der mühe eine deutung zu versuchen. Man bemerkt es öfters in gesellschaft von* falx, fauchon, faussart, *s. Ducange u. Roquef. I, 725, so daß es eine sichel- oder säbelartige waffe zu bedeuten scheint.* Falx, falcastrum *werden ahd. mit* get-îsarn *(jäteisen) übersetzt, s. Docens Miscell. II, 231, Schlettst. glossen 6, 237, und dies konnte sich leicht in* get-sárna gisárna, *durch umdeutung mit* arma (waffe) *in* gisárma *verwandeln. Zur form* wisarme, *die übrigens kaum vorkommt, mochte der übliche wechsel zwischen* gu, g *und* w *in andern wörtern verführt haben (*guivre givre wivre, gachière jachière waquière). *Aber warum soll das wort nicht aus dem gallischen* gaesum *und* arma *zusammengesetzt sein? Weil diese zusammensetzung schleppend und pedantisch wäre, wie denn auch* arma *nie in eine solche interpretierende stellung eintritt.* — [*Wie problematisch die vorstehende etymologie sein mag, so sind es die späteren doch nicht minder. Gachet p. 242 glaubt* gisarme *in* gysarum, *das im englischen mittellatein vorkommt und ein kurzes schwert bedeuten soll, wiederzuerkennen, indem er es für eine verlängerung von* gaesum *hält; diese verlängerung wäre seltsam genug. Diefenbach, Orig. europ. p. 353, denkt sich unser wort aus* gesara (s. unten *gèse II. c.) entstanden, doch auch bei dieser annahme bleibt die buchstäbliche fortbildung ungerechtfertigt, wenn man nicht* arma *zu hülfe ruft.*]

Giuso *it.*, *abgekürzt* giù, *altsp.* yuso, ayuso *und* jus *Alx., altpg.* juso *FSant. p. 531, pr.* jos, jotz, jus, *altfr.* jus, *wal.* din żos, *partikel für lat.* infra; *von* deosum *für* deorsum, *im frühen mlat. bereits* josum, jusum *wie* jornus *von* diurnus (et pausant arma sua josum *L. Alam.), im altsp. noch* diuso: de parte de diuso de la cabeza *Cabrera II, 703.*

I. GIUSQUIAMO—GOLPE.

Giusquiamo *it.*, *sp.* josquiamo, *fr.* jusquiame *(f.) bilsenkraut; von* hyosciamus *(ὑοσκίαμος) schon bei Palladius entstellt in* jusquiamus. *Die kehltenuis in diesem worte ist aus dem griechischen.*

Giusta *und* giusto *it.* (*ebenso* contra, contro), *pr.* josta, *altfr.* joste, juste; *von* juxta, *roman. auch für secundum gebraucht wie bereits im classischen und häufiger im mittellatein. Daher vb. it.* giustare, giostrare, *sp.* justar, *pg.* justar, *pr.* jostar, justar, *fr.* jouter, *alt* joster, juster *1) vereinigen, 2) zusammentreffen mit den waffen, zusammenstoßen, turnieren; sbst. it.* giostra, *pr.* josta, justa, *fr.* joute *turnier, mhd.* tjost, *mndl.* joeste. *Nach Ferrari u. a. von* justa *in dem sinne von* pugna parium s. aequalium. *Die grundbedeutung hat sich am besten in der mundart von Berry erhalten:* mon champ joute au sien *gränzt oder stößt daran. Zsgs. pr.* ajostar, *fr.* ajouter *vereinigen, beifügen.*

Gobbo *it.*, *churw.* gob *buckel, fr.* gobin *bucklig; von* gibba, gibbus. *Das kymr.* gob *haufe, damm liegt mit seiner bedeutung mehr ab als das lat.* gibbus *mit seiner form, denn hier ist nicht zu übersehen, daß das frühere mlatein häufig mit* y gybbus *schrieb (gr.* κῦφος) *und gewiß auch sprach (z. b. Gl. Cass., Gl. bibl. Hattemer p. 227ᵇ, Gl. Lindenbr.); ein vocabularius hat gradezu mit* u = *rom.* o gupios '*hover*' *(höcker) Haupts Ztschr. III, 373.*

Godere *und* gioire *it., altpg.* gouvir, *pr.* gauzir, jauzir, *fr.* jouir, *pic.* se gaudir *sich freuen, genießen, von* gaudere; *sbst. pg.* goivo, *pr.* gaug *und* joi, *wald.* goy *freude, dsgl. fem. it.* gioja, *sp.* joya, *pg. pr.* joia, *fr.* joie *freude, kleinod (sp. pg. letzteres, fr.* ersteres, *it. pr. beides), von* gaudium, *pl.* gaudia; *abgel. it.* giojello, *sp.* joyel, *pr.* joiel, *altfr.* joel, *nfr.* joyau *juwel, mlat. unrichtig* jocale *für* gaudiale *oder besser für* gaudiellum. *Hieher auch pr.* jauzion, *fem.* jauzionda, *von* gaudibundus *bei Apulejus und im mlatein, noch jetzt* Jausion *als familienname im süden Frankreichs.*

Goffo *it., sp.* gofo, *fehlt pg., fr.* goffe *plump, tölpelhaft, ital. auch plump gearbeitet, mdartl. engl.* gof, guff *Halliw. Ist es auch enthalten in der Isid. glosse* bigera '*vestis* gufa *vel villata*', *wo es grob zu bedeuten scheint, so ist uns seine herkunft gleichwohl verborgen. Man hat an gr.* κωφός *dumm, stumpf erinnert; ganz unstatthaft leitet es Frisch vom dtschen* gauch *geck; aber bair.* goff *dummkopf kann zusammenhang mit dem roman. worte nicht verläugnen.*

Golfo *it. sp. pg.* meerbusen, *daher fr.* golfe, *pr.* golfo, *das eigentliche fr. wort ist* gouffre (m.) *abgrund, strudel, eine auch dem span. worte nicht versagte bedeutung s. Covarruvias. Auch dieser schifferausdruck ist, wie mancher andre, aus dem griechischen: von* κόλπος (*meerbusen, höhlung) ward π aspiriert, was z. b. auch in* trofeo *von* τρόπαιον *geschah, und schon ein altes glossar gewährt* κόλφος '*sinus*' *s. Ducange, Gloss. graecum. Die niederl. sprache hat* gulp, golf, *veraltet* golpe, golve *strudel, fluth.*

Golpe *it. (flor.), so auch altsp. im Alex., chw.* guolp, golp, *daher altsp.* gulpeja *Rs., altfr.* goupille, gourpille, *gewöhnlich masc.* goupil, gourpil, *mundartl.* wourpille, werpille, werpil *fuchs; vb. altfr.* goupiller *sich verkriechen wie der fuchs, sich feige benehmen; nfr.* goupillon *wedel, eigentl. fuchsschwanz. Wegen der vorliegenden behandlung des anlautes in* vulpes *s. Rom. gramm. I, 288. Prov.* blieb volp *unverändert. Andre namen des fabelberühmten thieres sind: fr.* renard, *pr.* guiner, *cat.* guineu, *sp.* raposa, zorra, *altsp.* marota *(nach Seckendorf),* gulhara *Rz., sard.* margiani *(vgl. neugr.* μαργιόλος *verschlagen),* mazzone, lodde, *occit.* mandro *bei Goudelin.*

Gómona, gómena, gúmina *it.,* gúmena *sp. pg.,* goumène *fr. tau, ankertau; nach Muratori und älteren etymologen vom arab.* al-gommal *schiffseil (?).*

Gonfalone *it., altpg.* gonfalão, *pr. altfr.* gonfanon, *nfr.* gonfalon *kriegsfahne; vom ahd.* gundfano, *dies von* gundja *kampf,* fano *tuch. Auf die form mit anlautender tenuis* cundfano *weist piem. sp.* confalon, *pr.* confano, *altfr.* confanon, *sic.* cunfaluni, *ven.* confalonicro.

Gonfiare *it., fr.* gonfler, *wal.* gụnfà *aufblühen; von lat.* conflare *für* inflare *(neupr. mit tenuis* couflá): intestina conflata *für* inflata *Coel. Aurel. Adj. it.* gonfio, *in Genf* gonfle = *fr.* gonflé, *wie daselbst auch* enfle *für* enflé *gesagt wird, dsgl. burg.* gónfle, *neupr.* couflé. *Auch npr.* gofe *vollgestopft,* goufá *blühen, bauschen, genf.* goffet *dick, fett, scheinen hieher zu gehören und nicht zu* goffo.

Gonna *it. weiberrock vom gürtel bis zur ferse reichend, altsp.* gona *Canc. de B., und so pr.* gona, *altfr.* gone *rock zumal der mönche, mlat.* gunna *beim h. Bonifacius, mittelgr.* γοῦνα *s. v. a.* διφθέρα *fell, kleid von fell, alban.* gunę *mantel, rock. Varro L. L. kennt* gaunăcum *zottige decke oder bekleidung: der wegfall der letzten silbe (wie im it.* chiasso *aus* classicum, *im altfr.* ruste *aus* rusticus) *läßt sich zugeben; im ital. aber ist es nicht üblich, das auf lat.* au *gegründete* o *durch doppelconsonanz zu kürzen, auch würde der Provenzale lieber* gauna *gesagt haben. Eben so wenig ist es von* γοῦνα: *umgekehrt wird dem Neugriechen das rom.* o *oder lat.* ŭ *zu* οῦ (βοῦλα, μοῦτζος, κοῦπα, σοῦπα, βοῦρτζα = *it.* bolla, mozzo, coppa, *fr.* soupe, brosse). *Es fragt sich nun: ist*ｉ *kymr.* gwn = *engl.* gown *ächt celtisch? Sonst kann dies nebst seinem dimin.* gynnel *recht wohl aus* gone, gonelle *entnommen sein wie etwa* fwl *aus* fol. *Der ursprung des wortes ist also noch aufzuklären.*

Gonzo, engonzo *pg., sp.* gonce, gozne, *fr.* gond, *pr.* gofon *für* gonfon *thürangel. Nicht alle gleiches ursprungs: gonzo könnte von* contus *spieß, freilich mit einer nicht gewöhnlichen schärfung des* t *herrühren;* gofon *führt auf* gomphus *pflock, im mlat. häufig gebraucht, vom gr.* γόμφος; gond *neigt sich mehr zum ersteren worte, ist aber wohl, mit hinsicht auf das gleichbed. lothr.* angon, *von* ancon *haken.*

Gordo *sp. pg.,* gort *pr. dick, fett, altsp. einfältig, stumpfsinnig, fr.* gourd *steif, ungelenk; vb.* gourdir *(Nicot) und* engourdir *erstarren machen; vom lat.* gurdus *bei Laberius nach Gellius zeugnis, auch von Quintilian erwähnt, der ihm die bed.* stolidus *beilegt und die sage mit-*

theilt, es sei aus Spanien gekommen, ex Hispania duxisse originem audivi; *in glossaren übersetzt mit obtusus, surdus, inutilis, stultus, s. Ducange. Über seine spuren im baskischen Diefenbach, Orig. europ. p. 364. Die verwandtschaft der begriffe dick und dumm berührt Rom. gramm. I, 93. Dem Italiener, selbst dem Sarden, fehlt* gordo; *jener hat ein compos.* ingordo *gefräßig, unmäßig, übermäßig, welches Ménage unstatthaft, weil der gefräßige feist werde, aus* gurdus *herleitet: was soll alsdann die zusammensetzung mit* in? *Es scheint vielmehr aus* in gurgitem *'in die gurgel hinein' entstanden, vgl. denselben fall beim altfr. adj.* enſrum *II. c, und das it. vb.* ingordarsi *gefräßig sein, buchstäblich das lat.* se ingurgitare *sich überladen*.

Gorgo *it., pr. altfr.* gore, gort, *nfr.* gour *strudel; dsgl. it. sp. pr.* gorga, *mit palatalem* g *it.* gorgia, *fr.* gorge *strudel, schlund, gurgel; von* gurges, *dem nur die erste bedeutung zukommt.* Gurga *für* gurges *bei den feldmessern (Cas. litt. p. 330). Prov.* gorgolh *von* gurgulio, *vb. it.* gorgogliare *u. s. w.*

Gorra *it. sp. pg., sp. auch* gorro *eine art mützen; von unbekannter herkunft. Die grundbedeutung mag band oder binde gewesen sein, da das ital. wort auch weidenzweig, das port. auch linsenstrick heißt, ein altfr.* gorre *(bei Roquef.) mit* ruban *übersetzt wird.* — [*Mahn p. 15 leitet es mit bestimmtheit aus dem bask.* gorria *roth, als einer lieblingsfarbe für dieses kleidungsstück bei den Basken.*]

Gota *it., pr.* gauta, *fr.* joue *(daher wohl* engl. jaw, altengl. jowe, *wie auch E. Müller vermuthet) kinnbacken, wange; m mundarten* l *für* u, *cat.* galta, *moden.* golta *(trient.* gouta), *chu.* gaulta; *der Spanier hat nur* galtera *backen am helm. Bei der erklärung dieses wortes gilt es um den prov. diphthong* au, *woraus* o, al, ou *hervorgiengen;* gauta *ist lat.* gábata, *mlat.* gavata *zsgz.* gau'ta, *wie parabola paravola parau'la erzeugte.* Gabata *bedeutet eßgeschirr (occ.* gaondo) *und so verräth* gauta *eine der volkssprache durchaus gemäße auffassung menschlicher körpertheile, die auch in andern wörtern begegnet. Das der lat. form noch näher tretende dem fr.* joue *gleichöde. bret.* gaved *(fehlt kymr.) muß jeden zweifel an der richtigkeit dieser herleitung beseitigen.*

Gotta *it., sp. pg.* gota, *fr.* goutte *gicht, wal.* gute, *it.* gocciola *schlagfluß; von* gutta, *dtsch.* troph *Vocab. opt. p. 41ᵇ, tropfen 'apoplexia' wb. v. 1445 bei Schmeller I, 499, vgl. Frisch II, 389ᶜ, so genannt, weil man die ursache dieser krankheiten gewissen aus dem hirn herabfallenden tropfen zuschrieb. S. auch Ducange s. v.*

Gracco, gracculo, gracchia *it., sp.* grajo, graja, *pg.* gralho, gralha, *pr. in letzterer form und so altfr.* graille *elster, dohle; von* graculus, *mlat.* gracula.

Gracidare *it. quaken (vom frosch), sp. pg.* graznar *krächzen (vom raben); lehnen sich dem lat.* crocitare *an.*

Grado *it. sp. pg., pr.* grat, *fr.* gré *belieben, dank; von* gratum *gefälligkeit. Zsgs. it.* malgrado, *pr.* malgrat, *fr.* malgré *schlechter dank, adverbial gewöhnlich mit unterdrückter präpos.* (a) malgrado *ff. zum undank, wider willen, zum trotz, vgl. lat.* male gratus *nicht recht dankbar.* Vb. *it.* gradire, *pr.* grazir *zu dank aufnehmen, freundlich aufnehmen; zsgs. it.* aggradire, aggradare, *sp.* agradar, *pr.* agradar, agreiar, *fr.* agréer *genehmigen, gefallen, von a* grado *u. s. w. zu danke; adj. it.* aggradevole, *sp. pr.* agradable, *fr.* agréable *angenehm, lieblich.*

Graffio *it., sp.* garfio *und* garfa, *pr.* grafio *haken, kralle; vb. it.* graffiare, *burg.* graffiner (*sbst.* graffin) *kratzen; zsgs. fr.* agrafe *klammer; it.* aggraffare, *sp.* agarrafar, engarrafar, *wallon.* agrafer *ergreifen. Gewöhnlich hält man* graffio *für das lat.* graphium *griffel, aber die bed. haken widersteht. Diese bedeutung aber findet sich im ahd.* krapfo, krafo, *wofür auch* krapfjo, krafjo *zu vermuthen ist. Ihm geht zwar auch ein kymr.* craf *oder* crap *zur seite, bei dem sich aber das dem stamme angefügte* i *in* graffio *minder leicht würde erklären lassen.*

Grama *sp. romagn., it.* grámola, *pg.* gramadeira *hanfbreche, sp.* gramilla *schwingmesser, hanfschwinger; vb. pg.* gramar, *romagn.* gramê *hanf brechen, sp.* gramar *teig kneten, it.* gramolare *mit beiden bedeutungen. Entsprechend bair.* gramel, grameln = gramola, gramolare. *Nach Frisch I,* 371ᵃ *von* carminare, *nicht gegen die lautgesetze. Vgl. auch Diefenbach, Goth. wb. II,* 425.

Gramo *it., pr.* gram, *altfr.* gram, graim *Alexs.* 26 *betrübt; sbst. altfr.* graigne *Antioch. I,* 68; *vb. it.* gramare, *altfr.* gramoier, gremoier *betrüben; vom ahd.* gram *erzürnt, unmuthig,* gramî *erbitterung,* gramjan, gramen *aufreizen. Dieselbe wendung in den bedeutungen nahmen z. b. das nhd.* gram *und das pr.* ira *kummer.*

Grampa *it.* kralle, aggrampare *häkeln, fr.* crampe *krampf,* crampon *klammer, burg.* se crampir *sich anklammern, altfr.* cranpi *zusammengekrümmt Ren. I, p.* 52; *vom ahd.* cramph *gekrümmt, nhd.* krampf.

Grana *it. sp. pr., pg.* gráa, *altfr.* graine *ein färbestoff, scharlachoder färbebeere,* coccus ilicis, *dsgl. scharlachfarbe, scharlachtuch, im span. auch* cochenille (coccus cacti), *mlat.* grana, *nhd.* gran; *von* granum *kern, wie gr.* κόκκος *kern, scharlachbeere, scharlach.*

Granchio, grancio *it.,* cranc *pr. cat., auch kymr.* cranc, *bret.* krank, *wallon.* cranche *krebs, fr.* chancre *krebsgeschwür; umgestellt aus lat.* cancer cancri. *Eine abl. ist pg.* granquejo *und mit eingeschobenem* a garanguejo, *span. aber* cangrejo, *gleichsam* cancriculus. *Daher auch it.* grancire *anpacken, ergreifen?*

Granito *it., sp.* granido, *fr.* granit *ein harter stein; von* granum, *weil er mit körnern durchsetzt ist, partic. des roman. vbs.* granire *körnicht machen.*

Granja *sp., pg. pr.* granja, *fr.* grange *scheune; eigentl. kornboden, vom adj.* granea, *schon im frühsten mlatein gebraucht:* si enim domum infra curtem incenderit aut scuriam aut grancam vel cellaria *L. Alam.* 81, 2. *Außer* granea *begegnet auch* granica: ad casas dominicas, stabulare, fenile, granicam *cet. L. Baiw.* 1, 14, *sicher das altfr.* granche, *pr.* granga. *Die speciell span. bedeutung ist meierei, daher vb.* grangear *bewirthschaften, bauen, pflegen.*

Grappa *it., sp. pr.* grapa *klammer, kralle, masc. it.* grappo *das zugreifen, pr.* graps '*manus curva*' *GProv.* 40ᵃ, *sp.* grapon *dass.; fr.* grappin *anker, ven.* grapeia *klette; vb. it.* grappare, aggrappare, *norm.* grapper, *pic.* agraper *packen* (agrape, *wallon.* agrap = *fr.* agrafe). *Vom ahd.* krapfo, *nhd.* krappen, *vgl. kymr.* crap. *Zu demselben stamme bekennt sich it.* grappo, grappolo, *fr.* grappe, *altfr. pic. champ.* crape *traubenkamm, traube u. a., ndl.* grappe, krappe *Kil., engl.* grape.

Grasso *it., sp.* graso, *pg.* graxo, *pr. chw. wal. fr.* gras *adj. fett; von* crassus, *mlat.* grassus, *vgl.* πάχος grassitudo *Gl. gr. lat.; aber auch it. pg.* crasso, *sp.* craso, crasio, *fr.* crasse *(fem.) dick, grob.*

Grata *it., sp.* grada, *pg.* grade *(f.) gitter, sp. pg. auch* ege, *it.* gradella *geflochtener fischbehälter; von* crates. *Aus dem dimin.* craticola *(mlat.* graticula *Hattemer I,* 246ᵃ) *entstand fr.* grille, gril, *mail.* grella *rost, gitter, vb. fr.* griller *rösten, eigentl. für* graïlle graille *(wegen des neufr.* i *aus altfr.* ai *s.* ehignon *und* grignon *II. c), altfr. sonst auch* graïl *Jubinal Jongl. et trouv. 133, vb.* graelier *GVian.* 2744, graaillier *Brt. I, p. 165, NFC. II,* 101, *dsgl.* greïslier *DMce. p. 130, noch jetzt in Berry* grâler.

Grattare *it., sp. pr.* gratar, *fr.* !gratter *kratzen; vom ahd.* chrazôn, *ndl.* krat-sen *u. s. w. Daher fr.* gratin *scharre,* égratigner *kratzen, ritzen, dsgl. mit seltnem suffix it.* grattugio, *dauph.* gratusi *raspel, reibeisen, vb. it.* grattugiare, *pr.* gratuzar, *altfr.* gratuser.

Greña *sp. verworrnes haupthaar, so auch pg.* grenha, *aber pr.* gren *(m.) bart; daher altsp.* greñon, griñon *Bc., Alx. s. Sanchez gloss. und Ochoa p.* 569ᵃ, *pr. altfr.* grignon, grenon, guernon *bart sowohl der oberlippe wie des kinnes: pr.* los grenons loncs sobre la boca *Jfr.* 64ᵃ; *altfr.* à son menton n'avoit ne barbe ne grenon *Fl. Bl. p. 89. Granus hat schon Isidorus:* videmus granos et cinnabar Gothorum; granones, grenones *das spätere mlatein. Das wort ist über das deutsche gebiet verbreitet, z. b. ahd.* gran (f.) *pl.* grani *übersetzt mit* grenones, *mhd.* gran *(f.) barthaar der oberlippe, nhd.* granne *stachel der ähre, altn.* grön *bart u. s. w.; aber auch dem celtischen bekannt, z. b. gael.* granni *langes haar, kymr.* grann *cilium, palpebra. Es konnte indessen kaum ausbleiben, daß man das lat.* crinis *mit dem deutsch-celtischen worte verwechselte, indem man altfr.* crenu *bemähnt (von pferden, vgl.* crin *rosshaar) unbedenklich* grenu *und* guernu *schriee (s. Gachet* 246ᵇ); *selbst die obigen formen mit radicalem* i, *wenn nicht die mit* e, *zeigen einmischung des lat. wortes an. Eine handschrift des Papias gibt daher auch* crinones *für* grinones. *Vgl. Grimm, Rechtsalt. 283, Diefenbach, Goth. wb. I, 317. II, 427; Orig. europ. 363.*

Greppia *it., mdartl.* creppia, *pr.* crepia, crepcha, *altfr.* crebe *Roquef., grechs Ruteb. II, p. 6, nfr.* crèche *krippe; vom ahd.* krippa krippea, *welche letztere bei Graff nur einfach belegte form, nach den*

*romanischen zu schließen, die älteste oder üblichste gewesen sein muß,
auch alts.* cribbia. *Prov.* crupia, *piem. ven.* grupia, *gen.* groeppia, *romagn.*
gropia *schließen sich dem ndd.* krubbe *an, s. Brem. wb.; die bask. sprache
besitzt das ganz ähnliche* khorbua. *Der Spanier bewahrt das lat. wort
für diese sache:* pesebre, *so lomb.* parséiv, preséf.

Gretto *it.* geiz, knickerei, *adj.* knickerig; *vom mhd.* grit *gier,* habsucht, *adj.* gritec. *Derselben herkunft mit niederd.* d *für* t *ist fr.* gredin
(*pic.* guerdin, *lothr.* gordin) *bettelhaft, armselig, vgl. goth.* grêdus, *altn.*
grâd, *engl.* greed *hunger, gier. S. Frisch I, 374ᵇ, Diefenbach, Goth. wb.
II, 428.*

Greve *it., pr.* greu, *altfr.* grief (*nfr. sbst.* grief), *wal.* greu *schwer;
von* gravis; *abgeleitet it.* aggrevare, *altfr.* agrever, *pr.* aber agreujar
(*gleichsam* aggravlare aggreviare), *altfr.* agregier *beschweren, wie auch
nfr.* rengréger *verschlimmern. Sprach man* grevis, *um das wort seinem
gegensatze* levis *anzugleichen? man erwäge die prov. formel* ni greu ni
leu '*weder schwer noch leicht'. Stark zusammengezogen ist das altfr.*
griété = gravitas.

Gridare *it., sp. pg. mit* t gritar, *fr.* crier *schreien, daher engl.*
cry, *vielleicht auch mhd.* krîen *Wb. I, 879; sbst. it.* grido, grida, *sp.*
grito, *fr.* cri *schrei, ruf. Dazu mdartl. formen wie parm.* cridar, *ven.*
criare, *mail.* crià, *altsp.* cridar gridar, crida grida grido. *Dem hier bemerklichen schwanken zwischen tenuis und media unterliegen auch andre
wörter und so kann dies keinen grund hergeben, die formen zu trennen
und aus verschiedenen quellen zu leiten. Man findet diese z. b. im goth.*
grêtan *weinen, oder im ndl.* kryten *schreien, oder auch in celtischen
wörtern. Aber die nächste quelle bietet das lat. sprachgebiet selbst. Schon
Scaliger* (*zu p. 68 der Catalecta*) *verwies auf das gleichbed.* quīrītare,
romanisch ausgesprochen kiritare, *welches sein kurzes tonloses* i *im laufe
der zeit nicht retten konnte und in* critare, gridare *übergehen mußte; ein
ganz ähnliches beispiel ist der franz. eigenname* Cricq *aus* Quiricus *Voc.
hagiol. oder auch* triaca *aus* theriaca. *Aber im frühern mittellatein begegnet noch die unverkürzte form:* quiritant vermes, cum vocem dant
Gl. Lindenbr., *vgl. it.* gridalto *vom frosche gebraucht; wahrscheinlich auch*
quaeritat '*clamat' Gl. erford. 369, 13 und anderwärts. In der altrom.
Passion Christi str. 72 findet sich die abl.* cridarun, *offenbar verschrieben
für* cridazun, *buchstäblich das lat.* quiritatio. *Eine zss. ist it.* sgridare,
altfr. escrier, *welches letztere zur herleitung aus ahd.* scrîan *verführen kann.*

Grillo *sp., pg.* grilho, *pr.* grilho, *fr.* grillet *hand- oder fußschellen;
sicher von* gryllus *wegen des tones, wie auch altfr.* gresillon *grille und
fessel heißt.*

Grinar *pr.* grinsen, knurren; *vom ahd.* grînan, *nhd.* greinen; *dsgl.
it.* digrignare, *com. bergam. einfach* grignà, *champ. pic.* grigner les
dents, *so auch in Berry u. s. w., von einer ahd. form* grînjan = *ags.*
grînian. *Sbst. chw.* grigna *fratze.*

Griso, grigio *it., sp. pg.* gris, *fr.* gris *adj. grau, dsgl. sp. pr.*

1. GRONDA—GROTTA.

altfr. gris *sbst. grauwerk; daher it.* grisetto, *sp.* griseta, *fr.* grisette *ein urspr. grauer stoff, franz. auch eine person geringen standes. Vom altsächs.* grîs 'canus' *in glossen des 8.—9. jh. s. Graffs Diutiska II, 192, mhd.* grîs, grîse, *mlat.* griseus *(9. jh.), von letzterer form* grigio *so wie chw.* grisch, *dsgl. altsp.* griseo.

Gronda *it., chw.* grunda, *fr.* sévèronde, *henneg.* souvronte, *altfr.* souronde *wetterdach; von* subgrunda *bei Varro, wo es dieselbe bedeutung hat. Im franz. ward* g *elidiert.*

Groppo, gruppo *it., sp.* grupo, gorupo, *fr.* groupe *klump, knoten; dsgl. it.* groppa, *sp.* grupa, *pg.* garupa, *pr.* cropa, *fr.* croupe *kreuz des pferdes (vgl. beide bedd. im fr.* trousse); *vb. altfr.* croupir *hocken, kauern, nfr.* stocken. *Die wurzel findet sich mit der bed. einer zusammengeballten sache sowohl in den germ. wie in den celt. sprachen, z. b. ahd.* kropf, *nord.* kryppa *höcker, ahd.* crupel *krüppel, vb. nord.* kriupa, *ndd.* krupen *hocken, gael.* crup *zusammenziehen, kymr.* cropa *kropf. Unter den ableitungen ist neben dem it.* groppone *und fr.* croupion *zu bemerken das altfr.* crepon *kreuz an menschen und thieren* (et li pristrent à batre le dos et le crepon *scil.* à Rollant *s. Fer. p.* 157[b], *vgl. DMce. p. 14, 3, Ren. II, 122), dessen radicales* e *wohl in dem nord.* krippa, *das die stelle des älteren* kryppa *einnahm, seinen grund hat.*

Grosella *sp. cat., fr.* groseille, *comask.* crosela *(pg.* groselheira *Nemnich) stachelbeere, johannisbeere. Es trennt sich schon durch den buchstaben, d. h. durch das einfache* s, *von* grossus *dick oder* grossus *unreife feige, wozu auch das henneg.* grusiele *und wallon.* gruzale *stimmt, und ist augenscheinlich germanischer herkunft, indem man die erste bedeutung als die ursprüngliche nimmt: hd.* krausbeere, kräuselbeere, *schwed.* krusbär, *ndl.* kruisbezie *eine art rauher (krauser) stachelbeeren, darum auch it.* uva crespa. *Das gael.* gröisead *wird aus dem franz. herrühren. Zu bemerken ist noch eine stelle aus dem anfange des 10. jh.:* radix sacrae spinae, quae vulgo groselarium vocatur, *fr.* groseillier, *s. Haupts Zeitschr. V, 204.*

Grosso *it. pg., sp.* grueso, *pr. wal. fr.* gros *dick, daher sbst.* gros *name einer münze. Das wort kommt schon in der Vulgata und bei Sulp. Severus* (vestem respuit grossiorem) *vor und kann mit dem deutschen* grôz *grandis, crassus, welches prov. vermuthlich* graut *ergeben hätte, nichts gemein haben. In einer franz. mundart, der von Berry, läßt sich aber auch das deutsche wort entdecken, wo es die form* grot, grout *angenommen:* grot homme *dicker mann,* groute orge *dicke gerste,* les grous *die großen, die reichen.*

Grotta *it., sp. pg.* gruta, *fr.* grotte, *pr. altfr. mit tenuis* crota, crote *höhle, daher burg. genf.* encrotter *begraben; von* crypta (κρύπτη) *keller, wal.* cripte; *adj. it.* grottesco *wunderlich, phantastisch, nach art der grottengemälde. Raynouard's deutung aus dem pr.* cava rota *gebrochener keller LR. ist mehr sinnreich als richtig.* Grupta *gewährt schon eine ital. urkunde vom j. 887 DC.*

Grugnire *it.*, *sp.* gruñir, *pr.* gronhir, grouir, *wallon.* grogni *grunzen, murren; von* grunuire. *Nach erster conj. gebildet it.* grugnare, *fr.* grogner. *Daher sbst. it.* grugno, *pr.* gronh, *fr.* groin, *altpg.* gruin SRos. *rüssel, eig.* grunzer. *Vgl. denselben stamm im ahd.* grun, grunni, *engl.* groan, *kymr.* grwn *u. s. w. Aus der vorclassischen von grammatikern erwähnten nebenform* grundire *ist pr.* grondir, *altfr.* grondir *und* groudre, *neufr.* gronder. *Altfr.* groncer *aber ist vom ahd.* grunzen.

Grumo *it. sp. pg. klümpchen, span. auch knospe, altfr.* grume *allerlei getreide Roquef., burg. traubenkerne, it.* grúmolo *herz des kohles (von den zusammenschließenden blättern gebildet), sp.* grumete *kleiner junge, schiffsjunge (vgl. oben* garzone), *daher fr.* gourmette; *fr.* se grumeler *sich klumpen, gerinnen; von* grūmus, grūmulus *häufchen.*

Guadagnare *it., chw.* gudoignar, *pr.* gazanbar *für* gadanbar, *altfr.* gaagner, *neufr.* gagner *erwerben, gewinnen, altsp.* guadañar *mähen (bei Seckendorf); sbst. it.* guadagno, *pr.* gazanh, *fr.* gain *gewinn, sp.* guadaña, *pg.* guadanha *sichel, sense. Das wort muß in betracht seines anlautes deutsch sein und vermuthlich liegt seine grundbedeutung im altfr.* gaaigner *das feld bauen (daher* gaaguage, gaaigneric LRs. 436 *ausgestellter acker, dsgl. ertrag desselben), woraus die bed. erwerben erfolgte. Die form führt auf ahd.* weidanôn *jagen, weiden oder auf* weidanjan, *wie Wackernagel, Altfr. lieder p. 156, lieber will: ja auch ableitung aus* weida *(weide, jagd) mit dem roman. suffix* agn *ist denkbar. Der begriff konnte sich von dem jagd- und hirtenleben auf den ackerbau erstrecken. Neben* guadagnare *steht noch pg.* ganhar, *alt* guanhar *D. Din. p. 132, cat. val. schon im 13. jh.* guanyar *erwerben, vermuthlich nur aus ersterem zusammengezogen, worauf auch das altpg.* gaanharia SRos. *(für* gadanharia) *weist. Aber sp. altpg.* ganar *ist schwerlich daraus syncopiert, da seine form durch sehr alte zeugnisse geschützt wird, z. b. in einer urkunde v. j. 747 Esp. sagr. XL, 357* (quicquid potui ganare vel applicare), *oder, da deren ächtheit zweifelhaft ist, in einer andern vom j. 990* (ganavimus et emimus villas) *s. Ducange. Am passendsten stellt man es zum sbst.* gana *(s. oben), denn das ziel des begehrens ist das erreichen: ähnlich heißen sp.* alcanzar, *lat.* consequi *sowohl verfolgen wie erreichen. Das arab.* ganîa *(nutzen ziehen) hätte eher* gañar *oder* ganir *gegeben. Von* ganar *ist pg.* ganancia, *zsgz.* gança, *vb.* gançar, *wogegen sich altpg.* guaançar *wieder* guadagnare *annähert. — Dante braucht* ringavagnare *Inf. 24, 12, aus dem altfr.* regaagner *mit eingefügtem hiatustilgenden v.*

Guado *it., auch* vado, *sard.* vadu, *sp.* vado, *pg.* vao, *altcat.* guau, *neucat.* gual, *pr.* guá, ga, *fr.* gué *seichte stelle im wasser, furt; vb. it.* guadare, *sp. pg.* vadear, *pr.* guasar GO. *(für* guazar) *durch das wasser gehn, fr.* guéer *abspühlen. Daß die mit v anlautenden formen zum lat.* vadum, vadare *(letzteres nur bei Vegetius) gehören, versteht sich; bei den mit g anlautenden ist wenigstens einfluß des ahd. nhd.* wat, *altn.* vad *furt, vb. ahd.* watan, *mhd. nhd.* waten *anzunehmen. Zu den verzeichneten wörtern kommt noch sp.* esguazo, esguazar, *aus dem prov., so auch it.*

guazzo, guazzare. *Letzteres heißt auch abspühlen, abschwemmen,* guazzo *heißt auch pfütze, dazu noch* guazza *thau, so daß man an ahd.* wazzar *denken könnte; allein fr.* guéer *hat die nämlichen bedeutungen hervorgebracht wie* guazzare: *aus dem waten ergab sich das abspühlen, da dies an seichten stellen des flusses geschieht. Aber einfluß des prov.* z *muß angenommen werden: schärfung des* d *zu* z *ist im ital. selten und geschieht wohl nur nach* n *und* r. *Hicher vielleicht auch sp.* guácharo *wassersüchtig,* guacha-pear *das wasser mit den füßen trüben. Vgl. dazu Diefenbach, Goth. wb. I, 243.*

Guado *it., fr.* guède *(f.), in der alten sprache* gaide, waide *G. d'Angl. p. 129, mdartl.* vouede *eine pflanze, waid; ist das ahd. weit, ags.* vâd, *s. Grimm II, 67. Aus der bekannten altfr. einschiebung des* s (guesde) *entstand mlat.* waisda, guasdium, guesdium, *wallon.* waiss *adj. königsblau (für* waist, *wie* cress *für* crest, *lat.* crista; aouss *für* aoust, *lat.* augustus). *Sp. pg. it.* glasto *ist buchstäblich das gallische* glastum. *Auch hier, wie so oft, wäre Diefenbach zu vergleichen, Celt. I, 139, Orig. europ. 360.*

Guai *it. sp. pg., altfr.* wai *SB., nfr.* ouais, *interjection für lat.* vae; *sbst. it.* guajo, *sp. pg.* guaya; *vom goth.* vai, *ahd.* wê, *vgl. kymr.* gwae. *Die altmail. mundart hat sich auch ein adj.* guajo *geschaffen.*

Guaime *it., altfr.* gain *Ren. II, 133, wallon.* wayen, *lothr.* veyen, *nfr. zsgs.* re-gain *grummet; kann nicht aus* gagner, *urspr.* gaagner, *geformt sein, füglich aber aus ahd.* weida *futter, gras, nhd.* weide, *oder aus* weidôn *füttern, mit dem roman. suffix* ime guad-ime gua-ime: *so floß it.* guastime *aus* guastare. *Das urspr.* m *hat sich auch im henneg.* waimiau *behauptet. Normann. lautet das wort mit euphonisch abgeändertem stammvocal* vouin *(für* gouin, *gain), altfr.* vuin *(nicht* win *zu lesen): aussi qu'an vuin 'sicut in tempore autumpni' Brand. p. 103 u. 51.*

Guaina *it., fr.* gaîne, *alt* gaîne, *henneg.* waine, *auch kymr.* gwain *scheide; von* vagina. *Den hiatus zu beseitigen spricht der Mailänder* guadinna, *der Venezianer* guazina.

Gualda *sp., pg.* gualde, *fr.* gaude, *it.* guadarella *(Nemnich) eine pflanze zum gelbfärben,* reseda luteola, *daher adj. sp.* gualdo, *pg.* gualde *gelb, und wohl auch altsp.* guado *gelbe farbe; vom engl.* weld, *nhd.* wau.

Gualdrappa *it., sp. pg.* gualdrapa *lange satteldecke, bair.* waltrappen. *Ferrari erinnert an das seltsame* vastrapes φιμινάλια *(feminalia) in den glossen des Philoxenus, da eine solche decke wegen ihrer ähnlichen bestimmung sich einer beinbekleidung wohl vergleichen lasse; andre sehen darin eine zusammensetzung mit* drappo, *wissen aber für* gual *keinen rath.*

Guanto *it., sp. pg.* guante, *pr.* guan, *fr.* gant *handschuh; das eigentl. port. wort aber ist* lua, guante *bedeutet panzerhandschuh. Mlat.* wantus *liegt in sehr alten zeugnissen vor, schon Beda erwähnt sein vorkommen in Gallien:* tegumenta manuum, quae Galli wantos i. e. chirothecas vocant. *Das altfr.* wanz *kennen die Casseler glossen. Das wort ist ein deutsches, wiewohl es in der hochd. ags. u. a. mundarten fehlt, aber altn.* vöttr *ist* = vautr, *schwed. dän.* vante. *S. darüber Grimm, Rechtsalt. 152, Gramm. III, 451.*

Guappo *neap., mail.* guapo *hochmüthig, com.* vap *eitel* (v *steht hier öfters für* gu), *sp. pg.* guapo *kühn, galant, schön geputzt, auch* gasc. gouapou; *sbst. sp.* guapeza *prahlerei; vb. norm.* gouaper *scherzen. Der anlaut* gu *spricht für einen deutschen stamm und dieser findet sich, wenn man das prahlerische oder eitle als grundbegriff voranstellt, im ags.* vapul *pompholyx, wasserblase (bei Somnerus), vb.* vapolian *sprudeln, ndl.* wapperen *flattern. Wohin gehört aber wallon.* wapp *wässerig, süßlich? doch wohl zu ndl.* weepsch *mit gl. bed.*

Guaragno *it., sp.* garañon, *alt* guaran *(val.* guará), *pr. (nach Ducange)* guaragnon *hengst; vom mlat.* waranio *L. Sal. u. s. w., dies aus dem deutschen, altndd.* wrênjo, *mndl.* wrêne, *ahd.* reinneo, *vgl. Graff I, 978, Grimm zur L. Sal. p. XXVIII, Gesch. d. d. spr. 30. Das franz. wort ist* étalon, *das üblichere ital. ist* stallone, *das wal.* armęsariu = admissarius.

Guardare *it., sp. pg. pr.* guardar, *fr.* garder *hüten, vom ahd.* warten *acht haben; sbst. it. sp.* guardia *(f.), pr.* guarda *(f.), fr.* garde *(f. m.) wache, wächter, vom goth.* vardja, *ahd.* warto *(m.),* warta *(f.). Daher ferner it.* guardiano, *sp. pr.* guardian, *fr.* gardien *hüter; it.* guardingo, *sp. pg.* gardingo *behutsam. Eine compos. ist it.* sguardare, *altsp.* esguardar, *altfr.* esgarder, eswarder.

Guareuto *altit., sp.* garante, *pr.* guaran *und* guiren, *fr.* garant *gewährsmann, mlat.* warens, *altfries.* werand, warend; *aus dem ahd.* wêren *leisten, verbürgen, s. Grimm, Rechtsalt. p. 603. Die prov. form* guiren *ist die reinste, in den übrigen ward* i *mit a vertauscht. Vb. it.* guarentire, *sp.* garantir, garantizar, *pr.* garentir, *fr.* garantir, *altfr. auch* garandir *gewährleisten.*

Guari *it., pr. cat.* gaire, *fr.* guère, guères, *ein synonym des lat.* multum; *dagegen neuwald.* gaire *für lat.* quot. *Der Provenzale hat außer* gaire *noch ein ähnliches wort, zusammengesetzt aus* grandis res, granrén, ganrén, *und mit oder ohne negation gebraucht, wogegen* gaire *nur dubitativ oder mit* non *negativ steht. Als partitiva stimmen beide nach bedeutung und construction ganz zusammen und werden z. b. wie adjectiva ohne weitere vermittlung dem substantiv vorgesetzt:* ganren vegadas, gaire companhos *wie it.* guari tempo. *Gleichwohl sind sie nichts weniger als identisch, indem der anlaut in* gaire, *wie das uralte fr.* waires *(z. b. in den Serm. de Bern.), das lothr.* vouère, *das pic.* wère, *das wallon.* wair *und das chw.* uèra *zur genüge lehren und auch das it.* guari *bestätigt, deutsches* w *vertritt. Aber welches ist das deutsche wort? Buchstäblich passt kaum ein anderes als das ahd.* wâri *verus, aus dem sich it.* guari, *prov. mit versetztem* i *dem brauche dieser mundart gemäß* guaire gaire *gestalten konnte: man muß es adverbial im sinne des lat.* probe *genommen haben, wie denn auch das sbst.* gawâri *probitas bedeutet. Die prov.*

phrase non o pretz gaire *wäre hiernach 'ich schätze es nicht wahrhaft, nicht sehr'. Von 'sehr' aber bis 'viel' ist nur ein kurzer schritt. Zsgs. ist fr.* naguère = il n' a guère, *it.* non ha guari *'es ist nicht lange her'*; piem. pa-vaire *wenig, nicht viel* = *pr.* pas guaire. *Im altfr.* guer-soi *viel durst (beim zutrinken)* Ruteb. I, 93, *vgl.* 239, Ren. I, p. 120 *zeigt sich* guère *ganz in positivem sinne. Für* guari *findet sich in der comask. mundart* gerr, *sicher kein eignes wort, sondern, wie auch P. Monti meint, aus altit.* gueri *(das aber zuerst in* gheri *übergieng)*. — [*Die vorstehende deutung von* guari *aus* wâri *kann sich des vorwurfes nicht erwehren, daß sich ein dem romanischen entsprechender deutscher gebrauch des urwortes nicht nachweisen läßt. Aber noch ein anderes deutsches wort verdient genannt zu werden. Mhd.* unweiger *heißt 'nicht viel', z. b.* diu stunde was unweiger lanc = *it.* l'ora non fu guari lunga. *Das einfache* weiger *muß also 'viel' bedeutet haben, und so bemerkt man es einmal im althochd., worin* ne weigaro *das lat. non multum ausdrückt, s. Mhd. wb. III, 556. Eine merkwürdige unterstützung dieser etymologie gewährt die älteste prov. form* gaigre *Bth. v. 13, die das deutsche wort so vollkommen wiedergibt wie möglich. Ist dies die richtige lösung? Wenn sie es ist, so muß das nur in wenigen stellen vorliegende* weigar *sehr volksüblich gewesen sein, da es in alle roman. sprachen einzudringen vermochte.*]

Guarire, guerire *it.*, altsp. altpg. guarir (*jetzt* guarecer), *pr.* altfr. garir, *nfr.* guérir *heilen, genesen; vom goth.* varjan, *ahd.* werjan *vertheidigen, nhd.* wehren. *Sichtbarlich von demselben verbum ist pg.* guarita, *sp.* garita, *altfr.* garite, *nfr.* guérite *sicherer ort (vgl. die franz. phrase* gagner la guérite *sich durch die flucht retten), daher schilderhaus, warte auf mauern oder häusern (altfr.* gariter *befestigen). Das suffix dieses wortes setzt eigentlich eine ital. participialbildung* guarita *als nächste quelle voraus, wie fr.* réussite *auf it.* riuscita *zurückgeht, aber selbst die heimischen wörter, piem.* garita, *ven.* gareta, *cremon.* garetta *weisen mit ihrem anlaut auf franz. ursprung; das ächt span. wort ist* guarida *zuflucht, pr.* guerida, *das dem ahd.* warid, werid *(geschützter ort im wasser,* werd, werder*) ähnlich sieht, ohne davon abstammen zu müssen. Vgl. Dief. Goth. wb. I, 205.*

Guarnire *und* guernire *it., altsp.* guarnir (*jetzt* guarnecer), *pr. fr.* garnir *verwahren; vom gleichbed. ahd.* warnôn, *nhd.* warnen, *oder mit genauerem anschluß an den buchstaben vom ags.* varnian *sorge tragen, hüten, altfries.* wernia *verbürgen, daher auch chw.* varniar — *wogegen das lomb.* guarnà *ganz zu dem ahd. worte passt, da es den ableitungsvocal* i *nicht hervortreten läßt. Altfr.* garnir *heißt auch benachrichtigen LRs. 366, Rou I, p. 149, FC. II, p. 51, wie ahd.* warnôn, *ags.* varnian *admonere. Desselben stammes ist it.* guarnaccia, guarnacca, *sp.* garnacha, *pr.* gannacha, *fr.* garnache *überrock, mhd.* garnaesch, *vgl. ahd.* warna, *mhd.* warne *fürsorge; so auch it.* guarnello *unterrock.*

Guastare *it., altsp. altpg. pr.* guastar, *nsp. npg.* gastar, *fr.* gâter *verderben, verzehren. Stammt es vom lat.* vastare *oder vom ahd.* wastjan

I. GUATARE—GUERRA.

(letzteres aus dem subst. wastjo *und dem mhd.* wasten *zu folgern)? Da das adj. it.* guasto, *pg.* gasto, *altfr.* guaste, *noch jetzt mundartl. (z. b. in Berry)* gâte, *sich in* vastus, *das zsgs.* diguastare, degastar, dégâter *in* devastare *wiederfindet, so ist herkunft aus dem latein, aber unter einfluß des deutschen anlautes* w, *wie bei einigen andern mit* gu *anlautenden roman. wörtern, einzuräumen. Die bed. beschädigen kennt schon die L. Sal. tit. 9:* penitus eum (caballum) vastare non debet. *Als eine unmittelbare bildung aus* wastjan *darf aber das altfr.* gastir *Ben. I, 266 angenommen werden. Abgel. altfr.* guastine *wüste LRs. 103 (adj.* gastin *Sax. I, 209).*

Guatare *it., pr.* guaitar, *fr.* guetter *anschauen, beobachten, lauern; sbst.* cremon. *pr.* guaita, *altfr.* guette, *nfr. masc.* guet *wache; vom ahd.* wahtên *wache halten; sbst.* wahta, *nhd.* wacht, *goth.* vahtvô. *Zsgs. it.* agguatare, *sp. pr.* aguaitar, *altfr.* aguetier *s. v. a.* guatare; *sbst. it.* aguato, *sp.* agait, *fr.* aguet *(nur noch im plur. üblich) lauer, daher altfr.* daguet *(= d'aguet) heimlicher weise.*

Gubia *sp., pg.* goiva, *npr.* gubio, *fr.* gouge *(f.) hohlmeißel. Schon Isidorus 19, 19 führt neben* taratrum *und* scobina *ein werkzeug an, das die ausgaben theils* guvia, gubia, *theils* gulvia, gulbia *schreiben. Die Casseler glossen setzen* gulvium *für das dtsche* noila *hobel. Die variante* gulbia *weist sich als eine nebenform aus durch das it.* gorbia, sgorbia, *welches andre aus dem gr.* γρόσφος *herholen. Das wort scheint iberisch:* bask. gubia *bogen,* gubioa *kehle in W. v. Humboldts verzeichnis, vgl. wegen der begriffe unser* kehle *und* kehlleiste *d. i. gehöhlte leiste. Larramendi erklärt das bask.* gubia *aus* gurbía *oder* gurbiaz, *wodurch sich vielleicht die formen mit* l *oder* r *rechtfertigen lassen.*

Guercio *it. (com. verstärkt* sguerc), *chw.* guersch, uiersch, *altsp.* guercho, *aber pr.* guer, guerle, *dauph.* guerlio *schielend. Sie setzen einen deutschen anlaut* w *voraus und so könnten sie aus ahd.* twer, dwerch *d. i.* quer, *nach abgestoßenem dentallaute, entstanden sein, vgl.* gualiar *II. c. — [Diese ansicht auch bei Diefenbach, Goth. wb. II, 721.]*

Guerra *it. sp. pg. pr.,* guerre *fr.* krieg *(daher engl.* war, *früher* warre, werre, *Grimm, Rechtsalt. 603, E. Müller s. v.); vom ahd.* werra, *mhd. mndl. altengl.* werre *zank, zwietracht, vb. ahd.* werran *verwirren:* rixas et dissensiones seu seditiones, quas vulgus werras nominat *Cap. Car. C.* Bellum *(kymr. bret.* bel) *war dem Romanen neben dem adj.* bellus, *welchem* pulcher *hatte weichen müssen, unbrauchbar geworden und lebt nur in ableitungen und zusammensetzungen fort; das einfache vb.* belar *'bella facere' steht nur in einem prov. wörterverzeichnis GProv. 29. Man suchte ersatz im deutschen: das übliche* wîc *mochte etwas zu klanglos sein,* werra *gefiel besser. Auch der Baske sagt* guerla, *der Walache ersetzte das lat. wort mit dem slav.* rȩsboi *plünderung, was die grammatiker des landes freilich von* rebellare *herleiten. Zu merken ist, daß das von* guerra *abgeleitete* guerrier *im altrom. die bed. feind, widersacher (ursprüngl. verwirrer?) zeigt, z. b. prov. (wo dies am üblichsten ist)* aucire sos guerriers mortals *seine todfeinde tödten Chx. V, 10; fr.* ainc en nule maniere ne forfis que fuissiez ma guerriere *Rom. fr. p. 88; it.* che non mi sea guerrera *Trucch. 1, 194, vgl.* 205; contra li nostri guerrer ella è molt forte guerrera *Bonves. p. 479, 43; sp.* semejasme guerrero *Apol.* 275.

Guidare *it., sp. pg.* guiar, *pr.* guidar, guizar, guiar, *fr.* guider *leiten, zurechtweisen; sbst. it.* guida, *sp.* guia, *pr.* guida *und* guit, *altfr.* gui-s, *nfr.* guide *führer. Für die deutschheit des wortes redet ziemlich unzweideutig der anlaut g, zu welchem stamme aber gehört es? Nach der lautregel verlangt es goth.* veid, *ahd.* wit, *allein dieser stamm gewährt keinen angemessenen begriff. Nimmt man goth.* vitan *beobachten, bewachen als etymon, so ist gegen den begriff zwar nichts zu erinnern, auch it.* scorgere *heißt wahrnehmen und leiten, allein die darstellung der goth. tenuis durch die rom. media wäre ungewöhnlich. Gleichwohl ist diese deutung zulässig; auch altfr.* badir, baïr *entsprang mit derselben lautverschiebung aus goth.* batan *(Rom. gramm. I, 312); selbst das sbst.* guida *schließt sich alsdann dem ags. (und goth.?) vita ältester, rathgeber unmittelbar an, vgl. das prov. masc.* guit, *fr.* guide. [*Wackernagel gibt auch das alts.* gi-wîtan *zu bedenken, dessen bed. 'gehen' doch etwas entfernter zu liegen scheint.*] *Von* guidare *ist fr.* guidon *fahne u. a. m.*

Guiderdone *it., auch* guidardone, *pr.* guazardon (*für* guadardon), guiardon, guierdon, *altfr.* guerredon, guerdon, *sp.* galardon (gualardon *FJ. Cal. é D.*), *pg.* galardão, *altcat.* guardó, *mlat.* widerdonum (*unter Karl d. kahlen*) *vergeltung; vb.* guiderdonare *ff. belohnen. Der erste theil des wortes macht keine schwierigkeit, es ist das dtsche* wider, *in älterer form* widar, *das auch in dem gleichbed.* widrigilt *vorliegt; a für i in der ersten silbe von* guazardon, gualardon, *wird nicht stören, man sehe die bemerkung oben in der vorrede.* Widerdonum *ist eine leichte entstellung des ahd.* widarlôn *recompensatio Graff II, 220, ags.* widherleán, *wozu erinnerung an lat.* donum *verführen konnte. Das sp.* galardon *ließe sich selbst aus einer in dieser sprache ziemlich üblichen umstellung der buchstaben (für* gadarlon) *deuten, wäre es nicht rathsam, sämmtliche sprachen an demselben vorgange theil nehmen zu lassen und l auf d zurückzuleiten. Merkwürdig ist das synonyme pr.* guazardinc, *keine nebenform, sondern durch das longob.* thinx *und* garathinx *als ein selbstständiges wort gerechtfertigt.*

Guisa *it. sp. pg. pr.*, guise *fr. weise, art, beschaffenheit, daher engl.* guise; *vb. sp. altpg.* guisar *zubereiten; zsgs. pr.* desguisar, *fr.* déguiser *entstellen, die gestalt benehmen. Das etymon ist unschwer zu finden, da fast alle germanischen gebiete dasselbe wort besitzen: ahd.* wîs, *alts.* wîsa, *nhd.* weise, *ags.* wîse, *altn.* vîs. *Selbst die adverbiale anwendung* wie *im ahd.* in wis, zi wis (*quomodo*) *spiegelt sich ab im rom.* in guisa, a guisa. *Ferrari's lat. etymon* vice (*z. b.* vice canis = more canis) *genügt dem buchstaben nicht, Ménage's* visus, visa *eben so wenig dem begriffe. Aber pr.* guia *s. v. a.* guisa *scheint aus* via *entstanden, da* s *zwischen vocalen kaum ausfällt.*

Guscio *it. schale der nüsse, eier, schalthiere u. dgl., überzug, ven.*
sgusso *und fem.* gussa, sgussa *dass., auch hülse des kornes, spreu, mail.*
guss, gussa, *romagn.* goss, gossa *ebenso, fr.* gousse *(f.), hülse, schote;*
vb. it. sgusciare *schälen. Von zweifelhafter herkunft. Folgende wörter
dürften in betracht kommen. Der grammatiker Placidus kennt* galliciola '*cortex nucis juglandis*': *ist dieses ungeschlachte wort schreibfehler
für* galliciola, *so führt es auf ein adjectivisches primitiv* gallicia *(von* nux
gallica *wallnuß), das sich ital. in* galcia galscia guscio, *fr.* gausse gousse
verwandeln mochte. Das ursprüngliche all *hätte alsdann auch in dem
diphthong des comask.* s-gausć *für* sgalsó *seinen ausdruck gefunden. Ahd.*
gabissa, gavissa *spreu, wegwurf. Ahd.* hulsa *und* hulst, *worauf Scheler
hinweist, scheinen mit ihrem anlaute nicht zum franz. worte zu stimmen,
wohl* gihulsi, *das aber nicht nachweislich ist. — Die wörter für schale,
schote, hülse sind in den roman. sprachen und mundarten zahlreich und
oft schwierig zu deuten. Die obige deutung aus* gallicia *aber hat sich die
beistimmung Mussafia's erworben, der auf die übereinstimmende toscanische
form* gallessa *verweist, s. Zeitschr. für vergl. sprachf. XV, 397.*

H.

Haca *sp., altsp. pg.* faca, *altfr.* haque (h *asp.*) *Roq. klepper; altfr.*
haquet, *sic.* acchettu *dass., pic.* haguette *kleine stute; nfr.* haquet *karren.
Ist hier* h *oder* f *der richtige laut?* Faca *könnte sich auf altn.* fâkr *pferd
berufen, allein wie hätte sich dieser poetische ausdruck nach Spanien verirren sollen? Es kann mit der bekannten span. darstellung der franz.
aspiration (vgl. oben* arpa) *von* haque *hergenommen sein, dies aber vom
engl.* hack *miethklepper: dafür spricht auch die engl. zss.* hack-ney, *ndl.*
bakke-nei *(engl.* nag, *ndl.* negg, *nhd.* nickel *pferdchen), wovon fr.* ha-
quenée, *altsp. pg.* facanea, *nsp.* hacanea, *it.* acchinea, *üblicher* chinea.
S. auch Diefenbach, Goth. wb. I, 30. II, 122.

Halar *sp.,* haler *fr.* (h *asp.*), alar *pg. ziehen am seile; vom altn.*
hala *ziehen, ahd.* halôn.

Hennir *fr. (spr.* hanir, h *asp.) wiehern. Diesmal ist es die franz.
sprache, die das lat. original am genauesten wiedergibt. Die ital. hat
dafür* nitrire, annitrire, *sbst.* nitrito, *von* hinnitus *mit bekannter einschiebung eines lautverstärkenden* r. *Die erzeugnisse der übrigen sprachen
weichen noch mehr ab, so daß die etymologische rechenkunst nicht überall
ausreicht. Sie haben sich alle zur 1. conj. geschlagen. Span. lautet das
wort* relinchar, *älter* reïnchar *Conq. Ultram., pg.* rinchar. *Verkürzt man
das bei Lucilius vorliegende* hinnilitare *in* hinniltare, *so gewinnt man sp.*
hinchar, *dem man zum unterschiede von* hinchar = inflare *die partikel*
re *oder* red *vorsetzte; das darin enthaltene* d *aber trat auf spanische
weise leicht in* l *über. Ein vorgesetztes* re *zeigt sich auch im cat.* renil-
lar, *wofür der Provenzale einfacher* enilhar, inhilar, *aber auch* endilhar

spricht. Im sard. anninnijare *endlich glaubt man deutlich die stimme des pferdes* (hin hin) *zu vernehmen; andre mundarten derselben provinz haben dafür* annirgai *und* anniggià. *Das wal. wort ist* renchezà (ronchissare).

I. J.

Ieri *it., sp.* ayer (*bei Bercco* eri), *pr.* her, *fr.* hier, *wal.* eri *adverb, vom lat.* heri. *Sp.* ayer *ist nicht* = adheri, a *ist vielmehr ein euphonischer vorschlag vor* y *wie in* ayantar, ayuso *statt* yantar, yuso, *und so mag sich auch das cat.* ahir, *das sic.* ajeri *verhalten.*

Il, lo, la *it., sp.* el, lo, la, *pg.* o, a, *alt* el, lo, la, *pr.* lo, la (il), *fr.* le, la, *alt* li, lo, la, *wal.* le (l), la (oa, a) *artikel, von* ille, illum, *Rom. gramm. II, 15. 27 ff. Sardisch* su, sa, *von* ipse, ipsa.

Imbuto *it., sp.* embudo, *pg. fehlt, pr.* embut *GProv. 59 trichter; von* butis *faß, also wie fr.* entonnoir, *sagt Ménage; vgl. auch it.* imbottatojo *mit ders. bed., von* botte = butis.

Immantinente *it., pr.* mantenen, *fr.* maintenant, *zeitadverb,* illico, sine mora. *Es ist kein particip des rom. vb.* mantenere, *so daß es dem lat.* in continenti *gleich wäre, wozu die begriffe nicht stimmen, sondern eine selbständige zusammensetzung* in manu tenens *in der hand haltend, in bereitschaft, ohne vorbereitung, ohne aufschub. Prov. auch* de mantenen, *altfr.* de maintenant. *Wald.* atenent *Hahn p. 573.*

Imprenta *und* impronta *it., sp. pr.* emprenta, *fr.* empreinte *gepräge, abdruck; vb. it.* imprentare, improntare, *sp.* emprentar, *daher ndl.* printen, *engl.* print. *Von* imprimitare, *meint Ferrari. Da die neuen sprachen indessen nur wenige iterativa, diese aber immer mit iterativer in* imprentare *gar nicht fühlbarer bedeutung schufen, das verbum auch im franz. und prov. nicht vorhanden ist, so sucht man seinen ursprung wohl richtiger im franz. particip* empreint: *um so eher konnte der Italiener das fremde* in *seinem ursprunge ihm unverständliche wort in* impronta *entstellen.*

Improntare *it.,* emprunter *fr. entlehnen, borgen, sbst.* emprunt. *Nach Muratori, Ant. ital. I, 1895, wäre das ital. wort aus dem franz.* Pecuniam alicui promere *heißt einem geld hervorlangen: wollte man nun mit* impromtum, impromtare *das einnehmen des geldes ausdrücken? Das gezwungene dieser vermuthung wird einleuchten. Diesmal führt die walach. sprache auf die richtige spur. Sbst.* inprumút *heißt borg, vb.* inprumutà *auf borg geben oder nehmen, vom lat.* promutuum *darlehen, zsgs.* in-promutuum, in-promutuare, *was denn leicht* improntare *ergab. Seltsam ist fr.* u *für* o: *sollte es der einwirkung des ausgefallenen* u *in der silbe* mut *sein dasein danken? Der Wallone sagt* epronter, *aber* o *vertritt ihm oft fr.* u.

Improverare, rimproverare *it., sp.* improperar, *fr. vrlt.* improperer *vorwürfe machen; sbst. it.* rimproverio *cet. vorwurf; von* improperare *hineineilen Varro,* vorwerfen *Petron., eig. drauf losfahren, wie Pott deutet,* improperium. *Vulg., s. Quicherat Add. s. v.*

I. INCALCIARE—INGANNO.

Incalciare, incalzare *it.*, *altsp.* encalzar *Alx.*, *pr.* encausar, *altfr.* enchaucer *nachsetzen, verfolgen, daher sbst. altsp.* encalzo, *altpg. ebenso* encalço *SRos.*, *pr.* encaus, *altfr.* enchaux; *eigentl. einem auf der ferse sein, von* calx.

Incanto *it.*, encante *altsp.*, enquant encant *pr.*, encan *fr. versteigerung, mhd.* gant; *d. i. für wie viel, wie hoch? von* in quantum; *vb. it.* incantare, *pr.* enquantar, *altfr.* encanter *versteigern, verganten. Nicht von* incantare, *wenn sich auch altfr. durch umdeutung* enchanter (enchantement *Assis. de Jérus.) findet. Vgl. Grimm, Rechtsalt. p. 610.*

Inchiostro *it. tinte (richtiger altmail.* incostro *Bonves.)*; *von* encaustum (ἔγκαυστον) *rothe tinte, womit die griechischen kaiser unterschrieben; dasselbe wort, mit griechischer betonung, ist fr.* encre, *sonst auch* enque, *die stärkste abkürzung, die in dieser sprache vorkommt, sicil.* inga, *ndl.* inkt, *engl.* ink. Atramentum *blieb im pr.* airamen, *altfr.* errement. Tinta *ist der sp. pg. cat. sard. ausdruck, schon ahd.* tincta, dincta. *Der Walache empfieng vom Slaven, dem er auch die buchstaben verdankte, den ausdruck für tinte,* cernealę *d. i. schwärze.*

Incinta *it.*, *pr.* encencha, *fr.* enceinte *schwanger. Davon sagt Isidorus:* incincta praeguans eo quod est sine cinctu *d. h.* incincta *ist s. v. a.* discincta *entgürtet, weil sie keinen gürtel tragen kann:* ne me puis ceindre *sagt eine solche, FC. IV, 275. Andre auslegungen s. bei Ménage, vgl. auch Galvani im Archiv. stor. ital. XIV, 362. Das franz. sbst.* enceinte *umzäunung aber ist von* incinctus *in seiner classischen bedeutung.*

Incúde *und* incúdine, ancúde *und* ancúdine *it.*, *sp.* yunque, ayunque, *pg.* incude *(poet.)*, *pr.* encluget, *fr.* enclume *amboß: von* incus incūdis, *zum theil sehr entstellt. Das it.* incudine *beruht auf der falschen declination* incudo incudinis, *ungefähr wie das sp.* hambre *auf* fames faminis. *Das sp.* yunque *entstand aus* incu'e *durch versetzung des* u. *Die piem. form* ancuso, *die catal.* enclusa *scheinen aus dem nominativ entstanden.*

Índaco *it., altsp.* éndico, *fr.* indigo, *pr.* indi, endi *eine blaue farbe, indig; vom lat.* indicum *blaues pigment aus Indien. Hieraus ein adj. altsp.* yndio *Chron. rimad. p. p. Michel v. 117, pr.* indi, *altfr.* inde.

Indi *it., alt* ende, enne, *daher* en *und das jetzt übliche* ne, *altsp. altpg.* ende, *pr.* en *und* ne *(letzteres z. b. in dem halbfranz. Leodegar str. 11), altfr.* int *(in den Eiden)*, ent, *nfr.* en, *wal.* inde, *ortsadverb und pronominalpartikel, s. Rom. gramm. III, 55. Näher dem urworte als das fr.* en *steht das henneg.* end *in* end-aler = *fr.* en aller, *abgekürzt* d (i d' a requeu *il en a récupéré). Im altital.* inclinierte ende = neuit. ne *sehr häufig z. b.* nonde campo *non ne campo PPS. II, 33,* nulland' onoro *nulla ne onoro 71,* peronde temo *però ne temo 73, vgl. Blanc, Ital. gramm. 305. 306. Zsgs. ist sp.* dende *präposition für* desde, *altsp.* dent, *altpg.* dende, *altfr.* den *Pass. de J. Chr. str. 30, SLég. 21, von* de-inde.

Inganno *it.*, *sp.* engaño, *pg.* engano, *pr.* engan *betrug; vb.* ingannare, engañar, enganar, *altfr.* enganer *betrügen, wal.* ingęnà *(aus* *dem ital.?) verhöhnen. Das einfache wort findet sich im ältern mlatein:* gannat χλευάζει *Gl. lat. gr., sbst.* gannum *spott Gest. reg. Fr.,* gannatura *Bonif., Rh. Maur., Aldhelm; der Provenzale hat* ganhar *lachen, spotten, es scheint aber nicht dasselbe wort. Wer* gannum *aus* ingenium *entstehen läßt, der setzt sich über die handgreiflichsten lautregeln hinweg; auch die herleitung aus dem ahd.* geinôn *den mund aufsperren ist nach begriff und laut unhaltbar: in letzterer beziehung würde sich doppeltes aus einfachem* n *nicht rechtfertigen lassen. Möglich aber ist entstehung aus ahd.* gaman *spiel, scherz,* ags. gamen *scherz, spott, hohn, zsgz.* gamn; *man erwäge dieselbe behandlung der verbindung* mn *in* damnum, *it.* danno, *sp.* daño, *pg.* dano, *pr.* dan. *Spiel und betrug berühren sich nah, vgl. it.* giuoco *spiel, kunstgriff, com.* giocuch (göch) *betrug, fr.* jouer qqun *einen betrügen. Das gael.* gang-aid *betrug hätte andre formen erzeugt.*

Ingegno *it., altsp.* engeño, *pr.* engeinh, engin, *fr.* engin *erfindungskraft, dsgl. künstliche maschine; von* ingenium. *Daher altfr.* engignier *überlisten, pr.* engenhar *nachstellen, it.* ingegnarsi, *nfr.* s'ingénier *auf mittel sinnen; sbst. pr.* enginhaire, *fr.* ingénieur, *it.* ingegnere, *mlat.* ingeniosus *kriegsbaumeister. Aus lat.* genius *geschmack, witz leitet sich it.* genio, *sp.* genio, *fr.* génie. *Pr.* geinh *aber, gleichbed. mit* engeinh, *wie* ginhos *mit* enginhos, *scheint aus* ingenium *abgekürzt.*

Inguine *it., sp.* engle *(für* engne), *neupr.* lengue *(für* engue), *fr.* aine *(f.) weiche am menschlichen körper; von* inguen. *Ital.* anguinaglia *von* inguinalia.

Insegua *it., altsp.* enseña, *neusp. pg.* insignia, *pr.* ensenha, *fr.* enseigne *zeichen, kennzeichen, it. pr. fr. auch fahne; von* insignia, *plur. von* insigne. *Das einfache* signum *gab sp.* seña, *pg. pr. gleichlautend.*

Insegnare *it., sp.* enseñar, *pg.* ensinar, *fr.* enseigner *lehren. Von* insinuare *bekannt machen; oder ist es neues wort,* in-signare *einzeichnen, einprägen? vgl.* ἐγχαράσσειν 'insignare, incisare' *Gl. gr. lat. Nicht nur der begriff, auch der buchstabe redet für das letztere, dessen stamm ganz mit* signum *in den ächt roman. formen* segno, seña, senh *zusammentrifft; volle bestätigung gewährt aber das wal.* însemnà *anzeigen, von* semn = signum, *also* insignare.

Insembre, insembra *it., altsp.* ensembra, ensemble, *altpg.* ensembra, *fr.* ensemble, *dsgl. it.* insieme, *pr.* ensems, *altwald.* ensemp, *adverb für lat.* una; *von* însimul, *dessen* l *zum theil in* r *verwandelt oder apocopiert ward; wal.* aseámene *von* ad simul. *Einfaches* senps = simul *findet sich in der Pass. Christi str. 104. Vgl. unten* sembrare.

Intero *und* intégro *it., sp.* entero, *pg.* inteiro, *pr.* enteir, *fr.* entier *vollständig, ganz, altfr. in der bed. unverletzt:* li sain et li entier *DMcc. p. 176; von* integer integri, *lomb. und wal.* intreg. *Abgel. pr. altfr. adj.* enterin *vollkommen, vb. altfr.* enteriner *gerichtlich gut heißen. Da* intero *auch grade oder aufrecht bedeutet, so knüpft sich hieran das vb.* intirizzare, *pg.* inteiriçar *starr machen, starr werden (adj.* inteiriço *vollständig, dsgl.* starr): *die physische und moralische bed. fest, unbeugsam hat auch unser* steif. *Abgeändert aus diesem verbum mit vertauschung der partikel ist altpg. sp.* aterir, aterecer, *span.* auch ateritar.

Intrambo, entrambi *it., sp.* entrambos *(getrennt* entre Rachel e Vidas a parte yxieron amos *PC. 191), pr.* entrambs *beide, alle beide, zsgs. mit der partikel* inter, *welche die bed.* 'unter sich, miteinander, zusammen' angenommen hatte, also beide zusammen, s. Rom. gramm. III, 408 note.

Inverno *und* verno *it., sp.* invierno (yvierno *PC. ed. Jan. v. 1620), pr.* ivern, *fr.* hiver, *wal.* earnę *winter; vom adj.* hibernus, hibernum, *dem das unbildsame* hiems *weichen mußte.*

Investire *it., sp.* embestir, *fr.* investir *einen platz berennen, einschließen, auch ihn angreifen; von* investire *bekleiden, und schon im lateinischen umgeben, z. b.* focum investire *sich um den herd stellen.*

Io *it., sp.* yo, *pg. wal.* eu, *pr. gallic.* ieu, eu, *altfr.* eo, ieo, jeo, jo, *nfr.* je; *von* ego, *syncopiert* eo, *woraus sich alle romanischen formen erklären, die neufranzös. durch consonantierung des anlautenden* i, *das mit* e *zu einem diphthong verbunden in kurzem lat.* ĕ (*vgl.* dieu *aus* dĕus) *seinen grund hatte.*

Issare *it., sp. pg.* izar, *fr.* hisser (h *asp.*) *in die höhe ziehen; vom schwed.* hissa, *ndd.* hissen.

Iva *sp. pg.,* if *fr. (m.) taxusbaum; ist das ahd.* îwa, *nhd.* eibe, *ags.* îv, *engl.* yew, *kymr.* yw (*f., sg.* ywen), *corn.* hivin.

Ivi, vi *it., altit.* i, *altsp. altpg. pr.* hi, y, *fr.* y, *nsp. pg. (mit vorgeschlagenem* a *wie in* ayer *von* heri) ahí *ortsadverb, von* ibi.

Jusbarba *sp. mäusedorn, fr.* joubarbe, *pr.* barbajol *hauswurz; alle entsprechend dem lat.* Jovis barba *bei Plinius (anthyllis barba Jovis L.), it.* barba di Giove. *Span.* chubarba *scheint eine andre form desselben wortes, vgl. in betreff des anlautes* chupa = *fr.* jupe.

L.

Là *it., sp.* allá, *altpg.* alá *SRos., npg.* lá, *pr.* la, lai, *fr.* là *ortsadverb, von* illac.

Lacayo *sp. pg., fr.* laquais, *daher it.* lacchè *diener, der seinen herrn zu fuße begleitet,* pedissequus. *Im span. ist dies wort nicht alt, wenigstens erklärt es Covarruvias für ein erst mit könig Philipp (I.) aus Deutschland gekommenes, es fehlt daher auch bei Antonius Nebrissensis. Weit früher muß Frankreich es gekannt haben, da schon Froissart (vor 1400) sagt:* en France il y a cent ans, que les pages vilains allans à pied ont commancé d'estre nommez laquets et naquets *(Ménage). In einer urkunde v. j. 1470 liest man:* gens arbalestiers appellez laquaiz: *leichte truppen wurden also damals so benannt, was der nachweislich ältesten noch jetzt üblichen bedeutung nichts schadet, s. darüber bei Carpentier. Man hat es wohl aus dem arab. hergeleitet, von dem formell ganz un-*

passenden laqî't *ausgesetzter knabe Freyt. IV, 119ª, oder* lakî'a *schmutzig, niedrig 123ª*. *Larramendi führt es zurück auf bask.* lacun, lagun *gesellschaft, hülfe, und* ayo *einer der wartet und folgt: kenner dieser sprache haben zu entscheiden, ob aus dieser verbindung das bask.* lacayoa *erwachsen konnte oder ob es dem span. entnommen ward. Indessen bedarf es für unsern zweck dieser prüfung nicht einmal. Sehen wir uns nämlich auf roman. gebiete um, so begegnet uns das alte prov.* lecai *naschhaft, üppig (s. unten* leccare), *neupr. (limous.) mit bekannter verwandlung des tonlosen* c *in* a laccai *nebenschößling des getreides (passend zu dem begriffe naschhaft), dsgl. diener wie im franz. Leicht konnte man den seinem herrn fest anhängenden ihm überall nachtretenden diener mit einem unnützen üppigen von der pflanze lebenden schößling vergleichen; das altpg.* lecco, *buchstäblich = pr.* lec, *dem primitiv von* lecai, *hat sogar ohne ableitungssuffix die bed. von* lacayo *entwickelt s. S. Rosa, was dieser vermuthung fast zur bestätigung gereichen kann. Zu bemerken ist auch noch, daß eine der baskischen mundarten, die labortanische, mit* e *für* a lekhayoa *sagt, der alten prov. form gemäß.*

L a c c a *it.*, *sp. pr.* laca, *fr.* laque, *mlat.* laca *(1327) ein ostindisches harz; pers.* lak, *sanskr.* lâkschâ.

L a c c i a *it.*, *sic.* alaccia, *neupr.* alacho *Honnor. alsc, maifisch, sp.* alacha, *andal.* lacha *(Nemnich) sardelle (alse, sardelle, hering gehören zu einer und derselben gattung, clupea); muthmaßlich entstellt aus* halec, *nach Diefenbach, Orig. europ. 222, aus dem celt.* alausa. *Entschieden aus* halec *ist it.* álice *(f.), sic.* aléci *sardelle, sp.* aléce *(m.) ragout von fischlebern, dsgl. sp.* haleche *eine art der makrele, aus welchem fisch die Römer ein treffliches garum machten.*

L a c c i o *it.*, *sp. pg.* lazo, *pr.* latz, *fr.* lacs, *wal.* latz *schnur; von* laqueus; *vb. it.* lacciare, allacciare *u. s. f., fr.* lacer. *Aus dem roman. auch unser* latz *klappe.*

L a c e r t a *it.*, *gew.* lucerta, lucertola *(sard.* caluscerta, caluxertula), *sp. pg.* lagarto, *fr.* lézard, *burg. fem.* lézarde *und so altfr.* laissarde *RMont. 399, 30, Voc. d' Evreux p. 20, chw.* lusciard *eidechse (pg.* lagarta *raupe); von* lacerta, *das aber fast gemeinromanisch seine endung mit dem auf viele thiernamen angewandten suffix* ard *vertauschen mußte. Der Spanier mag frühe* lacarta *für* lacerta *gesprochen haben.*

L a g n a r s i *it.*, *altsp.* lañarse, *pr.* se lanhar, *altfr.* laigner *sich beklagen; sbst. it.* lagna, *pr.* lanha *klage, jammer; von* laniare se *(prae dolore), wie Ferrari und Muratori mit grund vermuthen, vgl. pg.* carpirse *weinen, sich beklagen, eigentl. sich zerreißen, oder die minder starken lat. und griech. ausdrücke* plangere *und* κόπτεσθαι.

L a i d o *it. altsp. altpg.*, *pr.* lait, *fr.* laid *häßlich; vom ahd.* leid *verhaßt, altn.* leidhr, *ags.* lâdh; *altfr. il m'est* lait *= nhd.* mir ist leit, *das gegentheil von il m'est* bel *= mir ist* liep. *Altfr. auch sbst.* lait (faire lait à qqun *wie ahd.* leit tuon), *dsgl. chw.* laid, *bask.* laidoa. *Vb. it.* laidare, *altsp.* laizar *Bc. Mil. 394 (aus dem prov.), altpg.* laidar *SRos.,* *pr.* laizar, *altfr.* laider *kränken, verletzen, von* leidôn, leiden, *dsgl. it.* laidire, *pr. altfr.* laidir *von* leidjan, *ags.* lâdhjan. *Eine bemerkenswerthe abl. ist altfr.* laidenge *kränkung (vb.* laidengier), *pr.* ledena *Bth. 73 für* laidenba, *vgl. ahd.* leidunga *beschuldigung.*

Lama *it., sp. pg., dauph.* lamma *sumpf; von dem seltnen lat.* lama *(für* lac-ma, *vgl.* lac-us), *wovon Festus sagt:* aquae collectio, quam lamam dicunt, *übrigens von Horaz gebraucht. In demselben sinne findet es sich auch bei Dante, wiewohl manche seiner ausleger es anders deuten, s. Ferrari s. v. und Muratori, Ant. ital. II, col. 1105. Bekanntlich führt Paulus* lama *als ein longob. wort an, s. darüber Grimm, Gesch. d. d. spr. p. 694.*

Lama *it. pr.,* lame *fr.* platte, klinge, altsp. laña *scheibe, riemen; von* lamina. *Dasselbe etymon hat altfr.* lame *grabstein. Abgel. altfr.* lemele, alemele *Brt. I, p. 108 (letzteres aus* l'alemele *für* la lemele), *nfr. entstellt in* alumelle. *Daher mhd.* lâmel.

Lambicco, limbicco *it., sp.* alambique, *pg.* lambique, *pr.* elambic, *fr.* alambic *destillierkolben; vom arab.* al-anbîq, *welches aber selbst in diese sprache eingeführt sein soll, Gol. 165, vgl. Freytag I, 62ᵇ.*

Lambrusca *it. sp.,* lambruche *fr. wilde rebe; von* labrusca *dass.*

Lampo *it. sp. pg., pr.* lamp, lam, *neupr.* lan *blitz; eigentl. schein wie fr.* éclair, *von* lampas, *aber neu gebildet aus dem stamme* lamp *ohne rücksicht auf die ableitung* lamp-ad, *ein noch stärkerer fall als* capo capaccio *aus* cap-ut. *Eine ableitung mit derselben bed. ist cat.* llámpeg, *sp. pg. zsgs.* relámpago.

Lampreda *it., sp. pg.* lamprea, *fr.* lamproie *ein fisch, lamprete; umgestellt aus* lam-petra *steinlecker* (lambere), *weil sich dieser fisch mit dem maul an die steine anhängt. S. Voss. Etym. v.* petra. *Das lat. wort ist unclassisch und kommt erst in den glossen des Philoxenus vor:* lampetra μύραινα *(meeraal).*

Lancia *it., sp.* lanza, *pr.* lansa, *fr.* lance, *wal.* lance *speer, vom lat.* lancea, *nach Varro bei Gellius ein hispanisches, nach andern ein gallisches oder germanisches wort (das genaueste darüber bei Diefenbach, Orig. europ. 372); vb. it.* lanciare *ff., lat.* lanceare *erst bei Tertullian; daher it.* lancio, *sp.* lance, *pg.* lanço, *pr.* lans *schwung, sprung. Zsgs. it.* slanciare, *pr.* eslansar, *fr.* élancer *schwingen; sbst. fr.* élan *für* élans *sprung, satz.*

Landa *it. pr., so auch altsp. s. Canc. de B.,* lande *fr.* heide, ebene, *altfr.* lande *saltus LRs. 86. 186. 351, Gloss. de Lille 15 (Sch. 34), daher* lande follic *GVian. 3011, also auch buschgegend; bask.* landa *feld. Das wort hat deutsches aussehn: goth.* land *(n.)* χώρα, ἀγρός; *mit seiner bedeutung aber neigt es sich entschiedener zum breton.* lann *stacheliger strauch, pl.* lannou *steppe, man vgl. denselben begriffsübergang im fr.* brande *strauch, pl.* brandes *heidefeld.* Lann *aber, in älterer form* land, *scheint ächt celtisch, s. Zeuß I, 168.*

Landra, slandra *it. metze, feile umherstreifende dirne, dauph.*

I. LANIERE—LASCIARE.

landra *dass. s. Champollion; abgel. neupr.* landrin, landraire *tagedieb; com.* slandron *landstreicher, ven.* slandrona *metze; vb. neupr.* landrá *pflaster treten (auch se* landá *Honn.). Zsgs. it.* malandrino, *sp. neupr.* malandrin, *henneg.* limous. mandrin *straßenräuber, landstreicher, taugenichts, für* mal-landrino *v. s. f., comask. fem.* malandra *meretrix, occ.* mandro *(f.) name des fucuses,* mandrouno *kupplerin (nach Sauvages von* matrona*), wohl auch sp.* molondro *müßiggänger; ferner adj. pr.* vilandrier *pflaster tretend, für* vil-landrier. *Aus it.* slandra *ist wal.* şuleandre *(durch einschiebung wie* žumaltz *aus nhd.* schmalz*). Es gibt ein ahd.* lenne *meretrix s. Freidank p. 363 (1. ausg.), dem aber* dr *nicht ohne grammatischen grund hätte angefügt werden können. Besser zu treffen scheint unser mhd.* lenderen *Wb. I, 963, oder ndl.* slenteren, *nhd.* schlendern *müßig umhergehen. Zu beachten ist auch das ahd. für lat.* latro *gebrauchte* lantderi *einer der land und leuten schadet, passend zumal für* mal-landrino. *Doch mag man sich weiter umsehen und z. b. auch das bask.* landerra *fremd, dürftig Larram. I, XXI heranziehn.*

Laniere *it., pr. fr.* lanier, *engl.* lanner, *eine geringere falkenart, wachtelfalke, würger; wird von* laniarius *geleitet,* a laniandis avibus. *Adj.* lanier *gierig.*

Lanzichenecco *it. (abgekürzt* lanzo), *sp.* lasquenete, *fr.* lansquenet *deutscher soldat zu fuß; bekanntlich von* landsknecht *d. i. knecht oder bewaffneter im dienst des landes (im mhd. nicht vorhanden), daher auch ein von den landsknechten eingeführtes kartenspiel.*

Lapo *sp. schlag mit flacher klinge; vom ahd.* lappa, *nhd.* lappen, *vgl. das verwandte dtsche* flap, *welches lappen und schlag mit etwas flachem heißt. Gleicher herkunft comask.* lapina *ohrfeige, fr. in Berry* lapigne *lumpen,* lâpcau *träger mensch, churw.* lapi *wicht, pinsel =* nhd. lapp *schlaff. Zsgs. sp.* solapar *das kleid überschlagen.*

Lappare *it. (in oberital. mundarten), fr.* laper, *pr.* lepar, *cat.* llepar *auflecken; =* nhd. lappen, *altn.* lepia, *kymr.* llepio, *gr.* λάπτειν *u. s. w., ein weitverbreitetes wort.*

Lar *sp. pg.* occit., llar *cat.* herd; *offenbar das lat.* Lar, *das bereits bei den Römern aus der bed.* hausgott *in die bed.* herd *übertrat, s. z. b. Schwenck, Röm. myth. 237. Dasselbe wort ist gewiß das it.* alare *feuerbock, worin schon Redi das lat.* lar *anerkennt, s. dessen Etimol. ital. Auch sp.* llares *kesselhaken (plur.) mag dieses ursprunges sein.*

Lasciare, lassare *it., altsp.* lexar, leixar, *pg.* leixar, *pr.* laissar, *fr.* laisser, *wal.* lęsà, *chw. abgekürzt* schar *lassen; von* laxare *schlaff machen, nachlassen (sp.* laxar *nur in dieser bed.). Zsgs. pr.* s' eslaissar, *altfr.* s'eslaisser *sich wohin stürzen, eigentl. sich loslassen, sbst.* eslais *sturz, sprung, it.* slascio. *Dahin auch adj. it.* lasco, *pr.* lasc, lasch, *fr.* lâche, *henneg.* lake *träge, vb. sp.* lascar, *altpg.* laiscar *SRos., pr.* lascar, laschar, *pic.* laskier, *fr.* lâcher *(alt* lasquer *Rol. p. 150), von* lascus *umgestellt aus* laxus, *vgl. denselben vorgang im gael.* leasg, *ir.* leisg, *kymr.* llesg *= lat.* laxus; *gael.* asgall, *corn.* ascle *= lat.* axella; *gael.* flusg =

lat. fluxus *u. a., aber auch in roman. mundarten: champ.* fisquer = fixer, lusque = luxe. — *Merkwürdig ist das* henneg. *norm.* laier *für* laisser, *das auch im altfranz. häufig genug begegnet. Ist es das ndl.* laten? *denn das ahd.* lâzan *würde sein z nicht so leicht preis gegeben haben und an das abgekürzte mhd.* lân *ist, als eine zu späte form, sicher nicht zu denken. Aber* laier *scheint in einer entfernten roman. mundart seines gleichen zu haben: das buchstäblich zutreffende lomb.* lagà *thut ganz den dienst von* lasciare, *mit dem es übrigens keine gemeinschaft haben kann; es muß vielmehr aus* legare *(hinterlassen) entstanden sein, dem auch eine henneg. form* leier *entspricht (vgl. Escallier, Sur le patois p. 109). Vielleicht aber läßt sich* laier *von* lagare *trennen und mit* laisser *verbinden. Das fut.* laisserai lais'rai *nämlich konnte in* lairai *syncopiert werden wie* gesirai *in* gerrai, *und diese syncopierte form konnte auf die gestalt des verbums einfluß üben. Aber die erste erklärung scheint sicherer. Gael.* lèig, *altirisch* lêic *zulassen.*

Lasso *it. pg., sp.* laso, *fr.* las *müde, unglücklich, interj. it.* ahi lasso, *fem.* ahi lassa, *pr.* ai las, *altfr.* ha las, *engl.* alas, *nfr.* hélas *(s.* hé *II. c), vom lat.* lassus *müde; vb. it.* lassare *ff. ermüden, von* lassare. *Aus dem adj. entstand auch das altfr. sbst.* laste *Eracl. 2346,* lasté *Bert. 1092 (ed. Scheler) müdigkeit, kummer, altsp.* lasedad.

Lasto *it., sp.* lastre *(m.), fr.* laste *(m.) ein schiffsgewicht, last; vom ahd.* hlast, *altfrs.* hlest, *ags.* läst *onus. Daher auch fr.* lest *(m.) ballast. Span.* lastre *zeigt ein eingeschobenes r und trifft zusammen mit* lastre, *pg.* lastro *ballast (vb.* lastrar *mit ballast beladen), dsgl. steinplatte, für letzteres auch fem.* lastra, *und so it.* lastra *stein- oder metallplatte, bedeutungen, welche diese wörter dem gr.* ἔμπλαστρον *(s.* piastra) *näher rücken als dem deutschen* last.

Latino *it., sp.* latin, *pg.* latim *ff. bedeutet zuerst die lateinische sprache, ward aber auch auf wissenschaft oder kenntnisse ausgedehnt wie bei uns, wenn wir sagen: er ist zu ende mit seinem latein. Alsdann nahm man es auch in malam partem: sp.* saber mucho latino *schlau sein, sp. pg. adj. (mit d für t, besser romanisiert)* ladino *schlau, listig. Aber was dem gelehrten das latein, das war dem ungelehrten seine muttersprache: so kam es, daß man das wort auf jede mundart übertrug, selbst die arabische: pr.* parlar en son lati *heißt in seiner mundart reden, und auch die vögel reden in ihrem latein, in ihrer mundart, denn ein anderes latein verstehen sie nicht: pr.* l'ausel canton en lor latis *und bei Dante reden ebenso* gli augelli ciascuno in suo latino; *bei Gottfried von Straßburg hießen* diu wilden waltvögelîn si willekomen sîn vil suoze in ir latîne. *War man einmal bis zur bed. muttersprache vorgerückt, verstand man unter dem latein namentlich das romanische, so konnte man mit dem Italiener dem adj.* latino *oder* ladino *die bedd. leicht, bequem, zugänglich (verständlich lag in der mitte) beilegen, wie sich dies schon bei Dante findet:* sì che m'è più latino *d. i. più facile Par. 3, 63;* latino di dar audienza *facilis alloquio,* ladino della mano *promtus, expeditus, welchen sinn auch das churw.* ladin *ausdrückt. Ferrari deutet dieses adjectiv lieber aus* latus *weit, daher bequem. Von* latin *ist pr. altfr.* latinier *sprachkundiger, dolmetscher, altengl.* latynere, latymer, *vgl. bei Ducange:* latinier fu, si sot parler roman, englois, gallois et breton et norman. *Dazu Génin, Récréations philol. II, 71.*

Latta *it., sp. pr.* lata, *fr.* latte *flache hölzerne stange, stück blech; nicht vom lat.* lata *breit, unmittelbar vom ahd.* latta, *ags.* lätta, *vgl. kymr.* llâth *(f.). Der Walache hat dafür das masc.* latz.

Lattovaro, lattuaro *it., sp.* electuario, *alt* lectuario, *pr.* lactoari, lectoari, *fr.* électuaire, *ait* lectuaire *latwerge; nebst andern formen aus lat.* electarium, *wofür auch* electuarium *vorkommt.*

Lavanda, lavéndola *it., sp.* lavándula, *fr.* lavande *ein wohlriechendes kraut, lavendel; soll seinen namen daher haben, weil es zum waschen des körpers* (lavare) *gebraucht wird, wie denn it.* lavanda *auch waschung bedeutet.*

Lázaro *sp. bettler, mail.* lázzer *schmutzig, pic.* lazaire *arm, elend, pr. fr.* ladre *aussätzig; abgel. altsp.* lacéria *armuth, dsgl. aussatz; it.* lazzeretto, *sp.* lazareto *siechenhaus; it.* lazzarone. *Von dem namen des siechen bettlers* Lazarus *Ev. Luc. c. 16. Die älteste prov. oder franz. form war sicher* lazer, *vgl. Pass. de J. Chr. str. 8* lo Lazer *und die anmerkung dazu; wie* zr *zu* dr, *so ward auch* sr *zu* dr *in* madré *von* masar, *in* S. Ludre *von* S. Lusor *Voc. hagiol.*

Leccare *it., pr.* liquar, lichar, lechar, *fr.* lécher, *chw.* licbiar, *wal.* licel *lecken; dafür sp.* lamer, *cat.* llepar. *Neben it.* leccatore, *altfr.* lecheor *leckermaul, schmarotzer gilt auch pr.* lec, *lomb. piem. ebenso* lech, *sic.* liccu, *it.* leccone. *Auch gibt es ein prov. adj.* lecai, licai *(sbst.* licaiaria) *und* licaitz *(sbst.* licaz-aria), *beides seltne bildungen. Die älteste kunde des roman. wortes findet sich in den Isid. glossen:* lecator *'gulosus'. Vom gr.* λείχειν *kann es nicht abstammen, dies hätte it.* licare, *bei Isidor* licator *gegeben, doch mag dem walach. worte dieser ursprung zugestanden werden.* Leccare *ist das ahd.* lecchôn, *alts.* liccôn, leccôn, *ags.* liccian; lec, leccone *würden einem ahd. sbst.* lecco *entsprechen, wenn ein solches vorhanden wäre. Kaum zwar kennen die Isid. glossen ein deutsches wort, gegen* lecator *aber ist schwerlich etwas einzuwenden. Wenn es jedoch an einer andern stelle dieser glossen heißt* leno *'lecator, mediator',* lenulus *'parvus lecator',* lenocinium *'lecacitas', so mag diese bedeutung aus dem gr.* λαικάζειν *abstrahiert sein, denn* lecacitas *erinnert so stark an das pr.* lecaitz *(gleichsam* lecax), *daß es keine trennung davon gestattet. Aber auch das rom.* lecheor *hatte eine üble bedeutung, es war ein schimpfwort für spielleute geworden* (parasitus *'spileman' Schlettst. gloss. 29, 62; 39, 422) und ist nicht herzuleiten vom ahd.* leichari *bänkelsänger, wie* J. Grimm *will, Ged. auf Friedr. p. 17, um so weniger als nirgends eine form* lacheor *sich darbietet (ahd.* ei = *rom.* a).

Lega *it. pr., besser pr. sp.* legua, *pg.* legoa, *fr.* lieue *ein längenmaß, meile; von* leuca *meile bei den Galliern:* mensuras viarum nos milliaria dicimus, Galli leucas *Isid.*; λεύγη μέτρον τι Γαλάταις *Hesych.* *Das wort erhielt sich besser im roman. als im celtischen; hier besitzt es die breton. mundart in der form* lev (leô), *es scheint aber dem roman. entlehnt, und das gael.* lêig *ist offenbar das engl.* league. *Die roman. formen beruhen auf einer umstellung von* leuca *oder* louga *in* legua, *franz. mit diphthongierung des* e *und ausfall des* g lieue. *Im altfr. bedeutete es auch einen zeitraum, s.* RCam. p. 264, FC. I, 194, IV, 39, Eracl. 935, Journ. d. sav. 1832 p. 161; *so das it.* miglio *Bocc. Dec.* 6, 10 *(im scherz), das mhd.* mîle *Wb. II, 170. Eine abl. ist altfr.* loée *meilenweite. Man sehe Mahn p. 37, Diefenbach, Orig. europ. p. 374.*

L e g a *it., sp.* ley, *fr.* loi, aloi *gesetzlicher gehalt der münzen; vb. it.* allegare, *sp.* alear, *fr.* aloyer *legieren; von* lex, ad legem, *vgl. pr.* aleyalar *justifier.*

L é n d i n e *it., sp.* liendre, *pg.* lendea, *pr.* lende, *fr.* lente *niß; von* lens lendis, *wofür das volk, durch ähnliche fälle verführt,* lendinis *gesagt zu haben scheint; selbst fr.* lente *könnte aus dem gemeinrom.* lendine *(auch wal.* lîndinę) *abgekürzt sein wie* page *aus* pagina. *Auffallen muß das cat.* llémena: *ist es umgestellt aus* llenema llendema (d *nach* n *fällt hier häufig aus), so läßt sich* m *kaum anders denn als accusativendung fassen.*

L e n z a *it. binde von leinwand, sp.* lienzo *schnupftuch; von* lintea, linteum. *Abgel. it.* lenzuolo, *sp.* lenzuelo, *pg.* lançol, *pr.* lensol, *fr.* linceul *leintuch, betttuch, lat.* linteolum.

L e o n i n o *it. sp. u. s. w., mlat.* leoninus *adj. mit versus verbunden (z. b. in einer handschrift des 12. jh. s. Altd. blätter I, 212) ist ein hexameter oder pentameter, deren mitte und ende zusammen reimen wie in dem hexameter* contra vim mortis | non est medicamen in hortis. *Daß ein pariser dichter Leonius gegen ende des 12. jh. dergleichen verse zuerst oder wenigstens mit vorliebe gebraucht habe, ist eine zur deutung des wortes aufgebrachte sage (Hist. litt. de la France XIII, 446), sie kommen schon bei den Römern und zumal häufig seit anfang jenes jahrh. vor (Murat. Ant. ital. III, 86, besonders W. Grimm, Zur gesch. des reims 107—160). Bei den altfranz. dichtern aber ist* rime leonime *etwas anders, es ist ein endreim, der das eigne hat, daß er nicht bloß die betonte, sondern auch die vorhergehende unbetonte silbe wie in* cassons: passons, *oder selbst drei silben beherrscht wie in* vraiement: paiement. *Die neueren nennen ihn* rime riche. *Wackernagel, Altfr. lieder p. 173, trennt dies* leonime *von* leoninus *und erklärt es aus einem griech. worte* λεώνυμος *(von* λεῖος*). Dies hieße also glattnamig und man könnte dabei an ital.* verso piano *den glatten, ebenen d. h. den weiblichen vers erinnern. Aber rathsam scheint es doch, in dem franz. worte nur eine andre form des lateinischen anzunehmen, sofern es sich mit letzterem in der sache einigen läßt, und dies ist möglich. Sollte nämlich der reim in der lat. poesie recht ins gehör fallen, so machte man ihn zweisilbig wie in dem obigen vers (auch der einsilbige, wie wenn es* contra vim mortis | non est medicamen in arvis *ließe, war zuläßig) und dies geschah besonders seit dem 11. jh. (Grimm l. c. p. 160)*. *Dem Franzosen nun, der* mortis, hortis *accentuierte, traf dieser von andern völkern als weiblich aufgefaßte reim mit seinem reichen männlichen* (cassóns: passóns) *zusammen und konnte ihm nicht unschicklich auch den namen leihen. Daß man* leonime *und nicht* leonine *sprach, mag einen euphonischen grund haben wie das neufr.* venimeux *für* venineux.

Lésina *it.*, lesna *sp.*, besser *sp.* alesna, *pr.* alena *(aber limous.* lerno, r *für* s), *fr.* alêne *ein werkzeug, ahle; vom ahd.* alansa, *umgestellt* alasna, *schweiz.* alasme, *mlat.* alesna *Dief. Gloss. lat. germ. Wie es kam, daß* lesina, *woher fr.* lésine, *auch knauserei bedeutet, darüber höre man Ménage*. Lésine, du livre Italien intitulé *Della famosissima Compagnia della Lesina*: lequel contient divers moyens de ménage. L'Auteur de ce livre, qui est un nommé *Vialardi,* feint que cette Compagnie fut ainsi appelée *di certi taccagnozi, i quali, per marcia, miseria, et avarizia, si mettevano insino a rattacconar le scarpette e le pianelle, con le loro proprie mani, per non ispendere. E perche tal mestier del rattacconare non si puo fare senza lesina, anzi è lo stromento principale, presono questo nome* della Lesina.

Lesto *it. pg., fr.* lesto, *sp.* listo *gewandt, flink, ital.* auch *geschickt, klug, listig; vb. it.* allestare, allestire *zurecht machen; vom goth.* listeigs, *ahd.* listîc *kunstreich, mit abgeworfenem suffix wie im it.* chiasso *von* classicum, *altfr.* ruste *von* rusticus *u. a. Sbst. churw.* list *(masc. wie ahd. mhd.* list).

Lettiera *it. bettgestell, sp.* litera, *pr.* leitiera, *fr.* litière *sänfte, mlat.* lectaria; *von* lectus.

Levante *it. sp. pg.,* levant *fr. osten; eigentl. sonnenaufgang, ove il sole si leva; ähnlich pg.* nascente, *cat.* solixent, *sämmtlich participia wie lat.* oriens, occidens, *vgl. unten* ponente.

Levistico, libistico *it., fr.* livèche (levesse *Ménage) liebstöckel, ein kraut; von* ligusticum, *bei Vegetius De re veter.* levisticum. *Ein pg.* levistico *bei Nemnich.*

Levriere *it., sp.* lebrel, *fr.* lévrier *windhund; von* leporarius *hasenhund*.

Lì *it., sp.* allí, *pg.* allí *ortsadverb; von* illic.

Lia *sp. weintrester, pg.* lia, *pr.* lhia, *fr.* lie, *engl.* lee, *bret.* ly *hefe (auch venez.* lea *schlamm d. i. bodensatz des wassers, oder etwa vom gr.* ἰλύς ἰλύος?), *bei Papias* lia 'amurca' *ölsatz.* Lix licis *lauge oder asche, worauf einige verweisen, verlangt sp.* liga *und dem käme neupr.* ligo, *bask.* liga *(Humboldt, Salaberry,* lia *Larramendi) zu statten, hätte die alte form* lhia *nicht größeren werth, denn* g *kann eingeschoben sein; fr.* lie *aus* licem *wäre möglich, wenn man* berlue *aus* lucem *vergleicht. Ist die zweite bedeutung die ursprüngliche des wortes, so leitet man es der form und dem begriffe entsprechender mit Diefenbach, Celt. 1, 63 von* levare, *wie auch unser* hefe *von* heben, *das gleichbed.* bärme *vom alten* beran *(tragen) kommt, vgl.* levain *II. c.*

I. LIBECCIO—LILAC.

Libeccio *it., sp.* lebeche, *pr.* labech *(jetzt* abech), *altfr.* lebeche, lebech *südwestwind; vom gr.* λίψ λιβός *mit gl. bed., alban.* livẹ. *Die ital. form lieh den' andern das muster.*

Libello *it., pg. pr.* livel, nivel, *sp.* nivel, *fr.* niveau, bret. livé *setzwage; vb. sp.* nivelar, *fr.* niveler; *von* libella. *Anlautendes* n *für* l *muthmaßlich durch dissimilation.*

Liccia, lizza *it., sp.* liza, *pr.* lissa, *fr.* lice, *engl.* list *(E. Müller) schranke des turnier- oder kampfplatzes, auch der platz selbst, spätmlat.* licia *(sämmtliche wörter meist im plural gebraucht). Lat.* licium *passt nur mit dem buchstaben, nicht mit dem begriffe. Abkürzung aus* pa-licciata palizzata *it., sp.* palizada *ff. pfahlwerk, so daß man zuerst* licciata, *dann schlechtweg* liccia *gesagt hätte, ist, was den anfang des etymons betrifft, unbedenklich einzuräumen, da viele nicht minder starke beispiele dieser art vorliegen (Rom. gramm. I, 294, 4. ausg.), nicht so was das ende betrifft. Sollte das wort nicht deutsch sein wie so viele aus dem kriegswesen? Mhd.* letze, *vom ahd.* lazî, *heißt schutzwehr (letzen abhalten); der ahd. form entspricht vollständig die bei Guir. Riquier mehrmals vorkommende form* laissa (las layssas son ben acairadas *die palissaden sind hübsch viereckig zugehauen p. 104), kaum aber das gemeinrom.* lissa, *da der umschlag des* ai *oder der des kurzen* e *in* i *(*letze, lisse*) ein unüblicher ist. Zu prüfen wäre noch ein celtisches wort: gael.* lios *einzäunung, befestigter ort, palast, kymr.* llys *gerichtshof, fürstlicher hof, bret.* léz *hof (auch rand, saum, was an* lisière *erinnert).*

Licorno *und* alicorno *it., pg.* alicornio, *fr.* licorne *(f.) einhorn; entstellt aus* unicornis, *sp.* unicornio *u. s. w.*

Lieve *it., sp. pg.* leve, *pr.* leu *leicht, von* levis; *fr.* lief *fehlt; ital.* leggiero, *pr.* leugier, *fr.* léger, *gleichsam* leviarius; *vb. pr.* leujar *erleichtern* = *mlat.* leviare *für* levare *Cap. Car. Calv., auch* aleujar (aleviar), *it.* alleggiare, *sp.* aliviar *(sbst.* alivio), *fr.* alléger. *Das an den stamm gefügte* i *zeigt auch das sard. dem it.* lieve *entsprechende* lebiu.

Liévito *it., romagn.* leud, *sp.* leudo (liebdo *Bc.*), *pg.* lévedo *aufgegangen (vom teig); vb. it.* levitare, *sp.* leudar, lleudar, aleudar, alevadar, *pg.* levedar *aufgehen lassen (gleichfalls vom teig). Aus* levare *machte man in frühester zeit nach dem vorgange von* cubare cubitus, domare domitus *ein partic.* levitus, *daher das roman. wort. Solche unclassische participien sind überdies* dolitus *statt* dolatus' *Varro ap. Non.,* vocitus *statt* vocatus, provitus *statt* probatus *bei Gruter, s. Struve, Lat. decl. u. conj. p. 185. 186; die L. Sal. kennt* rogitus *für* rogatus, *vgl. Pott in der abhandlung Plattlatein 324. Man nehme also* levitare *nicht für ein iterativ von* levare, *woraus nachher* lievito *entstanden sei, denn dem iterativ kommt auch im span. ein* t *zu. Eine andre form ist pr.* levat, *cat.* llevat, *wal.* aluat *sauerteig; auch der Neapolitaner sagt* levato, *der Piemontese und Mailänder* levà = *it.* lievito. *Churw.* levont *vom part. präs.*

Lilac *it. sp., pg.* lilá, *fr.* lilas *ein strauch, syringe; soll ein pers.*

wort sein, agem lilac (agem *bedeutet persisch, eigentl. barbarisch, nicht-arabisch*). *Vullers findet das wort nur bei Meninski, Complementum thesauri linguarum orient., unter dem lat.* syringa persica, *wo* leilâk *steht, das wahrscheinlich türkisch ist.*

Limone *it., sp. pr.* limon, *pg.* limão, *fr.* limon *citrone, it. sp. pg. auch* lima, *it.* lomia, *sic.* lumiuni; *it.* limone, *sp.* limon, *pg.* limoeiro, *fr.* limonnier *citronenbaum; vom pers.* lîmû, *welches die frucht und den baum bedeutet, dies aus dem indischen* nimbûka, *bengal.* nimbu, nibu, *daher auch arab.* laimûn.

Limósina *it., altsp. pr.* almosna, *nsp.* limosna, *pg.* esmola (*umgestellt aus* elmosa), *fr.* aumône *almosen; von* eleemosyna.

Lindo *it. sp. pg., neupr.* linde *hübsch, geputzt, zierlich, von* limpidus *klar, daher die bed. aufrichtig im piem.* lindo. *Ital. auch* limpido, *sp.* limpio: *dieselbe doppelform in* nitido netto, torbido torbo *u. a.*

Linea *it. sp. in der bed.* geschlecht, geschlechtsfolge *aus der eigentlichen bed. reihe abgeleitet, altval.* linia *JFebr. 55, bask.* leinua, *mlat. bei Gregor VII.* linea sanguinis. *Daher fr.* lignée, *altpg.* linhada *u. a. mit ders. bed.; pr. schlechtweg* linh (m.) *von* lineus, *vgl. sp.* liño *reihe; altfr. ohne erweichtes* n lin, *das Génin, Variat. de l. l. fr. p. 221 aus* lignage *abgekürzt wähnt, wiewohl es nichts anders ist als das einfache* linum *schnur.*

Lisca *it. halm, gräte, piem.* lesca, *mail.* lisca, *fr.* laîche *(für* lêche*) riedgras; ahd.* lisca *farrenkraut, ried, ndl.* lisch. *Dasselbe wort ist it.* lisca, *piem.* lesca, *cat.* llesca, *neupr.* lisco, lesco, *fr.* lèche *(nicht* laîche *geschr.) mit der bed. feine schnitte von etwas; vb. cat.* llescar *in schnittchen zertheilen. Eine altndd.* glosse *Graff II, 281 lautet* lesc *'scirpus, papirus', die zweite bedeutung der zweiten romanischen ganz nahe liegend; ein anderes glossar setzt gradezu* lisca *'sniede' Nyerup p. 285.*

Liscio *it., sp. pg.* liso, *pr.* lis, *fr.* lisse *glatt, mit vielen abll.; vb. it.* lisciare, ligiare, *sp.* alisar, *pr.* lissar (lipsar *GProv. 31), fr.* lisser *glätten, polieren. Zu erwägen ist das gleichbed. gr.* λισσός *und das ahd.* lîsi *leise, sanft; für letzteres spricht der vocal* (î = rom. i, ī = e) *und selbst das it.* sc = si. *Daher die verba sp.* deslizar *ausgleiten, cat.* lliscar *(mit ableitendem* c) *dass. Zu ahd.* leisanôn *nachahmen (im geleise gehen) scheint sich zu fügen altsp.* deleznar *gleiten, adj.* lizne *glatt; deutlich entspricht churw.* laischnar *neben* lischnar. *Norm.* alise *geleise des wagens ist desselben stammes.*

Lisciva *it., wal.* leşie, *sp.* lexia, *fr.* lessive, *pr.* lissiu *(m.) lauge, so auch kymr.* lisiu; *von* lixivia, lixivium, *wofür der vocabularius S. Galli das halbroman.* leciva *setzt, s. bei Hattemer.*

Lista, listra *it. pg., sp.* lista, *pr.* lista, listre, *fr.* liste *streif, borte, verzeichnis d. i. papierstreif; vb. it.* listare, *sp.* listar, alistar, *pg.* listrar, *pr.* listar, listrar, *altfr.* lister *streifen, bordieren; vom ahd.* lista, *mhd.* lîste *saum, borte, part.* gelistet *mit einem saum versehen, im roman. mehrmals mit eingeschobenem* r. *Eine abl. ist fr.* lisière *(woher sp.* lisera) *saum, für* listière.

I. LIUTO—LOCCO.

Liúto, leúto, liúdo *it.*, *sp.* laúd, *pg.* alaúde, *pr.* laút, *altfr.* leút, *nfr.* luth, *wal.* láutę, alęutę, *ngr.* λαοῦϑο, *nhd.* laute, *name eines saiteninstrumentes.* Wäre dieses vielbesprochene wort etwa das lat. lituus gekrümmter stab und name eines blasinstrumentes, durch versetzung it. liúto, span. entstellt in laúd? Allein grade die ital. sprache meidet solche versetzungen und würde selbst in diesem falle wenigstens líuto accentuiert haben. Name und sache rühren von den Arabern her, welchen ʿûd (عود), mit artikel alʿûd (in einem wörterbuche um das j. 1000, s. Gol. 1665, Freyt. III, 240ª), jenes tongeräthe, ursprüngl. aber etwas hölzernes bezeichnet. Aus dem orientalischen worte bildete sich laúd, indem man den eigenthümlichen arab. hauchlaut ain (vor û) mit dem nahe liegenden a auszudrücken suchte. Die port. form zumal weist, wenn auch nicht entscheidend, auf ein arab. etymon, das entlegenere Italien empfieng das wort schon in etwas veränderter gestalt. Wackernagel, Litt. gesch. p. 19, vermuthet in dem rom. worte unser von saitenspiel unzertrennliches lied, vgl. goth. liuthôn zur harfe singen: liegt nicht schon in dieser begriffsübertragung etwas ungewöhnliches, so ist es vollends die darstellung des deutschen diphthongs iu in den roman. formen, welche ganz andre vocale verlangen würden, Rom. gramm. I, 310.

Liverare, livrare *it.*, *pr.* liurar, *fr.* livrer *übergeben, liefern, in diesem sinne auch zuweilen sp.* librar, *pg.* livrar, *auch mlat.* liberare *z. b. dona* Cap. Car. Calv.; *dsgl. fr.* livrée, *it.* livrea, *sp.* librea *kleidung, die der herr dem bedienten gibt, eigentl. geliefertes, ursprüngl. auch auf lebensmittel bezogen, mlat.* liberata, liberatio; *zsgs. fr.* délivrer *s. v. a.* livrer, *mlat.* deliberare Cap. Car. M. *Nicht von* librare *wägen in der bed. zuwägen, zutheilen, sondern, in übereinstimmung mit den mlat. und ital. formen, von* liberare *frei machen, losmachen, daher aus der hand geben; dieselbe begriffsentwicklung ist z. b. auch im sp.* soltar *(lösen, loslassen, ausgeben) wahrzunehmen. Die lat. bedeutung vertritt it.* liberare, *sp.* librar, *pr.* liurar, *fr.* délivrer.

Locco *it. in mundarten (neap. sicil., aber auch oberital. z. b. cremon.* loucch) *dummkopf, sp. adj.* loco, *pg.* louco, *npr.* locou *thöricht, ein im spanischen besonders übliches wort, daher die sprößlinge* locura, loquear, alocar, enloquecer *u. a. Man könnte versucht sein, diesem worte celtische herkunft beizulegen. Irisch* logaidhe, *ersisch* loguid *bedeuten narr;* Pictet, Ztschr. f. vgl. sprachf. VI, 331, *gesellt sie zum sanskr.* locaka *narrheit, ohne des rom.* locco *zu gedenken. Welches nun auch der ursprung des rom. wortes sei (denn selbst unser deutsches* eule *dürfte in erwägung kommen), es findet sich etwas ganz ähnliches, wie auch schon Ferrari und andere erkannt haben, bei Servius zu Virg. Ecl. 8, 55:* ululae ἀπὸ τοῦ ὀλολύζειν nominatae, quas 'vulgus' ulucos (al. alucos) vocant: *der lesart* ulucos *entspricht das piem. comask.* oloch, *der andern das it.* alocco allocco, *welche sowohl* eule *wie* dummkopf *bedeuten, beide bedeutungen einigt auch das parm.* ciò. *Bestimmter würde sich urtheilen lassen, wenn die quantität der zweiten silbe des roman. wortes bekannt wäre.*

Loco *altit. ortsadverb, hic,* z. b. *Brunetto, Tesor. ed. Zannoni p. 66. 90. 221, PPS. II, 26, dsgl. sp.* luego, *pg.* logo, *pr.* luec, luecx, *altfr.* luec, lues, *wal. de loc zeitadverb, statim; von* locus, loco.

Loggia *it., pg.* loja, *pr.* lotja, *fr.* loge, *sp.* lonja *gallerie u. dgl.; vom ahd.* lauba, *genauer* laubja, *mlat.* laubia, *nhd.* laube, *darum noch altfr.* loge *in der bed. zelt, hütte, welche bedeutung ihm auch im neufr. noch zusteht. Denselben wandel des* bi *zeigt unter andern* cangiare, changer *aus* cambiare. *Wie* laubja *aus* laub *folium, so entsprang altfr.* foillie *hütte Brt. I, 160, II, 160 aus* feuille. *Am genauesten erhielt sich die ursprüngliche form im chw.* laupia *emporkirche und im lomb. piem.* lobia. *Abgel. fr.* loger, *it.* alloggiare *herbergen; fr.* logis *wohnung u. a. m. Die bekannte herleitung von* loggia *aus gr.* λογεῖον *oder* λόγιον, *lat.* logēum, logīum *vorderer theil der schaubühne, proscenium genügt allerdings dem buchstaben, keineswegs dem begriffe. Nicht aber den buchstaben, d. h. die gesetze der lautlehre, befriedigt die neuerlich wieder vorgebrachte deutung von* loger *aus* locare, *welches entweder* louer *oder höchstens, als bastardbildung,* loquer *erzeugen mußte.*

Logoro *it. (für* logro?), *pr.* loire, *altfr.* loirre, *nfr.* leurre *(m.), engl.* lure *stück leder, um den falken damit zurückzulocken; ist das gleichbed. mhd.* luoder, *welches Weigand II, 70 aus einer deutschen wurzel leitet; im ital. trat* g *an die stelle von* d *wie in* ragunare *aus* radunare. *Die übliche deutung aus lat.* lorum *ist mit den roman. formen unverträglich. Vb. pr.* loirar, *fr.* leurrer *anlocken, verführen, betrügen, gewiß aber auch it.* logorare, *das mit seiner bed. versehren, schwelgen ganz zum mhd.* luodern *passt, wiewohl Muratori es vom lat.* lurcari *(fressen) herleitet. Vgl.* lodier *II. c. S. auch Blanc, Vocab. Dantesco v.* logoro.

Lontano *it., pr.* lonhda, *fr.* lointain *entfernt; würde ein lat.* longitanus *fordern und stützt sich in jedem falle auf eine ableitung mit* t *wie in* longiter. *Festus hat überdies* longitrorsus, *wonach O. Müller ein altes adj.* longiterus *vermuthet.*

Lontra *it., in oberit. mundarten* lodria, ludria, *sp.* lutria, nutria, *pg. wie it., pr.* loiria, luiria, luria, *fr.* loutre *fischotter; von* lutra, *gr.* ἐνυδρίς, *dem sich das sp.* nutria *anzuschließen scheint. Ein altes zeugnis für das franz. wort ist* loutrus 'octur' *(otter) in den Erfurter glossen 345, 58.*

Lonza *it. mit weggeworfenem anlaut sp. pg.* onza, *fr.* once *(altfr. Ren. II, p. 112) ein thier aus dem katzengeschlecht:* leggiero più che lonza o liopardo *PPS. II, 186. Die übliche herleitung dieses durch Dante zu einer gewissen berühmtheit gelangten wortes aus* lynx *oder auch dem adj.* lyncea *hat grammatisch nichts gegen sich: neben it.* lince, *sp.* lince, *fr.* lynx *(m.) kann eine volksüblichere form mit* o *aus dem griech. v in* λύγξ *bestanden haben, vgl.* borsa, tomba, torso *aus* βύρση, τύμβος, θύρσος. *Wackernagel verweist auf gr.* λεόντιος *löwenartig, was allerdings zu beachten ist. Dem ital. wort entspricht ein mhd. nur bei Konrad von Würzburg vorkommendes* lunze, *das aber* löwin *heißt.*

I. LORDO—LUSINGA.

Lordo *it. schmutzig, auch* lurido; *offenbar von* luridus *gelblich, ssgz.* lurdus. *Buchstäblich dasselbe wort ist fr.* lourd, *sp. pg.* lerdo *(für* luerdo *wie* frente *für* fruente *u. a.) träge, schwerfällig, dumm, letzteres gewöhnlich von* lentus *hergeleitet; ob auch das gleichbed. pr.* lot, *fem.* lota, *steht sehr dahin, es erinnert mehr an* lūteus. *Auch altit.* lordo *muß die franz. bedeutung gehabt haben, man sehe Ducange v.* lurdus. *Die entwicklung der ital. bed. schmutzig aus der classischen gelblich läßt sich verschieden auffassen, so viel aber darf man behaupten, daß das wort schon im frühen mlatein die bed. faulig, faulend angenommen (gelblich, eiterfarbig, eiterartig?), wenigstens übersetzen es die Rhaban. glossen mit* fūl. *Den übergang aber von dieser bedeutung zur bed. träge (nichtsnutzig) bilden uns auch andre sprachen vor: fr.* pourri *verfault, wallon.* pourri *träge, dsgl. ahd.* fūl *putridus, ndl.* vuil *sordidus, nhd.* faul segnis. *Oder entstand* lordo, *wie andre wollen, aus* horridus, *it.* ordo *mit vorgefügtem artikel? Aber nichts nöthigt zu dieser annahme, die auch durch das überaus seltne oder zweifelhafte vorkommen des mit adjectiven verwachsenen artikels (s.* lazzo *II. a) nur schwach unterstützt wird. Die norm. mundart hat sich auch ein vb.* lourder *geschaffen. — Eine zss. ist fr.* balourd *tölpel, daher it.* balordo, *chw.* balurd, *sp.* palurdo *und* vilordo: *das vorgesetzte* ba *scheint aus dem vb.* baer, béer, *woraus auch das synonyme* badaud *entstand, und der sinn des compositums gaffender dummkopf.*

Losa *piem. sp., pg.* lousa, *pr.* lausa, *altfr.* lauze *Roq., bask.* ar-lauza *(arri* stein) *grabstein, steinplatte, eig. grabschrift, vom lat.* laudes, *wie auch sp.* lauda *das grab bedeutet. Wegen des buchstabens (*s *für* d*) vgl. unten* lusinga.

Lotto *it. glückstopf, pg.* lote *(m.) sorte, anzahl, fr.* lot *antheil (altfr. MFr. 1, 418:* a sun los ne retient que treis); *pg.* lotar *die zahl oder sorte bestimmen, taxieren; altfr.* lotir *das loos werfen, weissagen:* Calabre la reyne le m'avoit bien loty *Gachet 288ᵇ, neufr.* lotir *theilung machen;* loterie *ein glücksspiel, vgl.* lot *in der bed.* lotterieloos, lotteriegewinn, *woher das neuere sp.* lote. *Deutsches wort, goth.* hlauts, *altn.* hlutr, *ahd.* hlôz *u. s. w., nhd.* loos κλῆρος, sors, *ahd.* hluz *durch das loos zugefallene sache, altn.* hlut *theil, antheil.*

Lumaccia *it., sp.* limaza, *pg. durch umstellung* lesma, *fr.* limace limaçon, *pr.* lbimatz *LR. V, 50ᵃ, und mit gutturalem* c *oder* g *it.* lumáca, *chw.* limaga, *ven.* limega, *cat.* llimac *schnecke; von* limax.

Lunedì *it., fr.* lundi, *pr.* dilus, *cat.* dilluns *montag, von* Lunae dies, dies Lunae; *sp.* lunes, *pr. auch* luns *mit derselben endung wie in* martes *(s.* martedì), *wal.* lúni, *und so auch ven.* luni, *romagn.* lon. *Dafür pg.* segunda feira *wie neugr.* δευτέρα.

Lusinga *it., sp.* lisonja, *pr.* lauzenga, lauzenja, *altfr.* losenge *schmeichelei, bask.* lausengua; *vb.* lusingare, lisonjar, lauzengar, losenger *schmeicheln; sbst.* lusinghiere, lisongero (losengero *Alx.*), lauzengador *und* lauzengier, losengeor *schmeichler. Das pr.* lauz-enga *(denn von dieser sprache ist auszugehen) bildete sich aus* lauzar, *lat.* laudare, *mittelst des-*

selben suffixes, das im altfr. ha-enge *oder* laid-enge *oder* cost-enge *oder im nfr.* vid-ange *vorliegt; die form* losenge *dankt ihr* s *vielleicht nicht einmal dem pr.* z = *lat.* d, *sondern dem subst.* los, *von dem aus der kirchensprache bekannten als einheit gefaßten* laudes *lobgesang, woher das vb.* aloser *lobpreisen, norm. einfach* loser. *Das ital. und span. wort sind aus dem nordwesten eingeführt; doch kommt das einfache* loso *auch im nördl. Italien, s. b. in alten genues. gedichten (Archiv. stor. ital. app. num. 10. p. 11. 42) vor, ebenso* lox *im altmail. bei Bonvesin. Im nfr.* louange, louanger, louangeur *ist nicht etwa* s *ausgefallen, es sind neben* losenge *stehende eigentlich richtigere bildungen. Aus* laudare *in den eigenthümlich roman. bedd. zustimmen, rathen machte das spätere mlatein* laudimium, laudemia *(nach Pott in der abhandl.* Plattlat. 387 *das erkaufen der* laus *d. h. der bewilligung des lehnsherrn, also eine dem lat.* vindemia *nicht unähnliche formation) und aus diesem juristischen worte gestaltete sich das pr.* laudeme, lauzimi, lauzisme, *it. sp.* laudemio. *Das altfr.* los *hat sich in der gleichfalls juristischen formel* los et ventes, lods et ventes *erhalten, s.* Ducange v. laudare. *Nach Fallot p. 549 stammt* losenger *vom deutschen* lobsingen, *aber schon die erste silbe der prov. form* lauzenjar *ist dagegen. Bessere ansprüche hätte das mhd.* lôsen *mit falschheit schmeicheln, wiesen die roman. wörter in ihrer bedeutung nicht zugleich auf lat.* laudare: *altfr.* alosé *z. b. ist ein beiwort der helden, der hochgepriesene. Ménage dachte an* ludus, *andre sogar an* luscinia, *passender verwies der oben p. 16 citierte Erich §. 399 auf* lenocinia. *Die wahre herkunft des wortes traf schon ein alter dichter, wenn er mit den worten spielend sagt:* de lauzengiers mi lau je me loue des louangeurs *Chx. III, 396.*

M.

Macchia *it., sp. pg.* mancha *(für* macha*) fleck, auch ein stück buschwerk (wal.* mégure *waldgebirg), vgl. unser* flecken *bewohntes stück land; in anderer form it.* maglia, *sp. pg. pr. gleichlautend, fr.* maille masche, ringlein; *alle von* macula. *Eine dritte darstellung ward diesem wort im pg.* mágoa *fleck, betrübnis, vb.* magoar. *Auch sp.* mancilla *fleck, wunde, mitleid gieng vermöge der öfter angewandten umbildung des suffixes* ul *in* ill *aus* macula *hervor, im Alex. ohne* n maciella.

Macco *it. gemetzel (eigentl. zerquetschung, vgl. vb.* ammaccare, *daher auch bohnenbrei, com.* mach *gestampfte gerste), sp.* maca *quetschung an früchten, fleck, altfr.* maque *hanfbreche (werkzeug zum quetschen), henneg.* maca *dicker hammer,* maquet *art bolzen, wallon.* maclott (f.) *kolben; vb. it.* maccare, macare *(nur mundartlich),* am-maccare, s-maccare, *chw.* smaccar, *sp. cat.* macar, *pr.* macar, machar, *altfr.* maquer *quetschen, stampfen; sbst. neap.* maccaria, *altfr.* macheüre *(beim Rabbi Sal. Jarchi genes. cap. 4* maccature*) metzelei u. a. Für diesen gemeinrom. nur dem*

I. MADRIGALE—MAGAGNA.

Portugiesen fehlenden stamm scheint sich in den nahliegenden sprachen kein taugliches etymon zu finden. Das bret. vb. mâc'ha *(pressen) mag mit den roman. wörtern aus derselben quelle geflossen sein. Diese vermuthet Grandgagnage in dem verlorenen primitiv des lat.* mactare *d. h. in* macare, *was scharfsinnig, aber bedenklich ist, da man kaum annehmen kann, daß die römische schriftsprache der volksmundart ein so wichtiges stammverbum ausschließlich überlassen haben sollte, ein vorgang, der sich in der that auf diesem gebiete mit keinem andern beispiele unterstützen läßt. Le Pelletier vermuthet diese quelle · im gleichbed. hebr.* mahach, *richtiger* makkah *das schlagen, dsgl. die niederlage im kriege. Einzelne hebräische wörter fanden allerdings eingang in die occidentalischen, zumal auch in die roman. sprachen, doch ist es rathsam sich weiter umzusehn; Diefenbach, Goth. wb. II, 58, z. b. liefert reiches material dazu. Daß das zerquetschen die roman. grundbedeutung ist, bezeugen die aufgestellten wörter: daran ist festzuhalten. Ital.* macco, macca *schwere menge, altfr.* maquet *haufe, wallon.* a make *in menge, scheinen sich der bed. 'etwas gestampftes, zusammengedrängtes' anzuschließen.*

Madrigale *it., sp. fr.* madrigal *eine liedergattung; nicht unwahrscheinlich, da man ital. früher* mandriale *(se il madriale o mandriale non perdiamo Varchi), sp.* mandrial *(nach Rengifo cap. 88* mandrigal) *sagte, von* mandria, *lat.* mandra *herde, also hirtenlied, s. Blanc,· Ital. gramm. 787.*

Maestro, mastro *it., sp.* maestro, maestre, *alt* maese, *pg.* mestre, *fr.* maître *aus dem alten* maistre, *wal.* mester *vorsteher, vorgesetzter u. dgl.; von* magister. *Der häufige gebrauch dieses auch über andre europäische sprachen verbreiteten wortes hat die beiden ersten silben früh in eine zusammengezogen; die Leys d' amors erlauben schon die contrahierte form:* e devetz saber qu'om pot dire mayestre en tres sillabas e maystre per doas sillabas *I, 48. Eine abl. ist it.* maestrale, *sp.* maestral, *cat.* mestral, *fr.* mistral *nordwestwind, prov. auch schlechtweg* maestre, *meister der winde wegen seiner stärke genannt.*

Magagna *it., cremon. mail. piem. mit* n mangagna *gebrechen, leiblicher fehler, altfr.* méhaing, meshaing *(m.) verstümmelung, krankheit (*méhaigne *s. Roq.), wallon.* mehaing *mangel, im späteren mlatein* mahamium, *z. b.* mah. dicitur ossis cujuslibet fractio, vel testae capitis incussio, vel per abrasionem cutis attenuatio *Reg. majest. DC.; vb. it.* magagnare, *pr.* maganhar, *altfr.* méhaigner *verstümmeln, zu grunde richten. In der franz. form ist ein aspiriertes* h *anzuerkennen, da dieser buchstabe hier keine zusammenziehung wie in* bréhaigne braigne *duldet, und dieses inlautende* h *konnte sich anderwärts durch* g *darstellen. Wäre etwa ein altes deutsches* man-hamjan *zu vermuthen (*man *mensch,* hamjan *verstümmeln), gebildet wie* man-slago *todtschläger? Die bret. sprache bietet* mac'hañ *verstümmelt: ist dies nicht vielmehr aus dem franz. und würde sich umgekehrt bret.* c'h *in franz.* h *verwandeln und nicht vielmehr in* c *oder* g? *Merkwürdig ist, daß in der mundart von Como neben* magagn *(also masculin wie* méhaing*) auch* màga *gebraucht wird,* *das auf einen stamm* mag *führt.* Muratori, Ant. ital. *II, 477, erklärt sich* magagna *aus* manganum *wurfgeschütz, womit sich die bedeutung schwerlich verträgt, wenn auch ital. mundarten die form zu stützen scheinen.*

Magazzino *it., sp.* magacen, almagacen, almacen, *pg.* armazem, *fr.* magasin *vorrathskammer; vom arab.* machsan almachsan *scheune, waarenniederlage, s. Gol. 707, Freyt. I, 484ᵇ.*

Magione *it., pr. altsp.* mayson, *altpg.* meisom *(12. 13. jh.) SRos., fr.* maison *(aus letzterem das neusp.* meson) *haus, behausung; von* mansio, *in diesem sinne bei Palladius. Eine abl. ist it.* masnada, *sp.* mesnada, manada, *pr.* mainada, *altfr.* maisniée *hausgenossenschaft, gefolge, trupp, gleichsam* mansionata *(it.* manata, *sp. pr.* manada *handvoll, von* manus); *eine abl. von* masnada, *gleichsam* masnadino, *ist it.* mastino, *sp. pr.* mastin, *pg.* mastim, *fr.* mâtin *haushund, ursprüngl. hausgenosse oder einer vom gesinde wie altfr.* mastin *Fl. Bl. 1910,* Gar. I, 154.

Maglio *it., sp. pg. gleichlautend, pr. fr.* mail, *wal.* maiu *schlägel, von* malleus; *vb. it.* magliare, *sp.* majar, *pg. pr.* malhar, *fr.* mailler *hämmern, zerstoßen, von* malleare, *wovon sich nur das partic.* malleatus *vorfindet.*

Magrána *und* emigrania *it., sp.* migraña, *fr.* migraine; *vom gr.* ἡμικρανία *einseitiges kopfweh.*

Mai, ma *it., altsp. pg. pr.* mais, *nsp. pg. pr. auch* mas, *fr.* mais *partikel; von* magis, *in bestimmten formen (it.* ma, *sp. pg.* mas) *auch als conjunction für lat.* sed *angewandt, vgl. goth.* mais *für* magis *und* potius, *mlat.* sed magis *für* sed potius *Bréq. p. 31ᵉ (v. j. 584), mhd.* mêr *für* sed. *Zsgs. sp.* demas *für* caeterus, *lat.* de magis *bereits bei Festus, wo es aber mit* minus *erklärt wird, und bei Nonius; daher abgel.* demasiado *für* nimius.

Majo *it., sp.* mayo, *fr.* mai, *prov. fem.* maia *art birken, maibaum, maie, weil sie im mai grünt, dsgl. ein grüner baum, den man vor einem hause aufpflanzt, oder, z. b. in Italien, ein grüner zweig, der in der ersten mainacht an der thüre der geliebten befestigt wird. S. darüber Schmeller II, 533. Churw.* maig *strauß, blumenstrauß.*

Majorana, maggiorana *it., sp.* mayorana, *pg.* maiorana *und* mangerona, *fr.* marjolaine *ein kraut, majoran, mhd.* meigramme; *entstellt aus dem gleichbed.* amarācus. *Aber sp.* almoradux, *cat.* moradux *sind vom arab.* mardaqûsch *Freyt. IV, 168ᵒ. Die form* majorana *mag in irgend einer umdeutung mit* major *ihren grund haben.*

Mala *sp. pg. pr., fr.* malle *felleisen; gael.* mala, *ahd.* malaha, malha, *mhd.* malhe *tasche, sack, ndl.* maal, maale. *Vgl. Diefenbach, Goth. wb. I, 271.*

Malato *it. altsp., fr.* malade, *pr.* malapte, malaut, *cat.* malalt *krank; it.* malattia, *altsp.* malatia, *fr.* maladie, *pr.* malaptia, malautia, malatia, *cat.* malaltia *krankheit. Die prov. formen* malapte *und* malaut *weisen offenbar auf* male aptus *untauglich, wie unser* unpässlich *auf* passen aptare; *das cat.* malalt *ist durchaus abgeändert wie* galta *aus* gauta. *Die entsprechenden franz. und ital. formen wären* malate *und* malatto *statt* malade *und* malato. *Soll man darum ein volksmäßiges lat.* malatus *von* malum *annehmen wie* barbatus *von* barba? *vgl.* malatus στυγνός *Gl. gr. lat. Eben so leicht konnte* malatto *dem partic.* ammalato *von* ammalare *angepasst d. h. in* malato *verwandelt werden, während* malattia *dessen einfluß nicht erfuhr und nicht erfahren konnte, da die ableitung solcher substantiva aus participien unüblich ist: nur so erklärt sich das einfache* t *im adjectiv neben dem doppelten im substantiv. Ob nun die franz. form selbständig und im einklange mit den sprachgesetzen aus* male aptus, *oder ob sie aus* malatus, malato *durch die gewöhnliche verwandlung der tenuis in media entstand, bleibt zu erwägen: für ersteres zeugt die uralte form* malabde *Pass. de J. C. 116, worin beide tenues in ihre mediae erweicht erscheinen.*

Mallevare *it. bürgen, sp. pr.* manlevar, *altpg.* malevar *SRos. bürgen, borgen; von* manum levare *die hand erheben, feierlich geloben, mlat. jedoch mit* manu levare *ausgedrückt. Lat.* malluvium *für* manluvium *zeigt dieselbe assimilation wie das ital. wort.*

Malvagio *it., pr.* malvais, *fr.* mauvais *böse, schlecht; sbst. it.* malvagità, *pr.* malvastat, malvestat, *altfr.* mauvaistié *(noch bei Nicot)*, altsp. malvestad *(aus dem prov.?). Das adjectiv scheidet sich bestimmt von* malvat = male levatus, *indem es ein auf si ausgehendes etymon verlangt; es hat überdies das gepräge eines compositums. Im goth. findet sich* balvavêsei *bosheit, wonach ein adj.* balvavesi-s *anzunehmen ist, dem ein ahd.* balvâsi *entsprechen würde; rom.* balvais *aber wäre in* malvais *(von* mal) *umgedeutet oder übersetzt worden, ein in der wortbildung nicht unüblicher auch in dem ursprünglich deutschen* guiderdone *(I.) und* mainbour *(II. c) erkennbarer vorgang, s. vorrede. — Auch dichter waren zu grammatischen grübeleien aufgelegt: wie der Provenzale P. Cardinal* malvais *mit* vas *in verbindung bringt, sehe man bei Mahn 982, 2.*

Malvavischio *it., sp.* malvavisco *(fr.* mauvisque *hat Nemnich) eibisch, von* malva ibiscum (ἰβίσκος); *umgekehrt* ibiscum malva, *mlat.* bismalva *Capit. de villis, so auch ital., fr.* guimauve *für* vimauve, *indem ursprünglich inlautendes* b *sich in* v *erweichte.*

Mamma *it., sp.* mama, *fr.* maman, *wal.* mamę *mutter (in der kindersprache), genues. u. s. w.* mamma *amme; vom lat.* mamma *1) brust, mutterbrust, wie noch it. sp. pg., 2) mutter, Varro ap. Non., Inscr. Im walach. kam* mater *durch das kinderwort ganz außer gebrauch wie* pater *durch* tatę. *Die franz. form hat das ansehn einer accusativischen, stimmt aber doch nicht zu* nonnain, Evain *und ähnlichen (Rom. gramm. II, 47), vermuthlich weil* mamain *in seiner endung zu weit von* papa *abgewichen wäre. Ein vb. ist sp. pg.* mamar *an der brust saugen:* mammare *schon bei Augustinus, Opp. ed. Bened. IV, 1039. Dem deutschen* memme *feigling entspricht das neap.* mammamia *(masc.) eigentl. einer der seine mutter zu hülfe ruft. Vgl. zu diesem artikel Henr. Steph. Lex. graec. v.* πάππας.

Manco *it. sp. pg.,* manc *pr. altfr. mangelhaft; von* mancus *ver-*

stümmelt. Daher fr. manchot = it. manco d'una mano, einhändig, dsgl. it. sp. manca linke hand, die verstümmelte, schadhafte, s. gauche II. c. Vb. it. mancare, sp. pr. mancar, fr. manquer mangeln. Für die lat. bed. verstümmelt wich it. manco aus in monco, vb. moncare verstümmeln (vgl. chw. muncar = mancar), wobei aber in betreff der seltenen verwandlung des a in o wahrscheinlich anlehnung stattfand an lomb. moch adj. stumpf, mit abgebrochner spitze (vgl. ahd. far-muckit hebetudo Graff II, 655, mhd. mocke masse, brocken, altengl. mock sbst. stumpf Halliw.), wenigstens ist it. moncone = romagn. mucön.

Mandorla, mándola it., sp. almendra, pg. amendoa, pr. amandola, fr. amande, mlat. amandola Form. Marc. eine frucht, mandel, ndl. amandel; entstellt aus amygdala (ἀμυγδάλη), wal. migdálę neben mándılę. Eine starke zusammenziehung zeigt die prov. form mella, npr. amello, wozu das occ. amenlou den übergang bildet.

Mane it., altsp. man (f.) Sanchez Colecc., pr. ma, altfr. main, wal. muine eine tageszeit, morgen, in ital. urkunden auch für osten s. b. HPMon. 143. 145; von mane, dessen adverbiale natur noch im pr. lo be ma Bth. = dem classischen bene mane sich geltend macht. Daher adv. it. dimani domani, pr. dema, fr. demain, wal. de muine, wofür sp. mañana, pg. á manhãa. Eine zss. ist das fr. subst. lendemain, pr. lendema der morgende tag, für le en demain, vgl. eine ähnliche sss. im altcat. l-en-de-mig 'das in der mitte' d. h. mittlerweile, en aquest endemig Chr. d'Escl. p. 600ª; in le lendemain, welches z. b. schon Froissart braucht, verdoppelt sich also der artikel, altfr. nur l'endemain. Von matutinum ist it. mattino, pr. matin, fr. matin, mit der schwer zu erklärenden nebenform pr. u. oberit. maitin, altfr. maitin Rg. Für domani brauchen ital. volksmundarten, z. b. die sicil., noch crai = cras, während das span. cras veraltet ist.

Mángano it. schleuder; daher manganello armbrust, pr. manganel, altfr. mangoneau steinschleuder, wal. mungęlęu rolle, mange; vom gr. μάγγανον mit gl. bed., ahd. mango, nhd. mangel maschine. Daher auch sp. manganilla listiger streich.

Mangiare it., altpg. pr. manjar, fr. manger, dsgl. it. manucare, manicare, altfr. manuer (mit ausgefallnem c), wal. muncà, munencà essen, prov. und altfr. häufig mit radicalem e menjar, menjier, limous. mit i mindzá; von manducare eigentl. kauen, später sehr üblich für essen; manducat et bibit = ἐσθίει καὶ πίνει Vulg. Matth. 11, 19; manducantes simul atque bibentes Greg. Tur. 5, 18; in beudo (tisch) manducassent L. Sal. Seltsam ist das pr. manjuiar, altfr. manjier (präs. conj. manjuce), das sich schwerlich anders als aus einer umstellung manducare wird deuten lassen; norm. sagt man monjouer und manjusser. Zsgs. fr. démanger, piem. smangè jucken, eigentl. fressen, wie das gleichbed. sp. comer von comedere; bereits in einem alten Reichenauer glossar (Rz.) demanducavit 'conrodit, delaceravit', dsgl. demanducare 'corrodere' Gloss. arab. lat. DC.

I. MANICO—MARAVIGLIA.

Mánico *it.*, *sp. pg.* mango, *pr.* margue, *fr.* manche *(m.) heft, griff.* Von manus *mittelst des suffixes* ic *wäre möglich; da aber dieses suffix fast nur feminina gibt, so ist es rathsam, in* manico *eine abänderung des lat.* manica *(ermel, handschuh) anzunehmen, um so mehr als das it.* manica *auch die bed. heft entwickelt hat. Merkwürdig ist lomb. ven.* mánega, *sp. pg.* manga *in der bed. anzahl, trupp, haufe, dem man eine auch den neuen sprachen bekannte bedeutung des lat.* manus *übertrug; das goth.* managei = *nhd.* menge *würde man anders wiedergegeben haben.*

Maniero *it., sp.* manero, *pr.* manier *was sich in der hand tragen, sich behandeln läßt; von* manarius *für* manuarius *handlich, vgl.* mannaja *II. a. Von diesem adjectiv ist auch das subst.* maniera *it., sp.* manera, *pg. pr.* maneira, *fr.* manière *art und weise, eigentl. handhabung, benehmen.*

Maniglia *und* smaniglia *it., sp.* manilla *armring, fr.* manille *im kartenspiel; von* monile, *pl.* monilia, *vielleicht, was die erste silbe betrifft, mit einmischung des ahd.* mânili *mondförmiger schmuck, da* o *nur höchst selten in* a *entstellt wird. Zu vergleichen Diefenbach, Orig. europ. p. 377.*

Manópola *it., sp. pg.* manopla *panzerhandschuh; nicht zsgs. mit dem fremden* ὅπλον, *es ist von* manupulus *für* manipulus, *dem man, von* manus *ausgehend, die bedeutung einer handbekleidung beilegte; dazu stimmt mit seinem genus das mlat.* manipula *handtuch.*

Manovra *it., sp.* maniobra, *pr.* manobra *GRoss., fr.* manoeuvre *handgriff, kunstgriff u. dgl.; wörtlich hand-werk, hand-arbeit. Vb. sp.* maniobrar *mit den händen arbeiten; so auch altfr.* manovrer, *z. b.* quant li chastiau[s] fu faiz et tres bien manovrez *als das schloß gemacht und sehr wohl gearbeitet war PDuch. p. 51.*

Manso *it. sp. pg.,* mans *pr. zahm; abgekürzt aus* mansuetus *(vgl. oben* fino). *Daher sp.* manso *leithammel, leitochse, it.* manzo *(für* manso) *ochse überhaupt, eigentl. zahmer ochse, entgegengesetzt dem* bue brado *ungezähmter stier, der noch nicht am pfluge geht; comask. trient.* manza *junge kuh.*

Mantenere *it., sp. pr.* mantener, *pg.* manter, *fr.* maintenir *aufrecht halten; von* manu tenere, manum tenere, *wie nhd.* hand-haben, *ndl.* hand-haven, *letzteres mit der bed. erhalten, schirmen; vgl.* mallevare *und lat.* manstutor. *Synonym sind pr.* cap-tener, *altsp.* cab-tener *Bc., von* caput tenere; *wal.* mụn-tnì *von* manu tueri.

Manto *und* ammanto *it., sp. pg.* manto *ein kleidungsstück, fem. sp. pr.* manta, *fr.* mante *decke, verkürzt aus lat.* mantelum; *dsgl. it.* mantello, *fr.* manteau, *sp.* mantilla, *von* mantellum; *it.* mantile, *sp.* mantel, *von* mantile, mantele. *Ein sehr altes zeugnis für das sp.* manto *findet sich bei Isidor:* mantum Hispani vocant, quod manus tegat tantum, *ein noch älteres in einer urkunde v. j. 542* mantum majorem *Bréq. num. 23;* manta *und* mantus *in einer spanischen Ycp. III, num. 17,* aer. 818.

Maraviglia *it., sp. pg. gleichlaut., etymologisch richtiger it. pr.* meraviglia, *fr.* merveille *wunder; vom plur.* mirabilia *wunderbare dinge.*

Marca *it. sp. pg. pr., fr.* marque, marche *zeichen, gränze; it. sp. pg.* marco, *pr. fr.* marc, *altfr.* auch merc *zeichen, maß; vb. it.* marcare, marchiare, *sp. pg. pr.* marcar, *fr.* marquer, *altfr. auch* merker, merchier *bezeichnen,* marchir *angränzen; dsgl. sbst. it.* marchese, *sp. pr.* marques, *fr.* marquis *markgraf, mlat. gewöhnlich* marchio, *das auf roman. boden kein abbild hat. Vom goth.* marka, *ahd.* marcha, *ags.* mearc *gränze, altn.* mark *(n.), mhd.* marc *(n.) zeichen, vb. ahd.* markôn *begränzen, bezeichnen, nhd.* merken.

Marcassita *it., sp.* marcasita, marquesita, *fr.* marcassite *eine art schwefelkies; nach Sousa vom arab.* markazat, *dies vom vb.* rakaza *erze finden; bei Freyt. I, 171ᵇ heißt dies mineral* marqaschita.

Mare *fr. (f.) ansammlung von wasser, teich:* super lacum, quem usu quotidiano loquendi maram vocamus *Guill. Gemet. Die latinisierung* mara *ist ganz richtig: dem lat.* mare *kann das franz. wort buchstäblich nicht entsprechen. Indessen sagte 500 Jahre früher Isidorus:* omnis congregatio aquarum, sive salsae sint sive dulces, abusive maria nuncupantur. *Eine urkunde enthält* villam sitam inter duo maria *Bréq. p. 107. Lat.* mare *wird also wohl die bemerkte bedeutung in sich aufgenommen haben, wofür sich im franz. eine eigne der 1. decl. entsprechende form einfand. Abgel. sind die ungefähr gleichbedeutenden it.* marese *lache, sumpf, altfr.* maresc, *nfr.* marais, *welches letztere formell sowohl zu* marese *wie zu* maresc *passt; altfr.* marescot, maresquel, maraischiere, marescage; *dsgl. neufr.* marage, marécage; *it.* marazzo. *Zum theil können diese wörter auch in verwandten deutschen ihre quelle haben, wie im ndl.* maar, macrasch, *ndd.* marsch: *namentlich läßt sich das pr.* marcx *(für* marsc?) *LR. IV, 153 nicht aus lat.* mare *ableiten, es muß unser* marsch *sein, und vielleicht gehört auch das altfr.* marchais *hieher. Merkwürdig ist, daß die span. sprache an diesen ableitungen keinen theil nimmt; hier jedoch ist* marisma *(aus* maritima?) *ein durch das austreten des meeres entstandener see, was auch für die übrigen wörter zu bemerken ist. Über einschlägige deutsche, celtische u. a. wörter wäre Diefenbachs Goth. wb. II, 44 nachzulesen.*

Margotta *it., champ.* henneg. margotte, *fr.* marcotte *absenker, einleger; von* mergus *dasselbe. Daher auch das gleichbed. it.* margolato, *wozu ein vermittelndes vb.* margolare *fehlt.*

Mariscalco, maniscalco, maliscalco *it., sp. pg.* mariscal, *pr.* manescalc, *fr.* maréchal *hufschmied; vom ahd.* marah-scalc, *mhd.* mar-schalc *pferde-knecht, später ein name hoher beamter geworden. Am nächsten der ahd. form liegt das trient.* marascalco.

Marmita *it. (in lomb. mdarten), sp. cat. dass., fr.* marmite *fleischtopf von metall; daher it.* marmitone, *sp.* marmiton, *fr.* marmiton *küchenjunge; fr.* marmiteux *(altfr.* schlechtweg marmite) *armselig, eigentl. bettelhaft, hungrig, in beziehung auf die* marmite des pauvres, *die armensuppe. Die herkunft ist unsicher, am meisten empfiehlt sich noch Frisch's deutung, der einen naturausdruck, vom sieden des wassers (vgl.* marmotter

I. MARMOTTA—MARTORA. 205

summen) darin erkennt; und die von Marina aus arabisch marmi'd *ort wo fleisch gebraten wird (wurzel* rama'da *Freytag II, 193).*

Marmotta, marmotto *it., sp. pg.* marmota, *fr.* marmotte *murmelthier. Churwälsch heißt es* montanella *und (nach Blumenbach)* murmont, *welches letztere denn nebst dem ahd.* muremunto, murmenti, *schweiz.* murmet *aus* mus montanus *oder genauer* mus montis *entsprang und allmählich in* marmotta *abgeändert ward.*

Marrir *pr. altfr. sich verirren,* marrir chemin *den weg verlieren Ruteb. II, 228, as tu le sens mari? HBord. 39, 10; zsgs.* esmarrir, *it.* smarrire *hindern, verwirren, chw.* smarir *verlieren; vom goth.* marzjan, *ahd.* marran *(für* marrjan*), ags.* mearrian *ärgern, hemmen, mlat.* legem, bannum, vel praeceptum marrire *Cap. Car. M. ann. 802. Eine andre conjugation wählte der Spanier in* marrar *fehlschlagen, abirren, wiewohl ihm auch ein part.* marrido, amarrido *betrübt = pr.* marrit, *piem.* mari, *pic.* amari *zu gebote steht. Aus demselben stamme ist wohl auch das span.* maraña *verwirrung,* marañar *verwirren. Vgl. Diefenbach, Goth. wb. II, 47.*

Marrocchino *it., sp.* marroquí, *fr.* maroquin *eine feine sorte leder, saffian; nach* Marrocco *genannt, wo es bereitet wird.*

Martedì, martì *it., fr.* mardi, *pr. cat.* dimars *dienstag, von* Martis dies, dies Martis; *sp.* martes, *pr. auch* mars, *vom gen.* Martis, *wal.* mártzi, *ven.* márti, *romagn.* mert. *Dafür pg.* terça feira, *ngr.* τρίτη.

Martello *it. pg., sp.* martillo, *fr.* marteau *hammer; von* martulus, *bereits in den Casseler glossen* martel *'hamar', als beiname bekannt in* Carolus Martellus.

Martin péscatore *it. ein seefisch, sp.* martin pescador, *auch* paxaro de San Martin, *sard.* puzone de Santu Martinu *(Nemnich I, 159), fr.* martinet pêcheur *eisvogel, sp.* martinete *kleiner weißer reiher, ardea garzetta, fr.* oiseau S. Martin, *dtsch.* martinsvogel, *falco cyaneus, fr.* martinet *hausschwalbe, auch leuchter mit einer handhabe (in form eines schwalbenschwanzes), it.* martinetto *winde die armbrust zu spannen (ebenso); alle von dem namen* Martinus, *aber aus welchem anlaß? Die legenden über diesen heiligen geben keinen aufschluß, s. Grimm, Mythol. 1083. 1233 (3. ausg.).*

Martirio, martiro *it., sp.* martirio, *pr.* martire, martir, *fr.* martyre, *qual, pein, leibliche wie geistige; vb. it.* martirare, martirizzare, *sp.* martiriar, martirizar, *pr.* martiriar *und* marturiar, *fr.* martyriser; *von* martyr *zeuge, bei den kirchenvätern einer der für die wahrheit des christlichen glaubens qual und tod erleidet, zunächst von* martyrium. *Die ungriechische bed. qual, quälen, die sich auch auf einigen fremden gebieten eingefunden hat, verschmäht unter den Romanen allein der Walache, welchem* martyrium *fehlt,* merturisì *aber nur bezeugen heißt,* μαρτυρεῖν. *Zu erwähnen ist hier etwa noch das aus dem falschen genitiv* martyrorum *geschaffene pr.* martror *z. b. in* festa de martror.

Martora *it., sp. pg.* marta, *pr.* mart, *fr.* marte, martre *(f.) ein* säugethier der nördlichen länder, marder; vom lat. martes in einer stelle bei Martial, wiewohl sich martora, martre dem deutschen worte zunächst anschließen.

Marzapane it., sp. mazapan, fr. massepain zuckerbrot; aber neap. marzapane, sic. marzapanu schächtelchen. Das beste über dieses neuere wort bei Mahn p. 89, der das lat. maza mehlbrei darin vermuthet.

Mas trient. pr., mas, mes altfr. hufe, bauerngut, wohnstätte, cat. mas landhaus; vom ältern mlat. mansus, mansum, dies wahrscheinlich von manere wohnen, weil die coloni auf dem grundstücke zu wohnen pflegten (Grimm, Rechtsalt. p. 556), vgl. in cujus pago manet L. Sal. tit. 85; daher pr. maner, fr. manoir wohnung; pr. manen, altfr. manant wohlhabend, mlat. manens colonus. Derselben herkunft ist sp. masa, mail. massa, altfr. mase meierhof, mlat. mansa, massa; it. massaro, altfr. mansiaire hausverwalter, nebst vielen andern ableitungen.

Máschera it., sp. pg. máscara, fr. masque (m.) larve, mlat. mascus 'grima' Gl. lat. anglos. (s. Mone's Anzeiger VII, 144, in der erf. hs. marcus). Die form masca ist historisch die ältere, man trifft sie bereits in longob. gesetzen in der bed. hexe: striga, quod est masca; striga, quae dicitur masca. Noch piem. heißt masca hexe, mascra aber larve, neupr. masc hexenmeister, dim. mascot (Honnorat). Grimm, Myth. 1036, führt dieses masca bedeutsam auf das vb. masticare zurück, die hexe heißt so, weil sie kinder verzehrt, wie manducus bei Plautus popanz bedeutet; dabei kann es gleichgültig sein, ob man hexe oder ob man larve (etwas mit offnem maule) als grundbedeutung annimmt. Ähnlichen ursprungs ist auch das occit. rouméco popanz (altpr. wäre romeca), wenn man es vom lat. ruma gurgel, schlund, wie baveca von bava, herleiten darf, so daß es ein verschlingendes wesen bedeutete (Honnorat leitet es aus roumec dornstrauch), und in der romagn. mundart heißt papon fresser und popanz. Nach andern, z. b. Kilian, ist das wort deutsch, ahd. mascâ netz, nhd. masche, vgl. persona adjicitur capiti densusve reticulus Plin. 12, 14, und dies masca wird von mâsa mahl, fleck abgeleitet. Erwägt man oder erkennt man an, daß namen von personen oder persönlich gedachten gegenständen kaum ohne ableitungssuffix aus verbis geformt wurden, so hat diese letztere deutung einen kleinen grammatischen vorzug vor der ersteren, aber diese scheint treffender, bezeichnender. Beide liefern offenbar zuverlässigere wörter als die von Salmasius, welcher masca aus gr. βάσκα bei Hesychius erklärt. Dies wird nämlich mit μαχέλη (μάχελλα) breite hacke, so wie mit βασκανία tadelsucht übersetzt, letzteres trifft mit βασκάνιον, προβασκάνιον amulet gegen bezauberung, fratze, verwandt mit maske, zusammen; für βάσκα aber muß auch μάσκα gegolten haben, da es Hesychius mit δίκελλα zweizinkige hacke (fast gleichbed. mit μαχέλη) übersetzt. Man fühlt aber leicht das gekünstelte dieses zusammenhanges. Wie verhält sich aber máscara zu masca? Etymologisch betrachtet kann dies eher aus jenem abgekürzt als jenes aus diesem verlängert sein, denn ein suffix âra erkennt die sprache nicht an. Erklärt man sich indessen máscara aus

I. MASSIMA—MATTO.

mascra, *wie es ja auch in picm. mundart lautet, dieses durch häufig vorkommende lautverstärkende einschiebung von* r *aus* masca *entstanden, so sind beide formen identisch, ähnlich entstand sp.* cáscara *aus* casco, *cat.* plátara *schüssel aus* plat, *it.* tartaruga *aus* tartuga. *Ugutio (12. jh.) kennt beide formen, die mit* r *aber ist ihm die volksübliche:* masca simulacrum, quod vulgo dicitur mascarel (*l.* mascara?), quod apponitur faciei ad terrendos parvos. *Ein compositum gleichfalls mit der bed. larve ist das mlat. ursprüngl. deutsche* talamasca, *in einem alten glossar* delusio imaginaria 'talemasca'; *anderswo* larvae daemonum, quas vulgo talamascas dicunt; talamascae litterae *geheimschrift; altfr.* talmasche, *vb.* entalemaschier *entstellen LRs.* 328; *auch in deutschen glossen* talemasge '*larva*' *s. Schmeller II, 640, Graff V, 397, mndl.* talmasche. — *Derselben herkunft ist ohne zweifel wal.* mescáre *schimpf (schandfleck), pg.* mascárra, *cat.* mascára *schwarzer fleck im gesicht; vb. pg.* mascarrar, *pr.* mascarar, *altfr.* mascurer *Antioch. II, 42, nfr.* mâchurer, *burg.* macherai *schwärzen, beflecken, mndl.* maschel, mascher, *ags.* mäscre *fleck, letztere unmittelbar an* maschera *erinnernd. Alban.* mascaré *possenreißer aus dem ital.* — [*Eine neue (hier nicht zu prüfende) untersuchung über dieses wort theilt Mahn mit, p.* 60. *Nach ihm ist* mascara *vom arab.* mascharat *gelächter, dies von der wurzel* sachira *verspotten Freyt. II,* 295. *Franz.* masque *sei aus* mascara *abgekürzt, vielleicht durch einfluß von* masca *hexe.*]

Mássima *it., sp.* máxima, *fr.* maxime *grundsatz, von* maxima sc. sententia, *s. Ménage.*

Masticare *it., wal.* mestecà, *sp. pg.* masticar, mastigar, mascar, *pr.* mastegar, maschar, *fr.* mâcher, *chw.* mastiar, *bask.* mascatu *kauen; von* masticare, *einem nachclassischen bei Apulejus u. a. vorkommenden, im roman. aber sehr üblichen worte, gr.* μαστάζειν. *Daher ncap. genues.* masca *kinnbacken, wange.*

Masto, mastro *pg., pr.* mast, *fr.* mât, *sp.* mastil *mastbaum; vom ahd.* mast, *altn.* mastr, *ags.* mäst.

Matassa *it., sp.* madexa, *pr.* madaisa, *altfr.* madaise *strähne, flechte, wal.* metase *seide; von* mataxa *rohseide, dsgl. seil, faden, aus dem spätern griech.* μάταξα, μέταξα.

Materasso *it., fr.* materas, matelas, *mhd.* matraz, *cat.* matalás, *pr.* almatrac, *sp. pg.* almadraque *küssen, polster, matratze, prov. auch abgekürzt* matre *Arn. Vid. Die span. form läßt arab. ursprung annehmen und muß in diesem falle die genaueste sein; aus dem prov. nomin.* almatracs *konnte die franz., hieraus die ital. entstehn. Als das arab. etymon gibt Sousa* al-ma'tra'h *an, aus der wurzel* 'tara'ha, *dem er die bedeutung der roman. wörter beilegt; bei Freytag III,* 47ª *heißt es nur 'locus, quo quid projicitur', aber auch in der bed. küssen wird es angeführt (Dozy p. 63), welche bedeutung auch ein anderes wort aus derselben wurzel, ohne vorgefügtes* m, طرح *ausdrückt. Dahin pg.* madraço *faulenzer? vgl. unten* poltro.

Matto *it., sp. pg.* mate, *pr. fr.* mat *schachmatt, pr. altfr. auch* *niedergeschlagen, traurig, daher mhd.* matt, *nhd.* matt, *s. Grimm IV, 581, Weigand, Synon. wb. II, 306; abgekürzt aus it.* scaccomatto, *sp.* xaque y mate, xaquimate, *fr.* échec et mat, *vom pers.* schâch mat *'der könig ist todt'. Vb. it.* mattare, *pr.* matar, *fr.* mater *matt setzen im schach* (*sp.* dar mate), *dsgl. demüthigen; altfr.* amatir *LR₂. 25, MGar. v. 805.*

Mattone *it. backstein, fr. mdartl.* maton, *cat.* mató *rahmkäse. Man darf es wohl wagen, diese wörter als identisch zusammenzustellen und sie aus dem dtschen* matz, matte *(käsematte) herzuleiten, pic.* matte, *da sich der backstein nach zubereitung und formung dem käse vergleicht, überdies altfr.* maton *sowohl eine art käskuchen wie auch backstein bedeutet. Muratori's herleitung von* mattone *aus lat.* maltha *ist ganz unstatthaft. Hieher wohl auch lomb.* natta *schlechter käse (n öfter aus m).*

Mazza *it., sp. pg.* maza, *pr.* massa, *fr.* masse *(sonst* mace *geschr.) kolben, streitkolben; dsgl. it.* mazzo, *sp.* mazo *schlägel, auch bündel; vb. it.* mazzare (*in* mazza-sette *u. a., auch comask.* mazà), *chw. sp.* mazar, *pr.* massar *prügeln, niederschlagen, it.* ammazzare, *daher wohl unser* metzen. *Eine weitere abl. ist altpg.* massuca, massua *SRos., fr.* massue, *pic.* machuque *keule, ngr.* ματζοῦκα, *wal.* męciucę. *Mazza macht kein großes bedenken, es ist lat.* matea (*vgl.* piazza *aus* platea), *wovon sich in einer stelle bei Cato R. R. nur die abl.* mateöla *schlägel erhalten hat, it.* mazzuola, *pr.* massola *kleiner klöpfel.*

Medaglia *it., sp.* medalla, *fr.* médaille *schaumünze; augment.* medaglione *ff. Die bemerkte bedeutung hat das wort erst später empfangen. In der ersten hälfte des 12. jh. ist lat.* medallia, medalla *eine geringe münze und diese bedeutung hat auch altit.* medaglia, *altpg.* mealha *SRos., altsp.* meaja *Bc., pr.* mealha *GO., fr.* maille *statt* méaille; *die formen mit* d *sind wahrscheinlich aus dem ital. Gleichbedeutend ist das aus dem mlatein geschöpfte ahd.* medilla, medili, *mhd.* medele, *doch brauchte man das wort in Frankreich auch von goldmünzen* (medailhe d'aur *DC.*). *Aus* medius, medialis *für* dimidius *konnte es nicht entspringen trotz der deutung des Guill. Brito:* obolus dicitur medalia i. e. medietas nummi, *es hätte it.* mezzaglia *oder wenigstens* mediaglia *geben müssen; auch nicht wohl unmittelbar aus* metallum. *Es hat vielmehr seinen ursprung, wie zahlreiche andre substantiva, in einem adjectiv mit dem suffix* eus, metalleus, metallea; *daher auch sp.* metalla *goldblättchen. Auch im fr.* métail *für* métal, *pr.* metalh, *spürt man die einwirkung des adj.* metalleus, *das übrigens nicht classisch ist.*

Medes *altpg., pr.* medeis, meteis, *in der alten Pass. Chr. noch* medeps; *von* met-ipse, met-ipsum: per mi meteis = per memet ipsum, se mezeis = semet ipsum *u. s. w. Eine superlativische form davon ist pr.* smetessme *im Boëthius, sonst* medesme, *altfr.* meïsme, *nfr.* même, *altsp.* meismo, *neusp.* mismo, *pg.* mesmo, *it.* medesimo, *chw.* medem, *auch venez. und piem. ohne* s medemo, medem, *wald.* meseyme, *lat. gleichsam* semetipsimus, metipsimus *für* semetipsissimus, metipsissimus, *s. Rom. gramm. II, 449.*

I. MEGE—MENTAR.

Mege, menge *altsp.*, *altpg.* meye, *pr.* metge, *altfr.* mege *arzt, noch jetzt limous.* medze *wundarzt, thierarzt;* von medicus. *Daher altsp.* mengía *arzenei. Ein andrer sprößling von* medicus *ist altfr.* medicien, *neufr.* médecin: *so altfr.* Philistien, *neufr.* Philistin.

Membrare *it., altsp. pr.* membrar, *altfr.* membrer, *mit anlautendem* n *altsp.* nembrar *Alx., FJ., altpg. pr. dieselbe form, mit anlaut.* 1 *pg.* lembrar, *occit.* lembrá *erinnern; von* memorare, *woher auch das adj.* membrado, membrat, membré *besonnen, klug. Seltsam ist das neupr.* memembrá, *das an* meminisse *erinnert, aber doch wohl nur aus* remembrá *entstellt ist. Altpg.* reimbrar *SRos. wird aus* renimbrar *syncopiert sein.*

Menare *it., altsp. pr. cat.* menar *(ersteres Alx., Bc.), pg. fehlt, fr.* mener *führen, leiten, figürl. betreiben, verrichten, ausführen, daher sbst. it. pr.* mena *betreibung, geschäft, auch beschaffenheit. Neben lat.* minari *drohen bestand ein unclassisches activ* minare *das vieh antreiben durch drohungen und andre mittel, und so braucht es Apulejus:* asinos et equum sarcinis onerant et minantes baculis exigunt, *vgl.* agasones equos agentes i. e. minantes *Paulus ex Festo. Bei dieser bedeutung ist die wal. sprache ungefähr stehen geblieben,* mŭnà *heißt treiben z. b. ochsen, wegtreiben, verjagen, aber doch auch eine sache, ein geschäft treiben. In den übrigen sprachen ward ihm allmählich die bed.* ducere, deducere *zu theil:* mener un cheval *ist etwas anders als* equum minare, *wiewohl es in seiner anwendung auch mit dem lat. worte zusammentreffen kann, denn* mener les bêtes boire *ist* minare (appellere) bestias ad bibendum. *Jene wahrhaft roman. aus dem gemeinen redegebrauch entwickelte bedeutung ist auch dem nlatein früh geläufig geworden:* minare, *sagt Papias,* 'ducere de loco ad locum, promovere.' *Die gleichfalls nur bei Apulejus vorfindliche zss.* prominare *s. v. a.* minare *fand nur im franz. aufnahme, aber aus dem alten und richtigen* pourmener *spazieren führen, se* pourmener *spazieren gehn, machte man später* promener, se promener, *das R. Stephanus (1539) noch nicht hat, Nicot (1573) schon kennt, und so ward auch* pourmenoir *spaziergang durch das italisierende* promenade *verdrängt. Über mhd.* menen *s. Wb. II, 135.*

Menoscabo *sp. pg., altpg.* mazcabo *SRos., pr.* mescap, *fr.* méchef *verlust, unheil; eigentl. übler ausgang, von* cabo *ende, lat.* caput; *vb.* menoscabar, mescabar, *altfr.* meschever (mescaver *Antioch. I, 40).*

Menovare *it., sp.* menguar, *pg.* mingoar, *pr.* minuar, *cat.* minvar, *fr.* di-minuer *vermindern; sbst. sp.* mengua, *pg.* mingoa *mangel. Lat.* minuere *ist eins der wenigen verba dritter conj., die schon in frühester zeit in die erste auswichen:* minuare *liest man in urkunden des 6. 7. und 8. jh. nicht selten, s. z. b.* Bréq. num. 13 (v. j. 528), n. 131 (v. j. 653), *auch Esp. sagr. XI, 129. Im sp.* menguar *härtete sich der diphthong* uá *in* gua, *wie dies ja mit deutschem* uá (wa) *gleichfalls geschah; ein andres beispiel dieser art ist* mangual *aus* manualis, *s. Rom. gramm. 1, 325.*

Mentar *sp. pg., altfr.* menter (qui li mentoit la mort *RCam. p. 326) erwähnen, erinnerlich machen; zsgs. it.* ammentare, rammentare,

altpg. amentar *ERos.*, *altsp.* enmentar *z. b. Apol. 529. 582 mit gl. bed.;
von* mens, *wobei vielleicht* ammentare *die älteste bildung ist. Eigenthümlich hat sich dies verbum in den nordwestlichen sprachen gestaltet: pr.*
mentaure, amentaver, *altfr.* mentoivre, mentevoir, amentoivre, amentevoir, ramentevoir *(letzteres noch bei Molière), worin man eine zss. aus*
mente habere, ad mentem habere, *vgl. it.* avere a mente, *erkennt, so daß
es aus seiner ursprünglichen bed. gedenken in die factitive gedenken machen
übergetreten wäre (beispiele dieser art Rom. gramm. III, 114). Vielleicht
ist das sonst unerklärliche it.* mentovare *aus* mentevoir *verderbt. Hieher auch it.* dementare, *sp.* dementar *bethören, altfr.* dementer *toben,
sich unsinnig geberden, lat.* dementare *in letzterer bed. bei Lactantius;
dsgl. it.* dimenticare *vergessen.*

Mente *it. sp. pg.* (*altsp.* mientre), *pr.* men, *fr.* ment, *wal. fehlt,
adverbialsuffix gefügt an das feminin der adjectiva, s. das nähere Rom.
gramm. II, 462, Blanc 520. Es ist der ablativ des lat.* mens *seele, gedanke, absicht, von den Römern nur im eigentlichen sinne* (bona, devota,
placida, celeri mente), *allmählich aber in der bed. art und weise angewandt, indem man die absicht oder meinung auf die erscheinung hinausführte und also auch* breve-mente, perfetta-mente, altra-mente *auf kurze,
vollkomme, andre weise u. dgl. sagte. Dieselbe anwendung gestattet,
wenn auch in beschränkterem maße, das mhd.* ahte *1) ansicht, gesinnung,
urtheil, 2) art und weise, so wie das bair.* meinung *(auf die meinung =
auf die weise u. s. f., s. Schmeller, der auch* mente *vergleicht). Die substantivische natur des roman. suffixes aber macht sich noch darin geltend,
daß es, wenn mehrere dieser adverbia auf einander folgen, im span. und
port. nur an dem letzten derselben ausgedrückt zu werden pflegt* (bella y
sutilmente), *ja daß in älteren mundarten auch das erste adverbium jenes
suffix für die übrigen vertreten kann: pr.* sanctament e devota *Chx. VI,
315, altcat.* fellonament et desordenada *Chr. d'Escl. p. 602ª.*

Mentre *it. pr. altfr., sp.* mientras, *altsp.* mientre, *altpg.* mentres,
partikel, dem lat. dum *oder auch* interim *entsprechend; dsgl. altit.* domentre, *altsp.* demientras, *pr.* domentre, dementre, *altfr.* dementre,
dementres, *überdies auch altfr.* endementres, *altpg.* emmentres *u. dgl.
Darf man das veraltete* domentre *als die grundform annehmen, so liegt,
wie schon Muratori wollte, die entstehung aus* dum interim *(mit regelrecht
abgestoßenem auslautenden* m) *nahe genug und grade der pleonasmus ist
ganz volksmäßiger art; das anlautende* do *konnte im gefühl analoger bildungen* (domani, domandare) *leicht mit der partikel* de *verwechselt und
darum als nicht wesentlich abgestoßen werden. Herleitung aus* dum mente
(wie quasimente) *findet in dem ausbleiben der form* domente *(ohne* r)
ihre schwierigkeit, nur im altgenues. begegnet demente, *s. Archiv. stor.
ital. app. num. 18. p. 33, im altmail. auch* domente *(Bonvesin), im prov.
das ganz vereinzelte* mens que, domenhs que. *Für den bemerkten ursprung
läßt sich auch das altfr.* dementiers, dementieres *anführen, das zwar
nicht aus* dum interim, *wohl aber aus dem nahe liegenden* dum intérea

mit diphthongierung des betonten e entstehen konnte. Für das altfr. entremente, *das hier noch heranzuziehen ist, würde sich allerdings* interea mente *aufstellen lassen;* piem. tramantre (tra = *fr.* entre) *zeigt wieder das kritische* r. *Pott, Forsch. II, 100, construiert* mentre *aus* in inter *mit verwandlung des ersten* n *in* m; *wirklich kennt die mail. mundart eine präp.* in-enter, Bonvesin *ein adv.* mintro *(für infino, z. b.* mintro mò fin qui), *das sich nur aus* in intro *deuten läßt, aber solche dissimilationen sind selten gemeinromanisch und selbst die anwendung der baaren präp.* inter *als conjunction eine ungewöhnliche freiheit. Im altital. begegnet noch ein adv.* intrócque *Inf. 20, 130 für interea, das sich aus* inter hoc *mit euphonischem suffix erklären muß.*

Menzogna *it., pr.* mensonga, mensonja, *fr.* mensonge *lüge. Non a mentis somnium, quod est Sylvii somnium, bemerkt Ferrari v.* mentovare *gegen Sylvius. Es ist zunächst aus* mentitio, *pr.* mentizo, *gewiß aber, da sich nur sehr wenige ableitungen mit* oneus *und darunter gar keine abstracta vorfinden, eine bloße anbildung an das sinnverwandte* calogna, calonja, chalonge *verläumdung. Die prov. form* mesonega *Ev. Joh. 8, 44 (ed. Gilly) wird diese deutung nicht entkräften, zu abgeschmackt wäre eine abl.* mentitionica: *e ist bloß eingeschoben. Das span. und port. wort ist* mentira: *dafür besitzt der Catalane so wie der Sarde das richtig gebildete* mentida, *und nur als eine entstellung desselben läßt sich das unbegreifliche span. wort, welches vielleicht auch das picard.* mentïrie *hervorgerufen, begreifen, vgl.* lampara *aus* lampada. *Aus der altmail. mundart kann man noch eine zweite anbildung dieser art aufzeigen,* cativonia *schlechtigkeit Bonves. disp. muscae cum formica v. 35. 160.*

Mercè *it., sp.* merced, *pg. pr.* mercê, *fr.* merci *gnade, auch dank; von* merces *lohn, im frühsten mlatein, z. b. bei Gregor d. gr., schon in der bed.* misericordia. *Daher pr.* merceiar, *altfr.* mercier, *nfr.* remercier *danken.*

Mercoledì, mercordì *it., fr.* mercredi, *pr.* dimercres, *cat.* dimecres *mittwoch, von* Mercurii dies, dies Mercurii; *sp.* miércoles, *pr. auch* mercres *mit derselben endung wie in* martes *(s.* martedì), *it. auch* mércore, *wal.* miércuri. *Statt dessen sagt man in ital. mundarten* mezódima = *media* hebdomas *mittewoche, mittwoch, s. Cherubini und Archiv. stor. ital. app. num. 20, p. 41, churw.* maz-eamda; *man gab also den götternamen auf wie in deutschen, worin, nachweislich nicht vor dem ende des 10. jahrhunderts, der mittwoch an die stelle des wodanstages trat. Auch slavisch heißt er die mitte, slovenisch z. b.* sreda. *Für das sp.* miercoles *hat der Portugiese das den tag zählende* quarta feira *wie ngr.* τετράδη.

Merlo, merla *it. zinne der mauer; abgel. sp.* merlon, *pg.* merlão, *fr.* merlon; *vb. it.* merlare, *pr.* merlar *mit zinnen versehen. Ansprechend ist die bei Bolza, Vocab. genet., bemerkte herleitung aus dem archaistischen auch auf einer inschrift Orell. n. 566 vorkommenden* moerus *für* murus, *dimin.* moerulus, *und nur aus dem offenen* e, *das dem lat.* oe

*sonst nicht gemäß ist, läßt sich ein leichter einwand dagegen erheben.
Nach Ménage kommt es vom lat.* mina, dimin. minula, *endlich* mirula
u. s. w.; besser als von mirari, *woraus* Muratori, Ant. ital. II, 468, *es
deuten möchte. In anschlag kommt endlich auch das sic.* mergula (*altsard.*
merguleri *Spanu*) *mauerrinne, das aus lat.* merga *gabel abgeleitet sein
muß und ursprünglich zinke der gabel bedeuten mochte, womit sich die
zacken der mauer passend vergleichen ließen.*

Merluzzo *it., pr.* merlus, *fem. sp.* merluza, *fr.* merluche *stockfisch; wird für eine zusammensetzung aus* maris lucius (*seehecht*) *gehalten,
um so richtiger als in der catal. mundart schon das einfache* llus (lucius)
dem begriffe genügt, also keine ableitung marl-uzzo *gestattet ist.*

Merme *altfr. klein, gering; von* minimus *wie* arme *von* anima.
Daher sbst. sp. merma, *pr.* mermaria *verringerung; comask.* marmaria,
ital. marmaglia *geringes volk; comask.* marmêl, *cremon.* marmeleen
kleiner finger; ib. sp. pr. mermar *sich vermindern.*

Meschino *it., sp.* mezquino, *pr.* mesqui, *fr.* mesquin, *altfr. auch*
meschin *arm, elend; vom arab.* meskîn *mit gl. bed., dies vom vb.* sakana
Freyt. II, 335ᵇ. Die herkunft des wortes ist eine altbekannte: Saraceni
mischinum mendicum vocant *Gloss. paris.* (*Pfeiffers Germania* VIII, 395).
Prov. und altfr. heißt es auch schwach, zart, meschin *daher knabe,* meschine *mägdlein, it.* meschina, *wallon.* meskène *magd.*

Messa *it., sp.* misa, *fr.* messe *messe, messopfer; bekanntlich von*
missa est sc. concio, *mit welchen worten der diaconus die versammlung
entließ. Andrer meinung ist Ferrari, der* messa *für gleichbed. hält mit*
oblatio, *gabe, opfer. S. Ducange.*

Mestiero, mestiere *it., sp.* altpg. menester, *neupg.* mister, *pr.*
menestier, mestier, *fr.* métier *geschäft, hantierung, gewerbe, handwerk;
von* ministerium *dienst, verrichtung, mlat.* muliercula, quae textricis fungebatur officio ... habebat cooperatricem, quae ejusdem erat ministerii *Aimoin. Daher sp. pr.* menestral, *pg.* menestrel, *altfr.* menestrel,
später menestrier, ménétrier *handwerker, künstler, musiker, mlat.* ministerialis *diener des hauses, wie noch altfr. im Alexiuslied 65; eine noch
ältere franz. form in den Liv. d. rois p. 235:* dameiseles menestrales
mulieres meretrices. *Wie* mestiere *die bed. von* opus *ausdrückt, so auch
it.* è mestiere, fa mestiere, *sp.* es menester *die von* opus est.

Mestizo *sp., pr.* mestis, *fr.* métis, *it.* (*in einigen wbb.*) meticcio
kind von ältern verschiedener race, ursprünglich auch verschiedenes standes; gleichsam mixticius.

Meta *it.* (*mit geschlossenem* e) *misthaufe, lomb.* meda *haufe heu,
holz u. dgl., sard. überhaupt menge, sp. pg.* meda *haufe garben, altfr.*
moie; *von* meta *kegelförmige figur. Abgel. pg.* medão *haufe,* medão de
areia *sandhügel, sp. in letzterer bed.* médano *und selbst durch vertauschung des* d *mit* g mégano; *dsgl. sp.* al-mear *heuschober für* almedar.
*Das lat. wort spaltet sich eigentlich in zwei romanische mit verschiedener
bedeutung: neben den genannten formen steht it.* meta (*mit offnem* e), *sp.*

meta, *altfr.* mete, mette, *noch jetzt picard.* méte, *gränzstein, gränze, gewöhnlich eines grundstückes, aber auch eines staates.*

Mettere *it. ff. (fehlt wal.) legen, setzen. Lat.* mittere *(gehn lassen, schicken) war schon fähig, die nahliegende bed.* ponere *auszudrücken: so sagt Seneca* manus ad arma mittere, *so Lactantius gleichbed.* fundamenta ponere *und* fundamenta mittere, *so später die L. Sal.* super cubitum manum mittere, mittere manum super fortunam alicujus, caput mittere in palo *(hineinstecken), s. Pott über die Lex. Sal. 156, Plattlat. 388. Die grundbedeutung aber schwand dem Romanen, ausgenommen in* transmittere, *völlig.*

Mezzo *it., wal.* mez, *sp.* medio, *pg.* meio, *pr.* mieg *mitten, halb, von* medius; *präpositional fr.* parmi = *it.* per mezzo; *pr.* enmieg, *altfr.* enmi = *it.* in mezzo. *Abgel. it.* mezzano, *sp.* mediano, *pr.* meia, *fr.* moyen, *von* medianus *bei spätern; it.* metà, *span.* mitad (meatad *PC. 522*), *pr.* meitad, *fr.* moitié *hälfte, von* medietas, *das Cicero ungerne, die spätern aber häufig brauchten; daher fr.* métayer, *npr.* meytadier *pachter oder meier, der den ertrag zur hälfte mit dem eigenthümer theilt, halfen, mlat.* medietarius: *fr.* métairie *meierhof. — Aber altfr.* mitan (*m.*), *woher* mitanier *pachter und wohl auch nfr.* mitaine *fausthandschuh (getheilter handschuh) werden sich schwerlich aus* medietas *ableiten lassen und scheinen, wie schon andre aufgestellt haben, aus unserm* mitte *entstanden, nach Grandgagnage aus ahd.* mittamo.

Mica, miga *it. pr., fr.* mie *eine partikel zur verstärkung der negation; von* mica *krümchen, bißchen, daher auch wal.* nimic *für lat.* nihil. *Subst. fr.* miche *stück brot.*

Miccia *it., sp. pg. pr.* mecha, *fr.* mèche *docht, lunte; von* myxa, *eigentl. dille der lampe, aber schon im ältern mlatein, wo es auch* nixa *lautet (vgl.* niccia *Ménage, Orig. ital., limous.* netse), *s. v. a.* ellychnium. *Das wort muß aber aus dem franz., wo sich* x *in* ch *umbilden kann (*laxus lâche*) den übrigen sprachen mitgetheilt sein, wie es denn auch dort zu den meisten bedeutungen gelangt ist. — Prov. findet sich auch* meca, *das sich zu* mecha *verhält wie* coca *zu* cocha: *die mit* c *sind unorganische durch den häufigen wechsel zwischen* c *und* ch (boca bocha, locar lechar) *veranlaßte formen (rückbildungen).*

Micio, micia *it., sp.* micho, mizo, miza, miz, *wal.* muţzu, muţzę, *altfr.* mite *katze; naturausdruck d. h. ein nach der stimme des thieres gemachter schmeichelname wie unser* miez *(über welches jedoch Weigand II, 159 andrer meinung ist). Abgel. fr.* mitou *und* matou *kater, ähnlich wal.* muţóc. *Zsgs. fr.* chatte-mite *schmeichlerin, vgl. das sprichwort* se l'une est chate, l'autre est mite *Ren. I, p. 6, vollkommene gleichheit der gesinnung auszudrücken. Eine andre form für it.* micio *ist* muci, mucia, muscia, *latinisiert* musio, *welches Papias gegen die lateinischen sprachgesetze, die jedesfalls* murio *verlangten, aus* mus *herleitet.*

Miglio *it., fr.* mille (*m., aus dem ital.*), *sp. pr. fem.* milla *ein längenmaß ursprünglich von tausend schritten, besonders in Italien üblich,* *ahd.* mîla, milla, *nhd.* meile; *von* millia *für* mille passus, *daher der ital. plur.* miglia, *woraus der sing. erst entstanden sein muß.*

Milano *sp.*, *pg.* milbano, *pr. fr.* milan *hühnergeier; von* miluanus *abgel. aus* milūus, *woraus erst später* milvus *geworden (Ritschl im Rhein. Museum für phil. N. F. VII, 598) zur aufhebung des hiatus. Zu* miluus *stimmt auch das bask.* mirua *für* miruua, *indem la*l. l *hier öfters in* r *übergeht. Vb. sp.* amilatar, *s. oben* astore.

Milza *it.*, *sp.* melsa, *neupr.* melso, *dauph.* milza, *burg.* misse *milz; vom ahd.* milzi *(n.?) vgl. alban.* meltzi *leber. Andre formen sind:* mail. nilza, *chw.* snieulza, *weit stärker abweichend neupr.* melco *und* melfo, *s. Honnorat. Sonderbar ist das venez.* spienza, *worin sich* splen *und* milz *begegnen; ersteres findet sich auch im sard.* spreni, *im wal.* splęnę. *Dazu das ital. adj.* smilzo *schlaff, leer des leibes, milzlos.*

Mina *it. sp. pg.*, *pr.* mina, mena, *fr.* mine, *wallon.* meinn *schacht, erzgrube; vb. it.* minare, *sp. pg. pr.* minar, *fr. wallon.* miner *untergraben. Daher altsp.* minera, *pr.* meniera, *fr.* minière *bergwerk, wal.* minerę *erzstufe; hiervon it.* minerale, *sp. pr.* mineral, *fr.* minéral. *Man findet den ursprung des wortes im lat.* minare *oder rom.* menare *führen, betreiben, vgl. pr.* menar secretz *geheimnisse betreiben, mlat.* minare consilium *einen anschlag bereiten,* minas parare *nachstellungen ins werk setzen. Hiernach ist* mina *zuerst geheimer anschlag, getriebe, in beziehung auf einen belagerten ort geheimer gang zur untergrabung der mauer, demnächst auf den bergbau angewandt. Dieser wandel des begriffs hat nichts unwahrscheinliches: ganz ähnlich legte man dem it.* doccia *von* ducere *die bed. canal bei. Auffallend ist nur die abweichung des richtigen* e *in* i*; geschah es zur unterscheidung der begriffe* 'führen' menare *und* 'graben' minare*? Buchstäblicher zusammenhang mit kymr.* mwn *masse,* mine, *ist nicht anzunehmen; wie sich gael.* mèin *zu engl.* mine, *rom.* mina, *verhält, wäre wohl noch genauer festzustellen, s. über letztern punct Diefenbach, Celt. I, 71.* — Mine *fr. haltung, gebärde, ansehn, daher nhd.* miene, *engl.* mien, *scheint man ohne grund vom gesammtrom.* mina *zu trennen, da es gleichfalls von* menare *(pr.* mena, *s. oben) herstammen kann, indem es die äußere führung oder haltung, etwa wie* gestus *von* gerere, *ausdrückt: pr.* se menar *in der bed. sich benehmen, s. das Katharische ritual p. 30.*

Mina *altlimous. großmütterchen, gasc.* menina, *sard.* minnanna *dass., pg.* minino, menino *knäbchen,* minina, menina *mädchen, sp.* menino *edelknabe,* menina *hoffräulein, neupr.* menig *klein, bearn.* menit *kind, norm.* minet, minette *dass., wohl auch romagn.* minen, *fr.* minon, minette *kätzchen, (bair.* minni), *henneg.* minette *mädchen, cat.* minyó *bübchen, welches aber an fr.* mignon *erinnert; auch sicil.* minna *mutterbrust? Der stamm fordert langes* i *(das erst in abll. zu* e *wird) und dies bietet das gael. adj.* mîn *klein, artig, das sich wohl zur bildung von koseworten eignet.*
— [*Beachtenswerth ist, was Mahn p. 120 einwendet. Das gaelisch-irische* mîn *laute bretonisch* mân *und dessen aneignung würde dem Romanen*

doch wohl näher gelegen haben als die des ersteren wortes. Zeuß I, 117 *stellt irisch* mîn, *kymr.* mwyn, *bret.* moan *zusammen: ich erblickte, vielleicht irrthümlich, in* mîn *die primäre celtische form, auf welche es bei einem über alle romanischen provinzen verbreiteten worte ankommen mußte. Nach Mahn hat dieses wort eine ganz nah liegende, lateinische quelle,* minimus, *erweitert* miniminus, *mit ausgestoßenem* im mininus. *Aber wäre der sprachgesetzliche vorgang nicht* minminus miminus *gewesen?*]

Minaccia *it.*, *sp.* amenaza, *pr.* menassa, *fr.* menace *drohung; von* minaciae *für* minac, *nur bei Plautus.*

Miniare *it. fein illuminieren, sp.* miniar *punctieren, mlat.* miniare *mit mennig,* minium, *schreiben und zeichnen, daher* miniatura *kleines gemälde, wie es in handschriften vorkommt. Von* minium *leitet Ménage auch it.* mignatta *blutegel, weil er roth gezeichnet sei.*

Minuto *it.*, *sp.* menudo, *pg.* miudo, *pr.* menut, *fr.* menu *klein; von* minutus. *Sbst. it. sp.* minuto, *fr.* minute *(f.) der 60. theil einer stunde, eigentl.* minuto primo *die erste verkleinerung oder eintheilung;* minuto secondo, *fr.* seconde *(f.) der 60. theil einer minute, die zweite eintheilung;* minuto terzo, *fr.* tierce *(f.) der 60. theil einer secunde. Von fr.* menu *ist* menuet *tanz mit kleinen schritten. Vb.* minuzzare *it., pr.* menuzar, *altfr.* menuiser *klein machen, zerschneiden, gleichsam* minutiare. *Hievon das franz. sbst.* menuisier *schreiner.*

Mirabella *it., sp.* mirabel, *fr.* mirabelle *eine art kleiner gelblicher pflaumen. Italien nennt diese pflaume auch* mirabolano; *das gleichlautende span. wort aber, so wie das fr.* myrobalan = *gr.* μυροβάλανος *bedeutet eine aus Indien kommende pflaume, woraus die Alten eine salbe* (μύρον) *bereiteten. Man scheint also in Italien den namen der indischen frucht auf eine einheimische übertragen und ihn nachher durch eine umbildung sich näher gerückt zu haben, wobei man das originalwort* (mirabolano) *auf den baum beschränkte, während es im span. die doppelte bed. frucht und baum behauptet.*

Mis *it., fr.* més, mé, *pr.* mes, mens, *sp. pg.* menos *in compositis mit der bed.* 'nicht recht, nicht gehörig', *ungefähr dem lat.* male, *besser noch dem deutschen* mis *entsprechend, beweist seine herkunft von* minus *durch die südwestliche form, und hat mit unserm* mis, *woraus es zuweilen noch hergeleitet wird, keinen zusammenhang. Ein beispiel ist* mis-pregiare, mens-, mes-prezar, mé-priser, menos-preciar *misachten, s. Rom. gramm. II, 434.*

Mischiare *und* mescolare *it., sp. pg. pr.* mezclar, mesclar, *fr.* mêler *mischen, im ältern mlatein* miscularc, *sbst. it.* mischia *ff.; von* miscere. *Eine abl. ist fr.* mélange *(noch bei Nicot fem., jetzt masc.), pr.* mesclanha *gemisch, vgl. dasselbe suffix in* louange, laidange.

Mita *sp.,* mite *fr.* milbe; *vom ahd.* mîzâ, *ags.* mîte, *ndd.* myte, *s. Grimm III, 365.*

Módano, módine *it., sp. pg. umgestellt* molde, *pr.* molle, *fr.* moule, *sard.* mogliu *muster; von* modulus, *woraus auch* modello, modelo, modèle.

Moderno *it. sp., fr.* moderne *heutig; von* modernus, *das sich erst bei Priscian und Cassiodor findet, abgel. vom adv.* modo *in der dem früheren mlatein geläufigen bed.* nunc, *daher* amodo '*von jetzt an*', *vgl. die ebenfalls aus adverbien abgeleiteten* hodiernus, hesternus, sempiternus. *Die erklärung aus dem subst.* modus *verträgt sich nicht mit der bedeutung dieses wortes, eben so wenig die aus dem erst später entstandenen franz. fem.* mode.

Moggio *it., sp.* moyo, *pr.* muei, *fr.* muid *ein getreidemaß, scheffel; von* modius. *Ein sehr altes beispiel des franz. wortes ist in den Cass. glossen* moi '*mutti*', *vgl. W. Grimms anmerkung.*

Moja *it., fr.* muire *(Trév.) salzquelle, salzwasser, vielleicht auch sp.* murria *salbe von knoblauch, essig und salz; von* muria. *Zsgs. it.* salamoja, *sp.* sal-muera, *pg.* sal-moura, *fr.* sau-mure, *wie gr.* ἁλ-μυρίς.

Molla *it., pg.* mola, *sp.* muelle *(m.) stahlfeder, im plur. zange, sp.* molla *krume, auch wade; abgel. it.* molletta, *sp.* molleta *lichtputze (eigentl. kleine zange),* molledo *nebst fr.* mollet *fleischiger theil, wade, sp.* molleja *kalbsdrüse, it.* móllica *brosame u. a. m.; sämmtlich von* mollis *weich (daher die bed. krume und ebenso wade d. h. weicher theil im gegensatz zum schienbein), biegsam (daher stahlfeder, stahlzange). Zu merken noch ital. adj.* molle *feucht, gleichfalls von* mollis *in der bed. weich; daher denn auch vb. it.* mollare *nachgeben,* ammollare *netzen, in letzterer bedeutung pg. pr.* molhar, *cat.* mullar, *fr.* mouiller, *sp.* mojar, *d. i.* molliare (*wie roman.* levi-are, gravi-are *aus* levis, gravis); *sbst. pg.* môlbo, *sp.* moje *brühe. Span.* mollera *s. II. b.*

Molo *it., sp.* muelle, *fr.* môle *(m.) hafendamm; vom gleichbed.* moles.

Monna *it., sp. pg.* mona, *neupr.* mouno, *bret.* mouna *äffin, affe, daher fr.* monnine. *Monna hat auch die bed. von* madonna, *woraus es zusammengezogen ward: muthmaßlich brauchte man es als schmeichelwort von der äffin.*

Monocordo *it., umgedeutet mit hinsicht auf* manus, *sp. pg.* manicordio, *fr.* manicordion *ein saiteninstrument; vom gr.* μονόχορδον, *weil es nur eine saite enthielt, vgl. die prov. stelle* manicorda ab una corda *LR.*

Montone *it., pic.* monton, *ven.* moltone, *pr. cat.* moltó, *pr. altsp. (Alx.)* moton, *fr.* mouton *hammel. Ein mlat.* multo *geht vielleicht bis in das 8. jh. hinauf:* multones et verveces '*wideri*' *(hämmel) Gl. Schlettst.* 34, 2, multo '*wider*' *Gl. Flor. p.* 289ᵇ. *In der angegebenen bedeutung treffen alle sprachen zusammen, wenn auch wohl* ennial, *wie Livr. d. rois p.* 141, aries *mit* mouton *übersetzt oder wenn es altcat. durch* moltó entegure *(lat.* integer) *ausgedrückt wird. Das wort begegnet auch auf andern sprachgebieten und zwar in primitiver gestalt, z. b. bair.* motz *(von* matzen *schneiden? fragt Schmeller), allein die herleitung daraus würde die probe nicht bestehen, zu deutlich zeigen die mundarten die form* molt, *abgeändert in* mont. *Ferner altir.* molt vervex *Zeuß I, 78, gael.* mult, *kymr.* mollt, *corn.* molz, *bret.* maout, *aber eine überzeugende celt. wurzel fehlt. Ein besseres und ganz bezeichnendes primitiv gewährt die roman. sprache selbst: neupr.* mout, *com.* mot, *chw.* mutt *verstümmelt, welches ohne schwierigkeit aus lat.* mutilus *mit versetztem* l *entstehen konnte, vgl. neupr.* cabro mouto (*altpr.* wäre cabra mouta) *eine der hörner beraubte ziege, wörtlich Columella's* capella mutila, *schweiz.* muttli. *Das aus diesem adjectiv abgeleitete* mouton *bedeutet also, wie unser* hammel, *ein verstümmeltes thier.* — [*Beistimmt Gachet p.* 322^b, *der auch ein entsprechendes altfr. wort für hammel*, castrois, *anführt.*]

Mora *it.* schober abgehauener zweige, *sp.* moron *hügel, fr. (Schweiz)* moraine *steingerölle; vgl. bair.* mur *losgebrochenes gestein, Schmeller II, 612.* — [*Nach Weigand II, 213 scheinen diese wörter auf das mit* mürbe *wurzelverwandte altn.* mor *(feiner staub) zurückzugehn.*]

Morchia *und* morcia *it., sp.* morga, *richtiger cat. mail.* morca *ölschaum; von* amurca.

Morello *it., altfr.* morel, moreau, *aber sp. pg.* moreno *schwarzbraun; von* morus *maurisch, schwärzlich. Daher auch it. pr.* morella, *fr.* morelle *eine pflanze, nachtschatten. Weiteres bei Roesler, Etymologie der farbenbezeichnungen p. 6.*

Morione *it., sp.* morrion, *alt* murion, *pg.* morrião, *altfr.* morion *pickelhaube; von ungewisser herkunft. Man erinnert dabei an das sp.* morra *schädel.*

Mormo *pg., sp.* muermo, *pr.* vorma *(jetzt* borm *m.), fr.* morve *(f.), sic.* morva *schleimige feuchtigkeit der nase, im sp. und port. eine pferdekrankheit. Man leitet diese wörter aus* morbus, *was weder den begriff noch die form recht befriedigt, wenigstens wäre nach den franz. lautgesetzen* morbe *alsdann richtiger denn* morve. *Das pr.* vorma *nähert sich auffallend dem fr.* gourme *II. c.*

Mortajo *it., sp.* mortero, *pr. fr.* mortier, *wal.* mozériu *mörser und mörtel (ital. wal. nur ersteres); von* mortarium *in beiden bedeutungen.*

Moschetto *it., sp.* mosquete, *fr.* mousquet *ein feuergewehr, altfr.* mouschete, *mlat.* muscheta *ein wurfgeschoß, bolzen; ursprüngl. eine kleinere art zur beize dienender sperber, sp.* mosquet, mosqueta, *fr.* émouchet, *it.* moscardo. *Waffen nach jagdvögeln benannt s. unter* falcone. *Mosquet aber hieß dieser sperber von der gesprenkelten gleichsam mit mücken,* mouches, *gezeichneten brust, daher auch fr.* moucheter *sprenkeln. S. Frisch II, 310^a v.* sprinz.

Moscio *it.* schlaff, welk, *sp.* mustio, *cat.* mox *düster, nachlässig, pr.* mois *düster, tückisch, altfr.* mois *Ben., wallon.* muss *(für* must *wie* cress *für* crest, *lat.* crista) *trübsinnig. Buchstäblich lassen sich alle diese formen im lat.* musteus *vereinigen, das aber fast das entgegengesetzte aussagt (jung, frisch). Sind sie aus* mucidus *entstanden, das sich durch umstellung in* mucdius mustius *verwandelte? Wie aus der bed. schimmlig* bie bedd. *träge, verdrießlich erfolgen können, zeigt der artikel* muffo. *Denselben stamm verräth cat.* mústig *schlaff. Auch* limous. mousti, *churw.* muost, *lomb.* moisc *feucht (dumpfig) scheinen dieses ursprunges. Abgel. ist it.* ammoscire *ermatten, welken, pr.* amosir *düster werden Bth. 203.*

Mostaccio *it., sp.* mostacho, *fr.* moustache, *wal.* mustátze *knebelbart; vom gr.* μύσταξ *mit gl. bed., alban.* mustáke, *im lateinischen nicht vorhanden.*

Mostarda *it. pg. pr., fr.* moutarde, *sp. aber* mostaza *senf; von* mustum, *weil er mit most angemacht wird.*

Motta *it. herabgeschwemmte erde, sp. pg.* mota *erdaufwurf, fr.* motte *erdscholle, altfr.* mote *aufgeworfene anhöhe mit festem schloß, altpr.* mota *schutzwerk eines schlosses SRos. Unzweifelhaft findet sich das wort in deutschen mundarten wieder. Bair.* mott *aufgehäufte moorerde, schwz.* matte *ausgestochener rasen, ndl.* mot *abfall von torf, fries.* mote *lohkuchen. Span.* mota, *sofern es knoten im tuche, kleiner fehler bedeutet, zieht Larramendi aus dem bask.* motea *knöspchen, womit auch das ndl.* moet, *urspr.* môt, *kleine erhabenheit, knöpfchen, fleck oder fehler zusammentrifft; pg.* mouta *kleines gebüsch läßt sich unter vergleichung des it.* macchia *(fleck, buschwerk) damit verbinden. Außer* motta *besitzt die ital. sprache* mota, *gleichbed. mit* malta *II. a und daraus entstanden, aber auch* motta *hat diese bedeutung. Daß auf das altfr.* mote *das irische die bed. berg oder hügel ausdrückende* mota (m.) *ansprüche mache, ist noch anzufügen.*

Motto *it., sp. pg.* mote, *pr. fr.* mot *wort, spruch, pr. auch vers; vom lat.* mutire *mucksen, mlat.* muttum; 'muttum nullum emiseris' proverbialiter dicimus, id est verbum *Cornutus in Persii sat. I. Mit* mutire *aber trifft zusammen sard.* mutire *rufen, pr. altfr.* motir *anzeigen.*

Mozzo *it., sp.* mocho, *pr.* mos (*fem.* mossa), *fr.* mousse *stumpf, verstümmelt; vb.* mozzare, smozzare, mochar, émousser *abstumpfen; vom ndl.* mots, *schwz.* mutz *abgestutzt, ndl.* motsen, mutsen *abstutzen, nhd.* mutzen. *Aus dem franz. aber ist entnommen it.* smussare, smusso. *Abgel. sp.* mochin *scharfrichter, eigentl. verstümmler. Oder ist sp.* mocho *von* mutilus, *wie man* cachorro *aus* catulus *leitet? Das bask.* mutila *knabe (kleiner stümmel) könnte diese ansicht unterstützen.*

Muffare *it. in* camuffare *verkappen, für* capo-muffare *den kopf vermummen; vom deutschen* muf, *entstellt aus mhd.* mou, mouwe *ermel, s. J. Grimm über diphthonge. Desselben stammes ist fr.* moufle *fausthandschuh, mlat.* muffula, *daher ndl.* moffel; *dsgl. adj. pr.* moflet, (neupr. moufle), pic. mouflu, wallon. mofnès' *weich, elastisch (nach art des muffs), und vermuthlich auch, mit rücksicht auf die zusstopfung desselben, fr.* moufler *die backen aufblasen, sp.* mofletes *bausbacken, pic.* mouflu *wohl ausgestopft, henneg.* moflu *dickbackig, doch ist hier auch* mufle *II. c in anschlag zu bringen, vgl. Grandgagnage v.* moufler, *wo diese wörter mit großer genauigkeit abgehandelt sind.*

Muffo *it. schimmlig, com. romagn.* moff *bleich oder graulich; sbst. it.* muffa *schimmel, pg.* mofo, *sp.* moho *schimmel, moos, fr.* moufette *moderdunst; vb. it.* muffare, *lothr.* mouffâ, *neupr.* muffir *schimmeln; aus dem deutschen, ndl.* muf *schimmlig, hd.* muff *schimmel, vb.* müffen. *Mit demselben stamme werden figürlich auch üble moralische eigenschaften ausgedrückt: sp.* moho *trägheit,* mohino *verdrießlich, boshaft, pg.* mofino *knickerig, venez.* muffo *schwermüthig: es sind begriffe, die sich dem schimmel als schmutz oder fäulniss anschließen, vgl.* nhd. faul *putridus und* piger, schwz. *auch malus. Doch ist noch zu vergleichen bair.* muffisch *mürrisch,* muffen *murren, schmollen. Der Spanier nennt auch den maulesel* mohino *wegen seiner tücke, ein wort, das Cabrera gegen die sprachgesetze aus* mulus hinnus *construiert.*

Mugavéro *it., sp.* almogavar, almogarave, *pg.* almogaure, *altcat.* almugaver *Chr. d'Escl.* 603^b, altval. almugaber *JFebr. str. 21,* almugavar *220 partheigänger; vom arab.* al-mogâvir *streiter Freyt. III, 302^a, vgl. auch Monti, Agg. al vocab. II, 2, 306, und S. Rosa s. v. Im ital. gilt es auch für einen wurfspieß, wie die* mugaveri *ihn führten.*

Mugghiare *it., sp.* mujar *fehlt, fr.* mugler, meugler *brüllen; mlat.* mugulare, *frei gebildet aus* mugire.

Múggine *it., sp.* mújol, mùgil, *pg.* mugem, *fr.* muge *ein seefisch; von* mugil. *Franz.* mulet *aber entspringt besser aus* mullus.

Mula *it.,* mule *fr.,* mulilla *sp. pantoffel; nach Frisch u. a. von* mulleus *schuh von rothem leder; nicht unbedenklich.*

Mulino *it.,* molino *sp.,* moinho *pg.,* moulin *fr. mühle; von* molina *für* mola, *bei Ammian. Marcell. Daher it.* mulinaro, mugnajo *(wie* balneum, bagno*), sp.* molinero, *fr.* meunier *müller. Eine zss. ist it.* rimolinare, *sp.* remolinar, *pg.* remoinhar, *altfr.* remouliner *sich im kreiße drehen, wirbeln, it. sp.* remolino, *pg.* redomoinho *(mit einmischung von* retro*) strudel, wirbelwind, altfr.* remoulin *stern am kopf eines pferdes (haarwirbel) Roq. Auch das einfache it.* mulinello *bedeutet wirbelwind. Von* re-molere, remoudre *aber ist fr.* remous *(m.),* remole *(f.) wasserwirbel, meeresstrudel. Der alten prov. sprache scheinen die zss. mit* re *zu fehlen, es bleibt daher zu überlegen, ob in* revolina *GO.,* revolinar *LR., zumal da diese wörter den schwestersprachen abgehen, nicht eine umwandlung des* m *in* v *statt gefunden, indem an* volvere *gedacht ward;* molinar '*tourbillonner' hat Raynouard.*

Mummia *it., sp.* momia, *fr.* momie, mumie *ein einbalsamierter und getrockneter leichnam; vom gleichbed. pers.* mûmijâ, *dies von* mûm *wachs, womit die leichen überzogen wurden. Scaliger weist dagegen auf gr.* ἄμωμον *ein gewürz. Sp. adj.* momio *abgemagert.*

Mungere, mugnere *it., sp. (arag.)* muir, *pg.* mungir, *pr.* molser *GO., wal.* mulge *melken; von* mulgere. *Das übliche span. wort ist* ordeñar *II. b, das fr.* traire, *aber die alte sprache kannte* mulger *LRs. 66, noch pic.* moudre. *Andre mundartl. formen sind lomb.* molg, *piem.* mouse, *sard.* mulliri, *chw.* mulger, *cat.* muñir. *Von* mungere *ist das ital. adj.* munto, smunto *hager, abgemergelt, nicht von* emunctus.

Muñon *sp., cat.* munyó, *sic.* mugnuni *großer armmuskel, wohl auch fr.* moignon *fleischiger theil, stück fleisch (Trév.), stummel eines abgenommenen gliedes; vb.* comask. mugnà *abstutzen. Die einfachste form gewährt das bret.* den *übrigen celtischen sprachen unbekannte* moñ, mouñ *verstümmelt an hand oder arm. Als primitiv des span. wortes bietet sich das bask.* muñ *dotter: die begriffe dotter und muskel begegnen sich auch im lat.* torulus, *it.* tuorlo. *Welcher sprache aber dieser stamm eigentlich angehöre, bleibt ungewiß. Eine ableitung daraus ist sp.* muñeca *handwurzel, faust, puppe, in letzterer bed. auch* muñeco; *romagn.* mugnac *klotz.*

Mur *altsp. altpg. (m.), churw.* micur *(f.) maus. Das wort konnte sich neben* murts *(mauer) nicht behaupten und mußte mit andern, wie* sorex, talpa, *vertauscht werden. Eine abl. mit gl. bed. ist pr.* murena *(vielleicht* mureca *zu lesen), in der neuen sprache* murga, *welches aus* mus *entstand wie* auca *aus* avis *(s.* oca), *daher pg.* murganho, *sp.* musgaño *junge maus; eine andere sp.* murecillo *muskel, worin sich also die bekannte auffassung dieses organs als maus oder mäuschen wiederholt, die sich auch im mittelgr.* ποντικός *(abgekürzt aus* μῦς ποντικός) *deutlich ausspricht.*

Musaico *it., sp. pg.* mosaico, *pr.* mozaic, *fr.* mosaïque *musivarbeit; entstellt aus* musivum *sc.* opus *bei Spartian,* musēum *bei andern, aus gr.* μουσεῖον, *musenwerk. Für* musivum *findet sich zuerst pr.* musec, *schon GRoss.:* lo palaitz . . totz fo pensh a muzec *1032;* peiros . . figuratz a musec d'aur resplanden *1535, altfr.* musike *Parton. I, 30 (s. LR.), wobei man wohl an* Musa *und* musica *dachte. Später, wenigstens seit anfang des 14. jh., kam das etwas nach gelehrter umbildung schmeckende* musaico, *endlich, indem man die* Muse *verließ,* mosaico *auf.*

Musaraña *sp., pg. neupr. gleichlautend, fr.* musaragne *(*museraigne *Rabelais), norm.* mesirette, *wallon.* miserette, *chw.* misiroign, *comask.* mus-de-ragn *spitzmaus; von* mus araneus.

Musco, muschio *it., sp.* musco, *pr.* musc, *fr.* musc, *lat.* muscus *erst bei Hieronymus, später auch* moscus, moschus *bisam; aus dem pers.* muschk, *arab.* al-misk *Freyt. IV, 179ª, woher das üblichere sp.* almizcle, *pg.* almiscar, *cat.* almesc.

Muso *it. altsp., pr.* mus *und* mursel, *fr.* museau *maul, schnauze (daher engl.* muzzle, *gael.* muiseal *maulkorb); vb. it.* musare, *altsp. pr.* musar, *fr.* muser, *engl.* muse *gaffen, brüten, harren, seine zeit verlieren; pr. altfr.* musa, muse *vergebliches harren; pr.* musart *gaffer, thor (oft neben* fol), *nfr.* musard; *zsgs. fr.* amuser *hinhalten, unterhalten. Ferrari sieht in* musare *das lat.* mussare, *allein die buchstaben stimmen nicht. Stalder erwähnt ein schweiz.* mause *schnauze, aber als muthmaßliche nachbildung des it.* muso. *Auch ndl.* muizen *kann in der bed. nachsinnen aus* muser *herrühren (vgl. wegen des vocals* luister *aus* lustre); *ebenso hat die schweiz. mundart ein vb.* musen, *sbst.* mus *schwermuth. Diefenbach, Goth. wb. II, 89, wagt es mit dem altfries.* mûth *(engl.* mouth) *in verbindung zu bringen. Bei* musare *und* musa *ließe sich auch das ahd.* muozôn *unthätig sein,* muoza *unthätigkeit, muße geltend machen; aber das roman. verbum konnte sehr wohl aus* muso *hervorgehn, wenn man sich als grundbedeutung denkt 'ein maul machen, mit offenem maul dastehn', vgl. unser* maulaffe *und oben* badare. *Das etymon liegt näher, als man glaubt. Lat.* morsus *gebiß (das womit gebissen wird) verwan-*

I. MUSSOLO—NEGARE.

delte sich durch einen ziemlich üblichen ausfall des r vor s in mōsus, langes o aber wird leicht zu u, und so entstand muso aus morsus wie giuso aus deorsum deōsum. Das andenken an r erhielt sich noch im pr. mursel, worin dieser buchstabe durch seine stellung in unbetonter silbe geschützt ward, während der vocal sich nach dem primitiv mus richtete; so wie im bret. morséel, worin eine altfr. form fortlebt.

Mussolo, mussolino it., sp. muselina, fr. mousseline nesseltuch; von Mosul, arab. Mauçîl, stadt in Mesopotamien, wo es zuerst verfertigt ward.

N.

Nácchera, gnacchera it., sp. nácara, fr. nacre, altfr. nacaire, masc. sp. nácar, it. náccaro perlenmuschel, muschelschale, it. altfr. auch klapper, pauke, pr. necari; orientalischer herkunft, bei den Kurden nakára. S. darüber Ducange zu Joinville und zumal Pott in Höfers Ztschr. II, 354.

Nasturzio it. u. s. w. gartenkresse, lat. nasturtium, bemerkenswerth wegen vielfacher entstellung: ven. nastruzzo, fr. nasitort, neupr. nastoun, mit vertauschtem anlaut sp. mastuerzo, pg. mastruço, sic. mastrozzu, sard. martuzzu, piem. bistorce (cc palatal). Lat. nasturtium soll s. v. a. nasitortium bedeuten, a naso torquendo, das fr. nasitort wäre also eine erklärung desselben. Ihm entspricht das cat. morritort, denn morro ist schnauze. Andre namen der kresse sind it. crescione u. s. w., s. oben, sp. berro II. b, sard. ascione.

Nática it., sp. nalga, pr. nagga Elucid., altfr. nache, nage Bert. p. 96 hinterbacken, nlat. natica; abgeleitet aus natis wie cutica aus cutis, pr. auca aus avis, s. oca.

Naverare it. in innaverare z. b. PPS. II, 113, pr. cat. nafrar, fr. navrer durchbohren, verwunden, wohl auch sard. nafrar beflecken; sbst. pr. nafra, norm. nafre wunde, sard. nafra fleck; vom ahd. nabagêr, nhd. näber, ndl. neviger, neffiger, nord. nafar bohrer. Vielleicht ist das pg. escalavrar leicht verwunden* damit zusammengesetzt.

Navilio, naviglio, navile it., pr. navili, altfr. navile (navilie Rol.) flotte, schiff, nfr. nur navire (vgl. concire aus concilium Ben. u. a., Basire aus Basilius Rapp. au min. p. 178), in den Livr. d. rois navirie fem. Wie der Lateiner aus civis civilis, so leitete der Italiener aus navis das adj. navile und hieraus allerdings unüblicher weise navilio.

Negare venez. (mail. gen. negà), pr. negar, fr. noyer, chw. nagar ertränken; von necare in eingeschränktem sinne, mlat. necare, negare mit derselben bed. in der L. Burg. und Alam. Die formen der andern sprachen sind it. annegare, sp. pg. anegar, nicht aus ad-necare, sondern aus eneeare, von Gregor v. Tours 4, 30 für ertränken gebraucht, wal. innecà.

Negromante, nigromante *it.*, *sp. pg.* nigromante, *wald.* nigromant, *pr.* nigromanciá, *fr.* negromancien *todtenbeschwörer; it.* negromanzía, *sp.* nigromancía, *altfr.* nigremance *und* ingremance *Alx. 7, 9, Barl. 211 todtenbeschwörung; von* νεκρόμαντις, νεκρομαντεία. Negro *passt mit dem buchstaben allerdings zu* νεκρός, *da* k *leicht zu* g *wird, aber die hinneigung zu* nigro *zeigt, daß man das lat.* niger *darin fühlte (wohin es auch Raynouard stellt), indem man sich darunter einen mit schwarzen dingen verkehrenden dachte, was deutlich aus dem span.* magia negra, *synonym von* nigromantia, *hervorgeht. Ein lat. deutsches glossar schreibt darum* negromancia 'swartze konst' *Dief. Gloss. lat. germ.* 377[b]; *die zauberbücher hießen schwarze bücher. S. z. b. Frommann zu Herbort v.* 552.

Néspola *it., sp. pg.* nespera, *cat.* nespla, *altfr. pic.* nèple *Voc. duac., neufr.* nèfle (f *aus* p) *eine frucht, mispel; it.* nespolo, *sp.* nispero, *cat.* nespler, *pg.* nespereira, *fr.* neflier *mispelbaum; von* mespilus, mespilum *mit gemeinrom. übergange des* m *in* n, *der auch im ahd.* nespil *vorliegt. Formen mit* m *sind altsp.* mespero, *bask.* mizpira, *wallon.* mess, *in Rheims* mêle.

Nessuno *it., in älterer form* nissuno, *pr.* neisun, *altfr.* nesun, nisun *pronomen für lat.* nullus. *Es ward sonst wohl durch* nescio unum *erklärt, näher aber liegt* ne ipse unus, *so daß es heißt* 'auch nicht einer'.

Netto *it., sp.* neto, *pg.* nedeo, *pr. fr.* net *rein, hell u. dgl.; von* nitidus.

Nevula, reula *sic., letzteres auch sard. prov. cat. ein backwerk, hippe, fr. (henneg.)* nieule *oblate; von* nebula, *das im latein. zuweilen einen dünnen stoff oder dünnes blech bedeutete, für ein dünnes backwerk häufig im mlatein vorkommt, z. b.* ab hominibus romanae linguae nebulae, a nostratibus appellantur *oblatae, sagt Bern. Cluniac. (11. jh.); ein weit älteres zeugnis s. Altromanische glossare p.* 28.

Nicchio *muschel; von* mytilus, mitulus *eßbare muschel, wie* secchia *von* situla, vecchio *von* vetulus; *wegen des anlautes vgl.* nespola *aus* mespilum. *So mit recht Ferrari, wogegen Bolza es aus dem dtschen* schnecke *leitet. Nach der 1. decl. bildete man daraus* nicchia *muschelartige vertiefung in der mauer, daher fr.* niche (f.), *und aus diesem sp. pg.* nicho, *nhd.* nische. *Auch das vb.* rannicchiare *zusammenziehen, sich einkrümmen (wie die muschel), gehört hieher. Das span. wort ist* almeja, *das port.* ameijoa: *trennt man davon den arabischen artikel, so stimmt es gleichfalls zu* mitulus. *Das fr.* moule (f.) *dagegen schwebt unentschieden zwischen* mytilus *und* musculus, *aus letzterem ist occit.* muscle, *cat.* musclo, *ahd.* muscla, *nhd.* muschel, *ags.* muscel.

Nido *it. sp., fr.* nid, *pr.* niu, nieu, *trient.* nif, *chw.* ignieu nest, *von* nidus; *it.* nidio, *von* nidulus nid'lus (*vgl.* cingulus cinghio); *pg.* ninho *für* nidinho *diminutivform. Adj. it.* nidiace *aus dem neste genommen (von vögeln, besonders raubvögeln), daher unerfahren, einfältig, albern, von* nidio *und dem suffix* ace (*lat.* ax), *entsprechend dem gleichfalls neugeschaffenen adj.* ramace, *s. unten* ramingo. *Damit identisch ist*

I. NIELLO—NINNO.

fr. niais, *fem.* niaise, *nicht aber pr.* niaic, nizaic, *dessen feminin* niaica *oder* niaca *sein würde und welches wie* ibriac, ibriaic *zum suffix* ac *gehört. Und wieder anders zu beurtheilen ist sp.* niego *sc.* halcon *nestfalke, für* nidego, *pg.* ninhêgo, *welches das suffix* eg *(Rom. gramm. II, 307) an sich trägt.*

Niello *it., sp. pr.* niel, *altfr.* neel *schwärzliche zeichnung auf gold oder silber, mlat.* nigellum; *vb. it.* niellare, *sp. pr.* nielar, *altfr.* nocler, *mlat.* nigellare; *vom lat. dimin.* nigellus. *Derselben herkunft ist it.* nigella, *sp.* neguilla, *fr.* nielle *schwarzer mehlthau im korne, franz. und span. auch schwarzkümmel, mhd.* nigel.

Niente *it., pr.* neien, nien, *fr.* néant *negation für lat.* nihil; *von* ens entis *wesen, ding, mit vorgefügtem* ne *oder* nec. *Das lat. von den philosophen gebrauchte wort muß aber doch wohl volksüblich gewesen sein. Zwar denkt Ferrari an* ne hetta *(s.* ette *II. a), aber it.* chente, *das seiner bedeutung nach nur mit* ente, *nicht mit* hetta *zusammengesetzt sein kann, entscheidet dagegen. Zsgs. fr.* néanmoins, *it.* niente dimeno *nihilominus. Im Guill. d'Angl. wird* nient *einsilbig gebraucht,* noient *zweisilbig.*

Niffa, niffo, uiffolo *it. (flor.), chw.* gniff *rüssel, pr.* nefa *dicker theil des schnabels der raubvögel; deutsches wort, ags. engl. ndl.* neb, *ndd.* nibbe, nif, *altn.* nebbi, nef *schnabel, nase. Daher limous.* niflá, *pic.* nifler, *fr.* renifler *schnüffeln, henneg.* niflete *schnüffler, limous.* niflo *nasenloch, vgl. schweiz.* niffen *die nase rümpfen, bair.* niffeln *durch die nase reden. Mit* u *piem.* nufié = s-nüffeln.

Ninno, ninna *it. (ersteres mundartlich), sp.* niño, niña *kindchen. Es bedeutet zuerst ein wiegenkind und scheint entstanden aus der formel* ninna-nanna *(auch im port. üblich), womit man die kinder einwiegt, vb. it.* ninnare *einwiegen, neupr.* niná *einschlafen. Auf das ablautende* nanna *bezieht sich lomb.* nana *kind, auch bettchen (flor.* andare a nanna *schlafen gehn), sp. ebenso* nana (hacer la nana *schlafen), wallon.* naner *einschlummern u. dgl.; andre vocale kamen zur geltung im cat.* neu, nena *kindchen, im venez.* nena *amme, im henneg.* nenen *dass., im limous.* naina *wiege. Woher nun jenes schlafbringende* ninna-nanna, *worin man das schaukeln der wiege zu hören glaubt? Weder* nidus *nest, bettchen (lomb.* nin), *noch* nanus, *noch* min *(s. oben* mina) *läßt sich darin erkennen; nur ein auf* nn *oder* mn *ausgehender stamm würde grammatisch genügen. Aber kinder- und ammenwörter können leicht in hohes alterthum hinaufsteigen und aus verlorenen wurzeln herrühren; hierzu mag aus Hesychius* νύννιον *wiegenlied angeführt werden. Ninna-nanna ist eine der häufigen, gewöhnlich über den gränzen der etymologie liegenden ablautformeln wie das lomb.* ginna-gianna *name eines kinderspiels, oder* litta-latta *schaukel; nur hat es weitere verbreitung gefunden als die meisten andern. — Wie gr.* κόρη *und lat.* pupilla *mädchen und augenstern (spiegelbildchen im auge) heißen, so sp.* niña, *cat. pr.* nina; *so aber auch pg.* menina, *ven.* putina, *romagn.* bamben *(kind, nicht bloß mädchen), sic.* vavaredda *(von* vava, *s.* bava), pic. papare, *alban.* bebęzę. *Der Provenzale sagt für pupille auch* anha *lämmchen.*

Niuno *it., sp. mit eingeschobenem* n ninguno, *pg.* nenhum, *pr.* negun, nengun, neun, *wal.* nici un, *pronomen, zsgs. aus* nec unus, *im wal.* neque unus. *Andre formen sind altit.* neuno, *altsp.* nenguno, *altpg.* neun, niun *D. Din., cat.* ningù, *chw.* nagin, *com.* negun, nigun. *Dazu auch altfr.* nun *z. b.* nuns ne me tent, nuns ne me baille *Ruteb. I, 3, noch in Champagne* nune part = nulle part; *von* ne unus.

Nocchiere *it., sp.* nauclero, *alt* naochero, nauchel, *pr.* naucler, nauchier, *fr.* nocher *steuermann, führmann; von* nauclerus (ναύκληρος) *schiffsherr, nur bei Plautus.*

Noja *it., sp.* enojo, *pg.* nojo, *pr.* enuei, *fr.* ennui *verdruß; vb it.* nojare *ff. verdrießlich machen. Dieses wichtige wort hat lange aller forschung trotz geboten, denn die üblichen erklärungen aus* noxa, noxia, nausea *vertragen sich schlecht mit den lautregeln, und was das von Fauriel vorgebrachte bask.* enoch *betrifft (Ampère, Form. d. l. l. fr. 2. éd. p. 320), so sieht es aus wie ein der span. sprache entnommenes. Es entstand vielmehr, wie schon Cabrera bemerkt, aus* odium, *aber nicht durch zusammensetzung mit dem adv.* in, *sondern aus der auch den roman. mundarten wohlbekannten phrase* est mihi in odio: *aus* in odic *ward ganz regelrecht it.* noja *mit abgefallnem* i *(besser altit. masc.* nojo *PPS. II, 90), sp.* enojo, *alt* enoyo, *pr.* enuei, enoi, *wie it.* bajo, *sp.* bayo, *pr.* bai *aus* badius *wurden. Der Provenzale z. b. muß anfangs gesagt haben* amors m'es en oi = *lat.* amor mihi est in odio, *später,* en ois *als nomen gefaßt,* amors m'es enois. *Am deutlichsten tritt des wortes ursprung in der altmail. mundart hervor: z. b.* plu te sont a inodio = *it.* più ti sono a noja *Bonves. p. 324, v. 92;* a to inodio = a tua noja *v. 413. Dazu nehme man das altital. verbum* inodiare *nebst dem adjectiv* nodioso = nojoso *Trucch. I, 48. Altfranz. construierte man* enuier *noch mit dem dativ der person., z. b.* LRs. 367 icest afaire al rei ennuiad, *was auf den ursprung des wortes zurückzudeuten scheint. Ein sehr altes zeugnis für dieses verbum ist* anoget 'taedet' *Gl. augiens. (Altrom. glossare p. 51), wie für* ennuyeux anoediosus 'taediosus' *Gl. paris. ed. Hild. p. 12, in andern glossaren* anediosus, anodiosus.

Nolo, naulo *it., daher* noleggio, *fr.* nolis, *altsp.* nolit *fracht, besonders eines schiffes,* noleggiare, noliser *ein schiff miethen; von* naulum (ναῦλον) *fährgeld.*

Nona *it. sp., fr.* none *in den klöstern die neunte stunde des tages, also, wenn man den sonnenaufgang um sechs uhr annimmt, drei uhr nachmittags. Altfr. nahm man es auch im sinne einer weltgegend (südwest?):* une riviere l'avirone deverz midi e devers none *Rou II, p. 29.*

Nonno *it.* großvater, nonna *großmutter, pr.* nona, *fr.* nonne, nonnain *klosterfrau,* nonne, *lothr.* nonnon, *neupr.* nounnoun *oheim; von dem in das spätere latein eingeführten* nonnus, nonna, *einem ausdrucke der ehrfurcht, bei Hieronymus und auf inschriften (Orelli n. 2815). Die franz.*

form nonnain *begreift sich als eine accusativische von* nonnam *wie* putain *von* putam, *der mlat. plur.* nonnanes *in einem capitular v.* 789 (de monasteriis minutis, ubi nonnanes sine regula sedent) *hängt damit zusammen. Hieher auch sp.* ñoño *steinalt.*

Notare *it.*, *altfr.* noer, *chw.* nudar, *wal.* innotà *schwimmen; erklärt sich, da es auch im walach.* (*und alban.* not) *vorhanden ist, nur aus einer uralten volksmäßigen vergröberung des kurzen* a (lat. nătare) *in kurzes* o, *daher die ital. diphthongierung im präs.* nuoto. *Prov. und span.* blieb nadar.

Nuca *it. sp. pg. pr.*, nuque *fr.* nacken, genick. Cervix *ist zwar überall vorhanden* (*it.* cervice, *wal.* cerbice, *sp. pr. altfr.* cerviz), *aber nicht überall volksüblich geblieben. An seiner statt haben sich in den einzelnen sprachen mancherlei ausdrücke eingefunden, wie it.* collottola, cottula, *sp.* cogote, pescuezo, pestorejo, tozuelo, *cat.* bescoll, clatell, papada, *pr.* nozador, *neupr.* coutet, galet, *fr.* chignon, *alt* haterel, chanole, chaon, *in Berry* cacouet, *wallon.* hauett, *chw.* tattouna, *wal.* ceafę, gųt *u. dgl., aber nur ein gemeinromanisches bloß dem Walachen abgehendes,* nuca. *Man hat seinethalb auf das arab.* nucha *rücken- oder nackenmark (nochton (Gol.* 2333) *verwiesen, einen anatomischen ausdruck, der sich schwerlich auf roman. gebiete so einbürgern konnte. Sollte das wort aus* nux nūcis *herrühren? Der Sicilianer nennt den nacken in der that* nuci di lu coddu *noce del collo, halswirbel, zum unterschiede von noce del piede, knöchel am fuße, gr.* ἀστράγαλος *begreift beide bedeutungen; allein das kurze* u *stimmt nicht, denn das scheinbar parallele* duca *aus* dux dūcis *ist ein eigenthümlicher fall (s. oben), doch wäre es immerhin möglich, daß grade dieser fall zur form* nuca *als einer scheideform von* noce (*nuß*) *verführt hätte. Ähnliches klanges bei gleicher bedeutung ist das mhd.* nûwe *Wb. II,* 387. 427; *aber inlautendes deutsches* w *tritt kaum als* g, *nimmer als* c *auf, nur ein ahd.* nuha *wäre befriedigend. Kilian verzeichnet ein ndl.* nocke = *engl.* nock *kerbe an der armbrust, eigentlich das eingekerbte stückchen knochen, welches die gespannte sehne anhält; man könnte dieses wort für halswirbel gebrauchen (die bed. rückgrat legt ihm Kilian bei), aber es hat mehr gemein mit it.* nocca *knöchel (lomb.* gnucca *genick, it.* dinoccolare *enthaupten) als mit* nuca. Nux *also hat unter den angeführten fällen die grössere wahrscheinlichkeit für sich.*

Nuora *it., sp.* nuera, *pg. pr.* nora, *altfr.* nore, *wal.* norę *schwiegertochter; von* nurus *mit einer dem natürlichen geschlecht angepaßten endung:* nurus non nura *App. ad Prob., mlat.* nora *Bréq. p.* 362ᶜ.

O.

O, *od it., sp.* o, ů, *pg.* ou, *pr.* o, oz, *fr.* ou, *wal.* au, *conjunction, von* aut. *Zsgs. it.* ovvero, *von* aut verum.

Obblio, obblía *it. vergessenheit, von* oblivium, *pl.* oblivia; *vb.*

obbliare *vergessen, von dem rom. substantiv, vgl.* disiare *von* disio = dissidium. *Dagegen pr.* oblit, oblida, *fr.* oubli, *sp. umgestellt* olvido; *vb.* oblidar, oublier, olvidar *vom part.* oblitus. *Die der ital. lautregel widersprechende syncope des* t *in* oblitus *nöthigt zu dieser trennung der wörter.*

Obsequias *sp. pr.*, obsèques *fr. leichenbegängnis; von* obsequiae *für* exsequiae, *schon bei Petrus Chrysologus († 449), auch auf inschriften, s.* Ducange.

Oca *it. sp. pg.*, oie *fr., ursprünglicher sp. pr. chw.* auca *gans, so auch mlat. L. Alam.* (accipiter, qui aucam mordet cet.), *Form. Marc. Es ist zusammengezogen aus* avica, *das von* avis *abgeleitet ward wie* nática *von* natis *u. s. w. Rom. gramm. II, 308. Im sinne dieser etymologie übersetzt ein lat. gr. glossar* auca *mit* πτῆνον (πτηνόν) *vogel. So nannte man die gans als das nutzbarste hausthier dieser classe, wie man das rind schlechtweg* animal *(s.* aumaille *II. c) nannte. Dimin. fr.* oison (*wie* clerçon *von* clerc), *in den Cass. glossen* auciun. *Im alt- und neuprov. kommt auch das masc.* auc *gänserich vor, ebenso im veron.* oco, *im cremon.* ooch, *so mlat.* avecus, avicus; *eine andre gleichbed. bildung ist* ooutzar, *dem ein fr.* oisard *entsprechen würde.*

Oggi *it., chw.* oz, *sp.* hoy, *pg.* hoje, *pr.* buei, *altfr.* hui, *adverbium, von* hodie. *Zsgs. it.* oggimai, omai, *letzteres für* oimai (*vgl.* oi *in der zss.* ancoi), *nicht für* ormai, *da ausfall des* r *schwierig ist, pr.* hucimais; *it.* oggidì, *aus* hodie die, *so daß dies zweimal darin enthalten ist, sp.* hoy dia, *fr.* aujourd'hui; *altit.* ancoi *ff., s.* anche.

Ola *sp. cat., fr.* houle (*f.*, h *asp.*) *woge; scheint celtisch,* kymr. hoewal (*m.*) *bewegung des wassers, bret.* houl (*m.*) *woge, vb.* houlenna. *Von* houle *ist altfr.* wallon. holer *sich hin und herbewegen.*

Oleandro *it., sp.* oleandro, eloendro, *pg.* eloendro, loendro, *fr.* oléandre *lorbeerrose. Zu Isidors zeit* lorandrum, *dem die zweite port. form zunächst steht:* rhododendrum, quod corrupte vulgo lorandrum vocatur, *also wohl aus* rhododendrum *mit anlehnung an* laurus *entstellt und weiter entstellt durch abwerfung des* l, *worin man den artikel fühlen mochte.*

Olore *it., sp. pr.* olor, *altfr.* olour *duft, geruch; vom gleichbed.* olor, *bei Varro L. L. und Apulejus.*

Ombelico, bellico, bilico *it., wal.* buric, *sp.* ombligo, *pg.* umbigo, embigo, *pr.* ombelic, umbrilh, *fr.* nombril *nabel; von* umbilicus. Umbrilh *und* nombril (*letzteres reimend auf* péril) *entstanden aus* umbiliculus, *im Vocab. S. Galli* umpiculo; *das franz. wort hat überdies ein vorgesetztes* n, *das durch dissimilation für ein artikelhaftes* l *eingetreten sein mag,* nombril *aus* lombril, *denn auch der Catalane sagt* llombrígol. *Die stärkste abweichung von dem urworte zeigt eine zweite cat. form* melic. Nabel *war den Alten s. v. a. mittelpunct: hierauf gründet sich das ital. vb.* bilicare *ins gleichgewicht bringen, figürl. überlegen.*

Onde *it., altsp.* ond, *pg.* onde, *pr.* ont, on, *wal.* unde, *crts-*

I. ONIRE—ORBO.

adverbium; von unde. *Zsgs. it. sp. pg.* donde, *pr.* don, *fr.* dont; *von* de unde.

Onire *it., pr.* aunir, *altfr.* honnir (h *asp.*) *beschimpfen; vom goth.* haunjan, *ahd.* hônjan, *nhd.* höhnen. *Sbst. it.* onta, *so auch altcat. Chr. d'Escl. 590ᵇ, pr.* anta *(für* aunta), *selten* onta, *fr.* honte (h *asp.*), *auch altsp.* fonta *PC.; vom goth.* haunitha, *ahd.* hônida, *alts.* hônda *schmach; daher vb. it.* ontare, *altsp.* a-fontar (aontar *Canc. de B.*), *pr.* antar, *altfr.* ahonter, hontoier; *über sp.* f = *fr.* h *s. Rom. gramm. I, 320.*

Ora *it. ff., lat.* hora, *bemerkenswerth wegen der verbindung* bona hora, mala hora *zur guten oder bösen stunde, zum glück oder unglück, schon im ersten mlatein:* omnes mala hora dixerunt, quod a quibusdam pro auspicio susceptum est *Greg. Tur. 6, 45;* tam mala hora te viderunt oculi mei *Gest. reg. Fr. cap. 35. So it.* in buon' ora, in mal' ora, *sp.* en buena hora, en hora buena *zsgz.* norabuena *und so* noramala, *pr.* en bon' hora *Chx. IV, 420, altfr.* en bone heure *und* bone heure *Brand. p. 141. Endlich genügte bloßes* bona *und* mala, *zuweilen mit einmischung von* r *aus* hora: *it.* mal *zum unglück Inf. 9, 54, Purg. 4, 72, Par. 16, 140 (mala in* maladire *für* maledire), *sp.* en buena *Bc. Mill. 481,* mala *Mill. 419, altpg.* bora (*npg.* embora), *pr.* bona *Bth. 253, Arn. Vid.,* mala *Jfr. 64ᵃ. 114ᵇ,* mal *GAlb. 6406, altfr.* bone *Ren. I, v. 2858,* bor *schon Alxs. str. 90, auch* buer, *entsprechend* mar. — *Wie sich* hora *und* augurium *berühren, lehrt die redensart* en bona ora (à la bonne heure) *Jfr. 135ᵇ =* en bon atir *172ᵇ. S. Rom. gramm. II, 461, Altrom. sprachdenkm. p. 71.*

Ora *it., sp. pg.* hora, *alt* oras, *pr.* ora, oras, or, *altfr.* ore, ores, or, *nfr.* or, *zeitpartikel für lat.* nunc, *von* hora *zur stunde, im franz. auch formell vom sbst.* heure *geschieden. Der Provenzale kennt überdies die form* ara, aras, ar, *geschwächt in* era, eras, er *(chw.* era, er *für* ancora), *noch jetzt* aro, *cat.* ara, *bei deren entstehung vielleicht nur der zufall waltete. Dasselbe wort in der bedeutung des chw.* er *ist das von S. Rosa für ein personalpronomen gehaltene altpg. oder gallic.* er, ar, *z. b.* deus sabe mui ben ... er sabe mui ben *auch weiß er sehr wohl D. Din. p. 7;* nunca ar ouv' eu pesar *noch nie hatte ich kummer p. 33, vgl. p. 7 note. Noch häufig bei G. Vicente. Daher auch das gleichbed. bask.* ere? *Zss. sind unter andern: sp.* ahora, *pr.* aoras, adoras, *altfr.* à ore *LRs.; it.* a ora, *von* ad horam; *fr.* alors, *it.* allora, *von* ad illam horam; *fr.* lors *von* illa hora; *altsp. pg.* agora *von* hac hora; *it.* ancora, *altsp.* encara, *pr.* encara, enquera, *fr.* encore, *von* hanc horam *bis diese stunde; altfr.* unquore (uncore) *von* unquam hora; *altsp.* esora *von* ipsa hora; *pr.* quora, quor, *chw.* cura, cur *für lat.* quando, *aus* que ora *zsgz. Über ein altfr.* cor *s. Rom. gramm. III, 214 note.*

Orbo *it., pr.* orb *und* dorp, *altcat. altfr. wal.* orb *blind, eine bedeutung, die das lat.* orbus *erst spät entwickelt hat, die aber Isidorus als die ursprüngliche hinstellt:* orbus, quod liberos non habet quasi oculis amissis. *In derselben braucht es Apulejus, Met. Oudend. p. 336* en orba

I. ORCO—ORLO.

Fortuna! *so wie die Fragm. vatt. §. 130. Im ältern sinne bemerkt Cherubini aus dem mailändischen* on tett orb de lacc *eine sitze, die keine milch gibt.*

Orco *it., neap.* huorco, *altsp.* huergo, uerco *Rz.* 390, 802, *nsp.* ogro, *fr.* ogre, *ags.* orc *höllischer dämon, menschenfressender popanz; vom lat.* Orcus *als gottheit gedacht. S. Grimm, Mythol.* 454. *Adj. sp.* huerco *traurig.*

Orda *it., fr.* horde (h *asp.*) *herumstreifender haufe Tataren; nhd.* horde, *alban.* hordì, *russ.* orda *u. s. f., ein aus Asien stammendes wort.*

Ordo *it.,* ort *pr.,* ord *altfr. pic. häßlich, schmutzig; daher pr.* ordeiar, *altfr.* ordoier *beschmutzen; sbst. it. pr.* ordura, *fr.* ordure *schmutz. Daß* ort *(fem.* orda) *von* horridus *ist, beweist eine zweite prov. dem etymon besser angepasste form* orre, *fem.* orreza (*d. i.* orreda), *mit derselben bedeutung, daher das vb.* orrezar *s. v. a.* ordeiar.

Orecchia, orecchio *it., wal.* ureache, ureche *(f.), sp.* oreja, *pg. pr.* orelha, *fr.* oreille *ohr; von* auricula *ohrläppchen, schon von den Alten für ohr gebraucht* (garrire in auriculam *Martial), von einem grammatiker aber verworfen:* auris non oricla *App. ad Probum.*

Organo *it. sp., pg.* orgão, *cat.* orga *(f.), pr.* orgues *(pl.), fr.* orgue *(m.),* orgues *(pl. f.), wal.* orgán *(m.), ahd.* organa *und* orgela, *nhd.* orgel, *mndl.* orghel; *von* organum (ὄργανον) *werkzeug, besonders tonwerkzeug, wasserorgel.*

Orgoglio *it., alt* argoglio, *mit versetztem* r rigoglio, *sp.* orgullo, *alt* arguyo, ergull, *pr.* orgolh, erguelh, *altcat.* argull *RMunt.* 143ⁿ, *neucat.* orgull, *wald.* argolh *Hahn* 577, *fr.* orgueil *stolz, übermuth; vom ahd.* urguoli, *zu folgern aus* urguol insignis *Graff IV,* 153. *Im altsp. adj.* urgulloso *PC.* 1947 *hat sich sogar die ahd. partikel* ur *buchstäblich erhalten. Früher ließ man es aus gr.* ὀργίλος (*jähzornig*) *entspringen mit rücksicht auf die form des altfr.* orguilleus, *worin aber* i *eine durch fortrückung des accentes hervorgebrachte schwächung des ursprünglichen vocales ist. S. auch Grimm II,* 789, *Diefenbach, Goth. wb. II,* 382.

Oricalco *it., sp.* auricalco, *fr.* archal *messing; von* aurichalcum, orichalcum, *aus dem gr.* ὀρείχαλκος, *d. i.* bergerz, *die erste der lat. formen vermittels* aurum *umgedeutet.*

Oriuolo *it., mail.* reloeuri, *sp.* relox, *pg.* relogio, *pr.* relotge *uhr; von* horologium, *ahd.* orlei *Dafür fr.* montre, *eigentl. zeiger.*

Orlo *it., sp.* orla, orilla, *altfr.* orle *z. b. SB.* 562ᵐ *rand; dimin. von* ora, *welches, wohl zum unterschiede von* hora *und nicht etwa nach dem gr.* ὄρος *gränze, einige sprachen als masculin behandeln:* sard. oru, *lomb.* oeur *(ör), pr.* or *Bth.* 204, *altfr.* or *Gormond v.* 69, ur *LRs.* 254, *churw. gleichfalls* ur (*kymr.* ôr *fem.*). *Vb. it.* orlare, *sp.* orlar, *fr.* ourler *einfassen. Ein anderer ausdruck für rand, ufer ist pr.* vora *GO., cat.* bora, *val.* vora (vora el riu *am rande des flusses JFebr.* 162), *wohl auch altfr.* vore *Roq. suppl., worin ein vorgesetztes oder eigentlich eingeschobenes* v *angenommen werden darf; d. h.* la vora *steht zur vermeidung des hiatus für* la ora, *indem man sich wegen des gleichlautenden* l'ora *(stunde) der anlehnung des artikels enthielt: ähnlich sagt der Catalane* llavors = *sp.* á la hora, *fr.* lors.

Orma *it.,* urmę *wal. spur auf dem boden; vb.* ormare *die spur verfolgen, wal.* urmà *folgen.* Orma *scheint* = *sp.* husma *geruch d. h. spur, daher* husmar *auswittern, altfr.* osmer *Parton. I, 32, Ren. I, 216, lomb. ven.* usma, usmare; *vom gr.* ὀσμή *geruch,* ὀσμᾶσθαι *riechen, spüren, wal. in ders. bed.* ulmà. *Der übertritt des* s *in* r *ist zwar sonst im ital. nicht üblich, aber ebenso unüblich ist, wenn man* orma *von* forma *leitet, der wegfall des anlautenden* f, *vgl. übrigens oben* ciurma. *Ein altes zeugnis für das wort gewähren die Erfurter glossen, 355, 19:* osma 'suicae' *(ags.* sväc *geruch).*

Orpello *it., sp.* oropel, *pr.* aurpel, *fr.* oripeau *flittergold; wörtlich goldhaut, zsgs. aus* aurum *und* pellis.

Orza *it. seil am linken ende der segelstange, linke seite des schiffes, pr.* orsa (s'una milla va drech, quatorze vai a l'orsa *LR. IV, 233ª), fr.* ourse *seil an der segelstange des besanmastes (Trév.), sp. pg.* orza *das sogenannte schwert eines fahrzeuges, womit das gleichgewicht desselben hergestellt wird,* orza de avante *ein ausdruck, die richtung des schiffes nach der linken hand zu bezeichnen; vb. it.* orzare, *sp.* orzar *mit halbem winde segeln. Span.* orza *bedeutet auch ein gefäß (entweder von* urceus *oder von* orca, *adjectivisch* orcea) *und in der that war ein solches, eine tonne, eben so geeignet, das gleichgewicht des schiffes zu unterstützen, wie ein brett (das schwert), aber worauf soll die beziehung der* orza *zum linken schiffsborde beruhen? Des wortes eigentlicher begriff muß sein 'die linke seite' und so ist es deutschen ursprunges: nndl.* lurts, *mhd.* bair. lurz *link; it.* orza *ist also aus* l'orza, *das anlautende deutsche* l *als artikel gefaßt, entstanden und so ins span. übergegangen. Daß das fr.* s *aber einem ursprünglichen* z *entspricht, dafür bürgt die picard. form* orche, *welche Monnard, Chrest. franç., verzeichnet.*

Orzo *it., pr.* ordi, *fr.* orge *gerste; sp.* orzuelo *gerstenkorn; von* hordeum.

Ostaggio *it., sp.* hostaje, *pr.* ostatge, *fr.* otage *bürge, geisel; im späteren mlatein* hostagium, hostaticum, *it.* statico; *zsgs. aus* obsidaticum (osdatcum) *vom ächtlat.* obsidatus *bürgschaft durch geisel, dies von* obses. *S. darüber Vossius, Vit. serm. 3, 14, und Grimm, Rechtsalt. p. 620.*

Oste *it. (bei dichtern), sp.* hueste, *pg.* hoste, *pr. altfr.* ost, *wal.* oaste *heer, pic.* ost (spr. o) *herde; abgel. wal.* ostaş *soldat; vb. it.* osteggiare, *pr.* osteiar *zu felde liegen, bekriegen. Schon im ältesten mlatein bedeutet* hostis *heer (*hostem collectum habet *Greg. M.) oder kriegskunst; der begriff könnte sich aus der üblichen redensart* ire in hostem *gegen den feind d. i. zum heere gehen, entfaltet haben. Seltsam ist die veränderung des genus: mlat. meist fem., ital. masc. und fem., sp. pg. wal. fem., altfr. fem., selten masc. (*li ost *LRs. 156;* tut l' ost *200). —* Exercitus *erhielt sich* *in voller anwendung nur im südwesten, im ital. ist es wenig üblich, im nordwesten fast ein fremdwort.*

Oste *it., sp.* huesped, *pr.* hoste, *fr.* hôte, *wal.* oaspet *wirth, dsgl. gast; von* hospes *(eigentlich von* hospit-*) gastfreund (gast oder wirth); nimmer von* hostis. *Abgel. it.* ospitale, ospedale, spedale, *mdartl.* spitale *(woher unser* spital), *sp. pr.* hospital, *fr.* hôpital *anstalt zur unentgeltlichen aufnahme armer, kranker und wanderer, im ältesten mlatein z. b. bei Gregor v. T.* hospitale, *von* hospitalis *gastlich; zsgs. it.* ostale, *sp. pr.* hostal, *fr.* hôtel, *it.* ostello *(aus altfr.* hostel) *herberge, prov. auch wohnung, behausung.*

Otriare *it., sp.* otorgar, *pg.* outorgar, *pr.* autorgar, autreyar, *fr.* octroyer *bewilligen; von* auctoricare *für* auctorare *bestätigen, bekräftigen. Diesmal steht die neufr. form dem etymon näher als die altfr.* otroier; *aber es war ein wort des canzleistils: die volkssprachen lassen* c *fallen. Daher sbst.* otorgo, autore, autrei, octroi *bewilligung.*

Ottarda *it., sp.* avutarda, *pg.* abetarda, betarda, *pr.* austarda, *fr.* outarde *ein vogel, trappe. Vom lat.* otis (ὠτίς) *mit dem suffix* ard *ist abzusehen, wie oft auch dies suffix thiernamen bestimmt. Plinius, Hist. nat. 10, 22, entziffert uns die etymologie dieses wortes:* proximae iis sunt, quas Hispania aves tardas appellat. *Spanien aber hat sich hier offenbar eine gemination erlaubt:* avutarda *kann nicht sein* = au-tarda *mit eingeschobenem* v, *denn solche zerlegungen des diphthongs sind nicht üblich, vielmehr ward dem schon vorhandenen* u-tarda *für* o-tarda *(vgl.* urdir *für* ordir) *nochmals* ave *vorgesetzt wie in* av-estruz. *Das prov. wort ist eine nominativform, aus von* avis, *daher wohl auch das champ.* bistarde.

Ottone *it., sp.* laton, alaton, *cat.* llautó, *fr.* laiton *messing, nord.* lâtun; *muthmaßlich vom rom. (it.)* latta *weißes blech, also eigentl. platte, latte, vgl. sp.* plata, *das gleichfalls der bed. platte eines metalles entspricht. Die ital. form wird ihr anlautes* l *als misverstandnen artikel verloren haben, mundarten aber, die piem. mail. comask. venez., sagen* loton.

Ovata *it., fr.* ouate, *aus letzterem sp.* huata *wulst zum füttern der kleider. Es könnte eine ableitung sein aus dem lat* ovum *(ei, eiförmiges ding) vermittelst des suffixes* ata, *das dem begriffe des primitivs zuweilen die vorstellung einer ausbreitung im raume beifügt (it.* lombo, lombata); *alsdann wäre* ouate *aus* ovata *entlehnt. Das wort ist auch den deutschen sprachen bekannt, aber nicht den alten: nhd. ndl.* watte, *engl.* wad *(auch pfropf, büschel, bündel Halliw.), schwed.* vadd; *sollte sich gleichwohl seine deutschheit rechtfertigen lassen, so ist von* ovum *abzusehn; aber der herleitung aus ahd.* wât *'vestimentum' widersetzt sich die bedeutung entschieden.*

Ove *it., alt* o, *auch* u, *altsp.* o, *altpg.* ou, *pr.* o, *fr.* où, *ortsadverb, von* ubi. *Zsgs. it.* dove *fr.* d'où; *von* de ubi.

P.

Pabilo *sp., pg.* pavío, *sard.* pavilu, *pr.* pabil, *chw.* pavaigl, *kymr.* pabwyr *docht; von* pabulum *nahrung (des feuers); ähnlich* esca *speise, zunder. Mail.* pabi *futter.*

Pacciare *it. in* impacciare, *sp. pg. pr.* empachar, *fr.* empêcher *beunruhigen, behelligen, hindern; sbst. it.* impaccio, *sp. pg.* empacho, *pr.* empach, *chw.* ampaig; *dsgl. it.* dispacciare, spacciare, *sp. pg.* despachar, *fr.* dépêcher *losmachen, abfertigen, sbst.* dispaccio, spaccio, despacho, dépêche. *Der herleitung aus* impedicare *verstricken (bei Ammianus) fügt sich bloß das fr.* empêcher, *doch war der eigentliche ausdruck dafür altfr.* empegier = *pr.* empedegar. *Muratori räth auf* pactio, *davon* impactiare = pacta inire *sich auf händel einlassen, es scheint aber mit* pacisci *gar nicht zusammenzuhängen. Lat.* impingere *heißt einem etwas anhängen, womit behelligen, das frequentativ, bekanntlich ein sehr wichtiges bildungsmittel der neuen sprache, wäre* impactare, *davon regelrecht sp. pr.* empachar; *eine erklärung, die in den prov. nebenformen* empaitar *und* empaig (*vgl.* faita, faig *von* facta, factum) *so wie in der bed.* impfen *d. h. einstoßen* (impingere) *und in der des cat.* empaitar *verfolgen (wieder* impingere) *sichern anhalt findet.* Dis-pactare *von* dis-pingere *wäre das gegentheil von* impingere, *d. h. losmachen, wie* disjungere *das gegentheil ist von* injungere, discingere *von* incingere. *Franz.* empêcher *ist entweder aus pr.* empachar, empaichar *oder gradezu aus* impactare *wie* fléchir *aus* flectere, *altfr.* delecher *aus* delectare: *erst ein pic.* empeker *würde für* impedicare *zeugen. Die französischen wörter wären alsdann von den übrigen zu trennen. Das it.* impacciare *aber muß in einer mit i bewirkten abl.* impactiare *seinen grund haben.*

Pacco *it., fr.* paquet, *sp.* paquete *bündel, pack; wohl kein altromanisches und eben so wenig ein altgermanisches wort, zunächst aus dem ndl.* pak *oder engl.* pack = gael. pac. *S. oben* baga. 'In den romanischen, keltischen und deutschen sprachen stehen die stämme bag und pak neben einander, sind aber vielleicht trotz den kreuzungen der bedeutung grundverschieden.' So Diefenbach (Kuhns und Schleichers Beiträge I, 262). Vgl. auch dessen Goth. wb. I, 339. 343. 344, und Weigand v.* pack.

Padiglione *it., sard.* papaglioni, *sp.* pabellon, *pr.* pabalho, *fr.* pavillon *zelt, auch kymr.* pabell, *altir.* pupall; *von* papilio *in dieser bedeutung bei Lampridius und späteren, s. Ducange; altfr.* paveillon *noch in der bed. schmetterling Fl. Bl. 2353. Wegen der ital. form s. Rom. gramm. I, 189.*

Paese *it., sp. pg.* país (*aus dem franz.?*), *pr.* paes, *fr.* pays (*zweisilb.*) *land, gleichsam* pagense *von* pagus; *dsgl. altsp.* pages *Rz., pr.* pages *bauer,* pagensis *bei Gregor v. T., in der L. Long. u. s. w.; daher it.* paesano, *sp. pg.* paisano *landsmann, fr.* paysan *landmann.*

Pagano *it. sp.*, *pg.* pagão, *pr.* pagan, payan, *fr.* payen, *wal.* pęzųn, *auch böhm.* poban *u. s. w.*, *adj.* heidnisch, *sbst.* heide; *von* paganus, *also eigentl. ländlich, bäurisch, und so hießen die bekenner des alten götterdienstes, weil er sich seit Constantin d. gr. auf das platte land hatte flüchten müssen. Dasselbe was* paganus, *bezeichnet unser* heide, *ahd.* heidan, *goth. fem.* haithnô *(von* haithi *feld), vgl. Grimm, Myth. p. 1198.*

Pagare *it.*, *sp. pg.* pagar, *pr.* pagar, payar, *fr.* payer *bezahlen, befriedigen; sbst. it. sp. pg. pr.* paga, *fr.* paie *zahlung, lohn; von* pacare *zum frieden bringen, beruhigen, roman. mit dem accus. der person oder sache:* payer ses créanciers, payer les intérêts. *Die ursprüngliche bedeutung läßt sich im S.* Leodegar *str. 18 wahrnehmen, wo es heißt:* cio li preia paias (se) ab lui *er bittet ihn sich mit ihm zu versöhnen, für welche bedeutung sonst* apagar *gebraucht wird. Der walach. ausdruck ist* plęti = *serb.* platiti.

Paggio *it.*, pagi *neupr.*, page *fr. edelknabe zum aufwarten, daher sp.* page; *vom gr.* παιδίον *knäbchen, kleiner diener, wie mhd.* kint. *Die Byzantiner mögen dies wort, wie manches andre, nach Italien gebracht haben, wenn es nicht durch die kreuzzüge herüberkam. In spätem mittellatein* pagius. *Mit* pagés *von* pagensis (*s. oben* paese) *ist es nicht zu verwechseln. Die ungeschlachte herleitung aus* paedagogium *oder* paedagogianus *ist nicht der rede werth.*

Paglia *it.*, *sp.* paja, *pg. pr.* palha, *fr.* paille, *wal.* paie *stroh; von* palea *spreu. Daher pr.* paillola *lager; fr.* paillard *unzüchtig, weil die liederlichen dirnen, wie* Caseneuve *erklärt, ihr gewerbe auf dem stroh ausübten; zsgs. pg.* espalhar *zerstreuen, verbreiten.*

Palafreno *it.*, *sp.* palafren, *pr.* palafrei, *fr.* palefroi *zelter; vom hybriden* para-veredus *nebenpferd Cod. Justin. zsgs. aus* παρά *und* veredus, *mlat.* parafredus *L. Bajuv., daher auch unser* pferd, *ahd.* pherit, *alts.* pererd. *Die form* freno *in diesem worte (fr.* palefrenier) *beruht wohl auf einer umdeutung, indem man an* frenum *dachte, vgl. Ubaldini zu Barberino. Lehrreiche bemerkungen über dieses wort bei Wackernagel, Voc. opt. p. 7.*

Palandra *it.*, *sp. pg.* balandra, *fr.* balandre *kleines lastschiff zur küsten-, fluß- und canalfahrt (Seckendorf); soll aus dem gleichbed. ndd.* binnenlander *(der innerhalb des landes fährt) entstanden sein, s. Adelung, der auch ein deutsches dem franz. entnommenes* belander *(m.) anmerkt. Spanu nennt das sard.* belandra *ein flandrisches schiff. Roquefort verzeichnet als eine art schiffe* palondrie, palondrin.

Palandrano *it.*, *sp.* balandran, *neupr.* balandrá, *fr.* balandran *ein weiter rock, reitrock, regenmantel.*

Palio *it. sp.*, *pr.* pali, *altfr.* pali, paile *überkleid, teppich, baldachin; von* pallium, *zunächst der hierzu verwandte baumwollen- oder seidenstoff;* pallium a pellibus, unde fiebat, sed modo dicitur pallium quoddam genus panni ex serico et quilibet mantellus *Uguito. Es ist das ahd.* phellol, *mhd.* pfellel, pfeller (palliolum). *Wie der name eines kleides zum namen des dazu gebrauchten stoffes werden konnte, lehrt unter andern* ciclaton, *s. oben.*

Palmiere *it., sp.* palmero, *altfr.* paumier *pilger, eigentlich ein zum heil. grabe wallender, weil solche pilger palmenzweige mitbrachten*: qui de Hierosolymis veniunt, palmam in manibus ferunt in signum, quod illi regi militarunt, qui Hierosolymis cum palmis honorifice receptus est *Durandus, s. Ducange; mhd.* ein ellender man der truoc ein palm in der hant *Wb. II, 461.*

Palpĕbra *lat.* augenlied, *im plur.* auch wimper, *vornehmlich wegen seiner zum theil durch den unbestimmten latein. accent veranlaßten romanischen vielformigkeit beachtenswerth. Ital.* palpébra, palpébro, *venez.* palpiera, *piem.* parpeila, *sard.* pibirista, *pg.* pálpebra, *sp.* pálpebra *und* párpado, *pr.* palpébra, palpéla, pálpet *(f.), altfr.* palpre *Lib. psalm. 10, 5, neufr.* paupière, *pic.* paupiele, *norm.* paupille, *churw.* palpéber, palpéder, *wal.* pleópę. *Unter diesen muß pr.* palpet *durch einfluß von* palpitare *entstanden sein, wofür man auf unser aus* wimper *abgeleitetes vb.* wimpern *d. i. in einer zitternden bewegung sein (Adelung) verweisen darf. Wal.* pleopę *läßt sich, da es wenigstens im slavischen nicht vorkommt, nur als eine starke entstellung des lat. wortes auffassen. Seltsam sieht das sard.* pibirista *aus.*

Pancia *it., sp.* panza, pancho, *pr.* pansa, *fr.* panse *wanst; von* pantex panticis, *wal.* pęntece. *Daher it.* panciera, *sp.* pancera, *altfr.* panchire, *mhd.* panzier, *nhd.* panzer, *der theil der rüstung, der den unterleib bedeckt.*

Pandúra, pandóra *it., altsp.* pandurria, *fr.* pandore, *entstellt sp.* bandurria, *pg.* bandurra, *sp. auch* bandóla, *dsgl. it.* mandóla, *fr.* mandole, mandore *ein saiteninstrument, zither; von* pandura, pandurium, *gr.* πανδοῦρα.

Paniere *it., altsp.* panero, *pr. fr.* panier *korb; von* panarium *brotkorb.*

Pannocchia *it., sp.* panoja *büschel an der hirse; von* panucula *für* panicula, *bei Festus ed. Müller p. 220, wie auch Pott bemerkt in der abhandl. Plattlat. 316.*

Pantáno *it. sp. pg.* sumpf, schlamm; *mlat.* pantanum *begegnet in einer urkunde Karls d. gr. Marin. p. 106". Ménage meint vom hypothetischen* paludanum, *was schwer zuzugeben ist. Stammt es vom gr.* πάτος, πάτημα *(koth) mit eingefügtem* n *wie im folgenden worte? Lombardisch hat man das einfache* palta *(piem.* pauta), *abgel.* paltan = pantano; *es könnte aus* polta *brei, von* puls, *abgeändert sein, denn auch* poltiglia *heißt brei und schlamm, chw.* pantan *ist gleichbedeutend mit* pultan.

Pantófola, pantúfola *it., wal.* pantoflę, *sp.* pantuflo, *fr.* pantoufle *(f.) eine fußbekleidung, halbschuh. Von zweifelhafter herkunft, sicher nicht von der ungeschickten griech. zusammensetzung* παντό-φελλος *ganzkork, wobei die verarbeitung des korks zu pantoffelsohlen in anschlag kam. Ein compositum scheint es allerdings. Der erste theil desselben ist etwa das fr.* patte *fußsohle, denn es fehlt nicht an mundartlichen formen ohne* n, *s. b. ndl.* pattuffel, *piem.* patofle *neben* pantofle; *in der persönlichen bed. eines menschen mit schleppendem schwerfälligem tritt genf.* patoufle, *henneg. norm.* patouf, *denen sich fr.* pataud *vergleicht. Der Catalane sagt* plantofa, *das an* planta *(sohle) mahnt, er muß jedoch das* l *durch umdeutung versetzt haben, denn hieraus* patofla *entstehen zu lassen, wäre der sprache zu viel zugemuthet. Aber was ist mit dem zweiten theile des wortes anzufangen? Neupr. sagt man auch* man-oufle *(f.) für eine handbekleidung, 'einen muff, latinisiert* manifiua *Gl. de Lille p. 8 (Sch. 17), muthmaßlich aus* manupula *(s. oben* manopola*) wie* fondefle *aus* fundibulum: *sollte* pantoufle *diesem worte nachgebildet sein, da* oufle *für sich nichts bedeutet? und würde sich auch fr.* emmitoufler *(wohl von* amictus*) auf diesem wege erklären lassen? — [Man sehe auch bei Atzler, der die endung* oufle *aus dem deutschen herzuleiten versucht.]*

Papa *fr.* vater *(in der kindersprache), von* papa, *das nicht in* pape *oder* pève *übergieng, weil es als* gemination *pá-pá behandelt ward, welche die kinder lieben; daher entlehnt das span. und mdartl. ital.* papá, *wofür diese sprachen die einheimischen ausdrücke* taita *und* babbo *besitzen. Dasselbe wort ist it. sp. pg.* papa, *fr.* pape *höchster priester der katholischen kirche. — Lat.* papa, pappa *speise oder brei der kinder ist gemeinromanisch: it.* pappa, *wal.* pape, *sp. pg.* papa, *altfr.* papin, papette; *so auch* pappare *essen, brei essen, das im sard.* papai *ganz die stelle von* mangiare *einnimmt. Dazu noch ein subst. it.* pappo *brot, sp. pg.* papo *bissen, den der falke mit einem male verschluckt, dsgl. kropf der vögel (auch* pápera*), wamme der ochsen (etwas gefüttertes, gemästetes), ven. veron.* papota *(auch* papa*) dicker, fleischiger backen,* papon *und* papota *adj. fett, fleischig, ausgemästet, sp.* papudo *mit dickem hals oder kropf. Gleicher herkunft, aber durch dissimilation abgewichen, ist wohl auch it.* paffuto *s. v. a. ven.* papoto, *und selbst wohl sicil.* baffù, *vgl. pic. norm.* empafer *vollstopfen. Für die bed. kropf mag auch noch lat.* papula *(blatter, blase) erwogen werden, dem die span. sprache die bed. kropfartige geschwulst, die ital. die bed. geschwür DC. s. v. beilegt.*

Pappagallo *it., cat.* papagall, *wal.* papagal, *sp. pg.* papagayo, *pr.* papagai, *altfr.* papegai *und* papegaut, *engl.* popinjay, *vrlt.* papyngay *Halliw., mhd.* papegân, *mittelgr.* παπαγάς, *ngr.* παπαγάλλος *name eines vogels. Das roman. gebiet hat* psittacus *verloren, das sich im deutschen* sittich *erhielt, s. Dief. Gloss. lat. germ. v.* psittacus. *Das neue wort hat das ansehen eines compositums und wird in dieser voraussetzung auf verschiedene weise gedeutet, z. b. von* papa *pfaffe und altfr.* gai = nfr. geai *häher, oder ebenso von* papa *und* gallo *hahn, weil die geistlichen diese vögel vornehmlich gehalten hätten, s. Frisch II, 39ª, und dazu scheint auch das engl.* pope *zu stimmen; doch darf man nicht vergessen, daß* papa *papst, nicht geistlicher heißt, der sinn also papsthäher oder papsthahn wäre, ein name, für welchen in der sache nicht der geringste grund vorhanden ist. Andre deuten ihn aus* pavus gallus *pfauhahn, was etwas ganz anders aussagt. Wer es ferner vom gleichbed. arab.* babagâ *herleitet, der möge bedenken, daß dieses wort in der arab. sprache keine wurzel hat und erst spät vorzukommen scheint (Gol. p. 213, Freyt. I, 81ᵃ), so wie daß die vertretung des arab.* b *durch rom.* p *wenigstens ungewöhnlich ist: umgekehrt drückt der Araber das fremde* p *durch* b *aus,* Boqra't *z. b. ist* Hippocrates. *Unglücklich ist Génin's einfall,* papagault *bedeute einen vogel, der die zweige des waldes* (gault) *d. h. die stangen seines käfigs benage: es liegt auf der hand, daß dies nur den sinn waldfresser haben könnte; wer denkt aber bei einem stängelchen an den wald? Es ist also mit diesen umdeutungsversuchen nichts entschieden. Ein andrer name des vogels ist* parocchetto, *s. unten.*

Pappalardo *it.,* papelard *fr. scheinheiliger; nach Génin, Récreat. philol. I, 433, einer der enthaltsamkeit heuchelt, aber im geheimen speck ißt* (pappe-lard). *Daß dies im geheimen geschieht, worauf hier alles ankommt, muß man freilich supplieren. Die ital. sprache hat noch andre, den scheinheiligen kräftiger zeichnende ausdrücke, wie* baciapile *säulenküsser,* stropiccione *reibwisch (der auf den knien umherrutscht),* graffiasanti *heiligenkratzer,* torcicollo *halsverdreher (augenverdreher würden wir lieber sagen).*

Paraggio *it., pr.* paratge, *ebenso arag. (Ducange), fr.* parage *herkunft, stand; eigentl. gleichheit, ebenbürtigkeit, von* par.

Paragone *it., sp.* paragon, parangon, *fr. vrlt.* parangon *vergleichung. Das wort ist von Spanien ausgegangen und dankt seinen ursprung den substantivisch angewandten präpositionen* para con, *z. b.* la criatura para con el criador *das geschöpf im vergleich mit dem schöpfer:* c *zwischen vocalen mußte zu* g *herabsteigen. Es ist also verlorene mühe, es im griechischen aufzusuchen.*

Parare *it., pr.* parar *hinhalten z. b. die wange, auch sp.* parar in parar mientes *animum advertere; in andrer bed. ital. abhalten z. b. einen stoß, so fr.* parer *paricren, sp.* anhalten, stehen machen. *Lat.* parare *gewährt nur die bed. bereiten; hieran knüpfte sich einerseits die bed. hinhalten, eigentl. bereit machen, bereit halten, andrerseits die bed. abhalten, anhalten, eigentl. verwahren, schützen, wie lat.* defendere. *Von* parare *schützen ist it.* para-petto, *daher fr.* parapet *brustwehr; von* parare *abhalten it.* para-sole, *fr.* parasol *sonnenschirm,* para-vento *windschirm; darnach gebildet fr.* para-pluie *(m.) regenschirm. Auch it.* riparare, *sp.* reparar, *sofern es abhelfen, bewahren heißt, weicht vom lat. worte ab, sbst.* riparo, reparo *ausweg, schutzwehr. Zu merken auch it.* comperare, comprare, *sp. pr.* comprar, *allfr.* comperer, *wal.* cumporà, *bloß mit der bed. kaufen, lat.* comparare. *Eine neue zss. ist sp. pg. pr.* emparar, amparar *(wie sp.* embrollar, ambrollar*) in besitz nehmen, ergreifen, fr.* s'emparer *sich bemächtigen, it.* imparare *lernen (wie* apprendere*); fr.* se remparer *sich verschanzen, sbst.* rempart *(früher* rempar *geschr.) verschanzung, wall. Eine andre zss. ist it.* sparare, *sp.* disparar, *ein gewehr losschießen, eigentl. entladen, entrüsten.*

Parco *it., sp. pg.* parque, *pr.* parc, pargue *(noch jetzt mit* g pargou, pargado, pargagi), *fr.* parc *umzäunung, thiergarten, daher s. b. fr.* parquet, *vb.* parquer. *Es tritt bereits im frühsten mlatein auf:* parcus, parricus *L. Rip., L. Angl.,* parc, parch *L. Bajuv., wo es aber kornspeicher bedeutet; ahd. lautet es* pfarrich, pferrich, *nhd.* pferch, *ags.* pearruc *Chron.,* pearroc *Alfred., gael.* pàirc, *kymr.* parc, parwg. *Scaliger hielt es für eine entstellung aus* palc, *dies von* palus *pfahl, in beziehung auf die einzäunung; andre leiten es, gestützt auf eine ital. nebenform* barco, *vom deutschen vb.* bergen, *præt.* barg, *aber der anlaut ist entschieden die tenuis, ahd.* pf; *andre vermuthen celtischen ursprung (Diefenb. Goth. wb. I, 265), aber auch in dieser sprache steht es da wie ein fremdling. Es wird zu bedenken sein, ob es nicht vom lat.* parcere *herstammen könne: substantiva mit activem sinne aus verbis sind häufig. Wie it.* redina *von* retinere *etwas zurückhaltendes,* cigna *von* cingere *etwas umgürtendes, so konnte* parco *etwas schonendes, schützendes bedeuten; das substantiv entstand zu einer zeit, wo ce noch guttural gesprochen ward, daher ital. nicht* parcio, *vgl. sp.* torca *von* torquere, *roman.* torcere *u. a. Dagegen ließen sich einwenden die ags. formen* pearruc, pearroc, *insofern diese sprache in latein. wörter keinen ableitungsvocal einschiebt, doch konnte das beispiel einheimischer formen wie* veolc, veoluc, veoloc *leicht zu jener einschiebung verführen.*

Parecchio *it.,* parejo *sp.,* pareil *fr. gleich, wal. sbst.* pereáche *paar; dimin. von* par, *mlat.* pariculus: hoc sunt pariculas causas *pareilles choses L. Sal. u. s. w. Der ital. plur.* parecchi *bedeutet 'mehrere', eigentl. mehrere dinge von gleicher art, mehrere exemplare. Zsgs. it.* apparecchiare, *sp.* aparejar, *pr.* aparelhar, *fr.* appareiller *eigentl. paarweise verbinden, paaren (wie noch franz.), daher zusammenfügen (vgl. lat.* combinare), *zurüsten, sbst.* apparecchio *ff. zurüstung.*

Parola *it., sp.* palabra, *pg.* palavra, *alt* paravoa *SRos., pr.* aliit. altsp. paraula, *fr.* parole *wort; von* parabola *gleichnis, daher spruch, wort, schon im frühern mlatein. Es ist ersatz für* verbum, *das man aus scheu vor seiner religiösen bedeutung vermied (Schlegel, Obs. sur la langue prov. not. 33), wenigstens sind it. sp.* verbo, *altsp.* vierbo, *pr.* verbi, churw. vierf *(plur.* verba *s. Carisch p. 214) in dieser allgemeinen bedeutung unübliche wörter, nur das wal.* vorbę *(fem. wie altit.* verba *PPS. II, 170) ist gleichbed. mit* parola. *Vb. it.* parlare, *sp. pr.* parlar, *pg.* palrar, *fr.* parler, *dsgl. pr.* paraular, *altfr.* paroler, *noch burg.* pairôlai *reden, mlat.* parabolare: nostri seniores parabolaverunt simul et consideraverunt *Cap. Car. Calv.*

Parpaglione *it., pr.* parpalho, *lomb. auch* parpaj, parpaja *schmetterling; entstellt aus* papilio, *welchem cat.* papalló *zunächst steht. Daher it.* sparpagliare, *pr.* esparpalhar, *altfr.* esparpeiller *LRs. 336, nfr.* éparpiller, *sp.* desparpajar *umherstreuen (auseinander flattern machen); derselbe begriff wird neupr. ganz entsprechend durch* esfarfalhá *(von* farfalla = parpalho) *ausgedrückt. Andre namen dieses insectes sind it.* farfalla, *sard.* faghefarina, parabatola, calagasu, *sp.* mariposa, alevilla *(im Dicc.*

cast. catal. Reus 1836), bresc. barbel, *pg.* borboleta, churw. bulla, *lothr.* boublé *u. s. w.*

Parrocchetto *it.,* periquito *sp.,* perroquet *fr. papagei. Es soll pfäffchen bedeuten, von* parochus, *weil die geistlichen herren diesen vogel zuerst gehalten hätten, s.* pappagallo. *Erwägt man das einfachere span.* perico, *welches Peterchen und papagei bedeutet und nicht aus* parochus *abzuleiten ist, so hat man eins der mehrfachen beispiele von anwendung menschlicher namen auf thiere vor sich; mehrere andre gibt Ménage v.* perroquet.

Parróchia *it., sp. pr.* parroquía, *fr.* paroisse *kirchspiel; mlat.* parochia, *verderbt aus gr.* παροικία *(daher* paroecia *bei Augustinus, worauf sich die franz. form bezieht), buchstäbl. fremdlingsleben, im kirchlichen sinne nachbarschaft, mit hinsicht auf* πάροικος *nachbar, entweder weil die glieder derselben pfarre sich als nachbarn betrachteten (vgl. pr.* paroc *pfarrkind, ital. aber* párroco, *wal.* paróh *pfarrer), oder weil die ältesten Christen ihre religiösen zusammenkünfte* (ἐκκλησίαι) *in der nachbarschaft großer städte hielten. Davon handelt Ducange s. v.* parochia.

Partigiana *it., altval.* partesana *JFebr. 28, fr.* pertuisane *eine der hellebarde ähnliche waffe. Ist die franz. form die ächte, so floß das wort aus* pertuis, *allein was soll dies heißen? Rabelais schrieb* partuisane *und in der that verräth die gangbar gewordene form* pertuisane *eine auf* pertuiser *gestützte umbildung desselben, indem man an eine durchbohrende waffe dachte. Auch das deutsche* bartâ (partâ) *ist aus dem spiele zu lassen, das suffix würde sich nicht rechtfertigen können. Vielleicht läßt sich auf andre weise helfen. Mit dem masc.* partisan *bezeichnete man einen partheigänger, den führer eines haufens leichter truppen (Trév.): sollte die solchen truppen zukommende waffe nicht ihren namen daher empfangen haben? Beispiele dieser art sind: it.* gialda *spieß vom pr.* gelda *fußvolk, oder it.* mugavero *wurfspeer, eigentl. leichter reiter, oder sp.* gineta *spieß, von* ginete *reiter, oder auch it.* rubalda *pickelhaube, wohl von* rubaldo.

Partire *it., sp. pr. fr.* partir *in der bed. abreisen, theils mit, theils ohne reflexivpronomen, ursprünglich aber gewiß nur mit demselben gebraucht (altfr.* se partir *Orelli 175); von* se partiri *sich theilen, sich trennen, weggehen, vgl. unser* scheiden *für trennen und sich trennen.*

Pasqua *it., sp. pr.* pascua, *fr.* pâque *osterfest, lat.* pascha, *bekanntlich aus dem hebr.* pesach *übergang d. i. auszug der Juden aus Ägypten. Die einschiebung des u, auf die auch die franz. form weist (*pasca *hätte* pâche *ergeben), ist alt (*pascua *Gl. Keronis 201ᵃ u. s. w.) und erklärt sich genügend aus einmischung von* pascua *weide d. h. ende der fasten. Doch sagt der Provenzale auch* pasca, pascha, *der Surde* pasca, *der Baske* pazco. *Eine abl. ist pr. altfr.* pascor, *altit.* pascore *Trucch. I, 24 osterzeit, frühling; ob nach dem genitiv plur. von* pascha (pascharum) *gebildet, wie man neuerlich angenommen hat, dies zu erwägen bleibe der grammatik überlassen.*

Pasquino *it. name einer statue in Rom, an welche man spott-*

schriften zu heften pflegte, daher it. pasquinata *ff. spottschrift, witziger einfall; sp.* pasquino, *it.* pasquillo *(aus* pasquinolo? *vgl.* culla *aus* cunula *u. a.) dass., fr.* pasquin *lustigmacher.*

Passamano *it., sp.* pasamano, *fr.* passement *borte oder besatz an kleidern und möbeln, posament. Span.* pasamano *heißt treppengeländer,* porque pasamos por él la mano, *den ausdruck für die einfassung der treppe übertrug man auf die der kleider; so deutet Covarruvias. Diese übertragung wäre möglich: ward doch auch eine andre art der verzierung oder einfassung von kleidern und anderem geräthe,* triforium *(s.* trifoire *II. c), aus der architectur genommen.* Passement *vom verbum* passer, *weil die schnüre durchgezogen werden, erklärt Frisch. Schwed.* pasman, *ungr.* pászma, paszomán, *poln.* pasaman *u. a. stellt Diefenbach zusammen, Goth. wb. I, 344.*

Passare *it., sp.* pasar, *pg. pr.* passar, *fr.* passer, *wal.* pęsà *durchschreiten. Es erklärt sich, da es von hause aus transitiv ist, besser vielleicht als ein frequentativ von* pandere, *partic.* passus, *in der bed. öffnen (ebenso it.* spassare *von* expandere), *denn als ableitung von* passus *schritt (schritte machen):* pandere moenia, pandere rupem *die mauer, den felsen sprengen, durchbohren, liegt dem durchdringen, durchschreiten ganz nahe, ja die bed. durchbohren steht dem roman. worte noch immer zu. Dagegen ist it.* passeggiare, *sp.* pasear *wandeln entschieden von* passus.

Pasta *it. sp. pg. pr.,* pâte *fr. teig von mehl u. dgl. Von* pistus *(gestampft, geknetet) leidet der buchstabe nicht; richtiger darum von* pastus *nahrung, wobei einfluß von* pastillus *mehlküglein in anschlag zu bringen ist; die span. form* plasta *scheint sich dagegen an* plasma *zu lehnen. Von* pastillus *ist it.* pastello, *sp. fr.* pastel *aus farbenteig geformter und getrockneter stift zum malen, fr.* pastille *rauchkerzchen. Zsgs. fr.* appât *lockspeise, pl.* appas *reize.*

Pastoja *it. spannkette der pferde auf der weide, mlat.* pastorium: si quis pastorium *(al.* pastoriam) de caballo alieno tulerit *L. Long.; von* pastorius, *buchstäblich weidekette, altfr. schlechtweg* pasture. *Daher it.* pasturale, *fr.* pâturon *unterer theil des pferdefußes, wo die spannkette angelegt wird, der darum auch im deutschen* fessel *heißt: vb. it.* impastojare, *fr.* empêtrer *für* empêturer *(norm.* empaturer) *die fessel anlegen, it.* spastojare, *fr.* dépêtrer *dieselbe abnehmen.*

Patta *cremon. latz, klappe an kleidern, neupr.* pata *lappen, comask. fuß, sp. cat.* pata, *fr.* patte *tatze, pfote, sp.* patear *traben; sp.* pato, pata, *alban.* patę *gans; wohl auch fr.* pataud *küchenhund (mit breiten tatzen); sp.* patan *bauernlümmel; burg.* pata-pouf, *in Rheims* pata-boeuf *tölpel; dsgl. it.* pattino, *fr.* patin *schlittschuh. Ohne grade vom gr.* πάτος *(tritt),* πατεῖν *(treten) herzurühren, trifft das roman. wort als naturausdruck wie unser* patschen *damit zusammen, indem es etwas plattes, platt auftretendes ausdrückt. — [Dagegen ist Stier geneigt,* pata *gans für semitisch zu halten, da gans und ente arabisch-türkisch* bat *heiße, s. Zeitschrift für vergl. sprachf. XI.]*

I. PATTUGLIA—PEDANTE.

Pattuglia *it.*, *sp.* patrulla, *fr.* patrouille, *früher* patouille, *streifwache*; *vb. sp.* patrullar, patullar, *fr.* patrouiller *streifen*. *Letzteres heißt auch mit händen oder füßen in einer pfütze rühren*, patrouille *rührkelle (bei Nicot)*. R *ist, wie öfters nach* t, *eingeschoben und so fließt* patouiller *aus* patte *und bedeutet eigentl.* patscheln, *hin und hertreten besonders im schmutz: gleicher bedeutung ist* henneg. patoquer, patrouquer, patriquer, patouger, *champ.* patoiller, platrouiller.

Pausare *it.*, *sp. pg. pr.* pausar, *fr.* pauser *ruhen, inne halten; vom nachclassischen* pausare. *Daneben mit der bed.* ruhen, fußen *und transit.* ruhen machen, niedersetzen *it.* posare, *sp.* posar *(sbst.* posada *wohnung, herberge)*, *pg.* pousar, *fr.* poser, *prov. aber nur* pausar. *Bereits die L. Alam. tit. 54 sagt* et pausant arma sua josum. *Zsgs. ist it.* riposare, *sp.* reposar, *pg.* repousar, *pr.* repausar, *fr.* reposer *ausruhen,* *ausruhen lassen. Aber fr.* déposer, disposer, exposer, imposer, proposer, supposer *sind aus* deponere, disponere, exponere, imponere, proponere, supponere *mit anbildung an das begriffsverwandte* pausare, *da auch der Provenzale* depausar, dispausar, expausar, empausar, perpausar, supausar *spricht, denn die lat. wörter konnten nur diejenigen sprachen brauchen, die auch das einfache* ponere *nicht von sich gewiesen hatten: it.* diporre, *sp.* deponer *ff., das einfache* ponere *aber kennt die franz. und prov. sprache nur noch in einer ganz eingeschränkten bedeutung, s.* pondre *II. c.*

Pavese *und* palvese *it.*, *sp.* paves, *fr.* pavois *großer schild; nach Ferrari's vermuthung von* Pavia *benannt, wo sie etwa verfertigt wurden, wie man die dolche,* pistolesi, *nach* Pistoja *benannt habe. Belege dafür bei Muratori, Ant. ital. II, 516. Die Walachen haben* pavęzę *(f.), die Ungarn* pais, *die Böhmen* paweza.

Pecca *it.*, *pr.* peca, pec *fehl, mangel*, *sp.* peca, *pg.* peco *fleck; von* peccare.

Pedaggio *it.*, *sp.* peage, *fr.* péage *zoll; von* pes pedis. *Pedagia dicuntur quae dantur a transeuntibus Breviloquus.*

Pedante *it. sp. pg.*, pédant *fr.*, *ein auch ins deutsche aufgenommenes wort. Darüber sagt Varchi (Ercol. p. 60, ed. di 1570)*: quando io era piccino, quegli che avevano cura de' fanciugli, insegnando loro . . e menandogli fuora, non si chiamavano, come oggi, pedanti nè con voce greca pedagogi, ma con più orrevole vocabolo ripititori. *Pedante war also früher (und ist noch im piemont. nach Zalli) ein erzieher oder hofmeister: das der griechischen sprache mächtigere Italien romanisierte* παιδεύειν *in* paedare *und zog daraus das particip* pedante, *man vergleiche* frescante *frescomaler*, *dem gleichfalls kein vorhandenes verbum* frescare *zu grunde liegt. Wie aber das wort zu seiner heutigen bedeutung gelangte, ist leicht einzusehen.* — [*Mahn p. 104 hält vorstehende erklärung von* pedante *für bedenklich, da herkunft romanischer aus griechischen verbis selten sei: er zieht das von Pacuvius gebrauchte* paedagogans *als etymon vor. Wenn er andrerseits die einführung wissenschaftlicher wörter aus dem griechischen als etwas gewöhnliches einräumt, so könnte man fragen, ob unser die schule betreffendes vermuthlich unter den gelehrten aufgekommenes wort einem wissenschaftlichen nicht nahe verwandt war? Ein stärkeres bedenken aber gegen diese deutung liegt im buchstaben: würde sich das der ital. sprache aufgedrängte* pedagogante *mit der zeit nicht lieber in* pegante *verkürzt haben als in* pedante?]

Pedone *it., sp.* peon, *pr.* peon, pezon, *fr.* pion *fußgänger; gleichsam* pedo pedonis *von* pes. *Daher pr.* pezonier, *altfr.* peonier *mit gl. bed., nfr.* pionnier *schanzgräber. Speciell franz. ist* piéton, *welches lat.* pedito peditonis (*von* pedes peditis, *mlat. vb.* peditare) *voraussetzt.*

Pegar *sp. pg. pr.* leimen, heften, empegar pichen, apegar ankleben, anheften; *von* pīcare *mit richtiger darstellung des* i *durch* e. *Die franz. sprache formte* poisser, empoisser *gradezu aus* pix picis. *Die ital. hat viererlei formen:* impeciare = *fr.* empoisser, empeser (*sbst.* empois), impegolare, *sard.* impigare = *pr.* empegar, *sodann* appicciare, impicciare *und selbst* appiccare *ankleben, anheften,* impiccare *aufhängen,* spiccare *losmachen. Daß letztere nicht mit* piccare (*stechen*) *zusammengesetzt sind, zeigen die bedeutungen:* appiccare *z. b. wurzel fassen* = *sp.* pegar; *das unregelmäßige* picc *für* pec (*lat.* pĭc) *könnte etwa im deutschen* pichen *seine erklärung finden. Sp.* empeguntar *zsgs. mit* untar *salben.*

Pélago *it., sp.* pielago, *pg.* pego, *pr.* peleg (peleagre *bei A. Daniel*) *meer, vb. cat.* empelegar *sich aufs meer begeben Chr. d'Escl. p. 713^b; von* pelagus. *Aber die roman. hauptbedeutung ist abgrund, grundloses wasser* (*sp. auch teich, fischteich Cal. é D. p. 24^b. 26^b, großer see das. 74^b, pg.* pelago *brunnen, teich SRos.) und diese bedeutung zeigt es auch im mlatein, worin es eben so üblich ist.*

Pelare *it., sp. pg. pr.* pelar, *fr.* peler *haare oder federn ausrupfen, schälen; von* pīlare *der haare berauben, nicht von* pellis.

Pellegrino *it., pr.* pelegrin, pelerin, *fr.* pèlerin *wanderer, waller; von* peregrinus, *sp.* peregrino. *Aus der roman. form mit* l *ist unser* pilgrim, pilger.

Pelliccia *it., pg.* pellissa, *fr.* pelisse, *ahd.* pelliz, *nhd.* pelz; *vom adj.* pelliceus, pellicea. *Zsgs. fr.* surplis *für* surpelis *chorhemd, pr.* sobrepelitz.

Peltro *it. feines mit quecksilber raffiniertes zinn, sp. pg.* peltre *mischung von zinn und blei, altfr.* peautre *Roquef., ndl.* peauter *Kil., engl.* pewter. *Die Italiener meinen ihr wort aus England empfangen zu haben, aber nach den sprachgesetzen ist grade das umgekehrte zu vermuthen. Erst aus* pewter *scheint das gael.* feòdar *geschaffen wie* fùdar *aus* powder, *fr.* poudre. *Der ital. oder span. form also wäre nachzuspüren. Sollte es etwa herrühren aus dem prov.* em-peltar *pfropfen, impfen, und eine mischung oder veredlung des metalls (des zinnes durch quecksilber, des bleies durch zinn) bedeuten. Auch noch eine form mit vortretendem* s *ist zu erwähnen: engl.* spelter, *nd.* spialter, *hochd.* spiauter, *altfr.* espeautre (Kil. 397^a, unbelegt).

I. PENNA—PERLA. 241

Penna *it. berggipfel, sp.* peña, *pg.* penha *fels, klippe, das span. wort schon in den ältesten urkunden, z. b.* Yep. *III, 17 (v. j. 780);* de Pozos usque ad summam pennam *Esp. sagr. XXVI, 442 (v. j. 804). Von* pinna *zinne der mauer, pr.* pena, *fr.* pignon, *it.* pignone *dass.; fr.* pinacle *von* pinnaculum. *Das celt.* pen *kopf, gipfel wäre sicher masculin geblieben.*

Pennone *it., sp.* pendon, *pr.* peno, *fr.* pennon *fahne, panier; altsp.* wimpel *an der lanze:* trecientas lanças son, todas tienen pendones *PC. 723 ed. Jancr. Lat.* pannus *ist aus dem spiel zu lassen, da zum umlaute des* a *kein grund vorlag. Kommt es von* pendere, *so daß es etwas herabhangendes bezeichnet wie das it.* pendone*? Oder von* penna, *indem der streifen zeug mit einer wallenden feder verglichen ward? Grammatisch spricht für letzteres, daß die franz. sprache* d *nach* n *nur selten, die ital. kaum irgend einmal tilgt, die span. aber der einschiebung des* d *geneigt ist und sie namentlich in* péndola *schreibfeder, lat.* pennula, *altsp.* peñola *Conq. Ultram., anwendet; auch bedeutet it.* pennoncello *sowohl wimpel wie federbusch. In diesem falle muß man in der altspan. die grundbedeutung anerkennen.*

Perdíce *und* pernice *it., sp. pg. pr.* perdiz, *fr.* perdrix *rebhuhn; von* perdix. *Neben dem mit* r *verstärkten* perdrix, *welches sich auch in niederl. glossaren des 14. jh. zeigt (Dief. Gloss. lat. germ. 425ª), bestehn im altfranz. noch die formen* pietris *und* perdis, *daher* perdigal *d. i.* perdreau *Roq.*

Perla *it. sp. pr., pg.* perola *(selten* perla*), fr.* perle, *altfr. auch* pelle *(wie* parler *neben* paller*), ein weitverbreitetes an die stelle von* unio *getretenes wort, ahd.* përula (unio dicitur thiutisce perula *Gloss. Diutiska II, 190),* përala, përla, bërala, bërla, *ags.* pearl, *nord.* perla, *mlat. bei Iso magister (9. jh.) masc.* perulus, *bei Wolfardus presb. (9. jh.)* perula 'albugo', *später* perla. *Statt dessen wal.* mergeritar. *Der deutungen sind auch hier mehrere. Es könnte sein* = pirula, *dimin. von* pirum *oder eigentlich von dem roman. fem.* pera, *also birnchen, von der gestalt so genannt. Daß die sprache nicht verschmähte, die perle ein birnchen zu nennen, beweist das sp.* perilla, *das für birnchen und für eine art perlen gebraucht wird, und so nennt der Franzose eine längliche perle* perle en poire. *Daß aber der name von der speciellen sorte auf die gattung erstreckt werden konnte, ist wohl kaum fraglich. Vermöge einer ähnlichen anschauung nennt der Lateiner dieses naturproduct* bacca. *Dem etymon* pirula *schließt sich das pg.* perola *genau an.* Perula *kennen schon die Glossae Isid., aber in der bed.* extremitas nasi, *bei Rhabanus* nasi extremitas pirula vocatur a forma pomi pyri. *Dieß schließt aber* 'birnchen' *nicht absolut aus, denn die glossatoren geben oft nur* eine *bedeutung an, die ihnen die merkenswertheste schien: warum soll* pirula *nicht des ihm gebührenden diminutivsinnes theilhaftig geblieben sein? Man deutet unser wort ferner aus* pillula *kügelchen, durch dissimilation* pirola, porola, perla, *erstere form in der trient. venez. und veron. mundart. Es* ist kaum glaublich, daß man ein wort, das die bedeutung eines arzneimittels hatte, an die stelle von unio setzte. Nach einer andern ansicht entstand perla durch eine geringe abänderung aus perna muschel, behälter der perle (s. Ducange i. pernae) und wirklich besitzt die neap. und sicil. mundart die form perna für perla, auch bedeutet it. pernocchia perlenmutter (Veneroni). Diese etymologie hat den fehler, daß sich weder aus dem einfachen perna noch dem abgel. pernula das pg. perula oder ahd. perala gewinnen läßt. Auch sphaerula bällchen, kügelchen ist in betracht gezogen worden; aber hier macht der anlaut schwierigkeit. Der Italiener konnte wohl sperola dafür sprechen, aber perola schwerlich: wo bei ihm ein solcher wegfall des anlautenden sibilanten wirklich einmal vorkommt, besteht wenigstens das unverkürzte wort daneben. Endlich vermuthet Grimm, Myth. p. 1169, im altd. berala cet. eine entstellung aus beryllus, βήρυλλος (gen. comm.), woher auch das deutsche brille und das rom. brillare geleitet werden: perla ruhte alsdann in betracht seines accentes auf dem griech. worte und dagegen wäre nichts zu erinnern. Indessen setzt diese deutung voraus, daß der Romane sein wort aus dem deutschen entlehnt habe, denn die steigerung des lat. anlautes b zu p ist gegen das roman. lautgesetz und namentlich in gemeinrom. wörtern ohne beispiel; diese wanderung des wortes aber hat wenig innere wahrscheinlichkeit. Statt auf beryllus, dessen begriff doch nicht ganz zusagt, beziehen andre es unmittelbar auf das damit identische syrische berûl, das außer beryll, krystall, koralle auch perle bedeuten soll; diese bedeutung gibt zwar Castellus an, es fehlt aber jede autorität oder nachweisung dafür.

Perno *it. sp. pg.* haspe, zapfen, *sp.* pernio *eisernes band an thüren und fenstern*; nach Ménage von perna, vgl. gr. περόνη *dorn der spange, agraffe.*

Però *it.*, so auch *pr.* (Bth. 137 peró accentuiert), *sp. altpg.* péro (im Poem. d. Cid noch nicht gebraucht), *altfr.* poro *Eulal.*, auch pornec, theils conclusive theils adversative partikel von per hoc und pro hoc, ersteres bei Apulejus und spätern für propterea öfters vorkommend. Zsgs. *sp.* empéro, *pr.* empero; *it.* perocché, *mlat.* per hocque *Form. arvern. Walter III, 489, zeile 12.*

Pérsica *zsgs.* pesca *it.*, *sp.* persigo, prisco, *mit arab. artikel* alpersico *und* alberchigo *(arab.* al-bersk), *pg.* pecego *und* alperche, *pr.* presega, *fr.* pêche (f.), *wal.* pearsecę *pfirsich; it.* persico, pesco (*sp.* melocoton), *pg.* pecegueiro, *pr.* pesseguier, *fr.* pêcher, *wal.* pearsec *pfirsichbaum;* von persicum *persischer apfel,* persicus *persischer baum.*

Perso *it., pr. altfr.* pers *dunkelfarb, nicht bläulich, wie Raynouard meint, s. P. Meyers gloss. zu Flam., nach Dante (im Conv.) zwischen purpur und schwarz, doch so daß das schwarze vorwiegt; mlat.* persus, perseus 'ad persei mali colorem accedens' *Ducange. Eins der ältesten zeugnisse in den Schlettst. glossen 39, 167* persum '*weitin*' (*waidfarbig*).

Pertugiare *it., pr.* pertusar (persar *GRoss.*), *alt- und neufr.* percer (*daher sic.* pirciari) *aus* pertuisier, *durchbohren; sbst. it.* pertugio, *fr.* pertuis *loch; von* pertundere pertusus, *gleichsam* pertusiare, pertusium, *eine mit* i *gewirkte ableitung.*

Peso *it. sp. pg., pr.* pens, pes, *altfr.* pois, *nfr.* poids (*mit* pondus *verwechselt*) *gewicht; von* pensum *gewichtige sache. Vb. it.* pesare, *sp. pg. pr.* pesar, *fr.* peser *wägen, wiegen, sp.* apesgar *beschweren, drücken; dsgl. it.* pensare, *sp. pg.* pensar, *pr.* pensar, pessar, *fr.* penser *erwägen, denken; von* pensare. *Graphisch verschieden, aber gleichwohl identisch mit letzterem ist fr.* panser = *pr. sp.* pensar *warten, pflegen, eigentl. bedenken, besorgen, befriedigen, vgl. lat.* sitim pensare *den durst stillen.*

Pestare *it., sp.* pistar, *pr.* pestar, *dsgl. sp.* pisar, *pg. pr.* pizar, *fr.* piser, *wal.* pisà *stampfen. Die formen mit* st *sind entschieden vom spätlat.* pistare, *dies von* pistus (*it.* pesto) *für* pinsitus; *die mit* s *lassen sich etymologisch richtig auch auf das von Varro gebrauchte* pīsare *be ziehen. Daher das sbst. it.* pesta, *sp.* pista, *fr.* piste *fußtapfe, spur, bahn, und hievon vermuthlich it.* pistagna, *sp.* pestaña, *pg.* pestana *vorstoß am kleide, passe-poil, eigentl. spur oder streif von tuch. Da dieser vorstoß oft mit fransen besetzt war, so bedeutet das wort auch die fransen am rande des kleides und im span. und port. durch eine leichte und schickliche übertragung die augenwimpern; ähnlich nennt Cicero das äußerste der locken* fimbria.

Petardo *it. sp., fr.* pétard *thorbrecher; scherzhafter soldatenausdruck, von* peto, pet, *lat.* peditum. *Daher auch fr.* pétiller *krachen.*

Petecchie *it., sp.* petequias (*Seckendorf), fr.* pétéchies (*alle im plur. üblich*) *rothe flecken auf der haut in bösen fiebern; ein von den ärzten unmittelbar aus dem plural des gr.* πιττάκιον (*lederstückchen mit salbe zum auflegen auf die haut), mit übergehung des lat.* pittacium, *geformtes wort, woher auch unser* petesche, *Weigand II, 360.*

Petrosellíno, petrosémolo, prezzémolo *cet. it., sp.* perexil, *fr. neupr.* persil *petersilie; von* petrosclinum (πετροσέλινον). *Pg.* aipo (apium), *cat.* julivert.

Péttine *it., sp.* peine, *pg.* pente, *pr.* penche, *fr.* peigne *kamm; von* pecten, *in einigen sprachen mit eingeschobenem* n. *Vb.* pettinare *ff. Eine abl. ist pr.* penchenilh, *fr.* pénil (*für* peignil) *äußerster theil des unterleibes, in beziehung auf die bed.* crines circa pudenda, *in welcher Juvenal* pecten *gebraucht, it.* pettignone, *gr.* κτείς, *s. Ménage; dasselbe bedeutet die span. zss.* empeine.

Pezza, pezzo *it., sp.* pieza, *pg.* peça, *pr.* peza, pessa, *fr.* pièce, *alb.* pjesę. *Die allgemeinste bedeutung ist fetzen, lappen, stück zeug, daher auch stück land, sogar stück zeit, kurzer zeitraum. Seit etwa dem 8. jh. kennt man es in den latinisierten formen* petium, petia *mit der bed. stück land:* uno petio de terra illa *Mur. Ant. ital. III, 569 (v. j. 757);* et alia petia *p. 1005 (v. j. 730). Es könnte identisch sein mit sp.* pedazo, *wäre die zusammenziehung nicht zu ungewöhnlich. Ausserdem sind zwei deutungen zu beachten. Vom kymr.* peth *stück (bret.* péz, *gael.* peos), *aber der celt.* aspirata th *entspricht niemals rom.* z, *oder soll* *man aus* peth *erst durch ableitung* pethia, petia *gewonnen haben? Sodann vom gr.* πέζα *fuß, saum, rand, formell genügender und auch dadurch empfohlen, daß das rom. oder mlat. wort zuerst in Italien auftaucht und daselbst bei weitem die meisten ableitungen getrieben hat. Das it.* pezzolo *füßchen (bei Ferrari) neben* pezzuolo *fetzen könnte noch dazu angeführt werden, träfe es nicht mit lat.* petiolus *zusammen, s.* picciuolo *II. a.*

Piaggia *und* spiaggia *it., sp. pr.* playa, *pg.* praia, *cat.* platja, *fr.* plage *gestade, flacher strand des meeres, ital. auch sanfter bergabhang. Lat.* plăga *ward auf die gegend am meere eingeschränkt und empfieng ein adjectivsuffix* (ea, ia) *wie manche andre substantiva, s. Rom. gramm. II, 302; das reine primitiv würde sich mit* plāga (*schlag*) *vermengt haben. Dieses neue wort* plagia *bemerkt man schon im frühen mlatein, z. b. Gregor d. gr.* monachos monasterii Gazensis, quod est in plagia; *ein anderes altes aber vielleicht nicht ächtes zeugnis ist:* statio est, quam plagiam dicunt *Serv. ad Aen. 2, 23. Im altfranz. findet sich noch* plaie *vollkommen = lat.* plaga *und in derselben bedeutung:* à la plaie de l'occident ad occidentalem plagam *Bibl. Roq. II, 360.*

Pianca *piem.* steg, *pr.* planca, plancha, *fr.* planche *brett, daher sp.* plancha *blech, pg.* prancha *diele; von* planca *bei Festus und Palladius. — Ital. sp. pg.* palanca, *masc. trient.* palanc, *wal.* pęlanc *pfahl, von* palanga, *pic. mit bewahrter media* palangue, *auch wal. als zweite form* pęlang (*m.*).

Piare *it., sp.* piar, *daher fr.* piailler *piepen wie die vögel, naturausdruck.*

Piastra *it. metallplatte, dsgl. eine ital. span. und türkische silbermünze, altfr.* plaistre *geplätteter boden, estrich (nach Carpentier* emplacement), *nfr.* plâtre (m.) *gips; abgel. it.* piastrone, *pg.* piastrão *(aus dem ital.) platte des panzers; it.* piastrello *pflasterläppchen. Ohne zweifel von* emplastrum (ἔμπλαστρον) *wundpflaster, stückchen rinde zum* oculieren, *in den romanischen sprachen auf etwas plattes von härterem stoff ausgedehnt. Daneben blieb it.* empiastro, *fr.* emplâtre, *sp.* emplasto = *gr.* ἔμπλαστον. *Aus* plastrum *formte der Italiener nach abgeltoßenem anlaut das vb.* lastricare *mit platten oder steinen belegen, pflastern, hieraus vielleicht erst, da das substantivsuffix* icus *im roman. kaum angewandt wird,* làstrico *pflaster, und nach abgeworfenem für den artikel gehaltenen* l *mundartl.* àstrico (*z. b. mail.* astrich, astregh, *com.* astrach, *sic.* astracu *fußboden in verschiedenem sinne), schon im ältern mlatein* astricus 'plastar' *Voc. S. Gall., woher unser* estrich. *Daher vielseicht auch altfr.* astre, aistre, *neufr.* âtre *herd, mittellat.* astrum 'pavimentum' *Gl. aug., das franz. wort gewöhnlich aus* atrium *hergeleitet, s. Altrom. glossare p. 48. —* [*Was* astrum, astricus *betrifft, so macht Wackernagel (brieflich) die ansprechende bemerkung:* 'Ich denke astrum geht wie astricus (Vocab. S. Galli), wovon unser estrich, *auf die* sternförmige *zusammensetzung der steinplatten, die den fußboden bilden und versieren, zurück und hat deshalb mit atrium ursprünglich nichts zu schaffen'. *—*

Zu nennen ist hier noch das ungefähr gleichbedeutende ostracus *bei Isidorus 19, 10, 26:* 'pavimentum testaceum eo quod fractis testis calce admixta feriatur: testa enim graece ὄστρακον dicitur.' *Aber der ganz unübliche tausch des betonten* o *mit* a *macht dieses etymon mehr als zweifelhaft; Isidorus scheint sogar das mlat.* astracus *vor augen gehabt zu haben.*]

Piato *it.*, *sp.* pleito, *pg.* pleito, preito, *pr.* plait, plag, *altfr.* plaid *(schon in den Eiden) rechtshandel, dsgl. vertrag, chw.* pled *wort; vb. it.* piatire, piateggiare, *sp.* pleitear, *pg.* preitejar, *pr.* plaidciar, *altfr.* plaidier, plaidoier, *nfr.* plaider, *chw.* plidar *einen rechtshandel führen.* Placitum, *das im frühsten mittelalter versammlung zur verhandlung wichtiger staatssachen hieß* (placita habere, tenere *9. jh.*), *zog man, als* c *noch unbedingt guttural lautete, in* plactum (placdum) *zusammen, wiewohl sich in der römischen litteratur kein beispiel dieser variante findet: hieraus denn die obigen formen.* 'In licitus, placitum, *bemerkt Ritschl, blieb man bei der vocalischen bindung stehen, obwohl* lictus, plactum *gewiß kein sprachgesetz entgegenstand'. Im altport. war auch* placito *üblich, später zsgz. in* plazo, prazo, *sp.* plazo, *s. Santa Rosa.*

Piatto *it.*, *pg. sp.* chato, *pr. fr.* plat *flach, sbst. it.* piatto, *sp.* plato, *fr.* plat *teller; ein in mehreren sprachen einheimisches wort, zusammenhängend, wie es scheint, mit gr.* πλατύς *breit, flach, ahd.* flaz. *Gleicher herkunft ist sp. pg.* plata *silber (eigentl. metallplatte, altfr.* plate), *schon in urkunden des 10. jh. z. b. Esp. sagr. XVIII, 332, Marca hisp. p. 854, und ein neueres wort für ein edles metall* platina; *ferner sp.* chata *ein fahrzeug, daher it.* sciatta *(so von sp.* chato, *comask.* sciatt *platt, auf allen vieren, als sbst. kröte).*

Piazza *it.*, *wal.* piatz *(m.), sp. pg. pr.* plaza, plaça, plassa, *fr.* place, *mhd. nhd.* platz; *vb. fr.* placer *stellen, setzen; von* platēa *(πλατεῖα sc. ὁδός breiter weg), bei Horaz* platĕa, *goth.* platja? *s. Gabelentz und Löbe zu Mtth. 6, 5; ebenso mit verschobenem accent neugr.* πλατγά *(γ wie j). Die bed. raum in einer stadt, platz, eigentl. hof, hat es zuerst bei Lampridius.*

Piccione *it.*, *sp.* pichon, *pr.* pijon, *fr.* pigeon, *it. auch* pippione, *altfr. auch* pipion *taube; von* pipio *täubchen bei Lampridrius, dies von* pipare, pipire, *vgl. das mail. kinderwort* pipi *vögelchen.*

Picco *it.*, *sp. pg.* pico, *pr. fr.* pic *schnabel, bergspitze u. dgl.; fem. it.* picca, *sp. pg.* pica, *fr.* pique *spieß; vb. it.* piccare, *sp. pg. pr.* picar, *fr.* piquer *stechen. Die wörter lehnen sich an das lat.* picus *specht (vogel, der in die baumrinde hackt) mit langem i, daher keine roman. form mit e vorkommt: im gleichbed. sp.* pico *und fr.* pic *begegnet es jenen wörtern gradezu. Vergleichen läßt sich kymr.* pig *spitze, dtsch.* picken, pickel. *Dahin gehört ferner it.* picchio *specht, stoß (in ersterer bed. offenbares diminutiv von* picus, *gleichsam* piculus), picchiare *klopfen; fr.* picot *spitzhaue,* picoter *stechen, sticheln; vielleicht auch sp.* pícaro, *it.* piccáro *spitzbube u. a. m. Hierzu Diefenbachs Orig. europ. p. 253.*

Piccolo *it.*, *sp.* pequeño, *pg.* pequeno *klein. Provenzalen, Catalanen und Franzosen drücken denselben begriff mit* petit *aus, allein schwerlich steckt die gleiche wurzel in den ital. span. port. formen:* pit-colo *hätte sich wohl in* picchio *verwandelt (vgl.* soperchio *von* superculus) *und* pequeño *müßte allzu künstlich aus* pit-ic-ueño *construiert werden. Es bietet sich ein anderes etymon dar im alten roman.* pic *spitze,* piccare *stechen, so daß* piccolo *(ursprüngl. subst. wie noch als name einer münze) tüpfelchen,* pequeño *tüpfelhaft, winzig bedeutete, wobei noch zu erinnern ist, daß das ital. partic.* picco *in seiner bedeutung (gestochen) dem lat.* punctum, piccolo *also dem lat.* punctulum *entspricht. Jenes rom.* pic *scheint auch im wal.* pic *tropfen, alban.* pice *vorzuliegen. Neben* piccolo *besitzt die ital. sprache noch zwei bildungen mit palatalem* c picciolo *und* piccino *klein, die sich in* pic-ciolo, pic-cino *oder auch in* pit-ciolo, pit-cino *verlegen lassen; neupr. (in Nizza) sagt man* piccioun, *limous.* pitsou, *fem.* pitsouno, *selbst ungr.* pitzin. *Sard.* piccioccu *knabe,* picciocca *mädchen sind gleichfalls zu nennen.*

Pidocchio *it., sp.* piojo, *pg.* piolho, *pr.* peolh, pezolh, *cat.* poll, *fr.* pou *(für* péou) *laus; von* pediculus *abgeändert in* peduculus *(Freund), mlat.* peduclus *Gl. bibl. Hattemer 1, 225^b,* peducla *Gl. erford. p. 362, 74. Davon das vb. it.* spidocchiare, *sp.* despiojar, *fr.* épouiller.

Piedestallo *it., sp.* pedestal, *daher fr.* piedestal *säulenfuß, fußgestell; zsgs. mit dem altdeutschen* stal *stellung, stand, s. unten* stallo.

Piegare *it., sp. pr.* plegar, *pg.* pregar, *fr.* plier *und in compos.* ployer, *wal.* plecà *falten; von* plicare. *Zsgs. it.* impiegare, *sp.* emplear, *pg.* empregar, *fr.* employer *anwenden, anlegen, urspr. in etwas hineinlegen, von* implicare *einwickeln, einfügen, it.* impiego, *fr.* emploi *anwendung, bedienung, dienst; it.* spiegare, *pr.* espleiar, *fr.* déplier, déployer, *von* explicare, de-explicare. *Dazu* llegar *II. b.*

Pietanza *it., sp. pr.* pitanza, *fr.* pitance *die tägliche portion eines klostergeistlichen. Nach Le Duchat von* petentia, *dem aber nur ein sp.* pedenza *gerecht wäre; nach Muratori, zu sehr gegen den buchstaben, vom it.* piatto *schüssel. Ital.* pietanza, *das in alter sprache auch mitleid bedeutet, weist augenscheinlich auf* pietà, *es konnte gleichsam eine gabe des mitleids ausdrücken, altpg.* pitança *bedeutet mildthätigkeit SRos. Aber dieses* pietanza, *zu welchem die andern roman. formen gar nicht passen, könnte es nicht eine umdeutung sein aus* pitanza, *das noch der Lombarde bewahrt, und könnte dies nicht erwachsen sein aus dem alten roman.* pita *sache von geringem werth? Schon Ducange dachte daran. Nicht leicht verbindet sich zwar das suffix* antia (ant-ia) *mit substantiven, allein es fehlt nicht an einem verbum* pitare, *das z. b. im genues.* pittà *picken bedeutet, so daß das substantiv im sinne klösterlicher enthaltsamkeit ein aufnehmen der speisen gleichsam mit den fingerspitzen, eine kärgliche mahlzeit ausdrücken würde.*

Pigliare *it., sp.* pillar, *pg. pr.* pilhar, *fr.* piller *wegnehmen, plündern. Von* pīlare *rupfen oder von dem nur bei Ammian begegnenden* pilare, *s. v. a.* expīlare *plündern? Das rom.* i *spricht für letzteres und die bildung mit erweichtem* l *erklärt sich als eine scheideform in beziehung auf it.* pillare, *fr.* piler *stampfen, von* pīla. *In* compilare *war sie nicht nöthig, doch findet sich daneben it.* compigliare *zusammenfassen,* scompigliare *verwirren, zerrütten.*

Pigrezza *it., sp. pr.* pereza, *pg.* preguiça, *fr.* paresse *trägheit; von* pigritia, *wie sehr auch das franz. wort dem gr.* πάρεσις *gleicht.*

Pilatro *it., sp. pg. pr.* pelitre, *fr.* pyrèthre *bertramwurzel; von* pyrethrum.

Pillotta *it., sp. pg. pr.* pelota, *fr.* pelote *ball, knäuel; von* pīla, *bereits in den Isid.* glossen pilotellus = *sp.* pelotilla. *Daher auch sp.* peloton, *fr.* peloton *haufe, rotte.*

Piloto *it. sp. pg., dsgl. it.* pilota, *fr.* pilote *lootse, steuermann. Die ndl. sprache hat* pijloot, *und dies hält man für eine zss. aus* peilen *die tiefe des wassers messen und* lood, loot *blei, was aber noch näher zu prüfen sein möchte. Im franz. bedeutet* piloter *pfähle ins wasser schlagen,* pilotis *grundpfahl, im piem. so wie im picard. und wallon. schlechtweg* pilot *genannt. Aber logischer zusammenhang zwischen* pilotis *und* pilote *ist nicht abzusehen, wie sich letzteres denn auch mit seinem derivativen* e *offenbar als ein dem it.* pilota *identisches wort ausweist; dieses aber hat einen fremdartigen anstrich, indem sein suffix an* idiota, epirota *u. dgl. erinnert; romanisch wäre* pilotto, pilot.

Piluccare *it. trauben abbeeren, pr.* pelucar *ausrupfen, pic.* pluquer *mit den fingerspitzen auflesen, norm. champ.* pluchotter; *zsgs. fr.* éplucher, *chw.* spluccar, *moden.* spluccà *ausklauben, ausrupfen. Es ist eine ableitung vermittelst des suffixes* uc *aus lat.* pilare *haar ausrupfen, enthaaren; also nicht vom ags.* pluccian *pflücken, das im ital. unfehlbar wenigstens* piuccare *erzeugt haben würde, umgekehrt mag das deutsche wort aus dem roman. geflossen sein. Man trenne davon das sp.* espulgar, *s.* pulce. *Mit* piluccare *ist zu verbinden sic. sard.* pilucca, *lomb.* peluch *haarschopf, piem.* pluch, *gen.* pellucco *haar, faser, ital. entstellt in* perruca, parruca *langgelocktes haar, dgl. falsches haupthaar, wal.* paróce, *fr.* perruque, *occit. sogar* pamparrugo, *richtiger sp.* peluca, *alle mit letzterer bedeutung. Das fr.* perruque *soll* Coquillart *(ende des 15. jh.) zuerst gebraucht haben, man sehe* Barbazan, Fabl. et cont. *I, 26. Noch bei* Nicot *bedeutete es* 'coma, caesaries' *und erst* faulse perruque 'galericulum, capillamentum'. *Andre lassen das wort aus gr.* πυρρός *entstehen, da die Römerinnen falsches haar von blonder farbe zu tragen pflegten, aber gegen die entwicklung aus dem im roman. vorhandenen* pilus *wird kaum etwas einzuwenden sein.*

Pimiento, pimienta *sp. pfeffer, pr.* pimenta *gewürz, dsgl. pr.* pimen, *altfr.* piment, *mlat.* pigmentum *ein trank aus wein, honig und gewürzen, nfr.* piment *ein zu vielen arzneien gebrauchtes kraut; alle vom lat.* pigmentum *färbemittel, aber auch kräutersaft zur bereitung der farbe, daher etwas würzhaftes oder wohlriechendes; ahd.* pîmenta 'pig-

mentum, aroma, odoramentum'. *Der ital. sprache ist das wort abhanden gekommen.*

Pimpinella *it.*, *sp.* pimpinela, *fr.* pimprenelle *ein küchenkraut, pimpernell, pimpinela saxifraga; soll aus* bipinella *für* bipennula *(zweiflügelig) entstanden sein. Der name wird auch von andern pflanzengeschlechtern gebraucht. Der Catalane sagt* pampinella, *der Piemontese* pampinela, *wohl nur eine zufällige form, da die pflanze mit* pampinus *nichts gemein hat. Neupr.* heißt sie fraissineto, *von* fraisse = fraxinus.

Pinaccia *it. (nach Ménage), sp.* pinaza, *fr.* pinasse *eine art schiffe; von* pinus *fichte, schiff.*

Pincione *it., sp.* pinzon, pinchon, *fr.* pinçon, *cat.* aber pinsá, *ein vogel, finke. Derselbe vogel heißt griech.* σπινίδιον, *dimin. von* σπίνα, *das jedoch in* σπινδίον *verkürzt ital.* spingio *oder* spingione *ergeben hätte, wie denn diese sprache ein anlautendes* s *nicht abstößt. Besser leitet man daher das wort vom kymr.* pinc *(mlat. gleichsam* pincio*), welches eigentlich fröhlich, zunächst finke bedeutet, vgl. fr.* geai *munter und häher; der Bretone spricht* pint. *Anmerken läßt sich noch das mit* pincione *gleichbed.* bair. pienk, *slav.* pinka, *ungr.* pinty *finke. Seltsam ist das neupr. burg.* quinson *für* pinson; *auch pg.* pisco *weicht von der span. form beträchtlich ab.*

Pinque *fr. (f.), sp.* mit g pingue *(m.), auch* pinco, *pg.* pinque *(m.),* ndd. pinke *(f.) eine art schneller lastschiffe mit flachem boden und einem langen und hohen hintertheile, wie Adelung das deutsche* pinke *beschreibt, ndl.* pink *fischerkahn, engl.* pink *kleines segelschiff. Aus* pinus *(schiff) konnte unzweifelhaft* pinica, pinca, *wie aus* granum granica *u. dgl. abgeleitet werden, auch* pinaza *ist daher. Zwar haben die verschiedenen fahrzeuge in beziehung auf ihre gestalt und andre merkmale gewöhnlich individuellere benennungen, denn* pinca *aus* pinus *konnte ursprünglich nur die allgemeine bed.* schiff *ausdrücken; gleichwohl ist diese etymologie festzuhalten, wenn das wort nicht erweislich deutscher herkunft ist, worauf selbst das schwanken der roman. formen und des genus hinzudeuten scheint: dieses deutsche* pinke *nennt schon* W. Grimm, Exhortatio *p. 69, ein schwer zu erklärendes wort. Dem ital. gebiete fehlt es, wiewohl Moraes die* pinke *ein fahrzeug des mittelmeeres und der italischen küsten nennt:* pinca *ist hier ein länglicher kürbiß und weder in der schriftsprache noch in den mundarten ist die bed.* schiff *vorhanden.* — [*Neben dem ndl.* pink *findet sich noch ein veraltetes* espink, *welches Van den Helm, Woordgronding, als* boot von espenholz *erklärt, also eigentlich* ésp-pink. *Für die etymologie ist dies ohne belang.*]

Pinta *sp. pg.* mahl, zeichen, *daher auch ein maß für flüssigkeit, fr.* pinte, *wal.* pintę; *von* pingere pictus. *S. Grimms Reinhart p. CCXXXVIII. Ebenso mag goth.* mêla *scheffel mit* mêl *zeichen (?) zusammenhängen, Grimm III, 458.*

Pioggia *it., sp.* lluvia, *pg.* chuva, *fr.* pluie, *wal.* ploáic *regen; von* pluvia. *Abgel. sp.* chubasco *platzregen.*

I. PIOMBARE—PISCIARE. 249

Piombare *it. senkrecht herabfallen, fallen nach dem senkblei,* cadere a piombo; *ebenso pr.* plombar *einsenken, eintauchen, fr.* plonger, *letzteres eine scheideform von* plomber, *das der bedeutung des lat.* plumbare *treu blieb, und gebildet mittelst des suffixes* g = *lat.* ic (venger = vindicare); *dieselben doppelformen im altfr.* clinger, enferger *neben* cliner, enferrer. *Sbst. fr.* plongeon *taucher. Pictet p. 69 weist* plonger *auf bret.* plunia *eintauchen* = *kymr.* plwng = *sanskr.* plavana *und allerdings müssen* plonger *und* plunia *zusammenhängen, das franz. wort steht aber so gesichert auf latein. boden, daß es keine erklärung aus celtischen sprachen verlangt. Seine herkunft aus* plumbicare *bestätigt sich überdies durch die pic. form* plonquer *1) eintauchen, 2) schwer auftreten, altpic.* plonkier, *so wie durch das mit* plonger *gleichbed. bask.* pulumpatu; *auch ist wallon.* plonc = *fr.* plomb, plonkî = plonger. — [*Neuere bemerkungen über die herkunft dieses wortes von Diefenbach, Ztschr. f. vergl. sprachf. XII, 79.*]

Pioppo, pioppa *it., wal.* plop (*alban.* plepi), *wallon.* plopp, *pg. mit bekannter verwandlung des* pl *in* ch chopo, choupo, *span. neben* pobo *gleichfalls* chopo, *das der Catalane mittelst einer rückbildung, wie es scheint, in* clop *übertrug, da sein* cl *öfters dem pg. sp.* ch *entspricht, neap.* chiuppo. *Es ist das lat.* pōpulus *pappel, und ein merkwürdiges beispiel von formveränderung: um* pōpulus *von* pŏpulus *zu scheiden, wird man schon in der römischen volkssprache* ploppus *eingeführt haben, sonst besäße der Walache schwerlich* plop. *Ein sehr altes ital. beispiel (v. j. 994) ist* sancta Maria da li pluppi *Murat. Ant. ital. II, 2035. Im Gloss. occ. ist* jop *bemerkt, das aus it.* pioppo *entstanden sein müßte. Die lomb. mundart spricht ohne umstellung* pobbia, *in Berry gilt* peuple *für* peuplier, *im Jura* puble, *im Limousin* piboul.

Pipita *it., sp.* pepita, *pg.* pevide, pivide, *pr.* pepida, *fr.* pépie *eine krankheit der hühner; vom gleichbed. lat.* pituita, *das sich früh in* pivita, *demnächst in* pipita *verwandelt haben muß, da auch das ahd.* phiphis *eine solche form (mit an- und inlaut* p) *in anspruch nimmt. Einfacher, durch syncope, entstand aus dem lat. worte das mail.* púida, púvida.

Pisciare *it., wal.* pisà, *pr.* pissar, *fr.* pisser *harnen. Dessen stelle vertritt sp. pg. das aus dem latein. aufbewahrte* mear, mijar; *nur das den übrigen sprachen in diesem sinne fehlende kinderwort* pixa, pissa *(mentula) ist hier vorhanden. Auf deutschem gebiet bemerkt man es zuerst im altfries.* pissia, *allmählich findet es sich in allen sprachen dieses gebietes ein, wird aber als ein fremdling betrachtet, s. Weigand s. v. Unter den celtischen besitzt es nur die kymrische* (piso, pisio), *nicht die gaelische, selbst nicht die bretonische: jene hat dafür* mùin, *diese* troaza. *Gewöhnlich findet man in dem roman. worte eine onomatopöie, so daß es ungefähr unserm* zischen *entspräche: einen zischlaut hat außer der ital. und wal. form auch cat.* pixar, *neupr.* pichà, *pic.* picher. *In der annahme von onomatopöien kann man leicht zu weit gehen: es ist im allgemeinen rathsamer auf vorhandne wörter zu bauen. Hier fühlt man sich versucht an* pytissare, pitissare *eine flüssigkeit wegspritzen (πυτίζειν) zu denken, allein die begriffsübertragung wäre unstatthaft, da dieses verbum eigentl. ausspützen bedeutet. Das roman. verbum beschränkt sich in den mundarten nicht auf den angegebenen sinn. In der occitan. s. b. heißt es auch eine flüssigkeit ausstrahlen*: lou sau pisso *das blut spritzt aus der ader; den gleichen gebrauch erlaubt das parmes. wort; in Berry ist* pissée *ein guß aus dem schmelzofen. Dies mahnt an* pipa *pfeife, röhre; auch mhd.* pfîfen = *nhd.* pfeifen *kann diesen sinn erfüllen*: ûz pheif im daz bluot, *s. Wb. II, 493^b. Sollte nun der Romane aus* pipa *ein vb.* pipisare *ssgz.* pipsare pissare *(vgl.* bombus, *mlat.* bumbisare*) abgeleitet haben mit der zuletzt angeführten bedeutung? Hiezu möge noch bemerkt werden das trient.* pipa *springwasser, das sich begrifflich dem dtschen* pfîfen *genau anschließt. Diese auslegung des wortes möge weiterer erwägung empfohlen sein.*

Pistóla *it. sp., fr.* pistole *und* pistolet *ein kleines schießgewehr. Zu* Pistoja, *sagt H. Stephanus, verfertigte man kleine dolche,* pistoyers *genannt, deren name nachher auf die* petites harquebuses *übertragen ward (weil beide versteckt geführt wurden?). Es gibt indessen kein dem fr.* pistoyer *entsprechendes ital. wort, wohl aber* pistolese *mit der bed. kurzer säbel, und diese bedeutung oder dolch dürfte allerdings als die ursprüngliche angenommen werden.* Pistolese *aber ist nicht unüblich für* pistojese *d. h. aus Pistoja (Fernow Röm. studien III, 278) und eine abkürzung in* pistola *gedenkbar. Erwähnung verdient aber auch Frischs vermuthung, das wort sei aus* pistillus *stößel, it.* pestello, *abgeändert und bedeute ein werkzeug mit einem knauf, eine vermuthung, die durch das ven.* piston, peston *kurze kugelbüchse, welches genau dem it.* pestone *großer stößel entspricht, nicht wenig gestützt wird. Sie leidet indessen an einem zwar unscheinbaren, aber entscheidenden formfehler. Wenn ein suffix, wie hier* ill, *abgeändert wird, so kann dies nur in der art geschehn, daß man es mit einem andern vertauscht: unser wort müßte also* pistuola *heißen, denn bloßes* ol *kann nur nach* i *vorkommen (*oriola, usignolo *d. i.* usiniolo*). — Gleichlautend ist der name einer angeblich im 16. jh. und zwar zuerst in Spanien in umlauf gekommenen goldmünze. Im franz. bedeutet* pistole *gewöhnlich ein fremdes goldstück (*pistole d'Espagne, d'Italie*), und doch kennt weder das span. noch das ital. wörterbuch diesen ausdruck; ein veraltetes sp.* pistolete *hat erst Seckendorf. Um so weniger darf an eine von Pistoja ausgegangene münze gedacht werden. Bemerkenswerth ist dagegen, was Claude Fauchet, präsident des münzcollegiums († 1599), darüber sagt*: ayant les escus (d'or?) d'Espagne esté reduicts à une plus petite forme que les escus de France, ont pris le nom de pistolets et les plus petits pistolets bidets. *Daß man ein kleines goldstück scherzhaft ein pistölchen und ein noch kleineres ein pufferchen genannt habe, ist nicht unglaublich. — [Mahn in einem gelehrten artikel p. 97—104 hält* pistola *die waffe und* pistola *die münze für wörter verschiedener herkunft. Die waffe sei allerdings nach Pistoja benannt worden und stamme auch nach geschichtlichen zeugnissen aus Italien. Pistola die münze aber sei*

aus dem it. piastra *entstanden und stehe für* piastruola; *die zusammenziehung scheint indessen ungewöhnlich hart.*]
  Pito *sp. spitziges hölzchen, altfr.* pite *name einer sehr kleinen münze,* henneg. pete *kleinigkeit, comask.* pit *wenig; daher sp.* pitorra *schnepfe (vom spitzen schnabel), wallon.* petion *stachel der biene; vb. pr.* pitar *sich schnäbeln, sp.* apitar *anhetzen, altfr.* apiter *mit den fingerspitzen berühren, pg.* petiscar *kosten, nippen,* pitada *so viel man mit zwei fingerspitzen packt (Wagener); dsgl. mit dem begriffe der kleinheit* mail. pitin *wenig,* cremon. peteen *kleinigkeit, sard.* piticu *klein, wal.* pitic *zwerg, altfr.* peterin *winzig SB. Diese beispiele lassen einen alteinheimischen stamm* pit *annehmen, der etwas spitzes, schmales bedeutete und sich im kymr.* pid *spitze wiederfindet. Ein wichtiger sprößling dieses stammes ist altit.* pitetto, petitto, *pr. cat.* petit, *fr.* petit, *neupr.* pitit, *wallon.* piti *klein, dimin. pr. cat. altfr.* petitet. *Ebenso weist das gleichbed.* piccolo *auf* pic *spitze. Beachtenswerth an* pet-it *ist das suffix, welches aus euphonischer rücksicht der verwandlung in* ct *widerstand:* petet *oder gar* petetet *lautete übel. Ein altes zeugnis des wortes findet sich in* Pititovillare *Mabill. Dipl. p. 498 (v. j. 775).*
  Piva *it., sp. pg.* pipa, *altfr.* pipe, *pr. mit eingeschobenem* m pimpa, *abgel. fr.* pipeau *ländliche flöte, schalmei; von* pīpare, pīpiare *piepen (von vögeln), woher auch ahd.* pfîfâ, *nhd.* pfeife, pfeifer, *letzteres im it.* piffero, *sp.* pifaro, *fr.* piffre *und* fifre *nachgebildet (*piffre *dickbauch, eigentl. wohl mit aufgeblasenen backen wie ein pfeifer,* s'empiffrer *sich vollstopfen); churw.* fifa. *Merkenswerth ist das dauph.* pipa, *welches frühling bedeutet vom schalmeienton. It. sp. pg. pr.* pipa, *fr.* pipe *bedeuten auch ein langes faß als maß für flüssigkeiten, gleichsam eine flöte. Auch fr.* pivot *und it.* piuolo *zapfen müssen hieher gehören. Von* pipilare *aber ist pg.* pipilar, *it.* pigolare *piepen, pimpeln, für* pivolare, v *mit* g *vertauscht (Rom. gr. I, 288) oder besser wohl, eingeschoben in eine form* piolare *für* pivolare, *welche erstere auch in oberital. mundarten vorkommt.*
  Pizza *ven. das stechen, jucken, sard.* pizzu *schnabel, chw.* pizza, mail. pizz, *sic.* pizzu, *it.* pinzo *stachel, sp.* pinzas, *fr.* pince, *it.* pinzette *kneipzange; dsgl. it.* pizzico, *sp.* pizca *zwick; vb. ven.* pizzare, *wallon.* pissî, *it.* pizzicare, *wal.* pitzigà, piscà, *alban.* pitskóig, *cat.* pessigar, *pr.* pezugar, *sp.* pizcar *und* pinchar, *fr.* pincer, épincer, epinceler *zwicken; dahin auch pg.* piscar os olhos *blinzen (die augen kneifen). Zunächst vom ndl.* pitsen, *hd.* pfetzen, *das aber selbst wieder auf einem im roman. einheimischen wurzelworte* pit *(s. oben* pito) *zu beruhen scheint. —* [*Nach Zarncke, Mhd. wb. II, 493, wäre* pfetzen *aus mlat.* petia, *nach Weigand, D. wb. II, 362, von* pitar, *s. oben* pito. *Formell sehr befriedigend, da sich hiermit auch die rhinistischen formen sehr leicht erklären, leitet Langensiepen* pizzare, pinzo *cet. aus* pictus pictiare, pinctus pinctiare. *Daß aber* pingere *ursprüngl. stecken, sticken, also auch stechen bedeutet und daß diese bedeutung in der sprache fortgedauert habe, ist unerweis-*

lich: in acu pingere *liegt der begriff des stechens in* acus, *nicht in* pingere.]

Poggio *it., pr.* pueg, puoi, *altfr.* pui *anhöhe, sp. pg.* poyo *bank vor dem hause, altfr.* puiot *stütze Trist.; von* podium *erker, anhöhe. Vb. it.* poggiare, *altsp.* puyar *Canc. de B., altpg. pr.* poyar, *altfr.* puier *steigen; zsgs. it.* appoggiare, *sp. pg.* apoyar, *fr.* appuyer *stützen, sbst.* appui.
Poi *it., sard.* pus, *sp.* pues, *pg.* poz, *pr.* pos, pus, pois, *fr.* puis, *partikel, von* post; *zsgs. it.* dipoi *und mit versetztem accent und verwandlung des* i *in* o (*wie in* domani) dópo, *gewiß eine sehr alte bildung, da auch der Walache sie in* dúpę *besitzt (mail.* de poù, *in Forli* dopò), *pg. pr.* depois, *fr.* depuis, *mlat.* de post *L. Sal.; woneben sp.* despues, *pr.* despuois, *com.* despò, *bergamask. paduan.* daspò, *aus de ex post erklärt werden müssen. Eine andre zss. ist it.* poscia, *pr.* poissas, *von* postea. *In betreff des weggefallnen* t *in* post, *darf an* pos *im älteren lateinischen sprachgebrauche, umbrisch* pus, *erinnert werden, um so mehr als auch der Franzose dieses auslautende* t *hinter* s, *das er in* est (*vom vb.* être) *zuläßt, hier nicht anerkennt.* Post *in S. Eul. wird also wohl ein latinismus sein, deren hier mehrere vorkommen.*

Polédro, pulédro *it., sp. pg.* potro, *pr.* poudre (*zu folgern aus* poudrel), *altfr.* poutre *junges pferd. Mlat.* pulletrus, poledrus *schon in der L. Sal. und L. Alam.,* puledro 'folo', puledra 'fulihha' *Gl. Cass. Das wort steigt also hoch hinauf, ist aber aus dem classischen latein unnachweislich, denn Scaliger's* pulletra *für* pullastra *bei Varro ist bloße conjectur, s. Forcellini. Da die mittel der latein. und roman. sprache nicht ausreichen, das suffix* edrus *oder* etrus *zu erklären, so dürfte man fragen: bedienten sich etwa die Griechen in Italien einer diminutivform* πωλίδριον (*von* πῶλος *füllen*) *für* πωλίδιον (*vgl.* ἵππος, ἱππίδιον), *woher Italien sein* poledro *nahm? Aber auch* πωλίδιον *reichte dem Romanen hin, um diese letztere form durch eingeschobenes* r *zu schaffen. Sp. pg.* potro *heißt auch folterbank wie lat.* equuleus *von* equus, *weil sie einige ähnlichkeit mit einem pferd hatte* (*auch unser* folter *ist von* poledrus), *nfr.* poutre *heißt querbalken zum auflegen eines andern balkens.*

Poleggio, puleggio *it., pr.* pulegi, *sp.* poleo, *pg.* poejo, *fr.* pouliot *eine pflanze,* polei; *von* pulegium.

Polizía *it., sp. pg.* policía, *fehlt pr., fr.* police *staatsverwaltung, städtische verwaltung,* 'gouvernement d'une république' *Nicot, mlat.* politia 'statordnung' *Dief. Gloss. lat. germ., im classischen latein nicht üblich. Das wort, unser* polizei, *stammt aus dem griech.* πολιτεία: *seine romanisierung, selbst der im franz. auf die vorhergehende silbe zurückgezogene accent, verhält sich wie in andern fällen, vgl.* νεκρομαντεία, *it.* negromanzía, *sp.* nigromancía, *altfr.* nigremánce (*statt* nigremantíe). — *Von* polizia *ist zu trennen it.* pulizía, *sp.* policía *reinlichkeit, artigkeit, abgeleitet von* polire, *it. auch* pulire, *spätlat. subst.* polities (*geschr.* policies) 'γλαφυρότης' *Quich. Add., mlat.* policia 'scôni' *d. i. schönheit, nettigkeit Dief. Gl. lat. germ.*

Pólizza *it. schein, anweisung u. dgl. z. b. bei G. Villani († 1348), sp.* póliza *dass., fehlt pg., cat.* pólissa, *pr.* polissia (totz celz que aquesta present polissia veyran *cet. urk. v. j. 1428), fr.* police *(14. jh.), engl.* pólicy. *Die ital. und span. betonung der ersten silbe verbietet, das wort mit dem vorhergehenden in verbindung zu bringen: es weist vielmehr unmittelbar auf* pollex pollicis *mit geändertem genus, wie oft, franz. zugleich mit fortgerücktem accent, muthmaßlich aus dem italienischen entlehnt, da* ll *nicht in* u *übergieng. Man brauchte* pollex *für siegel, weil bei dem aufdrücken desselben der daumen besonders thätig ist, daher* sub pollice S. Mauricii *in einer urkunde DC., demnächst für das mit einem solchen zeichen versehene blatt.*

Pollegar *pg., sp.* pulgar, *pr.* polgar, *altfr.* pochier *L. de Guill.* daumen, *vgl.* si quis policare de manum vel pedem excusserit *L. Sal.; vom adj.* pollicaris.

Poltro *it. träg, feige, daher* poltrone *und so sp.* poltron, *pg.* potrão, *fr.* poltron, *aus dem ital. eingeführt, dem primitiv* poltro *aber entspricht nur noch das champ.* pleutre *(welches Génin, Récréat. phil. p. 169, zu* belître *gesellt). Das wort hat seine quelle im ahd.* polstar, bolstar *pfühl, dessen deutschheit nicht zu bezweifeln ist; dieselbe begriffsverwandtschaft zeigt ja auch fr.* lodier *bettdecke und faulenzer, ja die ital. form* boldrone, *nach Veneroni auch* boldra, *bedeutet noch jetzt einen theil des bettwerkes, und mehrere ausleger Dante's nehmen zu* spoltre *Inf. 24, 46 gradezu ein subst.* poltro an, *mail.* polter, *romagn.* pultar *lagerstätte, ven.* poltrona *ruhebett. Ist auch der ausfall des* s *im ital. ganz ungewöhnlich, so darf er doch in der consonantischen gruppierung* lstr *nicht auffallen, auch der doppelte anlaut* p *und* b *redet für deutsche herkunft. Scharfsinnig hatte Salmasius in* poltrone *eine abkürzung aus* pollice truncus *erkannt:* multi illo tempore *(römische zeiten sind gemeint)*, quia necessitate ad bellum cogebantur, prae ignavia pollices sibi truncabant, ne militarent; inde pollice truncos hodieque pro ignavis et imbecillibus dicimus, sed truncata voce poltrones. *Diese etymologie erwarb beifall, weil sie an römische verhältnisse erinnerte; aber schon Ménage fand die abkürzung zu stark. Er bestreitet aber auch die herkunft aus* poltro bett, *welche Landino, Vellutello und andre schon behauptet hatten, indem er diese bedeutung für zweifelhaft hielt, und leitet unser wort aus* pullus, pullitrus, *da junge thiere furchtsam und träge seien. Daß sie scheu sind, weiß man, feig und träge ist etwas anders.*

Pomata *it., sp.* pomada, *fr.* pommade *eine haar- oder hautsalbe; so genannt, weil einer ihrer bestandtheile vom apisapfel genommen ward* (pomo *apfel). So die Crusca.*

Ponente *it., sp.* poniente, *pr.* ponent *eine der weltgegenden, westen, eigentl. sonnenuntergang,* ove il sol si pone; *auch wal.* apús *(partic. von* apune = apponere) *hat diesen sinn, ebenso fr.* couchant.

Poppa *it., pr.* popa, *altfr.* poupe *(bei Nicot) brustwarze, zitze; vb.* poppare, popar *saugen. Stalder I, 237 und Grimm I³, 406 vergleichen schweiz.* bubbi, *engl.* bubby, *aber daraus konnte das rom. wort nicht wohl entspringen. Die lat. sprache bietet nur* pūpa *mädchen, puppe: das ital. wort würde dasselbe sein, indessen konnte sich* ū *verkürzen wie in* cūpa, *it.* coppa, *daher das chw.* popa *und das fr.* poupée (*nicht* pupée) *und selbst unser* puppe; *mit* o *schreibt auch der Vocab. S. Galli das masculin* popus 'seha' *d. i.* pupilla; *nur der Piemontese spricht* pupa *für* popa. *Konnte nun unser* zitze *im it.* zita *die bed. mädchen ausdrücken, so wäre es vielleicht nicht zu vermessen, hier die umgekehrte entwicklung, zitze aus* püppchen, *anzunehmen.* [*Pott vermuthet in* poppa *eine reine lautform ohne beziehung auf lat.* pupa, *s. dessen werk Doppelung cet. p. 34.*]

Por *sp. pg. altfr., nfr.* pour, *präposition, vom lat.* pro (*so noch in den Eiden als latinismus*), *sp. pg. auch die stelle von* per *einnehmend, wie schon in alten urkunden, z. b.* non territus pro hoc sacrilegio *Esp. sagr. XXXIV, 442 (v. j. 916). Daß dem Italiener diese partikel abgeht, ist bekannt; die einzige sard. mundart besitzt* po (= por), *das sie vermuthlich dem spanischen entnahm, denn das landvolk gebraucht* peri. *Zsgs. altsp. altpg.* pora, *neu* para, *von* pro ad, *z. b.* vadit pro ad ribulo (rivulum) *Esp. sagr. XXXIV, 440. Die catal. sprache hat dafür* pera (per ad *Monlau 362*); *vor dem infin. trifft man auch im prov.* per a, *im altfr.* por a, *s. Rom. gramm. III, 244 note.*

Porcellana *it., sp.* porcelana, *fr.* porcelaine *porzellan, eine anfangs nur aus China und Japan bezogene töpferwaare. Das ital. wort bedeutet auch eine gewisse seemuschel,* concha Veneris. *Da diese mit der porzellanmasse große ähnlichkeit hat, so lag es nahe, ihren namen auf letztere zu übertragen. Die muschel aber kann ihren namen kaum anderswoher bezogen haben als von* porcus, *aber, wie Mahn p. 11 auseinandersetzt, nicht in beziehung auf dessen gewöhnliche, sondern auf eine andre, figürliche bedeutung, welche gleichfalls zwei dinge ihrer ähnlichkeit wegen verknüpft.*

Portulaca *it. pr., sp.* verdolaga (*durch umdeutung mit* verde), *pg.* verdoaga, verdoega, *entstellt in* beldroega, *eine pflanze, von* portulaca. *Aus lat.* porcilaca *aber entstand durch fälschung it.* porcellana (*auch eine töpferwaare, s. oben*), *ahd.* purzella. *Aus* pulli pes *hühnerfuß soll fr.* pourpier *für* poupié *gebildet sein, was durch die mundartl. form* piépou (pes pulli) *bestätigung gewinnt, s. Ménage.*

Posta *it. sp. pg., fr.* poste *post; von* positus, *wegen der aufgestellten pferde.*

Posticcio *it., sp.* postizo, *fr.* postiche, *dsgl.* apposticcio, apostizo, *pr.* apostitz *untergeschoben, nachgemacht; gleichsam* appositicius *an die stelle gesetzt, roman.* posto *stelle.*

Postilla *it. pg. pr. (letzteres aus dem vb.* postillar *zu folgern), sp.* postila, *fr.* apostille *randbemerkung; nicht aus* positus, *es lautete alsdann it.* postella, *sp.* postilla, *fr.* apostelle, *sondern zsgs. aus* post illa *sc.* verba auctoris, *s. Vossius Vit. serm.*

Potare *it., sp. pg. pr.* podar, *altfr.* poder *gewächse beschneiden; von* pŭtare, *dessen figürliche bedeutung (*glauben*) in die romanischen*

sprachen nicht eingieng. Dahin sp. podon, *pg.* podão *hippe, auch altfr.* poün *Gormond v. 241. 255 ed. Scheler 245. 259. (nicht mit Reiffenberg = fr.* poing), *abgeleitet vom sp.* poda *beschneidung, occit.* poudo *gartenmesser.*
Pote *sp. pg., pr. fr.* pot *(ersteres zu folgern aus* potaria) *topf; vom ndl.* pot, *wenigstens ist das pic.* potequin *offenbar das mndl.* potckîn; *das stammwort übrigens auch im celt. vorhanden, kymr.* pot, *gael.* poit. *Dem Italiener fehlt* potto, *dagegen entspricht das daraus gezogene feminin dem ir.* puite, *das, wie lat.* concha, *die ital. bedeutung mit der oben bemerkten vereinigt, auch it.* vaso *hat diesen doppelten sinn. Eine abl. muß sein fr.* potage *suppe (auch gemüse:* potaige *'legumen' Gl. de Lille p. 37^b ed. Scheler), daher it.* potaggio *und wohl auch sp.* potage, *eigentl. etwas im topf bereitetes, wie* fromage *etwas in der form bereitetes heißt, also nicht von dem unroman.* potus, *das fr.* pouage *ergeben hätte. Wie verhält es sich aber mit pr.* pot *lippe? ist dies die grundbedeutung, woraus die andre erfolgte, wie dies bei* brocca *der fall zu sein scheint? In der Schweiz lautet es* potte, faire la potte *ist* faire la moue *(Dict. genev.), auch lothr.* potte, *vgl. alban.* puzę *lippe. Neupr.* pot, *limous.* poutou *(m.) bedeuten kuß.*

Potere *it., sp. pg. pr.* poder, *altfr.* pooir *(mit ausgestoßenem* d), *nfr.* pouvoir *(mit eingeschobenem* v *zur aufhebung des hiatus), wal.* putcà, *lat.* posse; *sbst. it.* podere *(mit* d), *sp.* poder, *wal.* puteare *macht, dsgl. hab und gut wie das dtsche* vermögen, *ital. auch* bauerngut. *Wie bei* velle *ward auch hier von der in der conjugation vorherrschenden form* pot *ein neuer infinitiv abgezogen.* Poteret *für* posset *hat eine urkunde vor 750 Fumag. p. 18,* potemus *für* possumus *findet sich Form. Mab., engl. Murat. Ant. ital. V, 312 (v. j. 796), ferner* podibat *(pr.* podia) *für* poterat *Bréq. p. 222^c (v. j. 657),* potebat *HLang. I, col. 25 (v. j. 782),* potebant *L. Sal. app. 3,* potebimus *für* poterimus *Form. Baluz.,* possat *für* possit *Fumag. p. 97 (v. j. 796),* possaut *Murat. III, 570 (v. j. 757); s. auch Rom. gramm. II, 141—2.*

Pozione *it., sp.* pocion, *pr.* poizo *trank, arznei, altsp.* pozon *Alx., Conq. Ultram., fr.* poison *(m., noch bei Malherbe fem., s. Nodier, Exam. crit.) gift: von* potio *tränk, arznei-, gift-, zaubertrank. Vb. pr.* poizonar, *sp.* ponzoñar, *von* potionare *bei Vegetius, sbst. sp.* ponzoña, *pg.* peçonha *gift. Eine ähnliche ausartung der grundbedeutung im sp.* yerba, *pg.* erva *giftpflanze, gift, altfr.* enherber *vergiften; im nhd.* gift, *ursprüngl. gabe, dosis.*

Pozzo *it., wal.* putz, *sp.* pozo, *pr.* potz, *fr.* puits *brunnen; von* puteus, *dtsch.* pfütze. *Daher pr.* pozar, *fr.* puiser *schöpfen,* épuiser *erschöpfen.*

Prebenda, prevenda *it. pr., sp.* prebenda, *fr.* prébende *eigentl. täglicher lebensunterhalt der mönche und anderer geistlichen; von* praebenda *(plur.) was dargereicht werden muß, lieferung; dieselbe bildung zeigt pr.* liuranda *von* liurar. *Das gleichbed. fr.* provende *(woher unser* pfründe), *it.* profenda, *trennte sich von* prébende *durch einwirkung des vb.* providere *versorgen, part.* providenda, *dem sich unser* proviant *anschließt.*

Pregno *it.*, *pg.* preuhe, *pr.* prenh, *altfr.* prains (acc. prenant) *schwanger, von* praegnas, praegnans; *vb. pg.* prenhar, *sp. particip.* preñado, *dsgl. pg.* emprenhar, *sp.* empreñar *ff., wozu ein lat. verbum fehlt. Das it.* pregno, pragna *ist eine misverstandne bildung, die der andern mundarten sind, ihrem ursprunge gemäß, generis communis.*

Presente *it. sp.*, présent *fr. geschenk. Das wort steigt in diesem sinne ziemlich hoch hinauf, da schon Rambaut von Orange (um 1150) es kennt* (prezet gent presen schätzte ein artiges geschenk), *das gleichbed.* mlat. praesentia *reicht sogar bis zum 9. jh. zurück. Die bedeutung knüpft sich an die des vb.* praesentare *vorstellen*, mlat. *und roman. anbieten, darbieten.*

Presso *it., pr.* pres, *fr.* près, *partikel für lat. prope; von* pressum *gedrängt, wie gr.* ἄγχι. *Zsgs. it.* appresso, altpg. *pr.* apres, *fr.* après, *it.* pressochè, *fr.* presque.

Prestare *it., sp.* prestar, *fr.* prêter *leihen; von* praestare *in ders. bed. bei Salvian, Venantius, in der L. Sal. u. s. w.*

Presto *it. sp. pg., pr.* prest, *fr.* prêt adj. *bereit; vom lat.* praestus *auf einer inschrift Grut. p. 699. n. 4. Merkwürdig ist die port. form* prestes *(indecl.), sie hat in dem gleichbed.* lestes *neben* lesto *ihr gegenstück.*

Prete *it., sp. altpg* preste, *fr.* prêtre *aus dem altfr. pr.* prestre, *priester, von* presbyter senior, non pro aetate vel decrepita senectute, sed propter honorem et dignitatem *Isid. 7, 12. Andre formen erklären sich wegen des verschiedenen accentes nur unmittelbar aus dem gr.* πρεσβύτερος, *oder besser wohl aus dem näher liegenden lat. accusativ* presbyterum (*Littré, Hist. de la langue franç. I, 33, G. Paris, De l'accent 45), nämlich pr.* preveire, preire, *cat.* prebere, *altfr.* proveire, provoire, *und so stimmt auch pr.* preveiral, preveirat *zu mlat.* presbyteralis, presbyteratus. *Auffallend ist das syncopierte* s *im it.* prete, *mail.* prevet, pret, *da die sprache diesen buchstaben sonst nicht scheut.*

Prevosto *it., sp. pg.* preboste, *fr.* prévôt, *wal.* preot *probst, profos; von* praepositus. *Daher auch sp. pg.* prioste *syndicus.*

Prigione *it., sp.* prision, *pr.* preiso, *fr.* prison *gefängnis; von* prehensio, prensio *ergreifung, noch im span. verhaftung, im prov. wegnahme. Im ital. span. und altfranz. wird es auch in der bed. gefangener gebraucht.*

Primo *sp. pg. vorzüglich:* la obra es prima *das werk ist vorzüglich: von* primus *im sinne von* primarius. *Hieraus die bedeutung des pr.* prim *fein, zart, noch jetzt in den mundarten, z. b.* limous. oquel efon es prim *dieses kind ist zart gebaut. Im Jura ist* primbois *kleines holz, reisholz. Rochegude bemerkt pr.* prim preon *mit der bed. sehr tief, was an* prime probus *bei Naevius erinnert. Verb. pr cat.* aprimar *verfeinern.*

Pro *it. sp. pg. pr., altfr.* prou, preu, pro, *sämmtlich masc., span. masc. fem., dafür auch it.* prode, *altsp. altpg.* prol *(f.), pr.* pron *vortheil, von der lat. partikel* pro, *substantivisch angewandt wie auch* contra, *z. b.*

it. in pro o in contro *zum vortheil oder nachtheil. Vielleicht gab der zuruf* proficiat, *das man roman.* in pro-faccia, pro-fassa *übertrug, den ersten anlaß zu diesem gebrauche, und ebenso ist in* prod-est *das it.* prode *enthalten, oder eigentlich,* prod *ist die alte vollständige form für* pro*, noch erhalten in* prodius *bei Nonius ed. Gerlach (Corssen, Zeitschr. f. vergl.* sprachf. *III, 265; Ritschl, Plaut. exc. I, 97). — Vollkommen gleichlautend mit diesem substantiv ist ein adjectiv (einer endung) mit der bed.* tüchtig, trefflich, *welches im prov. das eigne hat, daß es sein flexivisches* s *häufig zur wurzel zieht* (pros ni valen *acc.*, de la pros comtessa)*, daher nfr.* preux, *nicht mehr* preu, *chw.* prus *fromm, adv. pr.* prosamen, *aber auch* proosamen, *altfr.* proüsement, *wiewohl kein adj.* proos, *fem.* proosa, *vorkommt. Das adjectiv* pro *ist von dem substantiv nicht zu trennen: ital.* egli è prode *ist wiederum* = prod-est '*er ist nützlich, brav*'*, wie das altdeutsche* frum, *das mittellat.* utilis *beide bedeutungen einigt. Oder ist es von* probus? *Unzweifelhaft wäre alsdann die regelmäßige gestalt des feminins* prova, *da es von dem übergange eines adjectivs zweier endungen in ein adjectiv einer endung schwerlich ein gemeinrom. beispiel gibt. Auch an* prüdens *hat man gedacht, aber das lange* u *verträgt sich nicht mit rom.* o, *wenn man auch auf den wegfall der endung kein gewicht legt. — Wenn aber die herleitung des adj.* pro *aus* probus *unstatthaft ist, so läßt sich dagegen in dem adv. pr.* pro, *fr.* prou *s. v. a. lat.* satis *um so leichter das adv.* probe *annehmen, als es altfr. auch* proef *(Littré, Hist. II, 209), cat.* prou (u *aus* b) *lautet:* pro batre alcun *wird von* probe percutere aliquem *wenig verschieden sein.*

Profilare *it., fr.* profiler *(entlehnt), sp.* perfilar *von der seite abzeichnen; sbst. it.* profilo, *fr.* profil, *sp. lomb.* perfil *seitenansicht; von* filum *in der bed. gestalt (umriß). Der eigentliche sinn der compositionspartikel ist um so weniger gewiß, als die sprachen* per *und* pro *leicht verwechseln.*

Profitto *it., pr.* profieg, *cat. fr.* profit *vortheil; vb.* profittare, profcitar, profiter; *vom sbst.* profectus. *Spanier und Portugiesen haben dafür* provecho, proveito *(daher das it.* proveccio) *mit lat.* provectus *zusammentreffend, doch wird von Santa Rosa auch ein altpg.* profeito *bemerkt, und da in der that* provecho *aus* profectus *entstanden sein kann, so ist es rathsam, bei diesem als dem gemeinromanischen worte stehen zu bleiben.*

Propaggine *it., pr.* probaina, *sp.* provena, *fr.* provin *(für* provain, *wie die alten schrieben) setzling, senker, vb.* provigner; *von* propago propaginis, propaginare, *woher auch unser vb.* pfropfen.

Propio *it. sp., cat.* propi; *von* proprius *mit euphonischem ausfall des zweiten* r, *wal.* propriu, *pg.* proprio, *pr.* propri, *fr.* propre. *Auf einer inschrift Orell. 4822 findet sich bereits* propii.

Prostrare *it., sp.* postrar, *pg. pr.* prostrar *niederschlagen; ein aus dem partic.* prostratus *von* prosternere *nach der ersten conj. geformtes verbum. In span. urkunden liest man* postravi *Esp. sagr.* XL, 370 (v. j. 832)*,* postratus *XXXIV, 464 (v. j. 962).*

Protocollo *it. ff. Von* πρωτόκολλον, *bei den Byzantinern eigentl. das den papyrusrollen vorgeleimte blatt (zsgs. aus* πρῶτος *und* κόλλα), *worauf bemerkt sein mußte, unter welchem comes largitionum und von wem der papyrus verfertigt sei; der name nachher auf die notariatsurkunden übertragen, weil daselbst jenes blatt, da es eine chronologische angabe enthielt und zur deckung von fälschungen dienen konnte, nach einer verordnung Justinians (nov. 44) nicht fehlen durfte. S. Tychsen in Hugo's Civil. magazin VI, 132.*

Prua *it., sp. pg. pr.* proa, *fr.* proue *vorderschiff; von* prora *mit ungewöhnlichem gewiß euphonischem ausfalle des* r, *das sich im ital.* proda *als* d *darstellt. Dasselbe wort ist auch im althochd. vorhanden:* prora *'prot, prior pars navis' Gl. Paris. (augiens.) Diutisk. I, 268, in andern glossen* prort; *und so wie* proda *in zweiter bedeutung den rand eines dinges bezeichnet, so auch unser ahd.* proth prort brort, *so daß das ital. wort in letzterem sinne aus dem deutschen aufgenommen sein wird, während es in ersterem einheimisch sein kann. Über den etwanigen zusammenhang des ahd. wortes mit andern germanischen s. Graff III, 313.*

Prúdere *it., pr.* prüzer (pruir *GProv.* 37), *pg. cat.* pruir *(für* prudir) *jucken; von* prurire, *euphonisch durch dissimilation* prudire *u. s. f., noch in der limous. mundart* prure *für* prurer.

Pugnale *it., sp.* puñal, *fr.* poignard *dolch; abgeleitet von* pugio pugionis.

Pulce *it.* (f.), *fr.* puce (f.), *cat.* pussa, *sp. pg.* pulga, *cremon. gleichfalls mit gutturallaut* peulegh *floh; von* pulex (m.); *vb. it.* spulciare, *fr.* épucer, *cat.* espussar, *sp. pg. pr.* espulgar, *val.* esplugar, *unter welchen das span. verbum* die bed. *von* despiojar (s. pidocchio) *an sich genommen hat.*

Pulcella *it., altsp.* puncella, poncella *Bc., altpg. pr.* pucella, *fr.* pucelle, *chw.* purscella *jungfrau, masc. nur pr.* piucel, *fr.* puceau, *chw.* purscel *jüngling. Es ist ein dimin. von* pullus *jung, das gewöhnlich von thieren, als schmeichelwort auch von menschen gebraucht ward. Die älteste kunde des diminutivs findet sich wohl in einem capitular Chlodowigs (v. j. 500—511), wo es* pulicella *lautet, Pertz IV, p. 5, welche form auch eine handschrift der Lex. Sal. kennt. Das primitiv* pullus *ist gleichfalls romanisch: ital. in Tessin* pol *knabe,* pola *mädchen,* polle *in dem alten liedchen auf Eulalia, altfr. und noch in Berry und Normandie heißt* poulot *knäbchen, bübchen, in Limousin* pouloto *mädchen.*

Pulsar *sp. pg., pr.* polsar, *fr.* pousser *klopfen, stoßen; von* pulsare. *Eine zweite form ist sp.* puxar, *pg.* puxar *fortstoßen. Sbst. it.* polso, *fr.* pouls, *von* pulsus.

Punto *it., fr.* point, *auch prov. zuweilen* ponh, point, *verstärkung der negation; von* punctum *tüpfelchen, kleinigkeit;* il n'a point d'esprit *er hat kein bißchen verstand, s. etwa Rom. gramm. III, 429—30. 444.*

Punzar *und* punchar *sp., pg.* punçar, *it.* punzellare, punzecchiare *stechen; participialverbum, gleichsam* punctiare *von* punctus. *Sbst.*

it. punzone, *sp.* punzon, *fr.* poinçon *pfriemen, grabstichel, dtsch.* punzen, bunzen; *von* punctio *stich, stechen, durch seine concrete anwendung ein masculin geworden, vgl. unten* tosone.

Putto *it., sp. pg.* puto *bube,* fem. *it.* putta *mädchen, auch liederliche dirne, sp. pg.* puta, *altfr.* pute *nur in letzterer bedeutung. Ein wort der römischen volkssprache, das sich zufällig in einem kleineren, gewöhnlich Virgil zugeschriebenen gedichte erhalten hat und als ein volksmäßiges darin bezeichnet wird:* Scilicet hoc sine fraude, Vari dulcissime, dicam: dispeream, nisi me perdidit iste pŭtus. Sin autem praecepta vetant me dicere, sane non dicam, sed me perdidit iste puer. *S. Winckelmann, Jahrbb. für philol., suppl. II, 497. Für* putto *war* potto *zu erwarten, wobei jedoch diese etymologie unverdächtig bleibt. Mit* putillus *bei Plautus Asin. 3, 3, 104 trifft das ital. dimin.* puttello *buchstäblich zusammen. Eine abl. ist it.* puttana, *altsp.* putaña *Bc. liederliche dirne, metze; die stelle des unvorhandenen fr.* putaine *vertritt* putain (*auch pr.* putan, *nicht* putana), *aus dem accus.* putam, *ebenso die eigennamen* Evain *acc. aus* Evam, Bertaiṇ *aus* Bertham, *Rom. gramm. II, 47.*

Putto *it., altsp.* púdio, *pr. altfr.* put *niederträchtig, widerlich (häufiges epithet. der heiden* pute gent); *von* pūtidus *wie* netto, net *von* nitidus. *Daß dem it.* putto *auch die bed.* verbuhlt *beigegeben ward, als hange es mit* putta, puttana *zusammen, darf nicht stören.*

Q.

Qua *it., sp.* acá, *pg.* cá *ortsadverb, von* eccu'hac; *dazu pr.* s a, sai, *fr.* çà, *lomb.* scià, *von* ecce hac.

Quadro *it. sp. pg. viereck, rahmen, gemälde, fr.* cadre, *rahmen, pr.* caire *viereckiger stein,* burg. quarre *ecke; von* quadrum. *Abgel. fr.* carrière *steingrube, buchstäbl.* quadersteingrube (carré, carrer *von* quadratus, quadrare), *in späterem mlatein* quadraria, *zu scheiden von* carrière *laufbahn; dsgl. it.* quadrello, *sp.* quadrillo, *pr.* cairel, *fr.* carreau *viereck von stein u. dgl., auch* bolzen (*wegen seines vierkantigen eisens). Zsgs. it.* squadra, *sp.* esquadra, *fr.* équerre, (*f.*) *winkelmaß, it. sp. auch* rotte (*viereck von leuten*), *geschwader, daher fr.* escadre *und* escouade; *dsgl. it.* squadrone, *sp.* esquadron, *fr.* escadron *heeresabtheilung; alle vom vb.* squadrare *cet. viereckig machen, lat. gleichsam* exquadrare.

Quaglia *it., altsp.* coalla, *pr.* calha, *fr.* caille, *chw.* quacra *wachtel; mlat.* quaquila, quaquara, quaquadra (*gewiß aus älterer überlieferung,* Wackernagel, *Voces animantium p. 20*), *mnl.* quakele. *Das cat.* guatlla, *val.* guala, *hat den anlaut des dtschen* wahtala, *neben welchem auch* quattala *üblich war. Das wal. wort ist* prepelitze, *auch* pitpọláçe, *das sard.* circuri, *das piem.* cerlach.

Quagliare, cagliare *it., sp.* cuajar, *pg.* coalhar, *fr.* cailler *gerinnen, von* coagulare. *Vom sbst.* coagulum *ist pg.* coalho, *it.* caglio lab, *auch* gaglio, *latinisiert* galium *labkraut, bei Linné.*

I. QUALCHE—QUI.

Qualche *it.*, *altsp.* qualque, *pr.* qualsque, *fr.* quelque, *unbestimmtes pronomen*, *zsgs. aus* qualis quam *nach dem beispiele von* quisquam. *Mit angefügtem* unus *it.* qualcuno, *erweitert* qualch-ed-uno, *fr.* quelqu'un.

Quarésima *it.*, *sp.* quaresma, *fr.* carême (m.), *wal.* pŏreásimi *plur. fastenzeit; von* quadragesima, *neugr.* τεσσαρακοστή.

Quartiere *it.*, *sp. pg.* quartel, *fr.* quartier *das abgetheilte viertel eines raumes, in weiterem sinne ohne rücksicht auf genauigkeit des maßes ein abgetheilter raum z. b. in einem hause, eine wohnung, quartier, auch stadtviertel: altfr.* de tote la terre tot lo meillor cartier *das beste theil des ganzen landes* PDuch. *p. 48. Der südwesten braucht das primitiv* quarto *in ähnlicher weise d. h. in der bed. wohnung, zimmer, gemach.*

Quatto *it.*, *pr.* quait, *sp.* cacho *und* gacho *geduckt, zusammengedrückt; sbst. it. in Brescia* quat alp *(etwas drückendes), fr.* cache *versteck; vb. sard.* cattare *platt drücken, fr.* cacher ducken, verstecken, *neupr.* cachá *pressen, verstecken, zsgs. fr.* écacher, *altfr.* esquachier *Ren. II, 143,* pic. écoacher, *sp.* acachar, agachar *platt drücken.* Quatto *entspringt einfach aus* coactus, *ebenso wird sich* cacher *aus* coactare *deuten lassen* (co = *fr.* c *auch in* coagulare, cailler, ct = ch *in* flectere, fléchir *u. a.). Eine besondere bildung aus* coactus, *pr.* quait, *ist fr.* catir *pressen = altfr. pic.* quatir *ducken (part.* quaitis *RCam. p. 247), nach Frisch u. a. von dem den übrigen gebieten unbekannten* quatere. *Abll. aus* cache *sind* cachet *petschaft,* cachette *schlupfwinkel,* cachot *kerker. Neben pr.* cachar *findet sich noch eine ablautform* quichar *(quitxat GO.), neupr.* esquichá, *genf.* esquicher, *chw.* squicciar *quetschen.*

Quello *it. nebst* colui (*in der röm. mundart* quelui), *sp. pr.* aquel, *pg.* aquelle, *demonstrativpronomen, von* eccu'ille, *nach Castelvetro von* hoco ille (*was ist aber* hoco?); *dazu wal.* acel, *pr.* aicel, *altfr.* icel, *in allen drei sprachen auch* cel *nebst* celui, *von* ecc'ille, *vgl. unten* qui. *Man lasse sich durch eine mittellat. umdeutung nicht zu einer falschen etymologie verführen. Die Marculf. formeln nämlich fassen* icelui *als* ipsi lui *auf:* interrogatum fuit ipsi lui *num. 23,* ad parte ipsius lui *num. 17; ebenso schreiben die Mabill. formeln* ipsi illi ci *für* icelei, *und so könnte auch* ici *als* ips'hic *verstanden werden. Daß sich aber im fr.* c *kein lat.* s *verbirgt, verräth das picard.* chelui, ichi *u. s. f., worin* ch *einem lat.* ç *gleich ist.*

Questo *it. nebst* costui (*in der röm. mundart* questui), *sp. pg.* aqueste (*altpg.* questo), *cat. pr.* aquest, *demonstrativpronomen, von* eccu'-iste; *dazu wal.* acest, *pr.* aicest, *altfr.* icest, *in allen drei sprachen auch* cest *nebst* cestui, *neufr.* cet, *von* ecc'iste.

Qui *it., altfr.* iqui *Pass. de J. C. (noch jetzt burg. pic.),* equi *SLég., auch* enqui, anqui, *sp. pr.* aquí, *ortsadverb, von* eccu'hic; *dazu it.* ci, *pr.* aici, aissi (*im Jaufre* ci), *cat.* assi, *fr.* ici, ci, *wal.* aici, ici, *von* ecce hic *zsgs.* eccic. *Im ital. fiel der anlaut* e *weg, im span. und prov. ward er, wie oft in tonloser erster silbe, zu* a. *Ob auch die span. sprache eine form mit* ç *oder dem entsprechenden* s *kannte, da ja die ital. und prov. beide besitzen? Im Poem. de Cid 485. 3121 findet sich* desí adelante *(von hier an)* = *pr.* d'aissi enan; *auch ein altpg.* desy *kommt vor, s. D. Din. Trov. Zu merken ist hier, daß das rom.* ici *oder* ci *in altem mlatein mit richtigem etymologischem gefühl durch* ecce *ausgedrückt wird, z. b. Brunetti p. 439 (v. j. 715)* parentes ecce habeo multos *ich habe viele verwandte hier; p.* 441 consobrino ecce mecum habeo *ich habe meinen vetter hier bei mir. Zsgs. ist it.* qui-ci, li-ci, *beide bei Dante vorkommend.*

Quintale *it., sp. pg. pr.* quintal, *das letztere schon bei dem Troubadour Bertran v. Born, fr.* quintal *gewicht von hundert pfund; vom arab.* qin'târ *Freyt. III, 505 ein gewicht von hundert ratl, welches seinerseits aus dem lat.* centenarius *(ahd.* zentenari, kentenari *Doc. Misc. I, 204) entlehnt sein soll. S. Jos. v. Hammer und besonders Mahn p. 126.*

Quintana, chintana *it., pr.* quintana, *altfr.* quintaine *männliche figur von holz mit einem schild, den der heransprengende reiter mit der lanze zu treffen suchte. Die entstehung des wortes ist noch nicht aufgehellt. S. Ducange, Ménage, Caseneuve s. v., Raoul d. Cambr. p. 24, Fallot p. 565.*

Quota *it., pr.* cota, *fr.* cote *beitrag eines jeden zu einer gemeinschaftlichen ausgabe, sp. pg.* cota *randbemerkung, transport (eigentl. angabe der ziffer); von* quotus. *Daher ferner it.* quotare *in ordnung bringen, sp. pg.* cotar, acotar, *fr.* coter *beziffern, allegieren, sp.* cotejar, *pg.* cotejar *vergleichen (eigentl. zusammenstellen); fr.* coterie *geschlossene gesellschaft (ursprüngl. von betheiligten).*

R.

Rabárbaro *it., sp. pg.* ruibarbo, *fr.* rhubarbe *(f.) eine an den ufern der Wolga so wie in China wachsende pflanze, rhabarber; eigentl.* rha barbarum *(gr.* ῥᾶ), *zum unterschiede so genannt von* rha ponticum, *wie die Römer eine andre art dieser pflanze nannten, die in der gegend des schwarzen meeres vorkam.*

Racchetta *it. (entstellt in* lacchetta), *sp.* raqueta, *fr.* raquette *netz zum ballschlagen; gleichsam* retichetta *von* rete.

Rada *it. sp.,* rade *fr. ankerplatz, rhede; vom altn.* reida *ausrüstung, bereitschaft (der schiffe), ndl.* reede, *mhd.* rade.

Raffare *it. in* arraffare, *mail.* raffà, *piem.* rafè, *chw.* raffar, *altfr.* raffer, *lothr.* raffona *hurtig an sich reißen u. dgl.; sbst. piem.* rafa *raub, gewinn, lothr.* henneg. raffe, *it.* ruffa-raffa *rapuse, romagn.* riffe-raffa, *chw.* riffa-raffa, *sp.* rifi-rafe. *Dsgl. mit ableitendem* l *it.* arraffiare *(für* arrafflare), *fr.* rafler, érafler; *sbst. it.* raffio *haken etwas zu packen, fr.* rafle *in* faire rafle *alles an sich reißen, rein aufräumen, daher, so scheint es, die bed.* pasch *mit drei würfeln (gewinn, reine aufräumung). Deutsche herkunft ist nicht zu bezweifeln: mhd.* reffen, *nhd.* raffen *(engl.* raff *wird frans. sein); mit ableitendem* l *nhd.* raffel *werkzeug zum scharren oder raufen, vgl. auch altn.* hrafla *wegschnappen. Dem spielerausdruck* rafle *entspricht ndl.* schwed. raffel, *engl.* raffle. *Das altfr.* raffle *heißt auch* grind einer wunde *Roq.*, Myst. inéd. p. p. *Jubinal I, 283* (j'ai rifle et rafle et roigne et taigne), *ndl.* rappe *dass., vgl. ahd.* rafjan *sich schließen* (von wunden). *Merkwürdig ist das lothr. adj.* raffe herb, sauer *(eigentl. zusammenziehend?* raffen corripere, zusammennehmen*), entsprechend dem ahd.* raffi asper *Graff II, 494, gleichbed. comask.* rap, *vgl. altn.* hrappr *unsanft.*

Raggio, razzo *it., sp. pg.* rayo, *pr.* rai, raig, *altfr.* rai *strahl (prov. auch strom), nfr.* rayon, *von* radius; *daneben ein fem. it.* razza *speiche, wal.* raze, *sp. pg. pr.* raya, *fr.* raie *strahl, streif, strich; vb. it.* raggiare, razzare *strahlen, pr.* rayar, *altfr.* raier *und* roier *strahlen, strömen, sp.* rayar, *nfr.* rayer *streifen, von* radiare. *Die ital. form mit* z *kennt schon ein glossar des 8.—9. jh.* razus 'speicha' *Graff VI, 325. — Sonderbar ist altfr.* raic *oder* rée de miel, *norm.* rève *(mit eingeschobenem* v), *nfr.* rayon de miel *honigwabe, auch pg.* raio de mel *und wohl auch sard.* reja: *es scheint eine durch berührung mit dem alts.* râta, *mndl.* râte, *mhd.* râz *honigroße entstandene bedeutung, vgl.* Grimm III, 464, Weigand II, 511. *Sofern fr.* raie *furche, wasserfurche heißt* = *altfr.* roie, *pr.* rega, arroga *kommt es von* rigare *wässern.*

Rallar *sp. cat., pg.* ralar *reiben, figürl. plagen, fr.* railler *foppen; sbst. sp.* rallo, *pg.* ralo *reibeisen. Frisch meint vom ndl.* rakelen *schüren, rühren; nähere ansprüche hat* radiculare *von* radere, *wenn nicht etwa an* radula *(werkzeug zum kratzen) gedacht werden darf. — [In betreff des franz. wortes erinnert Diefenbach an ndl. ndd.* rallen, *schweiz.* rabelen *neckerei treiben und ähnliche, s. Ztschr. für vergl. sprachf. XII, 79.]*

Rame *it., wal.* arame, *sp.* arambre, alambre, *pr.* aram, *fr.* airain *kupfer, kupfererz; von* aeramen, *bei Festus* aeramina 'utensilia amplicra', *gewöhnl.* aeramentum *kupfergeschirr. Das churw. wort ist* iróm, *offenbar entstellt aus* iram, eram, *wie* uffónt *aus* uffánt.

Ramerino *it., sp.* romero, *cat. pr.* romaní, *pg.* rosmaninho, *fr.* romarin *ein kraut; zum theil entstellt oder umgedeutet aus* ros marinus.

Ramingo *it.,* ramene *pr. beiname des jungen falken, der von ast zu ast fliegt, dsgl. unstät, fr.* ramingue *eigensinnig; von* ramus, *dtsch.* ästling accipiter ramarius, *entgegengesetzt dem* nestling accipiter nidarius (Frisch). *Dem it.* ramingo *entspricht in seiner bedeutung sp.* ramero, *dessen fem.* ramera *die feile dirne bezeichnet.*

Rampa *it. kralle,* rampo *haken, pr.* rampa *krampf; vb. it.* rampare, *altfr.* ramper *klettern, nfr.* kriechen, *part.* rampant *aufsteigend (herald.); aus diesem verbum wohl erst das sbst.* rampe, *sp.* rampa *erdaufwurf, auffahrt.* Rampare *ist desselben stammes wie* rappare *(s. unten), vom ndd.* rapen, *mit m bair.* rampfen *an sich reißen, packen (lomb.* ramf, ranf *krampf), daher das substantiv mit der bed. kralle u. s. f. Das eingeschobene* m *läßt die prov. mundart auch weg:* rapar *ist* = *fr.* ramper, *altval.* leó rapan *JFebr.* = *sp.* leon rampante, *romagn.* rapè =

arrampè. *Eine abl. ist it.* rampone *haken, hieraus nach Muratori das vb. it.* rampognare *höhnen, lästern, altfr.* ramposner, ramponer *höhnen, zerren* (ramposner, pinchier et poindre *zerren, kneifen und stacheln* Roquef. s. v.), *pr.* rampoinar '*dicere verba contraria derisorie*' *GProv. 32, sbst. it.* rampogna, *altfr.* ramposne *verhöhnung u. dgl., henneg.* ramponne *tracht schlüge. Diese herleitung, wonach* rampognare *eigentl. mit schmähungen zerreißen hieße, bestätigt sowohl das ven.* ramponare *häkeln, wie das cat.* rampoina *fetzen.*

Ranco *it. cat., sp.* renco, *altfr.* ranc *kreuzlahm, ven.* ranco *verdreht; vb. it.* rancare, arrancare *hinken,* dirancare *ausdrehen, ausreißen, sp.* arrancar *ausreißen, auszichen; gleiche bed. hat altit.* arrancare *PPS. I, 187, gen.* arrancà, *piem.* ranchè. *Der stamm ist deutsch: nhd.* rank, *ndl.* wronck *Kil. verdrehung, mhd.* renken *drehend ziehen, bair.* renken *zerren, ags.* vrenc *trug, goth.* vraiqvs *krumm.* Arrancar *ist also wohl ein vom fr.* arracher *(II. c) ganz verschiedenes wort; zu diesem passt buchstäblich, aber nicht begrifflich, das sp.* arraigar. — *Für sp.* renco *gibt es eine form* rengo, *sichtbarlich auf* derrengar *(s. oben diesen artikel) gestützt, mit dem sie aber nicht gleiches ursprunges sein kann.*

Rancore *it.,* rancor *altsp. pg. pr.,* rancoeur *altfr.,* rencor *neusp. groll; von* rancor *1) ranziger geschmack, bei Palladius, 2) alter groll, bei Hieronymus und im mlatein; daher auch fr.* rancune *(mit demselben suffix wie im altfr.* vieillune *Rom. gramm. II, 341), it. altpg.* rancura *u. a.*

Randa *sp., pg.* renda *spitzen an kleidern, daher sp.* randal *netzförmiges gewebe. Es erinnert unmittelbar an unser deutsches* rand *und beruft sich auf das ndl.* kant, *welches gleichfalls rand und spitzen heißt. Zwar ist* rand *im alt- und mhd. nur in der bed.* schildbuckel *nachweislich, es mochte ihm aber auch die heutige bed.* margo, extremitas *nicht versagt sein, die dem ags.* rand, rond, *dem altn.* rönd *oder schwed.* rand *zusteht, denn im grunde ist auch der buckel des schildes dessen äußerstes, daher ihn schon eine ahd. glosse '*cupula vel ora clypei*' nennt (Graff II, 531). Andre weisen auf lat.* rete, *sp.* red, *dem sich das pg.* renda *schon ziemlich annähert, nicht so das sp.* randa. *An die span. bedeutung schließt sich etwa das pr.* randar *schmücken, putzen. Das piem. und neupr.* randa *streichholz um den inhalt eines gefäßes dem rande gleich zu machen, vb.* randá *dem rande gleich streichen, entspricht unserm* rand *noch entschiedener. Wir stellen noch hieher pr.* randa, *das für sich allein nicht vorzukommen scheint (denn Chx. III, 400* la randa *ist mit Bartsch zu schreiben* l'a randa), *davon das adv.* a randa *bis ans ende, völlig, auch it.* a randa *dicht daran: das substantiv wird also das äußerste eines dinges bedeuten und schließt sich unserm nhd.* rand *genau an. Abgeleitet ist altfr.* randir *andringen Parton. II, p. 103; pr. altfr.* randon *ungestüm, heftigkeit, adv.* a randon *und* de randon, *sp.* de rendon, de rondon, *pg.* de rondão *mit einem schlage, heftig, plötzlich (engl.* at random), *vb.* randonar, randoner *anrennen, antreiben. Da die kümpfer mit vorgehal-*

tenem schild heranstürmten, so wäre es möglich, daß in diesen ableitungen die ahd. bedeutung zur geltung gekommen wäre.

Rangifero *it.*, rangífero *sp.*, rangier *fr.*, reynger *ndl.* rennthier; vom mlat. rangifer, dies wohl aus dem lappisch-finnischen raingo, nach Schmeller II, 95. Franz. renne gleichbed. aus dem nord. hrein, rên.

Raperonzo, raperonzolo, ramponzolo *it.*, *sic.* raponzolu, *romagn.* rapónzal, *sp.* reponche, ruiponce, *pg.* ruiponto *u. dgl., fr.* raiponce *(f.)* eine pflanze, rapunzel; von rapa rübe, mit ital. suffixen.

Rappare *it* in arrappare, *sp. pg. pr.* rapar *gewaltsam wegführen, lothr.* rapouá *an sich raffen, verschlingen. Das ital. wort ist augenscheinlich vom ndd. ndl* rapen, *engl.* rap, *schwed.* rappa *u. s. w.* = *hd.* raffen, *das span., das auch die bed.* scheren *(das haar rein wegnehmen) entwickelt hat, entspringt gleichfalls leichter hieraus als durch eine sehr seltene umbiegung der conjugation aus lat.* rapere. *Desselben stammes ist auch it.* rappa *schrunde an den füßen der pferde* = *mhd.* rappe, *ndl.* rappe *grind Kil., vb. ven. lomb.* rapare, rapà *schrumpfen* = *bair.* sich räpfen *erharten, mit kruste überziehen.*

Rasare *it. (eigentl. ven. lomb. u. s. w.), sp. pg.* rasar, *fr.* raser *scheren; romanisches frequentativ von* radere rasus.

Rascar *sp. pg. pr.* kratzen; *sbst. pr.* rasca, *altfr.* rasche *krätze, grind; für* rasicare *von radere* rasus. *Dsgl. it.* raschiare, *cat.* rasclar, *altfr.* rascler, *nfr.* racler, *mit ders. bed., sbst. it.* raschia = *pr.* rasca, *lat. gleichsam* rasiculare. *Sp. pg.* rasgar *auseinander reißen, sbst.* rasgo *flüchtiger strich, skizze, führt man auf* resecare *zurück, wiewohl das aus* rasgar *abgeleitete* rasguñar *kratzen und skizzieren mit seiner bedeutung offenbar auf* rasicare *weist. Santa Rosa kennt auch ein altpg.* rascar *schreien.*

Raso *it. sp.*, ras *fr. ein glatter zeug, vom part.* rasus *geschoren. Abgel. sp.* rasilla *art sarsche, vgl. bei Isidorus* ralla, *quae vulgo* rasilis *dicitur. Im it.* rascia *sarsche (rasch) findet Muratori den ländernamen* Rascia *(ein theil von Slavonien Dante Par. 19, 140), woher dieser stuff gekommen sein soll, altfr.* le royaulme de Rasse *z. b. bei Froissart; andre den städtenamen* Arras, *s. jedoch* arazzo *II. a. Ein alter ital. dichter kennt* vestiti di Doagio (Douai) e di Rascese *PPS. II, 172.*

Raspare *it., sp.* raspar, *fr.* râper *abkratzen, schaben; vom ahd.* raspôn *zusammenscharren. Sbst. it.* raspo *traubenkamm, dsgl.* räude *(etwas kratzendes), sp. pr.* raspa *traubenkamm, granne, hülse eines kornes, fr.* râpe *raspel; mit verstärktem anlaut it.* graspo, *vgl. dieselbe verstärkung in* gracimolo *für* racimolo.

Rastro *it. rechen, vom* rastrum *karst, hacke, daher auch sp.* rastro, *pg.* rasto *schleife (etwas auf dem boden fortgezogenes wie der rechen), dsgl. spur, fährte; dimin. it.* rastrello, rastello, *sp.* rastrillo, rastillo, *fr.* râteau *rechen, auch gatter, lat.* rastellus.

Ratto *it., sp. pg.* rato, *pr. fr.* rat *ein den Römern unbekanntes thier,* ratte, ratze. *Die roman. formen des sehr verbreiteten wortes stehen den deutschen näher als den celtischen:* ahd. rato *(m.)*, ags. rät, altndd. ratta, *gael.* radan, *brct.* raz. *Abgel. cat. pg.* ratar, *piem.* ratè, *sp.* ratonar *benagen; sp.* ratear *kriechen,* ratcro *kriechend (auch im moralischen sinne). Der Venezianer nennt die ratte* pantegan, *das Ferrari nicht zu erklären weiß: es ist von* pantex *und heißt eigentl. dickbauch. [Nach Stier, Ztschr. für vergl. sprachf. XI, 131, von ποντικός, letzteres oben unter* armellino *berührt.]*

Razione *it. (bei Ferrari), sp.* racion, *pr. fr.* ration *bestimmtes maß an lebensmitteln; von* ratio, *mlat. für jus, recht, gerechtsame, das was einem gebührt.*

Razza *it., sp. pg. pr.* raza, *fr.* race *stamm, geschlecht. Die übliche herleitung aus* radix radīcis *verträgt sich nicht mit dem accent der casus obliqui, der nominativ aber hätte* rádica *ergeben. Buchstäblich trifft das ahd.* reiza *linie, strich, entsprechend dem mlat.* linea sanguinis, *fr.* ligne, *nhd.* linie. *Das ins englische eingeführte* race *einigt noch die bedd. strich und geschlecht in sich, die also wohl auch altfranz. waren. Vgl. wegen der begriffsentwicklung auch wallon.* tir *s. v.* tière *II. c.*

Reame *it., altsp.* reame, realme, *pr.* reyalme, *nfr.* royaume *königreich; aus dem adj.* regalis, *gleichsam* regalīmen, *eine übrigens fast beispiellose bildung, die sich nur in dem altfr.* ducheaume, *gleichsam* ducalimen, *für* duché *Ben. I, 18 wiederholt. Aus* regimen *aber ist fr.* régime, *pr.* regisme.

Rédina *it., sicil. besser* retina, *mittelgr.* ρέτενα *DC., sp. umgestellt* rienda, *pg.* rédea, *pr.* regna, *fr.* rêne *aus dem alten* resgne, *zügel; vom vb.* retinere *zurückhalten, nicht von* regnare: *pr.* regna, reina *für* retna, *wie* paire *für* patre. *Das wort diente zum ersatz für* habena, *welches aufgegeben ward, vielleicht weil es mit* avena *collidierte, und ist merkwürdig, weil es lateinischen accent zeigt (vgl.* rétinet), *wogegen die neuen verbalien der endung* a *ohne ausnahme dem romanischen gepräge des praesens sing. folgen, so daß es z. b. it.* ritiéna *lauten müßte. S. Egger, Mém. de l'Acad. d. inscr. XXIV, II, 309.*

Redo *im it.* arredo, *sp.* arreo, *pg.* arreio, *pr.* arrei *(zu folgern aus* arcamen *LR. II, 117), altfr.* arroi *zurüstung, geräthe, putz; vb. it.* arredare, *sp.* arrear, *pg.* arreiar, *pr.* aredar *(LR. V, 63 mit* roidir *übersetzt)* arrezar, *altfr.* arroier, arréer *zurüsten, mit geräthe versehn, zurecht machen, schmücken, altfr.* arréer *auch das feld bearbeiten. Andre zusammensetzungen sind: it.* corredo, *pr.* conrei, *altfr.* conroi *ausrüstung, ausstattung u. dgl., sp.* correo, *cat.* correu *wohlthut, pg. fehlt, vb. it.* corredare *ausstatten, schmücken, pr.* conrear, *altfr.* conréer *ausstatten, bewirthen, nfr.* corroyer *leder, thon, mörtel zubereiten (sbst.* corroi), *sp.* courear *das feld umbrechen; sodann pr.* desrei, *altfr.* desroi, derroi, *nfr.* désarroi *unordnung, vb. pr.* desreiar, *altfr.* desroier *aus der ordnung kommen u. a. bedd. Das einfache wort hat sich im altfr.* roi *ordnung behauptet:* mesure ne roi *Rutcb. I, 108,* nul roy *Wack. p. 28, Amis 985, aber auch das span. adv.* arreo *'nach der ordnung, hintereinander', wenn man es in á* reo *zerlegen darf, so wie das gleichbed.* pr. darré = sp. de arreo *geben es noch zu erkennen. Woher dieser in mehreren zusammensetzungen angewandte stamm? Die lat. sprache gewährt nichts befriedigendes.* Ahd. rât, *das auch vorrath und geräthe heißt, ist wegen des* rom. e *ein sehr zweifelhaftes etymon:* goth. ga-rêdan *sorge tragen kann nicht dafür entscheiden, da das* goth. ê *überall, sicher wenigstens in gemeinrom.* umfange, *dem entsprechenden* â *der andern mundarten gegenüber nicht zur geltung kam.* Goth. raidjan *bestimmen, anordnen,* ags. ge-rædian, mhd. ge-reiten *bereit machen, zurecht machen, stimmen trefflich mit ihren bedeutungen, würden aber nach der strenge der regel ein* roman. radare *erzeugt haben, doch ist bei dem großen einfluß der niederdd. mundarten auf das französische entstehung von* arreder, arreier *aus der* ndl. *form* rêden *und verbreitung von Frankreich aus als ein möglicher fall anzunehmen, zumal da das wort auf diesem gebiete in größerer entfaltung erscheint. Aber zu erwägen bleibt auch das* gael. rêidh *glatt, fertig, bereit, geordnet. Augenscheinlich identisch mit unserm* roi *ist jedoch das* bret. reiz *regel, gesetz, vernunft, vgl. wegen der form* bret. feiz = fr. foi, efreiz = effroi, preiz = proie; *kann es aber nicht eben sowohl fremd sein wie die angeführten wörter? die vannische form* reic'h *wenigstens beweist nichts für seine* celt. *herkunft, da jene mundart mehrfach in fremden wörtern* c'h *für* bret. z *setzt. Man erwäge über diesen stamm vor allem Diefenbachs untersuchung,* Goth. wb. *II, 159—161, vgl. auch Gachet 29*ᵃ.

Refran sp., pg. refrão *sprichwort,* pr. refranh, fr. refrain *wiederkehrender strophentheil. Man hat diesem wort die ungeschlachte bildung* referaneus *von* referre *untergelegt (von* referant *hat es noch neuerlich Amador de los Rios,* Lit. esp. *II, 506, hergeleitet) oder es eben so ungeschickt aus* refrenare *hervorgehen lassen.* Refranh *ist von refranher so wie* refrain *vom* altfr. refraindre, *wohin schon Raynouard sie ordnet, beide verba von* re-frangere *wiederholt brechen,* roman. *auch modulieren, herabstimmen u. dgl. Beispiele sind:* pr. lo rossinholet volt' e refranh son chantar LR., fr. en sa pipe refraignoit Wack. p. 79. *Nach J. Grimm (Haupts Ztschr. V, 235) gehört* lat. fringutire *zwitschern und* fringilla *fink zu* frangere, *wie auch* altn. kleka *brechen und* klaka *klingen gleicher wurzel sind. Für* refranher *gilt* prov. *auch* refrinher *schallen (nicht* refrinhar LR.), *unmittelbar aus* refringere; *womit sich aber das* sbst. refrim *(geschmetter) formell nicht vereinigen läßt, eher lehnt sich dies (nebst* frim GAlb. 6350*) an* fremitus.

Regalare it., sp. pg. regalar, fr. régaler *bewirthen, beschenken;* sbst. it. sp. pg. regalo, fr. régal *geschenk. Es soll von* regalis *kommen, warum? ist nicht klar. Bei der untersuchung ist vor allem anzumerken, daß es weder im* franz. *noch im* ital. *alteinheimisch, daß es aus Spanien eingeführt ist. Hier bedeutet* regalar *hätscheln, liebkosen,* altsp. im Alex. *schmelzen,* liquefacere, regalarse liquescere. *Es ist dies das* lat. regĕlare *aufthauen, erwärmen; der übergang des* e *in* a *konnte in frühester zeit geschehen, als* g *vor diesen beiden vocalen noch gleichlautend war. Ein positiver beweis der identität von* regelare *und* regalar *aber liegt darin, daß wie im span. Alex. str.* 2202 plomo regalado *geschmolzenes blei bedeutet, so auch Pupias* regelatum plumbum *mit* 'liquefactum' *übersetzt. Auch die altfr. sprache muß* regeler *in der bemerkten bedeutung besessen haben: das sbst.* regiel = *sp.* regalo *hat sich wenigstens in dem hymnus auf Eulalia erhalten:* por manatce, regiel ne preiement *durch drohung, liebkosung noch bitte; damit geht hand in hand nfr.* dégeler *aufthauen, sbst.* dégel.

Regañar *sp. und so pg.* reganhar, *pr.* reganhar *und* reganar *die zähne blecken. Hiermit scheint identisch altfr.* recaner (*bei Roquef. auch* recaigner), *das gern von dem zähneblecken oder dem geschrei des esels gebraucht wird gleich dem prov. worte* (sembla mula can reganha *LR.*), mail. righiguà *wiehern; dsgl. mit anlautendem* ch *mundartl. (in Berry)* réchaner *schreien wie der esel,* archanner *wiehern, einfach* chagner *blecken. Die wörter passen zu* cachinnare *mit aufgesperrtem munde lachen: dem durfte das wiehern und das damit verbundene zähneblecken verglichen werden. Im nfr.* ricaner (ri *für* re *durch einwirkung von* ridere, rire?) *ward die bedeutung eingeschränkt auf das halblaute lachen der bosheit oder albernheit, bei Nicot heißt es muthwillig sein, schäkern.*

Registro *it., sp.* registro, *pr. fr.* registre, *pg. ohne* r registo *ein verzeichnis, register; vom mlat.* registrum *für* regestum 'liber in quem regeruntur commentarii quivis vel epistolae summorum pontificum' *Ducange. Die einschiebung eines* r *hinter* t *ist ein bekannter romanischer zug.*

Regolizia, legorizia *it., sp. pg.* regaliz *cet., pr.* regalicia, regulecia, *altfr.* recolice, *neufr.* réglisse *süßholz, lakritze; durch umstellung des* l *und* r *aus* liquiritia *bei Vegetius, De re vet., dies aus* γλυκύρριζα.

Relha *pg. pr.,* reille *altfr.,* reja *sp. pflugschar; von* regula *latte? altfr.* reilhe de fer 'regula ferrea' *Carp. s. v.* regula.

Rendere *it., sp.* rendir, *pg.* render, *pr. fr.* rendre *zurückgeben u. dgl., von* reddere; *sbst. it.* rendita, *sp. pr.* renta, *fr.* rente *einkünfte, von* redditum, *plur.* reddita, *abgegebenes, eingeliefertes. Die einfügung des* n *mag sehr alt sein, da sie so allgemein ist* (rendere *L. Sal. tit.* 52, *cod. guelf.); altital. bei Barberini findet sich indessen* reddere *s. Lex. rom., im prov. ebenso* redre *z. b. Blh.* 57, *Pass. de J. C.* 41, *was hier, wo* n *leicht ausfällt, freilich wenig sagt, altcat. sogar* retre. *Pott über Lex. Sal. p.* 157 *erklärt sich, um die müßige einschiebung des* n *zu beseitigen,* rendere *lieber aus* re-indere. *Aber ist denn diese einschiebung wirklich so müßig? ist sie nicht vielmehr eine einfache formverstärkung, um das wort, das im franz.* rière *hätte geben müssen, vor dem zerfließen zu bewahren, überhaupt um seinen klang zu heben? Überdies stimmt auch der gebrauch des roman. wortes ganz zu dem von* reddere: *fr.* rendre paisible *ist wie* placidum reddere *u. dgl., was sich von* re-indere *nicht würde behaupten lassen.*

Reptar *altsp. pg. pr., nsp.* retar, *altfr.* reter *beschuldigen, anklagen, zum zweikampfe fordern. Aus mlat.* rectare (*vor gericht laden*) *konnte es nicht entstehen, es würde alsdann pr.* reitar *lauten; wohl aber aus* reputare, *das sich in ähnlichem sinne angewandt findet, z. b.* si quis alteri reputaverit quod scutum suum jactasset *L. Sal. tit. 30;* quia nulli de ista causa volet reputare *weil er darüber keinem einen vorwurf machen will Cap. Car. Calv. Baluz. II, 81;* contra quod sacramentum si quilibet fecisse reputatus fuerit *beschuldigt sein sollte das. p. 179. Auch* appellare *gieng auf diese bedeutung ein: pr.* qu'ieu la repte e l'apelh de trassio *Chx. IV, 166. Die churw. form* ravidar *aber muß die obige deutung über jeden zweifel erheben:* v *ist hier* = lat. p, i *häufig* = lat. n.

Resta *it., sp.* ristra, *pg.* resta, restia, *pr.* rest *bund zwiebeln, knoblauch oder anderer früchte; von* restis *seil, weil sie daran befestigt werden, wiewohl das lat.* restes allii sive caeparum *etwas anderes ist als das pr.* una rest de cebas ho de alhs *LR. V, 88, indem jenes die blätter der zwiebel bedeutet. Das picm.* rista *hanf trifft dagegen mit ahd.* rista *flachsbündel zusammen.*

Resta *it., sp.* ristre *und* enristre *(m.), pg.* reste, riste, ristre *gabel, in welche die lanze zum angriff eingelegt ward, daher pr.* arestol, *altfr.* arestuel *handhabe der lanze; von* restare, *rom.* arrestare *widerstehen, also eigentlich widerhalt, anhalt.*

Restío *it. (für* restivo), *pr.* restiu, *fr.* rétif *widerspenstig; gebildet aus* restare *widerstehen. Das mail. wort ist* restin.

Retro *it. in compositis, pr.* reire, *altfr.* riere; *von* retro, *wofür sp. pg.* atras. *Zsgs. it.* dietro, drieto, *pr.* dereire, derrier *(letzteres auch adj.), fr.* derrière, *von* de retro; *it.* addietro, *pr.* areire, *fr.* arrière, *von* ad retro. *Dsgl. abgel. pr.* dereiran *gleichsam* deretranus, *weiter abgeleitet fr.* dernier *gleichsam* deretranarius. *Zu merken ist der ausfall des* r *(durch dissimilation?) im it.* dietro *für* diretro *so wie im altfr.* za en ayer = *pr.* sa en areire.

Ribaldo *it. altsp. pg.* (que tomasen un ribaldo, un bellaco *Rz., von Sanchez unrichtig mit* rival *erklärt), pr.* ribaut, *fr.* ribaud *lotterbube, fem.* ribauda, ribaude *freche dirne; daher altn.* ribballdi, *mhd.* ribbalt. *Die ital. form* rubaldo *entstand wohl durch umdeutung mit* rubare *rauben, stehlen. Was das mittelalter unter* ribaldus *verstand, sagt deutlich Matthäus Paris:* fures, exules, fugitivi, excommunicati, quos omnes ribaldos Francia vulgariter consuevit appellare, *heillose zu allem fähige menschen. Auch die das treffen eröffnenden leichten truppen, die* enfants perdus, *die im heere eben sowohl den dienst der trossbuben thaten, hießen so. Man sehe darüber Th. Wright's Political songs p. 369. Neufr. ist* ribaud *auf die bed.* scortator *eingeschränkt. Es läßt sich aus ahd.* regimbald *kühner mann (Grimm I², 444) nicht genügend erklären, welches* rambaldo, raimbaut *ergeben mußte und ergab, da* m *vor* b *nicht leicht austritt. Dagegen bietet die ahd. sprache ein nur als fem. vorhandenes wort* hrîbâ (hrîpâ) prostituta, *mhd.* rîbe *(Graff IV, 1146), woraus mit dem suffix* ald *das rom.* ribaldo *erwachsen konnte. Desselben ursprungs muß sein altfr.* riber *weiber verführen, wohl auch* ribler *umherschwärmen. Man merke noch it.* rubalda *art pickelhauben, wie die* rubaldi *sie trugen, desgl. fr.* ribaudequin *ein wurfgeräthe, fläm.* rabaudeken *Kil.*

Ribeba *it. bauerngeige, schäfergeige; vom arab.* rabâb, *das ein ähnliches tongeräthe von runder form bedeutet Gol. p. 925, Freyt. II, 107ª. Daraus soll entstellt sein it.* ribeca, *pg.* rabeca, *cat.* rabaquet, *fr.* rebec, *pr.* rabey, *dsgl. sp.* rabel, *pg.* rabel, arrabil, *altfr.* rebelle *Roquef. Poésie franç. p. 108, vgl. wegen der verwechslung des b und c eine ähnliche verwechslung des b und g im sp.* jabeba, jabega *maurische flöte. Auch das pr.* arlabecca, *welchen namen ein ungenannter sänger seinem gedichte beilegt, könnte dieser herkunft sein, s. Paul Meyer, Jahrbuch V, 393.*

Ricamare *it., sp. pg.* recamar, *daher fr.* récamer *sticken; sbst. it.* ricamo, *sp. pg.* recamo *stickerei; vom arab. vb.* raqama *streifen in einen stoff weben, sbst.* raqm *gestreifte stickerei Freyt. II, 181ᵇ. 182ª.*

Riccio *it., wal.* ariciu, *sp.* crizo, *pg.* ericio, ouriço, *pr.* erisson, *fr.* hérisson (h *asp., altfr.* aber auch eriçon, ireçon) *igel, stachelschwein; von* cricius *Varro ap. Nonium. Daher das vb. it.* arricciare, *sp.* crizar, *pg.* ouriçar, *pr.* erissar, *fr.* hérisser *starr machen, sträuben.*

Riccio *it., rizo sp.* kraus, *sbst.* haarlocke, haarkrause, *pg.* riço *flockiger stoff; vb. sp.* rizar, enrizar, *pg.* riçar, ouriçar, eriçar, *it.* arricciare *kräuseln. Ferrari erblickt in* riccio *eine umstellung aus* cirrus *locke, gekräuseltes haar; weit besser hält es Ménage für eine abl.* cirricius, *wodurch sich auch seine doppelte geltung als substantiv und adjectiv am einfachsten erklärt. Aber eine so starke aphärese wie die der silbe* ci *gestattet nur die ital. sprache, das wort müßte also nach Spanien eingebracht sein. Merkwürdig ist sein zusammentreffen mit* riccio *igel, das sich besonders im pg.* ouriçar *ausdrückt: sprachen, die für krauskopf dieselbe wortform bilden und dulden wie für igel, konnten die nicht eben so wohl die eine sache nach der andern benannt, das krause mit dem struppigen verwechselt haben, wie ein römischer dichter den kamm wegen seiner zinken kraus nennt? Das incinanderlaufen beider begriffe spricht sich auch aus im mlat.* reburrus 'hispidus, crispus', *vgl. Ducange h. v.:* habebat capillos crispos et rigidos atque sursum erectos et, ut ita dicam, rebursos. — *Span.* enrizar *heißt auch anreizen, aufhetzen: glaubt man das wort in dieser bedeutung von dem obigen trennen zu müssen, so ist wenigstens das von Gayangos dafür aufgestellte* inrixare *kein zulässiges etymon.*

Ricco *it., sp. pg.* rico, *pr.* ric, *fr.* riche *adj.; vom ahd.* rîchi, *goth.* reiks, *nhd.* reich. *Die franz. form bezieht sich auf die althochd., ihr* che *konnte aus altdeutschem* chi *hervorgehn, nicht aus auslautendem* ch, *welches, wie in* Frédéric *und* Ferry *aus* Friderîch, *c ergeben mußte oder geschwunden wäre. Über die bed.* mächtig, *welche das wort im altroman. wie im altdeutschen hatte, s. Lex. rom. I, XXXII.*

Ricredersi *it. seinen irrthum zurücknehmen,* ricredente *und* ricreduto *des gegentheils überführt oder überzeugt, pr. altfr.* se recreire *zurücktreten, verzichten, müde werden eines dinges, altsp.* recreer *den muth verlieren Alx., mlat.* se recredere, *über dessen gebrauch s. Ducange. Be-*

sonders hieß der im gerichtlichen zweikampf überwundene, zum bekenntnis seines unrechtes genöthigte, recreditus, *daher* recrezut, recreu, recrezen, recreant *einen schimpflichen sinn annahmen.* Re-credere *ist unlateinisch und für die bed. 'seine meinung zurücknehmen' eine verkehrte zusammensetzung. Vielleicht bringt eine befreundete sprache dem worte aufklärung. Ahd.* galaubjan *ist s. v. a.* credere, *aber das reflexive* sih galaubjan *s. v. a.* recedere, deficere; *beide aber, das activ wie das reflexiv, einigen sich, wie Wackernagel lehrt, in dem grundbegriff freundliche hingebung oder nachgiebigkeit. Dieses reflexiv* sih galaubjan *übersetzte man mit* se credere, *dem man nicht ohne bedeutung die partikel* re *beifügte.*

Ridotto, raddotto *it., sp.* reducto, *fr.* réduit *und* redoute *(f.), letzteres aus dem ital., schanze, sammelplatz; von* reducere reductus.

Riffa *it. (eigentl.* rifa, *in comask. mundart), sp. pg. cat. sicil.* rifa *streit, wettstreit, dsgl. glücksspiel; vb. it.* arriffare *würfeln, sp. pg. cat.* rifar *streiten, dsgl. loosen, altfr.* riffer *wegraffen, kratzen, lothr.* riffer *flachs raufen. Ist es vom ndl.* rijven *raspeln, rechen, altn.* rifa *zerreiben,* rifas *sich zanken, sich raufen =* ahd. rīban *reiben? Aber der über den süden des roman. gebietes ausgebreitete stamm wird mit seinem labial eher auf das näher liegende hochd.* f, *z. b. im bair* riffen *d. i. raufen, als auf ndl.* v *oder nord.* f = *ahd.* b *führen. Ebenso sind die ableitungen mit* l *zu beurtheilen: altfr. pic. norm.* riffler *raffen, kratzen, ritzen, streifen, wallon.* rifler *blind hineinlaufen (an allem anstreifen, anschuppen), auch henneg.* rifeter = riffer, *sbst. altfr.* riflle *spießgerte, norm.* rifle *ausschlag, grind (wie unser krätze von kratzen), wohl auch it.* riffilo *fratzengesicht, piem.* riflador *feile; vom ahd.* riffil, riffila *säge, nhd.* riffel *flachsraufe, vb.* riffilôn, riffeln, *aber auch fläm.* ryffelen *kratzen, schinden Kil., engl.* rifle *rauben, die wohl aus dem franz. sind.*

Rifusare *it., pg. pr* refusar, *sp.* rehusar, *fr.* refuser *weigern. Das wort muß aus* recusare *abgeändert sein durch einmischung von* refutare, *it.* rifiutare, *pr.* refudar, *das schon im frühern mlatein verwerfen, verschmähen heißt. Im prov. und altfr. gab es eine zweite form mit ausgefallenem* f *(vgl.* preon *von* profundus) rehuzar reüsar, rehuser reüser raüser *ausweichen. Das altfr.* reüser *ward auch in* ruser *zusammengezogen (Rou II, p. 216. 275, MGar. p. 93) und bedeutete vornehmlich das bei seite weichen des wildes, um den hunden die spur zu nehmen, daher das neufr. sbst.* ruse *kniff, kunstgriff. Das zusammenfließen beider verba* recusare *und* refutare *scheint sich auch in einer altpg. form* recudar = refusar *auszusprechen, wovon Santa Rosa ein beispiel anführt.*

Rima *it. sp. pg. pr.,* rime *fr.* reim; *vb.* rimare, rimar, rimer *reimen. Im prov. ist auch das masc.* rim *üblich:* e devetz saber qu'on pot dire rims o rimas *Leys d'am. I, 144; englischnorm. begegnet gleichfalls* rym, *s. Wright's Polit songs p. 236; auch altsp.* rimo *Sanchez I, L. LVII. Die genauere untersuchung dieses wortes muß der geschichte der poesie überlassen bleiben. Hier werde bemerkt, daß nur das lat.* rhythmus (ῥυθμός) *und das deutsche* rîm *in erwägung kommen können:*

das lat. rima *(riß) läßt sich bloß durch künstelei hieher ziehen, wiewohl es sich übrigens nebst dem vb.* rimari *in einigen sprachen erhalten hat.* Rhythmus *ist* numerus: *es bezeichnet noch im ältesten mittellatein die gleichmäßige abtheilung des verses in rücksicht auf die zeitdauer, ohne rücksicht auf das maß der einzelnen silben. Demnächst verstand man unter versus* rhythmicus *den gereimten, sofern er, wie in der volkssprache, keine silbenmessung anerkennt; für gleichlaut des versschlusses* (consonantia) *wird das wort kaum vorkommen. Diesen gelehrten ausdruck* rhythmus *nun gab die volkssprache durch das lautverwandte* rima *wieder, die abkunft aber des letzteren von dem ersteren findet in der form die größte schwierigkeit: ital.* mußte rhythmus *nach regelrechtem übergange, wenn es einmal eine zusammenziehung erleiden sollte,* rimmo *oder* remmo *lauten, man vgl.* ammirare *aus* admirari, semmana *aus* sept'mana, maremma *aus* marit'ma, flemma *aus* phlegma, dramma *aus* drachma, *und in der that wandelt sich* rhythmicus *altsp. in* remico *Canc. de Baena. Vollkommen aber stimmt das rom.* rima *zum ahd.* rîm *numerus, das übrigens auch die celt. sprache kennt: altirisch* rîm *Zeuß I, 25, neu* rimh, *kymr.* rhif *(m.). Wendet man ein, daß sich der reim unter den Deutschen erst später ausgebildet habe (s. Koberstein p. 45, 4. aufl.), so liegt die entgegnung nahe: sie kannten ihn, noch ehe sie ihn brauchten, aus dem lat. kirchenliede. Übrigens konnte der Romane das deutsche wort in seiner ältern bed.* numerus *längst aufgenommen, ihm die neuere vielleicht selbst zugewendet haben. — Eine zss. ist altsp.* adrimar *Bc., nsp., cat.* arrimar *zusammenstellen, anlehnen, fr.* arrimer *schichten, vgl. ahd.* rîm *in der bed.* reihe, *die auch dem sp.* rima *zusteht, fr. (in Berry)* enrimer *symmetrisch ordnen. Die neupr. mundart sagt schlechtweg* rimá *annähern = sp.* arrimar. *— [Weitere bemerkungen über* reim *theilt Diefenbach mit, s. Neue jahrbb. für philol. u. pädag. LXXVII, 752.]*

Rimurchiare *it., fr.* remorquer, *sp.* remolcar *bugsieren; von* remulcum *schlepptau.*

Rincul are *it., sp.* recular, *pg.* recuar, *fr.* reculer *zurückweichen; von* culus, *wie unser gleichbed.* sich ärsen *von* ars *bei H. Sachs, ndl.* aerselen *Kil. Daher adv. fr.* à reculons *rückwärts, wie unser* ärschlings, *mhd.* erslingen.

Ripresaglia, rappresaglia *it., sp.* represalia, *fr.* représaille *selbstgenommene entschädigung; eigentl. zurücknahme des genommenen, von* reprehendere re-prehensus.

Risicare *it., sp.* arriscar, arriesgar, *pg.* riscar, arriscar, *fr.* risquer *in gefahr setzen, wagen; sbst. it.* risico, risco, *sp.* riesgo, *fr.* risque *gefahr. Span.* risco *heißt klippe, steiler fels und dieses führt auf* resecare *abschneiden, so daß man sich eine steile höhe als etwas abgeschnittenes dachte: nicht anders verhält sich schwed.* skär *klippe zu* skära *abschneiden. Risco könnte ein schifferausdruck sein, zuerst den gefährlichen felsen, dann die gefahr bezeichnend, wofür nachher die scheideform* riesgo *aufkam. Dazu stimmt auch neupr.* rezegue *gefahr,* rezegá *abschneiden, mail.*

com. resega *säge und gefahr*, *vb.* resegà *sägen und wagen, die nur von* resecare *herstammen können.* Auch *pg.* risca *strich (schnitt),* riscar *ausstreichen, sind hieher zu rechnen.*

Risma *it., sp. pg.* resma, *fr.* rame, *dtsch.* rieß, *ndl.* riem *eine quantität papier.* Vom *arab.* razmah *bündel kleider* (rezmah *Freyt.* II, 146*ª*) *behauptet Sousa; daß aber Europa diesen ausdruck den arabern danke, ist in sich selbst unwahrscheinlich und wird durch die arab. bedeutung schlecht unterstützt. Schön ist Muratori's herleitung: gr.* ἀριθμός *zahl, anzahl sprach man in Italien* arismus *aus, zu schließen aus altit. (auch altsp. cat. prov. altengl. mlat.)* arismetica, *daher, mit bekanntem abfall des anlautes a,* rismo, risma. — [*Wie kunstgerecht Muratori's erklärung auch war, so muß sie gleichwohl der gelehrten und ausführlichen rechtfertigung des arabischen etymons von Dozy, Oosterl. 72 ff., weichen. Hiernach bedeutet* rizma *überhaupt pack, bündel, speciell pack papier, bedeutungen, die bei Freytag fehlen. Ferner ist es höchst wahrscheinlich, daß Europa im mittelalter sein kattunpapier von den Arabern empfieng.*]

Riso *it., pr.* ris, *fr.* riz, *wal.* urez (*auch* riscase) *eine getreideart, reiß; vom lat.* oryza. *Dgl. sp. pg.* arroz, *vom arab.* aroz *Freyt.* I, 26*ª*.

Ritorta *it., pr.* retorta, *altfr.* riorte, reorte, roorte, rorte *Roquef., norm.* rote *bindweide, weidenband; ursprüngl. etwas gedrehtes, von* retorquere, *woher auch sp.* retorta, *fr.* retorte *gefäß mit gekrümmtem halse. Den frühen gebrauch des wortes bezeugt die Lex Sal.:* retortae, quibus sepes continentur, *vgl. Pardessus p. 382.*

Ritto *it. adj. recht, als gegensatz von link, von* rectus *grade, nicht krumm oder verdreht, wie man sich die linke hand dachte, in dieser bedeutung auch im mlatein, s. Ducange und Carpentier, daher* marritta *rechte hand, zsgs. mit* manus. *Gemeinrom. ist dafür das compos. it.* diritto, dritto, *sp.* derecho, *pg.* direito, *pr.* droit, *fr.* droit, *wal.* drept, *lat.* directus. *Von* directum *das recht, häufig schon im frühen mlatein, stammt auch das sbst. it.* diritto *ff. Zsgs. ist altfr.* endroit, *pr.* endreit *präposition für lat.* versus, *daher nfr. sbst.* endroit *stelle, platz, eigentl. das gegenüber oder vor augen liegende, wie* contrée *von* contre. *Mit* directus *wird auch die südliche himmelsgegend benennt: dauph.* droiebi, *npr.* adrech, *piem.* indrit, *wogegen die nördliche als die abgewandte aufgefaßt wird: mail.* invers, *npr.* aves (*für* avers).

Rivellino *it., sp.* rebellin, *pg.* revelim, *fr.* ravelin, *bei Roquefort* revelin, *ein vor dem mittelwall (der courtine) liegendes außenwerk. Nach Ménage ist das franz. wort dem ital. entnommen, aber woher dieses?*

Rivescio, rovescio *it., sp. pg.* reves (*alle mit ausgefallenem* r *vor* s), *fr.* revers *rückseite; von* reversus, *woher auch adj. pg.* revesso, *fr.* revêche (*zunächst aus dem ital.? altfr.* revois) *widerwärtig, spröde.*

Riviera *it., sp.* ribera, *verkürzt* vera, *pg. pr.* ribeira, *verkürzt pg.* beira, *altfr.* rivière *ufer, eigentl. ufergegend; von* riparia. *Aber nicht nur für die ufergegend, sondern auch für den fluß selbst brauchten vermöge einer leichten übertragung, der man mit* rivus *nicht zu hülfe zu kommen genöthigt ist, alle sprachen (altsp.* ribera *Alx.) dasselbe wort, und diese bedeutung ist dem nfr.* rivière *ausschließlich verblieben.*

Rizzare *it. aufrichten; gleichsam* rectiare, *von* rectus. *Gemeinrom. ist nur das compos.* dirizzare, drizzare, *altsp.* derezar, *nsp. pg.* enderezar, *pr.* dressar, *fr.* dresser, a-dresser *(sbst.* adresse) *richten, zurichten, von lat.* directus, *wovon man* directiare *leitete.*

Roba *it. altsp., altpg.* rouba, *pr.* rauba, *fr.* robe, *mit tenuis sp.* ropa, *pg.* roupa *kleid, geräthe, in älterer bed. kriegsbeute, raub, chw.* rauba *vermögen; auch masc. sp.* robo, *pg.* roubo; *vb. it.* rubare, *sp.* robar, *pg.* roubar, *pr.* raubar, *altfr.* rober, *nfr.* dérober, *altsp. auch* robir *Alx., ebenso wald.* Hahn 598, *rauben; vom ahd.* roub *spolium, vb.* goth. bi-raubôn, *ahd.* roubôn, roupôn, *vgl. gael.* robainn. *Früh drang das mlatein ein:* quicquid super eum cum rauba vel arma tulit *L. Alam.; si quis in via alterum adsalierit et eum* raubaverit *L. Sal., und diese bedeutung* berauben *ist sowohl altdeutsch wie romanisch. Abgel. altpg.* roubaz, robaz, roaz *räuberisch, nach dem muster von* rapax *geformt. Wal.* robì, *einen zum gefangnen machen, von* rob = *serb.* ròb, *alban.* robi *und* ropi *gefangener, sklave, daher auch* robóte̜, *serb.* róbija *frohndienst. S. über diesen ganzen wichtigen stamm Dief.* Goth. wb. II, 164.

Robbo, rob *it., sp. fr.* rob, *pg.* robe *obsthonig; vom arab.* robb *dass. Freytag II, 106ᵇ.*

Rocca *und* roccia *it., sp.* roca, *pg. pr.* roca, rocha, *fr.* roche *fels, klippe (it.* rocca *auch schloß), masc. cat.* roc *stein, kiesel, fr.* roc *fels; abgel. pr.* rochier, *fr.* rocher; *vb. altfr.* rocher *mit steinen werfen LRs. 178, noch jetzt norm. u. s. w. (*roche *stein zum werfen Ren. II, 87); zsgs. it.* diroccare, dirocciare, *sp.* derrocar, *pr.* derrocar, derocar, *fr.* déroquer, dérocher *von einem felsen herabstürzen, niederreißen, sp.* derrochar *verschwenden, durchbringen, altfr.* aroquer, arocber *zerschmettern. Der ursprung des wortes ist nicht mit voller sicherheit zu bestimmen. Im mlatein kommt es wenig vor, zuerst, nach Ducange, in den Annal. Franc. ann. 767, wo es thurm oder felsennest bedeuten muß:* multas roccas et speluncas conquisivit. *Nach einigen (s. z. b. Maßmanns schrift über das schachspiel p. 38) ist es nichts anders als der name der schachfigur* roc, *also persischer herkunft, allein dafür geht sein alter zu hoch hinauf. Auch fremde sprachen kennen es, in keiner aber scheint es zu wurzeln, gael.* roc, *engl.* rock, *ndl.* rots *(s. darüber Hoffmann, Hor. belg. III, 152), bask.* arroca. *Unter andern zuströmenden wörtern verdient, wenn man sich streng an den begriff hält, das kymr.* rhwg *'etwas vorragendes' noch die meiste rücksicht. Oder hängt* rocca *zusammen mit* rocchetto *(s. unten) und bedeutet eigentlich etwas falliges in beziehung auf die risse in den felsen, wobei man auch an das rom.* falda *bergabhang erinnern könnte: es ist nur schade, daß es für diese auffassung an beispielen in andern sprachen fehlt. Sehen wir zu, ob sich das wort nicht aus dem lateinischen element schöpfen läßt.* Rupes *fand im roman. keinen eingang, nur die ital. sprache duldet es als poetischen ausdruck: aber man konnte* rupea *daraus ableiten, welches, indem sich* ū *in der position kürzte* (rūpea rŭpja), roccia, roche *ergab wie* appropiare approcciare, approcher; *wirklich findet sich* rupea 'saxosa' *Gl. Paris. ed. Hildebrand p. 264. Aber dem gutturalen* rocca *ist damit nicht geholfen: diesem genügte nur eine andre ableitung von* rupes, rūpica, *wie von* avis avica, *von* natis natica, *von* cutis cutica *geleitet ward: übergang des* pc *in* cc *ist zwar nicht zu belegen, aber im princip einzuräumen. Beide abll.* rupea *und* rupica *können im spiel gewesen sein, doch kann* rupica *auch das palatale* rocha, roche *erzeugt und dies sich nach Italien in der form* roccia *verbreitet haben.*

Rocca *it., sp.* rueca, *pg.* roca *spinnrocken, vom ahd.* rocco, *altn.* rockr. *In der alten prov. sprache vermisst man das wort, die neue occit. mundart kennt* rouque *spule. Daher it.* rocchetta, *engl.* rocket, *dtsch.* rakete, *weil sie mit dem oberen dicken ende die form eines rockens darstellt, s. Ferrari.*

Rocchetto *it.,* roquete *sp.,* rochet *fr. (daher wohl die ital. form* roccetto) *chorhemd, vgl. wal.* róchie *weiberrock. Das primitiv* roccus *(später auch* broccus *gescr.) kennt ein capitular Karls d. gr., es ist das ahd.* roc (hroch *Gl. Emmeram.), ags.* roc, *altn.* rockr. *Eigentlich bedeutet das roman. wort ein gefälteltes kleid, daher pg.* enrocar, *it.* arrochettare *(bei P. Monti p. 223) fälteln, und dies erinnert an altn.* brucka, *gael.* roc *runzel, falte, engl. to* ruck *schrumpfen.*

Rocco *it., sp. pg.* roque, *pr. fr.* roc *thurm im schach; vom pers.* rokh *kameel mit bogenschützen besetzt, s. Vullers II,* 24ᵃ.

Roggio *it., sp.* roxo, *pg.* rouxo, *pr.* rog *(fem.* roja), *fr.* rouge, *dsgl. it.* robbio, *sp.* rubio, *pg.* ruivo *roth; von* rubeus; *vb. fr.* rougir, *pr.* rogir *roth werden.* Robbio *würde sich auch von* rubidus *leiten lassen, stimmte nicht das sbst.* robbia *färberröthe genau zu dem gleichbed.* rubia.

Rogna *it., sp. pg. pr. gleichlaut., fr.* rogne, *wal.* reia (*vgl. vie mit it.* vigna, sicriu *mit* scrigno) *krätze, räude; nach Ménage von* robigo robiginis *rost, rostfleck, eine harte, aber doch mögliche zusammenziehung. Am leichtesten erklärt sich das adj.* rognoso *ff. aus* robiginosus.

Rognone *it., sp.* riñon, *pr.* renho, ronho, *altfr.* regnon, *neufr.* rognon *niere, wal.* renunchiu; *erweitert aus dem allzu umfanglosen* ren, *gleichsam* renio, *mit beobachtung des bildenden* i, *wie man dies in* vigliacco *aus* vilis *u. a. fällen bemerkt. Ital. auch* arnione, argnone *mit umgestelltem* re (*so in* arcigno *vom fr.* rechin).

Romanzo *it., sp.* romance, *pr. altfr.* romans, *chw.* romansch, *mlat.* romancium *romanische sprache oder dichtung; daher vb. sp.* romanzar, *pr.* romansar, *altfr.* romancier *ins romanische übertragen u. dgl. Es erklärt sich buchstäblich aus dem lat. adv.* romanice, *wie es denn in der that adverbial gebraucht wird: altfr.* parler romans *loqui romanice. S. Rom. gramm. 1, 74. Altfr. lautet* romans *gewöhnlich, wenn auch unrichtig, im cas. obl.* romant *nach dem muster von* païsans païsant *(nfr.* paysan), *daher der spätere nomin.* romant, roman *so wie das adj.* romant-ique. *Über* romanzo *s. Raynouard, Chx. 371. Ein gegenstück zu* romans *ist altfr.* bretans = britannice *Brt. I, 392, auch sp.* vascuence = vasconice, *welches erstere Adelung, Mithr. II, lächerlich aus* Vasco *und* ence *'art' zusammensetzt.*

Rombo *it., sp.* rumbo, *pg.* rumbo, rumo, *fr.* rumb, *engl.* rumb *windlinie auf dem compass, lauf des schiffes; vb. fr.* arrumer *die windlinien auf einer seekarte zeichnen; nach Nicot vom gr.* ῥυμός *deichsel, sofern diese die richtung des wagens anzeigt, nach andern von* rhombus. *Aber fr.* arrumer, *sp.* arrumar *die schiffsladung vertheilen und ordnen, pg.* arrumar *überh. ordnen, werden aus dem ndl.* ruim *schiffsraum erklärt, s. Pougens, Trésor I, 89. Vgl. norm.* arruner *ordnen,* déruner *verwirren.*

Romeo *it. altsp. (bei Berceo), dsgl. it.* romero *(mdartl. s. Murat. Ant. ital. VI, 648), sp. dieselbe form, altfr.* romier *wallfahrer, eigentl. wer nach Rom pilgert:* romero quiere decir como ome que va á Roma pora visitar los santos lugares *Partid. 1. tit. 24, 1 (bei Cabrera);* chiamansi romei inquanto vanno a Roma *Dante Vit. nuova.*

Róndine, rondinella *it., wal.* rụndunea, *pg.* andorinha, *pr.* ironda, irondella, *fr.* hirondelle *schwalbe; mundartliche und nebenformen: wal.* rụndurea, *pr.* randola, *neupr.* endrioulcto, andourcto, dindouleto, *altfr.* aronde, alondre, arondelle, *cat.* aureneta, oreneta, *val.* oroneta. *Alle aus* hirundo hirundinis, *z. b. das cat.* orin-eta *umgestellt aus* irond-eta *mit ausgeworfenem* d *nach der weise dieser sprache; aber wie deutet man das sp.* golondrina, *dessen primitiv* golondro *begierde, verlangen ausdrückt? Ferrari will das gr.* χελιδών *darin erkennen.*

Ronfiare *toscan., sic.* runfuliari, *ven.* ronfare, *pr.* ronflar, *fr.* ronfler, *chw.* g-rufflar *schnarchen; vgl. bret.* rufla, *gr.* ῥοφεῖν, ῥομφάνειν *schlürfen u. dgl. naturausdrücke mehr.*

Ros *pr. (m.)* thau*: ab* gran joi albergueron el mati ab lo ros *am morgen mit dem thau GAlb. 3784; das einfache wort fehlt sonst, ausgenommen sard.* rosu *und* rore, *wal.* roę. *Dafür schuf sich der Portugiese aus* roscidus *(thauig) mit ausgestoßenem* d *das subst.* rócio, *sp.* rocío, *aus demselben adjectiv floß sp.* rociar *(wie aus* limpidus limpiar), *cat.* ruxar, *pr.* arrosar, *fr.* arroser *bethauen, besprengen; aus dem verbum das substantiv sp. pg.* rociada, *cat.* ruxada, *pr.* rosada, *fr.* rosée, *it.* rugiada *thau, buchstäbl. bethauung.*

Rosa *it. sp. pg. pr.,* rose *fr. eine blume. Da das wort überall, auch im wal.* ruse, *den ihm gebührenden diphthong als ausdruck des kurzen* o *vermeidet, so muß die aussprache mit langem* o rōsa *sehr alt sein und vielleicht würde sich bei einem der spätesten lat. dichter ein beispiel derselben finden. Auch ahd.* rôsâ. *Aus dem classischen* rōsa *hätte sich it.* ruosa, *sp.* ruesa, *altfr.* ruese, *wal.* roasę *gestalten müssen, aber nur in einigen mundarten kommen diphthongische bildungen vor: mail. piem. chw.* rösa.

Rosignuolo, rusignuolo *it., sp.* ruiseñor, *altsp.* roseñol, roseñor, *pg.* rouxinhol, rouxinol, *pr. fr.* rossignol *nachtigall, bei einem prov. dichter auch fem.* rossinhola *(nicht etwa das weibchen); von* lusciniolus *aus* luscinius. *Varro L. L. 5, 76 führt nur das dimin.* lusciniola *an und auch die neuen sprachen kennen nur eine diminutivbildung. Die seltsame gemeinroman. vertauschung des anlautenden* l *mit* r *scheint, wenn man die alte artikelform hinzudenkt, rein euphonisch:* lo losignuolo *mit zwei tonlosen* lo *(anders in* lo lóco)*, worauf noch ein suffigiertes* l *folgt, war unerträglich. Diese vertauschung ist uralt:* ruscinia *kennt schon eine handschrift des 9. jh. s. Haupts Ztschr. V, 197^b,* roscinia *eine eben so alte s. Mone's Anzeig. VII, 143. Eine ital. nebenform ist* lusignuolo, *selbst* usignuolo, *altfr.* lousignol *mit dem verbum* lousegnoler, *in burg. mundart noch jetzt* rosignôler. *Boucile führt auch* lurcignol *an. Der Dacoromane ist von dem lat. worte abgegangen und nennt den vogel* priveghitoare *nachtwächterin, gleichsam* pervigilatrix, *der Albanese nennt ihn mit einem weder latein. noch griech. worte* biljbilj, *welches auch der Macedoromane angenommen.*

Rosso *it., sp.* roxo, *pg.* roxo, *pr.* ros, *fr.* roux, *wal.* roš, roš́u *roth; von dem seltnen lat.* russus.

Rostire *it. in* arrostire, *cat.* rostir, *fr.* rôtir, *pr.* raustir, *rösten; part. prät. als sbst. it.* arrostito, *fr.* rôti *gerōstetes, braten; sbst. aus dem stamme pr.* raust, *it.* arrosto. *Das verbum trifft zusammen mit ahd.* rôstjan *(rom.* i = *ahd.* j)*, das sbst. mit* gi-rôsti, *aber auch die cell. wörter, gael.* rôist, *kymr.* rhostio, *bret.* rosta *sind zu nennen. Beachtenswerth ist hier der prov. diphthong* au, *der aus den celt. formen unerklärbar ein älteres hd.* raustjan *in anspruch nimmt, dem indessen kein ags.* reastan *zur seite steht.*

Rotella *it., sp.* rodela, *altfr.* roele *runder schild; it.* rotella, *sp.* rodilla, *pr.* rodela *kniescheibe, knie; von* rotella *für* rotula *Dief. Gloss. lat. germ., vgl. was die letztere bedeutung betrifft, mhd.* knie-rade.

Rotolo *und* rullo *it., sp.* rollo, rol, *pr.* rotle, rolle, *fr.* rôle *etwas zusammengewickeltes, rolle papier, walze; von* rotulus; *vb. it.* rotolare *und mit assibiliertem* t ruzzolare, *sp.* arrollar, *pr.* rotlar, *altfr.* rooler, *neufr.* rouler *wälzen, rollen; altfr.* rooler, *gleichsam* rotellare. *Auch sp.* rolde *ist von* rotulus, *vgl.* Roldan *und* Rotlan. *Zsgs. fr.* contrôle *gegenrolle d. i. gegenrechnung, für* contre-rôle, *was schwer auszusprechen war.*

Rotta *it., sp. pg. pr.* rota, *altfr.* route, *nfr.* déroute *niederlage, buchstäbl. bruch, von* ruptus, rupta. *Dasselbe wort hat noch andre bedeutungen entfaltet: pr.* rota, *altfr.* rote *abtheilung eines heeres, trupp, mlat.* rupta, *daher unser* rotte, *vgl. Grimm I^2, 494; vb. altfr.* arouter *in ordnung stellen. Dsgl. fr.* route *straße d. i. via* rupta *gebrochener weg, wie altfr.* brisée *straße bedeutet, vgl. den geographischen namen* Malarouta *Bréq. 290^a (v. j. 680); pg.* rota, derrota *lauf des schiffes; fr.* routier *der wege kundig,* routine *übung. Eine andre abl. ist fr.* roture, *mlat.* ruptura, *gereute, kleines gut, bauerngut,* roturier *besitzer eines solchen gutes, gemeiner mann im gegensatze zum edelmann.*

Róvere *it., sp. pg.* roble, *pr.* roure, *fr.* rouvre *steineiche; von* robur roboris.

Rozza *it., pr.* rossa, *fr.* rosse *schlechte mähre, masc. comask.* roz, *bergam.* ros. *Es ist kein grund vorhanden, der ital. form zu mistrauen, die uns lehrt, daß pr. fr.* ss *in diesem worte nicht deutschem* ss *entsprechen, daß es mithin nicht aus unserm* ross *herrühren kann. Dazu kommt noch ein derivatum, dessen primitiv gleichfalls nicht für* ss, *sondern für* z *oder* ć *zeugt, pr.* rossi, roci, *altfr.* roucin, *sp.* rocin *nebst dem berühmten* rocinante, *pg.* rossim, *und mit* n, *das eingeschoben sein kann, pr.* ronci, *altfr.* roncin (*daher kymr.* rhwnsi), *pic.* ronchin, *it.* ronzino *kleineres pferd, klepper, lothr. wallon.* ronsin *hengst, nfr.* roussin *untersetzter hengst. Daß auch ein schlechteres, geringeres pferd darunter verstanden ward, erhellt schon aus den stellen:* bon frug eys *(exit)* de bon jardi e d'avol cavalh rossi *Chx.* V, 256; fols est ki d'esprivier *(épervier)* cuide faire faucon ne de ronci destrier *Alex.* 549, 30; *das entsprechende mhd.* runzît *bedeutet oft, aber nicht gewöhnlich, ein schlechtes pferd, s. Pfeiffers abhandl. vom ross p.* 2. *Dieses* ronzino, *mlat.* runcinus, *deutet Vossius, Vit. serm., aus dem ndl.* ruin *wallach (das nach Grimm, Gesch. d. d. spr. p.* 30, *zu ahd.* reinneo *gehört, s. oben* guaragno), *und wenn man auch auf die abweichende bedeutung kein gewicht legen und* runcinus *aus* ruin-c-inus *construieren will, so bleibt damit das seltsame* rozza *noch nicht aufgehellt; eine rückbildung aus* runcinus *darin anzunehmen, ist immer bedenklich. Beide wörter verlangen noch eine schärfere untersuchung. Der Normanne kennt auch* harousse *s. v. a. fr.* rosse, *welches in betracht des anlautenden* h *seine herkunft aus dem ahd. altn.* bros *schwer verläugnen kann.*

Rubino *it., sp.* rubín, rubí, *pr.* robi, *fr.* rubis *ein röthlicher edelstein, rubin; von* rubeus.

Ruca *it. pr., sp. pg.* oruga; *dsgl. it.* ruchetta, *sp.* ruqueta, *fr.* roquette *eine pflanze, rauke; vom lat.* erūca *dass.*

Ruffa *it. gedränge von personen um etwas aufzuraffen (gezause um etwas); vb.* arruffare *das haar verwirren, zausen, comask.* rufàsu *das gesicht zusammenziehen (kraus machen), pg. cat.* arrufar *kräuseln, zusammenziehen, rauh machen, sp.* arrufarse *sich erzürnen (so it.* arricciarsi *kraus werden, zornig werden); adj. sp.* rufo *kraushaarig (auch rothhaarig, von* rufus), *pr.* ruf *rauh, rauch?* (ac grans e rufas las mas *Jfr.*), *limous.* rufe *dass., in Berry* rufe, rufle *mürrisch. Die wörter sind germanischer herkunft, zumal stimmt it.* arruffare *zu unserm* raufen *(so* tuffare *zu* taufen), *aber auch zu* rupfen *(ebenso* zuffa *zu* zupfen), *dsgl. zu engl.* ruff, ruffle *krause, ndl.* ruyffel *runzel Kil., altn.* rûfinn *struppig; für das roman. adj. vgl. altengl.* ruff *rauh. Hiermit ist zu verbinden mail.* ruff, *picm. com.* rufa *schorf, venez. überhaupt unsauberkeit, mit radicalem* o *romagn.* rofia (*für* roflia) *schuppen auf dem kopfe, brand im getreide (identisch it.* roffia *dicker nebel, Dante Par.* 28, 82), *burg.* reuffle, *im Jura* rouffle, *altfr.* roife *NFC.* II, 88, *auch* rofée *schorf, alle* = *ahd.* hruf, *mhd.* ruf, *altn.* hrufa, rufa, *ndl.* rof *aussatz, schorf, rauhigkeit u. dgl., ags.* hreófl *aussätzig. Eine zss. ist it.* baruffa *rauferei, com.* baruf *büschel haare,* pr. barrufaut *raufer,* chw. barufar *raufen, augenscheinlich das ahd.* biroufan, a *für* i *wie im it.* baroccio *für* biroccio *u. andern.* — *Nicht zu vermengen mit diesem ist sp.* arrufar *krümmen, wölben, vom engl.* roof *mit einem dache versehen, sbst. dach, wölbung, daher gaumen (vgl. wegen der letzteren bedeutung* palais *II. c), sp. sbst.* rufo *abgesonderter platz in der barke (Seckendorf), ndl.* roef *schiffskämmerchen.*

Ruffiano *it., sp. pr.* rufian, *fr.* rufien *kuppler. Nach einigen von* rufus, *weil sie roth gekleidet gewesen, was aber Ménage widerlegt; nach andern gleichfalls von* rufus, *aber darum weil die feilen dirnen röthliches oder blondes haar getragen hätten, s. Ducange. In beiden fällen muß man* rufulus *zu grunde legen, daher* ruf'lanus, *ital. dreisilb.* ruffiano *und hieraus die formen der übrigen sprachen. Sicherer aber (denn* rufus *ist nicht einmal im ital. einheimisch) leitet man das wort auf den eben behandelten stamm* ruf, rufl *zurück, wonach es, freilich etwas allgemein, als schimpfwort, einen moralisch schmutzigen menschen bezeichnete, bei Dante Inf. 11* ruffian, baratti e simile lordura. *Man bemerke noch hd.* ruffer *kuppler Frisch II, 133ᵃ, nhd.* ruffeln *kuppeln Schmeller III, 62, altengl.* ruffiner *für* ruffian *u. dgl.*

Ruga *altit., sp. pg. pr.* rua, *fr.* rue *gasse; von* ruga *furche, daher reihe, straße, schon in alten glossen* ruga 'platea' ἀγυιά, *dsgl.* ruga ῥύμη; *auch der Albanese braucht* rugę *in roman. sinne. Die lat. bedeutung vertritt it.* ruga, *sp.* arruga, *pr.* ruga, rua.

Ruggine *it., wal.* rugínę, *sp.* orin *rost am metall, von* aerugo; *gleichbed. sp.* robin *von* rubigo; *von letzterem auch cat.* rovell, *pr.* roïlh, roïlha, *fr.* rouille *diminutivbildungen.*

S.

Sàbana *sp., pr.* savena, *altfr.* savene *bettuch, altartuch u. dgl., im spätern latein* sabanum, savanum, *goth.* sabans, *ahd.* saban *feine leinwand; vom gr.* σάβανον *leinenes tuch zum abtrocknen im bade; daher auch sic.* insavonare *in das leichentuch hüllen. S. Dief. Goth. wb. I, 179. 770.*

Sacar *sp. pg., altfr.* sachier, *pic.* saquer *ziehen, herausziehen (nfr.* saccade *zug), ursprüngl. an sich bringen, sich zu eigen machen:* hereditates, quas saccavimus de Argefonso *in einer urkunde Esp. sagr. XL, 407; von* saccus *tasche. Altfr.* bedeutet desachier *s. v. a. einfach* sachier *und vielleicht ist in letzterem die präposition zu suppliren; so könnte umgekehrt das neupr.* sacá 'einstecken' *aus dem altpr.* ensacar *abgekürzt sein, doch bedeutet das ndd.* sakken *ganz dasselbe s. Brem. wb.; auch engl.* bag *sack, vb.* bag *einsacken.*

Sacco *it., sp. pg.* saco, *fr.* sac *in der bed. plünderung eines ortes; vb. it.* saccheggiare, *sp.* saquear, *fr.* saccager. *Vom ahd.* scâh *(beute) kann es nicht herstammen, da sich anlautendes* sc = sk *nimmer in* s *vereinfacht. Es kann nur identisch sein mit lat.* saccus *und mochte zu-*

erst pack, demnächst die eingepackte beute heißen, wie hoch d. plunder *habseligkeit, gepäck, engl.* plunder *beute heißt. Ein anderes beispiel, wie die handlung nach dem dazu dienenden werkzeuge benannt wird, ist pg.* escala *erstürmung mit der leiter, von* scala *leiter. Dahin it.* saccomanno *packknecht, neupr.* sacaman, *vom mhd. ndl. bair.* sackmann *(auch räuber); sp.* sacomano *plünderung, mhd.* sackman *machen depopulare Wb. II, 45.*

Saggio *it., sp. pg.* sabio, *pr.* sabi, satge, *fr.* sage *klug; entwickelt sich leichter aus dem vermuthlich volksmäßigen* sapius, *zu folgern aus dem negativen* nesapius *bei Petronius (vgl.* scius, nescius), *als aus* sapidus *(fr.* sade), *wohin man es gewöhnlich stellt. Doch gründet sich die franz. form nicht unmittelbar auf* sapius, *welches sache erzeugt hätte, sondern auf ein vermittelndes in dem altfr.* saive *LRs. angedeutetes* sabius, savius. *Die getreueste form ist wohl die sic.* sapiu *in* varva-sapiu *klug, buchstäbl. bart-klug.*

Saggio, assaggio *it., sp.* ensayo, asayo, *pr.* essai, assai, *fr.* essai *probe; vb. it.* saggiare, assaggiare, *sp.* ensayar, asayar, *pr.* essaiar, assaiar, *fr.* essayer *probieren, auf die probe stellen, kosten. Es soll von* sapor *oder* sapere *stammen, aber wie? man müßte das oben erwähnte* sapius *zu grunde legen. Span.* ensayo, *cat.* ensaig *weisen mit der silbe* ens *auf* ex, *und da sich* exagium *auf einer römischen inschrift (s. Grut. 647, 6) in der bed. schätzung, in einem gr. lat. glossar* ἐξάγιον *'pensatio' findet, so ist nach keinem weitern etymon zu suchen. S. darüber Muratori.*

Sagire *it. in besitz setzen, pr.* sazir, *fr.* saisir *ergreifen, wegnehmen,* (satzir *'capere contra jus' GProv. 37); abgel. it.* sagina, *pr.* sazina, *fr.* saisine *besitz. Das altfr.* saisir *hat auch die ital. bedeutung, daher das formelhafte* vestut et saizit *Rol. p. 124, noch jetzt* se saisir de qch. *sich einer sache bemächtigen; dieselbe bedeutung muß auch im prov. vorhanden gewesen sein, wenn das compos.* dessazir *außer besitz setzen, fr.* dessaisir, *einen solchen schluß erlaubt. Es ist ein wort aus dem rechtswesen: um so eher darf man, da die lat. sprache ein etymon verweigert, deutsche abkunft vermuthen. Dem buchstaben fügt sich ahd.* sazjan *setzen, logisch passender ist* bisazjau = *nhd.* besetzen, *ags.* bisettan, *engl.* beset *einnehmen, in besitz nehmen (mit abgefallner vorpartikel): pr.* sazir la terra *das land besetzen. Statt der mlat. formel* ad proprium sacire *brauchte man auch* ad proprium ponere *DC. v.* sacire, *so daß man beide verba* sacire *und* ponere *als sinnverwandt betrachtet zu haben scheint,* ponere *aber ist* setzen. *Diese etymologie wird begünstigt durch die priorität der prov. und neufr. bedeutung, die auch schon in den ältesten franz. werken heimisch ist, z. b. LRs. 330* saisir la vigne *den weinberg in besitz nehmen; die andre mag daraus erfolgt sein. Ital.* sagire *verhält sich übrigens zu* sazjan *wie* palagio *zu* palatium palazjum.

Sagro *it., sp. pg. fr.* sacre *ein stoßvogel, sakerfalk, auch ein geschütz; wird mit recht für eine übersetzung des gr.* ἱέραξ *heiliger vogel, wegen der bedeutung seines fluges, gehalten; man sehe einen ähnlichen fall in* turbot *II. c. Andre verweisen auf arab.* çaqr *fleischfressender vogel, habicht Freyt. II, 507ᵇ, und es ist keine frage, daß die abendländischen sprachen einige ausdrücke für jagdvögel der arabischen danken: diesmal aber ist die entstehung des wortes auf eignem boden so deutlich, daß man eher an entlehnung des arab. wortes aus dem roman. denken möchte. —* [*Dessen originalität vertheidigt dagegen Engelmann p. 91, indem es schon bei den Arabern der wüste im gebrauche gewesen sei. Diefenbach, Orig. europ. p. 341, vermuthet bei der deutung aus ἱέραξ anlehnung an ein altes europäisches wort: der habicht heiße lith.* sakalas, *slav.* sokol.]

Saime *it.*, *sp.* sain, *pr.* sagin, saïn, *fr.* sain-doux *schmalz; von* sagina *mast, fett. Dimin. sp.* sainete *leckerbissen, würze, dsgl. zwischenspiel auf der bühne. Die ital. bildung* sa-ime (sagīmen *bei Joh. de Garl.*) *hat das ursprüngliche suffix* ina *vertauscht und ohne zweifel ist derselbe tausch auch in den übrigen sprachen vorgegangen, da sie das wort als masculin behandeln, vgl. wegen der form it.* guaime *fr.* re-gain.

Saja *it. (aus dem prov.?), sp. pr.* saya, *fr.* saie, *masc. it.* sajo, *sp.* sayo *wollenes überkleid, auch der dazu gebräuchliche stoff, mhd.* sei, *altirisch* sai *Zeuß I, 37; von* saga *bei Ennius, gewöhnl.* sagum *kriegsmantel, nach Varro L. L. 5, 167 ed. O. Müller, ein gallisches wort:* in his multa peregrina, ut sagum reno gallica. *Man sehe Diefenbachs untersuchung, Orig. europ. 411. In den Casseler glossen lautet das wort* scia *und hat die ursprünglichere bed. eines kleidungsstückes, ahd.* tunihhâ = *lat.* tunica. Sagulatus *(mit dem* sagulum *bekleidet), dauert fort im pr.* sallat, *inf.* sallar *verhüllen, welches Raynouard aus dem buchstäblich weiter abliegenden* celare *herleitet. Ein diminutiv von* saja *ist it.* sagetta, *sp.* sayete, *pg.* saieta, saeta, *fr.* sayette *sarsch, mhd.* seit.

Sala *it. sp. pg. pr.*, salle *fr.*, salę *wal. besuchzimmer u. dgl., saal; vom ahd.* sal *(m.) haus, wohnung. Diese bedeutung war noch im altfr. und prov. heimisch, man sehe bei Roquefort und Raynouard, ja die mhd. zusammenstellung* palas und sal *ist auch romanisch: pr.* palaitz e sala *LR. s. v.*, palès ne sales *FC. II, 316.*

Salávo *it., fr.* sale *schmutzig; letzteres vom ahd. unflectierten* salo *trübe, ersteres von der flectierten form* salawêr, *gen.* salawes. *Ein genauerer beweis für die deutschheit des wortes ist nicht zu verlangen. Vb. nur fr.* salir.

Salma, soma *it., sp.* salma, xalma, enxalma, *fr.* somme *last, pr.* sauma *eselin; vom spätern lat.* sagma (σάγμα), *woher auch ahd.* saum, *vgl. das glossem bei Papias* clitellae ʻsarcinae sellae somaeʼ. *Der übergang von g in l, den schon Isidorus kannte* (sagma, quae corrupte vulgo salma dicitur), *ist wie im sp.* esmeralda *aus* smaragdus. *Zsgs. it.* assommare, *fr.* assommer *beladen, niederdrücken. Abgel. fr.* sommelier *kellermeister, so genannt, weil der wein, wie Frisch bemerkt, saum- oder lastweise in den keller geführt wird, vgl. it.* somella *kleine last.*

Salmastro *it.,* saumâtre *fr. salzig; mit verändertem suffix aus* salmacidus, *wofür auch pr.* samaciu, *altfr.* saumache *vorkommt.*

Salsa *it. sp. pr.,* sauce *fr. (für* sause) *brühe, tunke; eigentl. ge-*

I. SALSAPARIGLIA—SARPARE.

salzenes (altfr. la sauce de mer *das salzige seewasser Alex. p. 13ᵘ), vom adj.* salsus. *Abgel. it.* salsiccia, *fr.* saucisse, *sp.* salchicha *bratwurst, vgl.* salcitia *'wurst' Gl. Flor.,* salsities *Gl. Prag. ed. Hoffmann.*

Salsapariglia *it., sp.* zarzaparilla, *fr.* salsepareille *eine pflanze oder wurzel aus Peru; vom sp.* zarza *brombeerstrauch und* Parillo *name eines arztes, der sie zuerst anwandte. So Scaliger, s. Ménage.*

Salvaggio, selvaggio *it., sp.* salvage, *pr.* salvatge, *fr.* sauvage *adj. wild; von* silvaticus, *it. auch* selvatico, salvatico, *wal.* sęlbátic. *Daher sbst. it.* salvaggina, *sp.* salvagina, *altfr.* sauvagine *wild, wildpret.*

Sampogna, zampogna *it., sp.* zampoña, *pg.* sanfonha, *pr.* sinphonia, *altfr.* symphonie, chifonie, *wal.* cimpoe *schalmei, hirtenflöte, auch sackpfeife; von* symphonia, *dem schon das frühste mlatein ähnliche bedeutungen einräumte, bei Venant. Fort.* donec plena suo cecinit symphonia flatu. *Die herleitung aus* sambucus *ist kaum der anführung werth.*

Sándalo *it. sp. pg., fr.* sandal *ein indisches farbholz; aus gr.* σάνταλον, *dies aus arab.* zandal, *ursprüngl. aber aus dem sanskrit.*

Sándalo *it.* pantoffel *der bischöfe, sp. pg.* sandalia, *fr.* sandale *pantoffel überh.; vom gr.* σάνδαλον, σανδάλιον, *lat.* sandalium *schnürsohle.*

Sapere, savere *it., sp. pg. pr.* saber, *fr.* savoir; *von* sápere, *roman.* gesprochen sapére *nach dem muster der andern verba des modus,* dovére, potére, volére. *Es trat an die stelle des verschwundenen, nur dem Sarden und Walachen verbliebenen* scire *wissen, da allerdings schon die Alten es als transitiv für 'verstehen' anwandten:* rem suam sapere *u. dgl. Mittelalt. stellen, wo es ganz in roman. sinne steht, wie in* sapiunt adimplere ministerium suum *Cap. Car. M., sehe man bei Caseneuve und Ducange.*

Sarabanda *it. pg., sp.* zarabanda, *fr.* sarabande *ein tanz, so wie die ihn begleitende musik; vom pers.* serbend *eine art gesang (Ménage). Die andern sprachen entlehnten dies wort aus dem spanischen. Davon redet Sermiento, Obras post. p. 230.*

Sardina *it. sp., fr.* sardine *ein kleiner dem hering verwandter fisch; vom lat.* sarda, sardina, *gr.* σαρδίνη, *nach der insel Sardinien benannt, in deren gegend er besonders häufig gefangen ward; ital. auch* sardella.

Sargia *it., sp.* sarga *und* sirgo, *pr.* serga, *fr.* serge, sarge *(f.) ein wollener stoff, theils mit leinen theils mit seide gemischt, sarsche; von* sericus, serica *baumseide, bask.* ciricua, *mlat. auch* sarica. *Daher mit übertritt des* s *in* x *(wie in* ximio *von* simius) *sp.* xergou, *pg.* xergão, enxergão *strohsack (nach Sousa vom arab.* scharkon), *ferner it.* sargáno *u. a.*

Sarpare, salpare *it., wal.* sarpà, *sp. pg.* zarpar, *fr.* serper *den anker einziehen. Muratori erinnert an gr.* ἁρπάζειν *raffen, reißen; besser wäre das gleichfalls vorhandene* ἐξαρπάζειν *herausreißen. Übertritt des anlautenden gr.* εξ *oder* ξ *in einfaches* s *kommt auch sonst vor, s.* saggio, sarte, sesta. *Der griech. ursprung ist um so wahrscheinlicher, da auch* der Walache das wort besitzt. Aus dem verbum entstand sp. zarpa kralle, nach Larramendi ein baskisches wort.

Sarte, sartie it. (plur.), altfr. sarties, sp. xarcia, xarcias, pg. enxarcia tauwerk; vom mittelgr. ἐξάρτιον schiffsgeräthe schon bei papst Zacharias (8. jh.). ξάρτιον Gl. gr. barb. s. Ducange s. v. enxarcia und dessen Voc. graec.; ἐξάρτιον aber gebildet aus ἐξαρτίζειν ein schiff ausrüsten; das roman. femininn scheint auf dem griech. plural zu ruhen. Ferrari zieht sarte aus sertus, aber die form sartie würde sich daraus nicht rechtfertigen lassen.

Satureja, santoreggia it., sp. sagerida, axedrea, pg. saturagem, segurelha, cigurelha, pr. sadreia, fr. sarriette ein kraut, saturei; von satureja, frei wie andre kräuternamen behandelt.

Sauro, soro it. dunkelbraun, pr. saur, fr. saure hellbraun oder goldfarbig: saurs 'color aureus' GProv. 44, saura 'grisea' d. i. chrysea 61, sors comme fin ois NFC. 1, 348. Entstehung aus ex auro wäre mit keinem gleichen falle zu belegen und hätte ital. richtiger sciauro, scioro abgesetzt. Man kennt ein mhd. adj. sôr, ndd. soor, engl. sear getrocknet, dürr, woher das roman. adjectiv stammen könnte. Wie kam man aber von der bed. dürr auf die bed. bräunlich? etwa von der farbe dürrer blätter oder versengter dinge (engl. sear versengen)? Franz. hareng sauret heißt bücking, getrockneter oder geräucherter hering, wohl nicht von seiner goldfarbe, sondern weil sich hier die grundbedeutung erhielt, wie dies auch im vb. saurer heringe räuchern d. i. bückinge machen der fall war, vgl. die entsprechenden verba ahd. saurên, sôrên, ags. seárian dorren, dörren. Ital. soro hat auch die bed. einfältig, ursprüngl. wohl trocken, saftlos, wie sciocco von exsuceus. — Andrer herkunft aber ist pr. eisaurar in die luft erheben, fr. essorer, daher it. sorare auslüften, flattern lassen (von falken an der leine), fr. essor aufschwung, s'essorer, pr. s'eisaurar sich aufschwingen, gleichsam exaurare von aura luft: neupr. bedeutet schon das einfache aurá fliegen; abgel. it. sciorinare auslüften. — [Die oben berührte verbindung der begriffe dürr und braun vermittelst der den dürren blättern eignen farbe unterstützt Liebrecht bei Gachet 427[a] durch hinweisung auf color aridus bei Plinius und xerampelinus bei Juvenal. Mahn weist sauro einen andern ursprung an, vom bask. zuria, churia weiß, mit rücksicht auf die verwandtschaft dieser farbe mit der blonden; man sehe seine Etym. unters. p. 16. Noch anders urtheilt Diefenbach darüber, der seinen ursprung im ländernamen Syria vermuthet, Ztschr. f. vergl. sprachf. XII, 79.]

Scabino it., üblicher schiavino (gli schiavini e rettori della terra G. Villani, auch bei Fr. Sacchetti), sp. esclavin, fr. échevin richter, urtheiler. Deutsches wort: alts. scepeno, ahd. sceffeno, sceffen, nhd. scheffen, schöffe, von schaffen anordnen, mlat. scabinus (wonach das unübliche ital. scabino geformt ward), dsgl. scabineus, scabinius L. Long., Cap. Car. M. Vgl. Grimm, Rechtsalt. 775.

Scacco it., sp. xaque, pg. xaque, pr. escac, fr. échec schachfigur, *schachspiel; vom pers.* schâh *könig, als hauptfigur.* Daher *fr.* échiquier *name eines gerichtshofes in der Normandie und England, von dem gescheckten boden oder tafeltuch, adj.* échiqueté *gescheckt, gewürfelt. Altfr.* échec *in der bed. raub, pr.* escac *GO.,* scax *GRoss., comask.* scach, *geht auf das gleichbed. ahd.* scâh *zurück, das auch die bed. von* scacco *in sich begreift, daher unser* schächer, *ahd.* scâhari.

Scaglia *it.,* écaille *fr. schuppe, rinde, schale; vb.* scagliare, écailler *abschuppen. Die herleitung aus* squamula *wird formell durch kein entsprechendes beispiel gestützt. Ein buchstäblich zutreffendes etymon ist unser* schale, *vb.* schälen, *ahd.* scalja (?), scaljan, *vgl. goth.* skalja *siegel: schuppen und ziegel haben das ähnliche, daß sie übereinander liegen. Gleicher herkunft ist fr.* écale *nuß- oder eierschale, pic.* écaler *aushülsen.*

Scalmo, scarmo *it., sp.* escalmo, escalamo, *neupr.* escaume, *fr.* échome *(m.) ruderholz; von* scalmus *dass.*

Scalogno *it., sp.* escalona, *fr.* échalotte *eine art zwiebeln, schalotte; von* caepa ascalonia *zwiebel aus Ascalon.*

Scandaglio *it., sp.* escandallo, *pr.* escandalh *senkblei, auch alban.* scantalę; *vb. it.* scandagliare, scandigliare, *sp.* escandallar, *pr.* escandalhar, escandelhar *mit dem senkblei messen; von* scandere, *vgl. mlat.* scandilia *sprossen der leiter, stufen, wobei man annehmen darf, daß die grade an der senkschnur bemerkt waren. Neupr. vb.* escandaliá *bedeutet eine tonne eichen.*

Scandella *it., sp. pg. cat.* escandia *u. a. formen, im spätern mlatein* scandula *feiner weizen oder spelz; nach Ménage von* canterinum hordeum *pferdegerste, was nach laut und begriff übel stimmt. Es kann aus* candidus *abgeleitet sein, mit verstärktem anlaut: ebenso ist unser* weizen *gleicher wurzel mit* weifs *(Grimm, Gesch. d. d. spr. 63) und der Spanier nennt einen weizen, der besonders weißes mehl gibt,* candeal.

Scappare *it., sp. pg. pr.* escapar, *fr.* échapper, *wal.* scepà *entschlüpfen, altfr.* retten: dieu nous escapera *DMce. p. 118, 13. 288, 29. Es ist von dem rom.* cappa *mantel, so daß es eigentlich heißt aus dem mantel schlüpfen (der die flucht erschwert); ähnlich gr.* ἐκδύεσθαι *sich ausziehen, sich davon machen. Für das gegentheil von* scappare *hat die ital. sprache* incappare *hinein gerathen. Entstehung aus dem synonymen* scampare *retten, sich retten (wofür auch einfach* campare), *altfr.* escamper, *ist nicht wahrscheinlich, da der ausfall des* m *vor* p *zu ungewöhnlich ist. Dieses hat vielmehr seinen ursprung in* campus, *es ist =* ex-campare *das feld räumen, wogegen sp.* escampar *nur in der bed. räumen, leer machen, das gleichlaut. pr. cat. wort nur in der bed. verbreiten (vgl.* espassar *von* spatium) *üblich geworden. Man sehe bei Grundgagnage s. v.* haper.

Scarafaggio *it., sp.* escarabajo, *pr.* escaravai *käfer; von* scarabacus, *das für die roman. wörter eigentlich die aussprache* scarabajus *voraussetzt. Ital.* scarabone, *pg.* escaravelho, *pr.* escaravat, *fr.* escarbot *fließen leichter aus dem gr.* σκάραβος.

I. SCARAMUCCIA—SCEMO.

Scaramuccia, schermugio *it., sp. pr.* escaramuza, *fr.* escarmouche *gefecht zwischen kleinen schaaren, daher unser* scharmützel *Schmeller III, 402. Es ist eine ableitung aus* schermire *fechten, ahd.* skerman, *und zwar dankt die erste silbe ihr a entweder der romanischen vorliebe für diesen vocal oder das deutsche und rom. wort* scara *hat sich hinein verirrt. Ducange u. a. fühlen darin eine zusammensetzung* scara-muccia *verborgene aus dem hinterhalt hervorbrechende schaar, von* scara *und fr.* musser *verstecken, was aber weder der bedeutung zusagt noch der form; vgl. auch das synonyme altfr.* escarm-ie, *das offenbar als einfaches wort dasteht.*

Scarlatto *it., sp.* escarlate, *pr.* escarlat, *fem. fr.* écarlate *scharlach, eine farbe, dsgl. ein stoff von dieser farbe (prov. altfr. wohl nur in letzterer bed., s. Michel zum Ger. de Nev. p. 169 und glossar zu Benoit, dsgl. Gachet p. 165*[b]*); vom pers.* sakirlât (*Vullers II, 203*[a]), *nach Rösler, Zur etymologie der farbenbezeichnungen p. 11, ein fremdwort, muthmaßlich geformt aus dem ländernamen* Sikelia *arab., denn in Sicilien hatte zur zeit der arab. herrschaft die kunst der baumwollen- und seidengewebe einen ungemeinen flor erreicht. Eine deutung Heindorfs aus* galaticus *von Galatia, wo man den coccus am besten gewonnen habe, bemerkt Schwenck, D. wb. 555 note.*

Scarpa *it., sp.* escarpa, *fr.* escarpe *böschung, abhang; vb. sp.* escarpar *glatt machen, fr.* escarper *senkrecht abschneiden. Bedeutet* scarpa *etwas scharf oder spitz zulaufendes, so darf man an altn.* skarp, *ahd.* scarf, *nhd.* scharf *erinnern. Auch it.* scarpa *in der bed.* schuh *(nach dem spitz zulaufenden absatz genannt), worin Muratori ein lat. wort* carpisculum *sieht, kann nur hieher zu stellen sein. Von* scarpa *in letzterer bedeutung ist it.* scappino, *altfr.* escapin *Gar. II, 112, besser sp.* escarpin, *auch altfr.* escarpin *Roq.* socke, pantoffel.

Scarso *it., pr.* escars, escas, *fr.* échars, *sp.* escaso *knapp, spärlich, karg, ndl.* schaars, *engl.* scarce. *Das frühere mlatein bietet* excarpsus *und* scarpsus *als particip von* excarpere *für* excerpere, *welches dann bedeutet* 'ins kleine gebracht, kurz zusammengezogen', *daher das rom.* scarso. *So meint Muratori und in der that ist ein particip* excarpsus *ganz im sinne der neuen sprachen, da sie in zusammengesetzten verbis gerne den wurzelvocal der einfachen festhalten (*excarpere *für* excerpere*) und im particip die form* sus *vor der form* tus *begünstigen (it.* nascoso, perso, *pr.* somos, sors *u. a.). Für* scarso *in der bed. schmal, schmächtig sagt der Italiener auch* scarzo.

Scartare *it., fr.* écarter, *sp. pg.* descartar *aus der karte (dem spiele) werfen, überhaupt absondern; von* carta, *lat.* charta *(das kartenspiel seit dem 14. jh. erwähnt, s. z. b. Hoffmanns Hor. belg. VI, 174). Die alte prov. sprache besitzt nur* encartar *einregistrieren, von* carta *in anderm sinne, fr.* charte *document.*

Scellino *it., sp. pr.* escalin, *fr.* escalin *eine münze; vom goth.* skilliggs, *ahd.* skilling, *nhd.* schilling.

Scemo *it., alt* semo *PPS. II, 272, picm. pr.* sem *adj. verringert, entkräftet;* vb. it. **secmare,** *piem.* semè, *pr.* semar *verringern u. s. w.,* alt*fr.* semer *absondern, trennen* (mais je fereye à Karle l'ame du cors semer *QFA. v.* 500, vgl. *41*), *in Berry* semer, sener, cener *verschneiden, castrieren; fr.* se chêmer *schwinden, vom it.* secmarsi. *Im ältesten mlatein findet sich bereits* semus, simare, *in der L. Liutpr.* scematio *verstümmelung. Das etymon ist* semis *halb, daher auch sp.* xeme *maß eines halben fußes, die grundbedeutung des verbums ist also halbieren.*

Scheletro *it.,* esqueleto *sp.,* squelette *fr. (m.) gerippe; von* σκελετός *ausgetrocknet.*

Schermo *it.* schirm; *vb. it.* **schermire,** *sp. pg.* esgrimir, *pr. altfr.* escrimir *fechten; vom ahd.* skirm, skerm *schild, schutz, vb.* skirman (skirmjan *wäre den rom. formen angemessener*), *bair. mit umgestelltem* r schremen. *Dsgl. it.* **schermare,** *cat.* esgrimar, *fr.* escrimer; *sbst. it.* **scherma,** scrima *sp. pg.* esgrima, *pr.* escrima, *fr.* escrime *fechtkunst.*

Scherno *it., sp.* escarnio, *pg.* escarnho, *pr.* esquern, *altfr.* eschern *spott; vb. it.* **schernire,** *sp. pg.* escarnir, *pr.* esquernir, escarnir (escarnitz 'densus' *GProv.* 52[b], *lies* 'derisus'), *altfr.* eschernir, escharnir *verspotten; vom ahd.* skërn *spötterei,* skërnôn *verspotten,* skirno *possenreißer. Das ursprüngliche* i *zeigt die prov. form* schirnir *Chx. V. 136, wie auch die geschlossene aussprache des ital.* e *darauf hinweist. Ennius hat* carīnare *schimpfen, woneben man* excarinare *annehmen dürfte, allein theils die wenig übliche schwächung des* a *in* e *und* i*, theils die abweichende conjugationsform, theils selbst die bedeutung entscheiden dagegen.*

Schiantare *it. zersprengen, zerschlitzen, abreißen, pr.* esclatar, *fr.* éclater *zerspringen, ausbrechen; sbst. it.* **schianto,** *fr.* éclat *riß, schlitz, ausbruch, knall; daher ven.* schiantizare *blitzen. Man darf die ital. und franz. wörter getrost zusammenstellen:* schiantare, *wofür auch wohl* schiattare *gesagt wird (s. Alberti, sic.* scattari *für* schiattari *wie* scavu *für* schiavu, *piem.* sciatè), *verhält sich mit seinem eingeschobenen* n *zu* éclater *wie* lontra *zu* loutre: *somit ist die deutung des ersteren aus dem begrifflich übel passenden* explantare *aufzugeben. Esclatar aber geht regelrecht hervor aus dem ahd.* sklei$z$ên *für* slei$z$ên *zerreißen, spalten, wie altfr.* esclier *aus ahd.* slî$z$an. *Was dem Franzosen* éclater, *das ist dem Spanier* estallar, *pg.* estalar, *mit* r *verstärkt* estralar: *es könnte aus* eslatar *umgestellt sein und somit auch hieher gehören, doch läßt sich kein ganz analoger fall beibringen.*

Schiatta *it., pr.* esclata, *altfr.* esclate *geschlecht, art; vom ahd.* slahta *mit gl. bed., nhd.* ge-schlecht.

Schiavo *it., sp.* esclavo, *pg.* escravo, *pr.* esclau, *fr.* esclave *(unorganisch für* éclou, *altfr.* esclo-s, *auch* escla-s *Roquef. I, 638[a]); vom dtschen* sklave *für* slave, *eigentl. kriegsgefangener Slave, wie ags.* vealh *sowohl Wälscher wie sklave heißt; das eingeschobene* c *schon in den Schlettst. glossen* 29, 49 Sclavus 'Winit' (Wende), *aber sard. (logud.) ohne* c islavu. *Abgel. it.* **schiavina,** *sp.* esclavina, *altfr.* esclavine, *mhd.* slavenîe *grober pilgerrock; ursprüngl. sklavenrock? nach Muratori, Ant. ital. II,* 420, *von den Slaven verfertigter rock.*

I. SCHIENA—SCIAME.

Schiena *it., ven. picm. romagn. sard.* schina, *sp.* esquena, *pr.* esquena, esquina, *fr.* échine *rückgrat. Auf die bekannte herleitung aus* spina *wird man verzichten müssen, da* sp *wenigstens im westen nicht in* sq *ausartet. Führt man es dagegen auf das ahd.* skinâ *nadel, stachel Graff, VI, 499, wie lat.* spina *dorn und rückgrat heißt, so erklärt sich zugleich die schwankende darstellung des stammes* (e, i), *wogegen* ī *in* spīna *nicht wohl in e ausarten konnte. Ital.* schiniera, *sp.* esquinela *beinharnisch schließen sich dagegen offenbar dem ahd.* skina, skena *röhre, bein an, woher auch* wallon. hène.

Schiera *it.,* esqueira *pr.,* eschiere *altfr. abtheilung eines heeres; vom ahd.* scara *(passender wäre eine form* scarja*), nhd.* schaar. *Vb. pr.* escarir, *altfr.* escharir *Parton. I, 6 zutheilen, abtheilen, absondern, mlat.* scarire *bestimmen, pr.* escarida, *altfr.* escherie *loos, schicksal; beide vom ahd.* scarjan, skerjan *ordnen, zutheilen. Gleichbedeutend mit* esqueira *ist pr.* escala, *altcat.* eschala *Chr. d'Escl. cap. 5, altfr.* eschiele, *entstellt aus* scara, *wiewohl es buchstäblich das lat.* scala *(leiter) ausdrückt? Aus* schiera *läßt Ferrari auch it.* scherano *straßenräuber entspringen.*

Schifo *it., sp. pg.* esquife, *fr.* esquif *boot; vb. altfr.* esquiper *ein schiff ausrüsten (sich einschiffen* TCant. *p. 34, 11), nfr.* équiper *überhaupt ausrüsten, ausstatten, sp.* esquifar, esquipar *dass.; vom ahd.* skif, *goth. ags. altn.* skip, scip, *daher das schwanken zwischen* f *und* p. *Dsgl. altfr.* eschipre *schiffmann LRs. 271,* eskipre *Trist. II, p. 75, vom ags.* sciper, *altn.* skipari = *nhd.* schiffer.

Schiuma *it. (mit eingeschobenem* i = l, *Rom. gramm. I, 344, mundartl.* schuma, sghuma), *sp. pg. pr.* escuma, *fr.* écume *schaum; ahd.* scûm, *nord.* skûm *(fehlt goth. und ags.), gael.* sgûm, *alban.* s'cume.

Schivare, schifare *it., sp. pg.* esquivar, *fr.* esquiver, *alt auch* eschiver, *chw.* schivir *meiden, verschmähen; vom ahd.* skiuhan, *nhd.* scheuen, *mit consonantierung des* u *zu* v *und ausfall des* h. *Adj. it.* schivo, schifo, *sp.* esquivo, *pr.* esquiu, *altfr.* eschiu, *chw.* schiv *spröde, vom adj.* scheu.

Schizzo *it., daher wohl sp.* esquicio, *fr.* esquisse *(f.) erster entwurf, skizze; von* schedium 'aus dem stegreif gemacht', *bei Apulejus, gr.* σχέδιος; *vb.* σχεδιάζειν *hinsudeln, it.* schizzare *ff. Auffallen muß* i *für* e, schizzo *für* schezzo; *aber auch mlat.* schried *man* scida *für* scheda, *indem man* scindere *und* σχίδη *im sinne hatte.*

Sciabla, sciabola *it., ven.* sabala, *sp.* sable, *fr.* sabre *eine waffe, säbel. Das wort ist später und, wie es scheint, wenigstens ins franz. zunächst aus dem deutschen eingeführt, aber auch hier fremd, übrigens vielen sprachen gemein, ungr.* száblya, *serb.* sàblja, *wal.* sàbie *u. s. w., nach Frisch II, 139 vom mittelgr.* ζαβός *krumm.*

Sciame, sciamo *it., sp.* enxambre, *pg.* enxame, *pr.* eissam, *fr.* essaim *bienenschwarm; von* examen; *vb. fr.* échemer *vrlt., lat.* examinare *schwärmen, in dieser bedeutung vorclassisch. In der classischen bed. untersuchung und untersuchen sind beide wörter in buchstäblicher gestalt ins romanische eingeführt worden.*

Sciamito *it., sp.* xamcle, *pr. altfr.* samit *ein seidenstoff, sammet; vom mittelgr.* ἑξάμιτος, ξάμητος *sechsfädemig.*

Sciarpa, ciarpa *it., sp.* charpa, *aus dem fr.* écharpe *binde, gürtel, daher auch mndl.* scaerpe, *nhd.* schärpe. *Bei den Alten hieß* escharpe, escherpe, escerpe *auch die dem pilger um den hals hängende tasche, s. Sax. II, 123, Og. 5888, Par. la duch. p. 7, 8, Ren. II, 59, Ruteb. II, 25, und vermuthlich ist die bed. binde erst daraus abgeleitet. Tasche heißt auch das ahd.* scherbe, *das niederrhein.* schirpe, *das ndd.* schrap *Brem. wb., so daß dem worte doch wohl deutscher ursprung zukommen wird: das pr.* escharpir *zerreißen gewährt keinen passenden begriff. Ein diminutiv von* écharpe *ist vielleicht* escarcelle *(für* escarp-celle*) bügeltasche, daher sp.* escarcela, *it.* scarsella, *nach andern aber vom it.* scarso sparsam, *da es in dieser sprache geldtäschchen heißt;* scarpsella *schreibt ein wörterbuch des 15. jh. Dief. Gloss. lat. germ. 103*[b]*.*

Scimitarra *it., sp.* cimitarra, *pg. auch* samitarra, *fr.* cimeterre *(m.) kurzer säbel. Es soll morgenländischen ursprungs sein. Ein ähnliches wort führt allerdings Suidas an:* σαμψῆραι σπάθαι βαρβαρικαί, *aber weder daraus noch aus dem pers.* schimschîr *konnte es entstehen. Ist Spanien seine heimath, so verdient Larramendi's deutung aus bask.* cimeterra *'der von der feinen schneide' alle rücksicht.*

Sciringa, scilinga *it., sp.* siringa, xeringa, *pr.* siringua, *fr.* seringue *spritze; von* syrinx *rohr, rohrpfeife.*

Scirocco, scilocco, sirocco *it., sp.* siroco, xiroque, xaloque, *pg.* xaroco, *pr. fr.* siroc *südostwind; vom gleichbed. arab.* schoruq (scharq *osten) Freyt. II, 415*[a]*.*

Scoglio *it., sp.* escollo, *pg. gleichlaut., pr.* escuelh, *fr.* écueil *fels, klippe; von* scopulus.

Scojattolo *it., sp. pg.* esquilo, *arag.* esquirol, *pr.* escurol, *fr.* écureuil *eichhorn, eichhörnchen, von* sciurus, sciurulus, *mlat.* squiriolus *Gl. Bonn. Die hinneigung zur diminution, veranlaßt durch die niedlichkeit des thieres, ist unverkennbar. Um das ungewohnte* iu *zu beseitigen, sprach man theils* scuirus *(daher* esquirol, escurol*), theils* scurius *(daher* scoj-att-olo*): so kam es, daß* sci *in diesem worte, vielleicht ohne einfluß des gr.* σκίουρος, *woraus aber doch das sard.* schirru *(marder) entstanden scheint, die bekannte palatale aussprache nicht annahm. Zahlreiche mittellat. varianten dieses wortes bei Diefenbach, Gloss. lat. germ. p. 54*[c]*. Der üblichere span. ausdruck ist* ardilla *II. b.*

Scorbuto *it., sp. pg.* escorbuto, *fr.* scorbut *eine krankheit; vom ndd.* schorbock, *ndl.* scheurbuik = *nhd.* scharbock, *über deren etymologie s. Frisch II, 220*[c]*.*

Scorciare *it., sp.* escorzar, *altfr.* escorcer, escourser *kürzen, in letzterer sprache auch ein kleidungsstück aufgürten, noch jetzt wall.* horsî *für neufr.* trousser; *von* curtus, *wie* hausser *von* altus. *Aus dem verbum das sbst. it.* scorcio, *sp.* escorzo *kürzung, altfr.* escors, escuers *schooß des kleides, dsgl. des körpers,* gremium, *noch pic.* écour *Héc. Die franz.*

wörter begegnen hier in überraschender weise unsern deutschen nicht entlehnten schürzen und schurz, stimmen aber buchstäblich zu den romanischen und können ihre zweite bedeutung recht wohl sich selbst verdanken.

Scorza *it.*, *wal.* scoartzę, *pr.* escorsa, *fr.* écorce *rinde der bäume, schale des obstes,* scorzia 'rinta' *bereits in dem Voc. SGall.; vb. it.* scorzare, *pr.* escorsar, *fr.* écorcer. *Die entstehung des wortes läßt sich verschieden auffassen. Es kann herrühren aus* scortea *(mit assibiliertem t) ledern: leder und rinde werden oft durch dasselbe wort ausgedrückt, und was die herkunft aus einem adjectiv betrifft, so ist dies bei dem synonymen* corteccia *genau derselbe fall. Auch entstehung von* scorza *und* scorzare *aus* cortex *mit vorgefügtem* s *ist gedenkbar: das* s *des substantivs könnte seinen grund haben in dem des verbums, welches letztere sich aus* ex-corticcare *erklärt; eine andre bildung,* excorticare, *ward oben unter* corteccia *erwähnt. Diese etymologie hält sich genauer an den begriff als die erstere.*

Scorzonera *it.*, *sp.* escorzonera, *fr.* scorsonère *eine pflanze, haberwurz. Zwei deutungen kommen in erwägung. Vom it.* scorzone *eine art giftiger schlangen (s.* escuerzo II. b), *weil man die pflanze gegen den schlangenbiß für heilkräftig hielt; es entspräche genau dem lat.* serpentaria. *Aber unzweifelhaft wäre alsdann die richtige form* scorzoniera. *Oder das wort wäre zsgs. aus* scorza nera *entsprechend dem deutschen* schwarzwurz: *dann ist nicht abzusehn, warum die sprache den klaren ausdruck verdunkelt haben sollte. Man mochte wohl zuerst* scorzoniera (schlangenwurz) *gesagt, nachher* niera *in* nera *umgedeutet haben.*

Scotta *it.*, *sp. pg.* escota, *altfr.* escote *Brt. II, 141 ein tau, womit man die segel anzieht oder schießen läßt; vom* schwed. skot, *nhd.* schote, *ndl.* schoot, *dies von* schießen, schieten.

Scotto *it.*, *sp. pg.* escote, *pr.* escot, *fr.* écot, *mlat.* scotum *zeche, dsgl. steuer. Es trifft zusammen mit nhd.* schoß *(von* schießen?), *altfries.* skot, *engl.* scot, shot, *so wie mit dem gleichbed. altgael.* sgot *(Leo, Malb. glosse II, p. 3). Das fr.* écot *baumstrunk ist offenbar vom ahd.* scuz, *woher auch* sczuling, *nhd.* schößling; *so vielleicht auch pr.* escot-z 'lignum parvum acutum' *GProv.* 57ᵃ.

Scrocco *it.* schmarotzer, *fr.* escroc *gaudieb, strolch, listiger betrüger, und so* mail. scroch *spitzbube,* chw. scroc *wicht; vb. it.* scroccare *schmarotzen,* sard. iscroccare *wegschnappen, fr.* escroquer *prellen. Man leitet es aus dem fr.* croc *haken, so daß* escroquer *mit dem haken herausziehen hieße, aber mit unrecht, theils weil* crocco *dem Italiener fehlt, denn das vereinzelte neap.* crocco *kann dem franz. entnommen sein,* scrocco *aber mit seinen vielen ableitungen in Italien heimischer scheint als in Frankreich, theils weil man franz. statt* escroquer *eher* écrocher *(wie* accrocher) *gesagt haben würde. Escroc ist ohne zweifel identisch mit ndl.* schrok *vielfraß, dem das niederrhein.* schrob *mager (hungrig?) Schneller III, 509 zur noth entsprechen könnte, allein das ndl. wort kann aus Frankreich eingebracht sein. Unbedenklich von seiten der form und im einklang mit dem begriffe würde man es dagegen auf unser* schurke, *ahd.* scurgo *zurückführen, dem die ital. form* scorcone *(bei Vcneroni) noch näher tritt.* Schlucker, schlucken *liegen buchstäblich schon etwas mehr ab, da ahd.* sl *sich nicht in* scr *umbilden läßt.*

Scuotere *it., pr.* escodre, *altfr.* escorre, escourre *schütteln, abschütteln, losmachen, von* excutere; *sbst. it.* scossa, *pr.* escossa (escosa *LR.), fr.* escousse *erschütterung u. dgl., vom partic.* excussa. *Zsgs. it.* riscuotere, *pr.* rescodre, *altfr.* rescorre, *neufr.* recourre *wieder losmachen, einlösen, von* re-excutere; *sbst. it.* riscossa, *pr.* rescossa, *fr.* recousse *wiedereinlösung. Dahin auch pr.* secodre, *altfr.* secorre? *(pc.* secous), *nfr.* secouer, *sp.* sacudir, *lomb.* secudi, *chw.* saccuder *schütteln, von* succutere, *das auch (zugleich mit* excutere) *im it.* scuotere *enthalten ist; sbst. fr.* secousse *erschütterung.*

Scuriada *it., fr.* écourgée *(aus* escouriée), *norm.* courgée *peitsche, geissel, daher engl.* scourge *und wohl auch sp.* zurriago; *aus* excoriata *sc.* scutica, *aus leder bereitete geissel, wie Muratori lehrt. Das franz. wort trifft übrigens buchstäblich eben sowohl mit it.* scoreggiata *(von* corrigia) *zusammen.*

Secchia *it., pg. pr.* selha, *altfr.* seille, *dsgl. masc. it.* secchio, *pr.* selh *cimer*, gelte; *von* situla, sit'la, *euphonisch* sicla *z. b. L. Alam.,* siccla 'einpar' *(eimer) Gl. Cass., masc.* siclus *Cap. Car. M. Abgel. mail.* sidell, *com.* sedell, *altfr.* séel, *nfr.* seau *mit gl. bed., fem. mail.* sidella, *com.* sedela, *lat.* sitella; sedella 'ampri' *(d. i.* cimberi) *Gl. Cass. Dem Spanier scheint das wort ganz abzugehn; man vermuthet es in* acetre *schöpfeimer, für* acetle = sītulus, *wovon sich das altsp.* celtre *aber weiter entfernt; Engelmann gibt dem span. wort als etymon arab.* al-sa'tl *assa'tl kleiner napf, dies vom pers.* satil.

Sédano *it., ven.* seleno, *comask.* selar, *piem.* seler *u. s. w., fr.* céleri *eine pflanze,* selleri; *von* σέλινον *eppich im spätern griech. aber auch mit den roman. wörtern gleichbedeutend. Span.* apio dulce.

Sedio, seggio, sedia, seggia *it., fr.* siége *(m.) sitz, sessel, zsgs. it.* assedio, asseggio, *sp.* asedio, *belagerung, wofür auch pr.* setje, *fr.* siége; *vb. it.* assediare, *sp.* asediar, *pr.* asetjar, *fr.* assiéger, *altfr. auch* segier *Rq. belagern. Unmittelbare abstammung des einfachen* sedia *oder* sedio *vom lat.* sedes *vermittelst des adjectivsuffixes* ius, *ohne wandel des begriffes, wäre ein höchst seltener, schwer anzunehmender vorgang. Die einseitige nur das franz., nicht das ital. wort befriedigende deutung aus einem selbstgeschaffenen altlat.* sedica *(wie* piéga *aus* pedica) *ist noch entschiedener abzulehnen, s. Rom. gramm. I, 29, note. Wohl aber scheint das aus* obsidium *mit vertauschtem präfix gebildete* assedio *die form* sedio *hervorgerufen zu haben. Über sp.* sitio *s. II. b.*

Ségale, ségola *it., cat.* ségol, *pr.* seguel, *fr.* seigle *(m.), wal.* secárę, *auch bask.* cekharea *roggen; von* secale *dass., mlat.* sigala *Gl. Flor. 990ᵃ, sigilum Hattemer I, 308ᵃ,* siclo *296ᵇ. Dem lat. nur aus Plinius nachweislichen worte wird langes a zuerkannt; die betonung der* ersten silbe aber muß frühe aufgekommen sein, da sie fast gemeinromanisch ist und auch aus den alten mlatein. zeugnissen hervorgeht.

Segno altit., pg. sino, altcat. seny Chr. d'Escl. 687^b, pr. cenh, chw. senn glocke; von signum, in dieser bedeutung schon im frühen mlatein, daher auch bask. ceinua. Vgl. tocsin II. c. Altfr. durch umdeutung entstellt in seint, saint, weil die glocken namen (von heiligen) empfiengen.

Segugio it. spürhund, mail. saús, savis, piem. sus, in der L. Sal. und Alam. sigusius, siusius, seusius, in der L. Burg. segutius, in der L. Bajuw. canem seucem, quem leitihunt vocant, vgl. die glossen bei Graff VI, 282 jagahunt 'sueso', si secutor diceremus, und jagahunt 'siusi, secutor'. Auf franz. gebiet scheint sich das wort nicht zu finden, dagegen läßt es sich in dem räthselhaften sp. sabueso, pg. sabujo wiedererkennen, welches sehr wohl aus sausius mit eingeschobenem hiatustilgendem b = v (sabusius, vgl. das mail. savus) und versetztem i (sabuiso, sabueso) entstehen konnte; es findet sich sogar ein mlat. sebusius. Sehr abweichend gestaltet ist das bei Juan Manuel (Gayangos p. 248^b) einmal vorkommende span. sabejo, in seiner endung ejo vermuthlich andern thiernamen angemodelt. Ableitung aus dem partic. secutus ist grammatisch unstatthaft. Müllenhoff zur L. Sal. p. 293 hält das wort für fränkisch und schreibt seusius d. i. siusius, mit eingeschobenem g sigusius, mhd. sûsc, vom vb. sûsen stridere, ahd. siusjan, nhd. sausen, eine deutung, die nicht frei ist von zweifel. Räumt man auch ein, daß im mlatein diphthonge durch consonanteinschiebung zertheilt werden konnten (was aber aus Agetius für Aëtius noch nicht hervorleuchtet, da die einschiebung, wie in grugem für gruem, hier dem hiatus gilt), so findet dies auf die lebende sprache schwerlich anwendung, die kein beispiel einer solchen behandlung der diphthonge kennt. Denn wenn triuwa tregua ward, so vertritt gu hier das ahd. w und das ital. wort weist zunächst auf die form triwa; suso mußte it. suso oder susone lauten. Übrigens möchte auch die bed. sausehund nicht passend gewählt sein für einen leit- oder spürhund, bei dem die schnelligkeit gewiß nicht das hauptmerkmal abgibt. Ferrari u. a. vermuthen auf den städtenamen Segusium, Susa in Piemont, und diese vermuthung ist nicht zu weit abzuweisen, da die namen der hunderacen häufig geographische sind, der buchstabe hier aber kein bedenken macht. Aus segusius für segusianus entsprang durch abkürzung seusius (vgl. valle seusia = valle di Susa in einer urkunde v. j. 880 HPMon. I, n. 37, altfr. Seüse GRoss. Mich. p. 295), durch umdeutung segutius; in der 'piem. form hielt der name des hundes gleichen schritt mit der stadt, während die schriftsprache an der alten form festhielt. Kein zeugnis gibt es freilich für den segusischen hund, aber damit ist dieser etymologie wenig abbruch gethan. Das sp. galgo z. b. führt buchstäblich auf gallicus: hier erhielt uns der zufall ein bestätigendes zeugnis, wie er es dort versagt. Covarruvias bemerkt, die race stamme aus Savoyen, was er aber aus dem worte (sabueso) erst gefolgert haben mag.

Sembrare, sembiare it.; sp. pr. semblar, fr. sembler gleichen, *scheinen; von* similare, simulare *ähnlich machen, nachahmen. Abgel. it.* sembiante, *sp.* semblante, *pr.* semblan, *fr.* semblant *ansehn, miene; zsgs. it.* assembrare, assembiare, *sp. pr.* asemblar, *fr.* assembler *versammeln, lat.* assimilare, assimulare, *aber mit zurückführung desselben auf die bedeutung von* simul, *wie dies schon im frühsten mlatein geschah; it.* rassembrare, *sp. pr.* resemblar, *fr.* ressembler *ähnlich sein. Aus dem adj.* similis *leitete man mit beobachtung des ableitungsvocals* i *(wie in* graviare *cet.) it.* simigliare, somigliare, *sp.* semejar, *pr.* semelhar *gleichen, scheinen, eigentl. gleich machen und darum auch mit dem accus. construiert.*

Sémola *it. sp.*, semoule *fr., altfr. noch* simmle *RMont.* 312, 38 *mehlkleien, mehlküglein; von* simila *weizenmehl, woher unser* semmel.

Sena *it.*, sena *und* sen *sp.*, senne *pg.*, séné *fr. senesstaude; vom arab.* senâ.

Senda *sp. cat. pfad, von* semita; *it.* sentiero, *sp.* sendero, *pr.* semdier, sendieira, *fr.* sentier *dass., von* semitarius.

Senno *it., altsp. altpg.* sen *Bc., Alx., Mar. Egipc., Trov., pr. altfr. chw.* sen, *cat.* seny *verstand, neufr. erloschen oder besser, in* sens (sensus) *aufgegangen, welches wort auch in erwägung der beiden accusativformen* sen *und* sens, *im altfranz. und prov. fortdauerte; vom ahd.* sin *mit ders. bed., nhd.* sinn. *Abgel. altsp.* senado, *pr.* senat, *altfr.* sené *mit verstand begabt, nfr. nur* for-cené = *it.* for-sennato *unsinnig (*forcener *mit* c *schon altfr., wie RCam. p.* 248), *sbst.* for-sen *NF. I*, 22. — *Prov. und franz. erfüllt* sen *oder* sens *auch die bed. art und weise (wie das begriffsverwandte* mente *in den adverbien): pr. a* nulh sen *auf keine weise (in keinem verstande) Chx. III, 366;* en nul senz n'en nule maniere *Dolop. p. 63. Etwas anders scheint es, wenn fr.* sens *in der sinnlichen bed. seite eines dinges angewandt wird, wie in* à tous les quatre sens *auf allen vier seiten, auch schon prov. bei B. von Ventadour* baizera 'lh la bom de totz seinhs *Chx. III*, 54 (*var.* cens). *Man konnte etwa durch die verstandeshandlung, welche einen gegenstand von verschiedenen seiten betrachtet, sich haben verleiten lassen, einer solchen seite selbst den namen verstand beizulegen, wenigstens ist unser deutsches* 'in jedem verstande' *so viel als* 'von jeder seite betrachtet', *und den ausdruck auch auf körperliche dinge auszudehnen. Dieser erklärung würde das mhd.* sin *zu hülfe kommen, welches gleichfalls verstand und seite bedeutet:* in vier sinnen *ist* = à tous les quatre sens. *Indessen scheint dieses* sin *entstellt aus älterem* sint, *welches reise, weg, richtung heißt, also der bed. seite ziemlich nahe liegt, z. b.* in allen sint tes himiles *'undique'. Es wäre also hier die frage, ob dieses ahd.* sint *auf die bedeutung des fr.* sens *eingewirkt habe? Roquefort verzeichnet ein dem ahd. worte entsprechendes* sen *'chemin, sentier, voie', fügt aber keinen beleg bei.*

Sensale *it., fr.* censal, *pr.* cessal *mäkler; aus* censualis *einnehmer, vgl. Papias:* censuales sunt officiales, qui censum per provincias exigunt. *Dafür ist Adelung. Golius p. 1213 hat arab.* simsar *proxeneta, und hält*

I. SENTARE—SERGENTE.

dies für das etymon des it. senzale, *das zeugnis dazu ist aber erst aus dem 14. jh.*

Sentare *it. (mdartl. z. b. trient. comask.), sp. pg. pr.* sentar *(letzteres nur im part.* sentat) *setzen; participialverbum von* sedere sedens. *Zsgs. it.* assentare, *sp. pg.* asentar, *altfr.* assenter *Bert. p. 150, sbst. sp.* asiento *sitz.*

Sentinella *it., sp.* centinela, *fr.* sentinelle *schildwache; vom it.* sentire *hören, wie das gleichbed.* scolta *von* scoltare. *So behaupten Vossius u. a. Allein es fehlt das mittelglied, da doch* sent-in-ella *abzutheilen wäre. Man wird darum Galvani's deutung berücksichtigen müssen Arch. stor. ital. XIV, 361. Hiernach ist es von* sentina, *wie man den untersten schiffsraum nannte, der wegen des eindringenden wassers beständig gehütet werden mußte; ein solcher hüter hieß* sentinator. *Von der flotte gieng das wort über auf das heer.*

Senza *it., früher auch* sanza, *neupr.* senso, *altsp.* sines *PC., Alx., altpr.* senes, sens, ses, *altfr.* sens, *nfr.* sans, *daneben die ursprüngliche form altit.* sen *PPS. I, 201, oft bei Brunetto Latini, sp.* sin, *pg.* sem, *pr.* sen *Pass. de J. C. 89; präposition vom lat.* sine, *mit angefügtem* s senes, sens, *hieraus mit euphonischem vocalauslaut it.* senza *für* sensa *wie* manzo *für* manso *u. a. Einheimische sprachforscher lassen* senza *aus* absentia *entstehen und diese deutung wäre allerdings zu erwägen: unterstützung fände sie jedoch weniger in dem genitiv* senza di me *(Pott, Forsch. II, 183), den auch andre präpositionen zulassen, als im adverbialen gebrauche dieser partikel, welchen sp.* sin, *fr.* sans *nicht gestatten, z. b.* fare senza *entrathen,* il viver senza *Petr. canz. 8, neupr.* d'argent es senso *er ist des geldes ohne, daher denn auch das comask. vb.* senzà *berauben, wie ahd.* ânôn *von* âno *= nhd.* ohne. *Indessen empfiehlt die geschlossene aussprache des* e *obige herleitung aus* sine, *indem das suffix* enza *(as-sènza = absentia) stets offenes* e *hat.*

Seppia *it.,* zibia *sp.,* sèche *fr.* tintenfisch; *von* sepia.

Sera *it. pr.,* searę *wal., pr. masc.* ser, *fr.* soir *abend; von* serum *späte zeit (statt dessen sp.* tarde, *s. II. b). Ital. urkunden brauchen* sera *auch für westen,* occidens, *so z. b. HPMon. n. 143. 145. Zsgs. pr.* aserar, *altfr.* aserir, aserir, enserir, *wal.* insęrà *abend werden. Es gibt überdies einige ableitungen, die nach ihren bedeutungen augenscheinlich zu* serus *gehören, nicht aus* serenus *gebildet sind: sp.* sereno, *pr.* seré, *fr.* serein, *neap.* serena *abendthau, pr.* serena *abendlied, daher it.* serenata; *wie ist aber das im roman. fast unübliche suffix* en *zu verstehen? schrieb man etwa fr.* serein *für* serain *(seranus mit bekanntem suffix) und entstand hieraus pr.* seren, *letzteres nach Spanien gewandert, wo ja das primitiv fehlte? — [Blanc erklärt* sereno, serena *cet. lieber aus* serenus, *weil heiterkeit, besonders im süden, des abends eintrete, s. Krit. anhang p. 10, was dem urtheile des lesers überlassen bleibe.]*

Sergente *it., sp.* sargento, *alt* sergente *Alx., fr.* sergent *gerichtsdiener; von bestrittener herkunft. Läßt man es mit Grimm, Rechtsalt. 766,* *aus ahd.* scarjo = *nhd.* scherge *entspringen, so bleibt die endung unerklärlich, wenn man auch den ausfall des c wie in* sal *aus früherm* scal (*nhd.* soll) *zugeben will, obwohl das nhd.* scherge *widerspricht. Besser fügt sich* sergente *offenbar zum lat. partic.* serviens *mit consonantierung des i, wozu* pioggia *aus* pluvia *zu halten ist; seine grundbedeutung ist nicht die von scarjo, sondern die von famulus* (serjant de deu *übersetzt famulus dei, vgl.* li serganz kil serveit *der diener, der ihm diente Alex. 68), und was vollends für diese herleitung spricht, dem Provenzalen bedeutet das part.* sirven *von* servir *genau dasselbe, und ebenso drückt der Piemontese das fr.* sergent *mit* servient *aus.*

Serpe *it. pg. altfr., sp.* sierpe, *pr.* churw. serp, *wal.* şerpe *schlange, gemeinromanische gewiß sehr alte abkürzung von* serpens; *übrigens kymr.* sarf, *sanskr.* sarpa *Bopp Gloss. 371.*

Serra *altit. PPS. I, 413, sp.* sierra, *pg. pr.* serra *bergkette, bereits in den ältesten span. urkunden; eigentl. säge, lat.* serra, *wegen der zackigen gestalt, vgl.* serratus *gezackt, daher der geographische name* Monserrat.

Serrare *it., sp. pg.* cerrar, *pr.* serrar, *fr.* serrer *einschließen, auch zusammenpressen; sbst. it.* serra *gedränge, fr.* serre *(f.) kralle; it.* serraglio, *altsp.* cerraje, *pr.* serralh *verschluß; von* sera *schloß, früh im mlatein mit einer wenig üblichen verdoppelung des r* serra, *s. DC., Quich. Add. Aber auch das einfache vb.* serare *ist, wie Haupt zeigt, Ind. lect. per sem. aest. 1868 p. 10, im lateinischen vorhanden. Für* serebant *in einer hs. des Amm. Marcell. z. b. ist zu lesen* serabant; *bei Priscian findet sich* sero seras a sera obdita natum *cet. — Sp.* cerrar *mit* c *ist eine scheideform gegenüber dem vb.* serrar *sägen. — Das it.* serraglio *hat auch das türkische, eigentlich persische* serai *palast (des sultans) in sich aufgenommen, dafür sp.* serrallo, *fr.* sérail.

Sesta, seste *it. zirkel zum messen, it. altpg.* sesto, *altsp.* siesto *Alx. ordnung, maß; vb. it.* sestare, assestare *abmessen, sp.* asestar *ein geschütz richten (auch pr.* assestar *LR. V, 220?). Von den etymologen noch ungelöst, aber nicht schwierig zu lösen.* Sesta *ist das gr.* ξυστόν *ein werkzeug der maurer zum ausgleichen oder richten, nach einigen die kelle, nach andern das winkelmaß oder richtscheit. Man sieht, daß das wort von Italien ausgegangen und dies passt zu seinem griech. ursprung. Von* sestare *ist aber auch unser ahd.* sestôn disponere, sestunga *dispositio.*

Sestiere *it., sp.* sextario, *pr.* sestier, *fr.* setier, *in den Cass. glossen* sestar, *ein maß; von* sextarius *der sechste theil eines römischen maßes (congius), ahd.* sehtari. *Das lat. wort gab dem Italiener überdies die zsgz. form* stajo *für* sestajo, *vgl. chw.* stêr *für* sester, *lothr.* steire, *nach Galvani (Arch. stor. XIV, 352) von* extaris *bei Plautus, was der bedeutung nicht zusagt.*

Seta *it., sp. pr.* seda, *fr.* soie, *im spätern mlatein* seta, *gespinnst der seidenraupe; aus der form* seda *ist ahd.* sîda (*wie* pîna *aus* pena *für* poena, prîs *aus* pretium), *nhd.* seide, *ir.* sîoda, *kymr.* sidan. *Es ist buchstäblich das lat.* seta *starkes haar, borste, eine dem span. und franz.*

worte verbliebene bedeutung, daher auch it. setone, *fr.* séton *haarseil, it.* setola *borste, bürste. Als man es auf die seide anwandte, bedeutete es anfangs vielleicht nur strähnglein, strähne, in beziehung auf die in dieser form versandte rohseide: beides strähne und rohseide berühren sich auch im gr.* μάταξα *und dem rom.* matassa, *und das sp.* pelo *heißt haar und rohseide. Eine dalmatische urkunde v. j. 1118 sagt noch* seta serica, *nicht schlechtweg* seta, *also seidenhaar, seidenstrang, s. Ducange v.* seta. *Zur grundbedeutung von* seta *passt es ferner, wenn das mongolische* sirgek *sowohl seide wie als adj. straff (von haaren) ausdrückt, s. Schott, Über das finnisch-tartarische sprachengeschlecht p. 5. Aus* sindon *(musselin) kann* seta *nicht entstanden sein, eben so wenig aus dem koreanischen* sir, szir *(Journ. asiat. II, 245). Zu künstlich scheint die deutung aus gr.* σής, *gen.* σητός, *kleidermotte, das zunächst wurm (*σκώληξ *bei Hesychius), alsdann seidenwurm bedeuten sollte. — Eine abl. ist it.* setino, *daher pg.* setim, *fr.* satin *ein seidengewebe, altfr.* saïn *Aubery p. 3.*

Settimana *und* semmana *it., sp. pg.* semana, *pr.* setmana, *fr.* semaine *woche; von* septimana *im spätern mlatein, eigentl. siebenzählig wal.* septęmụnę, *irisch* seehtmaine *Zeuß I, 77 (nach ihm ein gallisches wort II, 739, vgl. dagegen Pott, Zählmethode 207). Dafür cat. altpg.* doma *von* hebdomas, *sp.* hebdómada. *Das sardische wort ist* chida, chedda, cida, *das man auf gr.* κῆδος *bekümmernis (arbeitstage, werktage) zurückführt.*

Sevo, sego *it. (*g *für* v *s. Rom. gramm. I, 189), sp. pg.* sebo, *pr. wal.* seu, *fr.* suif *(durch umstellung), norm. henneg.* sieu; *von* sebum, sevum *unschlitt.*

Sgurare *it. (eigentl. lomb.* sgurà), *sp. cat.* escurar, *fr.* écurer *fegen; nicht vom dtschen* scheuern, *ndl.* schuuren, *das wohl selbst aus dem latein ist, sondern vom lat.* curare *pflegen, rein halten z. b.* cutem, vitem, *mit vorgesetztem begriffsverstärkenden* ex. *Schon das einfache* curare *hat im venez. und prov. die bed. reinigen, dazu stimmt wal.* curat *sauber.*

Sì *it., sp.* sì, *altsp.* sin, *pg.* sim, *pr. fr.* si, *partikel der vergleichung und bejahung; von* sic, *statt dessen in bejahendem sinne der Römer lieber* ita *setzte. Der Sarde hat sich für dieselbe bedeutung noch das ganz lateinische* imo *oder* emmo *bewahrt, das er auch für 'selbst, sogar' anwendet:* imo piús *anzi più,* imo magis, *s. Spano, Ortogr. I, p. 167, und Vocab. sard.*

Sidro, cidro *it., sp.* sidra, *fr.* cidre, *wal.* cigheariu *obstwein; von* sicera (σίκερα), *entstellt in* eicera, *woraus* cidra *wie fr.* ladre *aus* Lazarus *ward. Aber altsp. noch* sizra *bei Berceo.*

Signore *it., sp.* señor, *pg. pr.* senhor, *fr.* seigneur *herr; von* senior *der ältere, geehrtere, angesehenere, wie gr.* πρεσβύτερος, *wovon Isidorus 7, 12 sagt:* presbyter graece latine senior interpretatur, non pro aetate vel decrepita senectute, sed propter honorem et dignitatem; *oder wie ags.* ealdor, *das in bie bed. fürst übergieng. Durch* senior *ward* dominus *theils verdrängt, theils in seiner bedeutung eingeschränkt, während das*

I. SINGHIOZZO—SLINGA.

fem. domina *in seinem rechte verblieb. Ähnlich mußte das goth. masc.* frauja, *ahd.* frô, *dem comparativ* hêrro *weichen, aber das fem.* frau *dauert fort. Im altport.* ward senhor *auch, wie im latein, als feminin gesetzt:* senhor rainha *frau königin,* mia sennor fremosa *meine schöne herrin; zuweilen auch im altfr.:* ele devint dame e signor, *s. Rom. gramm. II, 299 note; im prov. kann es auch als adjectiv construiert werden, wie in* pilars senhors *hauptpfeiler.* Senior *für* dominus *kennt schon das älteste mlatein:* Gregor v. T. sagt z. b. 8, 30 unusquisque contra seniorem saeva intentione grassatur. *In dem scherzhaften artikel zur L. Sal. (wolfenb. hs., 8. jh.) wird ihm* vassallus *entgegengesetzt:* cum senior bibit duas vices, sui vassalli la tercia. *In den von W. Grimm edierten deutsch-lat. gesprächen steht es überall dem ahd.* hêrro *zur seite. Die älteste franz. form ist nom.* sendra *(in den Eiden, vgl.* senbdre *G Ross.), zsgz.* sire, *acc.* seigneur, *das nachmals auch in* sieur *gekürzt ward; zsgs. nom.* messire, *acc.* monseigneur *und* monsieur. *Die zusammenziehung von* sendre (senre) *in* sire *ist stark und mag nordfranzösischen ursprunges sein: picardisch wird* ndr *oder* ur *nicht selten in* r *vereinfacht,* tiendrons *z. b. lautet hier* térons, tendre *lautet* tère. *Franz. ursprunges sind die prov. formen* sire, sira *nom. und acc., sp.* ser *s. PC. 3125, dsgl.* sire, it. ser *und* sire, *mundartlich* sior, *engl.* sir, *durch welches das ags.* hearra *aus der sprache verdrängt ward. Scharf bezeichnet den unterschied zwischen der franz. und prov. form ein troubadour, nachdem die Provence an Karl von Anjou gekommen war: die Provenzalen tauschen zu ihrem schmerz einen* senher *mit einem* sire *M. 757, 2. Die zuweilen vorkommende schreibung* cyre *für* sire *bezieht sich auf eine falsche herleitung des wortes aus gr.* κύριος *oder aus dem liturgischen* kyrie.

Singhiozzo, singozzo *it., sp.* sollozo, *pr.* singlot, sanglot, *fr.* sanglot, *chw.* sanglut *geschluchze; vb.* singhiozzare *und* singhiottire, sollozar, sanglotar, sangloter; *mehr oder minder entstellt aus* singultus, singultare, singultire. *Zunächst der ital. form steht mlat.* suggultium *Class. auct. VI, 545ª.*

Singlar *sp.,* singrar *pg.,* cingler *fr. segeln; doch wohl aus dem ahd.* segelên, *altn.* sigla, *mit eingeschobenem* n *wie in* singlaton. *Unmittelbarer weist auf das deutsche wort altfr.* sigle *segel,* siglor *segeln.*

Siniscalco *und* sescalco *it.,* senescal *sp. pr.,* sénéchal *fr. oberhofmeister; vom ahd.* sini-scalh *ältester diener, das sich aber in den alten deutschen sprachquellen nicht vorfindet, mlat.* seniscalcus *L. Alam., s. Grimms Rechtsalt. 302.*

Siroppo, sciroppo *it., sp.* xarope, *pg.* xarope, enxarope, *fr.* sirop *ein süßer saft; vom arab.* scharâb *trank, wein, kaffee Freyt. II, 407ᵇ, in dem uns bekannten sinne bereits bei einem schriftsteller des 11. jahrh. (Dozy).*

Slinga (schlinga) *churw., sp.* eslingua, *pg.* eslinga, *fr.* élingue *(Trévoux)* schlinge, schleuder; *vb. pic.* élinguer *schleudern (altfr.* eslinder *G. Guiart II, 377); vom ahd.* slingâ *funda.*

Smagare *altit.*, *altpg.* esmaiar *muthlos werden*, *pr.* esmaiar, *altfr.* esmaier, esmoyer, *in Berry* émeger *muthlos machen*; *dsgl. sp. pg.* desmayar *in ohnmacht fallen*, *engl.* dismay, *sbst. it.* smago, *pr.* esmai, esmoi, *sp.* desmayo *schrecken, ohnmacht. Der franz. sprache verblieb* émoi, *das man gewöhnlich aus* movere *deutet, wiewohl es nur eine mundartliche form ist für* esmai, *vgl. Ruteb. II, 48:* dîtes li ne s'esmait ne que je m'esmoi, *wo beide formen gleichbedeutend nebeneinander stehen. Das wort ist deutsch, aber nur mit privativem* es *oder* des *im romanischen gebraucht:* goth. ahd. magan *können, vermögen,* ahd. magên *stark sein,* unmagên *ohnmächtig werden. Selten allerdings geschah es, daß der Romane das einfache deutsche wort nur zu einer zusammensetzung benutzte; warum sollte er aber, wenn er z. b. das wort* un-magên *brauchen konnte, es nicht in* es-magar *abgeändert haben, um es sich näher zu rücken? So findet sich auch ahd.* stullan *nur im ital. compos.* tra-stullare, *andere beispiele nicht zu gedenken. Wackernagel, Altfr. lieder p. 131, führt es auf ahd.* smâhjan *schwächen, erniedrigen zurück, welches einigermaßen durch die altsp. form* esmaïr *Alx. gestützt wird, wogegen aber die gemeinrom. bildung nach der 1. conj. für* magan *redet. Smâhî fand übrigens im ital.* smacco *seine darstellung.*

Smalto *it., wal.* smaltz (żumaltz), *sp. pg.* esmalte, *fr.* émail *metallisches glas, schmelzglas, mlat.* smaltum. *Da it.* smalto *mörtel heißt, so hat man darin das gleichbed. lat.* maltha *vermuthet und weder gegen das vorgefügte* s *noch gegen den übertritt in die 2. decl. ist etwas einzuwenden. Eine andre herleitung ist die aus dem ahd.* smelzan, *früher* smalzjan, smaltjan, *nhd.* schmelzen, *und sie scheint richtiger 1) weil das ital. vb.* smaltire 'verdauen' *sich zu* smaltjan *logisch besser schickt als zu* maltha; *2) weil sich die eigenthümliche franz. form* émail *nimmer aus dem lat. wort, wohl aber aus* smelzi *d. h. aus* smalti *construieren läßt:* i ward von a angezogen (esmailt) *und* t *apocopiert wie in* gal *für* galt *vom deutschen* wald. *Wenn der übersetzer des M. Capella sagt:* electrum heizet 'in walescun' smalcum *Graff VI, 832, so hatte er die bereits romanisierte form vor augen.*

Smeraldo *it., fem. sp. pg.* esmeralda, *pr.* esmerauda, *fr.* émeraude *ein edelstein; von* smaragdus (μάραγδος, σμάραγδος *m. f.*), *sanskr.* marakada, g *zum theil in* l *verwandelt wie im it.* salma *aus* σάγμα *oder* Baldacco *aus* Bagdad; *altsp. aber auch* esmeracde *Alx., ohne anlautendes* s *pr.* maracde, maraude.

Smerare *it., sp. pr.* esmerar, *altfr.* esmerer *putzen, polieren; von* ex-merare *wie it.* spurare *von* ex-purare, sgurare *von* ex-curare.

Smeriglio *it., sp.* esmeril, *fr.* émeri *ein zum polieren dienendes eisenerz, schmergel; vom gleichbed. gr.* σμύρις, σμίρις.

Smerlo *it.,* esmirle *pr.* lerchenfalk, *die kleinste art raubvögel, sp. pg.* esmeril *art kanonen (vgl. wegen der bedeutung* falconete *von* falcon); *dsgl. it.* smeriglione, *sp.* esmerejon, *pg.* esmerilhão, *pr.* esmerilho, *fr.* émerillon *s. v. a.* smerlo. *Das wort ist eine verstärkung von* merla, *lat.* merula, *und es soll damit ein der amsel ähnlicher vogel bezeichnet werden, engl.* merlin. *Es ist schon im ahd.* smirl *vorhanden.*

Snello *it., pr.* isnel, irnel *Chx. IV, 224, V, 179, altfr.* isnel, ignel, enel *flink, gewandt, noch jetzt norm.* inele. *Gewiß vom ahd.* snel *streithaft, behende, aber warum* isnel, *nicht, oder doch nur selten* esnel? *Sprach man* i *für* e, *weil ein betontes* e *folgt? aber in* espelh, espés, esquern *that man nicht dergleichen. Man könnte* ignel *für* ignitellus *feurig, hitzig* (ignitulus *braucht Tertullian*) *nehmen, wäre* sn *minder gut verbürgt. Nur eine einmischung des im mittellatein ziemlich häufig gebrauchten* ignitus, *welches in alten lateinisch-deutschen glossen mit* 'rask' (rasch) *übersetzt wird Diutiska II, 336, darf eingeräumt werden, daher die form* ignel. *Im Gregor 440 begegnet* enhel cursu, *nach Du Méril =* anhelo cursu (*adv.* enhelement *437): erwägt man aber, daß die handschrift* h *zur erweichung verwendet* (Rom. gramm. I, 446), *so ist* enhel *nichts anders als* egnel *und kann das dem Romanen ganz fremde* anhelus *nicht ausdrücken.*

Soda *it. sp. pg.,* soude *fr. ein laugensalz aus der asche der kalipflanze; wird aus* solida *hergeleitet. Span.* sosa, *von* salsus, *heißt auch die pflanze selbst,* salsula *L., salzkraut.*

Sofà *it. pg., fr.* sopha, sofa (*m.*) *ruhebett; vom arab.* çoffah *ruhebank vor dem hause Freytag II, 502ª.*

Soffiare *it., altsp. pr.* suflar, *fr.* souffler, *nsp.* soplar, *pg.* soprar *blasen; von* sufflare. *Daher fr.* soufflet *blasbalg, auch ohrfeige, da die begriffe hauch und schlag sich berühren, wovon sich ein anderes beispiel oben unter* buf *findet. Verwandt ist auch das pg.* assoviar.

Soffratta *altit., pr.* sofraita, sofracha, *altfr.* souffraite *mangel, abbruch; altit.* soffrettoso *PPS. I, 214, pr.* sofraitos, *fr.* souffreteux *dürftig; von* suffringere suffractus, *pr.* sofranher.

Soga *it.* (*mdartl.*) *seil, so auch sp. pg., chw.* suga; *die bedeutung der ital. schriftsprache ist lederner riemen, im port. heißt es vornehmlich binsenseil, im span. auch ein längenmaß,* soguear *mit dem seile messen; bask.* soca. *Es fehlt dem worte nicht an zeugnissen im frühern mlatein, wo es gleichfalls riemen oder seil bedeutet:* si quis sogas furatus fuerit de bove junctorio *L. Long.;* sogam carralem de corio *Epist. Innoc. III., auch ackermaß, daher* sogalis *eine abgabe Capit. de villis. Die bask. form mit tenuis ist wohl die ältere; zu ihr stimmt* socas tortiles *in einer urkunde unter Justinian und, wie Ducange vermuthet, auch mittelgr.* σωκάριον *ein längenmaß, bei Hero* (*nach 600 p. C.*). *Diefenbach, Celt. I, 90, vergleicht kymr.* syg *kette, bret.* sûg *zugseil, gael.* sugan *strohseil. Im span. ist* soga *am meisten heimisch geworden, da es zu vielen redensarten und ableitungen gebraucht wird.*

Sogna *altit. PPS. I, 334, pr.* sonh, *fr.* soin *sorge, sorgfalt; vb. fr.* soigner *besorgen, pflegen; zsgs. it.* bisogno, *pr.* besonh, besonha, *fr.* besoin, *chw.* basengs *noth, bedürfnis* (*fr.* besogne *f. geschäft*), *it.* bisognare, *pr.* besonhar *noth thun; dsgl. altfr.* essoigne, essoine *nothwendigkeit, schwierigkeit, entschuldigung*, essoigner *sich entschuldigen; hierzu noch die altfr.* verba ensonnier *beschäftigen,* resoigner *fürchten. Das einfache subst. ist schon dem ältesten mlatein bekannt: die L. Sal. und Rip. haben* sunnis (*sonst auch* sunnia, sonia) *mit der bed. gesetzliches hindernis (daher das verweilen bei einem gegenstand, die sorgfalt), und hierin erkennt Grimm, Rechtsalt. 847, ein fränkisches wort = altn.* syn *abläugnung, vb.* synja *abläugnen, mlat.* soniare *besorgen. Die goth. sprache liefert* sunja *wahrheit,* sunjôn *rechtfertigen, die altsächs.* sunnea *entschuldigung, nothwendigkeit, hindernis, die althochd.* sunne *in der übersetzung der L. Sal., welchen sich* essoigne (*mlat.* exonia, exonium) *so wie* besoin *logisch genau anschließen. Freilich läßt sich letzteres, da man kaum ein verlorenes deutsches compositum aus vorliegendem stamme annehmen darf, auf das zu einem andern stamme gehörige ahd.* bi-siunigī *scrupulositas, woraus ein sbst.* bi-siuni *zu folgern ist (Grimm II, 719), zurückführen: denn daß hier das roman.* bis, *das etwas falsches, verkehrtes bedeutet (s. oben* bis), *nicht im spiel ist, zeigt theils der begriff des wortes, theils seine schreibung, die in jenem falle* bessoin, bissogno *sein müßte, und auch ags.* byseg, *nndl.* bezig (*beschäftigt*), *worauf Grimm vermuthet, Gesch. d. d. spr. 364, läßt sich mit* besoin *nicht in einklang bringen. Noch ist einer von Ducange versuchten herleitung von* soin *aus lat.* somnium *zu gedenken: wer träume, dessen gemüth schwebe in angst und sorgen, und schon ein altes lat. gr. glossar übersetze darum* somnium *mit* φροντίς. *Aber kann dies* somnium *nicht eine umbildung sein von* sonium (soin), *um diesem ein ganz latein. gepräge aufzudrücken? und wie würden sich die bedeutungen der composita aus* somnium *entwickeln lassen? Man sehe über unser wort zumal Pott in der abhandlung Plattlatein 340. — Eine abl. von* soigner *ist altfr.* suignarte '*concubina*' *LRs.* 137, soignentage *concubinat, im Vocab. Duac.* soignans '*focaria*' (*köchin*).

Soldo *it., sp.* sueldo *pr.* sol, *fr.* sol, sou *name einer münze; von* solidus, *das bei den Alten für eine goldmünze, später auch für eine silbermünze von verschiedenem werthe üblich war, eigentl. eine dicke münze im gegensatz zur blechmünze. Demnächst hieß it.* soldo, *sp.* sueldo, *pr.* sout, *fr.* solde (*f.*) *lohn; it.* soldato, *sp.* soldado, *fr.* soldat, *pr.* soudadier, *altfr.* soudoier, *lothr. pic. dauph.* soudard *kriegsmann, wörtlich besoldeter, wie it.* paga soldat *heißt. Der Italiener formte mit einer seltnen verwandlung des* o *in* a *aus* solidus *sein adj.* saldo, sodo (*vgl.* talpa, topo), *so wie aus* solidare *befestigen, zusammenfügen sein vb.* saldare *löthen, in der wald. mundart* saudar, *beide = sp.* soldar, *fr.* souder, *wovon sich* soldare *besolden durch die form trennt.*

Solfa *it. sp. pg. pr. tonleiter, im span. harmonie; von den Guidonischen silben* ut re mi fa sol la, *d. h. nur von den drei letzten rückwärts gelesen und* la *als artikel verstanden* (la sol-fa); *vb. it.* solfeggiare (*woher fr.* solfége), *sp.* solfear, *fr.* solfier *die tonleiter singen.*

Solfo, zolfo *it., sp.* azufre, *pg.* enxofre, *pr.* solfre, solpre, *fr.* soufre *schwefel; von* sulphur.

"Sollazzo *it.*, *sp.* solas, *pr.* solatz, *altfr.* soulas *belustigung, kurzweil, von* solatium; *vb.* sollazzare, solazar, soulacier *ergötzen, mlat.* solatiari, solatiare *bei Gregor d. gr. und andern.*

Sommaco *it.*, *sp.* zumaque, *pg.* sumagre, *pr. fr.* sumac *eine staude, sumach; vom arab.* sommâq *Freytag II*, 355[b].

Sommo *it.*, *sp.* somo, *pr.* som, *altfr.* som, son *gipfel; von* summum, *nfr.* son *kleie d. h. das oberste im sieb, sp.* soma *gröberes mehl. Daher das präpositionale altsp.* en somo, *altfr.* en som, en son *oben, hinauf, auch* par som, par son, *z. b.* par som les puis *oben auf den hügeln*, par son l'eve *auf dem wasser*, par son l'aube *GVian*. 1241, *Parton. I*, 135 *cet. ums morgenroth* = *pr.* sus l'alba *Fer.* 3484, sus en l'alba *3493, it.* in sull' alba. *Abgel. fr.* sommet, *die stelle des alten* som *ausfüllend. Zsgs. sp. pg. pr.* asomar, *altfr.* assommer *LR. hinaufbringen, zeigen, sich zeigen.*

Sonda *sp. pg.*, sonde *fr. senkblei; vb.* sondar, sonder *die meerestiefe messen. Wenn sich sp.* sombra, *fr.* sombre *aus* sub-umbra *zusammenziehen konnten, so ist dieselbe zusammenziehung von* sondar *aus* sub-undare '*in das meer tauchen*' *möglich, wenn auch nicht, wie dort, erweislich.*

Sopa *sp. pg. pr.*, soupe *fr. heißt sowohl brühe mit brotschnitten wie auch die eingetunkte schnitte selbst, daher die franz. redensart* mouillé comme une soupe, *doch ist in* 'brühe' *die grundbedeutung anzunehmen; vb. sp.* sopar *brühe über die schnitten gießen, pr.* sopar, *fr.* souper *zu abend essen (wobei die suppe das vornehmste gericht war), letztere bedeutung uralt, bereits in der Pass. Chr.* 28. 107. *Das unzweifelhafte etymon findet sich im deutschen: ndd.* soppe, *woher nhd.* suppe, *vb. ndd.* suppen, *ndl.* soppen, *ahd.* supphan, *mhd.* supfen *schlürfen, vom wurzelverbum* sûfan, saufen. *Eine andre form ist it.* zuppa *kaltschale, sp. pg.* chupar *schlürfen, fr.* super *dass., vgl. unser mundartl.* zuppe, zupfen *mit ders. bedeutung. Das hd.* f *ist im romanischen nirgends zur geltung gekommen.* — [*S. über dieses wort Weigand II*, 847.]

Sorbetto *it.*, *sp.* sorbete, *pg.* sorvete, *fr.* sorbet *ein süßer kühlender trank; vom arab.* schorb *trank Freyt. II*, 407[b], *wobei zu erinnern ist, daß das arab.* sch (ش) *mehrmals im span. als* s *auftritt. Nach andern ist es aus* sorbere *abgeleitet, also s. v. a.* sorbitium, *aber den ableitungen mit* ett *aus verbis ist nicht zu trauen.*

Sorce, sorcio *it.*, *sp.* sorce, *pr.* soritz, *fr.* souris, *wal.* śoarece *maus; von* sorex.

Sorn *pr. düster, auch in figürl. sinne;* sornura *düsterheit; altfr.* sorne *dämmerung Roquef., sp. (rothwälsch)* sorna *nacht; fr.* sournois *heimlich, tückisch; it.* sornione, susornione *duckmäuser*, susorniare *murmeln. Vielleicht hat sich die physische bed. dunkel in diesem worte erst aus der moralischen düster entwickelt und es ruht auf einer celt. wurzel, kymr.* swrn-ach *knurren, brummen, corn.* sorren *zornig sein, denn entstehung aus dem logisch näher liegenden* sôr, sôrllyd *mürrisch, tückisch, engl.* sullen *findet schwierigkeit in der form. Auch sp.* sorna *trägheit* (nach *Larramendi vom bask.* sorrena *der dümmste*) *ist hieher zu ziehen, der mittelbegriff konnte verdrießlichkeit sein. Vielleicht jedoch gibt die erwägung des mit* sournois *gleichbed. pg.* comask. soturno, *piem.* saturno, *sard.* saturnu, *genf.* saturne, *span. flor.* saturnino (s. *P. Monti*) *ein andres resultat, da diese wörter augenscheinlich aus* taciturnus *entstanden sind, indem die silben* taci *in* tci tço tça *zusammengiengen:* sorna *(nacht) aus* taciturna *wäre selbst ein poetisch schöner, mehr noch ein für die gaunersprache bezeichnender ausdruck. Seltsam sind wegen ihrer endung* a *die mail. adjectivformen* sotturna, saturna.

Sortire *it., fr.* sortir *(beide nach regelmäßiger conj.* io sorto, je sors) *ausgehn, altfr. auch entspringen, entkommen Fl. Bl. 1020, cat.* surtir *ausgehn, springen, sprossen, pr.* sortir *springen, springen machen, sp.* surtir, *pg.* surdir *hervorquellen; zsgs. fr.* ressortir (*präs.* je ressors) *wieder ausgehn, sp.* resurtir *zurückspringen, sbst. fr.* ressort *schnellkraft. Mit* sortiri *(loosen, durchs loos gewinnen) läßt es sich logisch nicht einigen. Ferrari zog es daher aus dem subst.* sors: *das loos ward aus der urne gezogen und gieng gewissermaßen heraus. Aber war dieser vorgang ein im leben so wichtiger, daß man darnach eine der üblichsten handlungen benannte, sich also selbst, im grunde gesagt, mit einem loose verglich? Ménage und Frisch erklären es mit* surrectire, *einer freilich ungewöhnlichen bildung, da die participialverba sich sonst zur ersten conj. schlagen, die aber doch in* ammortire *und altfr.* quatir *(von* coactus) *beispiele aufzeigen kann und jedesfalls den bedeutungen vollständig zusagt, denn auch 'ausgehn' und 'sich erheben' gehen in einander über; letzteres spürt man noch deutlich in phrasen wie* sortir de son siége, sortir de table, une figure sort *sie hebt sich (auf gemälden).*

Sortire *it., fr.* sortir *(beide nach der gemischten conj.* io sortisco, je sortis) *erlangen, bekommen, ital. auch loosen, sp.* surtir, comask. surtì *versehen, versorgen; von* sortiri. *Zsgs. it.* assortire, *sp.* asortir, *fr.* assortir *zusammenlegen, zusammenpassen (jedes nach seiner art oder sorte). Zu derselben conjug. bekennt sich auch fr.* ressortir *unter einer gewissen gerichtsbarkeit stehn, das recht der appellation haben, z. b.* les pairies ressortissent au parlement, *sbst.* ressort, *it.* risorto *gerichtsbarkeit. Über den ursprung dieser zusammensetzung bemerkt Ducange:* ressortum quicquid intra sortes continetur seu jurisdictionis terminos. *Nach Budaeus (s. Ménage) kommt der ausdruck von* sors: causae enim sortibus ex urna ductis cognoscebantur. *Die sache ist aber ganz anders zu fassen. Die eigentliche bedeutung des juristischen ausdruckes liegt im altfr.* resortir *sich zurückziehen, sich flüchten, schutz suchen,* resort *rückzug, zuflucht, daher höchste stelle, wo man sein recht erlangt, rechtszuflucht. Die begriffsentwicklung aus* sortir *erlangen,* ressortir *wiedererlangen ist aber dieselbe wie im ital.* ricovrare *1) wiedererlangen, 2) seine zuflucht nehmen;* ricovrare ad un luogo *verhält sich auch syntactisch wie* ressortir au parlement. *S. oben* cobrar.

Sostare *it. hemmen, stillen, beruhigen, pg. pr.* sostar *einhalten;*

I. SOTTO—SPANNA.

sbst. it. pr. sosta *stillstand; von* substare *ausdauern, aushalten, transitiv genommen. Dahin etwa auch sp. pg.* susto, *sard.* assustu *schreck (hemmung?), comask.* sust, *ven.* susto, *sic.* sustu *beklommenheit, beschwerde.*

Sotto *it., altsp.* soto, *pr.* sotz, *fr.* sous, *wal.* subt, *präposition, von* subtus, *it. auch* sottesso *s.* esso; *zsgs. fr.* dessous = *it.* di sotto. *Daher it.* sottano *unterst, sbst.* sottana, *sp.* sotana, *fr.* soutane *unterrock, leibrock.*

Sovente *it., pr.* soven, soen, *fr.* souvent, *zeitadverb, von* subinde. *Die lautlehre hat hier die ungewöhnliche härtung des* d *in* t *zu bemerken: dachte man dabei an die endungen in* repente, frequente, immantinente? *es scheint so.*

Soverchio *it., altsp.* sobejo *(für* soberjo), *s. die glossare bei* Sanchez, *pg.* sobejo *adj. und adv. überflüssig, übermäßig; von* superculus, *der lat. sprache fremd. Daher sbst. it.* soverchieria, superchieria *mishandlung, übervortheilung, und hieraus fr.* supercherie, *sp.* supercheria *hinterlist.*

Spada *it., sic.* spata, *sp. pg. pr.* espada, *fr.* épée, *wal.* spatę? *(nach Lex. bud.) degen, schwert; von* spatha *spatel zum umrühren, dsgl. breites zweischneidiges schwert (s. die stellen bei Böcking, Annot. ad Notitiam dign. occid. p. 315), dies vom gr.* σπάθη, *nicht aus dem celtischen, wie noch Belloguet p. 163 anzunehmen geneigt ist. Das wort hat auch in andre sprachen eingang gefunden, z. b. alb.* spatę, *bask.* izpata, *in andrer bedeutung kymr.* yspawd *schulter, ir.* spad, *engl.* spade, *ahd.* spato, *nhd.* spaten *grabscheit. Im mittelalter mochte man es für kein lateinisches halten:* gladius, quod spatham vocant *heißt es z. b. in den Gest. reg. Fr. cap. 41. Im latein. allerdings von eingeschränktem gebrauche schwang es sich in den jüngeren sprachen über* gladius *empor, das sich kaum behaupten konnte;* ensis *mußte völlig weichen. — Altsp. wird es häufig als masculin gebraucht:* deste espada *PC. 3676; im altfr.* Agolant *v. 699 steht* il n'ont espée, ne soit bien acéré *(wo vielleicht* espié, *nach Littré, Hist. d. l. l. fr. I, 42,* acerée *zu lesen ist); im prov. erscheint gradezu eine männliche form* espa-s *LR., im Leodegar 38* ispieth *(geschrieben* inspieth), *altcat. dagegen* la espá *Chr. d'Escl. 677ᵃ.*

Spalla *it., sp.* espalda, *alt* espalla, *pg.* espalda, espádoa, *pr.* espatla, *fr.* épaule, *altfr.* espalde *LRs. 377 schulter. Nicht von* scapula, *sondern, wie die prov. form am deutlichsten zeigt, von* spathula, *dimin. von* spatha *schulterblatt der thiere, wal.* spate *rücken. Apicius hat* spatula porcina, *welchem altpg.* spadoa de porco *(in einer urkunde v. j. 1296 SRos.) genau entspricht.* Spatula *ist nur der sard. mundart fremd: sie gibt dafür das dem gr.* σπάθη *sinnverwandte lat.* pala, *das bereits Coelius Aurel. für schulterblatt gebraucht. Von* spatula *(nicht von* palus *pfahl) kommt it.* spalliera, *sp.* espaldera, *fr.* espalier *rücklehne, baumgeländer, spalier.*

Spanna *it.* churw., *wallon.* aspagné, *masc. altfr.* espan, *nfr.* empan *ein längenmaß; vb. it.* spannare *tuch oder netze abspannen (wenn nicht von* pannus), *chw.* spaniar *aufspannen. Die herleitung aus gr.* σπιθαμή, *welches* spemma *oder* spimma *lauten müßte, ist verwerflich. Die aus* expandere *würde sich für die franz. form empfehlen, da hier* espanir *für* espandir *vorkommt, im ital. schwindet d nach n nur höchst selten: das ganz vereinzelte* comask. spanda *lehnt sich augenscheinlich an* spandere. *Am sichersten leitet man daher* spanna *vom ahd.* spanna, *nhd.* spanne, *das fr.* empan *vom mhd.* span *ausspannung, die in dem starken verbum* spannan *ihre quelle haben.*

Sparagnare *und* sparmiare, risparmiare *it., fr.* épargner, *chw.* spargnar, *burg.* reparmer *schonen, sparen. Wohl mahnt es an das ahd.* sparôn, sparên, *die art der ableitung daraus aber ist unklar. Man bedenke dabei lomb.* car-agn-are *aus ahd.* karôn *Rom. gramm. I, 88, fr.* lor-gn-er *aus* luren.

Spaviere, sparviere *it., altsp.* esparvel, *cat.* esparver, *pr.* esparvier, *fr.* épervier *ein raubvogel, in letzterer sprache auch ein wurfnetz der fischer, sp.* esparavel; *vom ahd.* sparwari *sperber, dies wohl vom goth.* sparva *sperling, chw.* spar, *also ein vogel, der auf sperlinge ausgeht. Hieher auch churw.* sprer *geier. Der neusp. ausdruck ist* gavilan.

Spasimo *it., sp.* espasmo, *pr.* espasme, *sp. pg.* auch pasmo *krampf, ohnmacht; vb. it.* spasimare *(comask.* pasmà), *sp.* espasmar, pasmar, *pr.* esplasmar, espalmar, plasmar, *fr.* pâmer; *vom lat.* spasmus *bei Plinius* (σπασμός). *Der unübliche wegfall des* s *vor* p *rührt etwa daher, daß man jenen buchstaben mit* ex *verwechselte, also* pasmus *für das einfache wort hielt.*

Spavenio *it.* (*für* sparvenio?), *auch* spavento, *sp.* esparavan, *fr.* éparvin *aus dem alten* esparvain, *engl.* spavin *spath, eine krankheit der pferde und des rindviehs. Ménage meint, von* épervier, *weil die thiere den kranken fuß hoch aufheben wie der sperber, und diese meinung findet ihre stütze in der gleichbed. cat. form* esparver-enc *eigentl. etwas sperberartiges, valenc. einfacher* esparver.

Spaventare, spantare *it., sp. pg.* espantar, *pr.* espaventar, *fr.* épouvanter, *henneg.* épanter, *wal. mit* m *für* v speimentà *einen erschrecken, sbst. it.* spavento *u. s. f.; von* expavere, *part.* expavens. *Die franz. form erklärt sich ohne schwierigkeit aus den in der alten sprache vorhandnen übergängen,* espaventer espauenter espoenter espoventer (v *eingeschoben), auch der Churwälsche sagt* spuventar.

Spazzare *it., sp.* espaciar, *pr.* espassar *räumen, ausbreiten, it.* spaziarsi, *sp.* espaciarse *sich ausbreiten d. h. sich ergehen, spazieren; von* spatiari.

Specchio, speglio *it., sp.* espejo, *pg.* espelho, *pr.* espelh *spiegel, von* speculum. *Die franz. sprache besitzt buchstäblich dasselbe wort in* espiègle *verschmitzter geselle, henneg.* vilespièque, *vom deutschen* Eulenspiegel, *der unter dem namen* Ulespiègle *früh ins franz. übersetzt ward. Vb: sp.* espejar *glätten, polieren,* despejar *lichten, räumen, platz machen.*

Spelta, spelda *it., sp.* espelta, *pr.* espeuta, *fr. (masc.)* épeautre

I. SPERONE—SPINETTA.

eine getreideart, spelz; vom lat. spelta *erst im 4. jh. bei Rhemnius Fannius, dem es ein spelzkorn bedeutet, ahd.* spelta, spelza *(f.),* spelzo *(m.). Die franz. form zeigt eine besonders nach dentalen häufig angewandte einschiebung eines* r, *vgl. oben* feltro. *Über den gebrauch des wortes im mlatein (mittelgr.* σπέλτον) *s. Ducange.*

Sperone, sprone *it., altsp.* esporon, *neusp.* espolon, *pg.* esporão, *pr.* espero, *altfr.* esporon, *neufr.* éperon *sporn, einfacher sp.* espuela, *alt* espuera, *pg.* espora; *vom ahd.* sporo, *acc.* sporon, *daher die doppelformen. Vb. it.* speronare, spronare, *sp.* espolear, *pg.* esporear, *pr.* esperonar, *fr.* éperonner, *aus dem roman. substantiv, nicht aus dem deutschen vb.* spornôn.

Spesso *it., sp.* espeso, *pr.* espes, *fr.* épais, *früher* épois, espois, *alban.* špeš *dicht, von* spissus; *adv. it.* spesso, *pr.* espes *häufig, bei Petronius* oscula spissa *häufige küsse, vgl. gr.* πυκνόν, *ahd.* diccho *dicht, häufig.*

Spezie *it. (nicht* specie), *sp.* especia, *fr.* épice *apothekerwaare, gewürz; von* species, *dem das nachclassische latein dieselbe bedeutung beilegte, altfr.* espece. *Abgel. it.* speziale *apotheker.*

Spiare *it., sp. pr.* espiar, *fr.* épier *ausspähen, chw.* spiar *nachforschen; vom ahd.* spĕhôn = *nhd.* spähen. *Sbst. it.* spia *(m.), sp.* espia *(m. f.), pr.* espia *(f.), altfr.* espie *(f.), dsgl. it.* spione, *sp.* espion, *fr.* espion *kundschafter; vom ahd.* spĕha *(f.) exploratio; die ndl. sprache hat* spie. *[Nach einer alten, wieder erneuerten behauptung soll in dem roman. verbum das verschollene lat.* spicare *(woher* despicare *cet.) fortleben. Wir wissen aber aus der ital. lautlehre, daß lat.* c *zwischen vocalen nicht ausfällt. Das deutsche* ĕ *in* spĕhôn *vertritt ein älteres* i, *von welchem selbst noch beispiele vorhanden sind* (spihan, *s. Graff VI, 321. 323); inlautendes* h *kann ausfallen.]*

Spillo *it., ausgeartet in* squillo, *stecknadel, dsgl. bohrer. Nicht von* spiculum. *Man darf es unbedenklich aus* spinula *herleiten, denn die weibliche diminutivform wird häufig in die männliche, welche eigentlich die neutrale vertritt, umgesetzt, s. Rom. gramm. II, 293; ein ganz ähnlicher fall ist* orlo *aus* orula. *Wegen der assimilation des* n *aber vgl. man* ella *aus* enola, lulla *aus* lunula. *Der romagn. ausdruck ist* spinell, *handgreiflich aus* spina. *Gleicher herkunft mit* spillo *ist fr.* épingle *(f.), npr.* espinglo, *neap. (aus dem franz.)* spingola, *bask.* ispilinga *(vgl. champ.* éplingue): g *ward eingeschoben um das unerträgliche* épinle *zu vermeiden. Zu* spinula *bemerkt Ducange aus Tacit. Germ. c. 17:* tegmen omnibus sagum fibula aut, si desit, spina consertum. *Das pic.* épieule, épiule *entstand wohl aus* spiculum.

Spinace *it., sp.* espinaca, *pg.* espinafre, *pr.* espinar, *fr.* épinard, *wal.* spenac *ein kraut,* spinat; *von* spina *spitze, wegen seiner gezackten blätter, die ital. form eigentl. von dem unlat.* spinaceus, *die port. von* spinifer.

Spinetta *it., sp.* espineta, *fr.* épinette *ein saiteninstrument; von* spina, *weil es mit zugespitzten federkielen gespielt ward.*

Spirito *it.*, *wal.* spirit, *sp.* espiritu, *vrlt.* esprito, *pg.* espirito, *cat. pr.* esperít, *fr.* esprit, *dcher engl.* spright *und* spirit, *altfr.* S. Espir. *Man behandelte dieses wort etwas zärter als andre, weil ihm eine heilige bedeutung anhieng. Der Spanier ließ ihm sein* u *unangetastet und der Provensale wandte hier seine gewöhnliche syncope nicht an. — Für* spirit, *das wohl wenig üblich ist, führte der Walache, außer dem slav.* duh, *das aus lateinischem stoffe geschaffene* suflet *(hauch) ein, gab aber der 'thierseele besondre namen, abur* (vapor *dunst, im gegensatze zum hauch?) und* blease *(woher letzteres?).*

Spítamo *it.*, *sp.* espita *spanne; vom gleichbed.* gr. σπιθαμή.

Spito *neap.*, *sp. pg.* espeto *bratspieß, fr.* épois *oberste spitze am hirschgeweih; vom ahd.* spiz *spieß, spitze, ndl. ndd.* spit *bratspieß. Daneben gibt es ein synonym mit* d: *it.* spiedo (spiedone, *ausgeartet in* schidone, schidione), *romagn.* sped, *gen.* spiddo, *sard.* spidu, *sp.* espedo, espiedo; *es fragt sich hierbei: steht die media durch einen zufall für die tenuis, was aber sonst nicht geschieht; oder ist das wort vom ahd.* sper, *nhd.* speer *(woher altfr.* espier *II. c), indem, wie oft im ital.*, d *für* r *eintrat? In letzterem falle rührt der span. (dem Catalanen und Portugiesen unbekannte) ausdruck aus dem ital. her.*

Spoglio, spoglia *it.* (*entartet in* scoglio, scoglia), *altsp.* espojo *beute u. dgl.; von* spolium, *mlat.* spolia *Gest. reg. Fr. c. 37. Dafür nsp.* despojo, *fr.* dépouille, *pr.* despuelh, despuelha, *vb.* despojar, dépouiller, despolhar.

Spola, spuola *it.*, *sp.* espolin *weberschiffchen, vom ahd.* spuolo *spule; gleichbed. chw.* spol, *limous.* espolo; *altfr.* espolet *spindel. Das* neufr. sépoule *scheint von späterem gepräge, für* espoule, époule, *das im lothr.* ehpieule (eh = *fr.* es) *sein abbild findet.*

Sposo, sposa *it.*, *sp.* esposo, esposa, *pr.* espos, esposa, *fr.* époux, épouse, *verlobter, verlobte, wie lat.* sponsus, sponsa, *dsgl.* gatte, gattin, *auf welche bed. sich das franz. beschränkt, wiewohl noch Nicot* épouse *mit* nympha *und* sponsa *übersetzt. Vb. it.* sposare, *altsp. pr.* esposar, *fr.* épouser *heirathen, lat.* sponsare *verloben.*

Springare *it. bei Dante Inf. 19, 120 mit den füßen zappeln, altfr.* espringuer *springend tanzen* (espringuiez et balez *FC. III, 377;* et cante devant eus, souvent a espringué *DMce. p. 303), pic. vor freude springen; vom ahd.* springan. *Für* springava *bei Dante haben die meisten ausgaben* spingava, *welches* Blanc, *Vocab. dant., verwirft. Abgel. altfr.* espringale *ein tanz GNæ. p.* 306, *so auch* espringuerie *Trouv. artés. p. 226.* Espringale *bedeutet überdies eine wurfmaschine (s. die stellen bei Ducange v.* spingarda); *wahrscheinlich desselben ursprunges, mit ausgefallnem* r *wie in* spingare, *ist it.* spingarda *mauernbrecher, sp.* espingarda *kleine canone; wenigstens ist dessen herkunft vom it.* spingere *stoßen nicht annehmbar: für solche werkzeuge liebte man individuelle zum theil scherzhafte benennungen.*

Spuntone, spontone *it.*, *sp.* esponton, *fr.* sponton *eine art piken, mail.* sponton *nadel, spindel; vom it.* puntone (punto, *lat.* punctum) *spitze, mit verstärktem anlaut.*

Squilla *it., lomb. chw.* schella, *sp.* esquila, *pg. fehlt, pr.* esquella, esquelba, *altfr.* eschiele *glöckchen; vom ahd.* skilla, skella, *nhd.* schelle, *dies vom starken vb.* skĕllan *klingen Grimm II, 32, woher it.* squillare. *Das älteste zeugnis des wortes in der L. Sal.:* si quis schillam (*al.* eschillam, schellam, skellam) de caballo furaverit *Pardessus p. 85. Merkwürdig ist die it. form* squilla *für* schilla, *welches Papias noch* sichilla (*ohne* u) *schreibt: das lat. auch im ital. vorhandene, freilich etwas ganz anderes bedeutende* squilla *muß zu dieser aussprache verführt haben.*

Stacca *it., sp. pr.* estaca, *altfr.* estaque, estache *pfahl; vom ags.* staca, *altfrs. ndd.* stake *mit ders. bed.*

Staccio *it., richtiger neap.* setaccio, *mail.* sedazz, *ferner sp.* cedazo, *altfr.* saas, *nfr.* sas *haarsieb; schon im früheren mlatein* sedatium *Gl. Schlettst. 39, 58, auch bei Hattemer I, 309ᵃ,* sidacium *Gl. Lindenbr., lat.* gleichsam setaceum *von* seta, *weil es von pferdehaaren gemacht ward. Dem Walachen genügt das primitiv* sętę *für die bed.* sieb, *dazu kommt noch das abgel.* sitizę; *auch die norm. mundart besitzt* set *(m.) in dieser bedeutung.*

Staggio *it.,* estatge *pr.,* étage *fr. zustand, wohnung, stockwerk u. dgl.; von* stare statum staticum *(prov. auch fem.* estatga *wohnung). Mndl.* staghe *Reinh. ed. Grimm v. 2757 scheint aus dem franz. entlehnt.*

Stagione *it. jahreszeit, auch rechte zeit,* καιρός, *sp.* estacion, *pg.* estação *zeitpunct, jahres- oder tageszeit; vb. nur it.* stagionare *zur reife bringen, zeitigen; von* statio *stillstand, aufenthalt, daher zeitpunct, vgl. unser* stunde *von* stehn. — *Die bed. von* stagione *erfüllt noch ein anderes der ital. schriftsprache fehlendes durch einen einfachen anlaut sich unterscheidendes wort: sp. pr.* sazon, *pg.* sazão, *fr.* saison, *venez.* sason; *vb.* sazonar, assaisonner, sasonare. *Aus* statio *konnte dieses letztere wort nicht entstehen, da sich* st *nur inlautend in* s *oder* z *vereinfachen kann: das sp.* Zuñiga *aus* Estuñiga, *eine einzelne ausnahme, würde höchstens eine form* zazon *unterstützen können. Ducange stellt* satio *als etymon auf: die bed. aussaat oder, was ganz nahe liegt, zeit der aussaat, wäre auf die jahreszeit übertragen worden. Dieser deutung läßt sich beipflichten. Für das säen oder pflanzen jedes gewächses gibt es eine bestimmte günstige zeit in der jahresperiode, eine* satio verna, aestiva, autumnalis, *letzterer ausdruck bei Columella: leicht war es, die jahreszeit, für welche das latein keinen einfachen ausdruck gewährte, durch die saatzeit vertreten zu lassen. Sicher muß dieser auf das landleben bezogenen deutung die von Le Duchat aus* sectio (abschnitt) *als eine fast zu mathematische und doch den begriff nur auf seiner oberfläche berührende, überdies formell weniger genügende nachstehn.* — [*Vgl. noch Mussafia's gloss. zu Monum. ant. 118.*]

Stagno *it., sp.* estaño, *pr.* estanh, *fr.* étain *zinn, dsgl. fr.* tain stanniol (le tain *aus* l'étain). *Die formen passen nicht zu* stannum, *da*

I. STALLO—STANCARE.

der Italiener lat. nn *wohl nur vor* i *in* gn *erweicht* (grunnire, grugnire), *wohl aber zum altlat.* stagnum, *das in* stagneus, stagnatus *fortlebt (Schneider, Lat. gramm. I, 503) und auch im frühern mlatein ganz üblich ist, z. b. in einem glossar* stagnum *'cin' (zinn) Diutiska III, 429, und schon bei Isidorus. Wie bekannt, war das römische* stannum *nicht eigentlich das was wir zinn nennen, sondern ein gemischtes metall; die heutige bedeutung soll sich erst im 4. jh. eingefunden haben. Abgel. fr.* étamer *verzinnen, vgl.* venimeux *von* venin *d. h.* m *in beiden fällen durch einfluß des unbestimmten nasalen (*n = *nasalem* m) *herbeigeführt.*

Stallo *it.* altpg. SRds., altsp. estalo, *pr.* altfr. estal *stelle, aufenthalt, nfr.* étal *k-am (vb.* étaler *auskramen),* étau *fleischbude; fem. it.* stalla, *sp.* estala, altpg. stala *stall, daher it.* stallone, *fr.* étalon *zuchthengst, equus ad* stallum *L. Wisig. Vom ahd.* stal *statio, locus, stabulum, vb. ndl.* stallen *waaren ausstellen Kil. — Aus lat.* stabulum *dagegen ward pr.* estable, *fr.* étable *(f.). — Franz.* étau *hat noch eine zweite bedeutung, schraubstock, in welcher es gleichfalls aus* stal *in der freilich nicht nachweislichen bed. gestell entstanden sein könnte, wenn man nicht herkunft aus dem altflam.* stael *schaft, stamm =* holl. steel *Kil. vorzieht. Aber das gleichbed. lothr.* eitauque *so wie das bask. (navarr.)* estoka *führen deutlich auf unser dtsches (*schraub-) stock, *und daraus scheint* étau *abgekürzt, also ganz anderes stammes:*

Stamigno *it., sp.* estameña, *pg. pr. gleichfalls* estamenha, *fr.* étamine *siebtuch; vom adj.* stamineus *fademig, faserig.*

Stampare *it., sp. pg.* estampar, *fr.* étamper *eindrücken, sard.* stampai *durchlöchern, vom ahd.* stamphôn, *nhd.* stampfen; *wal.* steamp *der dazu dienende pfahl, vom ahd.* stamph.

Stancare *it. ermüden: dazu stimmt buchstäblich sp. pg. pr.* estancar, *fr.* étancher *den lauf des wassers hemmen, überh. hemmen, stopfen, pg. aber auch erschöpfen, ermüden. Augenscheinlich von* stagnare *stehend machen, hemmen, woraus die figürl. bed. ermüden leicht erfolgen konnte:* gn *verhärtete sich zu* nc, *wie dies in dem sbst. sp. pg.* estanque, *pr.* estanc, *selbst im fr.* étang *(statt* étain), *bret.* stann *von* stagnum *teich geschah, um es von* stagnum *zinn zu scheiden, während sich der weiche laut im sp.* restañar, *val.* estanyar *s. v. a.* estancar *behauptete. Doch nahmen mundarten, wie z. b. die piemontesische, diese scheidung nicht vor: hier bedeutet* stagn *teich und zinn. Im pr. cat.* tancar *verstopfen, sp.* atancarse *verstummen, fiel der anlaut ab, dasselbe geschah im pg.* tanque *teich für* estanque. *Dazu ein adj. it.* stanco *müde, sp.* estanco, *pg.* estanque *verstopft, pr.* estanc *stillstehend, unwandelbar, altfr.* estanc *langsam, matt; das ital. wort läßt sich aus dem partic.* stancato *erklären, die übrigen aber müssen, da aus verbis keine adjectiva ohne hülfe von suffixen gebildet werden, dem sbst.* stagnum *(stehendes wasser, stopfung) ihr dasein danken, s. über solche adjectiva Rom. gramm. II, 289. — Ital.* mano stanca *heißt linke hand, entsprechend dem mhd.* tenc *link, auch wal.* stungo: *ist es darum anderes ursprunges und von den übrigen*

I. STANGA—STOFFA.

*roman. wörtern abzusondern? es scheint nicht. Mundartlich, in Bergamo,
heißt die linke* mano storta *die verdrehte, s. Ferrari v.* mancare, *auch
bedeutet it.* senestrarsi un piede *sich einen fuß verrenken (id. v.* gangheri),
romagn. sinéstar *(m.) verdrehung, verrenkung, und so konnte die linke
eben so wohl als die matte, träge, stockende,* stanca, *aufgefaßt werden. S.*
gauche *II. c.*

Stanga *it.* chw. stange, riegel, *fr.* étangues *(plur.) zange, eigentl.
etwas aus zwei stangen bestehendes (Trévoux), dsgl.* stangue ankerstange
(heraldisch), wal. steangę; *vom ahd.* stanga.

Stanza *it., sp.* estancia *aufenthalt, wohnung, pr.* estansa *stellung,
lage, fr.* étance, étançon *stütze; von* stare, stans, *gleichsam* stantia. *Über*
stanza *in der bed. strophe s. Wackernagel, Altfranz. lieder 249, welcher
Dante's anschauung,* stanza *sei das zimmer oder behältnis der ganzen
kunst eines liedes, näher bestimmt.*

Starna *it.,* estarna *sp. pg. kleine art rebhühner; nach einigen von
avis externa fremder, eingewanderter vogel, fr. perdrix grecque. Das
ahd.* starn, *ags.* stearn *ist der name eines andern vogels (staar, auch
drossel).*

Stendardo *it., sp.* estandarte, *pr.* estendart, estandart, *fr.* étendard *fahne; daher mhd.* stanthart; *von* extendere *entfalten, it.* stendere
le insegne. *Über die genauere bedeutung des franz. wortes s. P. Paris
zum Garin II, 162.*

Stivale *it., altsp.* estibal *Conq. Ultram., pr.* estival *Flam. 2208,
altfr. dass. eine auch das schienbein deckende fußbekleidung, daher ahd.*
stiful, *mhd.* stival, *nhd.* stiefel. *Von* tibiale, *welches eine ähnliche bedeutung hat? Ihm könnte* s *auf ital. weise vorgesetzt und diese form von
den andern sprachen angenommen sein, aber alsdann wäre die regelrechte
bildung wenigstens* stiggiale, *was nirgends, auch in keiner mundart, vorkommt. Darum ist Ducange's erklärung aus* aestivale *vorzuziehn, es war
eine sommerbekleidung von leichtem leder:* possint facere . . stivales,
hosas et aliud opus quodcunque de pellibus hircorum, arietum cet. *For.
Arag. Eine urkunde von 1332 unterscheidet auch zwischen winter- und
sommerbeschuhung, s. Ducange.*

Stivare *it., sp. pg.* estivar *zusammenstopfen, sbst.* estiva *ballast;
von* stipare.

Stocco *it., sp. pg.* estoque, *pr. fr.* estoc *stoßdegen, span. altfr. auch
stamm,* comask. stoch *baculus; von dem deutschen in allen mundarten einheimischen* stock *(aus dem wurzelverbum* stechen), *woher auch das gael.*
stoc. *Auch unser vb.* stocken *findet sich wieder im pic.* étoquer *ersticken.
Über fr.* étau = stock *s. oben* stallo.

Stoffa *it., sp. pg.* estofa, *fr.* étoffe, *masc. it.* stoffo, *pg.* estofo
gewirk, zeug, materie, stoff; vb. sp. pg. estofar, *fr.* étoffer *ausstaffieren,
auswattieren, span. auch* steppen. *Da das verbum synonym ist mit it.*
stoppare, *fr.* étouper *verstopfen (s.* stoppa), *so ist der ursprung des
wortes wohl im lat.* stuppa *(werg) zu suchen, das sich im munde der*

Deutschen in stupfa, stuffa *verwandelte: sp.* estofa *bedeutet daher auch stickerei in erhabener (ausgestopfter) arbeit und engl.* stuff *sowohl gewebe wie füllsel, futter. Ohne diesen durchgang durch das deutsche ist eine solche gemeinromanische aspiration des lat.* p *schwer anzunehmen, da kaum ein entsprechender fall vorliegt. Das gael.* stubh *steht in dieser sprache einsam da und scheint dem engl.* stuff *nachgebildet, vgl. dasselbe buchstabenverhältnis im gael.* scabhal = *engl.* scaffold, sibht = shift, lobht = loft, gibhte = gift.

Stoja *it., sp.* estera *für* estuera (*wie* frente *für* fruente), *pg.* esteira *(nach dem span.)* matte, *fr.* store; *ion* storea.

Stoppa *it., wal.* stupę, *sp.* estopa, *fr.* étoupe *werg, von* stuppa. *Abgel. it.* stoppino *docht, fr.* étoupin *stöpsel; vb. it.* stoppare, *altsp.* estopar, *fr.* étouper *mit werg verstopfen, mlat.* stuppare *L. Alam., woher auch unser vb.* stopfen, *ahd.* stoppôn.

Stoppia *it., pr.* estobla, *fr.* étouble *stoppel. Das lat. wort ist* stipula: *da aber aus betontem lat.* i *kein rom.* o *hervorgeht, so ist dies ein unbrauchbares etymon, doch öffnen sich zwei wege zur erklärung des fraglichen wortes. Entweder hat sich in Latium selbst eine nebenform* stupula *ausgebildet, wie* aucipium *in* aucupium, reciperare *in* recuperare *übergieng (Rom. gramm. I, 176, note); oder das, wie es scheint, aus* stipula *entstellte früh vorkommende deutsche* stoppel *hat auf die reine romanische form eingewirkt. Beachtenswerth ist, daß einem zweiten roman. beispiele des* o *aus* i, tona *aus* tina, *gleichfalls ein deutsches* o *zur seite geht. Als ein unmittelbarer sprößling von* stipula *läßt sich nur* éteule *betrachten, vgl. altfr.* neule *aus* nebula.

Stordire *it., altsp.* estordir *Rz., fr.* étourdir *betäubt werden, betäuben, adj.* stordito, étourdi *betäubt, unbesonnen. Es ist schon um deswillen nicht rathsam, dies wort aus dem lat.* stolidus *oder dem deutschen* stürzen *erklären zu wollen, weil das sp. pg.* a-turdir (*alt* atordir) *einen mit* t *anlautenden stamm zu erkennen gibt und eine vertauschung des etwa als partikel* (ex) *aufgefaßten anlautes* s *mit der partikel* ad *im span. schwerlich vorkommt. Ahojar z. b. ist nicht* = *it.* sfogliare, *fr.* effeuiller, *wofür* deshojar *gebraucht wird, sondern eine eigne zusammensetzung mit eigner bedeutung;* alanzar *nicht* = *it.* slanciare, *fr.* élancer, *sondern lat.* lanceare *mit vorgesetztem* a, *welche prothesis in dieser sprache sehr häufig ist. Nach Covarruvias entsprang* aturdir *aus einer anspielung auf die drossel* (tordo), *die man in der mittagshitze betäubt herabfallen sehe, daher das sprichwort* tener cabeza de tordo *einen drosselkopf haben, leicht in betäubung gerathen. Diese deutung ist nicht so kurzer hand abzuweisen: auch dem Italiener ist die drossel ein einfältiger vogel und dem Griechen galt sie für taub, daher das sprichwort* κωφότερος κίχλης, *wozu Zenobius die bemerkung macht:* φασὶ γὰρ κωφεύειν τὸ ζῷον, *s. Paroemiographi graec. ed. Gaisford p. 325. Verba mit beziehung auf die natur der thiere aus ihren namen gebildet sind im romanischen überaus häufig und so ist ein wort* turdire *von* turdus *eben so gedenkbar wie* ericiare *von* ericius, *s. oben* riccio. *Zwar gehen diese verba gewöhnlich nach der 1. conj., aber auch aus der dritten gibt es beispiele, so it.* accanire *grimmig werden (wie ein hund); übrigens lieben intransitiva diese conjugationsform. Man könnte für* stordire, *wie Wachter gethan, auch das kymr.* twrdd *geräusch, donner, geltend machen und dazu* étonner *von* tonus *anführen. Diefenbach, Goth. wb. II, 315, ist nicht abgeneigt, das roman. wort zu engl.* sturdy *(stark, frech, keck) zu stellen, welches Johnson lieber aus* étourdi *herleitet, aber die bedeutungen selbst scheinen sich abzustoßen. — Indessen sind alle diese erklärungsversuche bei seite zu setzen: das wort hat einen andern ganz klaren ursprung. Es ist von* torpidus *starr, fühllos, woraus mit leichtigkeit* extorpidire extordire *geschaffen werden konnte. Dasselbe schwinden des* p *vor* d *zeigt das fr.* tiède *von* tepidus *und die zusammensetzung mit* ex *dasselbe stammwort in* extorpescere. *Also: wie aus* tepidus tiédir *(lau werden), so konnte aus* torpidus tourdir *(starr werden) entstehen.*

Storione *it., sp.* esturion, *fr.* esturgeon stör; *vom ahd.* sturio, *später* sturo, *ags.* styra, *schwed.* stör.

Stormo *it.,* sturm *chw.,* estorn *pr.,* estor *altfr. aufruhr, angriff; it.* stormire, *pr. altfr.* estormir *in bewegung gerathen. Vom ahd.* sturm, *vb.* sturman *(aus deutscher wurzel, Grimm II, 48), auch kymr.* ystorm, *bret.* stourm, *gael.* stoirm; *das geschlossene ital.* o *aber weist auf ein ursprüngliches* u, *mithin besser auf deutschen als auf celtischen ursprung.*

Stracciare *it., chw.* stratschar, *sp.* estrazar, *pr.* estrassar *zerreißen; sbst. it.* straccio, *sp.* estrazo, estraza *fetzen. Gegen Muratori's herleitung aus* distractus *ist zu erinnern, daß der Spanier oder Provenzale der partikel* dis *den anlaut nicht entzieht: buchstäblich genügt daher nur das auch begrifflich nicht zu weit abliegende* extractus, *gleichsam* extractiare *herausreißen; vgl. unten* tracciare.

Strada *it., sp. pg. pr.* estrada, *altfr.* estrée (strae *LRs. 209), pic.* étrée *gepflasterter weg, straße, neugr.* στράτα; *vom lat.* strata sc. via *mit steinen bestreuter weg. Im franz. nennt man eine solche straße wegen ihrer eisenhärte auch* chemin ferré, *pr.* cami ferrat, *altfr. zuweilen ohne substantiv und als feminin (wie* estrée, brisée, route): la gent Huon chevalchent la ferrée *MGar. p. 52. Dahin auch it.* strato, *sp.* estrado, *pr.* estrà *für* estrat, *fr. fem.* estrade *(aus dem span.) erhöhter sitz, von* stratum *polster. Eine ableitung ist pr.* estradier *sich auf den straßen herumtreibend,* raubador estradier *straßenräuber GOcc., das adjectiv zumal von rossen gebraucht, schnellfüßig:* non ac en tota Fransa tan estradier que om preze lhui per corre miga un saumier *GRoss. 3277. Dem entspricht buchstäblich das altfr.* estraier, estraer, *welches sich vielleicht auch begrifflich ihm anknüpfen läßt. Es heißt umherirrend, von thieren, auch herrenlos, z. b.* quant Isembart ... vit lo cheval curre estraer *Gorm. v. 299 (303 Scheler);* li ceval crent estraier *s. Gachet 189[b] (der es verkehrter weise aus* extractus *deutet);* li destriers s'est estraiers remes *Fier. p. 126. Darum bedeutet es auch verlassen, aufgegeben, derelictus, z. b.* maint vassal laissent geair mort estraier *Gayd. p.* 225; estraiere *dem fiscus verfallnes gut, wofür sogar* estrée *vorkommt DC.*

Strambo *it. schiefbeinig, piem.* stramb *hinkend, romagn.* stramb *seltsam, wal.* stremb*, alban.* stremp *schräg, falsch, pr.* estramp *ungereimt (von versen),* stramp *bei Jordi, Ausias March und andern, daher it.* strambità *ungereimtheit, verkehrtheit, vb. mail.* strambà *verdrehen. Es ist kaum zu zweifeln, daß* strambo *im lat.* strabus *(schielend,) seinen grund habe:* m *drängt sich öfter vor* b *ein und auch die begriffe schielend und schief sind fast eins; sp.* estrambosidad *ist* = estrabismo. *Desselben stammes muß sein sp.* estrambote *schweif eines liedes, altsp. eine liedergattung Sanchez I, p. LIX, it.* strambotto *von ähnlicher bedeutung; adj. sp. pg.* estrambotico *ungereimt, seltsam. Der sinn dieser letzteren in die roman. metrik eingeführten wörter liegt also wohl darin, daß die damit bezeichneten gedichte das richtige maß oder die regel in irgend einer weise überschritten, wie Dante einen nicht mit maß handelnden menschen schielend am geiste nennt Inf. 7, 40; ven.* straboto *bedeutet fehler, schnitzer. Anders meint F. Pasqualino:* strammotta ridicula cantiuncula a strammu *(ital.* strambo*), ut innuatur deflexio a vera significatione in malam partem accepta.* Estrambote *aber berührt sich wieder mit altfr.* estrabot, estribot *(s. oben* estribo*), daher auch altsp.* estrimbote *als nebenform Alx.* 2229. — *Ital.* stramba *binsenstrick hierherzuziehen, nämlich als etwas gedrehtes, ist gezwungen, es stellt sich zum bair.* strempfel *wiede,* strambellare *zerreißen zu* strampfeln *mit den füßen zappeln, vgl. churw.* stramblir *erschüttern.*

Stranio, strano *it., sp.* estraño, *pr.* estranh, *fr.* étrange *fremd, wohin auch das anomale wal.* strein, *von* extraneus; *abgel. it.* straniero, *sp.* extrangero, *pr.* estrangier, *fr.* étranger *mit gleicher bedeutung.*

Strega *it., mail. trient.* stria *hexe, auch it.* stregona, *wal.* strigóe, *masc. it.* stregone, *wal.* strigoiu *hexenmeister; vb. it.* stregare *behexen; vom lat.* striga *ein den kindern schaden bringendes weib, auch hexe, zauberin, bei Petronius und Apulejus; dsgl.* strix *nachtvogel, der den kindern das blut aussaugen sollte. Häufig im mittelalter erwähnt, z. b.* si quis a diabolo deceptus crediderit secundum morem paganorum, virum aliquem aut feminam strigam esse et homines comedere *cet. Capit. Car. M. (DC.). Die prov. oder franz. form bezeugt Gervasius Tilb. (um 1210):* lamias, quas vulgo mascas aut in gallica lingua strias dicunt, *s. Ducange v.* masca; *dieselbe form auch in der L. Sal. Roquefort kennt* estrie. *Ein pg.* estria *in der bed. blutsaugender vogel verzeichnet Moraes 2. ausg. aus Sa de Miranda egl. 4, der aber nur den römischen volksglauben damit meint, nicht einen portugiesischen.*

Streggbia, streglia *it., cat.* estríjol, *fr.* étrille *striegel; vb. it.* strecchiare, *altsp.* estrillar, *fr.* étriller; *von* strigilis.

Stringa *it., sp.* estringa *nestel, schnürriemen; vb.* stringare *zusammenziehen. Daß es von* stringere *komme, ist nicht unverdächtig, da aus* cingere *it.* cigna, *nicht* cinga *ward. Es mag darum nebst pg.*

estrinca, estrinque, *sp.* estrinque, estrenque *(seil) aus dem deutschen stammen, ags.* string, streng, *altn.* strengr, *mndl.* stringhe, *vb.* stringen, strengen, *ahd.* strengî *u. s. w., s. über diesen stamm Grimm II, 37, Weigand II, 824. Doch liegt den wörtern mit* c *das deutsche* strick *eben so nah, da* n *vor gutturalen leicht eingeschoben wird, vgl. auch comask.* striccà, *romagn.* strichè *pressen.*

Stroppiare, storpiare *it., ven.* strupiare, *mail.* struppià, *chw.* strupchiar, *sp. pg.* estropear, *fr.* estropier *lähmen, verstümmeln; sbst. it.* stroppio *hindernis, hemmung. Ist* storpiare *die richtigere form und kommt das wort von* extorpidare *starr, steif machen, syncopiert* extorpiare? Extorpescere *hat Venant. Fort. Muratori erinnert an* turpis.

Stróppolo *it., fr.* estrope, étrope *seil, tau; von* struppus *band, riemen, das Gellius anführt; die span. form* estrovo *weist auf* stropus *Gl. Philox. Nicht von unserm* strüppe.

Struzzo *it., pr.* estrus *strauß (vogel), von* struthio; *sp.* av-estruz, *fr.* au-truche *(f.) für* autrusse, *von* avis struthio *vogel strauß, mlat.* strucio *in alten glossaren.*

Stucco *it., sp.* estuco, estuque, *fr.* stuc *gyps, stuck; vom ahd.* stucchi *crusta, s. Graff VI, 631.*

Stufa *it., sp. pg.* estufa, *pr.* estuba, *fr.* étuve *bähung, einrichtung zum bähen oder warm baden, badstube, ofen; vb. it.* stufare, *sp.* estufar, estofar *(das auch zu* stoffa *gehört),* estovar, *fr.* étuver *bähen u. dgl. Bereits in der L. Alam.* stuba *und in allen germanischen sprachen heimisch: ahd.* stupâ, *mhd.* stobe, *nhd.* stube, *mndl.* stove, *ags. altn.* stofa, *engl.* stove, *daher gael.* stobh, *vb. hd.* stufen, *ndd.* stoven *schmoren. Die deutschheit des wortes bezweifelt Schneller III, 605, und auch Weigand II, 830 fragt, welchen ursprung es habe.*

Stuola *it., altsp.* estol *mannschaft, begleitung, gefolge, altcat. pr.* estol *heer, flotte, wal.* stol *in letzterer bed.; vom gr.* στόλος *zurüstung, feldzug, flotte, lat.* stolus *bereits im Cod. Theod., auch im arabischen vorhanden Freyt. I, 35ᵃ. Der altfr. ausdruck für* classis *und zugleich für* apparatus *war nicht* estol, *sondern das feminin* estoire *(s. Michel zu Benoît), woraus das mhd. gleichfalls weibliche* storje; *dem entspricht ein mlat.* storium *(feminina aus neutris sind häufig), welches aus dem in ital. urkunden vorkommenden* stolium = στόλιον *abgeändert sein kann, wenn man altfr.* navirie *von* navilie *und ähnliche ereignisse erwägt. Nahe liegt allerdings auch* estorer *zurüsten* = instaurare *(II. c), allein eine ableitung* instaurium, instauria, *worauf man zurückgehn müßte, ist keine sprachgesetzliche.*

Subbio *it., sp.* enxullo, *fr.* ensouple *weberbaum; von dem nachclassischen* insubulum *bei Isidorus.*

Súcido *und* sozzo *it., sp.* súcio, *pg.* sujo, *neupr.* sous *schmutzig; von* sucidus *saftig, vgl.* lana sucida *frisch abgeschorene noch schmutzige wolle. Es versteht sich, daß die zweite ital. form aus dem syncopierten* sucius *entstand, worin* c *wie in* sezzo *von* secius *behandelt ward.*

Suco, succo, sugo it., sp. suco, xugo, pr. suc, fr. suc *saft*, von sūcus; *daher vb. it.* sugare, *altsp.* sugar *(zusammentreffend mit dem ahd.* sūgan), *pr.* sucar *saugen, fr.* suyer *fehlt. Zsgs. it.* asciugare, *sp.* enxugar, *pr.* eisugar, *fr.* essuyer, *wal.* usucà, uscà, *von* exsucare (exsuccare) *austrocknen, dieses verbum nur bei Cael. Aurelius; dsgl. it.* asciutto, *sp.* enxuto, *pr.* eissug, *in Berry* essuy, *chw.* schig *trocken, fr.* essui *sbst., alle von* exsuctus; *it.* prosciugare *austrocknen, von* perexsucare; prosciutto, presciutto *(pg.* presunto) *schinken, von* per-exsuctus *(ausgetrocknetes fleisch). Eine besondere abl. ist it.* succiare, suzzare, *fr.* sucer, *das sich nur aus* suctiare *vom part.* suctus *deuten läßt, ein pr. sbst.* succio, *fr.* suction *ist vorhanden.*

Suolo *it., pr.* sol, sola, *sp.* suela, *fr.* sole *fußsohle; it.* soglia, soglio, *pr.* sulb, sol, *fr.* seuil *thürschwelle, sp.* suela *grundschwelle; endlich it.* soglia, *sp.* suela, *pg.* solha, *fr.* sole *scholle, plattfisch. Die formen mit reinem l sind von* sōlum *grundlage, sohle, die mit erweichtem von* sōlea *sohle, daher unterlage, schwelle (wie das deutsche sohle), auch plattfisch. Von* sōlum *oder dem adj.* sōlarius *ist sp. pg.* solar *grund und boden, hausplatz, stammhaus, sp.* solera, *pg.* soleira *schwelle, bodenstück verschiedener dinge, fr.* soulier *schuh. In andern fällen hatte die sprache zum theil* sōlarium *(höchster offen liegender raum des hauses) vor augen: it.* solajo, solare *decke des zimmers, stockwerk (z. b.* casa di tre solari *Ferrar.), fußboden des obern stockes, pr.* solier, solar *gleichfalls stockwerk und fußboden, plattes dach, altfr.* solier *speicher u. dgl. (noch bei Nicot).*

Suso *it., abgekürzt* su *(vgl.* verso, ver*), chw.* si, *sp. altpg.* suso, *pr. fr.* sus, *partikel, von* susum *für* sursum, *abgekürzt lat.* sus *in* susque-de-que. *Zsgs. fr.* dessus, *altsp.* desú.

T.

Tabacco *it., sp.* tabaco, *fr.* tabac *eine pflanze; american. wort, eigentl. die rolle, woraus man den dampf der zubereiteten pflanze einsog.*

Tabarro *it., sp. pg.* tabardo, *fr.* tabard, *engl.* tabart, *mhd.* tapfart *waffenrock u. dgl., kymr.* labar, *mittelgr.* ταμπάριον. *Dieses kleidungsstück war von grobem dickem stoff und ward meist von kriegsleuten oder mönchen getragen: sollte das wort aus* tap-es tap-etis *teppich, decke abgeleitet sein, indem es die* im rom. tappeto *bewahrte tenuis hier mit der media tauschte, wie lat.* caput *sich roman. als* cap und cab oder cav *darstellt? Und grade wie in* caput *(vgl. sp.* cabal *u. a.) konnte auch das ableitende* t *schwinden. Lat.* trabea *(staatskleid) bietet schwierigkeiten mehr im buchstaben als in der bedeutung.*

Taccagno *it., sp.* tacaño, *fr.* taquin, *comask.* tachin *knickerig, geizig; vb. it.* taccagnare, *fr.* taquiner, *lomb.* zaccagnà *um kleinigkeiten zanken. Man könnte an* zacke *(haken) denken, die bedeutung aber führt geradezu auf* zähe *d. i. geizig, ahd.* zâhi, *vgl. ndl.* taaiaard *geizhals.*

I. TACCO—TAGLIA.

Wegen c *oder* cc *aus deutschem* h *s. oben* gecchire, *auch* smacco *II. a. Ital.* taccola *häkchen (in figürlichem sinne) gehört wohl zu* tacco.

Tacco *it. absatz am schuh (sp. pg.* taco *pflock scheint anderer herkunft), chw.* tac *flecken, makel, wallon.* tac *platte, blech,* henneg. tacq *stückchen land; fem. it.* tacca *kerbe, auch flecken, pr.* taca, *altfr. pic.* toque, *it.* tecca, *fr.* tacbe, *it.* taccia, *sp. pg.* tacha *mit letzterer bed., occit.* tacho *nagel mit breitem kopf; abgel. it.* taccone *fleck (lappen) an schuhen, sp. pg.* tacon *absatz an denselben, dsgl.* tachon *hut des nagels, henneg.* tacon = *it.* taccone *und* taccia; *vb. chw.* taccar *einkerben, ankleben, ven.* tacare, *lomb.* tacà *anheften, pr.* tacar, *fr.* tacher *beflecken, wohl auch pr.* techir *Chx. IV, 303; zsgs. it.* attaccare, *sp.* atacar, *fr.* attacher *befestigen, dsgl. feindlich angreifen (fr.* attaquer), *ursprüngl. wohl* attaccarsi ad uno *sich an einen anheften, vgl. gr.* ἅπτεσθαί τινος; *it.* staccare, *fr.* détacher *ff. losmachen. Den stamm kennt sowohl die celtische wie die deutsche sprache: gael.* tac, *corn.* tach *nagel, engl.* tack *stift, haken, ndl.* tak, *hochd.* zacke *spitze, zinke, wozu noch ein verbum kommt mndl.* tacken *ergreifen, heften, vgl. altn.* taca, *ags.* tacan, *engl.* take *fassen, fangen. Haben die roman. bildungen hierin ihre quelle, so war ihr grundbegriff etwas heftendes oder gehefletes, daher auch flicklappen oder fleck und hieraus flecken, makel, fehler; die ital. bed.* kerbe *aber erinnert zunächst an* zacke.

Tafáno *it., sp.* tábano, *pr. altfr.* tavan, *nfr.* taon *(zur vermeidung des mislautes in* taan), *wal.* teune *ein insect, bremse; von* tabanus, *theils* tábanus, *theils* tabánus *von den neueren betont, mlat. eher* tábanus, *da die Schlettst. glossen* tavenus *schreiben 36, 68. Servius sagt (nach Ferrari) latine* asylus 'vulgo' tabanus vocatur, *Papias* asilus, quem 'rustici' tabanum dicunt, *so daß es nach diesen stellen ein wort der volkssprache gewesen wäre. [Ascoli vergleicht das skr.* tapana-s *der brennende, stechende, Ztschr. für vergl. sprachf. XII, 436.]*

Taffetà *it., sp.* tafetan, *fr.* taffetas *ein stoff, taffet; vom pers.* tâfteh *Vullers I, 415ª.*

Tafur *pr. altfr. schelm, spitzbube (s. glossar zum Tristan), sp.* tahur *spieler, falscher spieler, pg.* taful *auch schwelger, vgl. neupr.* tafurá *beunruhigen. Zu vermuthen ist arab. ursprung, wie schon Guibert (Gesta Dei per Franc.) sagt:* thafur apud gentiles dicuntur, quos nos, ut nimis litteraliter loquar, trudannes vocamus, *s. Antioch. II, 7, Liebrecht zu Gachet p. 430ª, Littré, Hist. de la langue franç. I, 189 ff. Aber welches ist das arab. wort?* taihûr *unbesonnener mensch Freyt. I, 202ª ließe sich anführen, genügt aber den bedeutungen nicht hinlänglich. Engelmann vermuthet* dahûl *betrüger.*

Taglia *it., sp.* taja, talla, *pg. pr.* talha, *fr.* taille *schnitt, einschnitt, wuchs, auch steuer, weil sie, wie Vossius, Vit. serm., sich ausdrückt, von dem vermögen der bürger geschnitten wird, masc. it.* taglio, *sp.* tajo, talle, *pr.* talh, *fr. nur* détail *schnitt, schneide; vb.* tagliare, tajar, talhar, tailler, *auch wal.* teià *schneiden, abschneiden; pr.* talhador, *fr.* tailleur

schneider (statt dessen it. sartore, *sp.* sastre); *it.* tagliere, *sp.* taller,
dsgl. pr. talbador, *fr.* tailloir, *sp.* tajadero *vorlegeteller, hackbrett (ein
geräthe, worauf man schneidet, daher unser* teller) *und zahlreiche andre.
Taglia hat sein unantastbares etymon im lat.* talca *abgeschnittenes stück,
besonders abgeschnittener zweig. Ein zsgs. verbum gibt Nonius 4, 473
aus der volkssprache:* taleas scissiones lignorum vel praesegmina Varro
dicit de re rust. lib. I., nam etiam nunc 'rustica voce' intertaleare (*al.*
intertaliare) dicitur dividere vel exscindere ramum; *es ist das sp. pr.*
entretallar *einschneiden, auszacken, it.* frastagliare. *Bei den feldmessern
I, 360:* scissuram h. e. taliaturam, scissum i. e. taliatum, *vgl. II, 276,
wo Rudorff auch* theclatura *L. Long. hieher rechnet, it.* tagliatura *u. s. w.*

Talco *it. sp. pg.,* talc *fr. ein mineral,* talk; *vom arab.* 'talaq, *ursprüngl. wohl persisch, s. Freytag III, 66^b. Vullers I, 458^b, II, 547^a.*

Talento *it., sp.* talento, talante, *pr.* talen, talan, *fr.* talent. *Die altrom. bed. ist lust, neigung (auch bask.* talendua), *von* talentum ($\tau\acute{\alpha}\lambda\alpha\nu\tau o\nu$) *wage, daher gewicht, zug, z. b. in einer span. urkunde (aer. 1098):* si venerit ad aliquam de meas filias in talentum '*in den sinn kommen sollte' DC. s. v. Eine später entwickelte bed. ist fähigkeit, in beziehung auf die alte bed. geldsumme, schatz, den man in sich trägt. Zsgs. it.* attalentare, *pr.* atalentar, *altfr.* atalenter *gefallen, reizen.*

Talismano *it.,* talisman *sp. fr.; vom arab.* 'telsam *zauberbild, eigentlich vom plur.* 'telsamân, *womit man unter einem gewissen horoscop einen gegenstand bezeichnete,* $\tau\acute{\epsilon}\lambda\epsilon\sigma\mu\alpha$, *s. Gol. 1473, Freyt. III, 64^b.*

Tallo *it., sp.* tallo, *pg.* talo, *fr.* talle *(f.) schößling, stengel; vom gleichbed.* thallus ($\vartheta\alpha\lambda\lambda\acute{o}\varsigma$).

Tallone *it., richtiger sp. pr.* talon, *fr.* talon *ferse; von* talus *knöchel. Letztere bedeutung hat* talauun (*lies* taluun *d. i.* talûn) *noch in den Casseler glossen, wo es mit* anchlao (anchalo, *enkel) übersetzt, ferse aber mit* calcanea *ausgedrückt ist. Vgl. auch Ducange v.* talo, *Altrom. glossare 42. 97.*

Tamarindo *it. sp.,* tamarin *fr. ein morgenländischer baum und dessen frucht; vom arab.* tamr hindî *d. h. indische dattel Gol. 395, Freytag I, 200^a.*

Tamburo *it., sp. pg.* tambor, atambor, *pr.* tabor, *fr.* tambour, *mhd.* tambûr *und* tâbûr *trommel, trommler, wal.* tambúrę *leier; dim. it.* tamburino *cet., auch fr.* tabouret *art sessel (von der ähnlichkeit mit dem* tambourin); *vom pers.* 'tambûr *Vullers I, 464^b, vgl. 907^b, arab.* 'tonbûr *cither Gol. 1486. Vgl. Pott in Höfers Ztschr. II, 356.*

Tamigio *it. (in einigen wbb., ven.* tamiso), *sp.* tamiz, *pr. fr.* tamis *haarsieb; vb. it.* tamigiare, *fr.* tamiser *sieben. Lateinisch ausgedrückt würde dies wort* tamisium *lauten, wie auch das mittelalter schrieb. Ist die endung* isium *suffix, so kann es sich nicht auf roman. boden gebildet haben, man müßte denn eine immer bedenkliche verwechselung mit dem suffix* itium *annehmen, das aber ein prov.* tamizi *oder* tamitz *fordern würde, und somit ist die ableitung aus dem celt.* tamma *zerstücken (s. Diefenbach,*

I. TANAGLIA—TARGA. 315

Celt. I, 142) nicht wohl einzuräumen. Eher könnte tamisium *auf dem gleichbed. ndl.* teems *(vgl. ahd.* zemisa *kleie) ruhen, dem man die endung* ium *angefügt hätte; welcher herkunft aber dieses ndl. wort sei, ist sache der deutschen sprachforschung.*

Tanaglia *it., pr.* tenalha, *fr.* tenaille (*alt* estenielle) *zange; von* tenaculum, *plur.* tenacula, *nur bei Terentianus Maurus vorhanden. Dafür sp.* tenaza *von* tenax, *plur.* tenacia.

Tape *fr.* zapfen, *sic.* tappu *spund, daher fr.* tapon, tampon, *sp.* tapon *zapfen, stopfen; pg.* tampa *deckel; vb. fr.* taper, *sp. pg.* tapar, *flor.* tappare, *com.* tapà, *pr.* tampir *verstopfen, zumachen; alle vom ndd.* tap *stopfen. Eine andre form ist it.* zaffo, *vb.* zaffare, *vom hochd.* zapfo, *dsgl.* zampillo *wasserstrahl einer röhre, worin sich ein ndd.* p *zeigt, während in* zaffata (mail. taffiada) *stoß eines solchen wasserstrahles das hochd.* f *stehen blieb. Auch das sp.* zampar *verstecken, gierig verschlingen (nach Larramendi baskisch) ist nur formverschieden von* tapar *zudecken, hineinstopfen.*

Tappeto *it., sp. pg.* tapete, tapiz, *pr.* tapit, *fr.* tapis *teppich; theils von* tapetum, *theils von* tapes tapetis.

Tara *it. sp. pg. pr.,* tare *fr. abgang am gewicht einer waare; vom arab.* 'tarah *entfernt, beseitigt,* 'tarh *etwas zurückgelassenes Freyt. III, 47ᵃ.*

Taraire *pr. (m.) Chx. 1V, 304, fr.* tarière *(f.), mundartl.* térére *s. Hécart, sp.* taladro *für* taradro, *pg.* trado, *chw.* teráder *bohrer. Die wörter fügen sich in die form* taratrum *Isid. 19, 29, offenbar das gr.* τέρετρον, *in den Casseler glossen und dem Capitulare de villis* taradrus. *Ital.* taradore *rebenwurm, das man sonst von* teredo (τερηδών) *herleitet, ist buchstäblich das eben genannte pr.* taraire *für* tarader, *chw.* terader, *auf die das suffix* tor *(daher npr.* taradouiro) *angewandt ward, wiewohl kein vb.* tarar *vorhanden ist; auch fr.* tar-aud *schraubenbohrer beruht auf einer voraussetzung dieses verbums. Celtische sprachen zeigen ein ganz entsprechendes wort, kymr.* taradr, *bret.* tarar, talar, tarer, terer *bohrer, anders gael.* tora, toradh, *vgl. gr.* τόρος *grabeisen. — Aus lat.* terebellum *aber ist it.* trivello, *pr.* taravel, *dauph.* taravella, *pic.* térelle, *pg.* travoella *bohrer, so wie sp.* teruvela *motte (bohrendes insect). Die auf dissimilation beruhende verwandlung des ersten* r *in* l (taladro, *s. oben*) *läßt sich auch in dem volksmäßigen lat.* telebra *für* terebra *bemerken, App. ad Probum. — Zu derselben familie, das heißt zum stamme* ter, *gehört vielleicht auch sp.* taraza, *pg.* traça (*abgekürzt wie das angeführte* trado) *kleidermotte, vb.* tarazar, traçar *zernagen.*

Tarántola, tarantella *it., daher sp.* tarantula, *fr.* tarentule *u. s. f. eine erdspinne, bekanntlich so genannt, weil sie sich in der umgegend von Tarent (it.* Taranto) *in Apulien findet. Schon der Vocab. opt. p. 45ᵇ führt das wort und zwar als ein deutsches auf:* scorpio 'tarant'.

Targa *it., sp.* tarja, *pg. pr.* tarja, *fr.* targe, *mit anlautender media sp. pg.* darga, adarga (*in einer span. urk. aer. 1099* adarca *DC.), altcat.* darga *RMunt. 105ᵐ ursprüngl. ein großer den körper deckender schild (der auch rund sein konnte GRoss. 2632); vb. pr.* se targar, *fr.* se targuer *trotzen. Die herleitung aus lat.* tergum *(mit leder überzogener schild) findet in dem vocal einigen anstoß. Da die tartsche eine schwere namentlich zum sturm gebrauchte schutzwaffe war, so bleibt man am besten bei dem ahd.* zarga schutzwehr stehen, woher denn ags. targe, altn. targa schild *s. Grimm III, 445: die deutsche bed. schutz, einfassung (noch jetzt in zarge) liegt deutlich vor im sp.* atarjea *einfassung eines canals. Die über Spanien verbreitete nebenform* a-darga, adaraga, daraga *erklärt sich genügend aus dem gleichbed. arab.* addaraqah *lederschild Freyt. II,* 24^b*, s. Gayangos Escrit. antiq., gloss. Auch das wal.* targe *flechtwerk ist hier anzuführen.*

Targone *it., sp.* taragona, *fr.* targon, *wallon.* dragone *ein kraut,* dragun, *arab.* ʿtarchûn *Freyt. III, 47^a; von draco in der bed. von dra-* cunculus: *wegen der verwandlung des anlautes* dr *vgl. sp.* taragontéa *von* dragontea. *Eine andre darstellung von draco ist pg.* estragão, *fr.* estragon.

Tarida *it. sp. pr. cat. (bei R. Munt.* terida *p. 196 u. oft) ein fahrzeug, lastschiff. Das ital. wort hat seine heimath hauptsächlich in Genua, s. Arch. stor. ital. app. XVIII. Albertinus Mussatus schreibt darüber:* ac inter eas onerarias naves una Venetorum mirae proceritatis, quam teretem vocant, *s. DC. Auf ägyptisch-arabisch heißt* ʿtarîdah *ein besonders zum transport von pferden bestimmtes fahrzeug, nach Quatremère's vermuthung aus dem araöischen verderbt. S. Pihan Gloss. des mots franç. cet.*

Tariffa *it., sp. pg.* tarifa, *fr.* tarif *(m.) waarenverzeichnis; vom arab.* ʿtaʿrîf *kundmachung Freyt. III, 142^a, dies vom wurzelverbum* ʿarafa (عرف) *erkennen.*

Tarma *it., sp. chw.* tarna *motte, made; von* tarmes *(m.) holzwurm, das früh in verschiedenen formen erscheint:* tarmus ʿvermes in carne' *Gl. Isid.,* tarnus ʿmado' *Hattemer I, 288. 290, Gl. Flor., s. Dief. Gloss. lat. germ. v.* terma. *Für das synonyme it.* tarlo *(romagn.* terla*) stellt Ferrari ein dimin.* tarmulus *auf; es kann indessen aus* tarmus, tarnus *abgeändert sein.*

Tartagliare *it., ven.* tartagiare, *chw.* tartagliar, *sp.* tartajear, *pg.* tartarear *stottern, pr.* tartalhar ʿloqui frequenter et pretiose' *GProv. 62; dsgl. sp.* tartalear *wanken, in der rede stocken; adj. sp.* tato, *pg.* tátaro, *sp. pg.* tarta-mudo *stotternd; naturausdruck, vgl. ndl.* tateren *stammeln, aber auch arab.* tartara *titubare Freyt. I, 188^b, das schon J. v. Hammer vergleicht.*

Tartana *it. sp. pg.,* tartane *fr. ein kleineres fahrzeug mit einem maste, auf dem mittelländischen meere; abgeleitet, wie man annimmt, aus* tarida, *s. daselbst.*

Tartaruga *it. pg., sp.* tortuga, *pr.* tortuga, tartuga, *fr.* tortue *schildkröte, mlat.* tortuca, *dsgl.* tartuca *Vocab. opt. p. 46^a. 47^a; von den krummen füßen* (tortus) *so genannt, daher auch engl.* tortoise = *pr.* tor-

I. TASCA—TASSO.

tesa *krümme. Seltsam hat sich die ital. form erweitert, doch besitzt Sicilien das einfache* tartuca. *Dasselbe thier heißt auch it.* botta scudaja, *dem deutschen wort genau entsprechend. Merkwürdig ist das venez.* gajandra: *etwa aus gr.* χέλυδρος? *S. Mussafia's gloss. zu Fra Paolino.*

Tasca *it. pr. (letzteres aus* tasqueta *zu folgern), sp. pg. fehlt, fr. (mundartl.)* tache, tasque, tasse, *wallon.* tah, *wal.* taścę, *ahd.* tasca, *mhd.* tasche, tesche, *nhd.* tasche. *Dieses wort trennt sich durch seine bedeutung so bestimmt vom fr.* tâche *tagewerk, daß schwerlich an einen zusammenhang zwischen beiden zu denken ist. Schön deutet J. Grimm, Gesch. d. d. spr. p. 554, vgl. zur L. Sal. p. VIII, das malbergische* texaca, taxaca *diebstahl aus ahd.* zascôn *raffen, rauben:* táxaca *konnte sich in* tasca *vereinfachen und aus der bed.* raub *in die* des behälters, in den man ihn steckte, *übergehen; das umgekehrte trat bei* sacco *ein. Hiezu ist zu bemerken: buchstäblich passt* tasca *aber auch zu einem noch vorhandenen hochd.* zesche *schleppe des kleides Frisch* 472[b], *vb.* zaschen, zeschen *schleppen, schleifen = ahd.* zascôn *s. Schmeller: da nun die taschen um den hals getragen wurden oder an dem gürtel herabhiengen, so konnte man sie nicht unpassend mit etwas, das man nachschleppt, vergleichen, auch im span. ist* falda *sowohl schleppe wie sack. Der ursprung wäre der von Grimm gegebene, nur die auffassung anders. — [Nach Weigand II, 862 wäre* tasche *dunkler, noch nicht sicher ermittelter herkunft.]*

Tassello *it.,* tasseau *fr. pflöckchen oder leiste zum zusammenfügen, altfr.* tassiel *auch knopf, agraffe; von* taxillus *klötzchen.*

Tasso *it., pr.* tais *und* taiso, *fr.* taisson, *sp.* texon *und vermittelst der ableitung* ug tasugo, *pg.* teixugo, *mlat.* taxus *8—9 jh.,* taxo taxonis *7—8. jh. (s. Ménage, Orig. ital.) ein säugethier, ahd.* dahs, *altndd.* ndl. das, *nhd.* dachs. *Das wort ist fast über das ganze roman. gebiet (nur wal. sagt man* ésure = *lat.* esor *fresser?) so wie über Deutschland und Niederland verbreitet. Dafür engl.* brock, gray, badger, *dän.* brok, gräfling, *schwed.* gräfsvin. *Der lat. name ist* meles *oder* melis: *dies hat sich mit gleicher bedeutung im neap.* mologna *erhalten, das sich zunächst der von Isidor angeführten form* melo melonis *anschließt; die Schlettst. glossen haben* taxus sive melota *360*[b]. *Ist das roman. wort nun aus dem sichtlich damit zusammentreffenden deutschen oder dies aus dem romanischen entstanden? denn aus den vorhandenen mitteln der latein. sprache läßt es sich nicht erklären. Indessen findet sich bei Afranius* taxea *speck (Gallum sagatum pingui pastum taxea), nach Isidorus, der die stelle aufbewahrt, ein gallisches (vielleicht im sp.* tasajo *II. b erhaltenes) wort, und hieraus konnte der Römer in beziehung auf die lebensweise des thieres, das im winter von seinem fette zehren soll,* taxeo (*wie von* alea aleo) *formen; aber diese aus der naturgeschichte geschöpfte erklärung ist höchst hypothetisch und* taxeo *findet im mlat.* taxo *keine stütze, da die endung* eo *hier wesentlich ist. Dagegen kennt Marcellus Burdigal. (4. jh.)* adeps taxonina *als heilmittel, sehr wahrscheinlich dachsfett; es versteht sich, daß sich* taxoninus *trefflich von* taxo taxonis *herleitet.*

Gleichwohl läßt sich in den celtischen sprachen keine spur des wortes entdecken; es könnte gleich andern vermeintlich celtischen deutsch sein. Dafür hält es J. Grimm, Gramm. II, 40 und Wb., und weist ihm seine stelle an unter dem starken verbum dehsen, *prät.* dahs, *brechen oder schwingen (vom flachs gebraucht), das früher graben oder wühlen heißen mochte; so fern man sich auf* taxoninus *berufen darf, muß der name des thieres früh nach Gallien gekommen sein. Zeugnisse und etymologien bei seite gesetzt, ergibt sich das historische verhältnis zwischen* dachs *und* taxus *klar aus dem buchstaben. Aus dem roman. anlaut* t *wird nach allgemeiner regel kein nhd.* d, *vielmehr bleibt die tenuis. Aber aus dem deutschen anlaut* d, *sofern er einem älteren* th *entspricht, wird rom.* t, *also* tasso *aus* thahs. *Räumt man dieses* d = th *nicht ein, so bricht die deutung zusammen, denn aus der form* dahs *wird kein rom.* tasso, *so wenig wie aus der form* diutisc *ein rom.* tedesco: *sie würden nur* dasso, dedesco *erzeugt haben.*

Tastare *it., altsp. pr.* tastar *(ersteres bei Berceo), fr.* tâter *befühlen, daher unser* tasten. *Es ist, wie schon Rom. gr. I, 26 aufgestellt ward, ein neues iterativ des lat.* taxare, *dem Gellius 2, 6 die grundbedeutung befühlen anweist:* taxare pressius crebriusque est quam tangere. *Tastare steht also für* taxitare; *im mlat.* taxta *s. v. a.* tasta *ist die herkunft des roman. wortes schon angedeutet. Im mail.* tastà, *im sard.* tastai, *im pr.* tastar, *im fr.* tâter, *im engl.* taste *hat es auch die bed. versuchen, kosten entwickelt. Von* tastare *ist das ital. sbst.* tasto *griff an der laute, daher sp. pg.* traste, *cat.* trast, *andalus. aber* tast.

Tata *com. neap. sic., sp.* taita *papa (in der kindersprache), wal.* tatę *vater, chw.* tat *großvater,* tata *großmutter; abgel. altfr. pic. wallon.* tayon *großvater, figürl. alte eiche, zsgs. pic. champ.* ra-tayon *urgroßvater. Lat.* tata *bei Varro führt Nonius an, dazu stimmt gr.* τάτα, *mndl.* teyte, *ndd.* taite, tatte, *kymr.* tâd, *ir.* daid, *engl.* dad, daddy. *Altfr.* taie *großmutter konnte eben sowohl aus* atavia *entstehen, aber man gesellt es sicherer zu dem rom.* tata, *vgl.* craie *aus* creta *u. a. Dahin gehört auch sp.* tato *brüderchen,* tata *schwesterchen (gleichfalls in der sprache der kinder); romagn.* dad, dada *drücken dasselbe aus. Aber auch das goth.* atta, *schweiz.* ätte, *gr.* ἄττα, *alb.* at *ist im roman. vorhanden: comask.* atta *vater, chw. zsgs.* bis-at *urgroßvater, und selbst lat.* atta *nach Festus:* attam pro reverentia seni cuidam dicimus. *Vgl. Grimm in Haupts Zeitschrift I, 25.*

Tazza *it., sp. pg.* taza, *pr.* tassa, *fr.* tasse *trinkschale, wal.* tas, *serb.* tâs *almosenteller, vom arab.* 'tassah *napf, becken, dies vom vb.* 'tassa *eintauchen, wenn nicht aus dem persischen entlehnt Freyt. III, 55ᵃ, welches J. v. Hammer unbedingt annimmt, wogegen Vullers II, 525ᵇ und Engelmann es für arabisch halten. Wegen der form ist zu bemerken, daß arab.* s (س) *im roman. zuweilen durch* z *ausgedrückt wird, so it.* magazzino *von* machsan, *pg.* Zoleimão *von* Soliman.

Tè *it., sp.* té, *fr.* thé *blätter einer staude so wie das daraus be-*

reitete getränk; aus dem chinesischen. Dieselbe sache heißt in Neuspanien cha, *it.* cià.

Tegola, tegolo *it., wal.* teglę, *sp.* teja, tejo, *pg.* telha, tijolo, *pr.* teule *(m.), fr.* tuile *(f., daher* tuilier, tuilerie) *ziegel, ziegelstein, it.* tegghia, teglia *pfanne, deckel; alle von* tegula, *woraus auch pg.* tigella *schüssel. Die franz. umstellung des diphthongs* eu (*altfr.* teule) *in* ui *ist etwas seltnes, man bemerkt sie auch im altfr.* ruile (regula) *Roq.*

Tempia *it., pr.* templa, *fr.* tempe *aus dem alten* temple, *wal.* tęmplę *schlaf am haupte; vom plur.* tempora *mit gemeinrom. verwandlung des* r *in* l. *Sard.* trempa *ist wange. Der Spanier nennt diese stelle des hauptes* sien (*s. II. b*), *der Portugiese* fonte, *der Franzose (Gloss. Lille)* fontenelle *d. i. quelle (vom pulsieren der ader), der Provenzale (Flam.) und Catalane* pols, *der Venezianer* sono, *der Sicilianer* sonnu *schlaf* (somnus), *wie auch wir und die Niederländer sie nennen, der Parmesaner entsprechend* dormidor, *der Sarde* chizu *d. i.* ciglio *braue, der Franzose nannte sie* tin *(II. c).*

Tenda *it. pg. pr.,* tienda *sp.,* tente *fr. zelt, wal.* tindę *vorhaus, mlat.* tenda 'gezelt' *in einem Leidner codex des 9. jh. (Haupt V, 195) und später oft; gebildet aus dem thema des vb.* tendere, *nicht etwa das im lat. verlorene primitiv von* tendicula. *Die franz. form freilich weist buchstäblich auf das part.* tentus, *aber auch sonst tauscht diese sprache* nd *mit* nt (fente, fonte, tonte). *Abgel. ist sp.* tendon, *pg.* tendão, *fr.* tendon *sehne, ital. aber* tendine, *als ob ein lat.* tendo tendinis *vorausgegangen wäre.*

Terzuolo *it., sp.* torzuelo, *pg.* treçó, *pr.* tersol, tresol, *fr.* tiercelet *männchen einer art habichte, in glossen des 12. jh. (s. Elnonensia)* absturco 'terciol', *vgl.* herodius 'tercel' *Graff V, 456, mhd.* terze, terzel; *von* tertius, tertiolus, *weil nach der sage das dritte im nest ein männchen ist. Daher* terzeruolo *it. sackpuffer, wie* falconetto, moschetto, sagro *stoßvögel und wurfgeschütze bedeuten.*

Tesoira *piem., altfr.* tezoire, *sp.* tesoura, *pg.* tixera, *altsp.* tisera *Don Sem Tob ed. Janer, pr.* mit o tosoira *(meist im plur. üblich) scheere. Die prov. form zeigt den weg: das wort ist, wie für das span. schon Cabrera bemerkt, von* tonsoria sc. ferramenta *werkzeug zur schafschur, bei Palladius.*

Testa *it. sp. pg. pr.,* tête *fr. kopf (wal. nur* cap); *vom lat.* testa *gefäß, topf, nach einer gröblich volksmäßigen anschauung, die schon bei den spätern Römern, welche es für hirnschale brauchten, anfieng und auch bei dem it.* coccia *und* coppa, *dem sard.* conca, *dem nhd.* kopf *(haupt) aus dem ahd.* kopf (kelch) *stattfand, vgl. Rom. gramm. I, 55, daher in glossen* testa 'hnach' *(nacken) Hattem. I, 212. Das dimin.* testula *gab it.* teschio *schädel, wie* fistula fischiare. *Von* testum *ist it. pg.* testo, *sp.* tiesto, *fr.* têt *scherbe, irdener deckel, topf, altsp. hirnschale Conq. Ultram., und so altfr.* tes *DMce. 265,* ties *HBord. 195, vgl.* que la teste et le test en deus moitiés li fent *ihm kopf und hirnschale spaltet Gaufr. 282. Die franz. abl.* tesson *für* teston *ist noch anzumerken.*

Tetta *und* zitta, zezzolo, *auch* cizza *it.*, *wal. alb.* tzitzę, *sp. pr.* teta, *fr.* tette, teton *brustwarze, euter; vb. it.* tettare, *sp.* tetar, *chw.* tezzar, cicciar *saugen, säugen. Das wort ist weit verbreitet:* ags. titte, *nhd.* zitze, *kymr.* titten, *gr.* τίτϑη *u. s. w., für deutschen ursprung aber scheinen die roman. doppelformen mit t und z zu reden. Mit media statt tenuis cat.* dida *amme, sard.* dida, ddodda *zitze, wie kymr.* didi, *bask.* dithia, *ahd.* deddi. *Fr.* mdartl. *(henneg. champ.)* tuter *am daumen saugen (von kindern), mhd.* tütelen *dass., ahd. sbst.* tutti, tuttâ *mamma.*

Tigna *it., sp.* tiña, *pr.* teina, *fr.* teigne *motte, räude; von* tīnea, *bei spätern* tinea, *s. Rom. gramm. I, 156.*

Tirare *it., sp. pg. pr.* tirar, *fr.* tirer *ziehen; sbst. it. sp. pr.* tira, *fr.* tire *zug; vom goth.* tairan, *ahd.* zëran *zerreißen. Das prov. wort bedeutet auch leid thun, misfallen, vielleicht mit annäherung an die grundbedeutung, und so scheint sich auch it.* tiro *zank, altfr.* tire *verdruß Ccy 4263 zu erklären. Eine abl. ist pr.* tirassar, *altfr.* tiracer, tirasser, *sp.* es-tirazar *ziehen, schleifen. Ein compositum bemerkenswerth durch seine bedeutung ist altfr.* attirer (atirier) *schmücken, ordnen, woher engl.* to attire *dass.; man dürfte an* tiere *ordnung, reihe II. c denken, wenn sich nicht auch eine prov. von* atieirar *gesonderte form* atirar (vielha, quan trop s'atira *wenn sich eine alte zu sehr putzt) GO. daneben stellte. Das subst.* attirail *zubehör, tross, geräthe, it.* attiraglio, *erklärt sich schon leichter aus* tirare.

Tisána *it. sp., fr.* tisane *gerstentrank; von* ptisāna, πτισάνη.

Tizzo *it.*, tizo *sp., dsgl. it.* tizzone, *sp. pr.* tizon, *pg.* tição, *fr.* tison, *wal.* tęciune *feuerbrand; von* titio. *Dem sp.* tizon *entsprang das vb.* tiznar *rußig machen, sbst.* tizne *ruß. Zsgs. ist it.* attizzare, *sp.* atizar, *pr.* atizar, atuzar, *fr.* attiser, *wal.* atzitzà *anschüren, reizen (aus der nominativform* tizzo). *Der Italiener hat noch die verstärkung* stizzo *brand,* stizza *zorn,* stizzare, stizzire *reizen, der Churwälsche* stizzar *löschen.*

Tocca *it., sp.* toca, *pg.* touca, *fr.* toque *haube, mütze; von kymr.* toc (m.) *mit gleicher bed., vb.* tocio, tweio *abschneiden, also wie unser* mütze *von* mutzen, *s.* almussa. *Gleicher herkunft ist wohl auch it.* tocco, *chw.* tocc *schnitte z. b. brot, käse, sp.* tocon *stümmel (abgeschnittenes). Schon eine ags. glosse lautet* toculus 'brocc' *(brocken) Mone, Anz. VII, 368.*

Toccare *it., sp. pg. pr.* tocar, *fr.* toucher, toquer *berühren; vom ahd.* zuchôn, *nhd.* zucken. *Die deutsche bedeutung ist noch erkennbar im altfr.* se toucher de qeh. *sich von etwas losreißen, entschlüpfen Ren. I, p. 64. 110 und im neufr.* toucher de l'argent *geld einziehen, vgl. lat.* stringere *zucken und berühren,* attingere *berühren und nehmen, goth.* tēkan *berühren, engl.* take *nehmen. Auch der Walache hat* tocà *klopfen (auf dem klopfbrett), vermuthlich nach it.* toccare il liuto *die laute rühren.*

Tomba *it. pr., sp. pg.* tumba, *fr.* tombe *gruft; vom spätern lat.* tumba *bei Prudentius, dies vom gr.* τύμβος *mit auffallender vertauschung des genus.*

Tombacco *it., sp.* tumbaga, *fr.* tombac *eine metallmischung; scheint*

I. TOMBOLARE—TORCIARE.

das malayische tambâga *kupfer zu sein, wie auch pg.* tambaca *geschrieben wird. S. Pott in Lassens Ztschr. IV, 264.*

Tombolare *it., sp. pr.* tumbar, *pg. pr.* tombar, *fr.* tomber, *alt auch* tumber *burzeln, mit dem kopfe voran fallen. Es ist genau das altn.* tumba *vorwärts hinfallen; daneben aber ist die herleitung aus* tumba *in der bed. hügel, haufe (vgl.* tumba 'houfa' *Gl. Flor. 990*[b]*) wohl zu erwägen, denn wer burzelt, bildet einen haufen, daher unser 'über den haufen fallen', sp.* tropellar *umstürzen von* tropel *haufe. Eine zweite form mit ausgefallnem* b *ist it.* tomare, *lothr.* teumei, *champ. altfr.* tumer, *wovon das letztere durch das ahd.* tûmôn, *nhd.* taumeln, *mndl.* tumen, *hervorgerufen sein könnte. Von* tomber *stammt fr.* tombereau *karren, dessen kasten man umstürzen kann, burg.* tumereau.

Tona *pr., fr.* tonne, *wal.* toanę; *abgel. sp.* tonel, *fr.* tonneau *faß, dsgl. fr.* tonnelle *sommerlaube, auch rebhühnergarn (etwas mit reifen, wie die tonne, gemachtes).* Tona *ist buchstäblich das ahd. altn.* tunna, *nhd.* tonne, *welches vermuthlich fremdes ursprunges ist (Grimm III, 457), auch in den Casseler und Schlettst. glossen (39, 41) als lat. wort hingestellt und mit* chôffa, coufa *(kufe) übersetzt wird. Gewöhnlich leitet man* tona *im widerspruche mit der sprachregel unmittelbar aus lat.* tina; *es scheint aber diesem worte ergangen zu sein wie dem worte* stipula, *s. oben* stoppia.

Tonno *it., sp.* atun, *fr.* thon *thunfisch; lat.* thunnus, *gr.* θύννος. *Nur das vorgesetzte sp.* a *ist hier zu bemerken.*

Toppo *it.* klotz, *sp.* tope *knopf, ende eines dinges, zusammenstoß, altfr.* top *schopf GGaim. p. 44; nfr.* toupet *büschel;* toupie, *norm.* toupin *kreißel (zugespitztes klötzchen, engl.* top); *vb. sp.* topar *antreffen, begegnen, it.* intoppare *anstoßen. Das wort ist vielen sprachen gemein, z. b.* ags. engl. top *gipfel, scheitel, altfrs.* top, *altn.* toppr *haarbüschel, ahd.* zopf, gael. kymr. top *u. dgl. — Zu derselben wurzel gehört sp.* tupir, *pg.* atupir, entupir *stopfen, häufen, piem.* topon, *altfr.* toupon *stöpsel, vgl. kymr. sbst.* top *dass., ndl.* top *haufe Kil.*

Torba *it., sp.* turba, *fr.* tourbe, *wallon.* trouf *brennbare erde, torf; vom ahd.* zurf *in der L. Alam., ags.* turf, *altn.* torf.

Torchio, torcolo *it., mit umgestelltem* r *pr.* trolh, *altfr.* treuil *kelter, presse, nfr.* haspe, *winde; von* torculum *wörtlich 'etwas das sich dreht', gebildet aus* torquere. *Von* torculum *ist auch, wie Cabrera richtig sieht, das sp.* estrujar *auspressen* = ex-torculare extroclare.

Torciare *it. zusammendrehen, festbinden, sp.* atrozar *fest anschnüren, altfr.* torser *zusammenpacken, mit umgestelltem* r *nfr.* trousser, *pr.* trossar, *aus letzterem zunächst altsp.* trossar *Bc., nsp.* troxar *(vgl.* puxar = *fr.* pousser), *pg.* trouxar; *subst. lomb.* torza, *torsa stroh- oder heubündel, mlat.* trossa *dass., lomb. auch* troza *rankengeflechte, sp.* troza *seil zum binden,* torzal *schleife, fr.* trousse, *pr.* trossa, *sp.* troxa, *pg.* trouxa *pack, bündel; pr.* trossel, *fr.* trousseau, *altfr.* torseau, *davon it.* torsello. *Der ursprung dieser wörter und formen liegt in* torquere tortus, *hievon auf bekannte weise das neue vb.* tortiare *drehen, zusammendrehen, festknebeln:*

I. TORNO—TORSO.

die bed. einwärts krümmen, die das fr. trousser *noch kennt, gibt ein unmittelbares zeugnis dieser herkunft. Die erklärungen aus celt.* trus, trws *oder ahd.* trust *sind also bei seite zu weisen; unser nhd.* tross *aber ist aus* trossa, *mhd.* trossen *(packen) aus* trossar, *wie das ndl.* torsen *aus* torser*. Zu* tortiare *gehört auch noch it.* torcia, *veron. ven.* torzo *fackel d. h. etwas wie ein strick (lat.* tortum) *gedrehtes, darum auch altit.* torticcio *PPS. II, 183, altfr.* tortis, *pg.* toreida *fackel, docht. Die damit gleichbed. pr.* torcha, *fr.* torche, *altsp.* entorcha, *nsp.* antorcha, *pg.* tocha, *vb. fr.* torcher *abwischen (torche* auch *strohwisch), sp.* entorchar *zusammendrehen, könnten aber aus einem falschen partic.* torctus *entsprungen sein, doch läßt sich das prov. und franz.* ch *besser wohl aus einer älteren form* torca *(daher pr.* torcar = torcher)*, das sp.* ch *aber als eine vergröberung von* z *(vgl.* panza, pancho) *erklären. Span.* torca *strohbündel nebst* tuerca *schraubenmutter (etwas gedrehtes, gewundenes) gehen unmittelbar auf* torquere *zurück.*

Torno *it. sp. pg., pr.* torn, *fr.* tour *(m.) drehscheibe, umlauf, daher das adverbiale it.* in-torno, *pr.* en-torn, *fr.* autour, à l'entour *u. a.; von* tornus (τόρνος) *dreheisen. Dsgl. vb. it.* tornare, *sp. pg. pr.* tornar, *fr.* tourner *drehen, umkehren, wal.* turnà *ausschütten (wie fr.* verser, *lat.* versare); *von* tornare (τορνεύειν) *drechseln. Die roman. bedeutung dieses verbums war vermuthlich schon der röm. volkssprache bekannt, da sie auch im walach. vorliegt und im frühsten mlatein, z. b. in Rothars gesetzen, sich geltend macht (man sehe bei Ducange) und auch* retornare *in der bed.* umkehren *schon von Theophylactus Simocatta (um 600) erwähnt wird, s. Ménage, Orig. ital., Raynouard, Choix I, p. VIII, Schlegel, Observ. p. 46. Die lat. bedeutung wird ital. durch* torniare, tornire *vertreten. Abgeleitet ist it. sp. pg.* tornéo, *pr.* tornei, *fr.* tournoi *ritterliches kampfspiel, von den wendungen mit den rossen so genannt; vb. it.* torneare, *sp. pg.* tornear, *pr.* torneiar, *fr.* tournoyer. *Zsgs. altfr.* atorner *wohin richten, kehren LRs. 304, zurecht machen 311, überh. schmücken, sbst.* atorn 'praeparatio' *das. 368, nfr.* atour *putz.*

Torso *it., umgestellt piem.* trouss, *sp. pg.* trozo, *pr. altfr.* tros (trois *Brt. II, 199) strunk, stumpf, bruchstück, wohl auch pr.* tors 'pars' *GProv. 55^b; vb. sp.* trosar *zerstücken; sp.* destrozar *dass. (wenn nicht von* destructus). *Das etymon ist* thyrsus (θύρσος) *schößling, ahd.* turso, torso, *nhd.* dorsch. *Aus der grundbedeutung entwickelte sich die ital.* strunk des kohles, butzen des obstes, *pr.* tros del caul *M. num. 334, fr.* trou de chou *bei Ménage, altfr.* trox de pomme, *endlich etwas abgehauenes, bruchstück, im span. die einzige bedeutung; daher wallon.* tourson *grotsen, vb.* toursî *benagen. Neben altfr.* tros *stehen noch als rhinistische formen* trons, tronce, tronçon, *pr.* tronso, *vb. sp.* tronzar, *altfr.* troncener. *Tronçon konnte freilich aus* truncus *erwachsen (lat. gleichsam* truncio truncionis) *wie* arçon *aus* arcus, clerçon *aus* clericus, *aber* trons, tronzar *fügen sich nicht so willig in dieses etymon, denn wenn auch bildungen aus dem nominativ vorkommen, wie etwa it.* tizzo, attizzare *von* titio, *so* *beschränken sie sich wenigstens auf vorhandene lat. wörter.* Span. tarazon, *pg.* tração *abgeschnittenes stück, für* trozon, torzon.

Torta *it., sp. fr.* tourte, *wal.* turtę *ein backwerk; vom lat.* torta, *also etwas gewundenes, wegen seiner form. Schon die Vulgata kennt dies wort, verbindet es aber jedesmal mit* panis, *z. b.* divisit universis tortam panis *Paralip. 16, 3. Bemerkenswerth ist das daraus entstellte schon der ältern sprache bekannte fr.* tarte.

Torto *it. pg., sp.* tuerto, *pr. fr.* tort *ungerechtigkeit, unrecht, im frühern mlatein* tortum; *von* tortus *gedreht, verdreht, das gegentheil von* directum, diritto, droit *recht, gerechtigkeit. Auch das adj.* tortilis *hat sprößlinge hinterlassen, wie fr.* entortiller, *sp.* entortijar *wickeln, ringeln.*

Tosco *it., sp.* tósigo, *pr.* tueissec, *altfr.* toxiche, *wal.* toxícę *gift; von* toxicum. *Im neuprov. ist* tossec *auch ein name der kröte.*

Toso *it. (mundartl.), pr.* tos, *altfr.* tosel *knabe; fem. it. pr.* tosa, *altfr.* tose *mädchen. Buchstäblich kann* toso *seinen ursprung in* tonsus *haben, allein was soll das abgeschorene haar zumal bei mädchen, wie schon Ferrari einwendet? Nur sklaven wurden geschoren. Besser darum von* intonsus *mit abgefallnem präfix, wie andre erklären: sagt ja Horaz* intonsi pueri *und Garcilaso* mancebo intonso. *Vielleicht aber läßt sich das wort aus einer üblicheren anschauung deuten. Ital.* torso *heißt strunk, butzen des obstes, mit syncopiertem* r toso *(dieselbe syncope vor* s *in* dosso, ginso, ritroso, rovescio, pesca *von* dorsum, deorsum, retrorsus, reversus, persica, *Rom. gramm. I, 225), der knabe ward strunk oder butzen genannt, wie dies auch in andern ausdrücken und in andern sprachen geschah, s. oben* garzone. *Des wortes eigentliche heimath ist Oberitalien, wo es die meisten ableitungen hervorgebracht hat (*toset, toson, tosonot, tosel, toselot *u. a.), aber Italien ist auch die eigentliche heimath von* torso.

Tosone *it., sp.* tuson, *fr.* toison *scherwolle, fell mit der wolle; von* tonsio *schur, concret und masculin geworden außer im franz., wo es sich nur noch mundartl. (z. b. in Berry) zu diesem geschlechte bekennt.*

Tosto *it. altsp. altpg.* SRos., tost *pr. altsp. Alx., fr.* tôt, *adverb für lat.* statim, illico, *ital. zugleich als adjectiv gebraucht, franz. auch in* aussitôt, bientôt, plutôt, tantôt *enthalten. Unter den vorgebrachten deutungen ist die aus dem lat. partic.* tostus *(erhitzt) gewiß die haltbarste, wobei man an das synonyme it.* caldo *caldo, an altfr.* chalt pas, *an schweiz.* fufswarms *u. dgl. denken kann. Besser noch von seiten des begriffes würde es sich als eine zusammensetzung aus* tot-cĭto, tot-cĭtus *erklären, worin das it.* c *in* s *übergetreten, d. h. eben so wenig palatal geworden wie in* amistà *aus* amicitas *oder* destare *aus* excitare: *daß man ähnliche begriffe mit* totus *verstärkte, zeigt it.* tutto in un tempo, *fr.* tout-à-l'heure *u. a. Auch ist die venez. und neap. bed. von* tosto *'fest, hart' (sard.* tostai *verhärten), eigentl. geröstet, getrocknet, der ersteren auslegung nicht eben günstig.*

Tovaglia *it., sp.* toalla, *pg. pr. ebenso* toalba, *fr.* touaille *handtuch u. dgl.; vom ahd.* duahilla, twahilla, *mhd.* twehele, *dies von* duahan, thwahan *waschen*. *Daher auch altfr.* tooillier *waschen, reiben* NFC. II, 134. 184.

Tracciare *it., altfr.* tracier (tressier *ChCyg. p* 153) *die spur verfolgen, sp.* trazar, *nfr.* tracer *zeichnen, entwerfen; sbst. it.* traccia *zug, strich, streif, sp.* traza, *pr.* trassa, *fr.* trace *zeichnung, grundriß, spur, masc. sp.* trazo, *pr.* tras. *Man braucht bei diesem worte den römischen boden nicht zu verlassen, um es vom deutschen* treten *oder* trecken *herüber zu leiten:* tracciare *ist eine aus dem partic.* tractus *mittelst i vollzogene ableitung, seine bedeutung ungefähr die des einfachen* trahere *ziehen, einen streif machen. Altfr.* trasser *bedeutet auch durchsuchen (der spur nachgehen), it.* trassare *(aus einem prov.* trassar?*) einen wechsel ziehen.*

Tradire *it.,* trahir *pg. pr. fr. verrathen, fehlt span.; von* tradere *überliefern (den feinden), wie gr.* προδιδόναι*, goth.* lêvjan*; subst. it.* traditore*, sp. (trotz dem fehlenden verbum)* traidor*, pg. pr. dass., fr.* traître*, lat.* traditor *verräther; sp.* traicion*, pg.* traição*, pr.* trassio*, fr.* trahison *verrath (lat.* traditio*, it.* tradizione *überlieferung). — Im prov. hat sich das verbum* traír *gemischt mit* tráire = trahere*, s. b. perf.* tráis = traxit (elam galiet em trais *sie betrog und verrieth mich M. 836, 3), part.* tráit, trach = tractus. *Auch* trachor *(für* traïdor*) von* tractor*, nicht von* traditor*, denn* ch *entsteht nicht aus* dt.

Tráffico *it., sp.* tráfico*, tráfago, pg.* tráfego*, pr.* trafeg, trafei*, fr.* trafic *handel, verkehr; vb. it.* trafficare*, sp.* traficar*, trafagar, pg.* trafeguear*, fr.* trafiquer *handel treiben. Das Wort ist von ungewisser herkunft, merkwürdig aber, daß* altpg. trasfegar *hinübergießen (s.* trasegar *II. b) auch die bedeutung von* trafegar *handel treiben einnimmt, daß cat.* tráfag *handel, kunstgriff, auch umguß heißt. Ist aber* trafegar *identisch mit* trasfegar*, so muß sich im altpg. sbst.* trásfego*, npg.* tráfego*, traffico der accent auf die präposition gezogen haben, was nur in sehr wenigen fällen geschah.*

Traíno *it., sp.* tragin*, pr.* trahí*, fr.* train *aus dem alten* traïn*, zug, von* trahere*; vb it.* trainare*, pr.* trahinar*, fr.* traîner *schleppen. Es ist verdacht vorhanden, daß die prov. und franz. formen aus* trahim, traïm *entstellt und die ital. und span. daher entlehnt sind, da das männliche suffix* ino *sich mit keinen verbalstämmen zu verbinden pflegt: auch altfr.* ga-ïn *ist = it.* gua-ime.

Traliccio *it., sp.* terliz*, fr.* treillis*, altfr.* treslis *drillich; von* trilicium *und* trilix.

Tramaglio *it., fr.* tramail*, norm.* tremail *fischernetz, das quer durch den fluss gespannt wird, mlat.* tremaculum, tremaclem *(acc.) bereits in der L. Sal., vgl. wallon* tramaie *flechtwerk aus reisern. Man nimmt es für ein compositum aus* ter *oder* tri *und* macula*, weil es dreimaschig sein soll, was die bildungen it.* traliccio*, fr.* treillis *aus* tri-licium *buchstäblich bestätigen würden. Zu dem piem.* trimaj *bemerkt Zalli, es bestehe dies fischer- oder vogelnetz aus drei lagen von netzen verschiedner* *weite; eine ähnliche bemerkung macht Cherubini zum mail.* tremagg, *Patriarchi zum venez.* tramagio. *Da kein grund ist, an der richtigkeit dieser angaben zu zweifeln, so steht die obige deutung fest. Die Casseler glossen haben* tramolol *'sapan'* (d. i. sabanum) *leinenes gewebe, von* trama *eintrag des gewebes, also unverwandt mit* tramaglio, *auf dessen gestaltung in der ersten silbe aber doch* trama, tramare *eingewirkt haben können. Zu beachten ist auch Pott zur Lex. Sal. 164, Plattlat. 402, und Diefenbach, Zeitschr. für vergl. sprachf. XII, 79.*

Tramoggia *it., sic.* trimoja, *sp. fehlt, pg.* tremonha, *pr.* tremueia, *fr.* trémie *mühltrichter; wird mit* trimodius *erklärt, weil er drei* modios *halte. Aber bezeichnender für die sache wäre eine zusammensetzung mit* tremere, *da jener behälter stets in zitternder bewegung ist,* tra-moggia *syncopiert aus* trema-moggia *buchstäbl. zittergefäß.*

Transito *it. übergang vom leben zum tode, hintritt, mlat.* transitus, *daher mit richtiger darstellung des* st *durch* ç *sp. pg.* trance *(m.) todesstunde, entscheidender augenblick, fr.* transe *(f.) angst vor drohendem unheil. Moraes hält* trance *für abgekürzt aus fr.* outrance, *aber der südwesten liebt so starke abkürzungen nicht. Nach Frisch II, 381*[b] *ist es vom dtschen (schweiz.)* transt, *das aber selbst aus* transitus *entstanden scheint. Man beachte, daß die übliche franz. redensart* être en transe *ganz der ital.* essere in transito *entspricht, nur dass dort das moralische, hier das physische hinscheiden gemeint ist. Vb. altsp.* transir *hinscheiden, sterben Bc., gleichbed. altfr.* transir *GGuim. p. 29, nfr. vor furcht oder kälte erstarren, erstarren machen, sard.* transire *staunen, sp.* transido *matt, kraftlos, pr.* transitz *'semimortuus' GProv. p. 52.*

Trappa *pr., fr.* trappe, *sp.* trampa *falle, fallthüre, gleichbed. it.* trappola, *chw.* trapla; *vb. it.* attrapare, *sp.* atrapar, atrampar, *pr.* atrapar, *fr.* attrapper *erwischen; vom ahd.* trapo *schlinge, mlat.* trappa (si quis turturem de trappa furaverit *Pact. L. Sal.), vb. mndl.* trappen *ertappen Kil., so auch nddeutsch.*

Tras, tra *it. in compos. (ein andres* tra *s. II. a), sp. pg. pr.* tras, *fr.* très *partikel, von* trans. *Der Franzose braucht es nur als adverb des grades wie in* très grand, très cher, *it.* trasgrande, tracaro, *vgl. mhd.* über *in* übergrôz, *d. i. überaus groß. Zsgs. sp. pg. pr.* detras, *lat.* de trans Jordanem *Vulgata,* de trans mare *L. Sal.; in denselben mundarten auch* atras.

Travaglio *it., sp.* trabajo, *pg.* trabalho, *pr.* trabalh, trebalh, *fr.* travail, *in ältester bed. drangsal, demnächst arbeit; vb.* travagliare *ff. peinigen, sich plagen, arbeiten. Die sehr übliche prov. nebenform mit* e *statt des radicalen* a, *die sich auch im altcat.* treball *wiederfindet, scheint durch den häufigen wechsel zwischen* tra *und* tre (trabucar trebucar, traspas trespas) *veranlaßt, mithin ohne etymologischen werth. An deutungen fehlt es nicht. Nach Ferrari entstand das wort aus* tribulum, tribulare, *nach Sylvius (Dubois) aus* trans-vigilia *schlaflosigkeit, nach Muratori u. a. aus it.* vaglio *sieb,* tra-vagliare *durchrütteln, nach Wachter aus kymr.* trafod *arbeit. Annehmlicher ist die herleitung aus dem gael.* treabh *pflügen*

I. TRAVAR—TREGUA.

(*Dief. Celt. I, 149, Monti Voc. com.*), *wie auch unser* arbeiten *pflügen, ackern, das feld bauen heißt. Allein ist es nicht richtiger ein derivatum an ein in der sprache vorhandenes als an ein fremdes primitiv zu knüpfen? So konnte das wort ohne den mindesten formellen zwang aus dem rom. vb.* travar *(hemmen) hervorgehen, wozu auch seine grundbed. pein, drangsal* = *hemmnis vollkommen passend erscheint, man vgl. it.* travaglio *nothstall, d. h. etwas hemmendes, nöthigendes. Es macht wenig unterschied, wenn andere das wort unmittelbar aus dem sbst.* trabs *ableiten und zunächst an eine zwingende vorrichtung in der eben bemerkten ital. bedeutung erinnern. Wenn das aus dem franz. entnommene engl. vb.* travel *die bed. wandern, reisen entwickelt hat, so ist unser* arbeiten *in der bairischen mundart desselben gebrauches fähig geworden, s. Schmellers Wb. I, 101; dieselbe bedeutung legt Liebrecht (zu Gachet 437*[b]*) auch dem altfr. verbum bei.*

Travar *pg.*, trabar *sp. zusammenfügen, fesseln, pr.* travar, *fr.* entravar *(sbst.* entraves*) hemmen, sp.* destrabar, *altfr.* destraver *Eracl. 4696 frei machen; vom lat.* trabs *balken, daher pg.* trave *stock, fessel.*

Trebbia *it., sp.* trillo *und so pg.* trilho *dreschflegel; vb. it.* trebbiare, tribbiare *ff. dreschen, pr.* trilhar, *altfr.* tribler *auch zermalmen; von* tribula, tribulare; *esgs. it.* strebbiare, stribbiare *reiben, glätten. Kirchenschriftsteller brauchen* tribulare *genuc figürl. für plagen, quälen, daher it.* tribolare, *pr.* tribolar, trebolar, treblar *(auch trüben), altfr.* triboiller, *sbst. it.* tribolo *u. s. f.*

Treccare *it., pr.* trichar, *fr.* tricher, *alt auch* trecher, *betrügen; sbst. pr.* tric *trug. Herkunft aus lat.* tricari *kann wegen des neben* i *bestehenden radicalen* e *nicht angenommen werden. Das wort ist deutsch und grade aus dieser sprache erhellt jenes schwanken zwischen* e *und* i *hinlänglich. Ndl.* trek *heißt zug so wie streich, den man einem spielt (pr.* tric*), vom vb.* trekken *ziehen, mhd.* trechen *(präs.* triche*), engl.* trick. *Auch das fr.* triquer *auslesen weist auf* trekken *auszichen.*

Treccia *it., pr.* tressa, *fr.* tresse *(alt* trece*), sp.* trenza, *pg.* trança *flechte, besonders von haar; vb.* trecciare *ff. flechten. Von* tricae *(verwicklung) verbietet schon der lange vocal; gr.* θρίξ τριχός *(haupthaar) aber sagt etwas zu allgemeines. Besser, da zu einer flechte drei theile gehören, von* τρίχα *dreitheilig, woraus man in Italien* trichea *ableiten konnte, dem das rom.* treccia *folgte (so* braccio *von* brachium*); vb.* trecciare *heißt also aus drei theilen machen. Wegen des eingeschobenen* n *im sp.* trenza *(woher unser* trense*) vgl.* manzana *und* ponzoña. *Entsprechend heißt* tresse *it. auch* trina, *pr.* trena, *von* trinus.

Treggéa *it., pr.* dragea *(v. j. 1428), fr.* dragée, *sp.* dragea *und mit* g *für* d gragea, *pg.* gragea, grangea *zuckerwerk; entstellt aus gr.* τραγήματα *naschwerk, einem in den klöstern bekannten worte, vgl. Papias:* collibia sunt apud Hebraeos, quae nos vocamus tragemata vel vilia munuscula ut cicer frixum *cet.*

Tregua *it. sp. pr., pg.* tregoa, *fr.* trève, *alt auch* trive *waffenstill-*

I. TREMOLARE—TRILLARE.

stand, mlat. treuga *u. a. formen. Die eigentl. bedeutung ist sicherheit, bürgschaft:* treuga *securitas praestita rebus et personis, discordia nondum finita, sagt Ducange und so stammt es vom ahd.* triwa, triuwa *fides, foedus* (w *in* gu *verwandelt), nhd.* treue, *goth.* triggva. *Die urbedeutung blickt noch hervor aus dem altfr. verbum* s'atriver à qqun *foedus inire cum aliquo LRs. 36.*

Tremolare *it., fr.* trembler, *sp.* temblar *(mit ausgefallnem* r)*, wal.* tremura *zittern; von* tremulus.

Trépano *it. sp., fr.* trépan, *it. auch* trápano *bohrer, zumal schädelbohrer; vom gleichbed. gr.* τρύπανον.

Trescare *it., pr.* trescar, *altfr.* trescher *tanzen, sp. pg.* triscar *mit den füßen lärm machen, unruhig sein, streiche spielen, mail.* trescà *dreschen; sbst. it. pr.* tresca, *altfr.* tresche *tanz, reihentanz. Es ist das goth.* thriskan, *ahd.* drëscan, *nhd.* dreschen *triturare, und heißt also eigentl. mit den füßen tappeln. Eine zweite prov. form* drescar *muß ihren grund in dem hochd.* d *haben.*

Tréu *sicil. ein rundes segel, pg. gleichfalls* treu, *aber in der bed. viereckiges segel im sturm aufzuspannen, und so sp.* treo, *fr.* tréou. *Woher?*

Tricare *neap., lomb.* trigà, *pr.* trigar *hemmen, hindern, gleichbed. engl.* trig; *von* tricari *schwierigkeiten machen, indem das intransitiv zum transitiv ward; sbst. comask.* trigon *zögerer* = *lat.* trico *ränkemacher, bei Lucilius, fr.* trigaud *dass.; pr.* trigor *verzug. Zsgs. it.* intricare, intrigare, *sp.* entricar, intrincar, *pr.* entricar, *fr.* intriguer *verwickeln* = *lat.* intricare; *sp.* estricar *loswickeln* = *lat.* extricare; *it.* distrigare *dass., in den Gloss. Isid.* destrigare *'consummare' vollenden, eigentlich wohl: entwickeln. Merkwürdig ist, daß diesem ital. worte gegenüber das pr.* destrigar, *altfr.* detrier, *den sinn des einfachen* trigar, *vielleicht etwas verstärkt, ausspricht (vgl. lat.* dis *in* discupere)*, z. b.* si meteis destrigua sel qu'ab amor guerreia *sich selbst steht im wege, schadet LR.; daher das mit* destreit *nicht zu verwechselnde pr. sbst.* destric *nachtheil (gegensatz von* enans *vortheil Chx. IV, 275). Zu* destrigar *stimmt denn auch* estrigar. Tricare *und* detricare *steigen in das älteste mlatein hinauf, z. b. L. Sal.* si quis alienum servum battiderit et ei insuper 40 noctes trigaverit opera sua. *Kymr.* trîgo *bleiben, zaudern.*

Trifoglio *it., wal.* trifoiu, *pr.* trefueil, *altfr.* trefeul *Gl. de Lille p. 18^b (Sch. p. 42), mit zurückgezogenem accent sp.* trébol, *pg.* trévo, *fr.* trèfle *klee; von* trifolium. *Spanier und Franzosen sprachen also* trífolum *und man könnte dabei an gr.* τρίφυλλον *denken, kämen nicht auch solche fälle ohne griechische muster vor wie sp.* acébo (aquifolium), *pg.* funcho (foeniculum).

Triglia *it., sp.* trilla *(fr.* trigle *Nemnich) ein fisch, seebarbe; vom gr.* τρίγλη *mit gleicher bedeutung.*

Trillare *it., dtsch.* trillern *vibrare vocem,* τερετίζειν, *sp. cat. pg.* trinar *dass., engl.* to trill, *ndl.* trillen *zittern. Der Vocabularius theutonicus v. 1482 gibt das ital. als lat. wort:* trillare *'tryllsingen als tril tril' Dief. Gloss. lat. germ.*

Trincare *it.*, trinquer *fr. zechen, altfr. (norm.) auch mit* d drinker, *sbst.* drinkerie *zechgelage Ben.; vom dtschen* trinken, *engl.* drink. *Ein zuspruch zum trinken ist das altfr.* lanstringue *Roq., das neap.* trinche lanze *(trink landsmann) und in derselben mundart bedeutet* todisco (= *it.* tedesco) *einen zechbruder. Ein andrer den deutschen zechern abgelernter ausdruck ist sp.* carauz *(m.) völliges ausleeren des glases, fr.* carousse *(f.), engl.* carouse *trinkgelage, von* gar aus! *ganz ausgetrunken! Unser heutiges subst.* gáraus *bedeutet etwas anders. Rabelais sagt (s. Ménage):* ces importuns qui contraignent les gentils compagnons trinquer, boire carrous et alluz, qui pis est. *Alluz ist sicher unser* all aus. *Vgl.* brindisi *II. a und Covarruvias v.* lanciscot. *Über trinksucht und trinkgebräuche der alten Franken redet z. b.* Chevallet *I, 622 ff.*

Trinchetto *it., sp.* trinquete, *cat.* triquet, *fr.* trinquet, *engl.* trinket, *pg. aber* traquete *focksegel, auch fockmast. Da dies segel dreieckig ist (beim sp.* trinquetilla *und fr.* trinquette *wird dies ausdrücklich angegeben), so dürfte man auf sp.* trinca *(dreiheit) zurückgehn; Frisch verweist* trinquette *auf lat.* tria. *Aber it.* trinche, *sp.* trincas *sind seile zum festbinden auf den schiffen, engl.* trink *ein fischernetz; gehören diese gleichfalls zu unserm wort, oder etwa zu* tricoter?

Trinciare *it., sp. pg.* trinchar, *cat.* trinxar *speisen zerlegen* (trinciante *ff.* vorschneider), *pr.* trencar *(auch* trenchar, *kaum* trinquar) *schneiden, abschneiden, zerschneiden, brechen, z. b.* lo dorc se trenca *der krug bricht,* trencar la tregua *den vertrag brechen,* la castitat *die keuschheit verletzen, cat.* trencar *wie prov., pic.* trinquer, *altfr.* trenchier, *neufr.* trancher *abschneiden, zerschneiden, dazu wohl auch sic.* trincari *steine loshauen, sp.* trincar *zerbrechen, zerstücken, pg.* abbeißen; *sbst. it.* trincio, *sard.* trincu *schnitt, fr.* tranche *(f.) schnitte; pr.* trenchet *schneide, sp.* trinchete, tranchete, *cat.* trinxet, *sard.* trincettu, trinchettu *kneif; zsgs. pr.* detrencar, *fr.* détrancher *zerhauen, zerschneiden. Wie bei vielen andern läßt sich auch bei diesem worte nur verneinen.* Truncare, transscindere, transsecare *z. b. sind formell nicht damit zu einigen. Unser deutsches* trennen *müßte eine abl.* trennicare *erfahren haben, wofür es bei deutschen wörtern in den westlichen mundarten durchaus an beispielen gebricht: für das suffix* icare *kommt in solchen fällen nur die auflösung* ciar *u. s. w.* (guerreiar) *in anwendung.* — [*Neuerlich hat Langensiepen (in Herrigs Archiv XXV) auf* interimere interimicare *als ein mögliches etymon hingewiesen, womit freilich der begriff des schneidens nicht gewahrt ist; aber vielleicht war* brechen, *zerstören der grundbegriff. Näher noch läge das vorhandene* internecare, *dessen sich Prudentius in der bed. zu grunde richten bedient; pr.* entrencar, *welches daraus entstanden sein könnte, kommt vor:* entrencar lo cim *den wipfel brechen oder zerstören vergleicht sich dem lat.* culmum internecare *sehr wohl.*]

Trippa *it., sp. pg.* tripa, *fr.* tripe *bauch, wanst, im plur.* gedärme, kaldaunen. *Das wort harrt noch etymologischer aufklärung. Angränzende sprachen besitzen es zwar (mndl.* tripe, *engl.* tripe, *kymr.* tripa [*plur.*], *bret.* stripen, *bask.* tripa), *aber in keiner derselben läßt sich stammverwandtes mit entsprechendem begriffe nachweisen.*

Trocar *sp. pg.*, troquer *fr. tauschen, wechseln, verändern; sbst. sp.* trueco, *pg.* troco, *fr. troc tausch, engl.* truck. *Es fehlt im catal. und prov. und scheint auch erst aus Spanien, wo es in nicht wenigen ableitungen und zusammensetzungen vorkommt, in das franz. und englische eingeführt, denn das ags.* trucan *hat eine weit abliegende bedeutung (schwinden, sterben). Über die herkunft des romanischen wortes sind sehr ungenügende vermuthungen vorgebracht worden: weder das dtsche* trug *noch das gr.* τροχός *können ansprüche machen. Zwei wörter sind zu erwägen: gr.* τροπή *oder* τροπικός *(vgl.* tropica veränderungen, *bei Petronius), woraus* tropicare tropcar trocar, *und lat.* vicis, *woraus* travicar traucar trocar *abgeleitet werden mochten; letzterem wird man als latein. worte den vorzug zugestehen müssen.*

Troféo *it. sp. pg.*, trophée *fr. siegeszeichen; von* tropaeum (τροπαῖον) *mit unüblichem übergang der labialtenuis in die aspirata.*

Troja *it.,* altsp. troya, *pr.* trucia, *cat.* truja, *fr.* truie sau. *Klausen (Aeneas und die Penaten II, 828) hält* troja *in dieser bedeutung für ein wort der lat. bauernsprache, was sich mit nichts belegen läßt. Ein solches wort steht zwar in den Isidor. glossen:* bestemiae trojae (*Papias* bistemia troja), *nach Graevius zu lesen* bestiae majae (= majales) trojae, *aber bei der unsicherheit des ersten wortes ist auch für das zweite, erklärende, keine sicherheit. Nicht besser steht es um das von Ducange angeführte zeugnis des Pomponius Sabinus, welches nicht aus römischer zeit stammt. Die erste sichere kunde des wortes liefern die Cass. glossen:* troja 'suu' (sau); *später bemerkt man es öfter.* Porcus trojanus *war dem Römer ein mit andern thieren gefülltes für die tafel bestimmtes schwein,* quasi aliis inclusis animalibus gravidum *Macrob. sat. 2, 9, eine anspielung auf das trojanische pferd,* machina foeta armis *Aen. 2, 237. Wie nahe lag es nun mit* porco di Troja, *der roman. auflösung von* porcus trojanus *(attributiver genitiv für adjectiv), endlich mit* troja *allein ein trächtiges oder säugendes schwein zu bezeichnen. So sagt man* bernia *für* panno d'Ibernia *u. dgl. Im span. läßt sich das wort in seiner eigentlichen bedeutung nicht aufweisen, Ruiz 673. 911 nennt alte kupplerinnen* troyas, *aber 685 nennt er* troya *einen mit eßwaaren gefüllten sack (wofür Sanchez ohne noth* troxa *vermuthet), also wieder die vorstellung des* porcus trojanus. *Unter* cavallo di Troja *versteht der Neapolitaner in gleichem sinne einen schlemmer d. h. einen, der sich den bauch füllt, s. Galiani's Wb. p. 257. Ein adj.* troju *schmutzig kennt die sard. mundart, auch ein männliches subst.* trojo *kommt vor PPS. II, 207.* — [*Es ist ein zufall, wenn vorstehende deutung mit der des Erythraeus, angeführt von Ménage, Orig. ital. p. 518[b], zusammentrifft. Sie steht schon im ersten theile der Rom. gramm. 1. ausgabe, p. 35, bei dessen abfassung Ménage's buch nicht hatte benutzt werden können.*]

Tromba *it., sp. pg.* trompa, *pr. beide formen, fr.* trompe, *ahd.*

trumpâ *ein blasinstrument, auch maultrommel. Der entsprechende lat. ausdruck war bekanntlich* tuba, *noch fortdauernd im churw.* tiba alphorn (i *aus* u *ist hier häufig*) *so wie im wal.* tobe trommel. *Sollten die übrigen Romanen das denkwürdige wort vergessen haben? Oder sollte es sich in* tromba, *auf dessen ursprüngliche gestalt eine malerische verstärkung eingewirkt, erhalten haben? Einschiebung eines* r *nach* t, *eines* m *vor einem andern labial findet sich öfters, die des letzteren kommt auch in dem namen eines andern tongeräthes, pr.* pimpa *aus* pipa, *vor. Nur die doppelte einschiebung kann einigen zweifel hervorrufen, aber die einfache in* tomba *oder* troba *war kaum zu brauchen, da sie homonyme erzeugt haben würde. Von geringem gewicht für diesen deutungsversuch ist der umstand, daß das ital. wort auch die dem lat.* tuba *zustehende bed. wasserröhre besitzt. Abgel. it.* trombetta *ff., wal.* trîmbitze; *vb. it.* trombare, *pr.* trompar, *altfr.* tromper *die trompete blasen, nfr.* trompeter. — *Dem worte kommt noch eine zweite, ganz verschiedene bedeutung zu: it.* tromba *wirbelwind, fr.* trombe (trompe *noch bei Nicot) wasserhose, sp.* trompa, trompo *kreißel: in dieser bed. soll es aus* turbo *wirbel, kreißel entstanden sein. Die möglichkeit ist einzuräumen, wiewohl das genus nur im sp.* trompo *zutrifft. Sp.* trompar, *fr.* tromper *hintergehn, se tromper sich irren, scheinen sich dieser letzteren bedeutung von* tromba *anzuschließen: eigentl. im kreiße führen, irre führen, vgl.* trompar *den kreißel treiben. Génin erklärt uns indessen jene bed. hintergehen aus der bed. maultrommel: se tromper de qqun., wie man sich früher ausdrückte, hieße eigentlich s'en amuser, s'en jouer.*

Trono *altit.,* tron *sp. pr.,* trom *pg. donner; vb. altit.* tronare, *sp. altpg. pr.* tronar, *npg.* troar *(nebst* trovejar *für* troejar) *donnern; von* tonus, tonare *mit einmischung eines schallnachahmenden* r. *Ohne eine solche bleibt it.* tuono, tuonare, *fr.* tonner *etc. Eine abl. ist lat.* tonĭtrus, tonitruum, *woraus altsp.* tonídro *Alx., pr.* tonedre, *fr.* tonnerre *(m.), welche keiner lautverstärkung bedurften.*

Tropa *sp. pg., fr.* troupe, *daher it.* truppa, *haufe menschen, pr.* trop *heerde; adj. it.* troppo, *adv. pr. fr.* trop *für lat.* nimius, nimis. *Schon die Lex Alam. kennt* troppus *herde (si enim in troppo de jumentis illam ductricem aliquis involaverit); woher aber dieses wort? Die celtischen sprachen gewähren keinen aufschluß: gael.* drobh *s. v. a.* troppus *ist das engl.* drove = *ags.* drâf *von* drîfan *treiben; kymr.* torv *s. v. a.* troupe *steht nicht näher als lat.* turba. *Eine ahd. glosse hat* drupo 'cuneus, turbas minores', *es kann aber mit* drûpo *(traube) identisch sein (Graff V, 252), letzterem nebst dem bair.* trauppen *würde nur ein roman. oder mlat.* trupo, trupus *entsprechen. Die besten ansprüche scheint noch das schon erwähnte lat.* turba *zu haben, das vielleicht durch deutsche aussprache in* turpa, *endlich in* truppa, truppus *übertrat: zeigt ja doch dieselbe umstellung mit derselben veränderung des genus fr.* trouble *aus* turbula. *Von* truppus *kommt sp. pg. pr.* tropel, *fr.* troupeau *herde, haufe, sp. pg.* atropellar, tropellar *über den haufen werfen, pr.* atropelar, *altfr.* atropeler *zusammenhäufen. S.* tropezar *II. b.*

I. TROTA—TROVARE.

Trota *it.*, *sp.* trucha, *pg.* truita, *pr.* trocha, *fr.* truite, *neugr.* τροῦτα *forelle; vom mlat.* tructa, *einem volksmäßigen ausdruck:* quos 'vulgus' tructas vocat Isidor *12, 6, 6, muthmaßlich entstanden aus gr.* τρώκτης, *das eigentlich für einen seefisch gebraucht wird. In alten glossen (Hattemer 1, 290) trifft man schon die erweichte rom. form* tróita.

Trottare *it.*, *sp. pr.* trotar, *fr.* trotter *traben*, gael. trot, *kymr.* troti; *sbst.* trotto, trote, trot *trab. Da die Römer den kunstausdruck* ire tolutim *besaßen, woraus, wie Salmasius bemerkt, ein verbum* tolutare, *zsgz.* tlutare trotare (*vgl. fr.* chapitre *von* capitulum), *entstehen konnte, so scheint es überflüssig, den ursprung des wortes anderswo zu suchen: pr. altfr.* trotier *ist also buchstäblich das lat.* tolutarius, *das man mit passgänger, zelter übersetzt.*

Trovare *it., pr. cat.* trobar, *fr.* trouver *finden, chw.* truvar *recht sprechen, ein urtheil finden, altfr.* trouver une loi. *Der walach. sprache fehlt das wort gänzlich, die span. und port., welche* hallar *und* achar *an seine stelle setzen, kennen es fast nur aus der poetik der Provenzalen: sp.* trovar *dichten,* trova *gedicht, doch braucht das (leonesische) Alexanderlied* trobar *auch im gewöhnlichen sinne; ebenso Berceo, z. b. Duel. 199:* pero al que buscaba no lo podio trobar. *Auch die sardischen mundarten scheinen es nicht zu besitzen: seine stelle vertritt* crobare = *it.* accoppiare (croba = coppia) *und* incontrare. *Lat.* invenire *gab die neue sprache früh auf, nur in der Passion Christi läßt es sich noch entdecken und zwar in gesellschaft von* trovare: non fud trovez ne en veugu d *str. 44, auch bewahren es span. wörterbücher als einen archaismus; das mittellatein scheint kein hoch hinaufreichendes zeugnis für* trovare *zu enthalten. Seine herkunft ist noch nicht genügend nachgewiesen, denn wenn Ducange es auf altfr.* treu (tributum) *zurückführt, weil die erheber das erhobene* treuvé *genannt hätten, so übersieht er, daß kein infin.* treuver *stattfindet. Auch entstehung aus dem ahd. part.* trofan *ist als etwas ganz ungewöhnliches nicht einzuräumen, wie viele verba auch in lateinischen participien ihre quelle haben. Dagegen vermuthet Grimm, Myth. p. 853, als etymon unseres wortes ein goth. vb.* drupan = *ahd.* trefan *wie* trudan = trotan, *und so könnte das räthsel gelöst erscheinen, wenn man auf das factische vorhandensein eines solchen wortes kein gewicht legte. Genau fordert das rom. verbum in seinen verschiedenen formen einen stamm* tröb *oder* tröp, *aber auch ein stamm mit* ü *ist zulässig. Die folgende deutung, die den früheren beigefügt werden möge, hat den vorzug, daß sie aus dem vor allen berechtigten, dem lateinischen elemente, schöpft und dass sie, statt auf voraussetzungen, auf thatsachen fußt. In* trovare *begegnen sich augenscheinlich die begriffe* finden *und* suchen *oder* holen: *it.* truova mi un ago *ist 'hole mir eine nadel';* Goffredo trova *bei Tasso kann nur heißen 'suche Gottfried auf' u. dgl.; altfr.* que el te truisse vitaille *'daß er lebensmittel für dich hole oder bringe' LRs. 310; das venez. wort bedeutet ausfindig machen, it.* ritrovare *genau durchsuchen, henneg.* retrouve *ist so viel als* recherche. *Finden ist das ziel des suchens; die sprache konnte den einen begriff* in den andern hinüberleiten, wie man für verfolgen und erreichen ein und dasselbe wort gebraucht, s. oben guadagnare. Auch dichten, das der Provenzale mit troba**r** ausdrückte, ist ein finden durch suchen, durch nachdenken, kein zufälliges treffen. Noch in andern verbis, z. b. in catar, berühren sich suchen und finden, das bask. bilhatu hat beide bedeutungen. Geht man also von der bed. suchen aus, wozu die angeführten beispiele berechtigen, so bietet sich als passendes etymon turbare *durcheinander werfen*, woraus die bed. durchstöbern, durchsuchen ohne schwierigkeit erfolgen konnten: dieselbe begriffsentwicklung z. b. im it. frugare mit der gabel durcheinander werfen, durchsuchen, umgekehrt rovistare *durchsuchen und durcheinander werfen*. Die formveränderung macht nicht das geringste bedenken. Daß anlautendes t ein entfernteres r gerne an sich zieht, ist bekannt (Rom. gramm. I, 223), im franz. troubler von turbulare bemerkt man denselben vorgang an demselben stamme. Jeden zweifel aber muß die wahrnehmung niederschlagen, daß trovare *in der bed. von* turbare *einzelnen mundarten verblieben ist*: altpg. trovar ist = turbare, neap. struvare = disturbare, controvare = conturbare. Das neap. und das it. controvare sind in ihrem ursprunge eins und dasselbe, nur in ihren bedeutungen auseinander gegangen: wer möchte auch das ital. verbum als eine neue zusammensetzung mit dem bereits fertigen trovare betrachten, da fast gar keine neuen zusammensetzungen mit cum vorkommen, sofern dies nicht wie in combattere, eine gemeinsame thätigkeit anzeigt? — [Auf eine freilich vereinzelte franz. form torver für trover in einem text aus dem anfange des 12. jh. ed. G. Paris macht der herausgeber mit recht aufmerksam, s. Jahrbuch VI, 364.]

Truan *pr.* (*fem.* truanda), *fr.* truand, *sp.* truhan, *pg.* truão *landstreicher, bettler* (*sp.* gaukler), noch jetzt im lothring (Metz) trouant *faulenzer; vb. pr.* truandar, *fr.* truander, *sp.* truhanear. Daneben meldet sich eine prov. und altsp. form mit f trufan, welche das wort an truffa *posse* knüpft: da aber der Portugiese keine form trufão anerkennt, so wird man truan als ein für sich bestehendes in einigen mundarten dem sinnverwandten truffa zufällig angenähertes wort betrachten müssen. Sein ursprung aber ist celtisch: kymr. corn. bret. tru *adj.* elend = altirisch tróg dass. Zeuß I, 118. 28 (welchem kritiker aber doch das bret. truant aus dem roman. entnommen scheint II, 860); weiteres bei Diefenbach, Celt. I, 150. Im spätern mlatein schrieb man trutannus, das einigermaßen an das ahd. trubting *gefährte* erinnert (Ducange s. v. und Grimm, Gedichte auf Friedr. p. 46), allein die formen der volkssprachen, die hier nirgends ein inlautendes t oder d entdecken lassen, verdienen mehr glauben als latinisierte, bei welchen es um einer vorgefaßten etymologie willen oft auf einen buchstaben nicht ankam.

Trucco *it.* kugelspiel, billard, *sp.* truco, *pr.* piem. truc *stok, conusk.* stampfe, stempfel, *npr.* truco (*f.*) quetschung; *vb.* piem. trucbè, com. *npr.* trucà, chw. trukiar *stampfen, stoßen*, ven. s-trucare *auspressen.* Der stamm passt offenbar zu unserm druck, drucken, dessen d älterem th (ags. thryccan, *altn.* thryckia), *mithin romanischem* t *antwortet, s. oben* tasso. *Muratori, der das wort übrigens aus dem fr.* troquer *leiten möchte, gedenkt eines spieles* trucco di terra, *wobei es darauf ankommt, kugeln durch einen auf dem boden befestigten ring zu werfen: man könnte darum an gr.* τροχός *(ring) denken; allein der begriff stoß (eigentl. druck) ist der sache angemessener und nur in beziehung darauf konnte der Spanier das spiel mit dem plural* trucos *(engl.* trucks) *d. h. das in stößen bestehende spiel nennen. Nach Covarruvias und Minshew stammt es aus Italien und hier ist auch das wort in seiner gemeinen bedeutung am meisten üblich.*

Truffa *it., sp. pg. pr.* trufa, *fr.* truffe *posse, windbeutelei, auch bask.* trufa; *vb.* truffare, trufar, truffer *einen zum besten haben; it.* truffaldino *schalksnarr. Sollte es wirklich im gr.* τρυφή *hoffart seinen ursprung haben? Wahrscheinlicher aber ist es nichts anders als das gleich unten abzuhandelnde wort: nicht allein umfaßt das altfr.* truffe *beide begriffe knollen und posse, das neap.* taratufolo *einfaltspinsel ist augenscheinlich das it.* tartufolo, *und auch das mail.* tartuffol *bedeutet trüffel und geck. Die sprache übertrug den namen einer kleinen frucht auch auf eine kleinigkeit in moralischem sinne, eine posse, albernheit.*

Truffe *fr. (f.), comask.* trufol, *gen.* trifola *ein erdschwamm, trüffel, dsgl. cat. mit eingeschobenem m* trumfo, trumfa *ein knollengewächs, patate; das span. wort ist* turma *in ersterer bedeutung. Adelung verweist* truffe *auf das ndd.* druffel *träubchen, weil das gewächs traubenförmig sei; es ist aber nicht wohl zu glauben, daß man für ein im Süden wohlbekanntes gewächs einen deutschen namen geborgt habe, auch nannte man es ahd.* erdnuz, *nicht* drûpo *traube. Der latein. ausdruck ist* tüber, *welches, wenn man die ungemeine entstellung von pflanzennamen bedenkt, sich mit versetztem* r *und verwandeltem* b *vielleicht zu* truffe, trumfo *(auch sp.* trumfo *geschwulst) und selbst* turma *gestaltete; ü hätte o werden sollen, aber auch im it.* tubero, tubera *blieb es. Die weiblichen formen konnten ihren grund haben im plur.* tubera, *der als sing. bereits in deutschen glossaren des 9. jh. dasteht, s. Graff II, 1128. — Dazu kommt noch ein zweites wort, womit theils eine trüffel, theils ein knollengewächs benannt wird: it.* tartufo, *mail.* tartuffol, *ven.* tartufola, *piem.* tartifla, *chw.* tartufel, *occ.* tartifle, *fr. (in Berry)* tartoufle. *Dies erklärt Ménage nicht ungeschickt aus* terrae tuber, *welche verbindung Plinius für ein anderes knollengewächs gebrauchte, auch der Spanier nennt die trüffeln* turmas de tierra: tartufo *wäre also euphonisch für* tartrufo; *dabei ist das sic.* tirituffulu *in anschlag zu bringen, das recht wohl für* teretuffulu *stehen kann. — Aber einiger zweifel haftet doch auf der herleitung von* truffe *aus* tuber. *Andre mundarten zeigen nämlich den einfachen stamm* truf *ohne* r: *genf.* tufelle, *occ.* tufeda *Dict. genev., sp.* co-tufa *erdapfel, dessen erste silbe zweifelhafter herkunft ist, vgl. sic.* cata-tuffulu; *ven.* tufoloto *nennt man einen kurzen dicken menschen, einen knollen. Es fragt sich nun: sind diese letzteren formen identisch mit dem unten folgenden* tufo *dunst, entweder weil die trüffel ein staubschwamm ist, oder, wie schon andre vermuthet haben, weil sie stark riecht? Oder sind sie abgekürzt aus* tar-tufo? *Letzteres ist gewiß der wahrscheinlichere fall, vgl. über solche abkürzungen die vorrede. — Aus* tartufola *ward übrigens durch dissimilation unser* kartoffel, *mdartl.* tartoffel, *isl.* tartuflur *pl., s. Potts Forsch. II, 111. Das neupr.* trufa *hat nur diese bedeutung, nicht die des fr.* truffe. *Dazu Weigand I, 565.*

Tudel *sp. pr., piem. comask.* tuel, *fr.* tuyau *röhre, pfcife. Mit* tubellus, *das Ménage aufstellt, verträgt sich die form auf keine weise, da nur die ital. sprache* d *in die stelle eines ausgefallenen buchstabens einfügt.* Tudel *ist genau des altn.* tûda, *dän.* tûd, *ndl.* tuit, *hochd. mundartl.* zaute *röhre, besonders an einem gefäß zum eingießen.*

Tufo, tuffo *it., sp.* tufo *dunst, npr.* toufe *erstickender dunst, adj. lothr.* toffe *erstickend; vb. fr.* étouffer *ersticken. Nicht vom mhd.* tuft, *es stammt aus dem gr.* τῦφος *qualm, auch dünkel, stolz (*typhus *in letzterer bed. bei Arnobius, vgl. Ducange), daher denn auch sp.* tufos *plur.* locken *auf den ohren, hochmuth, pg.* tufos *buffen (aufgeblähtes),* tufar *aufblasen,* atufar *erzürnen,* tufão *wirbelwind, genau das gr.* τυφών. *Verwandt ist das lomb.* toffà *beriechen, chw.* toffar, tuffar *stinken.*

Tufo *it. pg., fr.* tuf, *sp.* toba *tufstein; vom lat.* tophus. *Was* u *für* o *betrifft, so ist* tufineus *für* tofineus, tofinus *bei den feldmessern zu vergleichen.*

Tulipano *it., wal.* tulipan, *sp.* tulipa, tulipan, *fr.* tulipe *eine blume,* tulpe; *vom pers.* dulbend *das um die mütze gewickelte nesseltuch (daher it.* turbante *turban), wegen einer gewissen ähnlichkeit von den Europäern auf jene blume übertragen, deren pers. und türkischer name* lalê *ist.*

Turchese *it., sp. pr.* turquesa, *fr.* turquoise, *it. auch* turchina, *ein edelstein aus dem thongeschlechte,* türkis, *vorzüglich in Ostpersien einheimisch, der türkische genannt, weil er zunächst aus der Türkei nach Europa kam. Adj. it.* turchino *blau.*

Tutare *it. in* attutare *und* stutare *(*astutare *PPS. I, 209), churw.* stidar, *pr.* tudar, atuzar, estuzar, *fr.* tuer. *Die bedeutung der ital. wörter ist mäßigen, dämpfen, die der churw. prov. und franz. auslöschen, wie in* tuer la chandelle, tuer le feu *(Ducange), aber schon altfr. tritt die bed.* tödten *daneben auf, für welche auch eine prov. form* tuar *aufkam Fer. 269. Deutscher herkunft ist das wort nicht: goth.* dauthjan, *ahd.* tôtan, *hätte pr.* daudar *oder* taudar, *fr.* touer *hinterlassen. Ein anderes die bed. still machen, beschwichtigen ausdrückendes ahd. vb.* tuzjan (tûzjan), *s. Mhd. wb. III, 155, würde ital. eher* dutare *oder* tuzzare *erzeugt haben. Auch lat.* tūditare *fortstoßen wäre kein richtiges etymon. Buchstäblich passt nur* tūtari *schützen, abwehren, dem auch pr.* tuzar *nicht widerspricht, da* t *in mehreren füllen, wie* espaza (spatha), *zu* z *wird.* Tutari *aber neigt sich zur bed. abwehren, hemmen, woran sich zunächst die des ital. wortes knüpft:* tutari famem *den hunger abwenden, sagt nicht viel mehr als it.* attutare la fame, *auch das franz.* tue-vent *bedeutet etwas den wind abwehrendes, aus abwehren folgte unschädlich machen, löschen, tödten.*

Wie die bed. schützen und abwehren sich berühren, zeigt auch das lat.
defendere, *das altd.* werjan, *das rom.* parare.

U.

Uccello *it.* (*poet.* augello), *pr.* augel. *fr.* oiseau, *mlat.* aucellus L. Sal. *vogel, von* aucella, aucilla *(bei Apicius und Apulejus) mit verändertem genus wie häufig bei diminutiven; sp. mit diminutiver bed.* avecilla = *lat.* avicella. *Daher das vb. it.* uccellare *vögel fangen, mhd.* vogelen, *altfr.* oiseler *hüpfen wie ein vogel.*

Uffo *it.*, ufo *sp. pg. vorkommend in der adverbialen verbindung* a uffo, à ufo *umsonst, auf fremde kosten; daher abgel. sp. pg.* ufano *eitel, pr.* ufana, ufanaria, ufanesc *eitelkeit, übermuth u. a. Die wurzel dieser bildungen ist germanisch. Das ahd. sbst.* ubbâ *oder* uppâ *wird eben so adverbial gesetzt:* in uppân *eitel, umsonst* = *it.* a uffo. *Den consonanten* f *gewährt aber das verwandte goth.* ufjô *überflüssig; das hd.* p *scheint sich nur in dem comask.* a up (*mail.* a off) *vorzufinden. Vgl. Diefenbach, Goth. wb. I, 100. Covarruvias deutet das wort aus lat.* offa; *nach Minucci zum Malmantile (s. Bolza) entstand* a uffo *aus der in actenstücken gebräuchlichen abkürzung* ex uffo = ex ufficio '*unentgeltlich*', *was hier noch angemerkt werden möge.*

Uguanno *it.*, *altsp.* hogaño, *altpg.* ogano, *pr.* ogan, *altfr.* ouan, *chw.* uón *adverb für lat.* horno, *so wie überhaupt für gegenwärtige zeit gebraucht; von* hoc anno. *Die nebenformen it.* unguanno, *pr.* ongan *mögen in* hunc annum *ihren grund haben. Das eingeschobene* u *im ital. wird euphonischer natur sein wie in* introcque. *Vgl.* antaño.

Uomo *it.*, *wal.* om, *in den andern sprachen etwas verschieden behandelt: sp.* hombre (*von* hom'nem *wie* fembra *von* fem'na), *pg.* homem (homin[em]), *pr. altfr.* hom, *acc.* home, *daher das nfr.* homme. *Aus der altfr. nominativform* hom *oder* om *entstand das pron.* on = *ahd.* man, *das schon die Eidschwüre kennen:* si cum om per dreit son fradra salvar dist. *Ähnliche scheidung des pronomens vom substantiv auch im altfries.* ma *und* man, *im ndl.* man *und* men, *im dän.* mand *und* man, *s. Grimm III, 8, Richthofen s. v.* ma. *Eine abl. ist it.* omaggio, *sp.* homenage, *pr.* homenatge, *fr.* hommage, *dienstpflicht, huldigung, worin* homo *in seiner mlatein. bed. dienstmann genommen ist.*

Uopo *it.*, *wal.* op, *altsp.* huevos, *pr.* obs, *altfr.* oes *bedürfnis; von* opus. *Im altfr.* oes *schwand das lat.* p *und* o *gab den diphthong* oe, *gleichbedeutend mit* ue (ues *bei Roquef.*), *so* oevre uevre, boefs buefs.

Uosa *it.*, *altsp.* huesa *PC.*, *altpg.* osa *SRos.*, *pr.* oza, *altfr.* hose, heuse, *eine beinbekleidung, gamasche, in früherem mlatein* hosa, osa '*ocrea, caliga*'; *daher fr.* houseau *mit ders. bed.; it.* usatto *stiefel, altfr. vb.* hoser, heuser, *mlat.* hosare *behosen; alle vom ahd.* hosâ '*caliga*', *mhd.* hose, *auch ags.* hose, *kymr.* hôs, *nhd. (mit eingeschränkter bed.)* hose.

Man vergleicht lat. casa. *S. über dieses wort Altrom. glossare p.* 28. *Von einem sinnverwandten gleichfalls aus dem deutschen stammenden worte hat sich nur in dem Casseler glossar eine spur erhalten:* denrus deohproh, *indem ersteres ein längst verschollenes altfr.* tevrucs *vorauszusetzen scheint (Altrom. gloss. 107).*

Upupa *it.* wiedhopf, *abgekürzt mail.* buba, *romagn.* poppa, *piem.* popo, *pg.* poupa, *dsgl. it.* bùbbola, *sp.* abubilla. *Auf andre weise abgekürzt ist pr.* upa, *hieraus mit aspirata durch das dtsche* witu-hopf *herbeigeführt fr.* huppe, *das aber auch von einem merkmale des vogels die bed.* haube *annahm, denn aus ahd.* bûba *wäre* huve *geworden. Ein neues wort entlehnte man von seiner stimme (wie auch* upupa, ἔποψ), *sp.* putput, *fr.* puput, *vgl. obd.* wutwut.

Uracano *it., sp.* huracan, *pg.* furacão, *fr.* ouragan *sturm, orkan; ein erst später in die sprachen eingeführter schifferausdruck, der aus dem karaibischen herrühren soll.*

Urlare *it., wal.* urlà, *fr.* hurler (h *asp.*), *früher auch* huler *und* uler *vielleicht mit einmischung des dtschen* heulen, *pg.* huivar (*vgl. wegen* v *aus* l couve *von* caulis); *von* ululare (rl *wie in* zirlare *von* zinzilulare). *Dasselbe wort mit vertauschung des ersten, aber ohne syncope des zweiten* l *ist sard.* urulare, *pr.* udolar. *Von* huler *stammt fr.* hulotte *eule. Ein henneg.* cabuler *soll nach Hécart für* cat-huler *stehn (schreien wie die katze). In der ital. nebenform* chiurlare *ist die natur des anlautenden* ch *zweifelhaft.*

Urtare *it., pr.* urtar, *fr.* heurter *statt des alten* hurter (h *asp.*) *stoßen; sbst. it.* urto, *fr.* heurt *stoß; dazu ein comp. altfr.* dehurter, *neupr.* dourdà (*ebenso* derbá *von* deberber), *norm.* dourder. *Das wort findet sich wieder im mhd.* hurten, hurt, *ndl.* hurten, horten, hurt, bort, *wohl auch im engl.* hurt *verwunden,* hurtle *anprallen, es fehlt aber allen älteren deutschen mundarten und möchte als ein in ritterspielen übliches aus Frankreich eingebracht sein. Unter den celtischen sprachen kennt es nur die kymrische:* bwrdh *stoß, dsgl.* bock (*mlat. in* England hurdus, hurdardus *mit letzterer bed.*), *vb.* hyrdhu, hyrdhio *stoßen, und wenn es sich in den ältesten denkmälern dieser sprache nachweisen läßt, so ist seine celtische herkunft ziemlich gesichert. Der verbalbegriff* stoßen, *vom* bock *abgeleitet, wird sich häufig finden, so z. b. mhd.* bocken, *franz. in Bourgogne* boquai (Mignard), *lat.* arietare.

Usbergo, osbergo *it., pr.* ausberc, *altfr.* halberc, hauberc (h *asp.*), *nfr.* haubert *panzerhemd; vom gleichbed. ahd.* halsberc, *ags.* healsbeorg, *altn.* hâlsbiörg *(f.) eigentl. eine den hals bergende oder deckende rüstung, mhd. auch* halsveste, *nachher, wie unser* koller (*von* collare halsband*), in seiner bedeutung erweitert. Im altfr.* halberc *verstummte das zwischen zwei consonanten stehende* s *und fiel aus wie in dem gleichfalls mit* hals *zsgs.* halterel, haterel *für* halsterel, *wogegen die prov. form ihr* s *durch auflösung des* l *in* u *schützte: man hüte sich daher, es aus dem von Benecke (und schon von Besly, s. Ducange und Ménage) als urform angenommenen*

al-berc *'alles deckend',* woraus halsberc *erst entstellt wäre, zu erklären. Im ital. kommt auch das veraltete feminin* sberga *für* usberga *vor.*
Uscio *it., wal.* uşę, *altsp.* uzo *PC., pr.* uis, us, *fr.* huis *thüre, von* ostium; *it.* usciere, *altsp.* uxier, *fr.* huissier *thürsteher, von* ostiarius, *welches eine urkunde vom jahr* 551, *Marin. p.* 180, *zum belege der frühen ausartung des* o *in* u *in der form* ustiarius *gewährt.*

V.

Vainiglia *it., sp.* vainilla *und* vainica, *pg.* bainilha, baunilha, *fr.* vanille *ein gewürz, der same einer südamericanischen pflanze; diminutiv des span.* vaina *schote (lat.* vagina), *weil die samenkörner in kleinen schoten enthalten sind.*
Vajuolo *und* vajuole *(fem. pl.) it., sp.* viruela, viruelas, *fr.* petite vérole *pocke, pocken, mlat.* variola; *von* varius *bunt, fleckig, nicht von* varus *blatter, da das ableitende* i *des lat. adjectivs durch die ital. form klar angezeigt ist.*
Valigia *it., sp.* balija, *fr.* valise *felleisen. Die formen decken sich nicht, wenigstens entspricht das sp.* j *etymologisch nicht dem it.* ġ, balija *scheint also (nebst dem in den glossen von Älfric vorkommenden* vallegia) *eine nachahmung des it.* valigia, *welches in gemeinschaft mit dem fr.* valise *eine grundform* valisia *oder* valitia *anzunehmen erlaubt. Die aufklärung des schwierigen wortes läßt sich versuchen. Plautus braucht häufig für dieselbe oder eine ähnliche sache das gewiß ganz volksübliche* vidulus. *Im latein. fließt aus* capill-us capill-itium, *die ital. sprache aber zieht selbst für sinnliche begriffe das weibliche suffix* itia *vor, welches, wie im latein, eigentlich zum ausdrucke abstracter begriffe dient* (grand-izia, grand-igia), *und leitet z. b. aus lat.* comtus *putz, schmuck das gleichbed.* cont-igia. *Mit demselben rechte konnte sie aus* vidulus vidul-itia *leiten, besser romanisiert* velligia (ll *aus* d'l *z. b. auch in* strillo *aus* stridulus), *mit bekannter verwandlung des tonlosen* e *in* a valligia, *endlich* valigia *durch vereinfachung des* ll, *was hier, wo aller etymologische anhalt fehlte, zumal vor betontem vocal leicht möglich war. So ist also, wenn die vorliegende deutung anerkennung findet, unser deutsches wort* felleisen, *eine offenbare umdeutung des fr.* valise, *bei Plautus zu suchen.*
Vanno *it. (nur im plur. üblich), abgel.* vanneaux *fr.* schwungfedern; *von* vannus *futterschwinge, weil die fittiche der vögel dieselbe bewegung machen. Der kibitz aber heißt it.* vanello, *fr.* vanneau, *mail.* vanett, *von dem federbusche auf dem kopfe, den er aufrichten und niederlassen kann, dessen einzelne theile also mit schwungfedern verglichen werden; ital. auch* pavoncella *genannt.*
Vantare *it., pr.* vantar, *fr.* vanter *prahlen; sbst. it.* vanto; *von* vanitare *mit ders. bed. bei Augustinus (Opp. I,* 437. 761), *dies von* vanus.
Varare *it., sp. pg: pr.* varar, *altfr.* varer *ein schiff vom stapel*

lassen; von vara *querholz, schräge gelegtes holz. Aber pg.* varar *heißt auch ein schiff ans land ziehen; dsgl. (intrans.) scheitern, letztere bedeutung hat auch sp.* varar, barar, *daher desvarar wieder flott werden.*

Vascello *it., sp.* baxel, *pg.* baixel *schiff, pr.* vaissel, *fr.* vaisseau *gefäß, schiff, wallon.* vahai *sarg; von* vascellum *Grut. Inscript., dimin. von* vas, vasculum. *Ein altes zeugnis der span. form bei Isidorus:* phaselus est navigium, quem nos 'corrupte' baselum dicimus. *Daneben für die ursprüngl. bed. gefäß it.* vasello, *sp.* vasillo, baxillo *u. s. w.*

Vassallo *it. pg., sp.* vasallo, *pr. fr.* vassal *lehnsmann, mlat.* vassallus. *Die älteste lat. form, z. b. in der L. Alam., ist* vassus *mit der bed. mann vom dienstgefolge, und noch unter Ludwig dem frommen heißt es:* quos vassos 'vulgo' vocant. *Die roman. sprache aber kennt* vas *nicht mehr, sie gab es hin für das klangvollere* vassall. *Eine altfr. bedeutung des letzteren ist mann, streitbarer mann: die Livr. d. rois haben* vassal *für vir p. 119. 204, für pugnator p. 174, daher* vasselage *tapferkeit, wie* barnage *von baron. Den deutungen aus lat.* vir *oder* vas vadis *oder aus dem goth.* vastjan *(kleiden,* vassus *s. v. a.* vestitus, investitus*) widerstrebt der buchstabe; mit recht erinnert Leibnitz an kymr.* gwâs *junger mann, diener: an erstere bedeutung, nicht wohl an letztere, knüpft sich die altfranz. 'streitbarer mann', alle drei bedeutungen vereinigt z. b. das ahd.* degan *junger mann, held, diener. Die rom. form* vassal *wird, da kein suffix* all *vorhanden ist, durch anlehnung an das kymr. adj.* gwasawl *(dienend) entstanden sein. Die aufnahme von* vassus *in die mlat. oder roman. sprache muß man übrigens in die früheste zeit setzen (vgl. fr.* verne *aus* gwernen*), da man später* guassus *gesagt haben würde. Eine abl. ist altfr.* vaslet, varlet *knabe (anständiger als* garçon, *an dessen stelle z. b. die limous. mundart nur* efon *d. i.* enfant *gebraucht), nfr.* valet *diener, it.* valetto. *Ein geringerer vassall, nach dem gemeinen sprachgebrauche, besonders in der Normandie, ein afterlehnsmann hieß fr.* vavasseur *(*vasseur *Ruteb. I, 150), pr.* vasvassor, valvassor, *mlat.* vavassor, vavassorius *u. dgl., fem. altfr.* vavassore, *daher it.* varvassore *und* barbassoro, *altval.* vervesor *JFebr. 95, vielleicht zsgs. aus* vassus vassorum *vassall von vassallen. Vgl. zu diesem artikel Potts Forsch. II, 347.*

Vecchio, veglio *it., wal.* veachiu, *sp.* viejo, *pg.* velho, *pr.* vielh, *fr.* vieil, vieux *alt; von* vetulus vetlus veclus, *letzteres schon bei einem alten grammatiker* 'vetulus, non veclus' *Anal. gramm. p. 443,* curte vecla *Tirab. II, p. 17ᵃ (v. j. 752), selbst it.* veclo *Iacomino ed. Ozanam, Doc. hist. 294. — Das primitiv* vetus *hat nur die altfranz., nicht die prov. mundart behalten. Es lautet mit richtigem diphthong* viés, *fem. ebenso, z. b.* une viés baire *Barl. 123, 24; doch auch, indem man* s *zum stamme rechnete,* viese, *plur.* vieses. *Andre reste des wortes liegen vor im altsp. adverb* de vedro *von alters her, und in geographischen namen, wie pg.* Torres vedras, *sp.* Murviedro, *it.* Castel-vetro.

Vece *it. sbst., adverbial sp. pg.* vez, *pr.* vetz, *fr.* fois, *npr.* fes *(altpr.* fetz *nur im Gir. de Ross.), letztere formen mit verwandlung des*

v in f (*vgl. unten* via *1*); *vom lat.* vice, *s. b.* tribus vicibus *dreimal*. *Daher altsp.* altpg. *pr.* vegada, *churw.* gada, *worin sich* g *zu* z *verhält wie im sp. pr.* perdigon, *pg.* perdigão *aus* perdiz, perditz.

Veglia *it.*, *sp.* vela, *pg.* vigia, *pr.* velha, *fr.* veille *nachtwache; vb.* vegliare *ff.; sp.* veleta *wetterfahne (wächter), it.* veletta *schildwache; von* vigilia, vigilare.

Velleità *it., sp.* veleidad, *fr.* velléité, *engl.* velleity *wille ohne that; vom inf.* velle, *ein in der schule entstandenes wort.*

Veltro *it., pr.* veltre, *altfr.* viautre *jagdhund, corn.* guilter; *altfr.* viautrer *jagen (auf schweine). Martial hat* vertrăgus: non sibi, sed domino venatur vertragus acer; *Gratius spricht dafür minder gut* vertrāha, *in der L. Burg. steht* veltrahus, *in der L. Sal.* veltrum, veltrem *(acc.), in den Schlettst. glossen 37, 28* velter, *in den Florent. glossen p. 948*[b] veltra. *Es wird von Aelian als ein celtisches wort bezeichnet:* αἱ δὲ ποδώκεις κύνες αἱ κελτικαὶ καλοῦνται μὲν οὐέρτραγοι κύνες φωνῇ τῇ κελτικῇ, *nach Zeuß I, p. 6, vgl. 45. 166, vom altirischen* traig *fuß, verbunden mit der intensiven partikel* ver. *Darüber und über vieles andre dieses wort betreffende sehe man Diefenbachs Orig. europ. p. 330 ff.*

Venerdì *it., fr.* vendredi, *pr. cat.* divendres *freitag, von* Veneris dies, dies Veneris; *sp.* viernes, *pr. auch* venres *vom gen.* Veneris, *wal.* vineri, *ven.* venere, *romagn.* vénar. *Dafür pg.* sexta feira. *Eigenthümlich ist der sardische ausdruck* chenábura, chenáura, cenabara *von* cocna pura, *weil man an diesem tage nur magere speisen genießt.*

Vengiare *it., sp.* vengar, *pg.* vingar, *pr.* vengar, venjar, *fr.* venger *rächen; von* vindicare *(wal.* vindecà *heilen d. h. retten). Zsgs. pr.* revenjar, *altfr.* revenger, *nfr.* revancher, *sbst.* revanche; *neufr.* ch = *altfr.* g *ebenso in* nache = nage.

Ventaglio *it., sp.* ventalle *fächer, pr.* ventalh, *fr.* ventail *luftloch,* vantail *thürflügel,* éventail *fächer, it.* ventaglia *u. s. f. visier des helmes; von* ventus, *vgl.* ventana *II. b.*

Ver *pr. altfr. frühling; daher sp.* verano, *pg.* verão *spätfrühling; zsgs. pr.* primver, *it. sp. pr.* primavera, *wal.* primęvarę, *altfr.* primevere, *bask. (labort.)* primadera *frühling, eigentlich erster frühling, vorfrühling, welchen begriff es noch im span. ausdrückt; dafür fr.* printemps, *piem. schlechtweg* prima, *occit.* primo *(f.). Der Venezianer nennt diese jahreszeit* verta, *in Dauphiné heißt sie* pipa, *s. oben s. v.* piva.

Vergogna *it., pg. pr. ebenso* vergonha, *fr.* vergogne, *sp.* vergüenza, *alt* vergüeña *Rs. scham; von* verecundia *mit ausgefallnem* d *wie in* Bourgogne *von* Burgundia, *wogegen im span. schärfung des* d *zu* z *eintrat.*

Vermiglio *it., sp.* bermejo, *pg.* vermelho, *pr. fr.* vermeil *roth, mlat.* vermiculus *schon im 6. jh., s. Brég. n. 40* palla vermicula; *vom sbst.* vermiculus *würmchen (das die scharlachfarbe gibt).*

Vernice *it., sp.* berniz, barniz, *pr.* vernitz, *fr.* vernis *eine art lack oder glanzfarbe, daher engl.* varnish, *kymr.* bernais, *dtsch.* firnis; *vb. it.* verniciare, *sp.* barnizar, *pr.* vernissar, *fr.* vernisser, *auch it.* vernicare, *pr.* bernicar, *endlich auch fr.* vernir, *vgl. bei den Alten* l'escu d'or vernis *Fier. p. 51, 5, Gayd. p. 178. Des wortes herkunft ist zweifelhaft. Billig geht man vom vb.* vernir *als dem einfachsten producte aus, daher* vernis, *it.* vernice: *es könnte im ahd.* bernjan *für* brenjan *glänzend machen (dies von* brinnan *glänzen) seine quelle haben, allein nie erweicht sich anlautendes deutsches* b *in* v, *das sp.* b *aber ist kein zuverlässiger führer, da es oft für* v *eintritt. Eben so wenig gewicht hat das dem ital. erst nachgeformte mittelgr.* βερνίκη. *Darum verdient Ménage's erklärung den vorzug:* vernir *ist* = vitrinire *glasieren (das adj.* vitrinus *für* vitreus *findet sich im pr.* veirin*), eine bedeutung, die auch das it.* vitriare, *das sp.* vedriar, *das sard.* imbidriare *entwickelt haben. Noch möge bemerkt werden, daß Lessing, ed. Lachmann IX, 482, in einer bei Theophilus vorliegenden form* fornis *das stammwort unseres* firnis *vermuthet, ohne es jedoch zu erklären.*

Verrina *it., sic.* virruggiu *bohrer,* henneg. vérin *schraube, fr.* vrille (*für* verille) *kleiner bohrer; dahin auch it.* verricello *haspel. Augenscheinlich sind diese wörter eines stammes, nicht aber von* virare, *das in allen ableitungen* ein i *behauptet: ihm mag etwa das neupr.* birou, birounieiro *bohrer entsprossen sein. Jene wörter schließen die vorstellung des drehens, windens in sich ein,* vrille *heißt auch die schraubenartig sich windende ranke des weinstocks (also nicht von* viriculum *meißel) und so dürfte man auf* veru, *da dem sich drehenden bratspieß der bohrer wohl verglichen werden konnte, vermuthen, um so eher als sich* verrina *befriedigend aus dem Plautinischen* veruina *d. i.* veru-ina, *worin das hiatus machende* u *ausfiel, erklärt. Identisch mit* verrina *ist sard.* berrina, barrina, *cat.* barrina, *vielleicht auch sp.* barrena, *aber pg.* verruma *wird wohl besser auf das gleichbed. arab.* bairam *oder* barîmah *Freyt. I, 114*[b] *zurückgeleitet. Zu vergleichen ist auch, was Engelmann p. 74 darüber bemerkt.*

Versare *it.,* versar *pr.,* verser *fr.,* versà *wal. ausgießen, vergießen; von* versare (*das gefäß*) *umkehren, eine bedeutung, die auch das wal.* turnà *erworben hat. Dasselbe wort ist altsp.* bosar, *nsp.* rebosar = *lat.* vorsare, revorsare, *mit bekanntem ausfalle des* r *vor* s.

Verza *lomb. pg.,* berza *sp.,* vearzę *wal.,* verzotto *it. kohl, wirsig, daher sp.* bercero *kräuterhändler. Die herkunft dieses wortes unterliegt keinem bedenken, wenn auch* mlat. brasicia *Gl. Flor. (Diutiska II, 232) zu widersprechen scheint: es ist das lat.* vīrĭdia (*plur.*) *gartengewächse, das der verwandlung in* verza *nicht entgehen konnte. Ménage hält it.* berza *schienbein für dasselbe wort, eigentl. kohlstrunk, und vergleicht wegen der bedeutung fr.* tige, *it.* gambo. *Für* verza *auch it.* sverza *kohl, splitter.*

Verziere *it., sp.* vergel, *pr.* vergier, *fr.* verger *garten; vom gleichbed.* viridiarium *oder* viridarium, *pr. auch* verdier. Verzaria (*plur.*) *hat schon eine urkunde v. j. 752 Murat. Ant. ital. V, 1011.*

Via *it. adverbium die frage 'wie oft' zu beantworten,* una via *ein-*

mal PPS. I, 491, dua via tre *zweimal drei; vom sbst.* via *weg, vgl. das ebenso angewandte nord.* gang, *das ndl.* reis. Via *härtete sich, scheint es, in* fia, *altfr.* fie, *üblicher die abl. it.* fiata *(dreisilb.), altfr.* fiede *LRs. 11*, fiée, foiée, *noch jetzt wallon.* feie. *Zsgs. it.* tuttavia, *sp.* todavia, *altfr.* toutesvoies, *nfr.* toutefois *allemal, dennoch.*

Via, su via *it., sp.* via *(z. b.* via comer! *Silva ed. Grimm p. 257, vgl. Apol. 388), pr. altcat.* via sus *Chx. V, 74, RMunt. 206^m, interjection der ermunterung; vom sbst.* via, *eigentl. 'auf den weg!' Auch in der bed.* weg! *wird ital. nebst churw.* via *gebraucht; dafür bedient sich die mail. mundart des dtschen* fort!

Viaggio *it., sp.* viage, *pr.* viatge, *fr.* voyage, *wal.* viadi *reise; vb.* viaggiare *ff. reisen, von* viaticum *reisegeld, schon bei Venant. Fort. in roman. bedeutung vorkommend, s. Ducange.*

Vigliacco *it., sp.* bellaco, *pg.* velhaco *niedrig, schlecht; abgeleitet von* vilis *(Rom. gramm. II, 305); nach andern wäre es vom völkernamen* Valachus, *s. Mayans y Siscar I, 104. Das fr.* veillaquerie *Roquef. ist aus dem spanischen.*

Villa *it. landhaus, sp.* villa *marktflecken, fr.* ville *stadt. Bereits in der L. Sal. hat* villa *neben der ursprünglichen die bed. weiler, dörfchen (Pardessus p. 389, DC. s. v.), im prov. und altfr. bemerkt man noch die latein. oder die span. bedeutung; in der Passion Christi wird* Bethfage castellum *und ebenso* Gethsemani villa *oder* praedium *(Matth. 26, 36, Marc. 14, 32) mit* vila *übersetzt, während* Jerusalem ciptad *heißt, s. auch Henschel s. v.; endlich bezeichnete es jede stadt von beliebiger grösse. Dem abgel. it.* villano, *sp.* villano, *pr.* vilà, *altfr.* vilain *bauer legte der standesgeist des mittelalters auch die moralischen nebenbedeutungen niedrig, schurkisch, häßlich bei, welche im prov. die hauptbedeutungen (bauer heißt hier* pagès*), im neufr. die einzig verbliebenen sind, die auch, in rücksicht auf* vil *(lat.* vilis*), die alte schreibung mit einfachem* l *fortzuführen anlaß gaben.*

Viluppo *it.* wickel, gewirr; *vb. altsp.* volopar *Bc. Mil. 268, pr. dass., altfr.* voleper; *dsgl. it.* invilupare, *pr.* envolopar, envelopar, *npr.* agouloupá, *fr.* envelopper *einwickeln; prov. auch* revolopir *herumwerfen. Wie nahe auch* volūtare *zu liegen scheint, so ist es doch grammatisch nicht mit dem roman. worte zu einigen. Entsprang dies aus* volup, *so dass* vilupparsi *ursprüngl. bedeutete sich hätscheln, sich warm halten? Man bedenke aber auch it.* luffo *gewirr, gleichbed. mit* viluppo. *In oberital. mundarten hört man* fiop *für letzteres, es wirft aber kein licht auf die etymologie, da es für* flop *und dies für* vlop *zu nehmen ist. Es begegnen einige formen mit* lp *statt* lop, lup: *altval. (bei A. March)* envolpar, *romagn.* agulpè *einwickeln, ven.* imbolponare *einpelzen: man wird sie als contractionen betrachten müssen, da* vulpes, *an das man zunächst denken dürfte, nie die bed. fuchspelz zeigt.*

Viola *it. sp. pg., pr.* viula, viola, *fr.* viole, *wal.* vióare *ein saiteninstrument, daher* violino, violone *u. s. w. Es ist eins der schwierigeren*

wörter, doch scheint es nicht unlösbar. Zu bemerken ist zuvörderst, daß
der Provenzale zweisilbig víula, víola spricht (der diphthong iú ist ihm
unbekannt); aus víola konnte wohl fr. vióle, it. vióla werden, nicht aus
vióla das pr. víola: man muß also von der prov. form als der ältesten
ausgehen und darf nicht ausser acht lassen, daß das wort, wie alle mit v
anlautenden, vorzugsweise lateinische herkunft in anspruch nimmt. Der
mlat. ausdruck für dasselbe instrument ist vitula, und dies kann nur abgezogen sein aus dem alten lat. vitulari springen wie ein kalb, sich lustig
gebärden (dieselbe bedeutung hat unser mundartl. kälbern, ndd. kalveren),
die violine aber war die üblichste begleiterin der lustbarkeiten, ein dichter
(bei Ducange) nannte sie darum vitula jocosa. Springen, tanzen, musi-
cieren sind ineinandergehende begriffe (vgl. giga I, carole II. c), und daß
vitulari ein sbst. vitula mit dem concreten begriffe eines instrumentes
lieferte, ist den sprachgesetzen gemäß: so entstand it. leva hebel aus levare u. dgl. Aus vitula aber ward durch umstellung pr. viutla (wie
veuza aus vidua, teune aus tenuis) und endlich víula, víola (wie rolar
aus rot'larc), hieraus it. vióla, das nicht unmittelbar aus vitula entstehen
konnte, sp. vihuela (h zur wahrung des hiatus), fr. viole, altfr. lieber
vielle, viele (dreisilbig), vitella, mhd. vigele. Sollte, wie auch Wackernagel vermuthet, unser ahd. schon bei Otfried vorkommendes fidula, mhd.
fiedel, das dieselbe sache ausdrückt, nicht desselben ursprunges sein wie
viola? Rom. v ward ja auch sonst in f geschärft, in den Casseler glossen
z. b. ferrat, fidelli für verrat, videlli geschrieben. Man erklärt es wohl
aus fidicula, was aber der buchstabe nicht gestattet. Wir hätten alsdann
in dieser deutschen form ein älteres zeugnis für vitula, als die mlat. litteratur zu bieten scheint. — Ein prov. dichter braucht violar auch von
blasinstrumenten Chx. IV, 167.

Vira sp. pg. pr., altfr. vire pfeil, bolzen, bret. bîr; sp. virote,
it. verretta (bei Ferrari veretta) speer. Vira aus vĕru ist gegen die
regel, da betontes ĕ nicht in i übergeht. Besser darum denkt man an eine
zusammenziehung aus vípera, sp. vibora; vira z. b. in einer neap. chronik
(et parme che al cor me jonga una vira Mur. Ant. VI, 694) übersetzt
der herausgeber mit vipera. Wegen der begriffsentwicklung vgl. givre
II. c. Gegen herleitung von veretta aber aus veru läßt sich nichts einwenden (vgl. oben verrina).

Virar sp. pg. pr., altfr. virer, piem. virè drehen, henney. virler
rollen, sp. auch birar ein schiff wenden; sbst. pr. viro kreiß, umfang,
nur als adverb oder präposition gebraucht, en-viro, auch fr. en-viron, so
auch altspan. Alex. 784; vb. invironare umringen. Virare ist alt und
zeigt sich in handschriften der L. Alam. Die herleitung aus gyrare
unterliegt schwerem bedenken, da gi wohl nie in vi ausartet. War es ein
wort der romana rustica? Lat. vĭria bedeutet armschmuck d. i. armring,
altfr. vire, romagn. vira, com. ven. chw. vera, it. viera ring, reif (nicht
eben zum schmuck) und so heißt auch das dem lat. viriola entsprechende
sp. virola nebst birola, altfr. virole etwas ringförmiges; wal. verige, an-

nulus verweist Diefenbach mit recht auf das slav. veriga catena. *In den Isid. glossen liest man* viria, viriola *'brachiales'; beide wörter sollen aber fremdes ursprunges sein:* viriolae celticae dicuntur, viriae celtibericae Plin. H. N. 33, 12 (Hard.). Humboldt, Urbewohner Hisp. *p. 79, hält mit beziehung auf diese notiz den stamm für einen iberischen von den Celtiberiern den Celten mitgetheilten, im bask.* biruncatu *(drehen, wenden) noch enthaltenen, das aber seine lat. herkunft* (verruncare) *schwer verläugnen kann; auch die deutung des namens* Viriatus *'spangenträger' aus diesem stamme beruht auf einer rein subjectiven auffassung.*

Visciola *it., wal.* višinę *(ngr.* βίσινον*), mit verändertem anlaut fr.* guigne *(alt* guisne*), sp.* guinda, *bask. (navarr.)* guile *eine art kirschen, ahd.* wîhsela, *nhd.* weichsel, *ein auch in den slavischen sprachen einheimisches wort, vgl. Schmeller IV, 17.*

Viso *altit.,* vis *pr. altfr. in verbindung mit dem vb.* esse *und dem dat. der person; vom lat. partic.* visum: *it.* fu viso a me = *lat.* visum mihi fuit, *Rom. gramm. III, 198. Zsgs. it.* avviso, *pr. fr.* avis *in derselben bedeutung und als subst. gutachten, meinung, nachricht, sp.* aviso *in letzterem sinne, vb.* avvisare *ff. meinen, überlegen, benachrichtigen.*

Visto *it., altfr.* viste, *nfr.* vite, *pr.* vist, *gasc.* biste *adj. und adv. munter, rasch, z. b. altfr.* remuanz fu et preux et vistes, plus legier home ne veïstes *Rom. de la rose s. Roquef.; das nfr. adj. aber kann auf personen nicht mehr angewandt werden. Ist es von* vegetus *mit eingeschaltetem* s*? alsdann wäre es in Frankreich entstanden und, wie auch Redi, Etimol. ital., meint, in Italien eingeführt. Aber dieses eingeschobene* s *der Franzosen (Rom. gramm. I, 456) hat in keiner andern roman. sprache eine spur hinterlassen; sp.* cisne *ist nicht vom altfr.* cisgue = *lat.* cygnus, *und it.* desinare *vermuthlich auch nicht vom altfr.* disgner = *lat.* dignare; *übrigens hätte sich aus* vegestus *eher* voiste *als* viste *gebildet. Zu erwägen ist, daß man ital. auch* vispo, *mail.* viscor *und* vivisco *(von* vivus*) sagt: sollte man mit* vivisco, visco *angefangen und das wort durch die beiden andern tenues (*vispo, visto*) variiert haben? aber solche variationen scheint sich die sprache nicht zu erlauben, und so muß man sich weiter umsehen.* Visto *kann ital. ursprungs sein, auf ital. weise verkürzt aus* avvisto *für* avveduto *umsichtig: in einem alten genues. gedichte liest man* omi destri valenti e avisti *Archiv. stor. ital. app. num. 18, p. 33. Die bedeutungen liegen nicht zu weit auseinander: der muntere sieht sich um nach allen seiten; vermöge derselben auffassung ward z. b. aus dem ital.* all'erta *behutsam, vorsichtig, das fr.* alerte *wachsam, munter, flink. Merkenswerth ist das adverbiale piem.* vist non vist, *auch* vist e pris *d. h. im augenblick, welches offenbare participien sind.*

Vitriuolo *it., sp.* vitriolo, *pr. fr.* vitriol *ein mineralisches salz: von* vitrum *wegen seiner glasartigen beschaffenheit.*

Vivole *it. (pl.), sp.* abivas, adivas, *fr.* avives *(f. pl.), mlat.* vivolae *(13. jh.) die speicheldrüsen des pferdes, dsgl. eine krankheit dieser drüsen, daher unser* feifel. *Woher aber das roman. wort? Aus* faba *vermuthet*

Adelung, weil diese drüsen bohnen ähnlich seien, was kaum erwähnung verdient. Das catal. wort ist minovas *d. h. kröpfe.*

Vizio *it. fehler, laster, auch lüsternheit, in andrer form* vezzo *unart, dsgl. belustigung, liebkosung (churw.* vezs); viziato *verdorben, auch schlau, durchtrieben;* vezzoso *reizend;* avvezzare, invezzare, *wal.* invęzà *gewöhnen,* disvezzare, *wal.* desvętzà *entwöhnen. Span.* vicio *laster und lüsternheit wie ital., überdies üppiges, geiles wachsthum der pflanzen;* vezo *gewohnheit;* vicioso *fehlerhaft, üppig;* vezar, avezar *gewöhnen,* desvezar, malvezar. *Port.* vicio *laster und für die bed. üppiges wachsthum* viço, *entsprechend* vicioso *fehlerhaft,* viçoso *üppig (daher der städtename* Villa viçosa *d. h. in einer üppigen gegend gelegen);* vezo *gewohnheit,* vezar, avezar *wie span. Prov.* vici *laster und schlauheit GO. (catal. vergnügen JFebr. 38),* vetz *gewohnheit;* viziat, veziat, vezat *schlau;* vezar, avezar *wie span.,* envezar *belustigen, und so altfr.* voisić, envoisier. *Alle diese wörter und bedeutungen knüpfen sich an* vitium. *Man hat namentlich wegen der bed. gewohnheit auf* vicem *verwiesen, welches aber den der gewohnheit fast entgegengesetzten begriff wechsel ausdrückt und sich übrigens auch durch das genus (pr.* lo vetz = vitium, la vetz = vicem) *von unserm worte scheidet. In betreff der bed. üppiges wachsthum hat man an das vb.* vigere *gedacht, aber daraus war das sp.* vicio *nicht zu gewinnen.* Vitium *ist einerseits unart, üble angewöhnung, wie denn auch it.* vezzo *angewöhnte unart. sp.* vezo *vornehmlich üble gewohnheit bedeuten; andererseits bezog man es auf den hauptfehler der menschlichen natur, üppigkeit, lüsternheit (noch fr.* vice *wollust); gewandtheit, schlauheit mag sich daran geknüpft haben, die auch Dante seiner* lonza, *dem sinnbilde üppiger begier, beilegt. — Es findet sich ein altfr. adj.* viseus, voiseus *listig, das wörterbuch von Douai übersetzt es mit* sagax, *buchstäblich, wie es scheint (denn an* visus *ist doch wohl nicht zu denken), = it.* vezzoso, *aber mit der zweiten bedeutung von* viziato, *die sich wie aus* vitiatus, *auch aus* vitiosus *entwickeln konnte. Ferner findet sich ein altfr. subst.* voisdie *verschlagenheit, das sich als eine ableitung aus dem adj.* voisié, *prov. gleichsam* vezadía, *zsgz.* vesdía, voisdie, *zu erkennen gibt.*

Vogare *it., sp.* bogar, *pg. pr.* vogar, *fr.* voguer *durch ruder getrieben fortschwimmen; sbst. it. pg.* voga, *sp.* boga, *fr.* vogue *lauf des schiffes, figürl. schwang, zug. Ein nicht unpassendes etymon ist unter voraussetzung einer entarteten form* wogôn *(vgl. unser nhd.* wogen) *das ahd.* wagôn, *nhd.* wagen *sich bewegen, in* wago wesan = être en vogue. *Die eigentliche bed. des roman. wortes ist 'sich fortbewegen, fortgetrieben werden', vornehmlich durch ruder, aber auch durch segel: am* rems *et am* vela *s'en van a mays vogar LR. s. v., so noch franz. Es versteht sich, daß* vogare *euphonisch wäre für* gogare, *vgl.* vague *II. c.*

Volere *it., pr.* voler, *fr.* vouloir, *wal.* vreà *wollen, span. nur in zusammensetzungen vorhanden, wie* si-vuel-qual *für* quilibet; *von* velle *mit umbildung des infinitivs nach der in der conjugation vorherrschenden form* vol, *welche die form* vel *schon im frühern mlatein zuweilen ersetzt, s. b.* voleam *in Cap. Car. Cal. Baluze II, 82,* volerent *in alten urkunden. Das wal.* vreă, *sbst.* vreare, *ist den andern roman. formen vollkommen analog:* volere *zsgz.* vlere vrere, *diphthongiert* vreare, *vgl. dieselbe behandlung des* l *im lomb.* vorè.

Volto *it. pr., fr.* volte, voûte, *wal.* boltę, *sp.* bóveda *(nebst pg.* abóbeda *aus einer zweiten prov. form* vouta *entstanden) wendung, auch gewölbe; von* volvere volutus, *rom.* voltus *(im ital. und prov.), daher vb.* voltare, *sp.* voltear *u. s. w. Vgl.* bulto *II. b.*

Z.

Zafferano *it., sp.* azafran, *fr.* safran, *wal.* sofrán *eine pflanze, die namentlich von den Mauren in Spanien gebaut ward; vom arab.* zaʻfarân (زعفران) *Freyt. II, 238ª. — Aus derselben arab. wurzel (*zaʻfara*) sind auch diejenigen roman. wörter, die unserm* saflor, carthamus tinctorius, *entsprechen, wie it.* zaffrone, *sp.* azafranillo, *pg.* açafroa, *fr.* safran; *dsgl. it.* asfiori (?), *sic.* úsfaru, *ven.* asfóro *(letzteres die fäden unter dem safran bedeutend), sp. pg.* alazor, *arab.* uzfur. *S. Weigand* saflor 1.

Zagaia, azagaia *pg. sp., fr.* zagaie, *altfr.* arcigaye, archegaye, *it.* zagaglia *wurfspeer der Mauren; nach Sousa vom arab.* al-chazeqah (châzeq *lanzenspitze Freyt. I, 483ᵇ). Man sehe dagegen Engelmann 69, Dozy 76 (bei letzterem wird es für ein wort der berbersprache erklärt).*

Zanca *it. sp., pg.* sanco *bein, langes bein, stiel, sp.* zanco, *lomb.* zanch, *ven.* zanca *stelze, pr.* sauca *cothurn, wie Raynouard übersetzt* (non porta soc ni sauca *P. Vidal), sard.* zancone *schienbein. Dahin wohl auch pg.* chanca *sehr langer fuß, sp.* chanclo *pantoffel (vgl. den anlaut in* choclo = zoclo*). Die wörter fügen sich zum dtschen* zanke *für* zinke *(s. Schmeller), besser noch von seiten ihrer bedeutungen zum ags.* scanca *bein, tibia, wornach sich ein ahd.* scancho *annehmen läßt. Muratori, Ant. ital. II, 429, erkennt dagegen in* zanca *jenes* tzanga *des Cod. Theod., das die den roman. wörtern weniger zusagende bed. einer beinbekleidung hat.*

Zappa *it. chw., sp.* zapa, *wal.* sapę *haue, fr.* sape *untergrabung; vb.* zappare *ff. Kommt es vom gr.* σκαπάνη *grabscheit,* σκάπτειν *graben, so gieng das wort von Italien aus, indem sich hier der anlaut* σκ *in* z *milderte wie in* zolla *aus dem altdeutschen* skolla.

Zatta *und* záttera *it., sp.* zata, zatara *floß; von unbekannter herkunft.*

Zavorra *it., wal.* sabúrę, *sp.* zahorra *zsgz.* sorra *ballast, schiffsand; von* saburra *mit ders. bed.*

Zeba *it., sp. masc.* chibo, chivo, *fem.* chiba, chiva, *pg.* chibo *junger ziegenbock, junge ziege, zicklein. Die hinweisung auf das ahd.* zebar *opferthier mit rücksicht darauf, daß die Longobarden ziegenopfer brachten (s. 1. ausg.), ist zu gewagt. Mit unserm* ziege *haben diese wörter allerdings nur die erste silbe gemein; aber der stamm mit labialauslaut kommt auch im deutschen* zibbe *lamm Frisch II, 473ᵇ, im alban.* tzgiep *(Xylander) und* tsjap, *wal.* tzap *ziegenbock vor. Zu bemerken ist auch das mit* tzap *gleichb. lomb.* zavér.

Zebro *it., sp. pg.* zebra, *fr.* zèbre *ein säugethier im südlichen Africa, woher auch der name.*

Zecca *it., chw.* zecc, zecla, *fr.* tique *ein insect, holzbock; vom* ndd. teke, *mhd.* zëche, *nhd.* zecke.

Zediglia *it., sp.* cedilla, *fr.* cédille *häkchen unten am* c, *um ihm die aussprache des* z *zu geben, früher* cz *geschrieben* (canczon = cançon, czo = ço); *dimin. von* zeta.

Zelo *it. sp. pg., in letzterer sprache auch* cio *für* cilo, *fr.* zèle *eifer; von* zelus (ζῆλος) *bei spätern. Daher it.* zeloso, *sp.* zeloso, *pg.* cioso *eifrig, eifersüchtig; mit palataler aussprache des* z *(wie in* giuggiola *aus* zizyphum, gengiovo *aus* zinziber) *it.* geloso, *pr.* gelos, *fr.* jaloux, *das Tasso artig mit* gelo *verbindet 12, 22, sbst.* gelosia *u. s. f. eifersucht, dsgl. fenstergitter, sp.* celosia. *Zsgs. sp.* rezelar, *pg.* recear *argwöhnen, sbst.* rezelo, receo.

Zendale *it.* (sendale *Barberino), sp. pg. pr. altfr.* cendal, *mhd.* zendâl, zindal, *nhd.* zindel, *auch it.* zendado, *pr.* sendat, *mhd.* zendat, *eine art taffent, in Frankreich namentlich zu fahnen verwandt, s.* Ducange, Roquefort, Raynouard, *span. auch ein feiner leinener stoff; erklärt man gewöhnlich aus* sindon *feine leinwand.*

Zenzára, zanzára *it., wal.* tzęnzariu, *sp.* zenzalo, *altfr.* cincelle *'bibio' Gl. de Lille p. 12ᵇ (Sch. 29), so auch ahd.* zinzila, zinzala, *mücke, schnake, vgl. alb.* zinziras *grille. Offenbar ein naturausdruck von dem laute des thierchens, das der Catalane* mosquit de trompa *trompetenmücke nennt* (σάλπιγξ ὁ πρωκτός ἐστιν ἄρα τῶν ἐμπίδων *Aristoph. Nub. 165), aber schon vorgezeichnet im lat.* zinzilulare *zwitschern, vgl. auch mhd.* gelse schnake, *von* gal gesang *Weigand I, 450. Dahin auch das port. vb.* zinir, zunir *sumsen (von insecten).*

Zenzóvero, zénzero *und* gengióvo *it., sp.* gengibre, agengibre, *pr.* gingebre, *fr.* gingembre, *wal.* ghimberiu, *mndl.* ghincbere *u. s. w. ein gewürz, ingwer; vom lat.* zingiberi (ζιγγίβερι), zinziber, *das aus dem orient stammt. Wegen* g *aus* z *s.* zelo.

Zero *it. sp. pg.,* zéro *fr. das zahlzeichen* null; *vom gleichbed. arab.* çifron, çifbron *eigentl. ganz leer, s. oben* cifra, *worin das arab.* ç (ص) *durch* c *ausgedrückt ward. Mailändisch heißt jenes zeichen* nulla.

Zibellino *it., pr.* sebeli, sembeli, *fem. sp. pg.* cebellina, zebellina, *fr.* zibeline, *mlat.* sabellinus, sabellum, *altfr.* sable, *engl.* sable, *deutsch* zobel; *ein mit der sache aus dem fernen nordosten gekommenes wort, russ.* sobol', *serb.* sâmur, *wal.* samúr.

Zibetto *it.,* civette *fr.* zibethkatze, *auch* zibeth; *morgenländ. wort, mittelgr.* ζαπέτιον, *man sehe Pott in Lassens Ztschr. IV, 17. Span.* gato de algalia *genannt.*

Zimbello *it., sp.* cimbel, *pr. altfr.* cembel *lockvogel, lockung; vb.*

it. z i m b e l l a r e, *alt* cimbellare *PPS. I, 77, pr.* cembelar *(von Raynouard unrichtig übersetzt), altfr.* cembeler (encembeler *NFC. II, 7) anlocken.* Cymbalum, *dimin.* cymbellum, *hieß das glöckchen, das die mönche zur mahlzeit rief; die übertragung auf lockvogel lag nahe. Altfr. und pr.* cembel *bedeutet überdies zusammenkunft zur kurzweil, vornehmlich zum waffenspiel oder das waffenspiel selbst, daher* cembeler *turnieren, altsp.* cempellar *bei Berceo.* — [*Genaueres über die bedeutungen des altfranz. wortes, lockung, hinterhalt, gefecht, standarte, sehe man bei Gachet s. v.*]

Z i o *it., sp. pg.* tio *oheim, it.* z i a, *sp. pg. pr.* tia *(pr.* sia *Leys d'am. I, 48) muhme; vom spätern lat.* thius, thia *nach dem gr.* θεῖος, θεία. *Die ital. formen zeigen schon die Schlettst. glossen 29, 58* patruus 'zius, fetirro' *(vetter).*

Z i r l a r e *it., sp.* chirlar, chirriar, *pg.* chirlar, chilrar *schreien, zwitschern; geht zurück auf* zinzilulare, *verkürzt* zilulare.

Z i t t o (*fem.* zitta) *it., sp.* chito, chiton, *fr.* chut, *wal.* citu, *interjection schweigen zu gebieten; ein dem lat.* st! *entsprechender naturausdruck. Zu* chut *gehört auch fr.* c h u c h o t e r *flüstern,* chucheter *zwitschern, npr.* chitá *flüstern.*

Z o p p o *it. sp.* zopo, zompo, *wald.* zop (czop), *chw.* zopps *lahm, verstümmelt, vgl. altfr.* chope *klotz; vb. fr.* c h o p p e r (*alt* sopper) *anstoßen, it.* zoppicare *hinken, cat.* ensopegar *straucheln; vom dtschen* schupfen *stoßen, ndl.* schoppen *mit dem fuße fortstoßen, vgl. auch ndl.* sompe *lahm,* sompen *hinken Kil.*

Z o t e *sp. pg.,* sot *fr.,* sot *piem. tropf, pinsel, wal.* sod *hanswurst, engl. und schon ags.* sot. *Cujacius und spätere finden seinen ursprung im semitischen: rabbinisch* schoteh *stultus, s. Buxtorfs Lex. chald. talm. p. 2375, daher auch unser* schote. *Dagegen erkennt Pictet (Ztschr. für vergl. sprachf. V, 328) darin das ir.* suthau *dummkopf, schelm, betrüger,* sotaire *geck u. dgl., die er auf das sanskrit zurückführt. Der buchstabe gestattet die eine wie die andre herleitung. Ein altes zeugnis für das wort ist das folgende. Theodulf bischof von Orleans spielt in einem sendschreiben an Karl d. gr. mit dem namen* Scottus, *den er nach ausgestoßenem* c *mit* sottus *in einklang bringt:* cui si litterulam, quae est ordine tertia tollas . . haud dubium quod sonat, hoc et erit *DC. v.* sottus.

Z ú c c h e r o *it., sp. pg.* azúcar, *pr. fr.* sucre, *wal.* zęhár, *ahd.* zucura, *nhd.* zucker *u. s. w., zunächst vom arab.* sokkar assokkar *Freyt. II, 334ᵃ, worauf die span. form unmittelbar hinweist, dies vom pers.* schakar *Vullers II, 439ᵃ, gr.* σάκχαρ, σάκχαρον, *lat.* saccharum. *Die Araber bauten zucker sowohl in Ägypten, Kreta und Syrien als auch in Sicilien und Spanien; aus Ägypten holten ihn die Venezianer, aus Spanien wanderte er nach Südfrankreich.*

www.ingramcontent.com/pod-product-compliance
Lightning Source LLC
Chambersburg PA
CBHW031422230426
43668CB00007B/405